W0086287

Mit 29 Jahren und einem Sack voll Hoffnung stößt Ben Rhodes 2007 zum Team von Barack Obama und wird zu einem seiner engsten Vertrauten. Er ist mitten drin, als das Atomabkommen mit dem Iran ausgehandelt wird, als die Annäherung an Kuba eingeleitet wird, als die Entscheidung fällt, in Syrien nicht zu intervenieren, und als die Wahl von Donald Trump das Projekt Obama jäh beendet. Ben Rhodes schildert grandios die Dramen dieser Präsidentschaft, die Konflikte, in die Obama geriet, und die Grenzen des Machbaren, auf die er traf – selten hat man einen so intimen, luziden Einblick in die inneren Gesetze der Politik bekommen. Wir sehen Barack Obama aus nächster Nähe, mit seiner großen Persönlichkeit, seinem scharfen Verstand, seinen Träumen und Zweifeln, seinem Charisma und Charme. Ein einzigartiges Zeitdokument und ein Lehrstück darüber, was in der Politik möglich ist.

Ben Rhodes kam 2007 als Redenschreiber zu Barack Obamas Wahlkampfteam. Später wurde er stellvertretender Nationaler Sicherheitsberater und einer der engsten Mitarbeiter und Vertrauten von Obama. Mit einer Ausnahme hat er den Präsidenten auf sämtlichen Auslandsreisen begleitet. Heute ist er Co-Chair der Organisation National Security Action in Washington und arbeitet weiterhin als Berater von Barack Obama.

Ben Rhodes

Im Weißen Haus
Die Jahre mit Barack Obama

Aus dem Englischen von
Enrico Heinemann, Thomas Pfeiffer, Jörn Pinnow
und Martin Richter

C.H.Beck

Einige Namen von realen Personen und Details, durch die sie
identifiziert werden könnten, wurden in diesem Buch geändert.

Mit 15 Abbildungen

Die Originalausgabe erschien zuerst 2018 unter dem Titel
The World as It Is. A Memoir of the Obama White House
bei Random House, einem Imprint von Penguin Random
House LLC, New York.
Copyright © 2018 by Perry Merrill LLC

Die ersten beiden Auflagen der deutschen Ausgabe erschienen
zuerst 2019 in gebundener Form im Verlag C.H.Beck.

1. Auflage in C.H.Beck Paperback. 2020

Für die deutsche Ausgabe:
© Verlag C.H.Beck oHG, München 2019
www.chbeck.de
Umschlaggestaltung: Rothfos & Gabler, Hamburg
Umschlagabbildung: Barack Obama und Ben Rhodes im Oval Office
des Weißen Hauses, 2014, © 506 collection/Alamy Stock Foto
Gesetzt aus der Minister Std und Info Text OT
bei Fotosatz Amann, Memmingen
Druck und Bindung: Druckerei C.H.Beck, Nördlingen
Printed in Germany
ISBN 978 3 406 76246 8

myclimate
klimaneutral produziert
www.chbeck.de/nachhaltig

Für meine Eltern

«Die Wolken fanden sich für den Passat zusammen, und weit voraus sah er einen Schwarm Wildenten, die sich über dem Wasser scharf vom Himmel abhoben, dann verschwammen, dann wieder scharf wurden, und er wusste, dass ein Mann auf See niemals allein war.»

Ernest Hemingway

Inhalt

Prolog

Zum letzten Mal als Präsident der Vereinigten Staaten in einem fremden Land, sank Barack Hussein Obama in seinen Sitz, während ein Agent des Secret Service die schwere Tür schloss. «Fahren wir nach Hause», sagte er.

In der Präsidentenlimousine – «the Beast», wie sie genannt wird – verstummt die Außenwelt. Zentimeterdickes kugelsicheres Glas und gepanzertes Metall halten sie auf Abstand. Eine unheimliche Vertraulichkeit herrscht auf der Fahrt in der Fahrzeugkolonne, sei es in der weiten saudischen Wüste oder auf einer belebten Straße in Hanoi. Die beiden Vordersitze nehmen stets zwei Leibwächter des Präsidenten ein, die niemals ein Wort sprechen. Während sie das Geschehen auf der Straße vor sich beobachten, lernt man mit der Zeit zu reden, als ob sie nicht da wären.

Obama warf mir einen flüchtigen Blick zu. Ein spöttisches Funkeln trat in seine Augen. «Haben Sie gesehen, dass Ben ohne Socken unterwegs ist?», fragte er Susan Rice, schälte ein Nikotinkaugummi aus dem Papier und schob es sich in den Mund. Er lachte über die eigenen Worte: «Ich bitte Sie, Mann. Ihre Socken!»

Auf Auslandsreisen mit dem Präsidenten stellt man sein Gepäck jeden Tag vor die Tür seines Hotelzimmers, damit es zur vereinbarten Zeit abgeholt wird, Teil einer bequemen Reiseroutine, die nun bald ein Ende haben würde. Ich setzte zu einer Erklärung an: Ich hätte meine Reisetasche um drei Uhr morgens vor die Tür geschoben und sei der Meinung gewesen, dass ich ein Paar beiseitegelegt hätte ...

Er machte eine wegwischende Handbewegung: «Schon verstanden. Es ist spät geworden. Freut mich, dass Sie eine gute Zeit hatten, während ich meine Briefing-Unterlagen zum APEC-Gipfel gelesen habe.»

Ich schaute aus dem Fenster auf die letzten Menschenmengen. Vor aufstrebenden modernen Türmen und leicht heruntergekommenen älteren Bauten säumten Schaulustige die Straßen von Lima, beobachteten uns, winkten und hielten Smartphones hoch – ein weiterer Funken von Menschlichkeit unter den Millionen Gesichtern, die ich über die Jahre durch das Wagenfenster gesehen hatte, Leuten vor einem vorüberrollenden Fahrzeugkonvoi, die einen Blick auf Barack Obama zu erhaschen versuchten. Obama schaute auf diesen Fahrten immer wieder durch die Scheibe hinaus und grüßte mit einem lässigen Winken, während ich hier und da ein Gesicht im Schreck des Wiedererkennens erstarren sah. Manchmal hob ich mein Smartphone hoch und fotografierte die Massen, die uns fotografierten, als einzige Möglichkeit, mich Menschen verbunden zu fühlen, die ich nie wirklich kennenlernen würde.

Obama zog normalerweise sein iPad heraus, scrollte durch die Nachrichten oder machte bei einer endlosen Partie Scrabble weiter und fragte uns, wie er sich in der soeben zu Ende gegangenen Pressekonferenz geschlagen habe. Aber jetzt, nach dem Gelächter wegen meiner Socken, saß er nur schweigend da, kaute Kaugummi und starrte aus dem Fenster. Ich saß ihm gegenüber wie auf den Reisen durch Dutzende Länder in den letzten acht Jahren. Es war die letzte Reise. Trotz der vertrauten Abläufe wirkte nichts mehr normal. Die ganze Welt ging irgendwie an uns vorbei.

Ich blickte flüchtig auf das Präsidentensiegel an der Holzvertäfelung neben Obama: Auf diesem Sitz würde in ein paar Monaten Donald J. Trump Platz nehmen.

Für unsere erste Station, Athen, hatten wir eine Rede geplant, um vor der Akropolis die Stabilität der Demokratie an ihrem Geburtsort zu feiern. Unser Entwurf sah eine trotzige Kampfansage an Russland und seinen revanchistischen Präsidenten, Wladimir Putin, vor. Aber angesichts der Lage in Amerika wirkte die Kulisse jetzt eher unpassend. Zwei Wochen zuvor war Donald Trump zum Präsidenten gewählt worden. Wir verlegten die Rede nach drinnen in einen Veranstaltungsraum, der an jedem beliebigen Ort hätte sein können.

Die Akropolis würdigten wir stattdessen mit einem Besuch an einem warmen, makellosen Morgen. Von diesem Aussichtspunkt aus erschien die Welt schön und ruhig: Nichts unter dem strahlendblauen Himmel und in dem Panorama von Athen deutete auf die Finanzkrise hin, die Griechenland im Griff hielt, auf die Flüchtlinge, die über die Grenzen hereingeströmt kamen, oder die Ungewissheit, in die diese Kräfte die Welt gestürzt hatten. Ich blieb hinter Obama zurück, als er durch die Ansammlung von antiken Säulen, Gerüsten und Kultstätten für die Götter bummelte – ein Denkmal für die Ursprünge der Demokratie, Ruinen, die von untergegangenen Reichen und erloschenen Glaubensformen hinterlassen worden waren. Als ich ihn später wiedersah, wiederholte er einen Leitspruch, den er in den frühen Morgenstunden nach Trumps Wahl zu mir gesagt hatte, einen Refrain, der nach einer Perspektive suchte: «Am Himmel gibt es mehr Sterne als Sandkörnchen auf der Erde.»

In Berlin, unserer zweiten Station, bat Angela Merkel Obama für den ersten Abend zum Essen. Merkel verfügt über eine Art umgekehrtes Charisma: stoisch, selbstbeherrscht und mit einem leichten, gewinnenden Lächeln, eine Frau, die entspannt an der Spitze der Macht steht und sich wohl in ihrer Haut fühlt. Bei der Begrüßung umfasste sie mit beiden Händen Obamas Arme. Sie war seine engste Partnerin in einer Welt mit wenig Freunden, und sie hatte ihre politische Zukunft aufs Spiel gesetzt, um eine Million syrische Flüchtlinge in Deutschland willkommen zu heißen. Obama bewunderte ihren Pragmatismus, ihre Unerschütterlichkeit und ihre hartnäckige Ader. Im Laufe des Vorjahrs hatte er mit seinem Beamtenapparat gerungen, um zu erreichen, dass Amerika mehr Flüchtlinge aufnähme, und uns immer wieder gesagt: «Wir dürfen Angela nicht hängen lassen.»

Sie saßen nur zu zweit in der Mitte eines Hotel-Konferenzraums an einem kleinen, schlichten Tisch. Drei Stunden redeten sie beim Essen miteinander, die längste Zeit in acht Jahren, die Obama mit einem ausländischen Regierungschef allein zugebracht hatte. Einige von uns aßen in einem Nachbarraum mit Mitarbeitern von ihr zu Abend. Sichtlich betroffen, sprachen sie mit Unbehagen über den neuen politischen Wind und die Bürden, die auf Merkel zukommen würden. «Auf die Anführerin der freien Welt», sagte ich beim Anstoßen mit Bedauern. Ein Referent erzählte mir, dass es Steve Bannons Ernennung als Stabsmitglied des Weißen Hauses auf die Titelseiten der deutschen Presse geschafft hatte. «Wir kennen Bannon», sagte er und beugte sich vor, als wolle er mir ein Geheimnis verraten. Durch das Fenster sah man in goldenem Licht das Brandenburger Tor und das umgebaute Reichstagsgebäude, das knapp einen Monat nach Hitlers «Machtergreifung» in Brand gesteckt worden war.

Später teilte uns Obama mit, dass Merkel mit ihm über ihre anstehende Entscheidung für oder gegen eine weitere Kandidatur geredet habe, zu der sie sich wegen des Brexit und Trump jetzt stärker verpflichtet fühle. Als sich Obama am Ende unseres Besuchs in Deutschland an der Tür von «the Beast» von ihr verabschiedete, stand ihr eine einzelne Träne in den Augen – was noch keiner von uns je gesehen hatte. «Angela», sagte er kopfschüttelnd, «ist jetzt ganz allein.»

Auf der dritten und letzten Station, dem Gipfel pazifischer Nationen in Lima, nahm ein Regierungschef nach dem anderen Obama beiseite und fragte, was von Donald Trump zu erwarten sei. Sich der Regeln seines Amtes stets bewusst, bat Obama seine Gesprächspartner, der neuen Regierung eine Chance zu geben. «Warten wir's ab», teilte er ihnen mit. Am ersten Tag traf er mit den Führern elf anderer Länder zusammen, die mühselig das Handelsabkommen der Transpazifischen Partnerschaft (TPP) ausgehandelt hatten. Sie hatten einschneidende politische Entscheidungen getroffen, um ihre wirtschaftliche Zukunft an die Vereinigten Staaten zu binden. Sollten sie wütend gewesen sein, weil der frisch gewählte Präsident einen Rückzieher angekündigt hatte, wussten sie es zu verbergen. Fast entschuldigend deuteten sie stattdessen an, dass sie wohl auch ohne die Vereinigten Staaten mit einem modifizierten Abkommen weitermachen würden.

Zum ersten Mal seit acht Jahren schienen die Geschicke der Welt nicht mehr in unseren Händen zu liegen.

Japans Premierminister Shinzo Abe entschuldigte sich für den Verstoß gegen das Protokoll, da er sich, ohne Obama zu informieren, mit Donald Trump im Trump Tower getroffen hatte. Seine Regierung habe keine andere Möglichkeit gesehen, als auf den Mann zuzugehen, der gedroht hatte, Japan die Kosten für die US-Truppen in Rechnung zu stellen, die in dem Land stationiert waren. Abe bestätigte seine Pläne eines Besuchs in Pearl Harbor, wenn Obama im Dezember in Hawaii sein würde. Diese Geste der Aussöhnung, mit der er Obamas Visite in Hiroshima erwidern wollte, wirkte jetzt wie aus der Zeit gefallen.

Mit dem chinesischen Präsidenten Xi Jinping traf sich Obama in einem sterilen Hotel-Konferenzraum, in dem Becher für Erfrischungstee und Eiswasser unberührt vor uns standen. Nach einem langen Rückblick auf sämtliche Fortschritte der letzten sieben Jahre versicherte Xi Obama unaufgefordert, dass er das Pariser Klimaabkommen auch dann umsetzen werde, wenn Trump sich zum Ausstieg entschlösse. «Das ist sehr klug von Ihnen», entgegnete Obama. «Ich denke, Sie werden in den Vereinigten Staaten auch weiterhin Anstrengungen für das Pariser Abkommen sehen, zumindest von Bundesstaaten, Städten und vom Privatsektor.» Ganze zwei Jahre war es her, dass Obama in Peking eine Übereinkunft geschlossen hatte, um mit China den Klimawandel zu bekämpfen – der Schritt, der das Pariser Abkommen erst möglich gemacht hatte. Jetzt würde maßgeblich China die Anstrengungen weiter vorantreiben.

Gegen Ende des Treffens erkundigte sich Xi nach Trump. Wieder empfahl Obama abzuwarten, welche Entscheidungen die neue Administration treffen würde, merkte aber an, dass der designierte Präsident reale Besorgnisse unter den Amerikanern aufgegriffen habe, ob die Wirtschaftsbeziehungen zu China fair gestaltet seien. Xi, ein stattlicher Mann, bewegt sich stets langsam und bedächtig, als wolle er sich mit jeder seiner Bewegungen Geltung verschaffen. Am Tisch Obama gegenübersitzend, schob er die Mappe mit den Gesprächspunkten beiseite, die einem chinesischen Führer üblicherweise die Worte vorgeben. *Wir pflegen lieber gute Beziehungen zu den Vereinigten Staaten*», sagte er und faltete die Hände vor sich. «*Das ist gut für die Welt. Aber jede Aktion löst eine Reaktion aus. Und wenn ein unreifer Führer die Welt ins Chaos stürzt, wird die Welt wissen, wem sie die Schuld zu geben hat.*»

An diesem abschließenden Tag kam Obama zu seinem letzten bilateralen Treffen mit dem kanadischen Premierminister Justin Trudeau zusammen. In einem Hinterzimmer des Konferenzzentrums, in dem der Gipfel stattfand, saßen die zwei nebeneinander in Sesseln, beiderseits flankiert von einigen wenigen von uns. Wegen der fehlenden Socken vermied ich es, die Beine übereinanderzuschlagen, und verbarg die Füße unter meinem Rucksack. Obama, der sich gewöhnlich nicht sentimental zeigt, versuchte, eine Fackel weiterzureichen. «Deine Stimme wird jetzt mehr denn je gebraucht,

Justin», sagte er, beugte sich vor und stützte die Ellenbogen auf die Knie. «Du wirst Stellung beziehen müssen, wenn bestimmte Werte in Gefahr geraten.»

Trudeau sagte, er sehe dies als seine Verpflichtung an, dem Beispiel seines Vaters folgend, der über die Rolle des kanadischen Regierungschefs hinausgewachsen und zu einem Staatsmann von Weltformat geworden war. *«Ich habe meinen Wahlkampf an deinem Vorbild ausgerichtet»*, fügte er hinzu und meinte eine Form der Politik, die jetzt bedroht erschien.

Mit seinem guten Aussehen wirkt Trudeau jünger, als er ist. Als ich ihn beobachtete, dachte ich daran, wie sehr ich in meinem Job gealtert war. Trudeau erschien als der Frischere. *«Ich werde sie bekämpfen»*, sagte er mit Blick auf die autoritären Trends in der Welt, *«mit einem Lächeln im Gesicht. Das ist der einzige Weg zu gewinnen.»*

Nach Ende der Beratungen schlenderten wir durch die hinteren Flure des Konferenzzentrums. Mit einem Styroporbecher in der Hand winkte Obama dem Wartungspersonal zu, während er zu einer letzten Pressekonferenz für ausländische Medien ging. Mir war nicht danach zuzuschauen. Stattdessen setzte ich mich im fahlen Licht der Abenddämmerung allein auf eine Bank und daddelte auf meinem BlackBerry herum, im Schutz der Absperrungen, die von Männern in Anzügen, mit Knopf im Ohr und mit vor dem Bauch gefalteten Händen gesichert wurden. Nach Ende der Pressekonferenz stieß ich wieder zur Gruppe um Obama, die an Trudeau und seinem Team vorbei den Saal verließ, die ihrerseits in die andere Richtung entschwanden.

Entlang den Straßen von Lima winkten noch immer Ansammlungen von Menschen dem vorüberfahrenden Präsidenten der Vereinigten Staaten zu.

«Und was, wenn wir uns geirrt haben?», fragte Obama, der mir in «the Beast» gegenübersaß.

«Worin geirrt?», fragte ich.

Vier Tage lang hatten wir zu analysieren versucht, was beim jüngsten Urnengang schiefgelaufen war. Obama hatte geklagt, er könne nicht glauben, dass die Wahl verloren war, und die Indikatoren aufgezählt: «Fünf Prozent Arbeitslosigkeit. 20 Millionen versichert. Der Benzinpreis bei zwei Dollar die Gallone. *Wir hatten den Ball doch in bester Position!*» Jetzt berichtete er mir von einer Kolumne, die er in der *New York Times* gelesen hatte: Die Liberalen hätten vergessen, wie wichtig den Menschen Identität sei. Wir hätten uns auf eine Botschaft verlegt, die von John Lennons *Imagine* nicht zu unterscheiden sei – auf Stimmenfang mit einem hohlen, kosmopolitischen Globalismus, mit dem die Leute nicht mehr zu erreichen seien: *«Imagine all the people, sharing all the world.»*

«Vielleicht sind wir zu weit gegangen», sagte er. «Vielleicht wollen die Leute einfach in ihr Stammesdenken zurückfallen.»

Sein Kommentar lastete schwer im Raum, als Susan und ich uns anblickten. In den letzten paar Wochen hatte doch er die tapferste Miene aufgesetzt. Nachdem er mich am Wahlabend daran erinnert hatte, dass es mehr Sterne am Himmel als Sandkörner auf der Erde gebe, schickte ich ihm zur Aufmunterung eine schlichte Mitteilung: «Fortschritt bewegt sich nicht auf gerader Bahn.» In privaten Unterhaltungen mit Mitarbeitern und in öffentlichen Interviews wiederholte er sie in Abwandlung immer wieder: «Die Geschichte bewegt sich nicht geradlinig voran», sagte er, «sie verläuft im Zickzack.»

Was, wenn wir uns geirrt haben?

Seitdem ich 2007 in Obamas Dienste getreten war, hatte ich nie den Glauben daran verloren, an etwas mitzuarbeiten, das auf unangreifbare Weise *richtig* war. Sicher hatten wir, das Weiße Haus unter Obama, auch Fehler gemacht. Aber das größere Projekt – *das* war richtig. Der Glaube, dass Amerika ein besserer Ort werden kann. Die Hoffnung, dass die Welt aus der eigenen Vielfalt Stärke ziehen kann, wenn wir es vermögen.

In Obamas Worten schwang ein wenig Verbitterung mit, eine Ahnung, dass die Sache, für die er stand, im gegenwärtigen Augenblick verloren war. «Aber Sie hätten gewonnen, wenn Sie nochmal hätten antreten dürfen», sagte ich. Um ein weiteres Argument vorzubringen, redete ich von den jungen Leuten, zu denen er tags zuvor in Lima auf einer Bürgerversammlung gesprochen hatte, wie schon in so vielen Ländern rund um die Welt. «Die *kapieren* es», sagte ich. «Sie sind toleranter. Sie haben mit den Jungen in den Vereinigten Staaten mehr gemein als Trump. Junge Menschen haben Trump nicht gewählt, sowenig wie die Jungen in Großbritannien für den Brexit gestimmt haben.»

Er schaute nicht auf. «Ich weiß nicht», sagte er. «Manchmal frage ich mich, ob ich zehn oder zwanzig Jahre zu früh gekommen bin.»

Die Stille hielt an. Die letzten acht Jahre über hatten wir tausend Gespräche geführt, die alle wie ein fortlaufender roter Faden erschienen, hatten über Bücher, die wir gelesen, und ausländische Politiker, die uns frustriert hatten, geredet, über Hautfarben und Sätze aus alten Kinofilmen, Sport und alle möglichen Theorien. Meine Rolle in diesen Gesprächen und wohl auch in seiner Präsidentschaft sah ich inzwischen darin zu antworten, wenn er etwas sagte, und Gesprächspausen zu überbrücken – seine Gedanken auf ihre Logik hin zu überprüfen oder Zerstreuung zu bieten –, während er auf seinem iPad scrollte oder aufgewühlt aus dem Fenster blickte.

Der Fahrzeugkonvoi erreichte den Flughafen und fuhr auf die Rollbahn, wo die Air Force One bereitstand. Wir hielten vor einem «Empfangskomitee» aus Peruanern und Amerikanern, die sich zum Abschied in gerader Linie aufgestellt hatten.

Als wir warteten, bis der Leibwächter die Tür öffnen würde, beugte sich Obama mit auf die Knie gestützten Ellenbogen zu mir vor. «Vielleicht haben Sie recht», kommentierte er meine Äußerung über die jungen Leute. «Aber wir werden sehen, wie widerstandsfähig unsere Institutionen sind, bei uns zu Hause und auf der ganzen Welt.»

Er stieg aus der Präsidentenlimousine und arbeitete sich händeschüttelnd an der Schlange zu seiner Verabschiedung entlang vor. Mit Füßen, die ohne Socken am abgewetzten Leder meiner Schuhe rieben, machte ich mich auf den Weg zu einer Stelle unter der Tragfläche, wo Trauben von Menschen standen, Journalisten, die den Moment für die Nachwelt festhielten, und Mitarbeiter, die miteinander für Fotos posierten – eine vollkommen vertraute Szene nach den weit über eine Million Meilen, die ich in diesem Flugzeug rund um die Welt zurückgelegt hatte. Aber gleich würde sie sich für immer auflösen.

Barack Obama schüttelte die letzte Hand und stieg die Gangway hoch. Er bewegte sich stets leichtfüßig wie ein Basketballer, der während einer Partie etwas unter seiner Topleistung spielt, um in den entscheidenden Augenblicken Energiereserven mobilisieren zu können. Ein Mann, der ständig im Licht der Öffentlichkeit stand und wichtige Seiten von sich verbarg. In den letzten beiden Jahren hatte ich miterlebt, wie er es immer besser zusammenbrachte, er selbst *und* der Präsident zu sein – in einzelnen Augenblicken, etwa als er in einer Kirche von Schwarzen in Charleston, die von einem weißen Rassisten angegriffen worden war, *Amazing Grace* anstimmte, oder bei politischen Schritten, als er mit einer Kubapolitik brach, von der er mir schon lange gesagt hatte, dass er sie nicht unterstützen konnte. Diese Entwicklung hatte ihn erfolgreicher, interessanter gemacht und trug ihm in diesen letzten Tagen im Amt größere Wertschätzung ein. Es war eine mögliche und schmerzliche Antwort auf die Frage, die er in der Präsidentenlimousine gestellt hatte: Wir hatten recht gehabt, aber all diese Fortschritte hingen an ihm, und seine Zeit lief nun ab.

Erstmals seit acht Jahren gab es keine Reise mehr zu planen. Obama würde ins Flugzeug steigen als erfolgreicher afroamerikanischer Präsident mit zwei Amtszeiten und als Hoffnungsträger für Milliarden von Menschen auf der ganzen Welt. Aber er stand vor der Machtübergabe an einen Mann, der alle politischen, wirtschaftlichen und gesellschaftlichen Kräfte repräsentierte, die im Widerspruch zu dem standen, was Obama ausmachte. Ein Witz, den er in den Tagen nach der Wahl erzählte, drückte seine Frustration darüber aus, dass dies den Rest seines Lebens prägen würde: «Ich fühle mich wie Michael Corleone», sagte er. «Fast hätte ich den Ausstieg geschafft.»

Ich war mit 29 Jahren in Obamas Wahlkampfteam eingetreten. Auf der Rollbahn in Lima erkannte ich mich selbst nicht wieder, der ich einst nach Chicago gezogen war, um Reden zu schreiben, und dafür in einer Einzimmerwohnung mit ein paar Ikea-Möbeln und einer Matratze auf dem Boden gehaust hatte. Die Katastrophen des 11. September und des Irakkriegs hatten mich dorthin geführt, auf der Suche nach einer besseren Vision von Amerika und mir selbst. Ich hatte sie acht Jahre lang in einem fensterlosen Büro im West Wing des Weißen Hauses verfolgt, wo ich über mir die Ratten durch die Decke huschen hörte und in Sitzungen hineinspazieren konnte, in denen die Geschicke von Nationen besprochen wurden. Ich hatte Höhepunkte erlebt, wie ich sie mir nie hätte vorstellen können, etwa einen Gang zum Vatikan, um einem Kardinal mitzuteilen, dass wir die Beziehungen zu Kuba normalisieren würden. Ich hatte Tiefs durchlitten, die ich damals noch nicht durchschaute, als mich dieselben Kräfte dämonisierten, die Donald Trump an die Macht spülen sollten. Vor allem hatte ich meinen eigenen Werdegang dem Barack Obamas untergeordnet – seinem Wahlkampf, seiner Präsidentschaft, dem Platz, an den er uns führte.

Und hier stand ich nun und versuchte, in mir ein Gefühl zu entdecken, das den Augenblick auf den Punkt brachte: Ein letztes Mal sahen wir diesen Mann, wie er unser Land im Ausland vertrat – zurückhaltend und entschlossen, bald wortkarg, bald mutiger als

sämtliche anderen Politiker, die ich je erlebt hatte. Aber der Anblick, als er die Stufen zum Flugzeug erklomm, beschwor in mir nur
eine Flut zusammenhangloser Bilder von zurückliegenden Reisen
herauf: ein Meer von Menschen, die in Berlin darauf warteten, ihn
reden zu hören, eine Gruppe von Trommlern, die uns mitten in der
Nacht in Ghana willkommen hießen, Millionen lächelnder Menschen, die in Vietnam die Straßen unserer Fahrzeugkolonne säumten, oder den unwirklichen Blick auf Havanna aus dem Fenster der
Air Force One. Dieses gespannte Gefühl der Leute, all diese Menschen an all diesen Orten, all diese Gesichter, die uns voller Hoffnung anblickten: *Sie* hatte ich gesucht, als ich zehn Jahre zuvor
nach Chicago übergesiedelt war. Und sie, so war mir klar, würden
nun keinen amerikanischen Präsidenten mehr im Ausland willkommen heißen. Also brachte ich kaum andere Gefühle auf als Müdigkeit und Trauer. Ich erinnerte mich nicht, was ich zu Beginn dieser
Geschichte empfunden hatte, und hatte keine Ahnung, was ich –
oder die Welt – nach ihrem Ende fühlen würde.

Es gibt mehr Sterne am Himmel als Sandkörnchen auf der Erde.

Obama langte auf der obersten Stufe an. Ich dachte, vielleicht
hält er noch einen kurzen Augenblick inne, um alles in sich aufzunehmen, sich selbst Gelegenheit zu geben, Gedanken zutage zu
fördern, wie sie mir augenblicklich durch den Kopf jagten. Aber
welche Erinnerungen ihm auch kamen, was er auch dachte über die
Hunderte von Orten, die er als Präsident besucht, und die Millionen Menschen, die er gesehen hatte: Trotz der heraufziehenden
Ungewissheit verabschiedete er sich nur mit einem routinierten
Winken. Dann verschwand er in der Flugzeugtür, um die Heimreise
anzutreten.

Was, wenn wir uns geirrt haben?

Teil Eins

HOFFNUNG
2007–2010

Kapitel 1

Am Anfang

Als ich Barack Obama zum ersten Mal begegnete, wollte ich bloß nichts sagen müssen.

Es war ein verschlafener Nachmittag im Mai 2007. Ich saß in meinem fensterlosen Büro im Woodrow Wilson International Center for Scholars, einer Washingtoner Denkfabrik wie Dutzende andere. So unausgelastet wie ich war, debattierte ich gerade, ob ich nicht in meine Heimatstadt New York zurückkehren sollte, als ich einen Anruf von Mark Lippert erhielt, Obamas außenpolitischem Topberater im Senat. Inzwischen war ich darauf geeicht, dass mich Lippert, der so jung war wie ich, alle paar Tage anrief und mir irgendwelche Aufgaben zuschanzte: Er arbeitete für den aufregendsten Politiker, der seit Jahren aufgetaucht war, und genoss es spürbar, dass jeder seine Anrufe jederzeit entgegennahm.

«Ben», sagte er, «ich habe mich gefragt, ob es dir allzu große Umstände bereiten würde, vorbeizukommen und an einer Debattenvorbereitung mit Obama teilzunehmen?»

Ich umfasste den Hörer etwas fester. Die letzten Monate hatte ich alles Mögliche unternommen, um im Wahlkampf für Obama arbeiten zu können: Erklärungen zum Irak fürs Plenum verfasst, einen Meinungsartikel zu Irland («O'Bama») entworfen, Reden und Memoranden für Debatten überarbeitet. Ich war nie in die Nähe des Mannes gekommen und fragte mich allmählich, ob meine ehrenamtliche Tätigkeit jemals zu etwas anderem führen würde.

«Wann soll das sein?»

«Jetzt sofort.»

Die Sitzung fand in einer Kanzlei einige Blocks entfernt statt. Ich ließ mir beim Gehen Zeit, um meine Gedanken zu ordnen. Wie meine ganze Arbeit für den Wahlkampf bisher kam mir die Sache wie eine Prüfung vor, wenn auch ohne Abschluss am Ende und ohne dass mir jemand sagen würde, ob ich bestanden hätte. Nach der Ankunft wurde ich zu einer Reihe von Glastüren gelotst, hinter denen ein großer Konferenzraum lag. Mindestens fünfzehn Leute saßen um einen langen Tisch herum, übersät mit Aktenmappen, Stapeln von Papier und Getränkedosen. Obama hatte am Kopfende Platz genommen und die Füße hochgelegt. Lippert fing mich an der Tür ab, zog mich hinaus und informierte mich über den Gegenstand der Diskussion: Sollte Obama im Kongress für eine Vorlage stimmen, um eine Truppenaufstockung im Irak zu finanzieren? «Ich dachte mir, warum rufen wir nicht den Irak-Typen an?», sagte er.

Einige Monate zuvor hatte ich meine Arbeit für die Irak- oder Baker-Kommission beendet, eine Zusammenstellung von ehemaligen Amtsträgern und Außenexperten, die um eine Strategie für den Irakkrieg gebeten worden waren. Co-Vorsitzender mit James Baker war mein damaliger Chef Lee Hamilton gewesen. Hamilton, ein Urgestein mit Bürstenschnitt und Demokrat aus dem südlichen Indiana, hatte 36 Jahre im Kongress gedient. Er war nicht einfach ein Gemäßigter, sondern ein Pragmatiker, der an Regierungsgeschäfte ohne eine Spur Ideologie heranging. Baker war das, wofür die Republikanische Partei einst stand: ein wirtschaftsfreundlicher Administrator, der das Regieren so ernst nahm wie das Geldverdienen. Mit seinen Bemühungen bei der Neuauszählung der Stimmen in Florida 2000 hatte er der Bush-Administration mit zur Macht verholfen. Im Verlauf unserer Arbeit, in Sitzungen mit Mitgliedern ebendieser Regierung, schien sich Bakers Einsicht in die Größenordnung des Chaos, das im Irak angerichtet worden war, in eine Art väterliche Enttäuschung zu verwandeln: Er hatte seinen Kindern den Schlüssel gegeben, und sie hatten den Wagen zu Schrott gefahren.

Mir gab das Projekt Einblick in einen Krieg, dessen Verlauf ich mit wachsendem Zorn beobachtet hatte. Als Teil unserer Arbeit waren wir im Sommer 2006 in den Irak gereist. Mit einer Gruppe von Militärangehörigen, die gerade ihren Dienst antraten, flogen wir in einer Transportmaschine nach Bagdad. Wir saßen schweigend in unseren Sitzen, weil das Gedröhne der Triebwerke jede Verständigung zu schwierig machte. Ich blickte diesen Männern und Frauen in die Gesichter. Obwohl ihnen bald Autobomben und improvisierte Sprengsätze drohten, verrieten sie keinerlei Regung und blickten nur ausdruckslos vor sich hin. Um dem Flugabwehr-Feuer zu entgehen, setzte die Maschine in engen Schleifen zu einem steilen Landeanflug auf den Internationalen Flughafen von Bagdad an. In Hubschraubern flogen wir zur Grünen Zone. Ich roch Abwässer mit brennendem Müll unter mir und sah Kindergesichter, die mit leerem Ausdruck zu uns hochschauten.

Mehrere Tage hausten wir in kleinen Wohnwagen auf dem Botschaftsgelände. Abends gingen wir in die Camel's Bar, in der sich Vertragsarbeiter besoffen und auf Tischen tanzten. Jeder Wohnwagen verfügte über zwei Betten und ein Gemeinschaftsbad. Eine Splitterschutzweste neben jedem Bett sollte gegen Granaten- oder Raketenfeuer wappnen. Ich hatte einen Wohnwagen für mich allein. Nur in einer Nacht traf ich nach meiner Rückkehr auf einen durchtrainierten bärtigen Kerl, der splitternackt in meinem Bad stand. Neben seinem Bett lagen säuberlich aufgestapelt Ausrüstungsteile der Special Forces. Wir redeten kein Wort miteinander. Als ich im Morgengrauen erwachte, war er verschwunden. Jahre später, Tausende Kilometer entfernt im Keller des Weißen Hauses, sollte ich eingehend mit der Art von Arbeit vertraut werden, die Leute wie er zu erledigen hatten.

Während unseres Aufenthalts wurden wir in Panzerwagen zu prunkvollen Anwesen gefahren, vollgestopft mit vergoldeten Möbeln und behangen mit schweren Vorhängen, die Saddam Hussein hinterlassen hatte. Wir trafen führende Politiker des Irak, amerikanische Offiziere und einen Mix aus Diplomaten, Journalisten und Geistlichen. Wir erfuhren von gewalttätigen Spannungen zwischen Sunniten und Schiiten, die direkt vor den Mauern der Grünen Zone Iraker das Leben kosteten: von Leichen in Abwasserkanälen, ermordeten Familienmitgliedern, alptraumhaften Geschichten von Gruppenhinrichtungen. Abends rekapitulierten wir die Lage im Wohnwagen von James Baker, der im Trainingsanzug Wodka pur trank und dem Chaos mit Kopfschütteln begegnete. Die Vereinigten Staaten unterstützten die irakischen Sicherheitskräfte mit fast 150 000 Soldaten, aber alle redeten von einer Reihe von Milizen, die maßgeblich die Politik bestimmten. Ein amerikanischer General sagte uns, dass «alle Truppen der Welt dem Irak keine Sicherheit bringen» könnten, solange sich die verschiedenen Glaubensgemeinschaften nicht aussöhnen würden.

Jede Nacht flogen Hubschrauber verwundete Amerikaner in ein provisorisches Krankenhaus. Als wir es besuchten, redete Hamilton mit einem Sanitäter, der uns einen Überblick über die Arbeit dort gab. «Meine Aufgabe», sagte er, «besteht darin, die Leute so lange am Leben zu halten, bis wir sie zur Operation ausfliegen können.» Er erklärte, dass unsere Soldaten Panzerwesten trügen, die gut den Oberkörper, nicht aber die unteren Extremitäten schützten. Und sie wappneten auch nicht gegen die Gewalt der Explosionen, die Gehirntraumata auslösen könnten. Ohne diese Panzerungen, sagte er, läge die Zahl der getöteten Amerikaner dichter an jener der Gefallenen in Vietnam. Aber für manche, die diese Verwundungen überstehen, wird das Leben auf Dauer zu einem schmerzvollen Kampf.

Die wenigen Tage vor Ort führten mir vor Augen, dass der einschneidendste Moment in meinem Leben zum moralischen Schiffbruch und zu einem strategischen Desaster geführt hatte. Im Frühjahr 2002, als die Kriegstrommeln zum Einmarsch in den Irak lauter tönten, war ich nach Washington übergesiedelt, weil die Anschläge vom 11. September für mich als New Yorker alles auf den Kopf gestellt hatten, was ich mit meinem Leben anstellen wollte. Bis dahin hatte ich tagsüber an einem öffentlichen College unterrichtet, abends für einen Master in fiktionalem Schreiben studiert und mich ansonsten im kommunalen Wahlkampf engagiert. Als ich am 11. September 2001 vor einem Wahllokal in einer Straße im Norden Brooklyns Flyer verteilte, bekam ich den Einschlag des zweiten Flugzeugs mit, starrte auf die aufsteigenden schwarzen Rauchwolken am Himmel und sah schließlich den ersten Turm in sich zusammenstürzen. Die Mobilverbindungen waren zusammengebrochen, und ich wusste nicht, ob Lower Manhattan zerstört war. Ein Mann mit einem europäischen Akzent packte mich am Arm und sagte immer wieder: «Das ist Sabotage.» Noch Tage danach lag der säuerliche Geruch von geschmolzenem Metall, verschmorten Kabeln und Tod in der Luft.

Ich wollte Teil dessen sein, was als Nächstes geschah, und fühlte mich abgestoßen von den liberalen Reflexen meiner Umgebung an der New York University – von dem Professor, der vorschlug, «God Bless Afghanistan» zur Melodie von *God Bless America* zu singen, von den prophylaktischen Protesten gegen eine amerikanische Militärintervention und dem reflexartigen Misstrauen gegenüber Bush. Unter der Queensboro Bridge besuchte ich einen Anwerber der Armee. Nachdem ich mit einem Stapel Informationsmaterial gegangen war und nachbereitende Telefonate geführt hatte, kam ich zu dem Schluss, dass ich mir mich selbst in Uniform nicht vorstellen konnte. Stattdessen würde ich nach Washington ziehen, um über die Ereignisse zu schreiben, die meiner Welt eine neue Gestalt gaben. Redenschreiber zu werden hatte ich bislang nicht auf dem Schirm gehabt, und von Lee Hamilton hatte ich nie gehört, landete aber nach einigen Hinweisen schließlich im Wilson Center als kleines Rädchen in dem riesigen Getriebe, in dem Leute über amerikanische Außenpolitik nachdenken, reden und schreiben. Als Liberalem, der die militärischen Abenteuer in unserer Geschichte mit Skepsis betrachtete, kam es mir seltsam vor, Saddam Hussein wegen einer Tat stürzen zu wollen, die Osama bin Laden begangen hatte. Aber ich band mir eine Krawatte um, fuhr allmorgendlich mit einer Gruppe anderer Mittzwanziger in der Washingtoner Metro zu einer Denkfabrik, die wenige Blocks vom Weißen Haus entfernt lag, war wütend über die Terroranschläge des 11. September und wollte unbedingt ernst genommen werden. Unter diesen Umständen hört man auf das, was die Älteren und Erfahreneren zu sagen haben. Als Colin Powell vor den Vereinten Nationen sein Plädoyer für den Krieg hielt, war ich augenblicklich mit an Bord.

Und jetzt, ein paar Jahre später, sah ich vor Ort, was dieser Krieg angerichtet hatte. Wir begannen gemeinsam, den Abschlussbericht der Irak-Kommission zu schreiben, doch nach ein paar Entwürfen rief mich Bakers Mitarbeiter an und bat mich, die Leitung zu übernehmen. Ich brütete die ganze Nacht über Satzstrukturen und fragte mich, ob die Kommission ein Ende des Krieges deutlich genug forderte. Der erste Satz des Berichts lautete: «Die Lage im Irak ist ernst und verschlechtert sich.» Gefordert wurde ein schrittweiser Abzug von US-Truppen. Bush schickte stattdessen noch mehr Soldaten ins Land. Mir machte diese Erfahrung zweierlei klar: Erstens hatten uns die Leute, die es angeblich besser gewusst hatten, in eine moralische und strategische Katastrophe geführt. Zweitens lassen sich Dinge so lange nicht verändern, wie man die Leute nicht austauscht, die die Entscheidungen treffen. Ich hatte einen passablen Job in der Politikberatung, wollte aber in der aktiven Politik etwas bewirken. Und ich wollte für Barack Obama arbeiten.

Mit Lippert ging ich in den Konferenzsaal und setzte mich fast ans Ende des Tisches in größtmöglicher Entfernung zu Obama. Seit

dem Moment, in dem ich seine Rede auf dem Parteitag der Demokraten 2004 gesehen hatte, wünschte ich mir, dass er für die Präsidentschaft antreten würde. Er hatte sich gegen den Krieg gewandt,
als ihn fast alle befürworteten hatten. Seine Sprache klang authentisch
und zugleich moralisch in einer Zeit, da die US-Politik alles andere
war. Und da war noch etwas, das sich nicht so recht fassen ließ. Die
Ereignisse, die sich in meinen Zwanzigern abspielten, erschienen
historisch, nicht aber die Figuren, die sie gestalteten. Ich wollte
einen Helden – jemanden, der das, was um mich herum geschah,
durchschaute und in gewisser Weise Erlösung bringen konnte.

Ich wurde neben Tony Lake gesetzt, der mit Susan Rice für den
Wahlkampf ein Beraternetzwerk für Außenpolitik leitete. Lake war
ein Mann der leisen Töne in fortgeschrittenem Alter, mit dem klugen, aber leicht zerstreuten Auftreten eines Professors an einem
kleinen College der freien Künste, als der er viele Jahre gearbeitet
hatte. Er war zudem Bill Clintons erster Nationaler Sicherheitsberater gewesen. Rice hatte ebenfalls für Clinton gearbeitet und war
im Außenministerium Unterabteilungsleiterin für afrikanische Angelegenheiten geworden. Seither trat sie als eine führende Stimme
der Demokraten in außenpolitischen Fragen auf – unverhohlen ehrgeizig, wortgewandt und ideenreich – und setzte ihre guten Beziehungen zu den Clintons aufs Spiel, um sich für Obama zu engagieren. In den letzten Monaten hatte ich allerdings den Eindruck gewonnen, dass es bei dem Netzwerk, das sie und Lake führten,
hauptsächlich um Möglichkeiten ging, den Menschen einen Kandidaten nahezubringen, den sie wohl nie persönlich kennenlernen
würden. Das meiste meiner bisherigen Arbeit, die Obama tatsächlich erreichte, wurde von Lippert und Denis McDonough als einem
weiteren Mitglied des Wahlkampfteams koordiniert. Und wegen
Lippert saß ich nun auch in diesem Raum.

Chefstratege war David Axelrod. Als ich meinen Platz einnahm,
beschrieb er gerade ausführlich das politische Dilemma: In den

Vorwahlen würden demokratische Wähler zu jedem Antrag zum Irakkrieg ein ablehnendes Votum verlangen, doch wenn Obama entsprechend stimmte, würde ein künftiger republikanischer Präsidentschaftskandidat ins Feld führen können, dass er unsere Truppen im Kampf ohne Mittel habe dastehen lassen. Im Raum gingen die Gespenster der Wahl von 2004 um, als die Republikaner John Kerry angesichts des Terrorismus als Weichling hingestellt hatten. «Ich bin sicher, dass Clintons Wahlkampfteam dieselbe Diskussion führt», sagte Axelrod.

«Hillary wird immer so abstimmen wie ich», sagte Obama. Seine Zuversicht machte mich betroffen. Ohne seinen lässigen Ton wäre sie arrogant erschienen.

Die Diskussion mäanderte durch den Raum. Fast alle wahrten Neutralität, indem sie das Dilemma wie Axelrod beschrieben, aber keine klare Empfehlung abgaben. Es war, als neigten die politischen Berater einem Nein zu, ohne es aussprechen zu wollen. Als Susan zu Wort kam, plädierte sie für ein zustimmendes Votum. Kurzgefasst und unaufgeregt trug sie – neben Obama die einzige afroamerikanische Stimme im Raum – ihre Meinung in einer scharfen, deklarativen Sprache vor: «Es geht um die Kugeln für die Waffen, die unsere Soldaten schützen», sagte sie. «Dies ist der Augenblick des Oberbefehlshabers.»

Während sie redete, stieg Panik in mir auf. Bloß nicht aufgerufen werden. Ich hatte damals eine tiefsitzende Angst, vor Publikum zu reden. In einem vertrauten Kreis hatte ich kein Problem, aber in dieser Runde würde sich meine Nervosität nicht verbergen lassen. Ich stellte mir vor, wie ich leer vor mich hinstarren und über die eigenen Worte stolpern würde. Dort, am Kopfende des Tisches, saß Barack Obama. Welchen Eindruck würde er bekommen, wenn ich mich bei einer einfachen Empfehlung verhaspeln würde?

Um nicht vor der Gruppe reden zu müssen, kam ich auf die Idee, meine Ansichten Lake mitzuteilen. Ich beugte mich zu ihm hin und legte ihm dar, warum Obama meiner Ansicht nach mit Nein stimmen sollte. Obama, ein ehemaliger Juraprofessor, hat einen Zug, der mir in den darauffolgenden Jahren noch Tausende Male auffallen sollte. Er ruft gerne so gut wie jeden in einem Raum auf. Und er mag keine Privatgespräche. «Tony», rief er vom anderen Ende des Tisches. «Haben Sie eine Ansicht, die Sie uns mitteilen wollen?»

«Warum fragen wir nicht Ben?», sagte Tony.

«Wer ist Ben?», fragte Obama.

«Er hat am Bericht der Irak-Kommission mitgearbeitet», sagte Lippert.

«Nun, was denken Sie?» Obama blickte mich an. Das nervöse Gefühl in meiner Magengrube verwandelte sich in eine Enge in der Brust und Trockenheit in der Kehle. Keine Chance, dass ich ganze Absätze herausbringen würde. Ich musste also etwas anderes ausprobieren, um meine Zunge zu lösen.

«Nun», sagte ich, «Sie sind gegen die Truppenverstärkung, richtig?»

«Sicher», sagte Obama. Ich holte tief Luft.

«Und Sie haben einen Gesetzesentwurf eingebracht, um Truppen aus dem Irak abzuziehen und den Irakern mehr Bedingungen aufzuerlegen, dass sie sich aussöhnen, richtig?», fragte ich.

«Ja», erwiderte Obama.

«Und dieser Gesetzesentwurf hier soll die Truppenverstärkung finanzieren und weist Ihren Plan zurück, richtig?»

«Ja.»

Obama schien ungeduldig zu werden, also kam ich auf den Punkt. «Nun, warum sollten Sie für die Finanzierung einer Politik stimmen, der Sie sich widersetzen, von der Sie nicht glauben, dass sie die Lage im Irak beruhigt, und die der Gesetzesvorlage widerspricht, die Sie eingebracht haben? Sie sollten mit Nein stimmen.»

Für einen Moment wurde es still im Raum. Obama beugte sich vor und schlug mit der Hand auf den Tisch. «Okay, ich denke, darüber haben wir genug geredet», sagte er. «Ich treffe eine Entscheidung, wenn ich zum Kapitol hinaufgehe.»

Nach dem Ende der Sitzung teilten sich die Teilnehmer in Gruppen auf. Obama erhob sich und ging. An der Tür blieb er kurz stehen, drehte sich um, bahnte sich einen Weg durch ein paar Leute hindurch bis zu mir und streckte eine Hand aus.

«Hallo, ich bin Barack», sagte er. «Freut mich, dass Sie bei uns sind.»

Ich murmelte etwas wie «Danke», als er sich abwandte. Lippert bat mich, ihn zur Metro zu begleiten, und teilte mir etwas mit, das er nicht groß herumerzählt hatte: Als Marinereservist war er zum Dienst im Irak einberufen worden. Er würde in gut einem Monat abreisen, anstatt wie geplant in Chicago im Wahlkampfbüro zu arbeiten. Und er würde dem Team empfehlen, mich anzuheuern. «Dort hat von Außenpolitik keiner eine Ahnung», sagte er, als er die Rolltreppe nach unten fuhr.

Ich stand am Eingang der Metrostation, in der ich in den letzten fünf Jahren ein- und ausgegangen war. Etwas hatte sich verändert in meinem Leben, aber in welchem Ausmaß, konnte ich damals nicht einmal ahnen. Ein paar Stunden später trat Obama – der unkonventionelle, auf gesundem Menschenverstand beruhende Ratschläge mehr schätzte, als ich wusste – auf das Parkett des Senats und stimmte mit Nein.

Kapitel 2

Mit dem Iran reden, bin Laden fassen

Obamas Wahlkampf brauchte mehr als Nachhilfe in Außenpolitik: Die Mitarbeiter benötigten auch einen Redenschreiber und baten mich, Anfang August nach Chicago umzuziehen, mich einem drei- köpfigen Team von Redenschreibern anzuschließen und im dor- tigen Büro meine außenpolitischen Kenntnisse einzubringen. Nachdem ich die letzten fünf Jahre in der zugeknöpften Welt einer Washingtoner Denkfabrik zugebracht hatte, in der Leute beim ge- mächlichen Mittagessen über den Wiederaufbau nach einem Krieg redeten, wurde die Kommunikationsabteilung eines rebellischen Teams im Vorwahlkampf der Demokraten zu einer Offenbarung.

Ich war drei Leuten unterstellt. Der allgegenwärtige Stratege, der sich bei jeder Frage einschaltete, war David Axelrod, allgemein als Axe bekannt, ein brillanter Chicagoer Ex-Journalist mit zerzaustem Haar, der zu jeder Stunde am Tag anrief, um unsere Ideen auf den Prüfstand zu stellen. Als er zum Beispiel in einem Artikel las, dass die Bush-Administration 2005 einen Angriff auf die versammelte al-Qaida-Führung in Pakistan in letzter Minute abgeblasen hatte, sollte ich dieses Versäumnis für eine anstehende Rede verwenden. Kommunikationsdirektor war Robert Gibbs, ein Kämpfer aus Ala- bama mit unbedingtem Siegeswillen, der uns kurz nach meinem Umzug wie ein Football-Trainer darauf einschwor, dass wir bis zur Vorwahl in Iowa nur noch sonntags zum Kirchgang freinehmen durften. Chef-Redenschreiber war der charismatische 25-jährige Jon Favreau, der gutaussehende Anführer der unter Dreißigjährigen im Wahlkampfteam, nur als Favs bekannt. (Obama nannte ihn Fav, ohne dass ihn irgendwer jemals korrigiert hätte.) Als mir Favreau im Juli in einer E-Mail mitteilte, dass ich eine «große Terrorismusrede schreiben» müsse, lautete die Betreffzeile der Mail: «Terror. Es geht nicht mehr nur um Terroristen.»

Ich wurde angeheuert in einer Zeit, in der die Außenpolitik im Wahlkampf an Bedeutung gewann. Während einer Debatte der Demokraten im Juli fragte jemand Obama über YouTube, ob er ohne Vorbedingungen bereit wäre, sich mit verschiedenen Gegnern der USA, darunter Iran und Kuba, zu treffen. «Das wäre ich», antwortete er, «und zwar deshalb, weil die Vorstellung lächerlich ist, Länder irgendwie bestrafen zu können, indem man nicht mit ihnen redet, wie es das leitende diplomatische Prinzip der gegenwärtigen Regierung ist.» Clinton widersprach und nannte später Obamas Position – einen Durchbruch witternd – «unverantwortlich und schlicht naiv».

Weil sich in den Vorwahlen zwischen den Kandidaten gewöhnlich kaum Unterschiede zeigen, spielte dieser hier ins jeweilige Narrativ hinein, mit dem beide Seiten warben. Obamas Botschaft lautete, Clinton unterscheide sich zu wenig von Bush, weil sie für den Irakkrieg gestimmt hatte und ihr ein Wandel nicht abzunehmen sei. Dagegen lautete Clintons Botschaft, Obama fehle es an Erfahrung, um Präsident zu werden. Folglich steckte hinter jener Frage, ob mit Gegnern Diplomatie betrieben werden sollte, etwas Umfassenderes: Welche Kritik war richtig, und welchen außenpolitischen Kurs sollten die Vereinigten Staaten nach dem Irakkrieg einschlagen? Ich stand im Zentrum dieser Debatte und sollte für das nächste Jahrzehnt auch dort bleiben.

Nachdem ich den Job angeboten bekommen hatte, kaute ich immer wieder an einer Frage: Wie schreibt man eine Rede für eine

Person, die man nicht kennt? Um mir Obamas Stimme einzuverleiben, studierte ich seine Reden, Interviews und Bücher, die ich am Ende ein Dutzend Mal las. Sein erstes Memoir, *Ein amerikanischer Traum*, ist eine Art Rosetta-Stein für sein Leben und seine Weltsicht und lieferte mir viele eloquente Wendungen, die ich in den nächsten zehn Jahren immer wieder aufs Neue nutzte.

Das Ziel der «großen Terrorismusrede» bestand darin, Obama als Mann auftreten zu lassen, der sich zum Oberbefehlshaber der Streitkräfte eignete und auch als scharfer Kritiker des Irakkrieges in der Lage war, Krieg gegen die Terroristen zu führen, die hinter den Anschlägen vom 11. September gesteckt hatten. Diese Voraussetzung hatte den Vorteil, dass sie der Wahrheit entsprach. An Obama angezogen hatte mich unter anderem eine Rede, die er 2002 auf einer Antikriegskundgebung gehalten hatte, vor dem Einmarsch in den Irak, als die Besserwisser behaupteten, es sei ein politischer und strategischer Fehler, sich diesem Krieg entgegenzustellen. «Ich weiß», sagte er, «dass selbst ein erfolgreicher Krieg gegen den Irak eine US-Besatzung von unbestimmter Dauer, mit unbestimmten Kosten und unbestimmten Folgen erfordern wird. Ich weiß, dass eine Invasion in den Irak ohne klare Begründung und starke internationale Unterstützung die Flammen im Nahen Osten nur noch weiter anfachen, in der arabischen Welt die schlechtesten statt der besten Antriebe ermuntern und den Rekrutierungsarm von al-Qaida stärken wird. Ich bin nicht gegen alle Kriege. Ich bin gegen dumme Kriege.»

Die Rede, an der ich schrieb, sollte diesem Argument neue Aktualität geben. Obama würde seinen Truppenabzugsplan für den Irak darlegen, zwei zusätzliche Kampfbrigaden für Afghanistan und eine erneute Konzentration auf al-Qaida fordern. Darüber hinaus würde er eine Terrorabwehrstrategie vorschlagen, bei der andere Länder in ihrer Fähigkeit gestärkt würden, Terroristen zu verfolgen. Das Gefangenenlager Guantánamo sollte geschlossen, mit Folter Schluss gemacht und die Diplomatie sowie die Auslandshilfe ausgeweitet werden. Am Ende lieferte die Rede eine bemerkenswert genaue Blaupause für Obamas Politik als Präsident, insbesondere in den beiden umstrittensten Punkten: der erneuerten Zusicherung, mit dem Iran wegen seines Atomprogramms in diplomatische Verhandlungen einzutreten, und dem Versprechen, Osama bin Laden in Pakistan zur Strecke zu bringen.

Die außenpolitischen Positionen für den Wahlkampf koordinierte Denis McDonough, ein ernster Mann aus Minnesota, hinter dessen ausgesuchter Höflichkeit sich ein unbeugsamer Ehrgeiz verbarg. Diesem Ehrgeiz verdankte er es, dass er die Entscheidungsprozesse in Fragen der nationalen Sicherheit im Wahlkampf und dann auch im Nationalen Sicherheitsrat konsolidierte und am Ende Stabschef des Weißen Hauses wurde. In jenem Juli 2007 landete bin Laden erneut in den Schlagzeilen wegen eines US-Geheimdienst-Dossiers, in dem es hieß, al-Qaida sei in Pakistan wieder erstarkt. Wie Axe dachten Denis und ich, dass Obamas Position auch ein Bekenntnis dazu enthalten müsse, bin Laden in Pakistan zu verfolgen.

Obamas externe Berater für Äußeres waren skeptisch. Mehrere von ihnen hatten schon Unbehagen über seine Forderung gezeigt, mit dem Iran ohne Vorbedingungen diplomatische Verhandlungen aufzunehmen. Am Tag nach der Debatte hatte das Wahlkampfteam keine Experten gefunden, die bereit gewesen wären, Obamas Haltung öffentlich zu verfechten. In den etablierten außenpolitischen Kreisen herrschte Konsens darüber, dass sich Obama hier vergriffen habe. Und diese Einhelligkeit spiegelte sich in der Meinung der politischen Klasse in Washington wider, dass alles andere als reflexhafte «Härte» gegenüber dem Iran zum Scheitern verurteilt sei. Diplomatie galt als «schwach», sich der Diplomatie zu verweigern im Umkehrschluss als «hart» – unabhängig davon, ob der Iran sein Nuklearprogramm stetig weiter vorantrieb.

Neben seinem Hauptbüro in Chicago verfügte Obamas Wahlkampfteam auch in Washington über Räumlichkeiten, in einem Gebäude ohne Fahrstuhl in der Massachusetts Avenue nahe dem Kapitol. Hier konnte Obama Teambesprechungen abhalten und telefonisch Spenden einwerben. Und Mitarbeiter, die in Washington vorbeikamen, gelangten an einen Laptop. Einige Tage vor der Rede setzte sich hier eine Gruppe politischer Berater mit Obama an einem kleinen Konferenztisch zusammen. Als Redenschreiber, den das Wahlkampfteam eingestellt hatte, fühlte ich mich in meiner Position gestärkt, als ich meinen Platz an dem Tisch mit Personen einnahm, die in diesem Wahlkampf zu den wichtigsten außenpolitischen Experten zählten, darunter Susan Rice, Denis McDonough, der New Yorker Anwalt Jeh Johnson und Richard Clarke.

Clarke war in der Bush-Administration für Terrorabwehr zuständig gewesen und hatte sich einen Namen mit seiner scharfen Kritik an dieser Regierung gemacht, weil sie die Bedrohung durch al-Qaida vor den Anschlägen des 11. September nicht ernstgenommen hatte. Ich erinnerte mich daran, wie ich in einem emotionsgeladenen Anhörungssaal des Senats gesessen und Clarke vor Hamilton und den anderen Mitgliedern der Untersuchungskommission zu den Anschlägen seine Aussage gemacht hatte. Er hatte sich bei den anwesenden Familien der Opfer dafür entschuldigt, dass die Angriffe nicht verhindert worden waren. Jetzt horchte ich auf, als er zur Vorsicht angesichts der Forderung mahnte, bin Laden in Pakistan zu verfolgen. «Senator, Sie müssen die Stämme der FATA dazu bewegen, mit Ihnen zusammenzuarbeiten», sagte Clarke zu Obama und meinte die Bevölkerung der pakistanischen Stammesgebiete an der afghanischen Grenze.

Andere sorgten sich wegen möglicher negativer Auswirkungen auf das Verhältnis zu Pakistans Präsidenten Pervez Musharraf, einem amerikanischen Verbündeten. Nachdem die externen Berater gegangen waren, schritt Obama in einen anderen Raum hinüber, in dem Robert Gibbs am Bildschirm eines Laptops Presseberichte überflog. Da mich keiner zum Gehen aufgefordert hatte, folgte ich Obama mit Denis in der Hoffnung, mehr Einblicke in die Person zu bekommen, für die ich arbeitete.

«Das ist also der Mann, der die Probeabstimmung gewonnen hat», sagte Gibbs zu mir. Die erste Rede, die ich für den Wahlkampf geschrieben hatte, war für eine Konferenz von Planned Parenthood bestimmt gewesen, einer gemeinnützigen Organisation, die sich mit Sexualität und Familienplanung befasst. Obama hatte eine Probeabstimmung der Teilnehmer für sich entschieden. «Gratulation, Bruder.» Ich wusste nicht, ob Gibbs es ernst meinte oder ob er sich über mich lustig machte. Er befasste sich mit Außenpolitik und schrieb jetzt Reden für Wahlkreise.

Obama trat an Gibbs heran und las über seine Schulter hinweg die Berichte auf dem Bildschirm. Beide hatten einen locker vertrauten Umgang miteinander, der sich in Jahren gemeinsamer Reisen eingespielt hatte. «Senator», fragte ich, «was soll in der Rede zu bin Laden stehen?»

«Ich möchte sagen, dass wir ihn ausschalten würden», antwortete er.

«Soll ich über Musharraf reden?», fragte ich.

Er drehte den Kopf und blickte mich an. «Mir egal, wie wir es sagen. Ich will klarmachen, dass wir bin Laden drankriegen werden.»

Gibbs las laut aus dem Bericht vor, den sie sich anschauten: Madeleine Albright kritisierte Obama wegen seiner Aussage, dass er mit dem Iran in Gespräche eintreten wolle. «Wovon reden diese Leute eigentlich?», sagte Obama.

«Ist sie nicht nach Nordkorea gereist?», fragte Denis.

Obama drehte sich um und lachte auf seine typische Art vornübergebeugt und mit dem ganzen Körper. «Eben!», rief er. «Es. Ist. Noch. Keine. Belohnung. Wenn. Man. Mit. Leuten. Redet.» Er trommelte jedes einzelne Wort mit der flachen Hand auf den Tisch.

«Wie kann man das mit dem Iran machen? Darauf will ich mich konzentrieren. Nehmen Sie es in die Rede mit auf. Robert, ich will ein Interview geben. Können wir gleich jemanden herbestellen?» Ein neuer Politiker, dachte ich, ein anderer Politiker.

In den nächsten paar Tagen prasselten zu jedem Entwurf der Rede ständig Hinweise von einem Dutzend politischer Berater auf mich ein. Aus Angst, Personen mit mehr Erfahrung zu übergehen, nahm ich ihre Änderungen auf, handelte mir aber nur Rügen von Axe, Favreau und letztlich Obama ein. Schließlich lehnte ich Änderungswünsche schlicht ab – Obama wolle das Manuskript so lassen, wie es sei. Und daran hielt ich jahrelang fest.

Obama musste die Rede am 1. August im Wilson Center halten. Einige Minuten vor dem Auftritt traf sich dieser 45-jährige Schwarze, für den ich arbeiten würde, mit mir und Lee Hamilton, dem 76-jährigen Weißen, der mehr als fünf Jahre mein Chef gewesen war. Mit Hamilton gondelte ich später einige Tage durch das südliche Indiana, wo er auf Wahlkampftour für Obama unterwegs war – ohne Erwartung einer Gegenleistung: Ein Angebot, die Leitung der CIA zu übernehmen, lehnte er am Ende ab. In Südindiana war der Ku-Klux-Klan einst besonders stark gewesen, und jedes Publikum bestand hier aus älteren Weißen. In Imbisslokalen an Marktplätzen, in kleinen Sitzungsräumen von Colleges und Seniorenheimen warb Hamilton um die Stimmen skeptischer Gruppen von zehn, zwanzig oder dreißig Personen, mit einer um eine Oktave erhöhten Stimme und einem volkstümlicher klingenden Akzent: «Ich weiß, was ihr denkt», sagte er. «Er ist anders. Er ist jung. Er ist *schwarz*.» Dann machte er eine Pause. «Ja, ich sage euch, dieser Kerl ist die Zukunft. Und es ist Zeit für einen Wechsel.»

Hamilton und Obama plauderten über Hamiltons letztes Projekt: eine Kommission, die sich mit den Befugnissen des US-Präsidenten im Krieg befasste. «Ein Präsident hat es viel zu leicht, uns in einen Krieg hineinzuziehen», teilte Hamilton Obama mit. Wir schossen ein Foto von uns allen. Hamilton nannte mich einen «netten jungen Mann». Ich fühlte mich, als würde ich ins Sommerlager verschickt.

Ein paar Tage später zog ich nach Chicago um. Bis ich eine Unterkunft hatte, schlief ich auf einem Klappbett im Gästezimmer eines Freundes, der fast eine Zugstunde entfernt bei Evanston wohnte.

Meine Freundin Ann war über den Umzug nicht erfreut. Wir waren schon ein paar Jahre liiert und erst kürzlich zusammengezogen. Wir gaben ein seltsames Paar ab. Sie war hochgewachsen, mit auffallend rotem Haar, und stammte aus einer großen katholischen Familie in Huntington Beach, dem Herzen des kalifornischen Orange County. Sie hatte sich bis nach Washington vorgearbeitet – von einem öffentlichen College in ihrer Heimat über die University of California, Los Angeles, bis ins Büro ihrer örtlichen Kongressabgeordneten, Loretta Sanchez, die sie überredet hatte, ihr Glück in Washington zu versuchen. Einer meiner besten Highschool-Freunde, David Zetlin-Jones, der für Loretta in Orange County arbeitete, hatte uns verkuppelt. «Was ist das für einer?», hatte Ann ihn gefragt, offen für ein Blind Date, weil sie in Washington keinen kannte. «Ein hochgewachsener Snowboarder», erwiderte David mit einer Beschreibung des Typs, mit dem sich Ann gerne umgab.

Ich bin gut 1,70 Meter groß und in meinem Leben noch nie Snowboard gefahren. Als ich David darauf ansprach, sagte er: «Ich hab dir die Tür aufgemacht. Der Rest ist deine Sache.»

Wir mochten Washington beide nicht besonders, hatten uns dort aber so etwas wie ein Leben aufgebaut. Zu der Zeit, als ich in Obamas Dienste trat, war Ann außenpolitische Chefberaterin der kalifornischen Senatorin Barbara Boxer. «Wenigstens bist du am 5. Februar wieder zurück», entgegnete sie auf meine Ankündigung, dass ich den Job in Chicago annehmen würde. Für dieses Datum erwarteten alle, dass Hillary die Nominierung ergattert hätte. Ann wünschte sich einen Sieg Obamas, konnte sich aber nicht vorstellen, dass Amerika einen Schwarzen namens Barack Obama wählen würde. Orange County würde er definitiv nicht mitreißen.

Freunde meinten, ich würde einen Fehler begehen: «Richard Holbrooke führt eine Liste mit allen, die für Obama arbeiten», sagte einer über Hillary Clintons außenpolitischen Chefberater, der als ihr Wunschkandidat für das Außenministerium galt. Vernon Jordan, der in der Irak-Kommission mitgearbeitet hatte, war ein wenig großzügiger. Beim Mittagessen im Metropolitan Club sagte er mir, er sei froh, dass ich für Obama arbeite. «Barack braucht gute Leute», meinte er. «Aber Dresche kriegt er von uns trotzdem.»

Obamas Gegner hatten sich auf unsere große Terrorismusrede gestürzt. Das Versprechen, bin Laden zu fassen, wurde als Aufruf hingestellt, «in Pakistan einzumarschieren». Und wieder stand er am Pranger wegen seiner angeblichen Naivität, mit dem Iran reden zu wollen. Obama verneinte Jahre später die Frage, ob er auch Atomwaffen einsetzen würde, um Terrorcamps in Pakistan auszuschalten. Dieselben Leute, die ihm vorgeworfen hatten, dass er bin Laden in Pakistan außer Gefecht setzen wollte, warfen ihm nun deswegen wieder Naivität vor. Alles erschien als ein albernes Spiel, in dem es wichtiger war, sich an ein abgesprochenes Skript zu halten, als die Lage richtig einzuschätzen. Und schlimmer: An diesem Skript hatte sich trotz des Desasters im Irak nichts verändert.

Als ich nach meiner ersten Nacht in Chicago gegen fünf Uhr morgens erwachte, fand ich mehrere neue E-Mails zu Pressemeldungen vor: Pervez Musharraf machte Schlagzeilen, weil er Obamas Drohung verurteilt hatte, bin Laden zu fassen. Ich hatte internationale Verstimmungen ausgelöst. Die erste Mail stammte von Dan Pfeiffer, einem Strategen, der normalerweise nicht aus der Ruhe zu bringen war und in Obamas Wahlkampf als stellvertretender Kommunikationsdirektor diente. Er leitete einen Bericht zu

Musharrafs Kommentar an einen Kreis von Empfängern weiter, zu dem außer mir auch die obere Führung des Wahlkampfteams gehörte. «Dies ist wohl das Schlimmste, was uns bisher passiert ist», schrieb er. Ich war allein in einer Stadt, in der ich kaum jemanden kannte, geriet in die roten Zahlen, weil ich eine Gehaltskürzung in Kauf genommen hatte, und dachte, ich hätte den Wahlkampf versiebt. Ich spürte eine Art Krampf in meinem Magen, der als ein Kribbeln bis in die Arme ausstrahlte. Dieses Stressgefühl sollte mich das nächste Jahrzehnt über begleiten. Am Morgen fuhr ich in sicherer Erwartung eines Scherbengerichts zur Arbeit. Als ich an dem rechteckigen schwarzen Bürogebäude ankam, in dem ich die nächsten sechzehn Monate verbringen würde, setzte ich mich draußen für fast zwanzig Minuten auf eine Bank und fragte mich, was ich gerade mit meinem Leben anstellte. Dann erhielt ich eine E-Mail von Favreau. Wo ich denn bleibe, fragte er.

Als ich oben ankam, erhielt ich sofort den Auftrag, in Obamas Namen einen Kommentar zu Pakistan zu verfassen: nicht für die *Washington Post*, sondern für die *Mason City Globe Gazette*. Iowa, nicht Washington war wichtig. Tage später verflogen alle meine Zweifel an unserem umstrittenen außenpolitischen Kurs: Obama tat das, was ich ihn noch Hunderte Male tun sehen würde. Er ging von Verteidigung zum Angriff über. Auf einem Podium in Chicagos Soldier Field, einem Football- und Fußball-Stadion, wischte er die wiederholten Attacken mit klaren Worten zum Irakkrieg weg: «Ich brauche von Leuten, die den größten außenpolitischen Fehler meiner Generation begangen haben, keinerlei Belehrung.»

Mein Rettungsanker in dieser Zeit war Samantha Power. Wenn man mich, als ich nach Washington umzog, gefragt hätte, was ich werden wollte, hätte ich wahrscheinlich «Samantha» geantwortet. Sie hatte als Journalistin auf dem Balkan gearbeitet und mit Anfang dreißig den Pulitzerpreis für ein Buch über das amerikanische Versagen bekommen, den dortigen Völkermord zu verhindern. Sie bot meiner Generation von Liberalen eine Alternative zu den neokonservativen Anschauungen, die nach den Anschlägen vom 11. September die Debatten beherrschten: Sie trat für ein Amerika ein, das intervenierte, um Menschenrechte zu fördern und Gräuel zu verhindern, hatte sich aber gegen den Krieg im Irak gewandt und sich damit von zahlreichen liberalen Interventionisten abgesetzt, die von den Bush-Anhängern vereinnahmt wurden.

Wie ich sah Samantha ihre Arbeit für Obama als etwas Schicksalhaftes an. Sie hatte ehrenamtlich als Beraterin in seinem Senatsbüro gearbeitet und setzte diese Tätigkeit für seinen Wahlkampf von Boston aus fort, während sie ihr zweites Buch fertigstellte. Ich blieb gewöhnlich bis spätabends im Büro, weil ich nichts Besseres wusste, ging im Kreis herum und redete mit ihr. Als Obama wegen seiner Positionen zu Pakistan und zum Iran in die Kritik geriet, schrieben wir ein Memorandum für Journalisten, in dem wir Obamas Bereitschaft priesen, sich dem «konventionellen Denken» zu widersetzen, das uns in den Irakkrieg gestürzt hatte – ein routiniertes Wahlkampf-Dokument, das uns als Manifest für eine neue Ära der amerikanischen Außenpolitik erschien. Diese Begeisterung verlor sie nie: Jahre später, vor einer Sitzung mit Obama zur Frage, ob die Vereinigten Staaten dem weltweiten Abkommen zum Verbot von Landminen beitreten sollten, hörte sie sich in ihrem Büro als Vorbereitung mehrmals hintereinander Eminems *Lose Yourself* an. Wenn ich nach einem Gespräch mit Samantha in mein Einzimmerapartment in einem Gebäude zurückkehrte, in dem vor allem Studenten höherer Semester und Arbeiter aus dem Dienstleistungssektor wohnten, fühlte ich mich als Teil einer Bewegung, die die Weltordnung umkrempeln würde.

Geerdet wurde unser Wahlkampf in diesen Sommertagen allerdings durch eine Reihe negativer Narrative: Clinton würde gewinnen, weil sie unvermeidlich sei. Obama würde verlieren, weil die

Jungen den Wahlurnen immer fernblieben. Clinton sammle Unterstützung von der Parteielite ein. Obama könne keine schwarzen Stimmen mobilisieren, weil er nicht ausreichend schwarz sei. («Wenn ich ein Taxi zu kriegen versuche, bin ich schon schwarz genug», sagte er uns.) Clinton habe den Test für den Oberbefehlshaber bestanden. Bei Obama stehe der Test noch aus, und er sei ja auch anders.

Nichts davon machte uns etwas aus. Im Büro wimmelte es von jungen Leuten, die den ganzen Tag damit zubrachten, in ihre Laptops zu starren, und selbst dann noch über Instant Messenger kommunizierten, wenn sie nebeneinandersaßen. Wir verbrachten unsere Tage, als seien wir in ein Geheimnis eingeweiht, das keiner außer uns kannte: Wir würden die Wahl gewinnen, und je mehr Leute das Gegenteil behaupteten, desto siegesgewisser wurden wir. Die Führungsfiguren des Wahlkampfteams saßen in gläsernen Büros mit offenen Türen. Primus inter Pares war unverkennbar David Plouffe, ein kleiner, energischer Vierzigjähriger, der im Stakkato redete und niemals Nerven zeigte. Während wir Übrigen auf die Umfragen schauten, berief er Vollversammlungen ein, in die sich alle bundesstaatlichen Büros einwählten, und rasselte Zahlen der politisch Interessierten herunter, die das Wahlkampfteam in Iowa erreicht hatte: wie viele Anrufe getätigt und wie viele Klinken geputzt worden waren. In Iowa, sagte David Plouffe, «treiben wir der Clinton-Kampagne einen Pflock durchs Herz». Alle paar Wochenenden mussten wir nach Iowa fahren und an Türen klopfen. An den meisten Abenden besuchten wir Bars, in denen uns keiner kannte und außer uns niemand über Politik redete. Wir hatten alle darauf gesetzt, für den Außenseiter im Wahlkampf zu arbeiten, teilten also etwas Wesentliches – den Glauben daran, dass unser Engagement ebenso historisch wie gerechtfertigt war. Selbstredend, dass einem immer jemand zur Seite stand, wenn man etwas brauchte: einen Schlafplatz für einen Freund auf Besuch, Unterstützung bei der augenblicklichen Arbeit oder jemanden, mit dem man über seinen momentanen Frust reden konnte. In den landesweiten Umfragen lagen wir um zwanzig Prozentpunkte hinter Clinton zurück. Es war die glücklichste Zeit meines Berufslebens.

Kapitel 3

Eine Schicksalsgemeinschaft

Wenige Stunden bevor Barack Obama in Berlin zu 200 000 Menschen sprechen sollte, stellte ich fest, dass unsere Rede einen Anklang an Adolf Hitler enthielt.

Die Hauptgegensätze zu Clinton, die wir im Sommer 2007 herausgehoben hatten, waren schließlich in eine umfassendere Botschaft – *Wandel, an den man glauben kann* – verpackt worden, die uns durch einen rauschenden Vorwahlkampf trug. Obama, so das Argument, sei anders als das Establishment, für das Clinton stehe, und verdiene deshalb Vertrauen, dass er den Wechsel herbeiführen werde. Der Wahlkampf hatte sich wie eine Welle aufgebaut und Leute mitgerissen, die sich normalerweise aus der Politik heraushielten oder den Glauben verloren hatten, dass sie wichtig sei. Jetzt, zu Beginn des Wahlkampfs gegen John McCain ums Präsidentenamt, wollten wir diese Botschaft um die Welt tragen.

Die Berliner Rede bildete den Kern einer wagemutigen Reise für einen Präsidentschaftskandidaten, einer Reise, die Obama nach Afghanistan, Kuwait, in den Irak, nach Jordanien, Israel, ins Westjordanland, nach Deutschland, Frankreich und Großbritannien führen würde. Normalerweise zielen alle Äußerungen zur Außenpolitik in einem Präsidentschaftswahlkampf darauf ab, kein Porzellan zu zerschlagen und ein bestimmtes Programm abzuhaken: an ethnische Wählerschaften in Schlüsselstaaten appellieren, Soldaten auf Militärbasen und Veteranen beruhigen und den Wählern zeigen, dass man irgendwie ausreichend Härte besitzt, um die Rolle des Oberbefehlshabers der Streitkräfte auszufüllen.

Aber das Ethos hinter Obamas Wahlkampf bestand darin, mehr zu tun, als nur eine Hürde zu überspringen. Es war geprägt von einem afroamerikanischen Kandidaten, der erlebte, was schon der erste schwarze Baseballspieler, Jackie Robinson, erlebt hatte: dass Schwarze besser sein mussten als Weiße, um in neue Höhen aufzusteigen. So hatten wir auch die Nominierung ergattert: Wir hatten eine Koalition aus Afroamerikanern und jungen Wählern geschmiedet, einen Skandal ausgestanden, den Obamas Pastor durch aufhetzende Kommentare ausgelöst hatte, indem wir Obama eine sehr persönliche Rede über die Frage der Hautfarbe hatten halten lassen, und wir hatten Clintons Kampagne durchkreuzt, indem wir in allen Landesteilen konkurrierend Präsenz gezeigt hatten. Nun machten wir uns an den Nachweis, dass Obama Besuche in zwei Kriegszonen bestehen, die Minenfelder der Nahost-Friedensverhandlungen durchschreiten und in Europas Hauptstädten willkommen geheißen werden konnte. Die Reiseroute fasste die außenpolitische Botschaft unseres Wahlkampfs zusammen: Nach acht Jahren George W. Bush mussten wir die Kriege zurückschrauben, die Diplomatie wiederbeleben und Amerikas Ansehen in der Welt wiederaufrichten. Aber wir hielten auch an unserem Maß an Verteidigungsbereitschaft fest. Ein Missgriff im Ausland würde sich auf einen Wahlkampf, in dem John McCain als einzigen Vorteil Erfahrung vorweisen konnte, verheerend auswirken. Und angesichts von Gerüchten, wonach Obama Muslim, Kenianer, Terrorsympathisant oder alles zusammen sei, hatten wir eine Wagenburgmentalität verinnerlicht.

Ich war verantwortlich für die Worte, die er öffentlich sprechen würde. Für mehrere Wochen wurde die Berliner Rede zum zentralen Inhalt meiner Existenz. Für einen Dreißigjährigen, der immer nur Reden geschrieben hatte, die in den Vereinigten Staaten gehalten wurden, war das ungefähr so, wie wenn ein Jockey sein erstes Rennen auf dem Favoriten des Kentucky Derby bestreiten muss. Immerhin war es Berlin. Kennedy: «*Ich bin ein Berliner!*» Reagan: «*Tear down this wall!*» Die symbolträchtigsten Reden amerikanischer Präsidenten im Ausland hatten in Berlin stattgefunden. Ich las beide Dutzende Mal durch. Bis spät in die Nacht hörte ich mir ihre Aufzeichnungen in meiner Wohnung an. Ich wollte mehr als alles andere daran mitwirken, Barack Obama in dieses Kontinuum einzureihen, Worte schreiben, die eines Tages vielleicht jemand wie ich lesen würde. Und für das Wahlkampfteam war genau dies das Ziel: Obama sichtbar in dieses Kontinuum zu stellen.

Der Einzige, der beim Gedanken an eine Rede in Berlin nicht begeistert erschien, war Obama. Als Favreau und ich ihn darauf ansprachen, schlug er lediglich vor, dass wir die Geschichte Berlins als Aufhänger nutzen sollten, um unsere Vorstellungen zur US-Außenpolitik darzulegen. Kanzlerin Angela Merkel lehnte eine Anfrage ab, ob die Rede vor dem Brandenburger Tor gehalten werden könne, wo Reagan einst Gorbatschow aufgefordert hatte, die Mauer niederzureißen: Der Schauplatz müsse amtierenden Präsidenten vorbehalten bleiben. Obama war peinlich berührt und verärgert: «Ich habe nie gesagt, dass ich vor dem Brandenburger Tor reden will», blaffte er. Es war ein Zeichen für eine allgemeinere Entwicklung in diesem Wahlkampf: Obama wurde häufig vorgeworfen, dass um seine Person herum – mit stilisierten Postern, Star-Hymnen und aufwendigen Kulissen bei seinen Veranstaltungen – ein Kult heranwuchs, für den er aber selten verantwortlich war. Vielmehr war er besorgt, dass wir zu hohe Erwartungen weckten in einer Welt, die sich Veränderungen gerne widersetzt.

Vor dem Abflug nach Afghanistan las er einen Entwurf der Rede und zeigte sich zufrieden – «Ihr könnt diese Rede in den Teleprompter eingeben, das reicht mir», sagte er –, aber ich wollte mehr. Ich hoffte auf Änderungen, die der Rede mehr Größe geben und sie zu mehr als einer bloßen Zusammenfassung unserer Weltsicht machen würden. Der Wechsel, für ein ausländisches Publikum zu schreiben, war nicht schwer gewesen: Obamas Botschaft einer Zusammenarbeit über Hautfarben und Religionen hinweg, seine Bevorzugung der Diplomatie gegenüber dem Krieg, sein Bekenntnis zum Klimawandel als wissenschaftlich gesichertem Faktum, seine Bereitschaft anzuerkennen, dass die Welt jenseits des Terrorismus noch andere Probleme zu lösen hat – all dies würde in Deutschland gut ankommen. Doch ich suchte weiterhin nach einem oder zwei Sätzen, um die Botschaft zuzuspitzen, sie so auf den Punkt zu bringen, dass sie an dasselbe Gefühl einer gemeinsamen Mission appellieren könnte, das Kennedy und Reagan beschworen hatten.

Als wir am Morgen der Rede von Israel nach Berlin flogen, teilte ich Obama mit, dass der Schauplatz, auf den wir uns geeinigt hatten – vor der Siegessäule, am Ende eines langen Boulevards –, Zigtausenden Zuhörern Platz bot. «Und was, wenn keiner kommt?», fragte er allen Ernstes. Nach der Landung in Berlin wurde deutlich, dass uns dieses Problem erspart bleiben würde. Menschenmassen begrüßten unsere Fahrzeugkolonne. Hunderte drängten an die Absperrungen vor unserem Hotel – jubelnd, mit hochgehaltenen Schildern, Fotos schießend und die Hälse reckend, um einen Blick auf Obama zu erhaschen.

Aus einem Wahlkampfbüro in Chicago war ich auf eine sehr viel größere Bühne hinausgetreten, wo Geschichte unmittelbar spürbar wurde. Da war ich nun, ein Dreißigjähriger, der mit einem Präsidentschaftskandidaten von Israel nach Deutschland gereist war. Die Familie meiner Mutter war jüdisch mit Wurzeln in Polen und Deutschland. Die Verwandten, die nicht in die Vereinigten Staaten geflohen waren, hatten im Holocaust ihr Leben verloren. Sie seien geblieben, sagte meine Mutter stets, weil sie dachten, sie seien mehr Deutsche als Juden. Ihre Entscheidung hat mich immer beschäftigt, auch deshalb, weil ich sie verstehen konnte: Ich wurde im

Episkopalismus meines Vaters mit sporadischem Kirchgang erzogen, ohne jüdischen Glauben, aber im Bewusstsein einer jüdischen Identität, die am deutlichsten durch den Teil der Familie präsent war, der mir fehlte.

Nach Deutschland war ich erstmals mit zwanzig Jahren gereist, in einem Zug ab Paris, wo ich studierte. Ich weiß noch, dass ich nach dem Einschlafen im Abteil in Frankreich von deutschen Tönen aus dem Lautsprecher geweckt wurde, als ein Schaffner die nächsten Stationen ankündigte. Die unverständlichen Laute erinnerten mich an meine säkulare jüdische Erziehung in New York, die ich von meiner Mutter empfangen hatte: Der Holocaust war das zentrale Ereignis des 20. Jahrhunderts; Angehörige von dir sind in der Shoah umgekommen; und die Deutschen, dieses hochzivilisierte Volk, haben diese Taten begangen. Aber auf dieser Reise im Jahr 2008 wie auf sämtlichen in späteren Jahren war wenig Raum für persönliche Reflexionen. Stattdessen floss meine – emotionale und intellektuelle – Energie in die Arbeit, die ich zu erledigen hatte.

Als ich in mein Hotelzimmer trat, spürte ich eine seltsame Mischung aus Adrenalin und erdrückender Verantwortung. Von meinem Fenster aus blickte ich auf Menschenmengen. Mein Zimmer war voll von antiquarischen Möbeln. Agenten des Secret Service sicherten das Stockwerk. Und auf meinem Laptop war eine Word-Datei mit den Worten abgespeichert, auf die alle warteten. Bis zur Rede dauerte es noch einige Stunden. Ich klappte den Rechner auf und starrte auf den Bildschirm mit dem Text, der mir so vertraut war, dass mir die Worte fast inhaltsleer vorkamen. Weil mir das Herzstück der Rede, ein Anklang an Reagan mit einer Obama'schen Wendung, als einziger Teil Zuversicht gab, las ich es mir immer wieder laut vor – ein eindringliches Bekenntnis zur Weltoffenheit gegen kruden Nationalismus: «Die Mauern zwischen alten Verbündeten auf beiden Seiten des Atlantiks können nicht bestehen bleiben. Die Mauern zwischen den Ländern, die am meisten haben, und denen, die am wenigsten haben, können nicht bestehen bleiben. Die Mauern zwischen Rassen und Stämmen; Eingeborenen und Einwanderern; Christen und Muslimen und Juden können nicht bestehen bleiben. Das sind jetzt die Mauern, die wir niederreißen müssen.»

Favreau hatte ein Buch über die «Rosinenbomber» gelesen – die amerikanischen Piloten, die während der Berliner Luftbrücke die Herzen und Köpfe der Berliner eroberten, indem sie über der Stadt Lebensmittel und Süßigkeiten für die Kinder abwarfen. Wir nutzten diese Episode als Rahmen für die Rede, weil sie für eine Verbeugung vor der Geschichte gut geeignet erschien und dabei einen Kerngedanken von Obamas Weltanschauung vermittelte: dass die amerikanische Führungsrolle auf unserem Militär beruhte, aber nicht nur in Stärke, sondern auch in Solidarität verankert war. Eine Anekdote in dem Buch stach heraus. Eine Deutsche hatte die Luftbrücke damals so auf den Punkt gebracht: «Wir sind eine Schicksalsgemeinschaft!»

Als Redenschreiber sucht man ständig nach neuen Formulierungen, um Dinge zu sagen, die schon gesagt sind. Dieser Satz griff unsere Botschaft im Wahlkampf auf: *«Yes, we can. Unser Schicksal wird nicht für uns geschrieben, es wird von uns geschrieben. Wir sind diejenigen, auf die wir gewartet haben.»* Dieser Ausdruck fasste sie ebenso gut zusammen: *«Schicksalsgemeinschaft».* Favreau und ich schrieben einen grandiosen Schluss der Rede, der auf diesen Ausruf zustrebte: «Wir sind eine Schicksalsgemeinschaft!» Er war das Einzige in der Rede, was Obama beim Lesen auf Anhieb gefiel. Er lieferte den Übergang, um zum Abschluss unter Anspielung auf Kennedy den Geist zu beschwören, den einst die amerikanischen Piloten mit einer einfachen Deutschen von der Straße verbunden hatte und der uns noch immer verband: Wir alle sind «Berliner». Es klappte so gut, dass wir in Obamas Rede das Wort «Schicksalsgemeinschaft» auf Deutsch einstreuten.

Schicksalsgemeinschaft.

Ich starrte auf meinen Bildschirm. Wir würden eine phonetische Umschrift brauchen, dachte ich. Aber etwas machte mich stutzig. Konnte ein einzelnes Wort tatsächlich «community of fate» bedeuten? Ich gab «Schicksalsgemeinschaft» bei Google ein. Als ich die Ergebnisse durchschaute, verstand ich kein Wort außer Googles Übersetzung, und die bestätigte die Bedeutung. Eingebettet in Dutzende Links, tauchten auch Verweise auf NS-Quellen auf. Es war ja schließlich Deutsch. Ich mailte unserem führenden Deutschlandberater und fragte, ob das Wort etwas Verfängliches beinhalte. Er überprüfte es mit mehreren Leuten und schrieb zurück: Entwarnung. Ich rief Marc Levitt an, unseren Mann vom Vorauskommando, der sich gerade bei dem deutschen Muttersprachler aufhielt, der die Rede fürs Internet ins Deutsche übersetzte. Ich bat darum, dieses Wort nochmals zu überprüfen: ob ich mir wegen irgendetwas Sorgen machen müsse? Am anderen Ende der Leitung herrschte kurz Stille: «Ihm fällt ein Stein vom Herzen, dass du nachgefragt hast», sagte Marc. «Er meint, das Wort hat ihm schon den ganzen Tag Bauchschmerzen bereitet.»

Er reichte dem Mann den Hörer: «So lautet der Titel von einer der ersten Reden Hitlers vor dem Reichstag.»

Ich schaute auf das Wort auf meinem Bildschirm und dann zum Fenster hinaus, wo der neue Reichstag mit seiner Glaskuppel stand, ein Monument der Transparenz und der neuen deutschen Republik. «Sind Sie sicher?», fragte ich. «Im Internet habe ich das nicht gesehen.»

«Doch, doch. Vielleicht taucht das Wort nicht im Titel auf, aber die Deutschen werden das kennen.»

Ich teilte Marc mit, dass ich mit einem überarbeiteten Entwurf wieder auf sie zukommen würde. Ich spürte diese Enge in meiner Brust: Wieso nur war ich so knapp an einem solchen Riesenfehler vorbeigeschrammt? War ich für den Job ungeeignet? Ich starrte auf den Schluss der Rede und versuchte, mir einen Ersatz einfallen zu lassen, kam aber auf keinen. Per E-Mail fragte ich bei Reggie Love, Obamas persönlichem Berater für alle Zwecke, nach, ob ich bei Obama vorbeikommen könne. Er sagte mir, sie hätten soeben ihr Training absolviert und ich solle in seiner Suite vorbeischauen. Nicht in Obamas, in Reggies.

Ich stieg eine Treppenflucht nach oben, zeigte den Personenschützern meine Secret-Service-PIN und fand schließlich die Tür zu Reggies Zimmer. Reggie war 1,93 Meter groß und hatte an der Duke University Basketball und Football gespielt. Er strahlte ein lässiges Charisma aus, als könne ihn nichts überraschen oder aus der Bahn werfen. Er war selbst zu einem kleinen Promi geworden, ein Effekt, der auch weitere Mitarbeiter Obamas einholen und dabei ebenso viel Ballast wie Vorteile mit sich bringen sollte. Obama saß in einem grauen Hemd und einer schwarzen Trainingshose an einem kleinen Schreibtisch, ging die Rede am Laptop durch und rauchte eine Marlboro Red. Reggie starrte auf dem Bett liegend auf seinen Black-Berry. Um neugierige Blicke draußen zu halten, waren die Vorhänge zugezogen. Einen Augenblick fragte ich mich, wie Obama ungeschoren in einem Hotelzimmer rauchen konnte, dann fiel es mir ein: Weil er in einigen Monaten möglicherweise zum Präsidenten der Vereinigten Staaten gewählt würde, ließ man ihm alles durchgehen.

«Ich hab Neuigkeiten», sagte ich. «Dieser Ausdruck am Ende – ‹Schicksalsgemeinschaft›.» Obama schaute vom Bildschirm auf und nickte mir auffordernd zu. «Ich habe mit diesem Deutschen gesprochen, der die Rede übersetzt. Er sagt, der Ausdruck sei in einer von Hitlers ersten Reden vor dem Reichstag vorgekommen.»

Eine Pause entstand. Ich sah Obama die neue Information über die wichtigste Zeile verarbeiten, die gegenwärtig auf dem Bildschirm vor ihm stand. Zwei Stunden später sollte sie auf dem Teleprompter erscheinen, wenn er vor Hunderttausenden von Menschen redete. Er hob eine Hand als Signal, dass er etwas Wichtiges zu sagen habe.

«Reggie, wir haben unseren Angestellten des Monats!», sagte er und beugte sich nach vorn, als würde sein gesamter Körper in ein befreiendes Lachen ausbrechen. «Hitler? Wirklich? ‹Obama knüpft in Berliner Rede an Hitler an›», sagte er in Antizipation der Schlagzeilen.

«Nicht das, worauf Sie aus sind», sagte Reggie, ohne von seinem BlackBerry aufzublicken.

«Es ist problematisch», sagte ich wie ein Stichwortgeber im Theater.

«Meinen Sie?», sagte Obama. Statt wütend zu werden, machte ihn die absurde Situation offenbar nur noch gelassener. «Der Reichstag.»

Er überarbeitete den Schluss selbst, während ich ihm über die Schulter blickte. So beklommen mich diese Rede auch machen mochte, sie war nur ein Puzzleteil in der viel umfassenderen und unwirklicheren Erfahrung, die er durchlebte. Doch dieser seltsame Augenblick brachte mich wie tausend weitere, die in den nächsten Jahren hinzukommen sollten, einem Mann näher, der eine für mich unvorstellbare Verantwortung trug, an der ich aber Anteil hatte: als Zeuge und Mitwirkender, als derjenige, der die Rede in den Teleprompter eingab, ohne sie selbst halten zu müssen.

Ich ging die Treppe nach unten und stieg mit Obama, Axe und Gibbs in einen schwarzen SUV, um zum Ort der Rede zu fahren. Der Fahrzeugkonvoi schlängelte sich an gewaltigen Massen von Menschen vorbei, die schrien, winkten oder erschreckt ihr Gesicht in den Händen verbargen, wenn sie die Person auf dem Sitz mir gegenüber erkannten. «Warum sind da so viele Leute?», fragte Obama.

Wir wussten nicht, was wir sagen sollten, sahen Obama die Nervosität aber an: Seine sonst so geschmeidigen Bewegungen wirkten irgendwie hektisch, als er abwechselnd nach draußen winkte und sich im Sitz zurücklehnte. Wie nimmt man jemandem die Anspannung, der gleich vor 200 000 Deutschen reden muss? Sie jubelten und drängten sich gegen die Absperrungen, als wir uns der Bühne näherten. Schließlich brach Axe, ein Jude, das Schweigen. «Junge, die Deutschen sind doch sehr viel netter, als meine Großeltern sie erlebt haben.»

Der Wagen setzte uns hinter der Bühne ab, wo Obama von einem jungen Mitarbeiter des Vorauskommandos Instruktionen erhielt, was genau er zu tun hatte: Stellen Sie sich auf dieses Stück Abdeckband. Warten Sie auf das Signal. Steigen Sie diese Treppen hoch. Drehen Sie sich um und gehen Sie einige Schritte. Dann haben Sie die Menge vor sich. Winken Sie. Treten Sie ans Rednerpult. Die Teleprompter sind rechts und links.

Ich drehte eine Runde, um einen Blick auf die Menge zu werfen: ein Ozean aus Menschen, so weit das Auge reichte.

Als er die Treppen nach oben joggte, hatte sich der nervöse Mann, den ich im Wagen erlebt hatte, in Luft aufgelöst: Stattdessen winkte jetzt ein charismatischer Führer lächelnd und mit lockeren Bewegungen in die Menge, als sei es das Natürlichste auf der Welt, sich vor Menschen hinzustellen, die begeistert aufzunehmen bereit sind, was immer er sagen würde. Ich trat zur Seite und beobachtete ihn. Als er zu seiner Rede anhob, wurde mir klar, dass seine Worte keine so große Kraft haben würden wie sein Erscheinungsbild: ein Afroamerikaner, der auf einer Bühne wie dieser stand. Darin bestanden das Geschenk und der Kampf, den die Arbeit für Obama mit sich brachte.

Ich verzog mich hinter den großen Aufbau, der für die Berichterstatter errichtet worden war, damit ich nicht alles mitbekam. Ich vertraute auf die Rede, die ich geschrieben hatte, konnte aber nicht mitansehen, wie sie vorgetragen wurde. Jede längere Stille hätte mir den Gedanken in den Kopf gesetzt, dass sie im Publikum schlecht ankam. Jede Überleitung zu einem wichtigen Punkt hätte quälend zäh gewirkt. Die nächsten acht Jahre über verfolgte ich fast niemals,

Barack Obama als Präsidentschaftskandidat nach seiner Rede
am 24. Juli 2008 in Berlin

wie eine Rede, die von mir stammte, vor einer Menge gehalten wurde. Stattdessen ging ich lieber hinter der Bühne auf und ab, blickte gelegentlich auf meinen BlackBerry und las die ersten Reaktionen noch während des Auftritts.

Das ist das Los des Redenschreibers – nach dem Vortrag seiner Rede mutiert er vom unverzichtbarsten zu einem zeitweilig bedeutungslosen Mitglied des Teams. Nach der Berliner Rede drückte ich mich am Veranstaltungsort herum und ging schließlich im Strom der Menschen, die Schilder und Kameras umklammerten wie nach einem Rockkonzert, zum Hotel zurück. Als ich in mein Zimmer kam, tauchte ich gleichsam in die Vergangenheit ein. Alles war noch am selben Platz – der geöffnete Laptop, Kaffeetassen, ein halb ausgetrunkenes Glas Wein, Ausdrucke eines fast fertigen Entwurfs –, aber Aufregung und Adrenalin waren verflogen. Als ich die Szenerie auf mich wirken ließ, bemerkte ich, dass ich eine Sucht nach diesem Leben entwickelte: Die Momente, nach denen ich gierte, waren nicht die großen Massenszenen, wenn Reden gehalten werden, sondern der wachsende Druck im Vorfeld. Die Augenblicke, wenn jeder darauf wartet, die Worte auf meinem Laptop zu hören, als sei man in ein Geheimnis eingeweiht, das die Welt erst noch erfahren muss.

Am Abend wirkte Obama erleichtert, dass er diese Hürde hinter sich gebracht hatte, als er in einem Restaurant zum Team stieß, um mit der mitreisenden Presse anzustoßen. Er bestellte einen Martini und schien gelöst inmitten eines Pulks von Leuten, die angestrengt dem zwanglosen Gespräch zu folgen versuchten, das er an einem Ende des Tisches führte. Ich saß neben Maureen Dowd, einer Kolumnistin der *New York Times*, deren Artikel ich seit Jahren las. Ich war aufgeregt und leicht nervös. «Und wer sind Sie?», fragte sie. «Der Redenschreiber», sagte ich. Sie blickte mich ausdruckslos an und beschwerte sich, dass keine wichtigere Person neben ihr saß.

Trotz der begeisterten Pressereaktionen auf die Reise tröpfelten Kolumnen herein, die an der Berliner Rede etwas auszusetzen hatten und beklagten, dass sie keine ausreichend klare außenpolitische Vision entfaltet habe. Eine Chance sei verpasst worden. In E-Mails wies man mich darauf hin, dass der Hauptgrund für die Kritik darin liege, dass ich die Rede im Vorfeld nicht genügend vielen Leuten kommuniziert hätte. «Menschen sagen nie etwas Nettes über eine Rede, an der sie nicht selbst mitgearbeitet haben», meinte jemand und nahm damit ein Problem vorweg, mit dem wir im weiteren Verlauf konfrontiert werden sollten: Wir siegten ohne die Leute, die maßgeblich die Meinung in Washington prägten und sich so lange nicht positiv äußern würden, bis sie einen Posten in Obamas Umfeld ergattert hätten.

Im Wahlkampf eines Rebellen durchlebt man jeden Tag in leicht gereizter Stimmung. Während unsere Erfolge neue Höhen erreichten, schien ich immer nur auf Gründe zu stoßen, meine Empfindlichkeit zu steigern: weil ich an kleinen Kränkungen herumlaborierte und mir merkte, wer gegen uns opponiert hatte, weil ich mich in einer neuen Umgebung zurechtfinden musste oder mich nach der Anerkennung von Leuten sehnte, die arrivierter waren, obwohl doch ich den besseren Draht zum künftigen Präsidenten hatte. Wir hatten Clinton geschlagen und standen davor, McCain zu besiegen, allerdings mit Kampfansagen an die Vorstellungen desselben Establishments, in das wir demnächst eintreten würden: der Medien, die über uns berichten würden, des Kongresses, durch den wir unsere Gesetzesvorlagen bringen mussten, und der Kommentatoren, die nach den Wählern über uns zu Gericht sitzen würden.

Auf dem Rückflug lockerte Obama seine Krawatte, gesellte sich zu uns und legte mit einer Miene zufriedener Erschöpfung jedem den Arm um die Schulter. «Das haben wir geschafft», sagte er. «Jetzt können wir eine Wahl gewinnen.» Wenige Tage später brachte McCains Wahlkampfteam einen Werbeclip heraus, der Obama in

Berlin beim Winken in die Menge zeigte, worauf auf dem Schirm ein Bild Paris Hiltons aufpoppte und eine Stimme sagte: «Er ist der größte Star der Welt. Aber ist er zur Führung bereit?» Es wirkte kindisch und fast beleidigend, einen ehemaligen US-Senator, Professor für Verfassungsrecht und den ersten Afroamerikaner, der die *Harvard Law Review* geleitet hatte, mit einer geistlosen Promi zu vergleichen. Aber es stellte alles auf den Kopf, was wir auf der Reise erreicht hatten. Während Obama nach meiner Vision in einer Reihe mit Kennedy und Reagan stand, schlachtete der Clip seinen Erfolg im Ausland dazu aus, ihm die Legitimität abzusprechen. Es wäre undenkbar gewesen, einen weißen Senator aus Illinois mit einem ähnlichen Spot ins Visier zu nehmen.

Die Anstrengungen, Obama zu delegitimieren, fanden ihr erstes Sprachrohr in Sarah Palin, die einige Wochen später zu McCains Vizepräsidentschaftskandidatin ausgerufen wurde. Diese Neuigkeit erfuhr ich gleich nach dem Erwachen am Morgen nach dem Parteitag der Demokraten, auf dem Obama die Rede zur Annahme seiner Nominierung gehalten hatte. *Wer ist denn das?*, dachte ich und starrte auf den Fernsehschirm. Mochte sich Palin noch so sehr als Zielscheibe für Witze anbieten, mit ihrem Aufstieg öffnete sich die Büchse der Pandora. Die Anspielungen und Verschwörungstheorien, die bereits in weitergeleiteten E-Mails und auf rechtsradikalen Websites zu lesen waren, erhielten jetzt eine Stimme in etablierten Kreisen, ein Trend, der sich in den nächsten acht Jahren beschleunigen sollte. Wir hatten gezeigt, dass Obama die Rolle des Anführers der freien Welt ausfüllen konnte. Aber sein Erfolg hatte einen beträchtlichen Teil der Gesellschaft im Land nur noch stärker gegen uns aufgebracht.

Kapitel 4

Der Präsident ist an Bord
der Maschine

Am 15. September 2008 stieß das stolze Versprechen, das einen
Großteil von Obamas Wahlkampf kennzeichnete, auf eine harte
Realität, die Obama zwar den Wahlsieg bescherte, aber seiner bevorstehenden Präsidentschaft Grenzen setzte. Lehman Brothers
meldete Konkurs an und löste damit Ängste vor einer katastrophalen Rezession aus. Und John McCain äußerte einen jener Sätze,
von denen sich ein Präsidentschaftskandidat nie wieder erholt: «Die
Fundamente der Wirtschaft sind stark.»

An diesem Abend nahm ich an einer Telefonkonferenz mit
Obama und einer Gruppe Berater teil, wobei ich in einem Büro saß
und meinen BlackBerry auf laut gestellt hatte, um das Gesprochene
mitzutippen für den Fall, dass es für Bemerkungen am nächsten
Tag nützlich sein würde. Die Dinge hatten sich deutlich verändert
seit März, als ich eine Rede geschrieben hatte, die sich gegen die
Deregulierung unter Bill Clinton gewandt hatte. Jetzt äußerte sich
einer der Architekten dieser Politik, Larry Summers, eingehend
dazu, mit welchen Erklärungen wir die Märkte beruhigen mussten.
Am Ende des Telefonats bat mich Obama, die Strategiepunkte aus
der Rede vom März in einer neuen Ansprache aufzugreifen, die er
am nächsten Tag in Colorado halten würde. «Machen Sie das zum
abschließenden Urteil über einen bestimmten wirtschaftspoli-
tischen Ansatz», sagte er und meinte den Mix aus Trickle-down-

Ökonomie und Deregulierung, der seit Reagan den amerikanischen politischen Diskurs beherrscht hatte. «Legen Sie die Formulierungen aber auf jeden Fall zuerst den anderen vor.»

Die Zeit war geeignet, um wieder mit dem Rauchen anzufangen. Ich hatte für die meiste Zeit meiner Zwanziger aufgehört, aber mit dem wachsenden Druck im Wahlkampf fand ich mich in einem sich ausweitenden Kreis von Rückfälligen wieder, die sich draußen vor unserem Bürogebäude zusammenfanden. An diesem Abend gönnte ich mir sogar ungefähr im Stundentakt eine Zigarette. Eine Gruppe Wirtschaftsberater, die sich Verpflegung für die Nacht besorgt hatten, ging auf dem Rückweg zur Arbeit an uns vorüber. Brian Deese, ein brillanter junger Typ mit dem Bart eines Indie-Rock-Leadsängers, der später an dem Plan mitwirken sollte, welcher die amerikanische Autoindustrie rettete, verstummte plötzlich. «Die japanischen Märkte eröffnen gerade», sagte er. «Also werden wir bald wissen, ob die ganze Weltwirtschaft in eine tiefe Depression stürzt.»

«Wie wahrscheinlich ist das?», fragte ich und hielt mich an meiner Zigarette fest.

«Ich würde sagen, knapp fünfzig Prozent.»

Ich stellte die Rede zu Hause fertig und verschickte sie in einzelnen Abschnitten an ein Team aus Wirtschaftsberatern, die Nachtschichten einlegten, um meine Formulierungen auf Richtigkeit zu prüfen und mit Blick auf die Ängste der Märkte zu durchleuchten. «Arbeitsplätze sind verschwunden. Die gesamten Rücklagen von Menschen wurden aufs Spiel gesetzt. Millionen Familien stehen vor der Zwangsvollstreckung. Und Millionen weitere haben einen drastischen Wertverfall ihrer Eigenheime erlebt», schrieb ich zu Themen, die fernab der Außenpolitik, meines eigentlichen Ressorts, lagen. «Sagen wir es also deutlich: Was wir in den letzten Tagen gesehen haben, ist nicht weniger als das abschließende Urteil über eine vollständig gescheiterte Wirtschaftsphilosophie.» Mit dem aufgeklappten Laptop auf den Knien saß ich in meiner kleinen Wohnung auf einer Matratze an der Wand und fragte mich, in welcher Welt wir nach den Wahlen im November die Führung übernehmen würden. Weil ich zwei Mieten bezahlen musste, war mein Konto ins Minus gerauscht, und nun stand auch noch der Wert meines Anlagefonds kurz davor, bis auf die Hälfte zusammenzuschrumpfen. Ich hatte den Irakkrieg als das entscheidende Erbe gesehen, das Obamas Präsidentschaft prägen würde – und hatte mich getäuscht.

Derweil mussten einige von uns die Formulare für die vorläufige Sicherheitsfreigabe ausfüllen, um Zugang zu klassifizierten Informationen zu erhalten, sobald wir die Wahl gewonnen hätten. Seite um Seite musste ich alle meine Wohnorte und Arbeitgeber sowie sämtliche Personen angeben, mit denen ich zusammengelebt hatte, welche Drogen ich genommen und welche Auslandskontakte ich unterhalten hatte, musste alles irgendwie Verdächtige offenlegen, das ich in den letzten zehn Jahren unternommen hatte – Fragen, die keineswegs leicht zu beantworten waren für einen Dreißigjährigen, bei dem Teilzeitjobs, Wohngemeinschaften und Partys weniger weit zurücklagen als bei meinen Kollegen mittleren Alters, die sich in Jahrzehnten ein respektables Leben aufgebaut hatten.

Am Abend vor dem Wahltag, als die Leute Pläne für die Partys machten, die sie besuchen würden, rief mich Cassandra Butts an, eine alte Freundin Obamas, die den Regierungswechsel vorbereiten half. Wegen meines zurückliegenden Marihuana-Konsums sei meine vorläufige Sicherheitsfreigabe abgelehnt worden, teilte sie mir mit. Ich könne eine Freigabe noch bekommen, versicherte sie mir. Das FBI müsse nur noch eine vollständige Untersuchung zu meiner Vergangenheit durchführen.

Diese Ungewissheit schwebte am Wahltag über mir. Erstmals in achtzehn Monaten hatte ich nichts zu tun. Gleich nach Schließung der Wahllokale wurde Obama zum Sieger erklärt. Mit einer Gruppe von Mitarbeitern wurde ich in einen Transporter bugsiert, der uns die kurze Strecke zum Chicagoer Grant Park fuhr. Damit betraten wir eine Blase, in der wir für die nächsten acht Jahre leben würden. Zigtausend Menschen füllten den Park, während wir uns vorn nahe der Bühne aufhielten, wo man Zelte für hochrangige Politiker, Promis, Wahlkampfsponsoren und Mitarbeiter errichtet hatte, bewacht von Agenten des Secret Service und Polizisten. Ich umarmte Leute, die ich kaum kannte, wurde Personen vorgestellt, die am Wahlkampf wenig beteiligt gewesen waren, posierte für Bilder mit demokratischen Senatoren und näherte mich dem harten Kern von jungen Mitarbeitern, die in der Zeit vor Iowa zusammengefunden hatten. Und dann waren sie da: Barack, Michelle, Malia und Sasha Obama. Sie traten auf eine Bühne vor vielen tausend Zuschauern, unsere erste schwarze First Family, sofort erkennbar, aber durch ihren neuen Status wie entrückt.

Als Obama seine Rede gehalten hatte, machte er mit seiner Familie in einer Korona aus Personenschützern die Runde durch die Zelte und trug die gleiche Dankesbotschaft in immer neuen Varianten vor. In einem überfüllten Zelt kam er zu mir, beugte sich etwas vor und schoss ein Foto. «Jetzt müssen wir uns an die Arbeit machen», sagte er mir ins Ohr und zog zum nächsten Zelt weiter.

Nach dem Rausch der Wahl lag die fehlende Sicherheitsfreigabe wie ein Schatten über mir. Ich ging täglich zur Arbeit ins Büro für die Regierungsübergabe, in einem Regierungsgebäude in der Washingtoner Innenstadt. In der Vorhalle drängten sich mir unbekannte Leute, die einen Job suchten. Ständig wurde ich an meinen herabgesetzten Status erinnert, weil ich Unterlagen nicht einsehen, an Treffen nicht teilnehmen und Räume nicht betreten durfte. Ich erhielt einen Posten als stellvertretender Direktor der Abteilung fürs Redenschreiben des Weißen Hauses. Wenn ich aus dem Bereich der nationalen Sicherheit ausgeschlossen bliebe, würde ich mehr Zeit haben, Reden zur Finanzregulierung zu schreiben. Nach einigen Wochen beorderte mich Cassandra Butts schließlich in ihr

Büro. Die Untersuchung zu meinem Vorleben sei abgeschlossen. Ich würde die Freigabe bekommen. Die freundliche, leise auftretende Afroamerikanerin mit dem kurzgeschorenen Haar lächelte: «Sie waren nicht der Einzige mit einem Problem», sagte sie. «Aber Sie sind der erste Fisch, der es die Strömung aufwärts geschafft hat.» Gegen Ende unserer Regierungszeit starb Butts zwei Jahre nach ihrer Nominierung als Botschafterin auf den Bahamas, die der republikanische Senator Tom Cotton verzögert hatte, weil Cassandra mit Barack Obama befreundet war.

Die Posten in unserer Administration wurden mit vielen Leuten besetzt, gegen die wir im Wahlkampf angetreten waren. Larry Summers sollte Obamas Topberater für Wirtschaft werden. Bob Gates, Verteidigungsminister während der von Bush vorgenommenen Truppenaufstockung, wurde gebeten, im Pentagon zu bleiben. Hillary Clinton wurde Außenministerin. Die Gründe der einzelnen Ernennungen leuchteten mir ein: In Krisenzeiten musste man auf die erfahrensten Leute setzen; angesichts einer möglichen zweiten Großen Depression musste man in der nationalen Sicherheit Kontinuität wahren; in einer Stadt, in der man ein Außenseiter war, musste man seine politischen Gegner in seiner Nähe halten. Aber alles in allem war es ein Schlag in die Magengrube. Wir Wahlkämpfer empfanden es so, als sei unsere ganze erbitterte Kritik am Establishment nur ein politisches Manöver gewesen.

Bald befand ich mich in der unbequemen Position, Obama in dem Team zu vertreten, das Hillary Clinton auf die Anhörung zu ihrer Bestätigung durch den Senat vorbereitete. In einer schriftlichen Mitteilung an sie fasste ich unsere außenpolitischen Vorstellungen zusammen, von denen einige als Argumente gegen sie formuliert worden waren. Für unsere erste Begegnung wurde ich nach Whitehaven bestellt, die Kurzbezeichnung für ihr Haus in Washington, das nach der Straße benannt war. Als ich ankam, hatte sie zahlreiche Leute an ihrer Seite, die sie maßgeblich im Wahlkampf beraten hatten. Aber sie war tadellos höflich, bedachte mein Memorandum mit Komplimenten, sorgte für eine entspannte Atmosphäre und erkundigte sich in einer Sitzung, in der sie sich auf ihre Anhörung vor dem Senat vorbereitete, die ganze Zeit interessiert nach meiner Meinung. «Was würde der designierte Präsident darüber denken, Ben?», fragte sie immer wieder. Aber irgendwie wurde ich das Gefühl nicht los, dass das eigentliche Gespräch erst nachher ohne mich stattfinden würde.

Unser Team arbeitete in diesen Tagen an der Antrittsrede und atmete gelegentlich wieder den Kameradschaftsgeist, der uns im Wahlkampf beim stundenlangen gemeinsamen Verfassen von Entwürfen beseelt hatte. Allerdings machten wir auch die seltsame Erfahrung, dass Jon Favreau nun zu einem Promi aufstieg. Zeitungen berichteten, mit wem er ausging oder welches Apartment er sich kaufte. Meine Stellung war mir unklar. Ich kannte den Präsidenten persönlich und hatte inzwischen einen Posten und meine Sicherheitsfreigabe, stand aber diesseits der Grenzlinie zu Führungskräften und prominenten Mitarbeitern, über die ein plötzlicher Windstoß Leute wie Gibbs, McDonough und Favreau getragen hatte. Musste ich mich zwischen nationaler Sicherheit und Redenschreiben entscheiden? Wer würde mir sagen, was ich zu tun hätte? Und wie lange würde ich den Job überhaupt machen? Ich vermisste den Wahlkampf.

Der Tag der Amtseinführung vergrößerte nur mein Unbehagen. Meine Eltern reisten aus New York an und waren aufgeregter als ich. Mein Vater hatte in seiner Kindheit die Rassentrennung im Süden erlebt und die Robert E. Lee High School im texanischen Baytown besucht, einer Raffineriestadt, in der sein Vater sein ganzes Leben für Exxon gearbeitet hatte. Dort sei er in die Geschichte von Texas, des Südens, Amerikas und der Welt eingeführt worden, sagte er gerne, in dieser Reihenfolge. Mit seiner Stimme für Obama hatte er zum ersten Mal in meinem Leben einen demokratischen

Präsidentschaftskandidaten unterstützt. Er war in New Hampshire, Pennsylvania und Texas mit weichen Knien von Haustür zu Haustür gezogen und hatte Leuten aus seiner Schicht zu erklären versucht, warum sie einen Schwarzen namens Barack Hussein Obama wählen sollten. Er stürzte sich in den Wahlkampf, als ginge es um eine Art persönliche Erlösung, ein stillschweigendes Eingeständnis, dass er, ohne es zu wollen, Nutznießer eines ungerechten Systems geworden war. Während des Wahlkampfs bin ich nur zweimal in Tränen ausgebrochen: beide Male, als ich meinen Vater anrief, am Tag von Obamas Nominierung und am Tag vor seiner Wahl.

Für meine Eltern brachte Obama die beiden Fäden der Bürgerrechtsbewegung und der Kennedy-Brüder zusammen, aus denen die Heldenerzählung ihrer Jugend gewoben war. Sie hatten sich in den Sechzigerjahren in Washington kennengelernt. Während mein Vater, jung, groß und blond, als konservativer Jurist in Lyndon Johnsons Justizministerium arbeitete, war meine Mutter, jung, dunkelhaarig und liberal eingestellt, im neu geschaffenen Ministerium für Wohnungsbau und Stadtentwicklung beschäftigt. Freunde von ihr hatten Andrew Goodman nahegestanden, einem Bürgerrechtler, der in Mississippi ermordet wurde. Obwohl mein Vater Republikaner war, redeten er und meine Mutter über «Jack» – John F. – und «Bobby» – Robert Kennedy – wie über verstorbene Familienmitglieder. Als sie zu Obamas Amtseinführung nach Washington kamen, besuchten sie erneut das Viertel in Georgetown, in dem sie sich ineinander verliebt hatten, und gingen in Bars, in die John F. Kennedy Jackie ausgeführt hatte. Übers Telefon hielt mich mein Vater auf dem Laufenden, wo sie gerade waren, und redete aufgeregt über die Chance, dabei zu sein, wenn «Barack» seinen Amtseid als 44. US-Präsident ablegen würde.

Ich hatte sechs Tickets, zwei für meine Eltern, zwei für mich und Ann und zwei für Anns Schwester und ihren Freund – für die «lila Zone», Stehplätze einen Ring hinter den guten Sitzen. Es war eisig kalt. Während die Stunden vergingen, blieben wir an Ort und Stelle, anstatt zu einem Platz weiter vorne umzuziehen, von dem aus wir die Zeremonie sogar aus der Nähe hätten verfolgen können. Es gab beängstigende Augenblicke, als Menschen nach vorn drängten. Meine Eltern fragten, ob es einen anderen Durchgang gebe, und ich wusste keine Antwort. Alles wurde noch schlimmer, als Zuschauer bewusstlos zusammenbrachen, weil die Krankenwagen, die sich zentimeterweise durch die Menge bewegten, das Gedränge noch verschärften. Ich stand hilflos da und empfand tiefe Beschämung, als ich die Enttäuschung sah, die sich auf den Gesichtern meiner Familie breitmachte.

Schließlich schälten wir uns aus der Menge heraus und gingen zu Anns Büro, um uns die Rede im Fernsehen anzuschauen. Das Gefühl eines privilegierten Zugangs bekamen meine Eltern von Senatorin Barbara Boxer vermittelt, als sie auf dem Weg zur Veranstaltung kurz vorbeikam. «Herzlich willkommen», sagte sie. «Wir haben Kekse und Kaffee. Wir sind so stolz auf Ann und Ben!»

Mit Pappbechern voll Kaffee in der Hand, aber gegen die Kälte noch eingemummt, sahen wir die Rede im Stehen auf einem kleinen Fernsehgerät in dem Büro. Ich hatte das Gefühl, als hätten sich meine Gäste verabredet, sich keine Enttäuschung anmerken zu lassen. Sie verpassten gerade den historischen Augenblick, für den sie extra hergekommen waren. Mehrmals klopfte mir mein Vater unbeholfen auf den Rücken und sagte: «Er sieht großartig aus.» Und meine Mutter betonte immer wieder, dass es doch besser sei, den Festakt drinnen im Warmen mitzuerleben.

Am nächsten Tag meldete ich mich zum ersten von 2920 Tagen zur Arbeit im Weißen Haus. Ich hatte zwei offizielle Aufgaben: eine als stellvertretender Direktor der Reden-Abteilung im Weißen Haus und eine als leitender Direktor für die Reden für den Nationalen Sicherheitsrat. Diese Ämterdoppelung war für die Dienststelle, die

die Einstellung abwickelte, offenbar so ungewohnt, dass sie mir gleich zwei Büros zuteilte. Eines lag im höhlenartigen Eisenhower Executive Office Building, mit einer Tür, die sich wie bei einem alten Safe mithilfe einer Zahlenkombination am Drehschalter öffnete. Das EEOB, wie es heißt, liegt dem Weißen Haus gegenüber und beherbergt die allermeisten seiner Mitarbeiter inmitten einer grandiosen Kulisse aus holzgetäfelten Büros, Wendeltreppen und bemalten Decken. Mein anderes Büro befand sich im West Wing des Weißen Hauses, im Untergeschoss, vom Situation Room aus einfach den Flur entlang. Als ich es an diesem Tag erstmals betrat, konnte ich es immer noch nicht richtig fassen, dass hier jetzt mein Arbeitsplatz lag.

Um in mein Büro zu gelangen, musste ich Favreaus Zimmer durchqueren. Er wirkte seltsam in seinem Anzug, nachdem wir im Wahlkampf bei der Arbeit immer T-Shirts getragen hatten. Aufgeregt erzählte er mir, dass man sich in der Kantine des Weißen Hauses telefonisch Kaffee zum Mitnehmen bestellen könne und ihn in einer Tasse mit Präsidentensiegel serviert bekomme. Ich trat in mein Büro und nahm die Stille in mich auf. Ich fühlte mich wie in einem Bunker unter der Erde. Die Decke war abgehängt. (Später erfuhr ich, dass der Raum unter dem Oval Office lag, mit zusätzlichem Platzbedarf für die Kabel, die für die Chiffrierung der Kommunikation des Präsidenten benötigt wurden.) Auf einem alten hölzernen Schreibtisch standen zwei Computer – einer für nicht klassifizierte Informationen, der andere mit dem Vermerk «*Top Secret*». Ich hängte meinen Mantel in einem kleinen Wandschrank an den Haken und fühlte mich auf neue Art erwachsen.

Mein blauer Mitarbeiterausweis fürs Weiße Haus gab mir Zugang zum gesamten Gebäudekomplex. Ich ging immer noch davon aus, dass mich einer der uniformierten Secret-Service-Agenten oder Marinesoldaten, die an verschiedenen Kontrollpunkten standen oder saßen, aufhalten würde, konnte mich aber überall frei bewegen. Ich schlenderte die Kolonnade am Rosengarten entlang, wo ich auf alten Fotos Jack und Bobby Kennedy zusammengedrängt, mit verschränkten Armen, gesehen hatte, bummelte durchs Erdgeschoss des Weißen Hauses, verfolgt von den Augen der offiziellen Porträts ehemaliger First Ladies, und trat in Räume, die in Kinofilmen auftauchen, welche das Leben fiktiver Präsidenten schildern: in den Map Room mit alten Militärkarten, auf denen die Bewegungen unserer Truppen im Zweiten Weltkrieg bei der Landung in Europa dargestellt waren, und in den China Room, wo ich auf Mary Lincolns Sammlung von Porzellantellern blickte. Ich ging am Oval Office, am Cabinet Room und am Roosevelt Room vorbei, an den drei Räumen, in denen der Präsident die meisten seiner Tage verbringt. Mein vorherrschender Eindruck war die Überschaubarkeit des Ortes. Im West Wing arbeiten einige Dutzend Leute. Hier spürt man schnell, dass keiner eine Position mit höherer Amtsgewalt besetzt als man selbst.

Im Wahlkampf dient alles Handeln einem einzigen Ziel: gewählt zu werden. Jede Äußerung ist Teil einer einzigen Aufforderung: Stimmen Sie für diese Person. Die tatsächliche Präsidentschaft schwebt irgendwo in der Zukunft nach dem Wahltag – als ein weißes Blatt, das mit den Idealen und Vorschlägen des Kandidaten beschrieben werden muss, deren Kraft und Richtigkeit sich noch zu bewähren hat. Meine erste Auslandsreise machte mir klar, dass der Ist-Zustand der Welt Obamas Präsidentschaft ebenso sehr prägen würde wie unsere Ideale.

Eine Auslandsreise mit dem Präsidenten beginnt für die Mitreisenden mit einem Konvoi schwarzer Transporter, die einen vom Eingang des West Wing zur rund fünfzehn Kilometer entfernten Andrews Air Force Base fahren und an der Gangway zur Air Force One absetzen. Beim Betreten der Maschine hakt ein Uniformierter die Namen auf einer Liste ab, worauf etwas Zeit bleibt, um sich einzurichten, bis der Präsident mit dem Hubschrauber eintrifft. Das Flugzeug unterscheidet sich von allen anderen und ist weniger angenehm, als man denkt. Mit seinen fast dreißig Jahren auf dem Buckel strahlt das Innere den Luxus der Achtzigerjahre aus: breite hellbraune Ledersitze, Holztäfelungen, beiger Teppichboden. Schalen mit Obst und M&M stehen auf Regalen entlang der Bordwand. Das Büro des Präsidenten liegt vorn, ein Kabuff mit Schreibtisch und einer Couch an der Wand, eine Schlafkabine und eine Dusche schließen sich an. Eine Kabine für leitende Mitarbeiter beherbergt vier große schwenkbare Sessel mit je einem Telefon, an dem man einen Knopf drücken muss, damit man beim Sprechen gehört wird. Ein langer Gang führt an einem Konferenzraum vorbei, wo Obama in seinen acht Jahren im Amt sehr viel Zeit verbrachte, indem er an einem Tisch Spades spielte, während in einem auf stumm geschalteten Fernseher der Sportsender ESPN lief. Hinter dem Konferenzraum liegt eine große Mitarbeiterkabine mit Vierertischen und einem Arbeitsbereich mit zwei gewaltigen Computern, die auf einen Tisch aufgeschraubt sind. Als ich einen davon zum ersten Mal einschaltete, dauerte es eine ganze Weile, bis er hustend und stöhnend gebootet hatte. Auf dem Desktop standen noch die eilig verfassten Worte, die George W. Bush beim russischen Einmarsch in Georgien 2008 verlautbart hatte – eine Erinnerung daran, dass wir alle Angestellte auf Abruf sind und mit den Karten spielen müssen, die die Welt uns zuschiebt. Dahinter befinden sich eine Gästekabine, Sitze für den Secret Service und dann, ganz hinten im Heck, eine Sitzgruppe für den Pressetross des Weißen Hauses, einen auserwählten Kreis von Journalisten aus Printmedien und Fernsehen, die den Präsidenten überallhin begleiten.

Nachdem ich meinen Platz eingenommen hatte, tönte immer wieder eine Stimme aus dem Lautsprecher: «Noch fünfzehn Minuten bis zum Eintreffen des Präsidenten.» – «Noch fünf Minuten bis zum Eintreffen des Präsidenten.» – «Der Präsident ist eingetroffen.» – «Der Präsident ist an Bord der Maschine.» Nicht etwa: «Präsident Obama.» Das Getriebe, in dem sich der Präsident auf Reisen bewegt, behandelt ihn eher als ein Objekt denn als Mensch. Während ich in meinem großen beigen Sessel ausgedruckte Entwürfe seiner vielen Äußerungen für die nächsten Tage durchging, entspannte ich mich angesichts der bequemen Fürsorglichkeit einer Maschinerie, die mich verköstigen, durch die Luft befördern, mein Gepäck weiterleiten und mich durch Städte schleusen würde, damit ich meine Funktion für «den Präsidenten» erfüllen konnte.

Unsere erste Station war London für den G20-Gipfel – eine Zusammenkunft der Regierungschefs der weltgrößten Volkswirtschaften –, um eine Reaktion auf die Finanzkrise zu koordinieren. Unser peinliches Anliegen bestand darin, andere Länder aufzufordern, Geld auszugeben, um die Weltwirtschaft zu stabilisieren – zur Bewältigung einer Krise, die von den Vereinigten Staaten ausgegangen war.

In London sicherten wir uns Zusagen über mehr als eine Billion US-Dollar, die die Märkte beruhigen und genügend Menschen wieder in Arbeit bringen sollten, um die Nachfrage anzukurbeln. Der amerikanische Druck richtete sich aber vor allem gegen die Europäer und löste eine sich über viele Jahre hinziehende Debatte darüber aus, ob Europa mit einer Ausgabenpolitik mitziehen sollte, wie wir sie verfolgten. Da sich Obama bewusst war, dass er andere Länder hart bedrängt hatte, unserem Beispiel zu folgen, schwang in seiner Abschluss-Pressekonferenz etwas Demut mit, als er gefragt wurde, ob er an den amerikanischen Exzeptionalismus glaube. «Ich glaube an den amerikanischen Exzeptionalismus», sagte er, «so wie die Briten an den britischen und die Griechen an den griechischen Exzeptionalismus glauben.» Dieses Zitat sollte für die nächsten acht Jahre dazu herhalten, Obama als Mann ins Licht zu setzen, dessen Glaube an Amerikas Vorrangstellung unter den Nationen nicht ausreichend gefestigt sei.

Auf unserem nächsten Stopp – einem NATO-Gipfel im französischen Straßburg – musste Obama andere Länder auffordern, ihre Truppen in Afghanistan aufzustocken. Fast kein Politiker war dazu bereit: Der Afghanistankrieg hatte zunehmend an Popularität verloren. Es schien, als verspielten wir Obamas Beliebtheit, um mit ererbten Verhältnissen fertigzuwerden, anstatt in die neuen Initiativen einzusteigen, die wir uns vorstellten. Als ich Obama am ersten Abend in Frankreich sah, sprach diese Frustration aus ihm. «Ich gebe mein ganzes politisches Kapital aus», sagte er, «nur um Dinge am Laufen zu halten.»

Für Prag planten wir, aus dem reinen Reagieren auf die vorgefundenen Verhältnisse mit einer Rede auszubrechen, in der wir ein neues Rüstungskontrollabkommen mit Russland forderten; ebenso Bemühungen, um atomares Material rund um die Welt zu sichern; und diplomatische Schritte, um den Iran davon abzuhalten, sich eine Atomwaffe zuzulegen. Ich wusste, dass die Worte eines US-Präsidenten etwas bewegen können, wie es die eines Kandidaten niemals vermögen. Wie vor seinem Berliner Auftritt verwendete Obama wegen der Vielzahl seiner Aufgaben wenig Zeit auf die Rede, so dass ich mich in der Nacht zuvor in einem Hotelzimmer allein mit dem Entwurf herumschlagen musste. Ich starrte auf die Worte auf dem Bildschirm und fragte mich, ob wir die Latte zu hoch legten: *«Wir streben Frieden und Sicherheit in einer Welt ohne Nuklearwaffen an.»*

Mitten in der Nacht weckte mich das Telefon mit der Anweisung, zu einer Dringlichkeitssitzung des mitreisenden Nationalen Sicherheitsrats (NSC) zu erscheinen. Die Nordkoreaner, die Jahre zuvor einen Atombombentest durchgeführt hatten, hatten soeben eine ballistische Rakete getestet. Die improvisierten Büros für den NSC unterwegs sind unangenehme Orte: In einem Hotelraum werden die Wände mit blauen Planen abgedeckt, um einer Videoüberwachung vorzubeugen, und ständig dudelt ein verstörender Mix aus

Popsongs, um Abhörversuche zu durchkreuzen. In einer kleinen Korona aus Beratern trat Obama in die Mitte des beengten Raums und sagte: «Präsident zu sein ist gar nicht so glamourös, wie man es gerne darstellt.»

Er nahm Platz und ließ sich von einer Reihe Beratern über den Raketentest informieren. In wenigen Stunden würde er zu Zigtausenden von Tschechen reden. Während ich zuhörte, wurde mir klar, dass unsere Reden jetzt auf ein vielfältiges Publikum treffen würden, darunter die nordkoreanische Führung. «Ich lege mich etwas hin», sagte Obama zu mir. «Es ist besser, wenn Sie da noch etwas hinzufügen.»

Ich hatte in den letzten paar Tagen selbst kaum geschlafen. Ich saß an meinem Computer und nahm eine scharf formulierte Warnung an die Nordkoreaner mit auf, die die Isolation riskierten, wenn sie ihre Atom- und Raketentests fortführen würden. Der Gedanke war ernüchternd, dass unsere Entscheidung, eine Rede zu Nuklearwaffen einzuplanen, in Pjöngjang womöglich eine Reihe von Beschlüssen ausgelöst hatte, die zum Abschuss einer Rakete ins Meer geführt hatten. Ich fühlte mich zermürbt von den Tagen in improvisierten Mitarbeiterbüros hinter den Kulissen des Geschehens. Als wir wieder ins Flugzeug gestiegen waren, sackte ich in einen tiefen Schlaf, bis mich Obama wachrüttelte. Einen Augenblick lang hatte ich keine Ahnung, wo ich war, erkannte dann aber den Präsidenten der Vereinigten Staaten über mir. «Ladies and gentlemen», sagte er, «Ben Rhodes!» Alle klatschten eine Runde Applaus, weil die Rede zu einer Art Höhepunkt der Reise geworden war. Obama gab selten positive Rückmeldung, aber wenn er es tat, wählte er wie ein Trainer, der weiß, wie er das Maximum aus seinen Spielern herausholt, genau den richtigen Zeitpunkt.

Er führte mich durchs Flugzeug nach vorn in sein Büro. Als Nächstes auf dem Programm stand die Türkei, wo er vor dem Parlament reden würde. Ich sah die Ringe unter seinen Augen und die

Erschöpfung: Er hatte deutlich härter gearbeitet als ich. «Ich weiß nicht, wie viel ich in dieser Rede unterbringen kann», sagte er.

«Sie steht schon so ziemlich», antwortete ich. «Da ist nur noch die Frage, inwieweit auf den Völkermord eingegangen werden soll.» Im Wahlkampf hatten wir versprochen, den Genozid an den Armeniern von 1915 als Faktum anzuerkennen, und Samantha Power hatte sich in ständigen E-Mails an mich dafür starkgemacht, ihn in der Rede zu erwähnen. Weil alle übrigen Berater weniger auf Glaubwürdigkeit mit Blick auf unsere Positionen im Wahlkampf setzten und sich mehr auf die notwendige Kooperation der Türkei konzentrierten, wollten sie den Völkermord ganz heraushaben.

«Ich glaube nicht, dass ich ihn vor dem Parlament ansprechen sollte», sagte Obama.

«Es wird sich eine neue Gelegenheit bieten, wenn Sie zum Jahrestag im April eine Erklärung abgeben», meinte ich.

Problematisch war auch der Umgang der Türkei mit religiösen und ethnischen Minderheiten. Obama dachte einen Augenblick nach. «Sprechen wir es an», sagte er, «indem wir uns dazu äußern, wie wir es geschafft haben, ähnliche Probleme zu überwinden. Es ist ja nicht so, dass wir von Sünden frei wären. Ich meine, wie wurde mit den Indianern umgesprungen? Oder mit den Schwarzen? Machen wir klar, dass Demokratie die Art ist, wie wir mit diesen Problemen umgehen, okay?»

Während Obama Karten spielen ging, begab ich mich auf meinen Sitz zurück und tippte einige Worte, die wiedergaben, was Obama sagen wollte. Ich ging durch eine Liste von Bereichen, in denen die Türkei ihre Menschenrechtsbilanz verbessern musste, und schloss mit den Worten: «Ich sage dies als Präsident eines Landes, in dem vor nicht allzu langer Zeit jemand mit meinem Äußeren es schwer hatte, seine Stimme abzugeben, ganz zu schweigen davon, Präsident der Vereinigten Staaten zu werden. Aber ebendiese Fähigkeit zum Wandel bereichert unsere Länder.» Der Verweis auf Amerikas eigene Sünden in der Vergangenheit spiegelte – für Menschen wie Obama und mich – eine positive, patriotische und progressive Sicht von Amerikas Geschichte wider. Ebendiese Fähigkeit zur Selbst-korrektur macht uns zu etwas Besonderem.

Die erste lange Reise endete mit einer Visite im Irak. Bei der Landung erfuhren wir, dass unsere Gruppe wegen eines aufziehenden Sandsturms nicht mit dem Hubschrauber in die Grüne Zone fliegen konnte. Stattdessen fuhr uns ein schwer gepanzerter Fahrzeugkonvoi von der Rollbahn nach Camp Victory – einem großen Sandsteinpalast nahe dem Flughafen, der zu Saddam Husseins liebsten Aufenthaltsorten gezählt hatte und jetzt den US-Streitkräften im Irak als Hauptquartier diente. Während Obama mit dem irakischen Premierminister redete, wandelte ich durch den Palast, in dem noch Geschenke ausgestellt waren, die Saddam von Bewunderern wie Jassir Arafat und Muammar al-Gaddafi empfangen hatte. Unter dem Jubel von über tausend Soldaten verkündete Obama, es sei an der Zeit, die Verantwortung an die Iraker zu übergeben und sie, die Soldaten, in die Heimat zurückzuholen. Ich stand dabei und dachte, dass Obama ohne den Fehler, den Amerika im Irak begangen hatte, niemals ins Amt gekommen wäre. Und ich hätte nie für einen Präsidenten gearbeitet.

Als wir wieder in der Air Force One saßen, servierte uns die Crew ein Abendessen mit Steak und Kartoffeln. Eingehüllt in das Rauschen eines Flugzeugs, das schon wie ein zweites Zuhause erschien, hatte ich das Gefühl, dass ich mich bewährt hatte, dass ich dazugehörte und dass unsere Arbeit nicht nur interessant, sondern auch wichtig war. Neben seinen Anstrengungen, die Weltwirtschaft zu stabilisieren, die Beiträge für den Afghanistankrieg zu erhöhen und eine Agenda zu präsentieren, um die Gefahr durch Atomwaffen zu entschärfen, hatte Obama eine andersartige Geschichte dazu geliefert, was Amerika war und wie wir andere Nationen und Völker für uns gewinnen würden. Aber die spontanen Entscheidungen, die wir für Obamas Reden getroffen hatten, befeuerten die sich ausweitenden Angriffe und Unterstellungen, von Fox News bis in die Hallen des Kongresses: Obama glaube nicht an den amerikanischen Exzeptionalismus, er sei unpatriotisch, sei anders als wir, sei womöglich sogar Muslim. Ich war zum Co-Autor von «Obamas Entschuldigungstour» geworden.

Kapitel 5

Kairo

Was ist amerikanische Außenpolitik?

Sie ist ein tagtäglich laufendes Unternehmen, das jährlich eine Billion Dollar verschlingt und wie ein Ozeanriese auf großer Fahrt in seinem Kielwasser das Leben von Menschen prägt, ob sie es wissen oder nicht. Die Botschaft in Neu-Delhi versucht, amerikanischen Unternehmen die indischen Märkte zu öffnen. Die USAID-Mission in Nairobi setzt sich mit dem kenianischen Gesundheitsminister zusammen, um den Kampf gegen HIV und Aids zu unterstützen. Ein Stipendiat aus Indonesien steigt zur Aufnahme eines Universitätsstudiums an Bord einer Maschine in die USA. Das US-Militär führt eine gemeinsame Übung mit Südkoreanern durch, um Nordkorea durch Abschreckung in die Schranken zu weisen. Unsere Geheimdienste informieren Europäer über eine terroristische Verschwörung. Ein Kämpfer der Spezialkräfte steigt in Bagdad bei Sonnenaufgang aus seinem Wohnwagen, um einen Terroristen zu fassen oder zu töten. Die ägyptische Armee erhält einen F-16-Kampfjet, den der amerikanische Steuerzahler finanziert hat.

Diese Vorgänge gehorchen einer eigenen Dynamik, verankert in einem gewaltigen Komplex aus Truppenstationierungen, Allianzen, internationalen Abkommen und Etatentscheidungen, die einen Monat, ein Jahr oder ein Jahrzehnt zurückliegen können. Diese Realität trägt zu einer gelegentlichen Schizophrenie bei, weil unsere Außenpolitik die Sicht auf amerikanische Interessen zu dem Zeitpunkt widerspiegelt, zu dem bestimmte Beschlüsse gefasst wurden. Und so setzt unser Finanzministerium ein Handelsembargo gegen Kuba durch, das in den Sechzigerjahren verhängt wurde, während USAID Dissidenten mit Telefonen und Druckern auszustatten versucht, an die sie ohne dieses Embargo leichter herankommen könnten. Unsere Soldaten führen seit den Nullerjahren in Afghanistan einen Antiterrorkrieg gegen Dschihadisten, die in den Achtzigerjahren von den Vereinigten Staaten ausgerüstet und als Frontkämpfer im Krieg gegen den Kommunismus verherrlicht wurden. Unsere Diplomaten versuchen, ein israelisch-palästinensisches Friedensabkommen zu vermitteln, während unsere Auslandshilfe das israelische Militär finanziert, das als Besatzungsmacht den Bau von Siedlungen auf immer mehr palästinensischem Boden absichert.

Wir setzen diese Investitionen fort, weil wir alles in allem glauben, dass sich die Erträge lohnen, selbst wenn wir gelegentlich Verluste erleiden, auf Schwierigkeiten stoßen und in moralischer Hinsicht Kompromisse eingehen müssen. Unser Netzwerk aus militärischen Bündnissen hat es ermöglicht, dass in Europa und Asien wohlhabende Demokratien herangewachsen sind, und es verhütete nach dem Zweiten Weltkrieg einen weiteren globalen Konflikt zwischen Großmächten, auch wenn es Länder wie Russland und China gegen uns aufbringt und dazu bewegt, sich gegen uns zu verbünden. Unsere Auslandshilfen und Handelsabkommen haben rasche Verbesserungen der Lebensbedingungen von Menschen in vielen Teilen der Welt gefördert, auch in den Vereinigten Staaten, selbst wenn die Globalisierung zahlreiche Arbeitsplätze und ganze amerikanische Industrien vernichtet und das Identitätsgefühl mit Blick auf Stamm, Glauben und Nation erschüttert hat. Unser Militär und unsere Geheimdienste erschweren es Diktatoren, an Atomwaffen zu gelangen, und Terrornetzwerken, sich Rückzugsgebiete zu sichern, auch wenn ihre Operationen bisweilen eine Empörung befeuern, aus der Diktatoren und Terroristen ihren Honig saugen. Die

Außenpolitik präsentiert sich so für jeden Präsidenten als eine seltsame Gemengelage, in der er mit ererbten Umständen umgehen, auf Krisen unter seiner Aufsicht reagieren und opportunistisch an die Frage herangehen muss, wo er neue Initiativen anstoßen soll, um der Welt seinen Stempel aufzuprägen.

Obama war insofern einzigartig, als allein seine Identität im Ausland bleibenden Eindruck hinterließ. Er war nicht nur der amerikanische Präsident, er war eine Symbolfigur für die Sehnsüchte von Milliarden von Menschen – insbesondere von ethnischen Minderheiten in der entwickelten Welt und den Jungen in Entwicklungsländern. Deswegen schlugen wir Zeit für ihn frei, damit er Bevölkerungsgruppen erreichen konnte, die normalerweise nie einen amerikanischen Präsidenten treffen würden: Zeit für ein Fußballspiel in einer Favela in Brasilien, für eine Begegnung mit «Unberührbaren» in Indien oder einen Besuch in einem Flüchtlingszentrum in Malaysia. Wir erstellten für ihn Programme, um junge Menschen zu begeistern, insbesondere in den beiden Regionen, die mit seiner Herkunft am stärksten in Verbindung standen, Afrika und Südostasien. Auch aus diesem Grund legte er so großen Wert auf die Worte, die er im Ausland sagte. «Wir erzählen eine Geschichte darüber», sagte er mir am Anfang dieses ersten Jahres, «wer wir sind.»

Mit den Jahren knüpfte sich ein Großteil meiner Autorität im Weißen Haus an die Wahrnehmung, dass Obama und ich eine Art «Gedankenverschmelzung» durchmachten: Ich konnte vorhersehen, was er in einer bestimmten Frage sagen oder tun wollte, während er mir zutraute, für ihn zu sprechen. Natürlich trennten uns gewaltige Unterschiede in unserem Werdegang und eine abgrundtiefe Kluft in der jeweiligen Verantwortung. Aber am Ende entdeckte ich in unseren Persönlichkeiten durchaus Gemeinsamkeiten. Wir haben beide einen riesigen Freundeskreis, versuchen aber auch, eine Spur Privatsphäre zu wahren, weshalb uns manche mitunter als unnahbar betrachten. Wir hatten beide versucht, unseren Vätern etwas zu beweisen, und waren von unseren Müttern gefördert und ermutigt worden. Wir sehen uns beide als Außenseiter, was sogar in unserer Zeit im Weißen Haus der Fall war. Wir sind beide stur – ein Zug, der Risikofreude ermöglicht, aber auch in Arroganz umkippen kann. Wir handeln beide, als sei uns die Meinung anderer über uns egal, obwohl sie uns keineswegs gleichgültig ist. Diese Ähnlichkeiten sind freilich nur ein kleiner Ausschnitt aus einem größeren Bild – einer Realität, in der ich als Juniorpartner agierte, der hart daran arbeitete nachzuvollziehen, was sein Chef in der Welt sagen und erreichen wollte.

Barack Obama kam mit einer Weltsicht ins Amt, die sich von der seiner Vorgänger und der Art von Leuten (weitgehend weißen Männern) unterschied, die Führungspositionen in der nationalen Sicherheit bekleiden: einer Sicht, welche die komplexen Verhältnisse der US-Außenpolitik berücksichtigt. Er war auf Hawaii geboren, in einer ehemaligen US-Kolonie, in der die amerikanische Pazifikflotte stationiert ist, in der Bevölkerungsvielfalt herrscht und die als Brückenkopf zwischen der amerikanisierten Pazifikregion und Ostasien dient. Sein Großvater hatte im Zweiten Weltkrieg in Europa gedient, sein Großonkel war an der Befreiung des Konzentrationslagers Buchenwald beteiligt gewesen. Einen Teil seiner Kindheit verbrachte er in Indonesien, wo wenige Jahre zuvor ein von den USA unterstützter Staatsstreich den Auftakt zu einem Blutvergießen gebildet hatte, bei dem Hunderttausende umkamen – die Art Ereignis, die in den USA kaum wahrgenommen wird, vor Ort aber die Psyche eines Landes prägt. Seine Mutter unterstützte Frauen außerhalb der Grenzen der entwickelten Welt dabei, ihren Lebensunterhalt mit Webarbeiten oder Korbflechten zu bestreiten. Sein Vater war in der Zeit herangewachsen, in der sich Kenia vom britischen Imperialismus befreite, und erhielt eine Ausbildung an einer der besten amerikanischen Universitäten. Nach seiner Rückkehr nach Nairobi wurde er als Angehöriger der Minderheit der Luo an den Rand gedrängt, ein Technokrat, dessen westliche Anschauungen auf eine Kultur der Korruption und Patronage prallten. Am Ende kam er als gebrochener Mann, als Arbeitsloser und Alkoholiker bei einem Autounfall ums Leben. Und natürlich wurde Obama entscheidend von der eigenen Identität als Afroamerikaner geprägt, der in ein Kontinuum mit denen eintrat, die Unterdrückung zu spüren bekommen, es aber geschafft hatten, durch gewaltfreie Mobilisierung einen Wandel herbeizuführen.

So lauert fast jeder Aspekt von Amerikas Macht und ihrer Rolle im Leben der Menschen seit dem Zweiten Weltkrieg irgendwo in Obamas Biographie: unsere Fähigkeit, im Ausland den Frieden zu sichern oder ihn zu zerstören, das Leben Einzelner durch Großzügigkeit oder Abgebrühtheit in andere Bahnen zu lenken; die Anziehungskraft unserer demokratischen Werte und unsere mangelnde Konsequenz, diese tatsächlich umzusetzen. Doch ließ diese Vorgeschichte Obamas, die vielen Amerikanern fremd war, großen Raum für Missverständnisse und Falschdarstellungen dazu, wie sie seine Sicht auf die amerikanische Außenpolitik prägte.

Für manche Rechte war sie ein Zeichen, dass er der Macht Amerikas aus einem Reflex heraus feindselig begegnen musste: Bestimmt war er ein kenianischer Antikolonialist, Weggefährte von Männern wie Fidel Castro und Jassir Arafat. Aber die Erfahrungen von Obamas Familie zeigten, dass Befreiung ohne ausgereifte Institutionen eigene Formen der Unterdrückung entfesselt, weil Korruption und Stammesdenken den Einzelnen unter ihre Knute zwingen können. Obama glaubt durchaus an die Befreiung der Völker, ist im Innersten aber Institutionalist, überzeugt davon, dass Fortschritt eher nachhaltig verläuft, wenn ihn Gesetze, Institutionen und – notfalls – auch Zwang aufrechterhalten.

Für manche Linke verkörperte er eine Art Spiegelbild – mit der Erwartung, dass er dem nationalen Sicherheitsstaat der USA feindselig begegnen würde. Tatsächlich hegte Obama eine tiefere Besorgnis, man könne über das Ziel hinausschießen: gegenüber einer US-Politik, die Menschen in Ländern wie Indonesien in Mitleidenschaft zieht, gegenüber der nachlässigen Art, in der wir es – von Vietnam bis zum Irak – versäumt haben, die Folgen unserer Handlungen zu bedenken, und gegenüber den Gefahren einer unkontrollierten Exekutivgewalt. Aber Obama glaubte an eine kompetente, stabilisierende Macht: an die Notwendigkeit, gegen bestimmte terroristische Netzwerke militärisch vorzugehen, den Nutzen der Globalisierung, um Menschen aus der Armut zu holen, und die unverzichtbare Rolle der Vereinigten Staaten für die internationale Ordnung. Er wollte den Ozeandampfer der amerikanischen Außenpolitik auf einen neuen Kurs bringen, ihn keineswegs versenken.

Für viele im Staatsapparat ist die Weltsicht des Präsidenten aber von keiner echten Bedeutung. Jede Behörde verfolgt eigene Interessen, die sich mit der Präsidentschaft nicht verändern. Das Militär will mehr Handlungsfreiheit. Das Außenministerium will bestehende Beziehungen und Arrangements aufrechterhalten. Und die Geheimdienste wollen mehr Ressourcen. Alle wollen mehr: mehr Geld, mehr Personal, mehr Unterstützung vom Weißen Haus. Gewöhnlich drückt ein Präsident seine Agenda in den Führungszirkeln dieser Institutionen durch. Aber weil Obama nur insgesamt vier Jahre in Washington gewirkt hatte, verfügte er bei Amtsantritt noch über kein festes Netz an Beziehungen zu dem Kreis von Personen, die solche Stellen antreten. Die meisten Inhaber der Spitzenposten in seinem Außenministerium oder im Pentagon hatte er bis dahin noch nicht kennengelernt.

In Obamas erstem Jahr im Amt war ich Teil einer kleineren Gruppe von Beratern des Weißen Hauses, die ihn kannten, seine Weltanschauung von Grund auf teilten und ihm ohne andere persönliche oder institutionelle Interessen einfach nur helfen wollten, seine Außenpolitik auszuformulieren. Weil er die meiste Zeit damit beschäftigt war, die Wirtschaft zu retten, setzte er auf Reden als Vehikel, um der amerikanischen Außenpolitik eine neue Richtung vorzugeben und diese nicht nur dem amerikanischen Volk und der Öffentlichkeit im Ausland, sondern auch der eigenen Regierung zu vermitteln. Und weil ihm Worte so wichtig waren – und er mir vertraute –, erhielt ich oft einen unverstellten Einblick in sein Denken, durch den ich zu einer Brücke zwischen seinen Reden und seinem Handeln wurde.

Klar wurde mir dies bei zwei Reden im Mai 2009. Über Wochen hinweg hatte Obama eine Reihe von Entscheidungen in Fragen der nationalen Sicherheit getroffen, die die Rechtsstaatlichkeit betrafen. Sein Plan, Guantánamo zu schließen, war durch Widerstände im Kongress behindert worden. So beschloss er, die Memoranden der Bush-Administration freizugeben, welche Folter rechtfertigten, nicht aber, die Verantwortlichen zur Rechenschaft zu ziehen. Fotos, die US-Soldaten zeigten, wie sie Gefangene im Ausland misshandelten, ließ er unter Verschluss halten. Diese spontanen Entscheidungen nagten freilich an seinem Selbstverständnis: Die Ankündigungen erschienen ihm ohne Zusammenhang und ohne eine dahinterstehende leitende Vision. In der Folge hieß es, er würde eine große Rede halten, die seine Position in all diesen Fragen darlegen sollte. Seine persönliche Sekretärin Katie Johnson bestellte mich mit einem einfachen «POTUS [President of the United States] will Sie sehen» ins Oval Office.

Als ich eintraf, hatte er einen Notizblock vor sich liegen, wie es aussah, schon mit einer eigenen ausführlichen Skizze. «Das da will ich sagen», teilte er mir mit.

«Soll ich jemanden dazuholen?», fragte ich.

«Warum soll ich das nicht einfach Ihnen mitteilen? Sie können die anderen ins Bild setzen.»

Fast eine Stunde lang ging er bedächtig im Oval Office auf und ab, hielt immer wieder über dem Block auf seinem Schreibtisch inne und diktierte seinen Entwurf. Er hatte mehrere strategische Entscheidungen festgehalten und bestimmt, wie er sie ausformuliert haben wollte: Es ging darum, wie die Gefangenen in Guantánamo zu kategorisieren und wie Transparenz und Geheimhaltung in der Regierung in die richtige Balance zu bringen waren. Als er damit durch war, wies er mich an, mit den übrigen Mitarbeitern die Punkte zusammenzuschreiben und ihm in ein paar Tagen eine erste Fassung zukommen zu lassen. Und so fiel mir – einem Mitarbeiter hauptsächlich auf mittlerer Ebene – die heikle Verantwortung zu, für den folgenden Tag eine Sitzung mit den leitenden Figuren des Weißen Hauses einzuberufen und ihnen mitzuteilen, was der Präsident vorhatte.

Als ich die Rede ausarbeitete, wurde mir klar, dass Dienststellen gewissermaßen Antikörper ausbilden, um die Bestrebungen eines Präsidenten zu durchkreuzen, wenn er Dinge in eine bestimmte Richtung lenken will. Seit George W. Bush in seiner Ansprache zur Lage der Nation 2003 Saddam Husseins Anstrengungen, an Atommaterial zu gelangen, übertrieben dargestellt hatte, galt als Praxis, Redeentwürfe des Präsidenten den Geheimdiensten zur Überprüfung vorzulegen. Jetzt wollte Obama klarstellen, dass Taktiken wie Waterboarding auf Folter hinausliefen – die Geheimdienste stießen sich an diesem Wort und favorisierten den unverfänglicheren Ausdruck «verschärfte Verhörtechniken». Obama wollte Guantánamo als Gefahr für die nationale Sicherheit benennen – die Geheimdienste wollten das streichen. Obama wollte sagen, dass die 240 dort einsitzenden muslimischen Gefangenen Jahre «in einem juristischen schwarzen Loch» zugebracht hatten, eine relativ unumstrittene Äußerung, weil kein Insasse des Lagers je eines Verbrechens überführt worden war – die Geheimdienste wollten auch diesen Satz streichen und durch folgende Rechtfertigung ersetzen: «Die Gefangenen in Guantánamo genießen mehr rechtliche Vertretung und haben mehr Verfahren erhalten als alle feindlichen Kombattanten in der Weltgeschichte.»

Als ich in meinem fensterlosen Büro saß und diese Kommentare las, spürte ich die Kluft zwischen der Arbeit im Wahlkampf und der im Weißen Haus. Mein Chef war Präsident der Vereinigten Staaten und eine Persönlichkeit, die rund um den Globus einzigartige Verehrung genoss, aber seine Ansichten spiegelten nicht unbedingt die der US-Regierung wider.

An einem Samstagvormittag nach der Rede stand ich wieder im Oval Office, um mir Obamas Grundgedanken für eine weitere Ansprache anzuhören, die er zwei Wochen später in Kairo halten sollte. Der Plan für einen solchen Auftritt ging auf eine etwas obskure Zeile in seiner ersten wichtigen Wahlkampfrede zurück, die ich vor fast zwei Jahren für ihn entworfen hatte. Beim Durchforsten einer Liste mit Vorschlägen verschiedener Berater war ich auf die Idee gestoßen, «mich in meinen ersten hundert Tagen an die muslimische Welt zu wenden». Im August 2007 war dies als Gedanke für eine ausreichend ferne Zukunft erschienen. Er griff Obamas Potenzial auf, Amerikas Bild im Ausland zu verändern. Mit der Zeit aber entwickelte er unter den muslimischen Bevölkerungen ein Eigenleben: Ein amerikanischer Präsident namens Barack Hussein Obama, der muslimische Verwandte hatte, weckte hohe Erwartungen. Als wir ins Amt kamen, wurde die geplante Ansprache innerhalb des Weißen Hauses schlicht als die «Muslimrede» bezeichnet.

Nach der Amtseinführung kam die Diskussion auf, ob solch eine Rede überhaupt gehalten werden sollte: Zu tun gab es genug, auch ohne Obama irgendwohin fliegen zu müssen, damit er zu einer weltumspannenden Glaubensgemeinschaft redete, die von den meisten Amerikanern mit Argwohn betrachtet wurde. Aber die Erwartungen, die mit der Ankündigung der Rede unter Muslimen und in den Medien geweckt worden waren, erhöhten die Kosten eines Rückziehers. Folglich schlugen wir Obama zwei Optionen vor, an welchen Orten er die Rede halten könnte: in Jakarta, wo er als Junge gelebt hatte und wo er über eine tolerantere Strömung des Islam sprechen konnte, oder in Kairo, dem Zentrum einer Region, die in den letzten Jahren als Quelle von so viel Radikalität und Instabilität in Erscheinung getreten war. Jakarta war die sicherere Wahl, weit abseits der Kriege, Konflikte und Autokraten des Nahen und Mittleren Ostens. Aber gerade deshalb entschied sich Obama für Kairo. «Seien wir ehrlich», teilte er einer Gruppe von uns mit. «Die Probleme liegen nicht in Indonesien, sondern in der arabischen Welt.»

In den Wochen vor unserer Besprechung im Oval Office warf ich ein großes Netz über den Themen aus, die eingefangen werden sollten, indem ich mich an Wissenschaftler, religiöse Anführer und prominente Amerikaner muslimischen Glaubens wandte. Auch der Staatsapparat bietet bei aller Erstarrung in der Bürokratie bedeutende Reservoirs an Talenten, und die Leute, die sich ausführlich Gedanken darüber machten, wie die Muslime in aller Welt zu erreichen seien, schienen geradezu erleichtert über die Chance, mit ihren Ideen im Weißen Haus Gehör zu finden. Zahlreiche Ratschläge fokussierten sich auf das Fehlverhalten der Vereinigten Staaten. Der «globale Krieg gegen den Terror» hatte bei vielen Muslimen den Eindruck erzeugt, dass wir uns ausschließlich um den Terrorismus kümmerten und sie alle als potenzielle Gewalttäter wahrnähmen. Wie ein muslimischer Kollege mir sagte, sehen viele Muslime den Ausdruck «radikaler Islam» so verwendet, als charakterisiere er den Islam an sich und nicht nur eine Faktion innerhalb desselben. Derweil zeigten Erhebungen, dass die Sorge der meisten Muslime in Wahrheit der Armut, Korruption und Arbeitslosigkeit galt. Wenn man sie fragte, wo sie sich eine Zusammenarbeit mit Amerika wünschten, lauteten die Antworten: in Bildung, Unternehmertum, Wissenschaft und Technik. Dagegen sahen sie die tatsächlichen Schwerpunkte der US-Politik im Öl, in Israel und der Schwächung der islamischen Welt.

«Wir sollten mit der Geschichte des Kolonialismus beginnen», sagte Obama an jenem Samstag. Obwohl er mich gebeten hatte, zu diesen Treffen allein zu kommen, brachte ich diesmal McDonough mit. Mir war klar, dass Obama vieles sagen wollte, was anderen Beratern missfallen könnte. Ich wollte einen Zeugen, damit ich diese Kämpfe nicht allein auszufechten hätte. «Wir müssen die Ursprünge der Spannungen benennen.» Er ging langsam im Kreis um die Couch herum, auf der ich mir in den Notizblock kritzelte, was er mir sagte. «Kommen Sie anschließend auf den Kalten Krieg und die Neigung zu sprechen, den Nahen und Mittleren Osten als randständig für die Belange der Welt zu betrachten, und darauf, dass sich das ändern muss.»

Er wollte einen neuen Rahmen für eine Kooperation mit der islamischen Welt abstecken. «Der Westen», sagte er, «muss beim Islam und seinen Leistungen für die Welt umdenken. Und der Islam muss die Leistungen des Westens anerkennen, bestimmte Prinzipien artikuliert zu haben, die universell sind.» Er zählte auf, was der Islam zu Kunst, Wissenschaft und Mathematik beigetragen hatte, als «wir abgehängt waren», womit er, sich selbst einschließend, das damalige Europa meinte. «Dann müssen wir über Amerikas Leistungen reden.» Das Ziel lasse sich so zusammenfassen: «Wir müssen mehr voneinander wissen.» Er redete darüber, dass religiöser Absolutismus als Mittel der Staatsführung ebenso zum Scheitern verurteilt sei wie der Imperialismus. Mit einer plötzlich aufgetauchten Formulierung im Kopf blieb er stehen: «Jede Weltordnung, die eine Gruppe von Menschen über eine andere erhebt, wird scheitern.» Er setzte sich uns gegenüber in den Sessel. «Und dann will ich darüber reden, dass ich von Erfahrungen in beiden Welten profitiert habe.»

«Ein paar Worte darüber, dass Sie Muslime in der Familie haben und den Islam in Indonesien schätzen lernten?», fragte ich.

«Ganz genau», sagte er. «Ich würde sagen, ich schätze die Unterschiede, habe aber auch gelernt, dass es Dinge gibt, die alle Menschen erstreben. Mehr Chancen für ihre Kinder. Familie. Glaube.

Diese Dinge sind uns gemein.» Er fasste den einführenden Teil der Rede und dann den Übergang zu schwierigeren Themen zusammen. «Wir können die Grundlage der Spannungen nicht ignorieren. Die sind echt. Wir werden sie nicht ignorieren oder unter den Teppich kehren. Wir müssen ihnen direkt ins Auge blicken.»

Obama hat mitunter eine Art zu reden, als teste er Ideen, als prüfe er, ob sie laut ausgesprochen noch richtig klingen, und als wünsche er sich streitbaren Widerspruch. Manchmal hat er aber auch von dem, was er sagen möchte, schon eine klare Vorstellung im Kopf und hat sie bereits ausformuliert, während er in einer Konferenz saß, ESPN schaute, Karten spielte, trainierte oder nachts wachlag. So schien es auch jetzt zu sein.

Er hakte eine Liste mit Themen ab, die er ansprechen wollte: die Notwendigkeit, Terrornetzwerke zu zerschlagen, ohne unsere Werte zu verraten, den Irak und unsere Pläne für einen Truppenrückzug, Israel und Palästina sowie die Bemühungen um ein Atomabkommen mit dem Iran. Dann kamen wir zu den gesellschaftlichen Themen: Demokratie, Chancen, Gleichheit der Geschlechter. Jede dieser Fragen, so sagte er, habe damit zu tun, «wie wir mit den islamischen Ländern interagieren und wie die Moderne mit dem Islam interagiert». Gelegentlich ließ ich den Blick auf die Familienfotos hinter dem Schreibtisch im Oval Office und weiter in die Ferne schweifen – aus dem Fenster, zu dem Spielplatz, den Obama für seine Töchter hatte anlegen lassen. Im Rosengarten saß seine Schwiegermutter auf einer Bank und redete mit einer Freundin, die zu Besuch war.

Wir müssten einen Weg finden, sagte Obama, um Muslime zu erreichen, die «es gar nicht für etwas so Großartiges halten, wenn sie in der Straße einen McDonald's haben und bei sich im Fernsehen amerikanische Popkultur sehen». Alle Menschen wollten ihre Identität in der modernen Welt bewahren. «Wir müssen erkennen, dass nicht alles, was wir erleben, positiv ist: Es gibt rücksichtslose Gewalt, rohe Sexualität, einen Mangel an Achtung vor dem Leben, eine Verherrlichung des Materialismus.» Gleichwohl wollte Obama mehrere Bekenntnisse seines Glaubens an den menschlichen Fortschritt ablegen: dass Länder Erfolg haben, wenn sie verschiedenen religiösen Überzeugungen gegenüber tolerant sind, dass Regierungen, die ihrem Volk eine Stimme geben und die Rechtsstaatlichkeit achten, stabiler und überzeugender sind und dass Länder mit einer starken Stellung der Frauen besser vorankommen. «Ich erinnere mich», sagte er, «dass ich als Kind in Indonesien immer Mädchen in der Öffentlichkeit schwimmen sah. Keine trug Kopftuch. Und dann begannen die Saudis, Koranschulen zu bauen.» Auf dieses Thema sollte er immer wieder zurückkommen. Er erzählte eine Geschichte, wie seine Mutter einmal in Pakistan arbeitete. Sie fuhr in einem Aufzug, ihr Haar und ihre Knöchel waren unbedeckt. Und obwohl sie älter war, «hielt es dieser Typ im Fahrstuhl nicht aus, auf so engem Raum mit einer unverhüllten Frau zusammenzustehen. Als sich die Tür öffnete, war er ins Schwitzen geraten.» Obama machte eine wirkungsvolle Pause. «Wenn Männer so unterdrückt werden, machen sie irgendeinen verrückten Scheiß.»

Als er fertig war, sprachen wir einige Themen ausführlicher durch. Eines war Demokratie. Ich hob hervor, dass die Herausforderung nicht einfach darin bestand, wie heikel es war, dieses Thema in einem repressiven Land anzusprechen, sondern vielmehr darin, dass bei einer fairen Wahl in Ägypten die islamistische Partei – die Muslimbruderschaft – wahrscheinlich den Sieg davontragen würde. Amerika bekannte sich tendenziell zur Unterstützung eines Typs demokratischer Aktivisten, die nur einen geringen Prozentsatz der Stimmen erringen würden. Und dies kostete uns Glaubwürdigkeit. Nach einer Pause schlug Obama eine Formulierung vor: Die Vereinigten Staaten müssten die Legitimität aller politischen Bewegungen begrüßen, auch bei Meinungsunterschieden, aber wir würden diese auch danach beurteilen, ob sie im Einklang mit demokratischen Prinzipien handelten und regierten. Wir ahnten nicht, welchem Härtetest diese Position auf dem Höhepunkt des Arabischen Frühlings unterzogen werden sollte.

Ich arbeitete mehrere Tage an der Rede, häufig im Verborgenen in meinem zweiten – ungenutzten – Büro im EEOB, wo mich keiner fand. Ich feilte an kantigeren Stellen und füllte die programmatischen Teile mit Beiträgen aus der übrigen Regierung aus. In Zusammenarbeit mit Rashad Hussain, einem frommen Muslim aus dem Stab des Weißen Hauses, streute ich Belege aus dem Koran ein. Und um die Rede möglichst persönlich zu gestalten, kupferte ich am Ende fast wörtlich eine besonders wichtige Stelle aus *Ein amerikanischer Traum* ab, die Obamas Gedanken beschreibt, als er eine Verbindung zu seinem abwesenden Vater in Kenia zu finden hoffte. Sie drückt die Suche nach etwas Universellem in den Menschen aus, unabhängig von ihrer Herkunft und ihren religiösen Überzeugungen: «Es ist ein Glaube, der in der Wiege der Zivilisation pulsierte und der noch immer in den Herzen von Milliarden Menschen auf der Welt schlägt. Es ist der Glaube an andere Menschen, und er hat mich heute hierher gebracht.»

Angesichts der großen Öffentlichkeitswirkung der Rede versuchten wir zudem, verschiedene Initiativen voranzutreiben. Einige Wochen vor der Rede hatte Obama dem Obersten Religionsführer des Iran ein geheimes Schreiben geschickt und darin Offenheit bekundet, in einen Dialog über das iranische Atomprogramm einzutreten. Als Antwort erhielten wir einen geheimen Brief zurück: eine lange und starrsinnige Auflistung der Verbrechen der Vereinigten Staaten, darunter insbesondere ihre Rolle bei dem Staatsstreich, mit dem in den Fünfzigerjahren die iranische Regierung gestürzt und der Schah mit seinem Unterdrückungsapparat installiert worden war. Das Schreiben verwies darauf, dass Beziehungen zwischen Nationen mit «Mut, Rechtschaffenheit und Entschlossenheit» angegangen werden müssten.

Da Briefe offenbar keinen neuen Ton in die Beziehungen bringen konnten, versuchten wir dies für einen Dialog mit dem Iran dadurch, dass wir uns in der Rede zur Vergangenheit bekannten. Wir hielten es für notwendig, die schwierigen Seiten der Geschichte zu benennen, um sie zu überwinden. «Mitten im Kalten Krieg», würde Obama sagen, «spielten die Vereinigten Staaten beim Sturz einer demokratisch gewählten iranischen Regierung eine Rolle. Seit der Islamischen Revolution spielte Iran eine Rolle bei Geiselnahmen und Gewalt gegen amerikanische Soldaten und Zivilisten. Diese Geschichte ist weithin bekannt. Aber statt in der Vergangenheit verhaftet zu bleiben, habe ich den iranischen Politikern und Bürgern eindeutig gesagt, dass mein Land bereit ist, in die Zukunft zu blicken.» Als Botschaft an scharfblickende Beobachter im Iran griffen wir die Worte des Obersten Religionsführers auf und richteten sie gegen ihn: «Es wird schwer sein, Jahrzehnte des Misstrauens zu überwinden, aber wir werden mit Mut, Rechtschaffenheit und Entschlossenheit vorgehen.»

Am schärfsten durchleuchtet wurde der Abschnitt zu Israel und den Palästinensern, einem Thema, das auch an verschiedene Aspekte von Obamas Biographie anknüpfte. Einerseits war er tief verwurzelt in der jüdischen Gemeinschaft in Chicago, die historisch Israel nahestand, hatte aber andererseits auch Mitgefühl mit der Lage der Palästinenser. (Als ich bei der Vorbereitung einer Wahlkampfdebatte vorschlug, die israelischen Siedlungen nachsichtig zu behandeln, fuhr er mich an: «Wenn wir die Siedlungen nicht kritisieren dürfen, können wir es gleich bleiben lassen.») In Israel war soeben Benjamin («Bibi») Netanjahu zum Ministerpräsidenten gewählt worden. Seine Regierung – und ihre Unterstützer in Washington – äußerte sich besorgt darüber, dass Obama in seiner Rede einen Friedensplan vorlegen könnte. Berater des Weißen Hauses wie Stabschef Rahm Emanuel und Tom Donilon, stellvertretender Nationaler Sicherheitsberater, teilten diese Besorgnisse. Die Ansprache dürfe nicht als Rede zum israelisch-palästinensischen Konflikt aufgefasst werden, sagten sie. Dies würde die Sichtweise bestätigen, wonach sämtliche Probleme im Nahen Osten in der Besatzung von palästinensischem Land durch Israel wurzelten.

Rahm wird gerne als der ständig fluchende Mann karikiert, der er tatsächlich war. Er schien aber häufig nur deshalb zu fluchen, um seiner Karikatur gerecht zu werden («der Minister der verdammten Landwirtschaft»), und nicht, um jemanden herabzusetzen. Mehr als durch sein Lästern zeichnete er sich durch seinen rastlosen Bewegungsdrang aus: Als er mich zum ersten Mal wegen Änderungen an einer Rede anrief, tat er dies beim Schwimmen. Dieser erklärte Freund Israels und des Friedens im Nahen Osten behielt die israelische Politik sorgfältig im Blick. Seiner Ansicht nach würde eine Mitte-links-Regierung in den Vereinigten Staaten mit einer Mitte-rechts-Regierung in Israel nur schwer, wenn überhaupt, einen Frieden erreichen können. Aber den Versuch hielt er für wichtig. Als er meine Argumente, dass Obama Mitgefühl mit den Palästinensern zeigen müsse, nicht mehr hören konnte, begann er, mich mit «Hamas» anzureden. «Die Hamas dort drüben», sagte er, «wird es meinem Kind unmöglich machen, seine verdammte Bar-Mizwa in Israel zu feiern.»

Anstatt einen Friedensplan zu präsentieren, akzeptierte Obama die Empfehlung, einen Baustopp für die Siedlungen zu fordern, die immer weiter auf Land vorrückten, das für einen Palästinenserstaat benötigt wurde. Rahm und Axe wurden mitunter als «sich selbst hassende Juden» geschmäht, wenn wir Druck auf Israel ausübten. Anstatt die Verleumdung zurückzuweisen, listeten wir gewöhnlich sämtliche Punkte auf, in denen wir Israel unterstützten. In Washington hatten sich der Amerikanisch-israelische Ausschuss für öffentliche Angelegenheiten (AIPAC) und andere Netanjahu nahestehende Organisationen als Schiedsrichter darüber etabliert, was pro-israelisch sei, mit null Toleranz gegenüber jedwedem Druck auf die israelische Regierung und einem gewaltigen Einfluss im Kongress. Die meisten Amerikaner empfanden ebenfalls eine natürliche Affinität zu Israel.

Als das Datum der Rede heranrückte, wurde die Lobbyarbeit intensiver. Ich wurde gebeten, mich mit Lee Rosenberg zusammenzusetzen, einer Führungsfigur im AIPAC, die für Obamas Wahlkampf Spenden eingeworben hatte. Rosy, wie er genannt wurde, erwartete von mir sicherzustellen, dass wir bei der Unterstützung für die Palästinenser kein Neuland betraten und nicht andeuteten, dass der israelisch-palästinensische Konflikt Ursache sämtlicher Nahost-Probleme sei. Dann beschwor er mich, die islamische Welt aufzufordern, Israel als «jüdischen Staat» anzuerkennen. Diese offizielle Position hatten die Vereinigten Staaten bislang nicht eingenommen, weil sie signalisiert hätte, dass in einem künftigen Friedensabkommen Millionen von Palästinensern kein Rückkehrrecht nach Israel zugestanden würde. Ich saß da, hörte mir Rosenbergs Anliegen an und versicherte ihm, dass wir in unserer Unterstützung für die Palästinenser keine neuen Wege gehen würden. Obwohl die Israelis in dem Konflikt die weitaus stärkere Partei waren, verhielten wir uns so, als sei es umgekehrt.

Unsere letzte Entscheidung betraf die Frage, ob Obama nach dem Besuch in Kairo nach Israel weiterreisen solle. Wegen der Besorgnisse, dass die Rede nur durch das Prisma des arabisch-israelischen Konflikts gesehen würde, entschieden wir uns dagegen. Paradoxerweise sollten uns Netanjahus Unterstützer diesen Beschluss noch jahrelang vorwerfen, obwohl wir mit ihm ihr Anliegen berücksichtigt hatten. Tatsächlich zeichnete sich hier ein Muster ab: Obama wurde immer wieder nachträglich dafür kritisiert, dass er nicht israelfreundlich genug sei, obwohl er für die Palästinenser nichts Greifbares unternommen hatte, während Israels Regierung die Absolution dafür erhielt, dass sie keinerlei sinnvolle Schritte in Richtung Frieden eingeleitet hatte.

Als wir zum Flug nach Saudi-Arabien, unserer Station vor Kairo, abhoben, hatte ich von Obama einen Redeentwurf erhalten, der an den Rändern, auf den Rückseiten und auf herausgerissenen Notiz-block-Blättern mit handschriftlichen Änderungen übersät war. Frustriert über die Flut der Eingriffe, die seine Positionen verwässerten, sagte er mir kurz angebunden: «Ich fliege doch nicht den ganzen Weg nach Kairo, um eine Rede zu halten und den Ball zu verschießen.» Axe störte, dass die Rede ohne Überschrift und für ein amerikanisches Publikum zu theoretisch sei. Während auf diesem Nachtflug alle Kollegen um mich herum schliefen, blieb ich wach. Der Schein meines Laptop-Bildschirms beleuchtete die feine Handschrift, in der Obama seine Anmerkungen auf die Seiten vor mir geschrieben hatte. Meine Anspannung, an einer Rede zu arbeiten, die rund um die Welt eingehend analysiert würde, wurde in den Hintergrund gedrängt durch die Zuversicht, dass Obamas Anmerkungen die Rede verbesserten und dass mir seine drastische Bearbeitung die Rechtfertigung lieferte, den Strom der Änderungswünsche zu ignorieren, der sich weiterhin in meinen Posteingang ergoss.

Nach der Landung war unser Ziel eines der zahlreichen Privatanwesen des saudischen Königs Abdullah. Wie eine Trabantenstadt in Arizona angelegt, war es mit Golfmobilen ausgestattet, die uns zu immer gleichen Wohneinheiten inmitten der Wüstendünen brachten. Als ich die Tür zu meiner Unterkunft öffnete, fand ich einen großen Handkoffer mit Juwelen vor. So müde, wie ich war, hielt ich sie für eine Art Geschenk, mit dem ich als Verfasser der Kairoer Rede bestochen werden sollte, erfuhr dann aber von anderen, dass sie ebenfalls einen Koffer erhalten hatten. Geschenke dieser Art darf man nur annehmen, wenn man die Kosten für sie erstattet, die sich hier auf Zigtausende Dollar beliefen. Ich gönnte mir ein Schläfchen, während Obama mit dem König zusammentraf. Später am Abend ging ich zu ihm, um zu hören, wie der Tag verlaufen war. Er war verärgert. Die Saudis hatten ihn hängenlassen: Sie dachten weder daran, Gefangene aus Guantánamo aufzunehmen, noch an eine Friedensgeste in Richtung Israel. Er überreichte mir weitere Änderungen für die Rede, worauf ich lange aufblieb und sie in einem Büro für den Mitarbeiterstab durchging, das in einem prunkvollen Saal mit schweren Vorhängen und thronartigen Sesseln untergebracht war. Kurz vor Mitternacht kam Obama vorbei, um mit mir und Denis McDonough einige Abschnitte zu besprechen.

«Das Wort ‹Besatzung› im Text löst großes Unbehagen aus», sagte ich mit Blick auf die Änderungswünsche, die zur Passage über Israel weiterhin bei mir eintrafen.

«Wie sollen wir es denn sonst nennen?», fragte er.

Am Ende bestätigten wir unser «unverbrüchliches» Band mit Israel, nannten das Leugnen des Holocaust «haltlos, ignorant und hasserfüllt» und erklärten es für zutiefst verwerflich, «Israel mit Zerstörung zu drohen – oder widerwärtige Stereotype über Juden zu wiederholen». Um eine Balance herzustellen, thematisierten wir «die täglichen Demütigungen, große und kleine, die mit der Besatzung einhergehen», und bezeichneten «die Lage des palästinensischen Volkes» als «untragbar».

Am nächsten Morgen flogen wir nach Kairo und setzten über einem ausufernden Wildwuchs aus flachen Bauten und leeren Straßen zur Landung an. Auf dem Weg vom Flughafen in die Stadt säumten ägyptische Sicherheitskräfte die Straße, uniformierte Männer, die über Kilometer hinweg mit nur wenigen Schritten Abstand zueinander und dem Rücken zur Wagenkolonne stillstanden. In einer der bevölkerungsreichsten Städte der Welt waren sonst keine Menschen in Sicht. Tausende von Uniformierten hatten Befehl, in die Ferne zu blicken und nach jedem Ausschau zu halten, der eine Gefahr darstellen könnte.

Die Rede fand an der Universität Kairo statt. In einem unscheinbaren Lagerraum wartete ich mit Obama, bis das Publikum seine Plätze eingenommen hätte. «Diese Rede wird Erwartungen wecken», sagte er.

«Ich glaube, wir waren doch recht vorsichtig, indem wir darauf hingewiesen haben, dass eine Rede nicht alle Probleme lösen wird», antwortete ich.

Er stimmte zu und machte eine Pause. «Wissen Sie, Bushs zweite Antrittsrede ist großartig, aber man kann doch nicht einfach versprechen, ‹die Tyrannei in der Welt zu beenden›.» Er ließ den Gedanken im Raum stehen. Soeben hatte er sich mit Mubarak getroffen, einem Tyrannen, der Ägypten seit Jahrzehnten regierte. «Die Worte sind großartig», fügte er hinzu. «Es ist wahrscheinlich Bushs beste Rede.»

«Ich glaube, wir sind an einem guten Ort gelandet», meinte ich.

«Ich hoffe, dass niemand einen Schuh auf mich schleudert», erwiderte er.

Während der Rede saß ich auf einem umlaufenden Balkon und fühlte mich wie gefangen auf meinem Stuhl. Doch kaum hatte Obama mit einem «*as-salamu 'alaikum*» begonnen, brachen die Zuhörer in Jubel aus, und meine Anspannung ließ spürbar nach. Wir hatten ein Publikum gewählt, in dem sich säkular orientierte Aktivisten, Intellektuelle, politische Anführer, Kleriker, Frauenrechtlerinnen und Mitglieder der Muslimbruderschaft mischten. Alle Faktionen, die wenige Jahre später in Kairos Straßen die Revolution ausfochten, waren in einem Raum versammelt und beklatschten jeweils andere Teile der Rede: Als Obama das Recht von Frauen verteidigte, in den Vereinigten Staaten den Hidschab zu tragen, applaudierten die Geistlichen, als er sich zur Demokratie äußerte, schrien Aktivisten: «We love you», und als er über eine Gesellschaft redete, die das Potenzial seiner Mädchen erschließen müsse, jubelten Frauen.

Nach dem Ende der Rede flogen wir im Hubschrauber zu den Pyramiden. «Ich glaube, es ist gut gelaufen», sagte mir Obama.

Barack Obama und Reggie Love bei einer Privatführung durch die Pyramiden von Giseh nach Obamas Rede in Kairo am 4. Juni 2009

Eine Stunde lang erhielten wir eine Privatführung durch die alten Monumente, die am Rande der Millionenstadt Giseh über die Wüste verstreut sind. Wir krochen durch kleine Kammern, schielten auf eingemeißelte Hieroglyphen an den Wänden und blickten auf

Sarkophage von Pharaonen. Als wir uns für ein Foto aufstellten, hatten wir ein bemerkenswertes Gefühl der Privatheit: Nirgendwo waren Menschen in Sicht. Mubarak hatte das Areal weiträumig absperren lassen, eine Geste, die seine Macht zum Ausdruck brachte – die Macht eines autoritären Herrschers, der seinen amerikanischen Schutzherrn zum Rundgang durch die Grabstätten seiner längst verstorbenen autoritären Vorgänger bat, durch Bauten, die weitaus beständiger waren als Worte.

In den kommenden Jahren sollte ich immer wieder gefragt werden, wie ich die Kairoer Rede einschätzte, insbesondere wegen der anhaltenden Spannungen zwischen dem Islam und dem Westen – und dem Islam und der Moderne. Beim Besuch der Pyramiden an diesem Tag wusste ich freilich, dass sich solch eine Rede nicht am Zustand der Welt in einem bestimmten Augenblick messen ließ. Sie drückte aus, woran Obama glaubte und was er anstrebte, und entwarf eine Welt, wie sie *sein sollte*. Beim Abfassen der Rede und im Verlauf der Reise hatten wir die Zwänge erlebt, die sich diesem Ergebnis im Verbund miteinander entgegenstellten: die Widersprüche der amerikanischen Außenpolitik, die Korruption Saudi-Arabiens, die Unterdrückung in Ägypten, die radikalen Kräfte, die außerhalb des Blickfelds lauerten, und die Ausweglosigkeit des israelisch-palästinensischen Konflikts.

Jahre später, nach Obamas Ausscheiden aus dem Amt, begegnete ich zufällig einer gebürtigen Palästinenserin, die ich oberflächlich kannte. Sie sagte, sie habe die Kairoer Rede niemals vergessen, und brachte sie mit den ersten Protesten des Arabischen Frühlings in Verbindung. Aber das hieße doch, wandte ich ein, einer Rede zu viel Bedeutung beizumessen. «Es war nicht die Rede», sagte sie. «*Er* war es. Die jungen Leute sahen ihn, einen Schwarzen als Präsident Amerikas, jemanden, der ähnlich aussah wie sie. Und sie dachten: Warum nicht ich?»

Kapitel 6

Obamas Krieg

Als Obama ins Amt kam, führten wir in Afghanistan schon sieben Jahre Krieg – länger, als der amerikanische Unabhängigkeitskrieg, der Bürgerkrieg, der Erste und der Zweite Weltkrieg jeweils gedauert hatten. Aber weil Obama diesen Krieg im Wahlkampf unterstützt und «zwei zusätzliche Kampfbrigaden» gefordert hatte, nannten ihn die Medien schon kurz nach seinem Amtsantritt «Obamas Krieg». Der Ausdruck ärgerte mich jedes Mal. Ich stieß mich an ihm als einem Musterbeispiel dafür, wie Washington ein Ereignis von so großer moralischer Bedeutung zu einem politischen Drama uminszenierte.

In seinem ersten Jahr als Präsident sah sich Obama mit der kompromisslosen Forderung konfrontiert, mehr Truppen nach Afghanistan zu entsenden. Die Bühne dafür war in der Zeit der Regierungsübergabe bereitet worden. Der Kommandeur in Afghanistan, General David McKiernan, hatte über 10 000 zusätzliche Soldaten angefordert, um der wachsenden Wucht des Aufstands der Taliban Herr zu werden – ein Anliegen, dessen Erfüllung die Bush-Administration Obama überlassen hatte. Obama gab McKiernans Ersuchen im Februar 2009 statt und kam damit de facto seinem Wahlversprechen nach. Angeordnet hatte er auch eine erstmalige Überprüfung der US-Politik in Afghanistan. Das führte zu der Ankündigung vom 27. März, in der die Notwendigkeit einer gemeinsamen Strategie für Afghanistan und Pakistan hervorgehoben wurde, um den Terroristen ihre Rückzugsgebiete auf der pakistanischen Seite der Grenze zu entziehen. Die Überprüfung verzögerte allerdings eine Entscheidung darüber, ob eine Strategie zur Aufstandsbekämpfung (COIN) eingeschlagen werden sollte, die sehr viel mehr Truppen über einen deutlich längeren Zeitraum erfordert hätte.

Innerhalb der Regierung – und im Kreis derer, die sich mit Außenpolitik befassten, über sie schrieben und sprachen – wurde die Debatte über das Vorgehen in Afghanistan stellvertretend für eine Diskussion darüber geführt, was im Irak schiefgelaufen war. Für Obama hatte der Fehler schon in der Entscheidung gelegen, in das Land einzumarschieren. Dagegen belegten für manche Unterstützer des Krieges die Erfolge einer Aufstandsbekämpfung mit mehr US-Kampftruppen, die die irakische Bevölkerung schützten, dass nicht der Krieg als solcher, sondern dessen Strategie für die Probleme im Irak verantwortlich sei. Obwohl die Unzufriedenheit über diesen Krieg Obama zur Präsidentschaft verholfen hatte, sollte unsere Afghanistanstrategie in seinem ersten Jahr im Amt weitgehend von Leuten geprägt werden, die eine COIN-Strategie für unverzichtbar hielten.

Bob Gates trat mit genau der richtigen Mischung aus Kompetenz, Fleiß, Berechnung und sporadischer Heuchelei auf, um sich für Jahrzehnte Erfolg in Washington zu sichern. Die Achtziger- und Neunzigerjahre hindurch hatte er eine Reihe hochrangiger Ämter in der CIA und im Nationalen Sicherheitsrat bekleidet. Als ich mit ihm in der Irak-Kommission zusammenarbeitete, hatte er eine komfortable Position als Präsident der Texas A&M University inne, des Standorts der George H.W. Bush Presidential Library, die in erheblichem Maße reiche Saudis und Kuwaiter finanziert hatten, um sich für Amerikas Unterstützung während des Zweiten Golfkrieges zu bedanken. Bei Aufenthalten in Washington kam Gates zu Besprechungen jedes Mal fast eine halbe Stunde zu früh, eine Gewohnheit, die von seiner Disziplin kündete. Er schenkte sich

Kaffee in einen Styroporbecher ein, setzte sich an einen leeren Tisch und blätterte beim Warten Unterlagen durch.

Als Verteidigungsminister in den letzten beiden Jahren der Bush-Administration verbuchte Gates Erfolge als effizienter Leiter des gewaltigen Pentagon-Apparats. Auch schmiedete er eine enge Partnerschaft mit dem Kommandeur im Irak, General David Petraeus, der zu einem Rockstar der Republikanischen Partei aufstieg, weil er bereitwillig dem Krieg ein Gesicht gab zu einer Zeit, da George W. Bush immer unbeliebter wurde. Obama kam gut aus mit Gates, dessen ruhige Art und emotionslose Sprechweise ihm den Spitznamen Yoda eintrug. Obama sah die Notwendigkeit, im Pentagon Kontinuität zu wahren, während er 150 000 amerikanische Soldaten aus dem Irak abziehen und die meiste Zeit zu Beginn seiner Präsidentschaft damit zubringen würde, eine Große Depression abzuwenden. Er behielt auch Petraeus im Amt, der zum Leiter des US-Zentralkommandos CENTCOM befördert worden war, des Regionalkommandos für eine sich ausweitende Militärregion, die den Nahen und Mittleren Osten sowie Zentralasien umfasste.

Petraeus, ein kluger Mann, der seine Worte sorgfältig abwägte, stand 2009 im Zenit seines Einflusses auf das Denken, das die Kriege im Irak und in Afghanistan leitete. Wegen seiner großen Beliebtheit wurde er in gewissen Kreisen als möglicher Präsidentschaftskandidat der Republikaner gehandelt, auch wenn er am Rande von Sitzungen im Situation Room mir gegenüber von sich aus mehr als einmal darauf hinwies, dass ihn Politik nicht interessiere. Er trat eher wie ein Hochschullehrer als wie ein Politiker auf mit seinem akkurat gescheitelten braunen Haar und seiner Art, Ratschläge in gut strukturierten gelehrten Ausführungen zu erteilen, mit denen er die Powerpoint-Folien vor ihm mit Worten umwölkte.

Hillary Clinton erwies sich als leistungsstarke Leiterin des Außenministeriums, wo sie ihre hartnäckige Unterstützung für ihre Mitarbeiter im Auswärtigen Dienst mit einer wachsamen politischen

Antenne verband. Sie legte Wert darauf, auf Sitzungen gut vorbereitet zu wirken, indem sie mit dicken Mappen mit Informationsmaterial erschien, die sie während der Diskussionen immer mal wieder durchblätterte. Ihre Neugierde führte sie in ganz verschiedene Richtungen: Auf unserer ersten gemeinsamen Auslandsreise verwickelte sie mich in eine lange Diskussion darüber, dass die Vereinigten Staaten mit Blick auf die Arktisregion eine differenziertere Außenpolitik betreiben müssten, da das Abschmelzen der Eiskappen ein Wettrennen um Ressourcen in Gang setze und die Schifffahrtsrouten verändere. Was die Kriege anging, stellte sie sich oft auf die Seite des Militärs. Im gesamten Jahr 2009 bezog sie in internen Diskussionen über den Irak und Afghanistan kaum eine Position, die sich von Gates' unterschied.

Im Außenministerium war Richard Holbrooke zum Sonderbeauftragten für Afghanistan und Pakistan (SRAP) ernannt worden, ein Posten, den Clinton eigens für ihn geschaffen hatte. Holbrooke war eine herausragende Figur des außenpolitischen Establishments in der Demokratischen Partei. Über drei Jahrzehnte hatte er sich mit seinem diplomatischen Geschick einen Heldenstatus erarbeitet, von seiner Zeit als junger Funktionär im Auswärtigen Dienst in Vietnam bis zu den Verhandlungen über das Dayton-Abkommen, das den Bosnienkrieg beendet hatte. Auch wenn der Posten des SRAP nicht auf der Ebene angesiedelt war, die er anstrebte – er hegte Zeit seines Lebens Ambitionen auf die Position des Außenministers –, machte er das Amt zu einem eigenen Reich innerhalb des Außenministeriums, indem er eine Mischung aus versierten Wissenschaftlern und talentierten jungen Gefolgsleuten anheuerte, die als höchst loyale Kohorte und eine Art Denkfabrik im Miniformat dienten.

Den Gipfel seiner Macht hatte Holbrooke in den Neunzigerjahren erreicht – eine historische Hochwassermarke des amerikanischen Einflusses in der Welt. Deswegen bewahrte er sich den hartnäckigen Glauben an die Fähigkeit der Vereinigten Staaten, die Ereignisse im Ausland zu gestalten, sogar in einer so kriegsgeschundenen, komplexen und fremdartigen Region wie Afghanistan und Pakistan. Und er genoss seine Auftritte als führender Diplomat. Als er mich einmal nach einer Sitzung im Außenministerium am Arm hinausgeleitet hatte, entstieg gerade – wie auf ein Stichwort – der Bürgermeister von Karatschi einem Wagen, worauf wir drei verschwörerisch die Köpfe zusammensteckten. Holbrooke spulte Statistiken zur Wasserversorgung der Stadt ab, als sei diese in der afghanisch-pakistanischen Region der Schlüssel zum Erfolg.

Der einzige höhere Amtsträger, der sich einer Truppenaufstockung für Afghanistan beharrlich entgegenstellte, war Joe Biden. Als Vizepräsident schwebte er in einem einzigartigen Raum, irgendwo über allen anderen und unter Obama, aber ohne eine Behörde wie das Außenministerium, die ihm eine unabhängige Machtbasis in der Regierung gegeben hätte. Mit 66 Jahren zwei Jahrzehnte älter als Obama, vertrat er einen eher altmodischen Politikstil: Er spazierte durch die Flure des West Wing, blieb stehen, um mit Leuten zu reden, nahm einen beim Unterarm und hielt diesen umfasst, während er mit einem sprach. Obama gefiel sein Instinkt für diese Art des politischen Umgangs, und er gewann Biden schließlich mit der fast fürsorglichen Zuneigung lieb, die man einem älteren Familienmitglied entgegenbringt.

Im Situation Room konnte Biden wie eine ungelenkte Rakete wirken. Während Gates seine bürokratischen Manöver heimlich betrieb, erging sich Biden in langen Reden über die Abwegigkeit unserer Vorstellung, dass wir in Afghanistan mehr ausrichten könnten, als Terroristen zu töten. Militärischen Rat suchte er außerhalb der Kommandokette, in der die Anfragen nach mehr Soldaten vorbereitet wurden, welche auf dem weiteren Weg nach oben Gates und schließlich Obama erreichten. Biden würzte seine Kommentare mit Anekdoten aus seiner langen Laufbahn im Senat, wobei er wiederholt erklärte, die Erfahrung habe ihn gelehrt, dass «alle Außenpolitik die Erweiterung von persönlichen Beziehungen» sei. Er lernte die Namen sämtlicher männlicher Enkel Masud Barzanis auswendig, des Führers der irakischen Kurden. Für Afghanistans Präsident Hamid Karzai hatte er nur Abscheu übrig, und vom US-Militär glaubte er, dass es Obama Steine in den Weg legte.

Inmitten dieses übergroßen Ensembles von Charakteren wurden Obamas Entscheidungen für Afghanistan 2009 am stärksten durch General Stanley McChrystal geprägt, den Gates im Mai des Jahres als Topgeneral dieses Krieges installiert hatte. Der 54-jährige McChrystal war im Militär eine Art Mythos. Er baute die amerikanischen Ressourcen für Sondereinsätze im Irak und in Afghanistan mit auf – die Elitesoldaten, die Türen eintraten, Terroristen töteten oder gefangen nahmen und Aufstandsnester kartierten wie Ärzte, die aufzeichnen, wie sich ein Krebs im Körper eines Patienten ausgebreitet hat. Umgeben war er von einer straff organisierten Kohorte aus loyalen Offizieren, darunter General Michael Flynn, die sich im fernen Hauptquartier einer Kriegszone heimischer als in Washington fühlten. Trat Petraeus als der geschliffene, intellektuelle Architekt einer Strategie auf, die irakische und afghanische Stadtviertel zu sichern suchte, so war McChrystal ein durchtrainierter Feldsoldat, der bei Bud Light Lime entspannte und Jahre damit zugebracht hatte, die Kampfkraft der Truppe zu erhöhen.

Am 21. September 2009 las ich nach dem Erwachen einen Bericht von Bob Woodward in der *Washington Post*: «Der Oberbefehlshaber der USA und der NATO in Afghanistan», so begann er, «mahnt in einer dringenden vertraulichen Einschätzung des Krieges, dass er im nächsten Jahr mehr Streitkräfte benötige, und äußert freiheraus, dass der achtjährige Krieg ohne sie ‹wahrscheinlich in einem Scheitern› enden werde, so ein 66-seitiges Dokument, das der *Washington Post* in Kopie zugegangen ist.» Zahlreiche weitere Leaks offenbarten, dass McChrystal 40 000 bis 80 000 zusätzliche US-Soldaten anstrebte. Wir alle im Weißen Haus, einschließlich Obama, erfuhren von diesen Empfehlungen aus der Zeitung, bevor sie auf seinem Schreibtisch gelandet waren. Die Dreistigkeit dieser Indiskretionen machte mich einigermaßen betroffen. Obama wurde mit aller Gewalt dazu gedrängt, mehr Truppen nach Afghanistan zu entsenden, andernfalls bekäme er die Schuld zugeschoben, wenn die Ereignisse übel ausgingen, was wahrscheinlich sowieso der Fall sein würde.

Der Druck auf Obama war schon in den zurückliegenden Wochen gewachsen. Die Truppen, die er nach Afghanistan geschickt hatte, hatten kaum etwas bewirkt. Auch wurden nach dem Urnengang in Afghanistan im August glaubhafte Vorwürfe laut, dass der amtierende Präsident Hamid Karzai massiv Wahlfälschung betrieben habe. Einflussreiche Republikaner wie John McCain forderten bereits mehr Ressourcen, um den Erfolg der Truppenaufstockung im Irak zu wiederholen. McChrystal, der nach seiner Ernennung mit einer Reihe glanzvoller Porträts bedacht worden war, wurde zum Gegenstand eines Personenkults: zum Heilsbringer, der das Ruder in Afghanistan herumreißen würde, so wie Petraeus den Irak gerettet hatte. Die Bühne für ein Washingtoner Drama war bereitet: Würde der junge Präsident und Kriegsgegner die Ratschläge dieser weisen und erfahrenen Berater annehmen oder sie in den Wind schlagen?

Eine Woche nachdem McChrystals Bericht der *Washington Post* zugespielt worden war, erhielt ich eine förmliche Ernennung zum stellvertretenden Nationalen Sicherheitsberater für strategische Kommunikation und Redenschreiben – ein absurd langer Titel, den ich bis zum Ende von Obamas Präsidentschaft behalten sollte.

Bis dahin war die Führung des Nationalen Sicherheitsrats (NSC) unter vier Personen aufgeteilt gewesen. An der Spitze der Pyramide stand Jim Jones, ein Vier-Sterne-General und ehemaliger Kommandant des Marinekorps. Groß, gutaussehend und mit kantigem Kinn, wirkte er wie ein Schauspieler, der genau die Rolle übernahm, die Jones tatsächlich innehatte. Jones wurde mit seiner Funktion als Mitarbeiter des Weißen Hauses nie so richtig warm. Im NSC neigte er dazu, sich wie ein Monarch über die Dinge zu stellen, wobei er als versierter Gesandter bei ausländischen Regierungen diente und Ratschläge zu Themen erteilte, die ihn interessierten. In einer seltsamen Angewohnheit richtete er diese Ratschläge an Obama, blickte dabei aber jemand anderen im Raum an. Zuweilen brachte er mich so in die peinliche Lage, mit ihm Augenkontakt halten zu müssen, während er mit dem Präsidenten redete. Jim Jones hatte kein Problem damit, es Leuten in seinem Umfeld zu überlassen, Obama ins Bild zu setzen. Das ermöglichte es dem stellvertretenden Nationalen Sicherheitsberater Tom Donilon, sich eine einflussreiche Rolle zu sichern.

Tom gehörte zu jenen, die in Washington allseits bekannt und außerhalb fast ein unbeschriebenes Blatt waren. In jungen Jahren hatte er mit der Kraft seiner Ellenbogen als politscher Referent für Jimmy Carter im Weißen Haus gearbeitet. Während sein Bruder Mike seine Rolle als politischer Berater von Joe Biden niemals aufgab, arbeitete Tom hart daran, den Wechsel von der Innen- in die Außenpolitik zu schaffen. Die Clinton-Jahre verbrachte er mit Aufgaben im Außenministerium, und in den frühen Nullerjahren empfahl er sich durch etablierte Organisationen, die als Kaderschmieden für künftige Amtsträger in Sachen nationale Sicherheit fungieren: die Strategiegruppe des Aspen-Instituts, den Rat für auswärtige Beziehungen und den Atlantikrat. Toms Nähe zu Rahm – und Jim Jones' unbeteiligter Stil – verschafften ihm Zugriff auf die Schalthebel der nationalen Sicherheit: Er koordinierte verschiedene Behörden, die Optionen und Empfehlungen an Stellen bis hinauf zum Präsidenten vorbereiteten.

Nach der Wahl gab es auf dem Weg nach oben ins Weiße Haus

einen Engpass: Sowohl Mark Lippert als auch Denis McDonough wollten dort einziehen, um – hauptsächlich – als Obamas Mann im NSC zu arbeiten. Lippert hatte bis zum Sommer 2008 im Irak gedient, während Denis in dieser Zeit vertretungshalber seinen Posten als Obamas oberster nationaler Sicherheitsberater übernommen hatte. Beide waren befreundet, ehemalige Mitarbeiter im Kapitol in ihren Dreißigern. Sie teilten sich ein Büro, das für eine Person ausgelegt war, und hielten dort beide Wechselkleidung bereit, um für endlose Arbeitsrunden gewappnet zu sein. Beide waren fähig, als Allround-Berater und Torwächter zu fungieren: Entscheidungen zu Obamas Terminplan zu treffen, den Fluss der Papiere zu kontrollieren, in Zusammenarbeit mit dem Weißen Haus Kommunikationsstrategien zu entwickeln, die Besetzung von Stellen im Regierungsapparat zu unterstützen und sicherzustellen, dass Obamas persönliche Prioritäten berücksichtigt würden. Aber sie konnten nicht beide weiterhin dieselbe Arbeit erledigen. Am Ende sollte Lippert ausscheiden. Ich mochte ihn und hatte immer den Eindruck, dass er die Zeit als Obamas Berater im Senat vermisste, ohne all die politischen Rücksichten, die bei der Arbeit im Weißen Haus genommen werden mussten. Er hatte mit Begeisterung im Militär gedient und beschaffte sich in diesem Sommer eine erneute Stationierung im Ausland.

Derweil teilte mir Denis mit, dass er die Stelle als Stabschef im NSC antreten werde, und wollte wissen, ob ich seinen Posten als stellvertretender Nationaler Sicherheitsberater für strategische Kommunikation übernehmen würde. Ich bekäme Zugang zu sämtlichen Sitzungen des Stellvertreterausschusses des NSC, des Principals Committee (einer Unterabteilung des NSC mit den wichtigsten Kabinettsmitgliedern) sowie zu den Besprechungen des NSC mit Obama. Ich wäre für die Kommunikation zur nationalen Sicherheit zuständig: dafür, Obama auf seine Pressekonferenzen und Interviews vorzubereiten, Robert Gibbs als Pressesprecher des

Weißen Hauses in seinen Vorbereitungen für Pressebriefings zu unterstützen, einen rund zehnköpfigen Stab im NSC zu leiten und die Pressesprecher des Außen- und des Verteidigungsministeriums sowie weiterer Behörden zu koordinieren. Übertragen würde mir auch die Zuständigkeit für die sich erweiternden Mittel, mit denen die Vereinigten Staaten die Öffentlichkeit in anderen Ländern erreichen, von Austauschprogrammen bis zu Informationsoperationen.

Ich bat mir etwas Bedenkzeit aus. Auch wenn ich mir eine Ablehnung nicht vorstellen konnte, hatte ich irgendwie ein ungutes Gefühl. Mir gefiel die Aussicht, eine gewichtigere Stimme in der Politik und eine größere Statur im Weißen Haus zu bekommen, hatte mit der Presse aber eher ungern zu tun, wobei mir (fälschlicherweise) versichert wurde, dass ich diesen Teil delegieren könne. Meine einzige Forderung lautete, weiterhin die wichtigen Reden zur nationalen Sicherheit zu schreiben. Zudem konnte ich als Verstärkung bei dieser Tätigkeit Terry Szuplat einstellen, der in den nächsten sieben Jahren als Fels in der Brandung Intelligenz und Stabilität einbringen sollte.

Die Ursache für mein ungutes Gefühl wurde mir erst klar, als ich nach langem Zögern Ann von der neuen Chance berichtete. Wir verbrachten kurz vor unserer Hochzeit ein Wochenende in New York und fuhren nun nach Washington zurück. Beiläufig sagte ich ihr, dass mir Denis den Job in Aussicht gestellt habe. Sie wurde still und blickte nach draußen auf die Straße. «Also ein Posten als stellvertretender Nationaler Sicherheitsberater?», fragte sie.

«Ja», sagte ich.

Ihre Antwort klang weder ablehnend noch begeistert. «Dann bleiben wir eine Weile in Washington, nicht?»

«Nicht unbedingt», sagte ich, wusste aber augenblicklich, was mich aufwühlte, seitdem mir Denis die Stelle angeboten hatte. Ich hatte 2007 die Entscheidung getroffen, Obama mit meiner Arbeit im Wahlkampf zu unterstützen. Seither hatte ich nie richtig darüber nachgedacht, welche Aufgaben mich erwarteten, außer Reden zu schreiben. Jetzt wurde mir die Art von Position angeboten, die mit größeren Aufgaben und Verantwortung für Untergebene verbunden war, die einen für die weitere Welt stärker sichtbar machte. Und – ja – die einen für eine ganze Weile in Washington festhielt.

«Dir ist klar, dass wir bleiben werden», sagte Ann. «Aber es ist eine fantastische Chance.»

Ich blickte in die vorüberziehende Dunkelheit des südlichen New Jersey, in der die Abstände zwischen den Ausfahrten größer wurden, während wir uns Delaware näherten. Dutzende Male war ich diese Strecke von New York aus gefahren, seit ich als 24-Jähriger nach Washington gezogen war – mit der Vorstellung, ein paar Jahre zu bleiben, interessante Arbeitserfahrungen zu sammeln und zurückzukehren, um meiner wahren Berufung zu folgen und für eine Zeitschrift zu schreiben oder Bücher zu publizieren. In New York lebten meine besten Freunde, mit denen ich aus Zeitmangel so gut wie nicht mehr reden konnte. Mein Bruder hatte sich kürzlich über einen zweiten Sohn gefreut.

Ann und ich standen kurz vor unserer Hochzeit, und nach dieser Beförderung würde ich auf absehbare Zeit weder zurück nach New York noch sonst wohin übersiedeln. Nach der Arbeit würde ich keine Happy Hour nutzen können, ich würde mir kein Livekonzert anhören, keinen engen Kontakt zu alten Freunden halten, nicht ins Kino gehen, keine frisch erschienenen Bücher lesen, meine Eltern, bevor sie alt würden, nicht häufig besuchen und meine Neffen nicht aufwachsen sehen. Stattdessen würde ich als stellvertretender Nationaler Sicherheitsberater arbeiten.

Und so wurde ich offiziell in die Position befördert: Ich redete mit Gibbs, der mir erklärte, wie er für seine Pressebriefings vorbereitet werden wollte, während er auf dem Computer vor sich sein fiktives Footballteam checkte, und zu dem Schluss gelangte: «Das wird lustig.» Axe kam nach unten in mein Büro und schloss hinter sich die Tür. Er äußerte sich besorgt, ob ich den Nerv hätte für die Mühle, mich tagtäglich mit der Presse herumzuschlagen. «Im Umgang mit rücksichtsvollen Leuten wie David Ignatius kann ich mir dich gut vorstellen», sagte er mit Blick auf den Kolumnisten der *Washington Post* und schaffte es auf seine einzigartige Weise, mich gleichzeitig zu loben und abzuqualifizieren. Aber damit war es erledigt. Soweit ich wusste, gab es keine anderen Kandidaten, und keiner rechnete damit, dass ich ablehnen könnte. Obama teilte mir nebenbei mit: «Ich möchte Sie häufiger im Raum haben.» Und das sagte er mir über die Jahre immer öfter, bis ich schließlich fast nur noch im Raum war.

Einige Wochen bevor der Wechsel offiziell wurde, heirateten Ann und ich. Die Trauung fand in Los Angeles statt. Orange County kam für einen New Yorker nicht in Frage, und New York war zu teuer und kam für eine Kalifornierin nicht in Frage. Washington empfanden wir beide nicht als Zuhause, sondern als einen Ort zum Arbeiten. Also entschieden wir uns für ein Lokal in einem Park in Los Angeles hinter der prachtvollen Art-déco-Stadtbibliothek – ausreichend südkalifornisch für Ann und ihre Familie und urban genug für mich und die Meinen. Es war ein spektakulärer Ort mit Wolkenkratzern um uns herum und mit genau dem richtigen Wetter. Für mich suggerierte er auch, dass wir – zu diesem Zeitpunkt – Menschen ohne ein echtes Zuhause waren. Wir lebten in keiner Heimat, waren aber auch nicht bereit, in eine Heimat zurückzukehren, in welche auch immer.

Das größte Kontingent auf unserer Hochzeit stellten Obamas Leute: die Gruppe der Endzwanziger und Anfang-Dreißiger, Leute, die sich im Wahlkampf näher kennengelernt hatten und zu einer Art Familie verschmolzen waren. Einen Abend lang schoben wir den Stress beiseite und feierten. Der DJ spielte eine Hiphop-Playlist ab. Auf der Umrandung eines Brunnens tanzte eine Conga-Line. Ich stellte mich auf eine Mauer und sang George Michaels

Freedom 90 ins DJ-Mikrofon. Es fühlte sich an wie der Schlusspunkt einer Zeit, als noch keiner von uns in eine Position mit höherer Verantwortung aufgestiegen war: bevor Leute Regierungsabteilungen übernahmen, den Eintritt ins Kabinett schafften, Kinder bekamen, eine Scheidung erlebten, Karriere im öffentlichen Dienst machten (oder sie verpatzten) oder sich aufs große Geldverdienen verlegten. Am Ende der Nacht wurde Samantha Power in einer dramatischen Aktion von ihrem Ehemann aus dem Raum getragen. Denis McDonough und seine Frau kehrten im allerletzten Nachtflug nach Washington zurück. Favreau blieb fast die ganze Nacht wach, um an einer Rede zu feilen, die Obama auf einer gemeinsamen Sitzung des Kongresses halten würde, um die Mitglieder um die Verabschiedung der Gesundheitsreform zu bitten.

Nach der Hochzeit nahmen Ann und ich nur ein paar Tage frei. Unsere Flitterwochen verschoben wir um über ein Jahr, weil ich nach Washington zurückmusste, um mich für die Generalversammlung der Vereinten Nationen und die bevorstehende Überprüfung der Lage in Afghanistan vorzubereiten. Nachdem ich in mein neues Amt gewechselt hatte, installierte die Regierung in unserem kleinen Dreizimmerapartment ein Kommunikationssystem. Ann nannte es das Kommandozentrum. Es nahm einen Teil unseres Wohnzimmers ein und gab nachts zuweilen seltsame Geräusche von sich, sobald das Ventilationssystem ansprang, um die Geräte zu kühlen. Manchmal rauschte es so laut, dass wir aufwachten. Als ich mich im Büro bei Kollegen beklagte, erfuhr ich, dass die Geräusche normal waren: Ich wohnte nur als Einziger in einem so kleinen Apartment, dass man die Geräte nicht außer Hörweite des Schlafzimmers hatte installieren können. Ich lebte immer noch in einer Wohnung für junge Leute.

Kapitel 7

Krieg und ein Friedenspreis

Die Revision der Lage in Afghanistan gehörte zu den Dramen, für die sich Washington während der Aufführung begeistert und die es ad acta legt, sobald der Vorhang gefallen ist.

Die Sitzungen dauerten gewöhnlich zwei bis drei Stunden. Obama saß am Kopfende des Tisches, flankiert von Offiziellen in absteigender Rangfolge. Andere waren über gesicherte Leitungen in einer Videokonferenz zugeschaltet, darunter McChrystal und Karl Eikenberry, unser Botschafter in Afghanistan. In den ersten Sitzungen machte Obama deutlich, dass er die «Ressourcenanfrage» gar nicht erst diskutieren wolle, solange wir nicht festgestellt hätten, was zu erreichen sei. Trotzdem stand sie unausgesprochen ständig im Raum.

Obama wollte seiner Regierung zeigen, wie er seine Entscheidungen traf. Wir mussten also erst nachvollziehen, was in Afghanistan und Pakistan vor sich ging, unsere Interessen definieren, prüfen, welche Ressourcen notwendig waren, diesen Bedarf gegen sämtliche andere Prioritäten im Inland und auf der ganzen Welt abwägen und dann einen Beschluss fassen.

Obama war nicht grundsätzlich gegen die Entsendung weiterer Truppen, wollte aber sicherstellen, dass wir ihre Mission nicht zu allgemein festlegten. Während verschiedene Ressortchefs redeten, machte er sich gewöhnlich Notizen. Am Ende der Sitzung trug er dann seine eigene Zusammenfassung vor. In mühseliger Detailarbeit formulierte er einige Grundlinien: Al-Qaida und die Taliban waren miteinander verbündet, operierten aber eigenständig – während Erstere als Terrornetzwerk die Vereinigten Staaten bedrohten, handelten Letztere als innenpolitischer Akteur in Afghanistan. Die Taliban waren nicht zu schlagen, solange sie im Land politische Unterstützung genossen und Pakistan ihnen einen sicheren Rückzugsort gewährte. Pakistan würde die Unterstützung für Gruppierungen wie die Taliban aufrechterhalten, solange seine Hauptsorge den Möglichkeiten galt, über Stellvertreter den Einfluss seines Nachbarn Indien in der Region zu begrenzen. Klar war dabei, dass sich Obama auf den Kampf gegen al-Qaida konzentrieren wollte, ohne Afghanistan politisch umzugestalten. Dafür wurden weniger Soldaten für eine kürzere Dauer gebraucht.

Für mich bedeutete diese Zeit den Wechsel in neue Aufgabenbereiche: Ich sollte an Sitzungen hinter verschlossenen Türen teilnehmen und dafür verantwortlich sein, die öffentliche Wahrnehmung von den Vorgängen zu lenken, die sich in ihnen abspielten. Ich war ziemlich aufgeregt, weil ich mit so bekannten Leuten zusammensaß, und machte mir in der Sitzreihe an der Wand des Situation Room meine Notizen. Aber ich meldete mich selten zu Wort – aus Unsicherheit und Respekt vor den erfahreneren Teilnehmern, die meine Rolle weitgehend darin sahen, allgemeine Äußerungen zu verlautbaren, die unsere Beratungen eher verschleiern als beleuchten sollten (*«Heute traten der Präsident und sein nationales Sicherheitsteam zusammen, um die Lage in Afghanistan zu besprechen...»*). Derweil sickerten von verschiedenen Stellen ständig Informationen durch, die allesamt darauf hindeuteten, dass Obama 40 000 Soldaten entsenden würde. Ich hatte das Gefühl, kaum etwas anderes kontrollieren zu können als die unvermeidliche Rede, die Obama zum Abschluss der dreimonatigen Überprüfung der Lage in Afghanistan halten würde.

Zu Anfang dieser Zeit unternahmen wir Anstrengungen, um die öffentliche Debatte zu steuern. Gibbs wies mich an, ein paar Journalisten der *New York Times* ins Weiße Haus einzuladen, um mit John Brennan, Obamas Berater für Terrorabwehr, zu reden. Dies ist das übliche Prozedere, wenn man signalisieren möchte, dass man Wichtiges mitzuteilen hat: Man arrangiert ein Interview mit einer Person, die sich solchen Fragen selten stellt, und teilt den Reportern mit, dass man eine Vorstellung vom eigenen Denken vermitteln will. Brennan war ein Karrieretyp aus der CIA, der sich niemals eine Arbeitspause zu gönnen schien. Einen Tag nachdem er sich ein künstliches Hüftgelenk hatte einsetzen lassen, kam er schon wieder ins Büro. Angesichts seiner Erfahrung im Nahen und Mittleren Osten war er skeptisch, ob die Vereinigten Staaten Einfluss auf die dortigen Ereignisse nehmen könnten, bestand aber hartnäckig auf der Notwendigkeit, Terrornetzwerke zu zerschlagen. Er redete selten, dann aber mit einer Präzision und Gravität, die einen innehalten und genau zuhören ließen. Gewöhnlich beklagte er sich, wenn jemand das Wort «*fulsome*» als Synonym für «robust» verwendete, weil es tatsächlich «schädlich» bedeutet – jedes Mal, wenn jemand in einer Sitzung das Wort falsch benutzte, blickte er mich mit einem leichten Stirnrunzeln an.

Als sich Brennan mit den Journalisten zusammensetzte, machte er deutlich, dass die Taliban und al-Qaida getrennt zu betrachten seien: «Wenn beide miteinander verbündet sind, so hauptsächlich an der taktischen Front.» Er hob hervor, dass wir al-Qaida vernichten müssten, ohne dass es dieses Ziel notwendig mache, auch die Taliban zu zerschlagen. Letztere müssten zurückgedrängt werden, um uns die Möglichkeit zu geben, al-Qaida zu verfolgen, aber wir könnten keine Bewegung auslöschen, die aus afghanischen Stämmen mit lokalen Agenden hervorgegangen sei, welche keine Angriffe auf die Vereinigten Staaten außerhalb der Landesgrenzen vorsähen.

Nach der Sitzung hatte ich den Eindruck, dass wir unsere Botschaft allmählich unter die Leute brachten – mit einer Festlegung auf ein weniger ambitioniertes Engagement in Afghanistan. Doch dann erschien der Bericht unter der Überschrift «In der Debatte um den Afghanistankrieg geht die Tendenz jetzt dahin, sich auf al-Qaida zu konzentrieren». Ich hatte das Gefühl, dass ich nicht mehr in meiner Liga spielte. Die Presse, insbesondere die *New York Times* einzuschalten, war ein plumpes Instrument, und angesichts der wiedergegebenen Ansicht konnte die Story auch nur aus dem Weißen Haus stammen. Das Pentagon war ein riesiges Gebäude, in dem Tausende von Mitarbeitern beschäftigt waren, so dass sich die Schuld für undichte Stellen auf eine anonyme Masse abschieben ließ. Dagegen wussten im «kleinen» Weißen Haus kaum zwanzig Leute darüber Bescheid, was bei der Überprüfung der Lage in Afghanistan ablief. Mir wurde klar: Wenn es Ärger geben würde, bekämen ihn nicht Obama oder hochrangigere Mitarbeiter wie Brennan zu spüren – es ist immer einfacher, dem Jüngeren die Schuld zu geben.

Ich erhielt einen frostigen Anruf von Gates' Pressesprecher mit dem Hinweis an mich, dass die Leute in seinem Haus wegen des Presseberichts aufgebracht seien. Gates traf sich vertraulich mit Obama, um seinem Ärger Luft zu machen: So führe man doch keine solche Revision durch. Obama drückte mir gegenüber wegen des Presseberichts keine Besorgnis aus, wollte aber Gates bei Laune halten und legte deswegen am nächsten Morgen großen Wert auf die Erklärung, dass er über die Beratungen nichts mehr in der Zeitung lesen wolle. Für mich schrie die Heuchelei zum Himmel. Der gesamte Revisionsprozess war durch Leaks aus dem Militär geprägt worden, um Obama dazu zu drängen, mehr Truppen nach Afghanistan zu entsenden. In der Presse las ich immer wieder Anekdoten dazu, wie sehr Gates Indiskretionen verabscheue, obwohl fast alle aus seinem Ministerium stammten. Ich wusste, dass Admiral Mike Mullen, Vorsitzender der Vereinigten Stabschefs, und General Petraeus einen gemeinsamen unabhängigen Kommunikationsberater hatten, der offenbar einen Großteil seines Tages damit zubrachte, mit Journalisten zu essen, zu trinken und lockere Unterhaltungen zu führen. Ich hatte dazu keine Zeit. Ich dachte über Axes Kommentar nach – vielleicht war ich dieser Position doch nicht gewachsen.

In einer Sitzung nach der anderen schienen die Ressortchefs ihre Argumente aufeinander abzustimmen, um sich Obamas Ansichten anzuschließen, ohne ihre Position zur Truppenaufstockung zu ändern. Gates argumentierte, dass er weder für eine Strategie der Terrorabwehr noch die einer umfassenden Aufstandsbekämpfung, sondern für ein Zwischending eintrete, das eine starke und effiziente Regierung fördere, die den Menschen Dienstleistungen bereitstelle. Als auf die Mängel des afghanischen Staatsapparats hingewiesen wurde, betonte Gates, dass wir «keinen Dollar oder Soldaten» für eine korrupte Regierung hergeben sollten – obwohl wir genau dies taten. Petraeus sagte, unser Ziel sei nicht, die Taliban zu besiegen, sondern sie von Bevölkerungszentren fernzuhalten. Mullen redete über die psychologische Seite: die Notwendigkeit, den Eindruck zu schaffen, dass die Taliban besiegt würden. Aus demselben Grund vertrat Clinton, dass eine Truppenaufstockung keine Lösung bringe, man aber trotzdem weitere Soldaten entsenden müsse. Dies schien es perfekt zusammenzufassen: Auf der Grundlage einer COIN-Theorie hatten wir uns selbst politisch unter Druck gesetzt, weitere Truppen zu entsenden; und obwohl die Überprüfung der Lage in Afghanistan feststellte, dass COIN zum Scheitern verurteilt war, liefen sämtliche Argumente weiterhin darauf hinaus, eine unverminderte Anzahl an Soldaten ins Land zu schicken. *«Wir werden die Taliban nicht besiegen»*, sagte Obama immer wieder. *«Wir müssen sie zurückschlagen, damit wir Raum gewinnen, um Jagd auf al-Qaida zu machen.»*

Während sich die Revision weiter hinzog, verlagerte sich der öffentliche Druck auf Obama von einem Plädoyer für mehr Soldaten zu etwas Grundsätzlicherem, zu einer Kritik, die sieben Jahre lang aufrechterhalten bleiben sollte: Es fehle ihm an Standhaftig-keit, so Washingtons abschließendes Urteil. Nichts ärgerte Obama mehr als eine Kolumne von David Brooks in der *New York Times*. Obwohl ein gemäßigtes Temperament, verkündete Brooks, er habe mit den «gewieftesten Militärexperten» der Nation gesprochen, «die den Krieg als Broterwerb verfolgen, die ihre Tage in Militär-kreisen hier wie in Afghanistan verbringen». Und sie, so Brooks, seien nicht «wegen Obamas politischer Entscheidungen besorgt. Ihre hauptsächlichen Sorgen sind prinzipiellerer Art. Sie sorgen sich um seine Entschlossenheit.» Und falls es noch nicht deutlich genug war: «Ihre Sorgen gelten dem Menschen Obama.» Brooks versicherte, dass «die meisten von ihnen ebenso wie die meisten, die viel Zeit in Afghanistan verbracht haben, daran glauben, dass dieser Krieg zu gewinnen ist» – wenn er auch nicht beschrieb, wie dieser Sieg aussehen sollte. Für Obama, so schloss er, sei «die wichtigste Begegnung nicht die mit den Vereinigten Stabschefs und Kabinettsmitgliedern. Es ist die mit seinem Spiegel.»

«Warum wird das ganze Ding eigentlich um die Frage formuliert, ob ich einen Arsch in der Hose habe?», fragte Obama eine kleine Gruppe von uns im Oval Office.

Inzwischen rief er uns immer wieder dorthin nach oben, um zu rekapitulieren, was in den Sitzungen unten abgelaufen war. «Ich denke, es ist klar, dass mir Afghanistan wichtig ist, weil ich so viel Zeit damit zubringe, die Sache in Ordnung zu bringen.» Wir nick-ten.

Wie später noch oft, machte er seinem Ärger über Dinge Luft, die er nicht wirklich ändern konnte, über die strukturelle Dynamik in Washington, wo die Politik als ein Spiel und die Außenpolitik als eine Ausweitung der Innenpolitik gilt. In ernstem Tonfall wieder-holte er, dass er bereit sei, mehr Truppen zu entsenden, sich aber um die Nachhaltigkeit sorge. Das Schaubild, das die Militärs be-nutzten, um die Truppenanfrage darzustellen, zeigte unser Engagement in Afghanistan mit einer Aufstockung über die nächsten beiden Jahre bis auf rund 100 000 Soldaten, die dort auf unbestimmte Zeit bleiben würden. McChrystal schätzte, dass wir eine substanzielle Streitmacht für vier Jahre benötigten, bis die afghanischen Sicherheitskräfte in der Lage seien, die Regie zu übernehmen. Dagegen argumentierte Eikenberry, dass die afghanische Regierung nie die Kurve kriegen würde, solange es so aussehe, als blieben wir für immer.

«Dies wird viel Geld und viele Leben kosten», sagte Obama zu Beginn einer der letzten Sitzungen im Situation Room. «Werde ich in acht Jahren im Walter-Reed- und im Bethesda-Militärhospital Jungs mit abgesprengten Beinen besuchen?» Stille herrschte im Raum. Er hielt das Schaubild mit den 40 000 Soldaten hoch, die nach Afghanistan geschickt worden waren und dort stationiert blieben, eine aufsteigende Linie, die auf höherer Ebene waagrecht weiterverlief. Sie stand für Leben, die sich auf Dauer verändert hatten. «Ihr stellt mich vor die immer gleiche Wahl», sagte er. «Das kann ich nicht verkaufen. Sechs Jahre werden vergehen, bis wir wieder einigermaßen da stehen, wo wir jetzt sind.» Als der Einzige im Raum, der alles bedenken musste, was die US-Regierung rund um die Welt zu tun hatte, sagte er: «Ein sechs- bis achtjähriger Krieg mit Kosten von über 50 Milliarden Dollar im Jahr liegt nicht im nationalen Interesse. Petraeus' Truppenaufstockung im Irak wirkte sehr viel schneller. So eine Aufstockung muss es werden.»

Biden stimmte zu. «Das ist gottverdammt richtig.» Er argumentierte, dass wir nicht mehr als die minimal notwendigen Streitkräfte für eine Terrorabwehr einbringen sollten: höchstens 10 000 Soldaten.

Obama fragte die einzelnen Ressortchefs nach ihrer abschließenden Empfehlung, worauf sich einer nach dem anderen für McChrystals Truppenanfrage aussprach. Clinton sagte, wir müssten Entschlossenheit zeigen und «handeln, als würden wir siegen». Gates unterstützte die Empfehlung, stimmte mit Obama aber darin überein, dass das Militär einen klaren Zeitplan brauche – ein Zugeständnis an Obamas Sicht. Mullen gab starke Unterstützung und fügte hinzu, dass wir bis Mitte 2011 entweder «gewinnen oder verlieren» würden. Petraeus, der geistige Architekt der Strategie, sagte nur, er stimme Gates, Clinton und Mullen zu. Brennan fasste am besten zusammen, wie wir schlussendlich vorgingen. Er merkte an, dass wir unsere Fähigkeit, al-Qaida in Afghanistan und Pakistan zu verfolgen, aufrechterhalten und die afghanischen Sicherheitskräfte ausbilden müssten. All dies erfordere mehr Soldaten für eine gewisse Zeit. Aber es brauche «mindestens eine Generation», um Afghanistan zu verändern, so dass wir uns bescheidenere Ziele setzen müssten. Ich sagte nichts.

Obama teilte mit, er werde darüber nachdenken. Mich wies er an, mit dem Entwurf einer Rede zu beginnen. An Thanksgiving saß ich im häuslichen Arbeitszimmer meines Vaters – meinem einstigen Kinderzimmer – und machte mich an die Arbeit, derweil meine Familie im Raum nebenan Football schaute. Während meine Eltern ganz stolz auf meine neue Position waren und beim Abendessen auf die Gesundheit des Präsidenten der Vereinigten Staaten anstießen, war ich in Gedanken weit weg, am Computerbildschirm, auf dem eine kaum begonnene Rede wartete. Ich hatte keine Ahnung, wie ich ihnen erklären sollte, womit ich mich beschäftigt hatte. Stattdessen wollte ich über irgendetwas anderes reden. Am nächsten Tag war ich zurück am Arbeitsplatz.

Obama rief mich ins Oval Office. Wir standen an der Tür, und er erkundigte sich unter vier Augen nach meiner Meinung, was er tun solle. In der sich einstellenden kurzen Stille spürte ich das ganze Gewicht seiner Frage: Wochenlang hatte ich in der Reihe hinten an der Wand gesessen, den Kopf voller Meinungen zu dem, was gesagt wurde. Jetzt fragte mich ein Mann mit der Befehlsgewalt, Truppen in einen Krieg zu schicken, was ich dachte. Ich zögerte – ich war zu frisch in dieser Position. Ich hatte eine Vorstellung davon, welche

Argumente am stichhaltigsten waren, traute mir aber keine Vorhersagen zu, was in Afghanistan passieren würde.

«Ich stimme Brennan zu», sagte ich schließlich. «Sie brauchen eine Truppenaufstockung, um die Taliban zurückzudrängen. Aber das Ziel sollte darin bestehen, al-Qaida ins Visier zu nehmen, die Afghanen auszubilden und dann einen Übergang herbeizuführen.» Ich beschrieb eher, wie wir die Strategie darstellen würden, als dass ich eine Empfehlung ausgab. Dann nannte ich Argumente, die Obama unten im Situation Room schon geäußert hatte. Viel Wertvolles hatte ich nicht beizutragen.

«*Target, train, transfer*», sagte Obama. Er probierte offenbar einen alliterierenden Slogan aus, mit dem er die Eskalation dieses Krieges als etwas verkaufen könnte, das hinter der COIN-Strategie zurückblieb, die er innerlich abgelehnt hatte.

Am Ende beschloss Obama, 30 000 Soldaten nach Afghanistan zu schicken. Die NATO sollte dieses Kontingent auf 40 000 erhöhen. Diese Aufstockung würden wir als vorübergehende Maßnahme ankündigen, mit einem Beginn des Abzugs nach achtzehn Monaten. Wir würden die größten Bevölkerungszentren sichern und dann zur Ausbildung und Terrorbekämpfung übergehen – womit wir im Kern den Ansatz von Petraeus und McChrystal für zwei Jahre übernahmen und früher als vom Militär gewünscht auf Bidens und Brennans Kurs einschwenkten. Auf Bidens Vorschlag ließ sich Obama von sämtlichen Ressortchefs schriftlich ihre Zustimmung zu dem Plan geben. Die Maßnahme wirkte übertrieben, spiegelte aber eine Lehre aus dem Vietnamkrieg wider: Eskalation zu begrenzen.

Am nächsten Tag setzten wir uns zusammen, um seine Rede durchzusprechen. Sie müsse im Ton «nüchtern und reif, nicht deprimierend» ausfallen, sagte er. Er saß neben mir auf der Couch und kam ins Reden, weniger über die Ansprache als vielmehr darüber, welche Art Präsident er sein wollte. «Die Amerikaner sind

Idealisten», sagte er, «aber ihre Führer müssen realistisch und sachlich sein.» Zu Beginn und am Ende der Rede wollte er an den amerikanischen Idealismus appellieren: Roosevelts Glauben, dass «wir besondere Bürden» in der Welt trügen. Dazwischen sollte das Eingeständnis stehen, dass an Orten, an denen Chaos herrscht, das für uns Erreichbare eine Grenze hat. Als er zu Ende gesprochen hatte, trat er wieder hinter seinen Schreibtisch und setzte sich.

Ich blieb einen weiteren Moment stehen. Ich hatte miterlebt, wie er in diesem Herbst in die Enge getrieben worden war und versucht hatte, die Dynamik zu bremsen, die unausweichlich zur Entsendung von mehr Soldaten und einer Ausweitung des Krieges führte. Ich war dabei gewesen, als dieser Prozess im Wesentlichen zu einem Handel geworden war, um zwischen den weitreichenden Empfehlungen von Obamas Beratern und seinem Realitätssinn zu vermitteln. Derweil bewegte sich die Entwicklung der Wirtschaft auf einem schmalen Grat zwischen Depression und langsamer Erholung, und eine Vorlage zur Erneuerung des amerikanischen Gesundheitswesens nahm zäh den Weg durch den Kongress. Nach fast einem Jahrzehnt in Afghanistan und im Irak war die Öffentlichkeit kriegsmüde. In gewisser Weise hatten wir Obama im Stich gelassen, indem wir ihn so lange Zeit mit dieser Revision der Lage in Afghanistan beschäftigt hielten. Er hatte die Situation, mit der er konfrontiert war, umgestaltet und in etwas verwandelt, das er für notwendig hielt, etwas, das Opfer lohnte, etwas, das Grenzen hatte. Trotzdem spürte ich immer noch sein Unbehagen, junge Menschen in den Tod zu schicken.

«Ich bin stolz darauf, für Sie zu arbeiten», sagte ich und fühlte mich etwas unbeholfen, als hätte ich bei einem Mann, der seine Gefühle lieber auf Distanz hielt, eine Grenze überschritten. «Das wollte ich nur sagen.»

Ich versuchte, etwas auf den Punkt zu bringen, auszudrücken, dass ich sah, wie einsam seine Aufgabe sein musste, und wohl auch etwas darüber mitzuteilen, wie mich diese Erfahrung prägte: dass ich meine Arbeit besser zu machen versuchte. Es sollte das einzige Mal bleiben, dass ich ihm das sagte. Er blickte mich an. «Ich schätze Sie», meinte er. «Gehen Sie an die Arbeit.»

In den darauffolgenden Tagen strich er alle Worte, die mit Triumph oder Sieg zu tun hatten, konsequent aus der Rede. Er würde den Soldaten Anerkennung ausdrücken, aber nicht zu viel versprechen. «Wir müssen ihren Dienst ganz besonders würdigen», sagte er mir, «aber ohne den Krieg zu verherrlichen.» Jahre später sollte Bob Gates, der wichtigste Berater in dieser Angelegenheit, behaupten, dass Obama mit seiner Strategie zwar richtigliege, sich für die Mission aber nicht ausreichend engagiere (eine bequeme Argumentation, wonach *er* richtiglag und Obama für sämtliche Probleme in Afghanistan verantwortlich war). Aber das stimmte nicht. Obama setzte sich sehr dafür ein, al-Qaida auszuschalten, auch wenn diese Mission nicht so ambitioniert war, wie es dem Militär vorschwebte.

Obama hielt die Rede am 1. Dezember in der Militärakademie in West Point. Ich stand bei ihm hinter der Bühne, während uniformierte Soldaten in zahllosen Reihen auf seine Worte warteten. Einige von ihnen würden wegen der Entscheidung, die Obama verkündete, später ihr Leben verlieren. Er hampelte ein wenig herum, während er darauf wartete, dass eine große Uhr bis zu dem Augenblick weitertickte, in dem er vors Publikum treten und die Rede halten musste. «Sie sind so jung», sagte er.

Eine Woche nachdem Obama den Krieg in Afghanistan intensiviert hatte, flog er nach Oslo, um den Friedensnobelpreis in Empfang zu nehmen. Um sich auf seine Worte beim Festakt vorzubereiten, hatte er Jon Favreau und mich gebeten, ihm eine Auswahl an Reden und Essays zum Krieg zukommen zu lassen: John F. Kennedy, der über die Natur des Krieges sprach und ein Atomtestverbot forderte; Churchill, Roosevelt und Lincoln im Krieg; Mahatma Gandhi, Martin Luther King und Reinhold Niebuhr. Wir zwei setzten uns zusammen und verfassten einen Entwurf, in dem es hauptsächlich um die Spannung ging, die darin lag, dass Obama diesen Preis schon zu Beginn seiner Präsidentschaft verliehen bekam. Wir leiteten den Entwurf Obama zu und bekamen Rückmeldung erst um zehn Uhr morgens an dem Tag, an dem wir ins Flugzeug nach Oslo steigen würden.

Er bestellte uns in Oval Office, zusammen mit Samantha Power. Ohne unser Wissen hatte sie Obama ein Memorandum geschickt, in dem sie weitreichende Ambitionen für die Rede entwarf, die sie als Chance sah, grundlegende Fragen von Krieg und Frieden zu erörtern. Er wirkte abgespannt und leicht gereizt. «Dafür musste ich die ganze Nacht aufbleiben», sagte er und überreichte uns sieben Seiten, die er aus einem gelben Notizblock herausgerissen hatte, jede beschrieben in seiner feinen, sauberen Handschrift. Bis dahin hatte er nur ein einziges Mal eine Rede von Anfang an selbst verfasst: während des Wahlkampfs, als er sich zum Rassenproblem äußerte.

Die nächsten paar Stunden tippte ich am Schreibtisch seine Rede ab. Mit Favreau glättete ich sie streckenweise und untergliederte sie in Absätze. Obama hatte die mühselige Arbeit an der Rede als Mittel genutzt, um mit der Anspannung angesichts der Tatsache fertigzuwerden, dass er den Friedensnobelpreis unmittelbar nach seiner Entscheidung verliehen bekam, 30 000 Soldaten in den Krieg zu schicken. Samanthas Memorandum sowie die Überprüfung der Lage in Afghanistan hatten ihn innerlich aufgewühlt. Ich brachte den Entwurf in Umlauf. Neben einzelnen Zitaten von Niebuhr enthielt er Überlegungen zur Bedeutung des Krieges und persönliche Worte, die Obamas gegenwärtige Position mit dem in Einklang brachten, was er politisch geerbt hatte: «Als jemand, der hier steht in unmittelbarer Folge des Lebenswerks von Dr. King, bin ich der lebende Beweis für die moralische Kraft der Gewaltfreiheit. Ich weiß, dass im Credo des Lebens von Gandhi und King nichts Schwaches, nichts Passives, nichts Naives liegt. Aber als Staatschef, der geschworen hat, meine Nation zu beschützen und zu verteidigen, darf ich mich nicht nur von ihrem Beispiel leiten lassen.»

Weil ich für die Arbeit an dem Entwurf noch mehr Zeit brauchte, stieg ich zum ersten Mal mit dem Präsidenten und Michelle Obama an Bord der Marine One. Der Präsidenten-Hubschrauber flog in der Abenddämmerung über das Stadtzentrum Washingtons hinweg. Ich sah das Washington Monument von oben und in der Ferne das Lincoln Memorial. Ich versuchte, mich auf der Sitzbank den beiden gegenüber ganz klein zu machen, als Michelle sagte: «Er ist fast die ganze Nacht aufgeblieben.» Es klang ein wenig wie ein Vorwurf.

«Ich weiß», antwortete ich, «ich weiß.»

Wir flogen die ganze Nacht durch, ohne dass einer von uns schlief. Obama ging in seinem Büro Seite um Seite die Korrekturen durch. Ich arbeitete an dem überdimensionierten Computer im Heck. Favreau und Power nahmen im Konferenzraum Änderungen vor. Die Rede ließ sich auf eine einfache Struktur herunterbrechen, die sehr viele Debatten vorwegnahm, die wir in den kommenden Jahren führen sollten: Der erste Teil umriss, wann ein Krieg gerecht war, während der zweite mit einem Bekenntnis zur Diplomatie darlegte, auf welchen Wegen wir Frieden anstreben mussten: «Ich weiß, dass Gespräche mit repressiven Regimen nicht dasselbe befriedigende, reinigende Gefühl vermitteln wie Empörung. Aber ich weiß auch, dass Sanktionen ohne Gespräche – Verurteilung ohne Diskussionen – nur einen lähmenden Status quo weiterführen können.» Zum Schluss rieten wir Obama, sich für eine Stunde schlafen zu legen, bis wir landeten.

Im Hotel angekommen, zogen wir uns in ein improvisiertes Büro zurück, um die Rede fertigzustellen. Samantha hatte sich auf den

Abschnitt konzentriert, der darlegte, wann es gerechtfertigt sei, einen Krieg auszufechten. Obama hatte das traditionelle Konzept vertreten, dass der Einsatz von Gewalt zur Selbstverteidigung legitim sei. In anderen Fällen müsse ein Krieg bestimmten internationalen Regeln gehorchen wie der, dem internationalen Recht Geltung zu verschaffen. In diesen Fällen, so hatte Obama in einer finsteren Vorahnung auf Syrien geschrieben, seien «wir alle immer mehr mit schwierigen Fragen dazu konfrontiert, wie wir Massaker an Zivilisten durch die eigene Regierung verhüten oder einen Bürgerkrieg beenden sollen, dessen Gewalt und Leid eine ganze Region in den Abgrund reißen können». Samantha wollte das Konzept aufgenommen wissen, dass Nationen eine «schützende Verantwortung» trügen: Wenn Regierungen Gräuel begingen, seien Nationen zum Eingreifen berechtigt, wenn nicht verpflichtet. Dass dies für die Vereinigten Staaten eine entschieden neue Politik bedeutet hätte, war Samantha durchaus klar. «Denkt an die Botschaft, die das aussenden wird», sagte sie immer wieder.

Ich wusste nicht, ob Obama so weit gehen wollte. Er machte sich in seinem Hotelzimmer fertig. Es war Morgen in Oslo – und mitten in der Nacht in Washington –, als Samantha und ich über diesen Punkt stritten und ich auf Obamas letzte Änderungen schielte. Ich hatte das Gefühl, eine weitere Meinung einholen zu müssen, um die Entscheidung nicht als Einziger zu treffen. Ich rief Denis McDonough an, der keinen Schlaf zu kennen schien. Er war der sicheren Überzeugung, dass wir eine Festlegung von derartiger Bedeutung nicht mit aufnehmen dürften, ohne sie förmlich mit der Regierung abgestimmt zu haben. Ich traf mich mit Obama vor seiner Suite, wo er letzte Änderungen verlangte. Als ich zusammenfasste, was ich mit Samantha debattiert hatte, blickte er mich verärgert an. «Ich halte jetzt gleich meine Rede», sagte er. «Das ist nicht der Zeitpunkt für Politikberatung.» Jon und ich setzten seine abschließenden Änderungen um: Ausführungen zum Spannungsfeld zwischen «der Welt, wie sie ist», und unseren Bemühungen um «die Welt, wie sie sein soll».

Im März 2010 absolvierte Obama seine erste Visite als US-Präsident in Afghanistan. Wir mussten unter Geheimhaltung reisen. Beim Landeanflug wurden alle Lichter der Air Force One ausgeschaltet, um nicht als Zielscheibe zu dienen. Auf dem Militärflugplatz Bagram stiegen wir in Hubschrauber um und flogen nach Kabul hinein. Ich sah nur verstreute Lichter inmitten sanfter Hügel in der Ferne, als spiegele sich das Mondlicht auf der gekräuselten Wasseroberfläche eines Sees. Der Präsidentenpalast war ein friedlicher Komplex aus Bauten mit Innenhöfen, zahlreichen Brunnen und gewundenen Wegen. Während Obama von Karzai empfangen wurde, ging ich rauchen und plauderte mit Soldaten aus McChrystals innerem Kreis.

Wie so viele Militärs, die ich in der Regierung kennenlernte, verkörperten sie das Ethos einer Generation, die nach den Anschlägen vom 11. September aufgerufen war, in komplexen Missionen an gefährlichen Einsatzorten eine so viel größere Verantwortung zu tragen als die übrigen Amerikaner. Gewieft, hart und einsatzorientiert, leisteten sie sich nicht den Luxus, ihre Mission zu hinterfragen.

Wir flogen nach Bagram zurück, wo Obama zu einer jubelnden Menge aus Soldaten in Uniform redete. Alles in allem hatten wir nur wenige Stunden auf dem Boden verbracht, VIP-Besucher, die sich in einer abgeschirmten Eskorte durch Kabul bewegten, fernab der Schauplätze jener Kämpfe, die sich draußen in der uferlosen Dunkelheit abspielten.

Wenige Wochen später traf Karzai zu einem Besuch in Washington ein. McChrystals Team lud mich zu dem General nach Hause in Fort McNair ein, in ein stattliches mehrgeschossiges Wohnhaus mit Garten dahinter. Im Stehen tranken wir aus Flaschen Bud Light

Lime, das in einem Abfallkübel mit Eis kaltgestellt war. McChrystal pflegte mit engeren Mitarbeitern eine lockere Kameradschaft. Sie fielen mir als anständige Kerle auf, die auf schwierigem Terrain ihr Bestes gaben und sich in Washington ebenso unsicher bewegten wie ich damals bei Antritt meiner Stelle. Ich war überrascht, wie offen sie sich über das Pentagon beschwerten, was ich bei Militärangehörigen bislang nie erlebt hatte. Jede Dienststelle habe ihre eigenen bürokratischen Hindernisse und Rivalitäten. Später am Abend gingen Ann und ich mit Dave Silverman zum Essen aus, einem von McChrystals engsten Mitarbeitern. In dem Tapasrestaurant im Zentrum Washingtons war man von Afghanistan so weit entfernt, wie man nur sein konnte. Nachdem wir vereinbart hatten, Kontakt zu halten, redeten Ann und ich auf dem Rückweg darüber, ob wir uns vorstellen könnten, eine dauerhafte Freundschaft einzugehen.

Es sollte nicht sein. Wenig später erschien im *Rolling Stone* ein Bericht, der von McChrystal und seinem Team das Bild eines Vereins aus durchgeknallten Jungs zeichnete, die über alle lästerten, die sich mit der Afghanistanpolitik beschäftigten. Gespickt mit abfälligen Zitaten über jedermann, von Biden («Fragst du nach Vizepräsident Biden? Wer ist denn das?») bis zu Holbrooke («Oh, nicht noch eine E-Mail von Holbrooke. Die will ich erst gar nicht öffnen»), entfachte der Artikel einen Feuersturm der Entrüstung. An diesem Abend musste ich Silverman kontaktieren und ihm mitteilen, dass Obama McChrystal zu Konsultationen in die Heimat bestellte. Er war überrascht: Dass sie in der Tinte saßen, war ihnen klar, aber sie hielten das Ganze aus der Distanz in Afghanistan, wo McChrystal der mächtigste Mann war, für ein vorüberziehendes Gewitter.

An diesem Abend traf ich Obama auf der Terrasse vor dem Oval Office. Er bat mich, zwei Reden für den nächsten Tag zu schreiben: eine, in der er seine Entscheidung bekanntgab, McChrystal der

Kontinuität halber im Amt zu belassen, und eine mit dem Beschluss, ihn zu feuern, um dem Grundsatz Geltung zu verschaffen, dass das Militär der zivilen Kontrolle unterstand. Seine Entscheidung verriet er mir nicht, ließ sie aber erahnen, weil er deutlich ausführlicher Anweisungen für einen Beschluss gab, McChrystal loszuwerden. Er wirkte eher traurig als wütend. «Stan ist ein guter Kerl», sagte er.

Als ich aufwachte, waren E-Mails von Silverman mit Erklärungen eingetroffen, wie zerknirscht das Team sei. McChrystal sei doch ein ehrenwerter Mann und habe seine Lektion gelernt. Ich hegte ihm gegenüber kein Misstrauen. McChrystal war von dem, was er tat, zutiefst überzeugt, auch wenn ich Zweifel hatte, dass eine Aufstandsbekämpfung in Afghanistan wirklich klug war. Aber kein Gefreiter durfte sich über einen Hauptmann so äußern, wie McChrystal und seine Mannschaft es in dem Artikel über ihre Kommandokette getan hatten. Und wieso meldete sich ein General überhaupt im *Rolling Stone* zu Wort? Es war ein Zeichen dafür, wie sehr die Dinge in den Kriegen nach dem 11. September aus dem Ruder gelaufen waren: Wie der Kult um Petraeus zeigte, kam ein General nun dann vorwärts, wenn er eigene Verbindungen zum Kongress und zu den Medien unterhielt. Die Affäre war auch eine Folge davon, wie sich die Revision der Lage in Afghanistan insgesamt entwickelt hatte: Obamas Ansichten kamen erst an zweiter Stelle nach denen der Militärs, die ihm direkt unterstanden.

An diesem Morgen rief Obama einige von uns ins Oval Office. Er sagte, es widerstrebe ihm, McChrystal zu entlassen, aber andernfalls wäre er niemals in der Lage, eine zivile Kontrolle über das Militär auszuüben. Nach der Sitzung ging ich den Flur entlang und kam am Roosevelt Room vorbei. Dort stand McChrystal und wartete auf sein Treffen mit Obama. Er wirkte nervös und irgendwie geschrumpft – nicht mehr wie die beherrschende Figur, die letzten Herbst die Debatte über die Afghanistanpolitik unter ihre Kontrolle gebracht hatte.

Nach der Ansprache versammelte Obama sein nationales Sicherheitsteam, denselben Personenkreis, der sich während der Afghanistandiskussionen so führungsresistent gezeigt hatte. In der kurzen Sitzung redete er mit erhobener Stimme, was fast niemals vorkam. «Wenn Leute sich nicht als Team zusammenraufen können, werden weitere gehen müssen. Das ist mein Ernst.» Als er danach den Flur hinunterging, wandte er sich mir zu. «Es ist schade», sagte er. «Ich mochte Stan wirklich.» Ein Jahr später sollte er – nach Plan – den Beginn eines Abzugs amerikanischer Truppen aus Afghanistan ankündigen.

Kapitel 8

Das Ende vom Anfang

Und so sah mein Leben im ersten Jahr nach Antritt meiner neuen Stelle aus:

Manchmal klingelte mitten in der Nacht das Telefon. Um zwei Uhr, drei Uhr morgens. Ich nahm ab und hörte: «Hier ist der Situation Room des Weißen Hauses, Anruf für Mr. Rhodes», gefolgt von der Nachricht irgendeines Desasters: einer Naturkatastrophe, eines versuchten Staatsstreiches, eines Autobomben-Anschlags in Afghanistan. Ich starrte auf meinen BlackBerry und wartete, ob weitere Meldungen eingehen würden. Ann fragte, was los sei, und ich gab Auskunft. «Und was sollst du da jetzt um zwei Uhr morgens machen?», sagte sie. Ich verschickte E-Mails an Bekannte, die in der Botschaft des betroffenen Gebietes arbeiteten, um mich zu versichern, dass sie wohlauf waren. Ich war der Meinung, dass wir eine Erklärung abgeben müssten, und mailte ein paar Leuten, damit sie einen Entwurf in Angriff nahmen. Dann legte ich mich wieder ins Bett und stellte mir die Lage vor Ort vor – wo der Protest Massen auf die Straße trieb oder die Bombe im Lastwagen hochgegangen war –, die Situation, wenn man wie ich einen Anruf bekommt, aber mit der Nachricht, dass die eigene Ehefrau oder der Bruder umgekommen ist. Es dauerte eine ganze Weile, bis ich wieder abschalten und am Ende auch einschlafen konnte.

Ich stand zwischen sechs und sieben Uhr auf. Allmorgendlich verschickte ein bestallter «Medienbeobachter» des Weißen Hauses eine Liste mit aktuellen Meldungen an einen großen Mitarbeiter-kreis, mit allem, was mit Obama oder, an einen kleineren Verteiler, mit der nationalen Sicherheit zu tun hatte. *The New York Times, The Washington Post, The Wall Street Journal,* die Nachrichtenagenturen (AP, Reuters, Bloomberg, AFP), dann *Politico, USA Today,* die *Los Angeles Times,* die *Chicago Tribune,* die Tageszeitungen, die den Kongress abdeckten *(The Hill, Roll Call),* eine Auswahl rechter Medien (Fox News, die *New York Post, The Daily Caller, Breitbart*), Transkripte von den verschiedenen TV-Morgenshows, längere Zeitschriftenartikel und – in den späteren Jahren – beachtenswerte Tweets. So kam ich zehn Jahre lang an meine Nachrichten: Ich scrollte durch die Anzeige meines BlackBerry und las verschiedene Versionen der gleichen Meldung. Dabei beobachtete ich, ob sich an der Darstellung Obamas oder unserer Außenpolitik etwas verändert hatte, welches gegenwärtig unbeachtete internationale Thema in den Vordergrund rücken könnte, in welche Kerben republikanische Kritiker so gehäuft schlugen, dass es auf eine neue, koordinierte Kampagne hindeuten konnte: um die Schließung von Guantánamo zu verhindern, um jemanden zu bombardieren oder Obama als unamerikanisch hinzustellen. Dass die Angriffe zu verfangen begannen, wusste ich, wenn ich auch E-Mails von Journalisten erhielt, die ein Zitat eines republikanischen Kritikers hineinkopiert hatten und fragten, ob ich eine Erwiderung parat hätte. Dieses Washington stellte einen ständig vor die Wahl: ignorieren und stehenlassen oder zurückschlagen und die Flammen anfachen.

Beim Duschen und Rasieren hörte ich National Public Radio, die ruhigsten Minuten meines Tages. Gegen acht Uhr verließ ich das Haus in Richtung der Bushaltestelle in der Connecticut Avenue. Während der zehnminütigen Fahrt überflog ich im Stehen die letzten Meldungen auf meinem BlackBerry und ging die E-Mails meiner Kollegen daraufhin durch, welche für den Tag vermutlich den Ton angeben würde. An der Ecke Seventeenth/I Street stieg ich aus, wo Kohorten aus Anwälten und Lobbyisten zu seelenlosen acht-stöckigen Gebäuden marschierten, und wandte mich nach Süden inmitten der versprengten Grüppchen, die dem Weißen Haus zustrebten. An einem Eingangstor des Secret Service, an dem es vorkam, dass sich ausländische Touristen in gebrochenem Englisch mit Agenten stritten, weil sie Einlass für eine Besichtigungstour begehrten, zeigte ich meinen blauen Mitarbeiterausweis für das Weiße Haus vor.

Nach Betreten des West Wing schnappte ich mir am Ausgabefenster der Kantine einen Kaffee und ging zu meinem Büro, im Schlepptau einen «Briefer», einen Vertreter der Geheimdienste, der sich mir gegenüber an meinen Schreibtisch setzte und mit mir den President's Daily Brief (PDB) durchging, die tägliche Zusammenstellung der wichtigsten nachrichtendienstlichen Erkenntnisse für den Präsidenten. In der Zeit vor der Umstellung auf iPads verbarg sich der PDB in einem mahagonibraunen Lederordner mit dem Siegel des Präsidenten darauf. Die ersten paar Punkte – als «Artikel» bezeichnet – waren ein- oder zweiseitige Zusammenfassungen der wichtigsten Themen und Entwicklungen, die auch Obama erreichten. Gewöhnlich ging es um alle üblen Dinge, die rund um die Welt Aufmerksamkeit verdienten: Terrorismus, besorgniserregende Trends im Nahen und Mittleren Osten oder eine neue Entwicklung im Verhältnis zu China oder Russland. Dabei fand ich immer auffällig, dass über der Detailversessenheit, mit der terroristische Verschwörungen behandelt wurden, große globale Trends – Klima, Regierungsführung, Ernährung, Gesundheit – keinerlei Erwähnung erhielten. Nach den Anschlägen vom 11. September weihten die Geheimdienste den Präsidenten in sämtliche Einzelheiten möglicher Anschlagspläne ein, obwohl er an ihnen so gut wie nichts ändern konnte.

Der Briefer behielt mich im Blick, während ich das Material durchging, und lieferte weitere farbige Details. Er und seine Kollegen hatten die ganze Nacht durchgearbeitet. In den frühen Morgenstunden hatten sie sich mit den Analysten zusammengesetzt, die die PDB-Artikel verfassten, um sich mit mehr Hintergrundinformationen für den Fall zu wappnen, dass Leute wie ich Fragen stellten. Auch wenn ich gar keine hatte, fühlte ich mich stets zu welchen genötigt, damit ihre mühselige Arbeit nicht umsonst erschien. Den PDB-Artikeln fügten sie ein Paket mit Geheimdienstberichten bei – eine kleine Kostprobe aus der gewaltigen Masse an gesammelten Informationen –, die für Themen relevant waren, auf die sich das Weiße Haus fokussierte. «Datenaufkommen» nannten sie das.

Nach dem Briefing öffnete ich mein E-Mail-Konto und stieß gewöhnlich auf das *Politico Playbook*, eine Art Infoblatt, das an Tausende Empfänger in den Medien und im Staatsapparat verschickt wurde. Ohne dass ich es je abonniert hatte, lag es in der Zeit um die Wahlen herum eines Morgens in meinem Posteingang. Sein Anliegen war, aus den Nachrichten herauszudestillieren, was die Leute wissen mussten: welche Geschichten die politische Berichterstattung und die Debatten beherrschten, wer in der Washingtoner Politik Geburtstag hatte («Ari Fleischer wird 57!») oder wer in der vorigen Nacht außer Haus gewesen war («wurde im Bobby Van's gesehen!»). Das *Playbook* porträtierte die Politik als ein Spiel, gespielt von Tausenden von Insidern, die sich hauptsächlich darum kümmerten, wer im Tagesgespräch hochkam oder unterging. Trotzdem musste ich seine Inhalte – neben denen des PDB – kennen, um meinen Aufgaben als Mitarbeiter in der nationalen Sicherheit und der Kommunikation gerecht zu werden.

In der Weihnachtszeit 2009 zeigte sich das wieder ganz besonders. Wir saßen um den Baum im Wohnzimmer meiner Eltern, als ich einen Anruf bekam: «Hier ist der Situation Room des Weißen Hauses, Anruf für Mr. Rhodes ...» Auf einem Flug nach Detroit habe ein junger Nigerianer namens Umar Farouk Abdulmutallab versucht, einen in seiner Unterhose versteckten Sprengstoff zu zünden. Sein Versuch sei gescheitert. Nach der Landung sei er in Gewahrsam genommen und verhört worden. Ob es Verletzte gegeben habe, fragte ich. Nein. Ob dies Teil einer größeren Verschwörung gewesen sei. Nein. Ob sich eine Terrorgruppe zur Verantwortung bekannt habe. Noch nicht.

Dann nahmen sich die amerikanische Politik und die Medien der Affäre an.

Als ich einige Tage später mein *Playbook* öffnete, las ich die Überschrift: «Unterhosenbomber macht womöglich die Pläne zunichte, Guantánamo aufzulösen – Führungstest für das hawaiianische Weiße Haus: abgehoben oder träge? – GOP [die Republikanische Partei] plant, Dems [Demokraten] weiterhin in Sachen Terrorismus unter Beschuss zu nehmen – Körperscanner auf dem Vormarsch.» Und dann die Analyse:

> «Einen schönen Dienstagmorgen. Das Weiße Haus muss harsche Kritik einstecken wegen seines Umgangs mit den Folgen der Unterhosenbomber-Affäre. In der Top-Schlagzeile der *New York Times* heißt es zu den gestrigen Ausführungen des Präsidenten: ‹Schritte, um Kritiker zum Schweigen zu bringen.› Peter Bakers Honolulu-Bericht beginnt: ‹Präsident Obama tauchte aus der hawaiianischen Versenkung auf.› Ein Beitrag von Yunji de Nies in der Sendung *Good Morning America* zeigte in einer Reihe von Einspielern Angriffe (vor allem von Republikanern) in Nachrichtensendungen wegen der Reaktion des Weißen Hauses und machte großes Aufsehen darum, dass der Präsident gegolft und ‹vor seiner öffentlichen Ansprache sogar eine Partie Tennis gespielt› habe.»

Einige Tage lang versuchte ich, Journalisten deutlich zu machen, dass wir Überreaktionen vermeiden wollten, worauf unser Umgang mit der Affäre als abgehoben abqualifiziert wurde. Nach Tagen der

Hysterie übernahm al-Qaidas Ableger im Jemen die Verantwortung für den Anschlagsversuch und gewann an Prestige, weil er Amerika erfolgreich in Angst und Schrecken versetzt hatte. Die Unterstützung der Demokraten für eine Schließung von Guantánamo schwand, einfach deshalb, weil Republikaner im Fernsehen versicherten, dass Obama zu viel Schwäche zeige und Terroristen wie Abdulmutallab in ein Militärgefängnis gesteckt gehörten. Ein Teil von mir wollte diese Seite meiner Arbeit ignorieren: Ich wollte Geheimdienstberichte lesen, an Strategiesitzungen teilnehmen und Reden schreiben, von denen ich hoffte, dass die Welt sie verstehen würde. Aber das war keine Option.

Am Vormittag bereitete ich üblicherweise die täglichen Pressebriefings aus dem Außenministerium, dem Pentagon und dem Weißen Haus vor. Wir hielten Telefonkonferenzen mit den Sprechern verschiedener Behörden ab, um die wichtigsten Meldungen des Tages durchzugehen und unsere Erklärungen zu ihnen abzustimmen. Dann setzte ich mich mit den verschiedenen Mitarbeitern im Pressebüro des Nationalen Sicherheitsrats (NSC) zusammen – zumeist Funktionsträger des Auswärtigen Dienstes (FSOs), die ein oder zwei Jahre für den NSC arbeiteten –, um Robert Gibbs durch die Fragen zu lotsen, die er während seines Pressebriefings im Weißen Haus wahrscheinlich gestellt bekäme. Diese FSOs hatten ungefähr mein Alter, waren nach dem 11. September eingestiegen und hatten in Botschaftsvertretungen quer durch den Nahen und Mittleren Osten und auf der ganzen Welt gedient. Sie hatten genaue Vorstellungen davon, wie die Verlautbarungen der US-Regierung in der Öffentlichkeit anderer Länder aufgenommen würden und wo wir etwas bewirken konnten oder nicht.

Wenn die Briefings erledigt waren, aß ich am Schreibtisch zu Mittag und checkte wieder E-Mails. Der frühe Nachmittag war gewöhnlich mit einer Sitzung des Stellvertreterausschusses belegt, in der die stellvertretenden Leiter verschiedener Behörden – des

Außen-, des Verteidigungs- und des Finanzministeriums sowie der Geheimdienste – die politische Stoßrichtung in bestimmten Fragen planten. Die Sitzungen fanden im Situation Room statt und zogen sich normalerweise über zwei Stunden hin. Jede Behörde legte ihre Sichtweise dar, worauf sich eine Art Konsens herauskristallisierte, der weiter nach oben ins Kabinett und – falls notwendig – bis zu Obama weitergeleitet werden konnte. Anfangs fühlte ich mich inmitten dieser Leute etwas eingeschüchtert. Aber ich verfügte über ein klares Kapital: Ich konnte sagen, wie die politischen Linien im In- und Ausland öffentlich aufgenommen würden, wie wir sie erklären würden und wie wir das von vornherein berücksichtigen sollten. Und wie ich bemerkte, gingen die Teilnehmer davon aus, dass ich wusste oder absehen konnte, wie Obama über ein Thema denken würde. Da im Laufe des Jahres 2010 keine internationalen Krisen zu bewältigen waren, konzentrierten sich diese Sitzungen – und unsere Außenpolitik – weitgehend darauf, ein paar Themen systematisch voranzutreiben: die Afghanistanstrategie umzusetzen, Truppen aus dem Irak abzuziehen, den New-START-Vertrag zur Rüstungsbegrenzung mit Russland auszuhandeln und den Iran mit Sanktionen zu belegen. 2010 sollte allerdings das letzte Jahr bleiben, in dem die Außenpolitik als Routine erschien. Schon bald wurden diese Sitzungen deutlich folgenreicher.

In vielerlei Weise bestand meine Aufgabe in diesem Jahr darin, für Ruhe in unserem Zuständigkeitsbereich zu sorgen, um Obama für seine inländische Agenda, insbesondere zum Gesundheitswesen, den Rücken frei zu halten. An dem Abend, als der Patient Protection and Affordable Care Act den Kongress passierte, das Gesetz, das als «Obamacare» den Zugang zur Krankenversicherung neu regelte, lud Obama einen kleinen Kreis von uns zu einer Feier in die Residenz des Weißen Hauses ein. Als sei eine Last von seinen Schultern gefallen, erhob er auf dem Truman Balcony ein Glas Martini und sagte zu uns: «Dafür sind wir alle hier eingezogen, dafür.»

Und mir wurde klar, dass alle im Weißen Haus hinter seiner gesamten Agenda standen – und nicht nur hinter den Einzelteilen, mit denen wir uns herumschlugen.

Am Spätnachmittag zwischen fünf und sieben Uhr konzentrierte ich mich gewöhnlich darauf, die nächsten großen Brocken im Kalender zu planen: die nächste Rede, die nächste umfänglichere Verkündung unserer politischen Absichten, die nächste Auslandsreise. Größer wurde dieser Teil meines Aufgabenbereichs im Herbst, als Tom Donilon Jim Jones als Nationaler Sicherheitsberater ablöste und Denis McDonough zum leitenden stellvertretenden Sicherheitsberater aufstieg. Der Posten des Stabschefs des NSC blieb damit über mehrere Monate vakant. So fiel mir die Verantwortung zu, Obamas Terminpläne zu erstellen: welche Länder er besuchen und wen er dort treffen würde. Diese Zuständigkeit behielt ich bis zum Ende von Obamas Administration.

Die Arbeit um die Auslandsreisen herum war mir die liebste. Ich durfte mich für eine gewisse Zeit in die Verhältnisse eines bestimmten Landes vertiefen, in seine Politik, in die Frage, wie sie in die US-Außenpolitik hineinpasste und was die Menschen dort bewegte. Seltsame Dinge geschahen: Als ich einmal in Russland in mein Hotelzimmer zurückkehrte, stand eine Putzfrau an meinem Bett, während drei Männer in Anzügen meine Sachen durchsuchten. Sie legten alles wieder hin und verschwanden ohne ein Wort. Ich erlebte Obamas Wirkung auf manche Zuhörerschaften: In Ghana brachten anscheinend sämtliche Fernsehsender eine Dokumentation über sein Leben, während im Radio immer wieder sein Name gesungen wurde: «Barack *Obama*, du bist unser *Obama*.» Seine Auslandsreden erhielten in den Vereinigten Staaten kaum Aufmerksamkeit, doch bei den Menschen vor Ort wirkten sie noch jahrelang nach.

Am Ende des Tages, zwischen 20 und 21 Uhr, ging ich nach Hause, aß mit Ann zu Abend und schaute ein wenig fern. Vor dem Zubettgehen checkte ich bis gegen Mitternacht ein letztes Mal meine E-Mails. Immer musste irgendetwas noch erledigt, eine Frage noch beantwortet werden. Danach legte ich mich ins Bett, ließ den Tag Revue passieren und dachte daran, welche Aufgaben mich nach dem Aufstehen erwarteten.

Während wir im November 2010 eine Asienreise vorbereiteten, verschaffte ein Erdrutschsieg bei den Zwischenwahlen den Republikanern die Mehrheit im Repräsentantenhaus – eine schallende Ohrfeige für Obama, der in zwei Jahren im Amt die Weltwirtschaft gerettet, ein Konjunkturprogramm im Umfang von einer Billion Dollar durch den Kongress gebracht, die Finanzmärkte strenger reguliert und Gesetze zur Gesundheitsversorgung erlassen hatte. Die Niederlage übertraf unsere schlimmsten Befürchtungen. Unsere Anhänger waren zu Hause geblieben, während Sarah Palins Getreue ausgerückt waren. Als ich in den Tagen nach der Wahl einmal ins Oval Office kam, bekam ich das Ende einer Serie von Gesprächen Obamas mit, der Kongressabgeordnete durchtelefonierte, die ihren Sitz verloren hatten, weil sie für die Gesundheitsreform gestimmt hatten. Er dankte ihnen, dass sie etwas bewegt hatten.

Wenn jedoch ein Barack Obama in Indien oder Indonesien auftritt, interessieren die Ergebnisse der Zwischenwahlen in den USA niemanden. So reisten wir in einer seltsamen Diskrepanz zwischen der Blase des Trübsinns, in der wir gefangen waren, und der Begeisterung der Außenwelt. Ich hatte den Terminplan zusammengestellt: Barack und Michelle Obama, die in Mumbai mit Schulkindern tanzten, Obama, der in einer Stadthalle auf Studenten traf und in Delhi als erster afroamerikanischer Präsident Mahatma Gandhi die Ehre erwies, Obama, der einen Teil seiner Kindheit in Indonesien verbracht hatte und jetzt eine Menschenmenge mit Sätzen auf Indonesisch entzückte. Diese Momente mochte ich auf Reisen am liebsten: Sie stellten eine Verbindung zwischen dem Präsidenten und den Menschen in anderen Ländern her, die ihn nicht nur sahen, sondern auch spürten, dass sie von ihm gesehen wurden.

Während ich mich auf eine großartige Reise eingestellt hatte, zeigte sich Obama abgespannt und zunehmend launisch. Ein Großteil unserer Presse stand in den Startlöchern für eine Berichterstattung, wonach die Welt da draußen wie das Wahlvolk zu Hause Obama die Liebe entziehe. Als wir am fünften Tag der Reise in Seoul am G20-Gipfel teilnahmen, begannen die Dinge aus dem Ruder zu laufen. Wir verpassten eine Deadline für den Abschluss der Verhandlungen zu einem Freihandelsabkommen mit Südkorea. Rasch verwandelte sich die Reise in eine Geschichte über Obamas verblassten Stern.

Vor einer Pressekonferenz gingen Gibbs, Jen Psaki und ich in einen Sitzungsraum, um Obama mit Informationen zu versorgen. Die freundliche, neugierige und nicht aus der Fassung zu bringende Psaki hatte leuchtend rotes Haar, ein Dauerlächeln auf den Lippen und einen mütterlichen Instinkt für Kollegen. Sie hatte um die gleiche Zeit wie ich in Chicago angefangen und war mit den Jahren in unserer Obama-Ersatzfamilie zu einer Schwester geworden. Obama saß mit seinen führenden Wirtschaftsberatern zusammen – sie klagten über die mangelnde Anerkennung dafür, dass sie die Weltwirtschaft vor einer Depression bewahrt hatten. Rasch mussten Gibbs, Psaki und ich Kritik einstecken wegen der Presseberichterstattung über die Außen- und infolgedessen auch über unsere Innenpolitik. «Interessiert sich in der Presse überhaupt irgendjemand dafür, dass wir für jedes Wort in diesem Kommuniqué verantwortlich sind?», fragte Obama und hielt ein Blatt Papier hoch: den sorgfältig ausgehandelten Text, den die G20 nach Abschluss des Gipfels veröffentlichen würden. Tatsächlich fiel die Antwort negativ aus. Ich hatte ja selbst Schwierigkeiten, mich für das Kommuniqué zu interessieren. Um nicht loszulachen, vermied ich jeden Blickkontakt mit Psaki.

Obamas Frustration über den G20-Gipfel stand klar für alles andere: die Zwischenwahlen, die Presse und das Gefühl, dass ihm seit Roosevelt das schlechteste Erbe aller Präsidenten zugefallen war und keiner sich darum kümmerte. Inzwischen hatte ich gelernt, dass Obama nur auf seine engste Umgebung sauer reagierte, während er mit allen Übrigen tadellos höflich umging. Nach unserer Ankunft in Japan war ich der einzig Greifbare, als er gerade jemanden brauchte, um seine Beschwerden abzuladen. Er rief mich in seine Suite, eine von Dutzenden solcher Räume, in denen ich ihn über die Jahre gesehen hatte, alle unheimlich vertraut in ihrer unbequemen Opulenz. Auf einem Tisch an der Tür hatte er sämtliche Zeitungen ausgelegt, deren Schlagzeilen einen Chor des Hohns anstimmten. Mit finsterem Blick und Sarkasmus in der Stimme deutete er auf sie: «Können wir dagegen überhaupt nichts unternehmen?»

Selbst abgespannt, blaffte ich zurück: «Nein, nicht, wenn wir es nicht schaffen, ein Handelsabkommen abzuschließen.»

Er ging zum nächsten Punkt über, den Vorbereitungen auf den Gipfel der Asiatisch-Pazifischen Wirtschaftsgemeinschaft (APEC), als komme schon allein darin die ganze Absurdität der Tatsache zum Ausdruck, dass einem das Präsidentenamt niemals eine Atempause gönnt. «Helfen Sie mir auf die Sprünge. Warum gibt es diese Organisation eigentlich?»

Daraufhin prustete ich los und steckte ihn mit meinem Lachen an, als eine Gruppe verblüfft wirkender APEC-Experten den Raum betrat. Ich war über die verlogene amerikanische Innenpolitik so frustriert wie Obama, ärgerte mich aber auch über ihn: Ich hatte Monate mit den Planungen einer Reise zugebracht, die in diesen ganzen Ländern – Indien, Indonesien, Südkorea und Japan – gut ankam, Ländern, die für 1,5 Milliarden Menschen standen, mit unterschiedlichen Regierungen, Interessen und Bevölkerungen. Indien – die Heimat seines Helden Gandhi. Indonesien – seine Heimat als Junge. Oft hatte ich das Gefühl, dass ich mich um die globale Ikone des Fortschritts Barack Obama mehr kümmerte als Obama selbst.

Am nächsten Tag, dem letzten der Reise, statteten wir einem riesigen japanischen Buddha eine Visite ab, den Obama schon als Kind gesehen hatte. Wir hatten den Ort in dem Bewusstsein ausgewählt, dass der Besuch eine Saite zum Klingen bringen würde in einer japanischen Kultur, die Obama und diese Art der Anerkennung liebte. Obama schwieg auf dem Weg dorthin, als unser Hubschrauber über sattgrüne Hügel und eine gewundene Küstenlinie hinwegflog. Anschließend fuhr unsere Fahrzeugkolonne viele Kilometer auf kurvenreichen Straßen, durch kleine Fischerdörfer, die von Tausenden lächelnder und winkender Menschen gesäumt waren. Diese Massen waren selbst für Obama außergewöhnlich. Eine freundliche ältere Japanerin führte ihn um den Buddha aus dem 12. Jahrhundert herum, ein ernstes Steinmonument, das die Zwischenwahlen relativierte.

Als wir wieder in den Hubschrauber stiegen, schaute er einige Minuten aus dem Fenster. Dann blickte er mich an und sagte: «Der Besuch war eine gute Idee.»

«Hier in Japan wird er zur wichtigsten Meldung», erwiderte ich.

«Ich weiß. Mir ist klar, warum Sie mir das alles ins Reiseprogramm packen.» «Vielen Menschen bedeutet das etwas.» Schweigend flogen wir weiter.

Im Dezember des Jahres reiste ich mit Obama nach Hawaii – als einziger NSC-Mitarbeiter, der seine Weihnachtsferien dort verbringen würde. Sobald die Air Force One abgehoben hatte, empfand ich eine gewisse Erleichterung. Wir hatten zwei Jahre Wahlkampf und zwei Jahre im Weißen Haus durchgestanden. Wir hatten uns selbst bewiesen, dass wir dorthin gehörten, hatten bei den Zwischenwahlen Prügel eingesteckt, uns aber nicht unterkriegen lassen: Wir hatten die Abschaffung der Praxis in den Streitkräften, die sexuelle Orientierung von Homosexuellen geheimzuhalten, durch den Kongress gepeitscht und den New-START-Vertrag ratifiziert bekommen. Schwule und Lesben durften jetzt offen im Militär dienen, und die Vereinigten Staaten und Russland würden mit weniger Atomwaffen aufeinander zielen. Wir hatten die Erfahrung gemacht, dass ein in die Defensive geratenes Weißes Haus immer noch mehr erreichen kann als jede andere Institution auf der Welt.

Die Mitarbeiter stiegen in einem Hotel in Waikiki ab. Mein Balkon blickte auf den Pazifischen Ozean hinaus. Die Tage verliefen in einem besänftigenden Rhythmus: um fünf Uhr aufstehen, um Obama eine Aufstellung zu machen, was rund um die Welt geschah; Bücher lesen, die mit der Arbeit nichts zu tun hatten; an die Nordküste von Oahu fahren, die Surfer, mobilen Shrimp-Stände und Bungalows betrachten und langsam verstehen, wie jemand hier sein Fleckchen Erde finden und für immer bleiben kann. Aber ein Schuss Einsamkeit prägte die Tage. Ann war bei ihrer Familie in Kalifornien und würde erst für den zweiten Teil der Reise nach Hawaii weiterfliegen. So spazierte ich am ersten Weihnachtsfeiertag durch Menschengruppen am Strand entlang, erstmals in meinem Leben fernab von Freunden und Familie.

Am Abend veranstaltete jemand vom Vorauskommando in einem Konferenzraum im Keller des Hotels eine kleine Party. Ich ging kurz hin, mischte mich unter die seltsam zusammengewürfelten Mitarbeiter, verabschiedete mich wieder und setzte mich auf meinen Balkon. Wieder ein Hotel, eines von Hunderten. Ich hatte ein neues Leben erworben, das mich mit dem Präsidenten an diesen wunderschönen Ort geführt hatte, mein altes aber verloren. Ich rief Ann und dann meine Eltern an und hörte die Hintergrundgeräusche vertrauterer Feiertagserlebnisse, die nun fern waren. Während die Sonne im Pazifik versank, vernahm ich fremde Stimmen, die zu meinem Balkon hinaufgetragen wurden, und dachte an meine Familie und Freunde. Ich war zu jemandem geworden, den sie aus der

Der Ort in Hawaii, den Obamas Mutter während ihrer Schwangerschaft regelmäßig aufsuchte

Ferne beobachteten – von dem sie wohl häufiger Zitate in der Zeitung lasen, als sie mit ihm redeten –, zu jemandem, von dessen Erfahrungen sie ausgeschlossen blieben.

Ein paar Tage später lud Obama einige von uns zum Schnorcheln in der Hanauma Bay ein. Ich fuhr mit Ann in einem Mietwagen dorthin, stellte ihn ab und ging mit ihr über einen Hügel. Unten krümmte sich ein einsamer Strand um eine Bucht, in der ein Riff in der Sonne glänzte. Normalerweise kommen täglich Tausende an diesen Ort, der jedoch an einem Tag in der Woche geschlossen bleibt – und an diesem Ruhetag hatten sie ihn für den Präsidenten reserviert. Der Secret Service hatte eine Absperrung um die Bucht errichtet. Bewacht von lässig gekleideten Männern auf Felsformationen, die hoch über uns aufragten, sah man am Strand verteilt nur Obamas Familie, ihre Freunde und eine Handvoll Mitarbeiter. Es war die erste Schnorcheltour meines Lebens. Als ich die erste Unbeholfenheit überwunden hatte und nach unten in die Tiefe schaute, erlaubte ich mir, alles außerhalb meines Blickfeldes zu vergessen. An den Strand zurückgekehrt, sah ich Obama auf mich zukommen. Ohne Hemd wirkte er noch dünner als sonst. Nebeneinanderstehend schauten wir ins Wasser. «Gar nicht mal schlecht hier», sagte ich.

Er deutete nach oben zu einem Ort auf der Spitze des Hügels, der über die Szenerie hinwegblickte. «Sehen Sie diesen Punkt da oben?», fragte er. «Dahin ist meine Mutter jeden Tag gegangen, hat sich hingesetzt und über die Bucht geschaut, als sie mit mir schwanger war.» Ich hörte Wellen ans Ufer klatschen. «Ich habe immer gedacht, das ist einer der Gründe, warum ich eine gewisse Ruhe besitze.» Für einen Augenblick schien die ganze Welt zu verstummen.

Es war die Ruhe vor dem heraufziehenden Sturm. Nur wenige Tage zuvor war auf meinem BlackBerry eine kurze Meldung erschienen, eines der Millionen Ereignisse, die sich jeden Tag abspielen und von denen die allerwenigsten irgendwelche Folgen jenseits der Grenzen der jeweiligen Gemeinschaft haben. Erbittert über die ständigen Schikanen durch korrupte Polizisten, hatte sich in Tunesien der Obstkarrenverkäufer Mohamed Bouazizi selbst angezündet – und damit in dem kleinen nordafrikanischen Land auf der anderen Seite des Globus einen Sturm des Protests entfacht.

Teil Zwei

FRÜHLING
2011–2012

Kapitel 9

Ägypten: Der Übergang muss jetzt beginnen

Nach unserer Rückkehr aus Hawaii telefonierte Obama mit Hosni Mubarak. In den drei vorangegangenen Wochen hatten sich die Proteste in Tunesien wie ein Lauffeuer ausgebreitet. Am 11. Januar war Zine el-Abidine Ben Ali zurückgetreten, der Tunesien jahrzehntelang als Diktator regiert hatte. Wie der Tunesier Bouazizi steckten sich Nachahmer in Kairo selbst in Brand, um gegen Korruption und Repression und gegen Mubarak zu protestieren. Trotz dieser Erschütterungen gingen die Nachrichtendienste anfänglich nicht davon aus, dass die Proteste noch weitere Regierungen zum Rücktritt zwingen würden. Männer wie Mubarak oder Baschar al-Assad in Syrien schienen zu fest im Sattel zu sitzen und konnten auf die Loyalität der Sicherheitsdienste und die Unterstützung ausländischer Mächte zählen. Im Fall Ägypten war diese Macht die Vereinigten Staaten, die ihm nach dem Camp-David-Abkommen über Jahrzehnte militärischen Beistand geleistet und enge Beziehungen zwischen dem ägyptischen Staat und unserem eigenen Sicherheitsapparat aufgebaut hatten.

Ich gehörte zu einer Gruppe jüngerer Regierungsmitarbeiter, die die korrupte Art der Regierungsführung im Nahen Osten verabscheuten. Viele Mitarbeiter des Außenministeriums, die in der Region eingesetzt gewesen waren, hatten noch Bekannte vor Ort, die keinerlei Bindung zu ihren Regierungen verspürten – zu jener

Mischung aus Monarchie und Autokratie, deren Legitimität auf familiären Ansprüchen auf ein Stück Land beruhte. Oder es waren Militärs an der Macht, die ihre Herrschaft mit der Notwendigkeit begründeten, den Feind auf Abstand zu halten – Islamisten, Terroristen, den Iran. Diese jüngeren Regierungsmitarbeiter waren viel stärker als ihre älteren Kollegen davon überzeugt, dass sich die Unruhen ausbreiten würden. In der Zwischenzeit drängten die unterschiedlichsten Berater darauf, die Protestierenden in der Region intensiver zu unterstützen: so Gayle Smith, leitender Direktor des Nationalen Sicherheitsrats für Demokratie, ein extravaganter, weißhaariger Ex-Journalist, der unter Clinton als Afrika-Experte gearbeitet hatte. Außerdem Mike Faul, leitender Direktor des Nationalen Sicherheitsrats für Russland, der einen Großteil seines Lebens damit verbracht hatte, über Demokratiebewegungen nachzudenken und zu schreiben. Und natürlich Samantha Power. «*Als Nächstes ist Ägypten dran*», sagten sie, und dass dies zu einem Test für uns würde, ob wir auf Seiten der Menschen auf den Straßen oder auf Seiten der Autokraten stünden, die diese Menschen unterdrückten.

Obamas Telefonat mit Mubarak drehte sich um den Frieden im Nahen Osten, doch zugleich nutzte er die Gelegenheit, um die Proteste in Tunesien anzusprechen. «Wir sind der Meinung, es wäre das Beste, Ben Ali kehrte nicht nach Tunesien zurück», erklärte Obama. «Wir hoffen, die tunesische Regierung lässt in naher Zukunft freie und faire Wahlen durchführen.»

«*Ich glaube, er wird nicht in der Lage sein zurückzukehren*», erwiderte Mubarak bestimmt. «*Man kann nur erfolgreich sein, wenn das Volk sehr gerecht ist und einen stützt. Das habe ich auch Gaddafi gesagt.*»

In den folgenden Tagen zeigte jeder Fernseher im West Wing stumme Bilder des Protests – junge Männer, die durch Straßen stürmten, Großkundgebungen auf dem Tahrir-Platz, Menschen in meinem Alter, die Sprechchöre skandierten und von genau den

Sicherheitskräften auseinandergejagt wurden, die uns bei den Autofahrten durch Kairo bewacht hatten. Hillary blieb bei ihrer Meinung, die ägyptische Regierung sei stabil. Biden erklärte in einem Interview, Mubarak sei kein Diktator. Wir riefen die ägyptische Regierung in gemäßigtem Ton dazu auf, sich bei der Unterdrückung der Proteste zurückzuhalten. Es schien, als wären wir stets anderthalb Schritte hinter den Menschen auf den Straßen zurück und hätten uns implizit auf die Seite eines Diktators gestellt, der über jenes Land herrschte, in dem Obama erklärt hatte, dass Demokratie mit dem Islam und der arabischen Welt vereinbar sei.

In seinem privaten Umfeld gab Obama zu erkennen, dass er für die Protestierenden Sympathien hegte. Ginge es nach ihm, sagte er zu McFaul, sollte doch «dieser Google-Typ» Ägypten regieren, womit Wael Ghonim gemeint war, ein prominenter Internet-Aktivist, der zu den führenden Köpfen der Protestbewegung gehörte. Dieser Vorschlag war nicht wörtlich zu verstehen – Obama suchte einen Weg, sich mit den jungen Demonstranten solidarisch zu erklären, die einen Wandel herbeiführen wollten. Seine leitenden Berater waren anderer Meinung. Gates und die Militärführung wünschten sich vor allem Stabilität in Ägypten und glaubten, dass Mubarak sie herstellen könne. Die Clintons hatten eine langjährige Beziehung zu Mubarak aufgebaut, die ihre Ursprünge im Nahost-Friedensprozess der Clinton-Jahre hatte. Und die Nachrichtendienste fürchteten, dass Extremisten sich die Unruhe zunutze machen könnten.

Die unterschiedlichen Auffassungen waren offenbar eine Generationenfrage: Vor allem die jüngeren Regierungsmitarbeiter drängten auf einen Wandel in Ägypten. Für uns war Mubarak nicht mehr der Garant von Stabilität – seine Diktatur war vielmehr die Ursache der Instabilität. Hier bot sich die einmalige Möglichkeit, eine bedeutsame Reform in der arabischen Welt zu erreichen. Wir spürten die moralische Verantwortung, auf der richtigen Seite der Geschichte zu stehen. Alles andere wäre Verrat an dem gewesen, wofür Obama stand oder was seine Wahl zum US-Präsidenten repräsentierte.

Die unterschiedlichen Ansichten traten für mich besonders deutlich hervor, als Obama am 28. Januar seine erste Erklärung zu den Vorgängen in Ägypten abgab. Die Proteste kochten bereits über, und Ägypten stand am Scheideweg zwischen einem brutalen Durchgreifen der Sicherheitskräfte und der Einleitung eines radikalen Wandels. Die von mir entworfene Erklärung betonte die universellen Rechte der Demonstranten und rief die ägyptische Regierung dazu auf, diese Rechte zu respektieren, auf Gewalt zu verzichten und «den Weg des politischen Wandels» einzuschlagen. Tom Donilon und Denis McDonough baten mich, ihren jeweiligen Vorgesetzten eine Kopie des Redenentwurfs zukommen zu lassen. Nach den Korrekturen, die sie vornahmen, war von jenen Worten fast nichts mehr übrig. Aus einem Entwurf stach der Widerstand gegen Veränderungen so deutlich hervor, dass ich ihn für die folgenden sechs Jahre in meinem Schreibtisch aufbewahrte: Jedes Wort über Menschenrechte und die Missstände, die die Demonstranten beklagten, war gestrichen worden – alles außer dem Aufruf an die Bevölkerung, Frieden zu wahren, und dem Ausdruck der Unterstützung für die ägyptische Regierung. In Großbuchstaben war das Wort «Ausgleich» hinzugefügt worden. Am Ende nutzte Obama weitgehend den von mir konzipierten Redetext.

Noch nie zuvor hatte ich im Rhythmus dieser Tage gelebt. Ann war verreist, also kam ich jeden Abend erst gegen 22 Uhr nach Hause, setzte mich zum Essen aufs Sofa, trank etwas Hochprozentiges dazu, sah Nachrichten im Fernsehen und schlief zu den Bildern immer größer werdender Menschenmengen ein. Nach dem Aufwachen fuhr ich zurück zur Arbeit, ließ mich briefen – wobei die Unruhen in Ägypten und benachbarten Ländern im Vordergrund standen – und ging dann zu einer auf 8.30 Uhr fixierten Besprechung des Stellvertreterausschusses, wo wir die Ereignisse bewerteten. Vor jedem Briefing beschwerte sich Gibbs, warum wir die Demonstranten nicht deutlicher unterstützten. Unsere mäßigenden Aufrufe an die Regierung wirkten doch lächerlich. Eines Tages saßen wir in Gibbs' Büro, als der große, an der Wand befestigte Fernseher Bilder von regierungsfreundlichen Schlägern zeigte, die sich von Pferden herab mit Macheten daranmachten, den Tahrir-Platz zu räumen. «Wie, verdammt noch mal, soll ich das in der Öffentlichkeit zurückhaltend nennen?», rief er aus.

Jedes Meeting schien wichtig, jede öffentliche Äußerung fühlte sich bedeutsam an. Einige Leute leiteten mir Berichte von ihren Freunden weiter, die sich entschlossen hatten, auf dem Tahrir-Platz auszuharren. Mit Zitaten Obamas beklagten sie sich, dass wir keine Partei für sie ergriffen. Gleichzeitig riefen ägyptische Funktionäre unsere Militärs und Diplomaten an und beschwerten sich wütend, Obama würde sie im Stich lassen. Eines schien jedoch beiden Seiten gemeinsam: Es lag ihnen offenbar wirklich viel daran, was wir sagten. Und mir kam es vor, als wären die Alternativen klar – wir mussten zwischen richtig und falsch, zwischen Mut und Zurückhaltung, der Vergangenheit und der Zukunft wählen.

Für uns, die wir auf Veränderungen drängten, war deutlich zu erkennen, dass die Entscheider im Kabinett anderer Meinung waren. Immer wieder hoben Bob Gates, Hillary Clinton und Mike Mullen die Ansicht der ägyptischen Regierung hervor – dass die Proteste einschlafen würden, dass ihre Anliegen in einem «nationalen Dialog» kanalisiert werden sollten, dass unsere Politik darauf abzielen müsse, den Status quo zu erhalten. Große Unterstützung dafür kam aus den Golfstaaten, vor allem aus Saudi-Arabien und den Vereinigten Arabischen Emiraten, die eine Ausbreitung der Unruhen in ihre eigenen Hauptstädte fürchteten.

Am 29. Januar erhielt Obama einen Anruf vom saudischen König Abdullah. Ihm waren unsere Erklärungen zu progressiv. Wie genau unseren Worten zugehört wurde, konnten wir daran erkennen, dass der König Anstoß an Äußerungen nahm, in denen Gibbs die Demonstranten unterstützt hatte. Die protestierenden Menschen auf den Straßen tat er ab als Mitglieder der Muslimbruderschaft, von Hisbollah, al-Qaida und der Hamas. Seiner Ansicht nach waren die Demonstranten in Ägypten also – Terroristen. Wir selbst sahen jedoch etwas ganz anderes. Zu den Demonstrationen kamen nicht nur Islamisten, sondern auch säkulare Aktivisten, junge Menschen, koptische Christen.

Auch Obama bemerkte dies. Er rief mich ins Oval Office. Ich stand vor seinem Schreibtisch, und wir besprachen die derzeitige Regierungslinie zu Ägypten. «Sie nehmen doch an all diesen Meetings teil?», wollte er wissen.

«Ja.» Er hatte offenbar keine genaue Vorstellung davon, wie meine Tage aussahen, wenn wir nicht zusammen waren.

«Ich möchte, dass Sie sich dort zu Wort melden», erklärte Obama. «Halten Sie sich bloß nicht zurück, weil Sie es mit den Ressortchefs zu tun haben. Meine Einstellung kennen Sie doch. Und wir sind jünger.»

Dies nahm ich als Ermutigung, meine Stimme zu erheben. Vorbei waren die Tage, als ich bei der Revision der Lage in Afghanistan meine Meinung für mich behalten hatte, aus Angst, irgendwelche Grenzen zu überschreiten. Bei einer der nächsten Besprechungen ergab sich auf Leitungsebene ein breiter Konsens, dass wir die Herrscher der wichtigsten arabischen Länder so schnell wie möglich nach Washington einladen sollten, um sie unserer Unterstützung zu versichern. Ich konnte nicht mehr an mich halten: «Wenn wir all diese korrupten Autokraten hierherholen, sollten wir vielleicht darüber nachdenken, auch einige der jungen Demonstranten einzuladen … zum Ausgleich.» Die Damen und Herren, die am Konferenztisch saßen, blickten grimmig drein; die jüngeren Mitarbeiter in der zweiten Reihe waren begeistert. Dieser Moment beflügelte mich, aber ich machte mir auch Feinde.

Am 1. Februar spitzte sich die Angelegenheit zu. Im Situation Room waren die Ressortchefs zusammengekommen, um zu beraten, ob wir Mubarak den Rücktritt nahelegen sollten. Eher ungewöhnlich, nahm auch Obama an der Sitzung teil, obwohl sie nicht auf seinem Terminplan stand. Die Diskussion ging hin und her. Clinton, Gates und einige andere empfahlen, Mubarak weiter zu stützen, wohingegen die jüngeren Anwesenden darauf drängten, ihn stärker unter Druck zu setzen.

Kurz nachdem Obama zu uns heruntergekommen war, wandte sich Mubarak in einer Fernsehansprache an das ägyptische Volk. Wir unterbrachen die Sitzung und schalteten die Fernseher an den Wänden ein. Schweigend sahen wir Mubarak zu, wie er an einem Rednerpult stand, neben ihm eine ägyptische Flagge, ein Mann, der seit 1981 an der Macht war. Damals war ich gerade einmal vier Jahre alt gewesen. Während seiner Rede blickte ich immer wieder zu Obama hinüber, der keine Regung zeigte. Mubarak erklärte, er strebe keine weitere Amtszeit als Präsident an, die aktuelle werde er jedoch vollenden, wie er kampfeslustig betonte. Man stehe vor der Wahl zwischen «Chaos und Stabilität», warnte er und schwor, er werde auf ägyptischem Grund und Boden sterben.

Als die Ansprache vorüber war, ergriff Obama das Wort. «Damit ist die Sache nicht ausgestanden», sagte er. «Die Menschen werden nicht nach Hause gehen.» Er beendete die Diskussion endgültig, als er seinen Entschluss bekannt gab, Mubarak anzurufen und ihm mitzuteilen, er solle zurücktreten. Das Telefonat sollte in einer Stunde stattfinden. Einige Mitarbeiter verließen den Raum, um Stichpunkte für Obamas Gespräch zusammenzustellen. Ich ging in mein Büro und entwarf eine Erklärung, die er im Anschluss abgeben würde. Dann lief ich hinauf ins Oval Office, denn ich wollte bei dem Telefonat dabei sein.

«Lassen Sie mich Ihnen meine ehrliche Einschätzung geben, wie Sie Ihre Ziele erreichen können», ließ Obama Mubarak wissen. Die wenigen Zuhörer bei diesem Gespräch standen weiter vom Schreibtisch entfernt als üblich, so als wollten wir ihn nicht einengen. Obama wiegte den Hörer an seinem Ohr, während ein Lautsprecher das Gespräch für die anderen im Raum übertrug. Ein Dolmetscher übersetzte Obamas Worte ins Arabische und machte immer wieder deutliche Pausen, um Mubarak mehr Zeit zu geben, das Gehörte zu verdauen – schließlich verstand er recht gut Englisch. «Und ich sage Ihnen dies mit höchstem Respekt», fuhr Obama fort, «denn ich bin außerordentlich stolz auf meine Freundschaft mit Ihnen. Sollte sich die Übergangsphase noch mehrere Monate hinziehen und Sie im Amt bleiben, dann bin ich zutiefst davon überzeugt, dass die Proteste andauern werden. Das wird es schwieriger machen, die Situation zu kontrollieren, und ich glaube, Ihre Rolle und die Rolle der Armee würden darüber noch viel komplizierter. Ich denke, es ist an der Zeit, Ägypten eine neue Regierung zu geben. Ich glaube, dass die Muslimbruderschaft keinen Vorteil aus der Situation ziehen kann, wenn Sie in absehbarer Zeit Ihren Platz frei machen.»

«Sie verstehen nichts von der Kultur des ägyptischen Volkes», gab Mubarak scharf zurück. An verschiedenen Stellen hatte er innegehalten, um auf die Übersetzung zu warten. *«Ägypten ist nicht Tunesien. Die Proteste werden bald vorbei sein.»*

In dieser Form ging das Gespräch noch zehn Minuten weiter. Ich stand neben Donilon und McDonough, der sich zu uns beugte und wissen wollte, wann ein amerikanischer Präsident zum letzten Mal ein derartiges Gespräch mit einem ausländischen Regierungschef geführt habe. «Bei Marcos, glaube ich», sagte Donilon und meinte damit Reagans Bruch mit unserem Verbündeten auf den Philippinen.

Obama wollte das Gespräch zum Ende bringen und sprach nun aus dem Stegreif, ohne die vorbereiteten Stichpunkte zu beachten. «Herr Präsident», hob er an, beugte sich vor und stützte die Ellenbogen auf seinen Schreibtisch. «Ich habe Menschen mit großer

Erfahrung immer respektiert. Und Sie sind seit langer Zeit politisch aktiv. Aber es gibt Momente in der Geschichte ... nur weil die Dinge sich in der Vergangenheit nicht geändert haben, heißt das nicht, dass sie auch in Zukunft so bleiben.» Als Obama auflegte, sah er hoch und zuckte mit den Schultern, als glaube er nicht, dass er zu Mubarak durchgedrungen sei. Die beiden sprachen nie wieder miteinander.

Noch während des Telefonats gab es einigen Wirbel um die Erklärung, die im Anschluss der Öffentlichkeit gegeben werden sollte. Der entscheidende Satz lautete: «Ich glaube, dass ein geordneter Übergang bedeutsam sein muss, dass er friedlich verlaufen und dass er jetzt beginnen muss.» Als der Entwurf herumgegangen war, wurden Anrufe getätigt, und Donilon und McDonough wurden mit E-Mails überschüttet, in denen gefordert wurde, diesen Satz komplett zu streichen. Vor allem Gates und Clinton bestanden darauf, zumindest den Teil «dass er jetzt beginnen muss» wegzulassen. Als Obama sich auf den Weg machte, seine Erklärung abzugeben, fragte ich ihn, was wir nun tun sollten. «Lassen Sie den Satz stehen», sagte er. Als Gibbs am folgenden Tag gefragt wurde, was Obama mit «jetzt» genau meinte, erwiderte er: «Jetzt hat schon gestern angefangen.»

Am 5. Februar rief David Cameron, der Premierminister Großbritanniens, bei Obama an. Er sorge sich darum, dass wir nicht entschieden genug auf Mubaraks Rücktritt einwirkten. Und was Frank Wisner heute gesagt habe, verwirre ihn.

«Wisner?», wiederholte Obama. «Das habe ich gar nicht gehört.»

Frank Wisner gehörte zu einer jener Familien, die die Rolle der Vereinigten Staaten seit dem Zweiten Weltkrieg entscheidend geprägt haben. Sein Vater hatte in der obersten Riege der CIA gearbeitet. Er selbst hatte im Außenministerium Karriere gemacht und war vier Mal Botschafter gewesen, darunter fünf Jahre in Ägypten gegen Ende des Kalten Krieges. Als die Demonstrationen zunahmen, war Obama auf Hillarys Vorschlag eingegangen, Wisner als Sonderbotschafter nach Kairo zu schicken. Er hatte immerhin das Vertrauen Mubaraks und konnte ihn an die guten alten Zeiten erinnern, als sich die Sowjetunion aufgelöst und unsere Länder den Schulterschluss geübt hatten. Wisner hatte die heikle Aufgabe, Mubarak zu raten, in Ägypten eine Übergangsphase einzuleiten. Die letzten Worte, die ich von Obama gehört hatte, als er Wisner zu seiner Mission schickte, waren eindeutig gewesen: «Seien Sie mutig.»

Wisner sorgte tatsächlich dafür, dass Mubarak versprach, nicht noch einmal als Präsident zu kandidieren, doch das genügte weder den Massen auf den Straßen noch Obama. Einige Tage nach Obamas Erklärung, die einen Machtwechsel gefordert hatte, nahm Wisner, ohne dass jemand von uns im Weißen Haus davon gewusst hätte, per Videoschaltung an der internationalen Münchner Sicherheitskonferenz teil. Da er kurz zuvor eine Zeit lang als Gesandter des Präsidenten agiert hatte, gingen nun alle davon aus, er würde weiterhin für die Regierung sprechen, als er erklärte: «Es muss ein nationaler Konsens über die Voraussetzungen für die nächsten Schritte gefunden werden. Der Präsident muss im Amt bleiben, um diesen Wandel zu lenken.» Es war diese Bemerkung, die Cameron verunsichert hatte. Clinton, die ebenfalls an der Münchner Sicherheitskonferenz teilnahm, hatte sich derart geäußert, dass man daraus eine Unterstützung Wisners heraushören konnte.

Fassungslos rief Obama nach seinem Telefonat mit Cameron eine Gruppe von uns ins Oval Office. «Was geht hier vor?» Er bat mich, all jene Mitarbeiter zu kontaktieren, die mit Clinton unterwegs waren, während er sie selbst anrief. Nach diesem Telefonat berichtete mir Donilon, er habe den Präsidenten noch nie so aufgebracht gesehen. Im Stehen hinter seinem Schreibtisch habe Obama seine Außenministerin mit erhobener Stimme zur Rede gestellt. Er hatte den bis dato einmaligen Schritt gewagt, Mubarak zum Rücktritt aufzufordern – und damit die Beziehungen zu wichtigen Partnern am Golf und in Israel aufs Spiel gesetzt. Und jetzt ließ seine Regierung es so aussehen, als träte sie den Rückzug an.

Es wurden weitere Stimmen laut, die zur Vorsicht mahnten. Brennan hatte sich lange mit dem Nahen Osten beschäftigt. Im Gegensatz zu anderen Ressortchefs war er sich sicher, dass Mubarak die Krise nicht überstehen könne. Zugleich warnte er jedoch, Ägypten sei noch nicht reif für die Demokratie. Die Bevölkerung habe keinerlei Erfahrung mit einer Politik, bei der Geben und Nehmen sich nicht ausglichen. An jenem Samstag, an dem ich daran arbeitete, Wisners Äußerungen in der Presse richtigzustellen, ließ Brennan mir eine Notiz geben: «Es ist eine Binsenwahrheit, dass unter den Ägyptern weit größere Einigkeit darüber besteht, was und wen sie verschwinden sehen möchten, als darüber, was und wen sie an deren Stelle sehen möchten.»

Die folgenden Tage fühlten sich an, als erlebten wir das unvermeidliche Ende eines Dramas, dessen wichtigste Akte bereits aufgeführt worden waren. Nichts, was Mubarak von sich gab, besänftigte die Protestierenden, und sogar das ägyptische Militär begann sich von ihm zu distanzieren. Unsere Medien konzentrierten sich auf Washington und brachten einen Bericht nach dem anderen darüber, dass die US-Regierung nicht mit einer Stimme sprach. Dank dieser Dynamik machten wir es keinem recht: weder den Menschen auf den Straßen, die Obama für zu zögerlich und wankelmütig hielten, noch denen an der Macht, in Kairo und am Golf, die überzeugt waren, Obama verrate einen Verbündeten – was auch viele in Washington dachten.

Meine Frustration nahm immer weiter zu. Der Präsident, für den ich arbeitete, war so mutig gewesen, eine gesellschaftliche Bewegung zu ermuntern, die einen Wandel verlangte. Doch die Ambivalenz innerhalb seiner Regierung war so ausgeprägt, dass es wirken

musste, als sei seine Haltung bereits überholt. In der Zwischenzeit erfuhr ich, dass die Botschafter Saudi-Arabiens und der Vereinigten Arabischen Emirate, zwei der einflussreichsten Diplomaten
in Washington, in der Presse und in außenpolitischen Kreisen streu-
ten, Obama sei von jungen Menschen wie mir schlecht beraten
worden. Angeblich hätten wir größeres Interesse an Obamas Mar-
kenzeichen als daran zu hören, was erfahrene Politiker sagten. Die
wüssten schließlich, dass im Nahen Osten die Demokratie nicht
funktioniere. Damit war der Startschuss gefallen für die jahrelangen
Bemühungen dieser beiden Staaten, eine Diktatur in Ägypten wie-
derherzustellen, was ihnen schlussendlich auch gelang.

Das Einzige, was für uns zu sprechen schien, war jedoch die
Wirklichkeit auf den Straßen Ägyptens. Tag für Tag zogen die Demonstranten durch die Stadt, und Mubaraks Regime zerbröselte
um ihn herum. Am 11. Februar erwartete mich beim Aufwachen
die Nachricht, dass Mubarak in den Ferienort Scharm El-Scheich
geflüchtet und zurückgetreten war.

Es sah nach einem Happy End aus. Jubelnde Menschenmassen
feierten in den Straßen von Kairo. Ich entwarf für Obama eine Erklärung, in der ein Vergleich gezogen wurde zwischen den jüngsten
Ereignissen und einigen symbolträchtigen Bewegungen der letzten
Jahrzehnte – den Deutschen, die eine Mauer niedergerissen hatten,
den Indonesiern, die eine Diktatur beendet hatten, den Indern, die
gewaltlos für ihre Unabhängigkeit marschiert waren.

An diesem Morgen machte ich mich auf den Weg zum Oval
Office, um die Erklärung mit Obama durchzusprechen. «Sie dürften mit dem Ausgang der Ereignisse zufrieden sein», sagte er.

«Das bin ich», erwiderte ich. «Auch wenn ich nicht glaube, dass
es allen Ressortchefs so geht.»

«Wissen Sie», erklärte Obama, «eine Sache hat es mir leichter
gemacht. Ich kannte Mubarak nicht wirklich.» Er erwähnte, dass
George H. W. Bush Mubarak auf dem Höhepunkt der Proteste

angerufen habe, um ihn seiner Unterstützung zu versichern. «Aber es geht nicht nur um Bush. Die Clintons, Gates, Biden – sie alle kennen Mubarak seit Jahrzehnten.» Ich musste an Bidens langjähriges Credo denken: *Alle Außenpolitik ist die Erweiterung von persönlichen Beziehungen.* «Wäre es um König Abdullah gegangen», fuhr Obama fort und brachte den jungen jordanischen Monarchen ins Spiel, mit dem er eine Freundschaft aufgebaut hatte, «wüsste ich nicht, ob ich genauso hätte vorgehen können.»

Als Obama vor vereinzelten Pressevertretern seine Erklärung abgab, schien es, als würde die Geschichte des Nahen Ostens endlich in eine positive Zukunft aufbrechen. Ganz offen zollte er den Protestierenden seine Anerkennung. Dagegen war unsere Regierung noch immer darauf programmiert, auf das ägyptische Militär zu setzen, und nach Obamas Rede schlecht dafür gerüstet, den Übergang zur Demokratie, von dem der Präsident sprach, auch zu unterstützen.

Nach der Pressekonferenz gingen wir zurück ins Oval Office. Es war ein schöner Wintertag, die Sonne strahlte auf den Rosengarten, den wir von den Kolonnaden aus sehen konnten. Obama hatte einige Telefonate mit arabischen Führern vorbereiten lassen, darunter auch mit Muhammad bin Zayid, dem mächtigen Kronprinzen von Abu Dhabi, den man vor allem unter seinen Initialen kannte. «MBZ, ABZ, MBN», las Obama vor und nannte damit einige arabische Politiker der Golfregion, die ebenfalls unter ihren Initialen geführt wurden und sich für Mubarak eingesetzt hatten.

«Was sind das für Leute?», wollte Gibbs wissen.

«Ich weiß es nicht», sagte ich zu Obama. «Aber nach diesen Ereignissen werden sie sicherlich nicht für Ihre Präsidentenbibliothek spenden.»

Kapitel 10

Libyen

Eine meiner frühesten Erinnerungen an amerikanische Außenpolitik ist Ronald Reagan, wie er hinter seinem Schreibtisch im Oval Office sitzt und auf seine großväterliche Art und Weise erklärt, dass wir Libyen bombardierten. Damals war ich acht Jahre alt. Mein Vater verehrte Reagan, also war ich sicher, dass der Präsident das Richtige tat. Wenn Reagan sagte, dass wir Gaddafi eine Lektion erteilen müssten, da er Terroristen finanziere, übernahm ich unhinterfragt seine Ansicht. Gaddafi war ein Schurke und unser Präsident ein Held, der mit der Königin von England ausreiten ging. Ich hätte nie gedacht, dass Gaddafi im Zentrum jener Ereignisse stehen würde, die Obamas Präsidentschaft und meine eigene Rolle darin prägen sollten.

Zu Anfang der Obama-Administration erschien Gaddafi eher als Witzfigur denn als ein ernstzunehmender Gegner. 2009, bei unserer ersten UN-Vollversammlung, erregte er Aufsehen, als er mit einer Gruppe weiblicher Bodyguards auftauchte und eine unzusammenhängende hundertminütige Rede hielt, in der er unter anderem eine Untersuchung zum Mord an John F. Kennedy forderte. Auf der anderen Seite hatte er sein internationales Standing durch die Beendigung des libyschen Atomwaffen-Programms gesteigert. Gaddafi war zu einem typischen gealterten, launenhaften Diktator geworden, dessen reiche Kinder gerne in London herumhingen und dessen Geheimdienste gegen al-Qaida kämpften.

Wenige Tage nach Mubaraks Rücktritt erreichten die Proteste im benachbarten Libyen eine neue Eskalationsstufe. Die Rufe nach Gaddafis Abdankung wurden wieder lauter. Sicherheitskräfte feuerten mit scharfer Munition in die Menschenmengen. In einigen Teilen des Landes, darunter der zweitgrößten Stadt, Bengasi, übernahmen die Rebellen die Kontrolle. Anstelle von Ägypten war nun Libyen auf jedem Fernseh-Bildschirm im West Wing zu sehen, das Land dominierte die Fragerunden bei den Pressekonferenzen und drängte sich auf die Tagesordnung des Präsidenten der Vereinigten Staaten. Am 22. Februar erreichten wir einen jener Wendepunkte, die im Arabischen Frühling so häufig eintraten: den Augenblick, in dem ein Diktator in einer großen Rede deutlich machte, wie er auf die Forderungen nach seinem Rücktritt reagieren wollte. Ein paar von uns Mitarbeitern saßen in meinem beengten Büro, als wir im Fernsehen sahen, wie Gaddafi – gekleidet in orangefarbene Tücher – vor den Überbleibseln eines Gebäudes stand, das Reagan einst bombardiert hatte. Am unteren Bildschirmrand lief die englische Übersetzung seiner Rede mit, in der er uneinsichtig schwor, «Libyen zu säubern, Meter für Meter, Haus für Haus, Wohnung für Wohnung, Straße für Straße, Mensch für Mensch, bis das Land von allem Dreck und aller Unreinheit frei ist».

Für mich war in dieser Zeit jeder Moment historisch aufgeladen. Ich organisierte Treffen mit libyschstämmigen US-Amerikanern im Weißen Haus, die von ihren eingeschlossenen, um ihr Leben kämpfenden Familien berichteten, uns Fotos von Kindern auf der anderen Seite der Welt zeigten und uns flehend beschworen, etwas, irgendetwas zu deren Hilfe zu unternehmen. Journalisten, die von einem Konfliktherd zum nächsten reisten, riefen mich an – nicht um eine Stellungnahme zu erhalten, sondern um ihre Geschichten zu erzählen, wie sie die ersten Hoffnungsschimmer im von Kriegen zerrissenen Nahen Osten wahrnahmen. Experten sandten uns Aufsätze, in denen sie die aktuellen Ereignisse in der arabischen Welt in den historischen Kontext einzuordnen versuchten: Konnte man das Geschehen analog zum Fall der Berliner Mauer verstehen, nach dem unter den Nationen Osteuropas die Demokratien aufblühten? Oder lief es eher ab wie 1956 in Ungarn oder 1989 auf dem Tiananmen-Platz in Peking, als Volksbewegungen von starken Männern niedergeschlagen wurden? Ich lag nachts wach im Bett, in meinem Kopf rasten die Gedanken. Noch vor ein paar Wochen hatte ich geglaubt, dass die auch von mir vorangetriebene Verabschiedung des New-START-Vertrags das Bedeutendste sei, was ich als Teil dieser Regierung erreichen würde. Inzwischen fühlte sich jede veröffentlichte Erklärung, jede Sitzung, jede Entscheidung, die Obama traf, wie das Größte an, was ich jemals erreicht hatte – und ich wollte, dass wir etwas unternahmen, die Ereignisse aktiv beeinflussten, anstatt sie nur zu beobachten.

Wir schöpften alle verfügbaren Optionen innerhalb weniger Tage aus: Gaddafis Vermögen wurde eingefroren, er und seine Familie mit einem Reisebann belegt, in den Vereinten Nationen erreichten wir ein Waffenembargo, und wir überwiesen seinen Fall an den Internationalen Strafgerichtshof wegen möglicher Verbrechen gegen die Menschlichkeit. Leute mit Verbindungen zur Gaddafi-Familie erhielten die Botschaft, dass er gehen und sich woanders niederlassen solle, um dem Land einen Bürgerkrieg zu ersparen – ohne Erfolg. Am 26. Februar taten wir in der gewöhnlichsten aller Formen einer Presseerklärung – einem «Readout», der Zusammenfassung eines Telefonats zwischen Barack Obama und Angela Merkel – unsere Entscheidung kund, dass wir Gaddafi zum Rücktritt aufforderten. «Der Präsident erklärte, dass, wenn sich ein politischer Führer nurmehr durch den Einsatz von massiver Gewalt gegen sein eigenes Volk an der Macht halten kann, er jegliche Legitimität für die Regierungsverantwortung verloren hat und tun sollte, was für sein Land das Richtige ist, nämlich zurücktreten.» Gaddafi war der zweite arabische Führer in ebenso vielen Monaten, um dessen Rücktritt wir uns bemühten. Und er sollte nicht der letzte sein.

Auch wenn wir das Gefühl hatten, die Dinge würden sich nun beschleunigen, übte die Welt außerhalb des Weißen Hauses Druck auf uns aus. Man insistierte, wir würden uns zu langsam bewegen und zu wenig zu spät tun. 2011 waren es nicht allein die Fernsehbilder, die uns den Konflikt näherrückten – in den sozialen Medien wurde von Gaddafis scharfem Vorgehen in Kurznachrichten und Twitter-Mitteilungen erzählt. Da die Welt nun in Echtzeit die brutalen Angriffe von Gaddafis Sicherheitsapparat miterleben konnte, beobachteten wir alles, was geschah. Erste Kongressabgeordnete forderten eine Flugverbotszone über Libyen, um Gaddafis Flugzeuge an Einsätzen zu hindern. Journalisten fragten uns, wie viele Menschen noch sterben müssten, bevor Barack Obama etwas unternehme.

Die meisten Mitarbeiter der Regierung wollten nichts unternehmen. Die Militärs machten deutlich, dass Libyen keine Priorität besitze – sie führten bereits zwei Kriege und spürten wenig Verlangen nach einem dritten. Und eine Flugverbotszone errichtete man nicht nebenbei. Für ein solch komplexes Unterfangen musste die gesamte Luftabwehr Gaddafis ausgeschaltet und am Himmel über Libyen auf unbestimmte Zeit patrouilliert werden. Andere im Weißen Haus fragten sich, warum der Arabische Frühling so viel von Obamas Zeit verschlang, wo doch den Amerikanern derzeit vor allem die Wirtschaft Sorgen machte. Niemand hatte Obama dafür gewählt, dass er sich um Libyen kümmerte. Wenn die US-Regierung vermeiden will, etwas zu unternehmen, dann vermeidet sie es, die Optionen vorzulegen, etwas zu unternehmen. Und so erreichte Obama in den folgenden Tagen kein einziger Vorschlag für eine Flugverbotszone, obwohl über deren Einrichtung in ganz Washington und vielen anderen Hauptstädten der Welt diskutiert wurde.

Arabische Führer ließen Hillary Clinton wissen, dass sie bereit seien, sich an einer Bestrafung Gaddafis zu beteiligen. Der das Scheinwerferlicht suchende französische Präsident Nicolas Sarkozy signalisierte, dass er eine Resolution des UN-Sicherheitsrates vorantreiben werde, mit der eine Flugverbotszone gefordert wurde. Wir würden also schon bald die eine oder die andere Position einnehmen müssen, weshalb Obama für den 15. März seinen Nationalen Sicherheitsrat zusammenrief, um über unsere Haltung im Rahmen der Vereinten Nationen eine Entscheidung zu treffen.

Die Sitzung fand im Situation Room statt und begann mit einer aktuellen Einschätzung der Lage in Libyen. Jeder von uns hatte eine Karte vor sich, auf der Gaddafis methodischer Fortschritt bei der Rückeroberung des Landes verzeichnet war. Seine Armee hatte Adschdabiya erreicht, eine 80 000-Einwohner-Stadt mitten in der Wüste. Adschdabiya, so wurde uns erläutert, sei die letzte Station vor Bengasi, einer Stadt mit mehr als 600 000 Einwohnern, seit Jahrzehnten das Zentrum des Widerstands gegen Gaddafi. Von Adschdabiya aus könnten dessen Truppen die Strom- und Wasserversorgung für die Menschen in Bengasi effektiv unterbrechen. Eine solche Belagerung dürfte das Vorspiel zu einem Massaker sein.

Samantha, die immer mit dem Etikett «Samantha Power, Pulitzer-Preisträgerin und Autorin von ‹A Problem from Hell›: America in the Age of Genocide» herumlief, reichte mir eine Notiz weiter, auf der stand, dass dies der erste Massenmord unserer Regierungszeit werden würde. Ich blickte auf die Namen der Städte und Dörfer, die auf der Karte vor mir verzeichnet waren und von denen ich noch vor ein paar Wochen keinen gekannt hatte. Und nun saßen wir hier und überlegten, ob die Bewohner dieser Orte leben oder sterben sollten. Ich sah zu Obama hinüber, der in seinem Stuhl zurückgelehnt ein Stück Papier in der Hand hielt und sich genau die gleiche Karte, genau dieselben Orte ansah.

Clinton rief von Paris aus an. Bei ihr war es schon spät, und sie klang müde. Sie hatte eine lange Reise durch den Nahen Osten und

Europa hinter sich. Die Politiker dort, so erklärte sie, seien bereit, sich zu diplomatischer und militärischer Unterstützung für eine Flugverbotszone zu verpflichten. Auch sie selbst befürworte diese.

Obama bat nacheinander alle am Tisch um ihre Meinung. Biden sagte, eine Intervention sei im Grunde Wahnsinn – warum sollten wir uns in einen weiteren Krieg in einem muslimisch dominierten Land einmischen? Auch Gates und Mullen argumentierten gegen jegliche Maßnahmen – das Militär habe schon mit Irak und Afghanistan alle Hände voll zu tun. Bill Daley, ein kahlköpfiger Mann der Mitte mit deutlichem Chicagoer Akzent, der seit Kurzem verantwortlich für Absprachen mit den Republikanern war und die Beziehungen zwischen Obama und der Wirtschaft stabilisieren sollte, konnte kaum glauben, dass wir die Frage überhaupt diskutierten, angesichts all der Aufgaben, die hierzulande auf uns warteten. Susan Rice sprach sich für weitere durchgreifende Maßnahmen aus. «Das ist wie Ruanda», erklärte sie. Dieser Genozid belastete offenbar noch ihr Gewissen – sie hatte auf mittlerer Ebene für Bill Clinton im Weißen Haus gearbeitet, als innerhalb von wenigen Monaten Hunderttausende Menschen abgeschlachtet wurden, viele davon mit Macheten. In Samanthas Buch spielt sie nur eine kleine Rolle und kommt dabei nicht gut weg. «Wir haben eine moralische Verantwortung zum Handeln», fügte sie noch an.

Dann wich Obama vom üblichen Drehbuch ab: Nachdem er die Stellungnahmen aller führenden Köpfe am Tisch gehört hatte, befragte er auch all jene, die in der zweiten Reihe auf den Stühlen entlang der Wände saßen. Er wollte, da war ich mir sicher, noch andere Ansichten hören. Die jüngeren Mitarbeiter sprachen sich einer nach dem anderen für ein Eingreifen aus – und machten damit die Kluft deutlich, die sich in den letzten Wochen zwischen den Generationen aufgetan hatte. Als Samantha an der Reihe war, verwies sie auf die Menschenrechte und darauf, wie sich Gaddafi in der Vergangenheit bekanntermaßen verhalten hatte, als sein Regime in

Gefahr geraten war. «Er tötet Zivilisten», sagte sie. «Er hat uns gesagt, was er mit Bengasi vorhat – er wird dort von Haus zu Haus ziehen und die Menschen umbringen lassen.»

Obama drehte seinen Stuhl in meine Richtung. «Ben?»

Ich wiederholte einige der Argumente, die bereits vorgebracht worden waren: die drohende humanitäre Katastrophe und die Gefahr, mit unserer Untätigkeit an andere Diktatoren das Signal auszusenden, dass sie sich an der Macht halten könnten, wenn sie Massaker an ihrem Volk begingen. Schon während ich redete, spürte ich Obamas Zwiespalt. Mir wurde klar, dass mein Job – meine Verantwortung für die Öffentlichkeitsarbeit – mir ein Argument verschaffte, das verfangen konnte: Falls wir uns *gegen* ein Eingreifen in Libyen entschieden, würden wir diesen Beschluss vor den Augen der Welt erklären müssen.

«Die internationale Gemeinschaft ist bereit dazu», führte ich aus. «Wir wissen, dass es eine Diskussion darüber bei den Vereinten Nationen geben wird. Wir wissen, dass es dort Unterstützung für ein Eingreifen geben wird. Wir wissen, dass die Franzosen vorpreschen werden. Dem möchte ich nur noch eine Sache hinzufügen, denn ich glaube, wir müssten uns auch überlegen, wie wir erklären könnten, dass wir uns gegen ein Eingreifen entschieden haben.» Ich machte eine Pause, um das Szenario wirken zu lassen. «Wir müssten dem amerikanischen Volk und der Weltöffentlichkeit dann erklären, warum wir zu der Entscheidung gekommen sind, uns der internationalen Gemeinschaft und ihren Maßnahmen nicht anzuschließen.»

Bob Gates und Mike Mullen saßen mit stoischer Miene am Tisch, als würden sie über jedes andere Thema lieber diskutieren, und verwiesen darauf, dass kein Land über die Fähigkeit verfüge, eine Flugverbotszone ohne unsere Unterstützung einzurichten. Und sie erinnerten uns daran, dass wir bislang bei jeder zustandegekommenen Flugverbotszone – so über dem Nordirak oder dem Balkan – die Lasten alleine hatten schultern müssen. Obama erkundigte sich, welchen Einfluss eine Flugverbotszone auf das Szenario hätte, das uns die Briefer beschrieben hatten: einen Angriff von Gaddafis Bodentruppen auf Bengasi. Keinen, erklärten uns die Analysten. Selbst wenn unsere Flugzeuge den Himmel über Libyen kontrollierten, würde dies den Vormarsch von Gaddafis Truppen nicht verhindern.

«Wir diskutieren also eine Option, die das Problem überhaupt nicht lösen würde?», fragte Obama. In seiner Stimme lag ein Anflug von Zorn. Für einen Augenblick wurde es still. «Wie spät ist es?», wollte er wissen und drehte sich zu den Uhren an der Wand um. An diesem Abend war ein Abendessen mit Gates, Mullen sowie den Kommandeuren der Kampfkommandos der US-Armee und deren Frauen anberaumt – ein jährlich wiederkehrendes gesellschaftliches Ereignis im Weißen Haus. «Ich muss jetzt zum Dinner mit den CoComms. Danach sehen wir uns hier wieder und diskutieren echte Lösungsvorschläge.»

In den nächsten Stunden fanden überall im Weißen Haus spontane Meetings statt, es wurden Optionen skizziert, Resolutionen für den UN-Sicherheitsrat entworfen, und aus dem Pentagon trafen Papiere mit Militärplänen ein – die Art Notfallpläne, die in der riesigen Bürokratie so lange vergraben bleiben, bis das Weiße Haus sie anfordert. Gegen halb acht kehrten wir alle zu unseren Plätzen im Situation Room zurück. Vor uns lag eine neue Reihe von Karten und Papieren, die kühle Aufzählung von Möglichkeiten für Obama: Gaddafis Truppen am Boden zu bombardieren, um ihren Vormarsch auf Bengasi aufzuhalten; eine Flugverbotszone zu errichten; oder abzuwarten und jede Art Aktion anderen zu überlassen.

Wir traten zu einer zweiten Sitzung zusammen und nahmen wieder die Plätze ein, auf denen wir einige Stunden zuvor gesessen hatten. Obama wurde über die neuen Optionen informiert, darunter eine Flugverbotszone und ein aggressiveres Vorgehen gegen Gaddafis Bodentruppen. Gegen Ende dieser Sitzung verkündete Obama, er habe eine Entscheidung getroffen. Wir würden den französischen Resolutionsantrag für eine Flugverbotszone nicht unterstützen. Stattdessen sollte Susan eine US-Resolution anschieben, die über eine reine Flugverbotszone hinausgehend dazu aufrief, am Boden «alle erforderlichen Maßnahmen» zum Schutz von Zivilisten zu ergreifen – ein Euphemismus für Krieg. Um die Militärs zu beruhigen, wollte Obama persönlich Cameron und Sarkozy anrufen und ihnen deutlich machen, dass wir zwar zu Beginn der Operation die Führung übernehmen würden bei dem Versuch, Gaddafis Luftabwehr und Bodentruppen auszuschalten, aber von den Europäern erwarteten, dass sie nach ein paar Tagen übernähmen. Er wandte sich an mich. «Nach ein paar Tagen, nicht Wochen.» Damit war unsere Haltung gegenüber der Öffentlichkeit festgelegt.

Die Dinge setzten sich in Gang. Nach zwei Tagen fieberhafter Arbeit von Susan wurde im UN-Sicherheitsrat eine Resolution angenommen, die den Einsatz von Gewalt zum Schutz von Zivilisten in Libyen erlaubte. Die militärischen Planungen schritten rasch voran, und Obama ließ sich die Beteiligung Frankreichs und Großbritanniens zusichern. In diesem Moment erreichte ein trotziger Brief Gaddafis Obama im Weißen Haus. «Wir in Libyen bekämpfen die Terroristen von al-Qaida», stand dort zu lesen. «In Libyen gibt es keine politischen oder administrativen Forderungen, es gibt auch keinen Streit. (...) Wenn Sie überzeugt sind, dass der Terrorismus nicht bekämpft werden muss, dann sollten Sie mit bin Laden verhandeln.» Gaddafi war offenbar nicht der Mann, der unseren Forderungen nachkommen würde.

Brasília war ein ungewöhnlicher Ort, um einen Krieg anzufangen, eine Hauptstadt, die auf dem Reißbrett für die Regierungsgeschäfte entworfen und mit Beton-Bürogebäuden aus den Sechziger- und Siebzigerjahren durchsetzt war. Kein Ort war weiter vom Nahen

Osten entfernt. Während Obama mit Dilma Rousseff sprach, der ehemaligen marxistischen Guerilla-Kämpferin und politischen Gefangenen, die zur brasilianischen Präsidentin gewählt worden war, arbeitete ich in einem Mitarbeiterbüro des Palácio do Planalto, des brasilianischen Äquivalents zum Weißen Haus. Wir erwarteten, dass die militärische Operation in Libyen am folgenden Tag beginnen würde. Doch zur gleichen Zeit, in der Obama sein Treffen mit Rousseff abhielt, leitete Sarkozy eine Libyen-Konferenz in Paris. Er dränge darauf, so berichtete Clinton aus Paris, noch am selben Tag mit Militäroperationen zu beginnen, da Gaddafi weiter auf Bengasi vorrückte. Ein Angriff auf ihn konnte nur gelingen, wenn die Vereinigten Staaten augenblicklich seine Luftabwehr ausschalteten.

Während Obama sein Treffen zu Ende brachte, riefen wir die wichtigsten Mitglieder seines nationalen Sicherheitsteams für eine Telefonkonferenz zusammen. Nach einigen angespannten Minuten, in denen die Leitung immer wieder zusammenbrach, wurde Obama durchgestellt, und ich sah ihn aufmerksam zuhören. Die Militärs waren einsatzbereit und warteten nur noch auf seinen Befehl. «Sie haben meine Erlaubnis», sagte er förmlich. Brasilien ist stolz darauf, sich nicht in die Angelegenheiten anderer Länder einzumischen und keine Kriege zu führen. Die Präsidentin des Landes war eine Linke, die aufgrund ihrer politischen Überzeugungen von der früheren brasilianischen Militärregierung verfolgt worden war. Dies war vermutlich der erste Krieg, der aus den brasilianischen Präsidentenbüros heraus begonnen wurde – und noch dazu von einem Ausländer.

Wir begaben uns zu einem mittäglichen Geschäftsessen mit einflussreichen US-Amerikanern und Brasilianern im Außenministerium. Nervös beäugte ich meinen BlackBerry, ob irgendwelche Berichte hereinkämen, während mich der brasilianische Geschäftsmann neben mir über Obamas Positionen zu Ethanol-Subventionen ausfragte, die er im Wahlkampf 2008 vertreten hatte. Die ganze

Szene stand beispielhaft für die Absurditäten im Regierungsalltag eines US-Präsidenten – Obama saß am Kopf des Tisches, nahm seine Pflichten wahr und warb für amerikanische Wirtschaftsinteressen in einem Land mit mehr als 200 Millionen Menschen, und im selben Augenblick bereitete die riesige Maschinerie der US-Regierung auf Obamas Befehl den Bombenabwurf auf ein Land mit 7 Millionen Einwohnern vor.

Der nächste Termin war ein CEO-Forum in einem Kongresszentrum. Obama musste sich vor der Öffentlichkeit zu dem Krieg äußern, den er gerade begonnen hatte; andernfalls würde das erste Foto nach seinem Einsatzbefehl ihn an einem Konferenztisch mit einer Gruppe von Wirtschaftskapitänen zeigen. Egal, wo sich ein US-Präsident aufhält, es wird immer ein Ort festgelegt, an dem er im Notfall hinter seinem Rednerpult mit dem Siegel des Präsidenten der Vereinigten Staaten für die versammelte Presse eine Erklärung abgeben kann. Als wir im Kongresszentrum ankamen, verschoben wir den Beginn des CEO-Forums, und ich machte mich daran, eine Erklärung zu verfassen. Ein Team bereitete den Raum vor.

«Heute», schrieb ich, «habe ich die Armee der Vereinigten Staaten angewiesen, eine Militäroperation in Libyen zu beginnen, die die internationalen Bemühungen zum Schutz libyscher Zivilisten unterstützen soll. Der Angriff hat soeben begonnen.» Ich hielt inne und sah mich im Saal um, einem großen, leeren Raum, in dem vereinzelte Tische standen. Obama, Bill Daley, Tom Donilon und einige weitere Berater sprachen am anderen Ende des Saales miteinander und ließen mich in Ruhe. Irgendwo über Libyen waren amerikanische Flugzeuge und Geschosse auf ihrem Weg zu Gaddafis Truppen. Aber es war jetzt keine Zeit, weiter darüber nachzudenken. Ich musste die Presseerklärung beenden, und es musste der Terminplan des Tages eingehalten werden. Nach knapp dreißig Minuten hatte ich eine Erklärung verfasst und sie so scharf formuliert, wie ich nur konnte. Obama las sie schnell, aber gründlich durch. So wie bei der Afghanistan-Rede fuhr er sie ein Stück herunter – verschwunden war die Beschwörung des «Nie wieder», der Bezug zum Holocaust, jener grundlegenden Katastrophe, die Generationen dazu brachte, einen Krieg zu erwägen, um zu verhindern, dass Menschen andere Menschen abschlachteten. Selbst in diesem Augenblick wollte Obama nicht zu viel versprechen.

Am folgenden Tag waren wir in Rio. Wir fuhren in die Cidade de Deus, eine wildwuchernde Favela. Die Fahrzeugkolonne schlängelte sich durch Straßen mit Unterkünften aus den unterschiedlichsten Materialien – Wellblechdächer, farbige Fensterscheiben, holprige Bürgersteige, Tausende von Afro-Brasilianern am Straßenrand, die einen Blick auf Obama werfen wollten –, und ich überlegte, wie ich die Bedeutung Obamas und seiner Präsidentschaft für diese anonyme Menschenmenge ermessen könnte. Was war der Einfluss, den er auf Menschen wie jene hatte, die die Strecke unseres Konvois säumten, gegenüber der praktischen Realität eines Krieges, dem wir uns auf der anderen Seite der Welt angeschlossen hatten? In einem Gemeindezentrum schaute ich Obama dabei zu, wie er mit einer Handvoll aufgeregter Kids Fußball spielte, und fragte mich, was ihm wohl durch den Kopf ging.

Für den Rest der Reise lebte Obama in der Blase seines Terminplans – Besprechungen, Reden über Lateinamerika, Staatsbankette –, wohingegen wir anderen in Telefonaten und Pressebriefings mit Libyen zu tun hatten. Zum ersten Mal in meinem Leben war ich Sprecher einer Regierung, die gerade in einen Krieg eingetreten war: Ich äußerte mich vor Pressekameras oder am Telefon, derweil ich an der geparkten Fahrzeugkolonne vorbeiging. Irgendwo unterwegs hatte ich meinen Rasierapparat verloren, und an unserem letzten Abend in San Salvador fuhr Obama mich an:

«Wie, schaffen Sie es jetzt nicht mal mehr, sich zu rasieren?»

Im ersten Moment dachte ich, er würde scherzen. «Ich glaube, mein Rasierer liegt irgendwo in Brasilien», sagte ich.

«Reißen Sie sich zusammen», entgegnete er. «Wir müssen professionell bleiben.» Seine Stimme klang gereizt. Das war kein Spaß. Ich hatte das Gefühl, ich müsste explodieren. *Ich habe seit Tagen nicht mehr als drei Stunden geschlafen. Ich erledige gleichzeitig drei Jobs hier und verteidige jeden Tag stundenlang diesen Krieg.* Obama schien sich nicht bewusst zu sein, welche Arbeit ich erledigte, wenn ich aus seinem Blickfeld verschwunden war. Ich hatte keine Zeit, mir einen neuen Rasierapparat zu kaufen. Als ich mich beruhigt hatte, wurde mir jedoch klar, dass diese kleinen Ausbrüche seine Art waren, den Stress zu bewältigen, den er zu spüren bekam. Er konnte nur deshalb alles so locker nehmen, weil er wusste, wie man sich zusammenreißt und professionell bleibt – *seine Aufgaben erledigt.* Ich hatte nicht einfach vergessen, mich zu rasieren; ich war von seinem Ethos der Unerschütterlichkeit abgewichen.

Auf dem Rückflug nach Washington ging ich in der Air Force One nach hinten, um mit den mitreisenden Journalisten zu sprechen. Der Druck auf uns, in Libyen einzugreifen, hatte sich in dem Moment um 180 Grad gedreht, als wir tatsächlich eingriffen. Vor wenigen Tagen waren wir mit der Frage konfrontiert worden, wie viele Menschen noch sterben müssten, bevor wir etwas unternähmen; nun wurden wir gefragt, wie wir die Ausweitung der Mission verhindern konnten, wie wir den Übergang zu einem europäischen Kommando gestalten wollten und ob wir uns mit Libyen «im Krieg» befänden. Unsere Anwälte hatten geraten, ich sollte das Wort «Krieg» nicht verwenden – wir hatten den Kongress ja nicht um Zustimmung gebeten –, und argumentierten, es handele sich um eine begrenzte militärische Operation, die folglich im Rahmen der verfassungsmäßigen Befehlsgewalt des Präsidenten stattfinde. Genau diese legalistische Haltung war es natürlich, derentwegen ich jene Frage gestellt bekam.

«Wenn es kein Krieg ist», wollte ein Journalist von Fox News wissen, «wie kann man diese Operation dann korrekt bezeichnen?»

In den letzten Tagen hatte ich Dutzende Fragen über Libyen beantwortet. Erschöpft lehnte ich mich an eine Wand, mit zahlreichen Aufnahmegeräten vor mir. Ich hatte keine überzeugende Antwort parat. «Ich denke, dass wir hier eine Resolution durchsetzen, die eine Reihe klarer Ziele hat, zu denen der Schutz der libyschen Bevölkerung, die Verhinderung einer humanitären Krise und das Errichten einer Flugverbotszone gehören.» Diese Auskunft stammte aus dem Vorratsschrank mit Antworten. Sie fühlte sich unbefriedigend – unecht – an, also ging ich ein Stück weiter. «Das schließt offensichtlich auch kinetische Schläge mit ein, insbesondere an der Front.» «*Kinetic military action*» war ein standardmäßig verwendeter Ausdruck aus dem Situation Room, ein Euphemismus dafür, dass Bomben abgeworfen und Dinge in die Luft gesprengt wurden. In diesem Kontext klang es wie ein Täuschungsmanöver, ein Weg, einen Krieg irgendwie anders zu nennen als Krieg.

Zurück in Washington wurde uns klar – in einer Weise, die einem auf Reisen abgeht –, dass wir nicht von der günstigen Auslegung zweifelhafter Umstände profitieren würden, die 25 Jahre zuvor Reagans «kinetische Schläge» begrüßt hatte. Die Republikaner, die gerade noch verlangt hatten, wir sollten eine Flugverbotszone einrichten, verschoben nun die Markierungen und forderten weitere Maßnahmen, um in Libyen zu «gewinnen». Die Linke sorgte sich vor einem neuen Krieg im Nahen Osten. Und Kritiker auf beiden Seiten bedauerten, dass wir nicht die Zustimmung des Kongresses gesucht hatten, auch wenn wir diese durch die republikanische Mehrheit niemals bekommen hätten. Kurz gesagt, es gab wenig Unterstützung für das, was wir in Libyen taten.

Das wurde mir schlagartig klar, als ich eines Abends auf dem Sofa saß und Jon Stewart schaute, die allgegenwärtige und maßgebliche Comedy-Stimme meiner Generation. Er hatte für *The Daily Show* ein paar Nummern unter dem Titel «America at Not-War» gemacht und mokierte sich darin über meine Phrase – «kinetische Schläge» –, während ein Foto von mir gezeigt wurde, auf dem ich aussah wie ein Zwölfjähriger. Mein Magen drehte sich um, und ich schaltete den Fernseher aus. Meine eigene Sicht auf die Welt war, wenigstens zum Teil, durch die Lektüre von Büchern wie dem von Samantha geprägt worden und dadurch, dass Liberale in Shows wie die von Stewart gingen, um Filme wie *Hotel Ruanda* zu promoten. Natürlich hatte ich etwas von mir gegeben, das nach Orwell klang, und ich war Sprecher der US-Regierung, deren militärische Maßnahmen jenseits des Atlantiks bei einem Großteil der Bevölkerung zu Hause Skepsis weckte. In meinem Kopf jedoch war ich Teil einer Gruppe von Menschen, die handelten, um einem humanitären Prinzip zum Recht zu verhelfen. Jetzt fühlte es sich an, als wäre ich dafür bestraft worden, als hätte ich mich für etwas ausgesprochen, das sogar Obamas eigene Anhängerschaft ablehnte. Ich würde mir ein dickeres Fell zulegen müssen.

In den ersten Tagen nach unserer Rückkehr nach Washington berief Obama jeden Morgen eine kurze Besprechung im Situation Room ein, um sich über unseren Fortschritt in Libyen informieren zu lassen – eine viel praktischere Herangehensweise, als er sie bei den täglichen Operationen in Irak oder Afghanistan gewählt hatte. Gaddafis Luftabwehr war zerstört. Seine Bodentruppen waren in den Vororten von Bengasi gestoppt worden, was womöglich Zehntausenden Menschen das Leben gerettet hatte. Kein einziger Amerikaner war verletzt worden. Nachdem die US-Piloten in den ersten Tagen die Führung übernommen hatten, übertrugen wir die Operation einem NATO-Kommando, wobei französische und britische Piloten einen Großteil der Bombardements flogen. Wir hatten erreicht, was Obama angestrebt hatte: einen multilateralen Einsatz, ohne Bodentruppen, mit eng begrenzten Zielen.

Sowohl aus dem Kongress wie aus den Medien wurde uns vor allem eines vorgeworfen: Obama hatte sich seit seinem Einsatzbefehl nicht mehr formell an die Nation gewandt. Daher hielt er am 28. März, zwei Wochen nach der Sitzung im Situation Room, die alles in Gang gesetzt hatte, an der National Defense University in Washington eine Rede. Die Fernsehsender erklärten, die Ansprache nicht zur besten Sendezeit ausstrahlen zu wollen, also wurde sie für den zweitwichtigsten Sendeblock um 19.30 Uhr geplant, was wie eine passende Metapher für den ganzen Libyen-Einsatz wirkte – Kabelfernsehen, nicht das ganze Fernsehnetz; abends, aber nicht zur *prime time*; kinetische Schläge, kein Krieg. Die Rede sollte an einem Montag stattfinden, und ich verbrachte das ganze Wochenende damit, sie zu verfassen. Obama trat defensiv auf. Alles lief wie geplant, und doch verschob sich die politische und öffentliche Reaktion – erst wurde ein Eingriff verlangt, jetzt wurde er hinterfragt, erst hieß es, Obama sei zu zögerlich, nun hieß es, er würde nicht genug tun. Selbst als er die Gründe für den Einsatz in Libyen darlegte, trat er einen Schritt zurück, um die Frage zu diskutieren, die auch weiterhin seine Außenpolitik bestimmen würde: Wann ist der Einsatz von militärischer Gewalt angemessen? Im Gegensatz zu anderen Reden zu Kriegszeiten hob er nachdrücklich auf die engen Grenzen dessen ab, was wir in Libyen erreichen wollten: Leben retten und den Libyern die Möglichkeit geben, ihre Zukunft selbst zu bestimmen, anstatt ein neues Regime zu installieren oder eine Demokratie aufzubauen. Er sagte, wir würden Gewalt «rasch, entschlossen und unilateral» einsetzen, um die Vereinigten Staaten zu verteidigen, betonte aber, dass wir mit Vorsicht und nicht im Alleingang handeln sollten, wenn wir mit anderen internationalen Krisen konfrontiert seien.

Ich stand im Hintergrund und las die Worte auf dem Teleprompter mit. In nur zwei Monaten hatte sich die Welt völlig verändert. Wir hatten miterlebt, wie in Tunesien ein Regime gestürzt wurde, hatten uns in Ägypten von einem langjährigen Verbündeten losgesagt und in Libyen interveniert. Es schien, als würde sich die

Geschichte den jungen Menschen auf den Straßen zuwenden und als hätten wir die Vereinigten Staaten von Amerika an ihre Seite gestellt. Welche Wendung dieses Drama als Nächstes nehmen würde, wusste niemand – erste Proteste erschütterten bereits einen Monarchen in Bahrain, einen korrupten Führer in Jemen, einen Herrscher in Syrien.

Als wir nach der Rede zur Fahrzeugkolonne zurückliefen, erfuhr ich, dass Obama gebeten hatte, ich solle auf dem Weg zum Weißen Haus in seinem Auto mitfahren. Ich nahm ihm gegenüber Platz. Nur wir zwei saßen in der Limousine, die nun den Haltebereich verließ und uns durch die dunklen Straßen Washingtons brachte.

«Das lief ganz gut», begann er.

«Ja, das denke ich auch.»

«Wir müssen aber noch eine Rede vorbereiten, die das alles in einen größeren Kontext einordnet», fuhr Obama fort. «Die ein paar Schritte zurücktritt.»

«An einer solchen Rede habe ich vor ein paar Wochen bereits gearbeitet. Dann kam Libyen dazwischen.» Ich erklärte, wie wir all diese unterschiedlichen Länder in einen gemeinsamen Rahmen einpassen könnten, indem wir von den Prinzipien sprächen, die die Vereinigten Staaten leiten. Und von der Möglichkeit, dass es zu einem grundlegenden Wandel käme.

Obama sah zum Fenster hinaus, seine Augen folgten dem vorbeiziehenden Straßenbild, der National Mall, den Denkmälern für frühere Präsidenten und Kriege. «Es ist schwierig einzuschätzen, was gerade geschieht.»

«Und es geschieht alles so schnell», fügte ich hinzu.

«Wir könnten unsere gesamte Zeit damit verbringen», sagte er. Zuletzt hatte er viel Zeit mit der Außenpolitik zugebracht. Dabei gab es noch eine unbefriedigende Wirtschaftslage, eine sich abzeichnende Debatte mit den Republikanern über die Anhebung der Schuldenobergrenze, und auch der Wahlkampf zur Wiederwahl nahm bereits Fahrt auf. «Ich wünschte, ich hätte noch mehr Kapazitäten», schloss er, als die Limousine in die südliche Auffahrt zum Weißen Haus einbog.

Ich hatte noch nie zuvor den Ausdruck «Führung von hinten» gehört, bis er im April 2011 in einem Artikel des *New Yorker* über Obamas Außenpolitik auftauchte. Dieser Text war ein typisches Beispiel für ein Washingtoner Genre: die aus etwas Abstand vorgenommene Analyse einer bestimmten Politik – in diesem Fall der Außenpolitik –, für die der Autor neben Regierungsmitarbeitern auch externe Experten befragt, um sein Thema einzuordnen. Meist wird diesen Artikeln keine große Beachtung geschenkt, und sie tragen vor allem zur Verbreitung allgemeiner Ansichten und Vorstellungen bei. Doch hin und wieder wird eine bestimmte Wendung aus solchen Texten zu einem Etikett, das einer Präsidentschaft dann unauflöslich anhaftet. Mir war klar, dass wir es mit diesem Phänomen zu tun haben würden, als ich an einem späten Nachmittag im *New Yorker* den ausführlichen Text von Ryan Lizza las, der mit dem Absatz endete: «Womöglich nähert sich Obama nun doch etwas, das einer Doktrin ähnelt. Einer seiner Berater beschrieb die Maßnahmen des Präsidenten als ‹Führung von hinten›.»

Ich hatte keine Ahnung, wer dieser ungenannte Berater war, allerdings hielten viele Menschen mich dafür – eine der Gefahren meines Jobs war es, dass viele Leute glaubten, so ziemlich jedes Zitat eines «nicht namentlich genannten Beraters» zur Außenpolitik stamme von mir. Wir wurden unablässig danach gefragt, wie denn die «Obama-Doktrin» laute, und in der Regel wiesen wir die Frage zurück. Die Welt war zu kompliziert, als dass man sie in einer Doktrin hätte zusammenfassen können. Der letzte Versuch eines Präsidenten, eine Doktrin zu formulieren, war George W. Bushs bedauerliche Behauptung gewesen, dass wir präventiv in den Krieg zögen, um Länder davon abzuhalten, sich Massenvernichtungswaffen zu beschaffen. Wir würden verurteilt werden, wenn wir eine Doktrin ausriefen, und verurteilt, wenn wir es nicht täten. Angesichts der Gefahr, zu viel zu versprechen oder zu sehr zu vereinfachen, entschlossen wir uns, der Frage aus dem Weg zu gehen.

Wie vorauszusehen gewesen war, häuften sich nun die Vorwürfe aus dem rechten Lager, die die Phrase «Führung von hinten» als «die Obama-Doktrin» bezeichneten und sie nutzten, um den Präsidenten als schwach, unentschlossen und unamerikanisch zu beschimpfen. Der größere Teil des Mainstreams war verwundert, weshalb Obama die «Führung von hinten» als Doktrin gewählt habe, obwohl er das gar nicht getan hatte. Es war Schwachsinn – Obama nahm diese Formulierung niemals in den Mund und hätte mit ihr auch niemals seine eigene Außenpolitik beschrieben. Es war eine Show, die darauf aus war, aus komplexen internationalen Angelegenheiten eine Debatte fürs Kabelfernsehen zu destillieren.

Zur gleichen Zeit begann der Immobilienentwickler und Reality-TV-Star Donald Trump öffentlich mit seiner eigenen Präsidentschaftskandidatur zu liebäugeln. Wie jedem, der in den Achtzigern in New York City aufgewachsen war, war mir Trump als Aufmacher der Regenbogenpresse ein Begriff, eher bekannt für seine unterschiedlichen Geliebten als für seine Politik. Doch nun war anstelle der Proteste in arabischen Städten Trumps Gesicht auf allen Fernseh-Bildschirmen im West Wing zu sehen. Die Kabelsender folgten jedem seiner Schritte. Am meisten Aufmerksamkeit bekam er für seine offen rassistische Forderung, Obama solle seine Geburtsurkunde veröffentlichen – worüber im Weißen Haus zunächst nur gespottet wurde. Doch als Trump weiterhin Beachtung dafür bekam, wandelte sich der Hohn in Zorn über den unverhohlenen Rassismus dieses Angriffs und die unaufhörliche, gutgläubige Aufmerksamkeit, die ihm geschenkt wurde. Obama war vor allem anderen verärgert über die Medien: «Es ist nicht zu glauben, dass sie dafür Sendezeit verwenden», sagte er.

Ich selbst stieß mich an anderen Teilen von Trumps Interviews und vorbereiteten Reden. Immer und immer wieder sprach er über all die Amerikaner, die in Libyen getötet würden, ohne dass dieser Behauptung widersprochen wurde. Ich rief Journalisten an und bat sie, die Fakten zu überprüfen – kein Amerikaner hatte in Libyen sein Leben gelassen, und die amerikanischen Bürger zu Hause sollten nicht in die Irre geführt werden mit der Behauptung, dem sei aber so. Man antwortete mir, dass die Presse nicht verantwortlich dafür sei, alles, was Trump sage, auf seine Richtigkeit hin zu überprüfen – wer würde ihn schließlich schon ernst nehmen?

Ich nahm all die Kritik an Obama viel zu persönlich, denn ich fühlte mich hilflos angesichts dessen, was mir als Irrsinn entgegenschlug. *In Libyen werden keine Amerikaner getötet! Barack Obama hat nie von einer «Führung von hinten» gesprochen!* Mehr noch, ich dachte, dass ein Hindernis aufgebaut worden war, das wir nie wieder gänzlich abräumen konnten. Dieselben Leute, die eine Flugverbotszone gefordert hatten, griffen Obama nun dafür an, dass er in Libyen zu «schwach» sei. Donald Trump kritisierte Obama im selben Atemzug dafür, sich Libyens Öl nicht zu sichern, und dafür, dass in dem Land Amerikaner getötet würden. Der Arabische Frühling beendete eine verfaulte, korrupte und autoritäre Machtordnung im Nahen Osten, doch alle Debatten über diese weltbewegenden Ereignisse entwickelten sich in Washington zu einer bloßen Erweiterung unseres parteitaktischen, verengten Diskurses.

Kapitel 11

Bin Laden: Das Leben im Geheimen

Eines Morgens im April bemerkte ich, dass ich mehrere Anrufe verpasst hatte. Weil die Nummer unterdrückt war, konnte ich davon ausgehen, dass sich jemand aus dem Situation Room bei mir gemeldet hatte. Bei meinem Rückruf erfuhr ich, dass ich augenblicklich ins Weiße Haus kommen sollte. John Brennan und Denis McDonough wollten mich sehen.

Als ich Brennans Büro betrat, bat man mich, die Tür hinter mir zu schließen. Das war ungewöhnlich. Brennans Büro befand sich, von meinem Zimmer aus gesehen, am anderen Ende des Flurs, am Ende einer Reihe von Räumen, in denen geheime Informationen aufbewahrt wurden. Das Büro war ein eher unfreundlicher Raum, ausgestattet mit einem Mini-Kühlschrank sowie einer Kaffeemaschine für Einzeltassen, und hatte eine niedrige Decke. Neben Stapeln mit als vertraulich klassifizierten Berichten, mehreren Computermonitoren mit unterschiedlichen Geheimhaltungsstufen und verschiedenfarbigen Telefonen gab es noch ein paar zur Hälfte gefüllte Bücherregale, in denen wohl vor allem ungelesene Geschenke standen. Bei einer halbherzigen Renovierung waren hinter den Wänden tote Ratten aufgetaucht. Nichtsdestotrotz war Brennans Büro das Nervenzentrum im globalen Krieg gegen al-Qaida – jener Mischung aus Überwachung, Drohnenangriffen und Sondereinsätzen, die in den entlegensten Winkeln der Erde stattfanden. Jede Entscheidung, die Obama zum Start einer Operation mit dem Ziel traf, jemanden zu töten oder gefangen zu nehmen, ging durch diesen Raum.

«Es geht um eine sensible Angelegenheit», sagte Brennan und faltete die Hände vor sich. «Wir haben möglicherweise eine Spur zu bin Laden.»

Sie beschrieben mir ein Szenario, das unglaubwürdig klang, sosehr ich mir auch wünschte, dass es stimmen möge. Nachdem wir alle unsere Kenntnisse über ein bin Laden nahestehendes Kurier-Netzwerk ausgewertet hatten, konnten wir ein Gebäude in Abbottabad identifizieren, tief im Inneren Pakistans gelegen und ganz in der Nähe einer pakistanischen Militärakademie. Wir waren nicht sicher, dass sich bin Laden dort aufhielt, aber dies war die heißeste Spur zu ihm, seit er im Dezember 2001 aus Afghanistan über die Grenze entkommen war. Schon seit einigen Wochen hatte sich Obama mit einem ganz kleinen Kreis von Beratern getroffen und stand nun kurz vor der Entscheidung, ob wir dieses Anwesen angreifen sollten – entweder durch einen Überfall der Special Forces oder einen Luftschlag. Jetzt sollte ich in diesen Kreis aufgenommen werden, weil jemand gebraucht wurde, der Vorbereitungen für eine öffentliche Erklärung traf, sollte Obama sich entschließen, den Schritt zu wagen.

Mit diesem Moment verengte sich mein gesamtes Leben auf diese eine Sache, dieses Geheimnis, über das ich mit niemandem sprechen konnte. Mir war in den vergangenen Wochen aufgefallen, dass es hin und wieder Besprechungen im Situation Room gegeben hatte, die nicht angekündigt worden waren. Die Assistenten der hochrangigen Amtsträger im Bereich der nationalen Sicherheit hatten Kamera-Feeds auf ihren Computern, über die sie verfolgen konnten, was in jedem der drei Konferenzräume geschah; doch für einige Sitzungen waren diese Kameras abgestellt worden. Ich war ein wenig eingeschnappt gewesen, dass man mich von dem ausschloss, was dort vor sich ging, auch wenn ich wusste, dass ich besser nicht nachfragen sollte. Nun wurde ich in diese Geheimgesellschaft aufgenommen.

Fortan nahm ich täglich an endlosen Sitzungen teil, die von Brennan und McDonough geleitet wurden und bei denen wir jeden Aspekt der Angelegenheit beleuchteten. Die Besprechungen begannen mit einem Überblick über den «Geheimdienstfall», den in der Regel Michael Morell lieferte, der stellvertretende CIA-Direktor. Morell trug mit beängstigender Präzision vor und zählte seine Punkte auf. Dabei beugte er sich ein wenig nach vorn, als wollte er uns in eine Verschwörung einweihen, und lehnte sich nach Ende seines Vortrags mit gefalteten Händen in seinem Stuhl zurück. Die Punkte wiederholten sich häufig: die Beschreibung der Anlage, die größer und etwas abgeschiedener war als andere Häuser der Umgebung und umfriedet von einer großen Mauer; die Anzahl der Menschen in dem Gebäude, ihr vermutetes Alter und Geschlecht, und inwiefern diese Daten auf bin Ladens Familie passten; ihr «Verhaltensmuster im Alltag» – die Tatsache, dass sie die Anlage fast nie verließen, paschtunische Kleidung trugen und ihren Abfall verbrannten; und die Gegenwart eines großen Mannes, der hin und wieder eine Runde im Hof drehte. *The pacer*, den Schreitenden, nannten sie ihn.

In Afghanistan hielt sich eine Reihe von Agenten für den Fall bereit, dass die Mission zur Verhaftung oder Tötung des *pacer* in Gang gesetzt würde. Eine weitere Möglichkeit war, mit einem präzisen Luftschlag die gesamte Wohnanlage zu zerstören. Doch darüber hinaus ergaben sich viele weitere Fragen: *Wer würde den Pakistanis Bescheid geben – und wann? Wer würde den Saudis Bescheid geben – und wann? Was geschah, wenn wir ihn lebendig schnappten? Und wenn er tot war, wie konnten wir sicherstellen, dass es sich tatsächlich um bin Laden handelte? Wie sollte er beerdigt werden? Was, wenn er es nicht war? Was, wenn alles schiefging?*

An einem späten Donnerstagnachmittag leitete Obama persönlich die Sitzung, die zur letzten vor seiner endgültigen Entscheidung werden sollte. Der Zeitplan wurde von einer Gegebenheit bestimmt, die zu einem Hollywood-Film gepasst hätte: Die mondlosen Nächte über Abbottabad am kommenden Wochenende boten das ideale Zeitfenster für den Start der Operation. Die Besprechung begann mit einem Briefing über die neuesten Geheimdienst-Erkenntnisse, und Obama stellte Fragen, die erkennen ließen, dass er sich viele Stunden lang mit dem Thema beschäftigt hatte: Er wusste, wie groß die Leute in der Wohnanlage waren, wie viele Familien dort lebten, dass sie ihren Abfall verbrannten. Ich sah zu, wie er die neuen Nachrichten verdaute, und fragte mich, wie oft er diese Angelegenheit in den letzten Wochen, in denen ich mit ihm in anderen Sitzungen saß, wohl schon durchdacht hatte. Neben mir gab es ein paar weitere Neulinge in der Runde, darunter ein «Red Team» von Geheimdienstanalysten, die einschätzen sollten, ob es wirklich bin Laden war, der sich in der Anlage aufhielt. Sie waren nicht ganz so überzeugt – vierzig bis sechzig Prozent Wahrscheinlichkeit, sagten sie. Die Diskussion artete zu einer Debatte über Prozentzahlen aus, bis Obama die Geduld verlor.

«Das reicht», sagte er. «Letztlich ist es eine 50:50-Sache.»

Nun sprachen wir über die Möglichkeiten, an den *pacer* heranzukommen. Admiral Bill McRaven stand dem Sondereinsatz-Team vor, das nach Afghanistan abkommandiert worden war. Er zeigte sich zuversichtlich und ließ uns spüren, dass dies genau die Art von Aufgabe war, für die er und seine Männer ausgebildet waren, dass sie sich unter diesen Umständen aber besonders sorgfältig vorbereiten würden. «Ich bin zuversichtlich, dass wir rein- und wieder rauskommen», sagte er. Zwar gab es eine zweite Option – die Anlage einfach aus der Luft zu zerstören –, doch Obama schien daran kaum Interesse zu haben. Denn eine Bombardierung würde uns die Sicherheit nehmen, dass der *pacer* tatsächlich bin Laden war, und aller weiteren geheimen Informationen berauben, die uns die Anlage noch verraten konnte.

Systematisch ließ Obama reihum alle am Tisch ihre Meinung äußern. Zum ersten Mal vertrat Gates eine andere Position als die uniformierten Militärs. Er sprach sich deutlich gegen einen Überfall aus. Zu riskant, so Gates. Er bezog sich auf Operation Eagle Claw, Jimmy Carters fehlgeschlagene Bemühung, die amerikanischen Geiseln im Iran zu befreien. Wie beim damaligen Unternehmen würden auch dieses Mal amerikanische Helikopter heimlich tief in das Staatsgebiet eines fremden Landes eindringen müssen. Operation Eagle Claw endete mit acht toten Amerikanern, gedemütigten Vereinigten Staaten und einer bitteren Wahlniederlage für einen demokratischen Präsidenten in seiner ersten Amtszeit. Ich atmete tief aus, als Gates diese Worte laut aussprach.

Mullen und McRaven hingegen unterstützten die Pläne. Auch Brennan und Leon Panetta, der CIA-Direktor, waren dafür. Biden widersprach und erläuterte ausführlich das Katastrophenszenario, das sich in Pakistan entwickeln könnte – ein Schusswechsel vor Ort, eine Bedrohung für unsere Botschaft, der Bruch der Beziehungen. Clinton schätzte die Lage wiederholt als 51:49-Chance ein. Außerdem fand sie es schlussendlich zu riskant, auf die Aktion zu verzichten: Was, wenn die Öffentlichkeit erfuhr, dass wir die Möglichkeit gehabt und sie ungenutzt gelassen hatten? In ihren Augen hielten sich die Risiken eines Handelns und eines Nichthandelns die Waage. Sie stimmte mit Ja.

Mir war klar: Obama würde es tun. Er hatte so eine Art, geradeaus zu blicken, wenn er jemandem zuhörte und dabei mit den Gedanken woanders war. Ich konnte sehen, dass er sich die Geheimdienst-Informationen immer wieder durch den Kopf hatte gehen lassen («Es ist eine 50:50-Sache»), dass ihm die Risiken, das Verhältnis zu Pakistan zu belasten, durchaus bewusst waren. Als er mich um meine Meinung bat, sagte ich nur: «Sie haben doch immer angekündigt, dass Sie es tun würden.» Da ich die Diskussion im Wahlkampf miterlebt hatte, wusste ich, dass er es ernst gemeint hatte mit einem Eingreifen in Pakistan. Er bat mich, vier Szenarien vorzubereiten: 1. Bin Laden befindet sich auf dem Gelände und der Überfall verläuft erfolgreich. 2. Bin Laden befindet sich auf dem Gelände und der Angriff geht schief – es gibt Tote, pakistanische Sicherheitskräfte greifen ein, es kommt zu einer instabilen Lage. 3. Bin Laden ist nicht dort, aber wir kommen sauber rein und wieder heraus. 4. Bin Laden ist nicht dort und die Sache geht schief.

Am Ende der Sitzung gab Obama nichts bekannt, sondern erklärte nur, er werde seine Entscheidung über Nacht treffen. Beim Hinausgehen bat Biden Denis und mich in einen kleinen Nebenraum und schloss die Tür. Er sah wirklich schmerzerfüllt aus. «Sie beide glauben, wir sollten das tatsächlich durchziehen?»

«Ja, das denke ich», erwiderte Denis.

Ich stimmte ihm zu und wiederholte mein Argument, Obama habe schon immer angekündigt, er würde auch in Pakistan eingreifen, um bin Laden zu stellen.

«Nun», sagte Biden, «ich wollte ihm nur ein bisschen Luft verschaffen.» Ich glaubte ihm – manchmal nahm Biden bei Sitzungen besonders extreme Positionen ein, um Obama ein breiteres Spektrum an Ansichten und Möglichkeiten zu eröffnen. Auch er bemühte sich sehr, Obamas Gedanken zu verstehen.

«Sie haben ihn immer durchschaut», meinte McDonough.

«Und ob», antwortete Biden. «Aber ein paar Gebete werden wir dennoch brauchen.»

Ich fing an, die benötigten Materialien vorzubereiten. Ich hatte niemanden im Weißen Haus, mit dem ich zusammenarbeiten konnte, also saß ich allein an meinem als geheim klassifizierten Computer und stellte ein Strategiebuch für jedes Szenario zusammen. Ich bearbeitete von der CIA freigegebene Geheimdienst-Informationen, die die Grundlage für den Eingriff gebildet hatten – vor allem falls bin Laden nicht in dem Anwesen war, mussten wir erklären können, weshalb wir geglaubt hatten, er wäre dort. Auch trug ich alle Kriegserklärungen von bin Laden an die Vereinigten Staaten und seine erfreuten Äußerungen über die Angriffe vom 11. September zusammen. Ich kopierte Statements von Bush und Obama, in denen sie versprochen hatten, bin Laden zu ergreifen. Und wie ich so bis spät in die Nacht allein an meinem Schreibtisch saß, durchlebte ich all die Ereignisse aufs Neue, die mich nach Washington und in Obamas Wahlkampf gebracht hatten – Ereignisse, die auf gewisse Weise vom Chaos des Irakkriegs und dem Tumult des Arabischen Frühlings in den Schatten gestellt worden waren. Ich dachte: *Das ist es, was wir nach dem 11. September hätten tun sollen.*

Ich legte ein neues Dokument an mit dem Namen «Bemerkungen von Präsident Barack Obama» und wollte die Reden entwerfen, die er je nach Szenario würde halten müssen – doch es gelang mir nicht. Die negativen Szenarien waren zu alptraumhaft, um sie mir vorzustellen, geschweige denn, sie in Worte zu fassen. Und bei den positiven Szenarien war es, als wollte ich sie nicht mit einem Fluch belegen, indem ich sie jetzt schon beschrieb. Ich war mir bewusst, dass ich nur wenig Zeit haben würde, wenn die Operation einmal in Gang gesetzt war, rührte die Geschichte, die noch kommen sollte, aber nicht an.

Am nächsten Morgen, einem Freitag, ließ Obama uns ausrichten, er habe sich entschlossen, das Kommandounternehmen durchführen zu lassen. Damit öffnete sich ein Zeitfenster von drei Tagen, in denen die Operation stattfinden konnte. Am Samstagmorgen setzte ich meine Vorbereitungen mit George Little fort, der bei der CIA für die Öffentlichkeitsarbeit zuständig war. Für den Abend war das White House Correspondents' Dinner geplant, das vom Pressekorps des Weißen Hauses jährlich ausgerichtete festliche Abendessen. Zu dieser riesigen Feier werden auch der Präsident, seine Mitarbeiter und Regierungsvertreter eingeladen, und der Präsident versucht, eine witzige Rede zu halten. Als ich ins Oval Office kam, sah ich, wie Jon Favreau und Jon Lovett, ein ehemaliger Redenschreiber, die Köpfe zusammensteckten. Sie entwarfen gerade die Sprüche für das Dinner und freuten sich über eine Reihe von Witzen, die den schon in den Startlöchern stehenden Donald Trump aufs Korn nahmen.

Nachmittags verließ ich das Büro, um mich mit meinem Bruder David zu treffen, mit dem ich eine Runde joggen wollte. Das Heikle daran war, dass David Präsident von CBS News war und mit seiner Frau Emma übers Wochenende in meinem Apartment wohnen würde. Im Laufe der Jahre hatten wir uns beide mühselig angewöhnt, in Gegenwart des anderen nicht von der Arbeit zu reden, zum einen wegen des Risikos, dass der eine von der beruflichen Stellung des anderen hätte profitieren können, zum anderen wegen einer grundsätzlichen Aversion, über Politik zu sprechen. Als Kinder hatten wir uns sehr nahegestanden, weil wir nur zwei Geschwister waren, aber auch, weil uns ganz unterschiedliche Interessen und Ansichten davor bewahrten, in Konkurrenz zueinander zu treten. Ich stand auf Baseball, trank schon als Minderjähriger Alkohol und liebte Bücher; David war weitaus ungewöhnlicher – er lernte Landkarten auswendig, fuhr Ski und bemühte sich, die Pubertätsprobleme zu überspringen, um sich an die Arbeit machen zu können. In der Highschool engagierte er sich für Ross Perots ersten Präsidentschaftswahlkampf, im College arbeitete er für einen Houstoner Stadtverordneten und war Praktikant bei einer libertären Zeitschrift. Nach seinem Abschluss arbeitete er sich zwölf Jahre lang die Karriereleiter bei Fox News nach oben, bis er Vizepräsident mit Verantwortung für die Nachrichtenbeschaffung wurde.

In diesen Jahren überwog mein Stolz auf seinen schnellen Aufstieg meine Abscheu vor Fox News. Er selbst war ideologisch nicht sonderlich fixiert – er stand der Politik im Allgemeinen eher zynisch gegenüber und kannte sich besonders gut im Mediengeschäft aus. Während des Wahlkampfs 2008 besuchte David ab und an Obamas

Wahlkampfzentrale in Chicago, um die Beziehungen zur obersten Führung wieder zu kitten, die wegen einer besonders üblen Attacke auf Obama gelitten hatte. Nur selten informierte er mich im Vorhinein von seinen Besuchen, also war ich einige Male verblüfft, ihn an meinem Arbeitsplatz vorbei zu Axe oder David Plouffe gehen zu sehen.

Bei einer dieser Fahrten nach Chicago besuchte mich mein Bruder nach dem Dinner in meiner Wohnung. Wir tranken ein paar Bier auf der Dachterrasse des Hauses, von wo aus man den Sears Tower erspähen konnte. Er erzählte mir, Fox verlassen zu wollen. Ich drängte ihn nicht, mir die genauen Gründe zu nennen, aber ich wusste, dass mit dem Aufstieg Obamas der Sender ein zunehmend ideologisierter und unangenehmer Ort geworden war. Unausgesprochen stand auch die Möglichkeit im Raum, dass das hysterische Obama-feindliche Umfeld, das sich gerade herausbildete und das Fox-Chef Roger Ailes nährte, einer Führungskraft, die einen nahen Verwandten in Obamas Weißem Haus hatte, das Leben erschweren könnte. David hatte das Angebot bekommen, Bloomberg Television zu leiten, und glaubte, den Abgang von Fox so meistern zu können, dass er sich nicht auf Ailes' Feindesliste wiederfand. Ich war erleichtert, und wir umarmten uns fest – wie Brüder das eben tun –, zwei Männer, deren Karrieren so in Schwung gekommen waren, wie wir es als Jugendliche nicht zu träumen gewagt hatten, als er mir noch seinen alten Ausweis lieh, damit ich Bier kaufen gehen konnte.

An jenem Samstag liefen wir ein paar Meilen den Georgetown Canal entlang, ohne über die Arbeit zu sprechen – er war besser in Form als ich und konnte daher bequem reden beim Joggen. Er ließ sich detailreich über das Elterndasein aus, wohingegen in meinem Kopf jedes mögliche Szenario auftauchte, das sich am nächsten Tag ereignen konnte. Mit 38 war mein Bruder der jüngste Präsident in der Geschichte der Fernsehnachrichten, aber ich konnte mit ihm nicht darüber reden, was bald zur größten Story des Jahres werden würde.

***

Mit dem White House Correspondents' Dinner ist es wie mit einer drittklassigen Preisverleihung – eine Art Ritual, über das man sich beschwert, während man händeringend auf eine Einladung wartet. Menschen aus Washington, die vorgeben, glamourös zu sein, trinken im Untergeschoss eines gesichtslosen Hotels schlechten Wein, gehen einander aus dem Weg und recken die Hälse, um einen Blick auf vorbeieilende Berühmtheiten zu erhaschen. An diesem Abend lief ich durch die überfüllten, mit Teppichboden ausgelegten Flure des Washington Hilton, umgeben von der politischen und der Medienelite in Abendgarderobe – Menschen, in deren Nähe ich mich nie sonderlich wohlgefühlt habe. Hin und wieder erblickte ich jemanden, der *Bescheid wusste* – da, am anderen Ende des Raums, steht Michael Morell –, und wir zwinkerten und nickten einander zu, als würden wir uns signalisieren: Ja, wir sehen uns morgen um zehn. Irgendwo in den frühen Morgenstunden von Abbottabad stieg Osama bin Laden aus seinem Bett, vielleicht zum letzten Mal in seinem Leben.

Das Drama des Dinners war die Gegenwart von Donald Trump. Nachdem Obama monatelang mit dessen ärgerlicher «*Birther*»-Unterstellung mit Blick auf seine Geburt konfrontiert gewesen war, hatte er sich – nur wenige Tage vor dem Abend – zu dem bis dato einmaligen Schritt entschlossen, seine Geburtsurkunde zu veröffentlichen. Was ihn nicht glücklich machte. Er hatte diese Entscheidung ganz alleine getroffen, zusammen mit seinem persönlichen Anwalt. Womöglich im Gegensatz zu seinen weißen Mitarbeitern wusste er, dass er keine andere Möglichkeit hatte, die Angelegenheit loszuwerden.

Als Obama ans Mikrofon trat, konnte ich an nichts anderes denken, als dass er im Geiste wohl bei den Männern war, die sich auf seinen Befehl gerade für den Abflug nach Pakistan bereitmachten, und dass ihm die ohnehin absurde Szenerie vor seinen Augen umso beklemmend trivialer erscheinen musste. Doch er ließ sich keine Spur von Ablenkung anmerken. Mit seiner einzigartigen Art von Humor riss er das Publikum mit – manchmal lachte er selbst über die Witze, die er vorlas, als sei er überrascht, wie lustig sie waren, wenn man sie laut aussprach – und näherte sich nach und nach dem Thema Trump: «Heute Abend ist auch Donald Trump unter uns!» Schon allein dieser Satz brachte ihm Gelächter und Applaus ein. «Niemand ist glücklicher, niemand ist so stolz wie Donald, diese Geschichte mit der Geburtsurkunde endlich begraben zu können. Und das liegt daran, dass er sich nun endlich wieder um wirklich wichtige Themen kümmern kann – beispielsweise die Frage, ob wir die Mondlandung nur gefakt haben.» Der ganze Saal schien erleichtert, über diese Angelegenheit lachen zu dürfen. Es war lustig, aber in gewisser Weise ließ Obama die hauptsächlich weiße Elite über ihr eigenes Versagen lachen: Sie hatte es zugelassen, dass diese «Birther»-Diskussion Einzug in die Politik gehalten hatte. Einige ihrer Sender hatten schließlich Trump eine Plattform gegeben, um rassistische Lügen zu verbreiten, die nur wenige Republikaner verurteilt hatten. «Wir alle wissen von Ihren Empfehlungsschreiben und Ihrer ungeheuren Erfahrung. Zum Beispiel – nein, im Ernst, erst kürzlich konnte in der Steakhouse-Episode von *Celebrity Apprentice* das Kochteam der Männer die Jury von Omaha Steaks nicht überzeugen. Anschließend wurde eine Menge über die Schuldfrage diskutiert. Nur Sie, Mr. Trump, haben erkannt, dass das wahre Problem der Mangel an Führungsstärke war. So haben Sie am Ende nicht Lil Jon oder Meat Loaf die Schuld gegeben. Sondern Sie haben Gary Busey gefeuert.» Der Raum brach in schallendes Gelächter aus.

Am nächsten Morgen, einem Sonntag, als alle noch schliefen, duschte ich und zog mich an. Gegen zehn, als in der Wohnung langsam Leben erwachte und in der Küche der erste Ruf nach Kaffee laut wurde, gab ich bekannt, dass ich zur Arbeit musste. Mein Bruder David wollte wissen, ob ich bald zurück sei. Ich sagte Nein ohne weitere Einzelheiten und hatte das Thema damit geklärt.

Die Stellvertreter und Ressortchefs trafen sich im Situation Room, wo sie für die nächsten rund zwölf Stunden bleiben sollten. Zunächst lief alles wie in jeder anderen Sitzung ab: Wir bekamen die neuesten Informationen über das Gelände, besprachen die unterschiedlichen Dinge, die getan werden mussten, informierten all jene Mitarbeiter, die wissen mussten, dass es für sie später am Tag eventuell außergewöhnlich hektisch werden würde. Ich sollte Pete Souza hereinrufen, den Fotografen des Präsidenten, damit er die Szene festhalten konnte, egal wie sie ausging. Anschließend gaben wir bei Starbucks eine Bestellung auf und warteten schweigend auf unsere Kaffeebecher, denn niemand konnte in Worte fassen, was er gerade dachte. Als wir unsere Getränke hatten, begannen wir in der geschützten Umgebung des Situation Room nervös miteinander zu sprechen.

Obama kam gegen vierzehn Uhr zu uns herunter, in dem Moment, in dem die Operation beginnen sollte, um sich auf den Stand der Dinge bringen zu lassen. Leon Panetta war über einen Bildschirm aus dem Hauptquartier der CIA zugeschaltet und McRaven aus Dschalalabad, jener afghanischen Grenzstadt, wo von aus das Einsatzteam zu seinem langen Helikopterflug nach Abbottabad aufbrach. Nachdem es zu seinem neunzigminütigen Flug abgehoben hatte, ging Obama wieder ins Oval Office und spielte eine Runde Karten, was eine viel entspanntere Art und Weise war, die Zeit totzuschlagen, als mit uns herumzusitzen. Da wir nichts anderes zu tun hatten, erzählten wir uns gegenseitig, wo wir am 11. September gewesen waren. Ich überlegte, welchen Ausblick man wohl hatte, wenn man mit einem Helikopter durch eine mondlose Nacht über Pakistan flog.

Ein paar Minuten bevor das Team bei dem Anwesen landen sollte, kam Obama wieder zu uns herunter. Wir alle nahmen unsere Plätze ein, und McRaven fing mit der Erläuterung der Operation an, als würde ein Reporter im Radio die Höhepunkte eines Baseballspiels live kommentieren. Auf dem zweigeteilten Monitor vor uns konnten wir nichts als McRavens Gesicht mit seinem Kopfhörer und Panetta sehen. Dann streifte einer der Helikopter beim Landeanflug die hohe Mauer rund um die Anlage, und McRaven teilte uns mit, sie müssten nun eine improvisierte Notlandung versuchen. Noch immer wussten wir nicht, ob bin Laden überhaupt auf dem Gelände war, und schon schien es, als würde es zum denkbar schlimmsten Fall kommen. Im Situation Room vermieden wir jeglichen Augenkontakt. McRaven wirkte entspannt, als wolle er uns wissen lassen, dass nur ein leichter Sommerregen vorbeiziehe. «*Der Pilot bekommt das in den Griff*», erklärte er.

In einem kleinen Konferenzraum auf der anderen Seite des Flurs saß ein General über einen Laptop gebeugt, auf dem ein Livestream mit dem Einsatz in Echtzeit zu sehen war. Als Obama mitbekommen hatte, dass der Platz in diesem Nebenraum besser war, ging er hinüber, gefolgt von den meisten Verantwortlichen. Ich blieb. Ich war nervös und hatte das Gefühl, ich sollte mich nicht dazwischendrängen. Daher saß ich noch im großen Konferenzraum, als sowohl McRaven als auch Panetta bestätigten, dass «Geronimo» identifiziert worden sei. Ich wusste nicht, was das bedeutete, und erkundigte mich. «Geronimo» war der Codename für bin Laden. Das war für mich der entscheidende Moment – wir würden der Welt nicht erklären müssen, weshalb US-Bodentruppen grundlos tief in pakistanisches Gebiet eingedrungen waren. Ich sprang von meinem Stuhl auf und lief über den Flur in den kleinen Konferenzraum, in dem mittlerweile ein Großteil der obersten Regierungsetage versammelt war. Ich warf einen Blick in die Runde und sah Obama, der angestrengt auf den Bildschirm schaute. Mullen ließ seinen Rosenkranz durch die Finger gleiten. Mit einem Mal wurde mehrfach gerufen: «Geronimo EKIA», wobei EKIA für «enemy killed in action» stand, den im Kampf getöteten Feind. Dann hörte ich, wie Obama sagte: «Wir haben ihn.» Einige klatschten unbeholfen. Schweigend tauschten alle ein Lächeln aus. *War das jetzt wirklich so einfach?*, schien dieses Lächeln zu fragen. Pete drängte sich in die Ecke und schoss Fotos. Ich ging frische Luft schnappen.

Ich trat auf das Gelände neben dem Pressekonferenz-Raum, wo ein Fahrweg sich vom Eingang zum West Wing hinunter in die Eingeweide der Residenz des Weißen Hauses schlängelt. Es ist einer der hässlichsten Orte in dem ganzen Komplex: ein Stück grauer Beton zwischen einer abschüssigen Rasenfläche und den weißen Außenmauern der Räume, in denen die Presse arbeitet. Allerdings durfte man hier rauchen, und genau das tat ich beim Auf- und Abgehen. Das ganze Unternehmen spielte sich Tausende von Meilen entfernt von hier ab, und die Menschen, für die ich arbeitete, saßen noch immer im ruhigen West Wing hinter den verschlossenen Türen des Situation Room und verfolgten es auf dem Bildschirm. Viel Arbeit lag vor mir – Sitzungen, To-do-Listen, Mitteilungen an ausländische Regierungen, Anrufe bei früheren Präsidenten und führenden Politikern des Kongresses, eine Rede, die geschrieben und gehalten werden musste. Doch ich brauchte diese Minuten für mich.

Vom Balkon meiner Wohnung in Queens aus hatte ich damals Manhattan eigentlich nicht sehen können, abgesehen von der Spitze jener beiden Türme. Doch das fiel mir erst ein paar Tage nach den Anschlägen auf. Ich war, dachte ich, einer jener Millionen Menschen, deren Leben sich durch den 11. September auf die eine oder andere Art verändert hatte. Ein 24-jähriger Student mit einem ersten Abschluss, der vor einem Wahllokal Werbeflyer für die Stadtratswahl verteilte und sich auf ein Leben vorbereitete als ... *ja, als was eigentlich?* Das sollte ich niemals erfahren. Dieses Leben war vorbei, und nun war ich ein 33-jähriger Regierungsmitarbeiter, der vor seinem Arbeitsplatz auf- und ablief. Normalerweise rufen wir in wichtigen Momenten unseres Lebens die Menschen an, die wir lieben. Ich hatte niemanden, den ich anrufen konnte.

In diesem Moment war es, als hätte keines der Ereignisse der letzten Jahre wirklich stattgefunden – keine Kriege, keine Große Rezession, keine politischen Missstimmungen, keine eigenen Erfahrungen. Es kam mir vor, als hätte ich mich eben erst vom Anblick des einstürzenden ersten Turmes abgewendet. Osama bin Laden war tot. Ich war einer der wenigen Menschen auf der Welt, die über dieses Wissen verfügten. Es war Sonntagnachmittag, und die Sonne stand hoch am Himmel. Ein paar Kameraleute im Wochenenddienst gingen an mir vorbei. Ich stand da und zögerte, wieder hineinzugehen, denn damit würde ich den Verlauf der Zeit wieder in Gang setzen und die Reinheit der Ereignisse mit dem beschmutzen, was als Nächstes auf uns zukam. Nichts würde sich wieder so richtig anfühlen.

Als ich den Situation Room betrat, hatte sich dort nichts verändert. Schließlich stand Obama auf und bat darum, informiert zu werden, sobald das Sondereinsatz-Team den pakistanischen Luftraum verlassen habe. Man gratulierte sich schweigend, doch noch immer konnten die Dinge schiefgehen; es blieb viel zu tun.

Als das Team sicher in Dschalalabad gelandet war, kam Obama zurück zum Meeting. Admiral Mullen verließ den Raum, um General Kayani, den Oberkommandierenden der pakistanischen Armee, über die Militäroperation zu informieren, die wir in seinem Land durchgeführt hatten. Die Frage war jetzt, wie sicher wir sein konnten, dass es wirklich bin Laden war. Offenbar hatten einige der Frauen auf dem Gelände ihn an Ort und Stelle identifiziert: Scheich

Osama. Der Geheimdienst hatte einen Gesichtserkennungstest durchgeführt, der das bestätigte, doch diese Tests hatten nur eine 95-prozentige Genauigkeit. Der DNA-Test würde noch ein bis zwei Tage dauern. McRaven berichtete, dass einer seiner Männer, der mit 1,93 Metern genauso groß wie bin Laden war, sich neben die Leiche gelegt hatte, um zu bestätigen, dass die Körpergröße übereinstimmte. Obama beugte sich vor. «Ihre Jungs sollten sich mal ein Maßband zulegen.»

Wir diskutierten, ob wir noch am Abend oder erst am nächsten Morgen eine Erklärung abgeben sollten. Der Konsens im Raum war, erst morgen an die Presse zu gehen, denn wir wollten höchstmögliche Sicherheit, dass es bin Laden gewesen war, und wir mussten noch eine Reihe von Stellen informieren. Ich hatte Sorge, dass die Pakistanis oder al-Qaida schneller als wir sein könnten. Schließlich gab es da das schwelende Wrack eines Helikopters auf einem Gelände mitten in Pakistan. Ich ließ vom Situation Room aus die Medien der Region beobachten. Ein Bericht machte mit der Überschrift auf: «Armee-Hubschrauber in Abbottabad abgestürzt». Darin hieß es: «Der Hubschrauber befand sich auf einem Routineflug, als er abstürzte. (...) Zeugen gaben an, es seien zwei Helikopter gewesen, von denen einer verunglückte. Der Grund für den Absturz ist bislang unbekannt.» Twitter-Nutzer aus der Gegend fingen an, über den Absturz zu schreiben. Mullen kam mit der Botschaft zurück, Kayani wolle, dass wir die Nachricht sofort veröffentlichten, damit klargestellt würde, dass wir hinter bin Laden her gewesen waren – die einzig mögliche Rechtfertigung dafür, so weit nach Pakistan einzudringen.

So entschied Obama, dass wir noch am Abend an die Presse gehen würden. Es war schon kurz vor acht Uhr. Wir mussten die Fernsehsender informieren, alle Regierungssprecher einbeziehen, und ich musste die Erklärung entwerfen. Als Obama gerade den Raum verlassen wollte – er musste die früheren US-Präsidenten sowie die

Regierungen von Pakistan und Großbritannien anrufen –, stand ich auf und rief quer durch den Raum: «Hey, ich müsste Sie ein paar Minuten sprechen.» Jeder drehte sich zu mir um und sah mich erstaunt an – es war eine sehr anmaßende Art und Weise, den Obersten Befehlshaber in Gegenwart all der Leute im Raum anzusprechen. Seine Geste bedeutete mir, ich solle ihm folgen.

Wir setzten uns ins Büro des Stabschefs und überlegten, was er sagen würde. «Machen wir es schnörkellos», meinte Obama. «Wir erzählen, wie es dazu gekommen ist, angefangen mit dem 11. September, erläutern dann die Operation und unterstreichen, dass wir weiterhin wachsam bleiben müssen.»

«Ich musste an die Rede denken, die Sie während des Wahlkampfs gehalten haben», sagte ich.

Er sah mich an und lächelte. «Ich auch. In der letzten Zeit musste ich oft daran denken.»

Dann bat er mich, die Erklärung mit dem Satz enden zu lassen: «Amerika ist zu großen Dingen in der Lage.» Damit wolle er, so erläuterte er mir, das Land daran erinnern, dass wir nach dem 11. September zusammengerückt waren, dass wir trotz all des Schmerzes und der Polarisierung der letzten zehn Jahre daran festgehalten und nun bin Laden gefunden hatten. «Kein anderes Land auf der Welt wäre dazu in der Lage gewesen.»

Nacheinander rief ich eine Menge Leute an – Dan Pfeiffer, David Plouffe, Jay Carney, seit Februar Pressesprecher des Weißen Hauses – und bat sie, schnell ins Weiße Haus zu kommen. Als ich Tommy Vietor, den Sprecher des Nationalen Sicherheitsrates, informierte – einen meiner engsten Freunde –, rief er aus: «Scheiße, ja, seit drei Jahren warte ich auf diesen Anruf.» Ich war wie im Rausch und musste eine Rede verfassen, während die anderen diese öffentliche Erklärung organisierten und versuchten, ein Durchsickern zu verhindern.

Ich saß am Schreibtisch und bemühte mich, den Text zu entwerfen, ohne auf die Flut von E-Mails zu reagieren, die einsetzte, sowie sich die Neuigkeit nach und nach herumsprach. Wir hatten allen Sendern gesagt, sie sollten sich auf eine Erklärung Obamas um kurz nach 22 Uhr einstellen, doch langsam wurde die Zeit knapp. Beim Schreiben spürte ich, dass die Formulierungen meinen eigenen Lebensweg widerspiegelten – die Bilder vom 11. September, die ich gesehen hatte *(«entführte Flugzeuge, die durch einen wolkenlosen Septemberhimmel schneiden»)*; die Geschichten der Familien des 11. September, die ich während meiner Arbeit für die 9/11-Untersuchungskommission kennengelernt hatte *(«Eltern, die niemals erleben würden, wie es sich anfühlt, von ihrem Kind umarmt zu werden»)*; die ständige Terrorismusbekämpfung, die ich in dieser Regierung miterlebt hatte *(«rund um die Welt haben wir mit unseren Freunden und Verbündeten daran gearbeitet, Dutzende von al-Qaida-Terroristen zu fassen oder zu töten»)*; die Notwendigkeit, daraus keinen Krieg der Religionen zu machen, was zur zentralen Botschaft unserer Rede in Kairo gehört hatte *(«die Vereinigten Staaten führen keinen Krieg gegen den Islam und werden ihn niemals führen»)*. Während ich dasaß und mir wünschte, schon einen Entwurf vorliegen zu haben, den ich nur überarbeiten müsste, erkannte ich einen weiteren Grund, weshalb ich im Vorfeld nicht in der Lage gewesen war, einen Text vorzubereiten: Dem Moment von bin Ladens Ableben beizuwohnen ermöglichte es, dass all die Erfahrungen der letzten zehn Jahre noch einmal lebendig wurden.

Als ich nach oben kam, telefonierte Obama gerade mit Asif Ali Zardari, dem Nachfolger des pakistanischen Präsidenten Pervez Musharraf. Zardari war in eine Führungsrolle gestolpert, nachdem Extremisten seine Frau Benazir Bhutto, die ehemalige Premierministerin, ermordet hatten. Der Politiker musste in seinem Land nun mit Gegenreaktionen auf die amerikanische Verletzung der pakistanischen Souveränität rechnen. Doch Zardari war nicht verärgert. Was auch immer die Auswirkungen sein würden, erklärte er Obama, dies seien gute Neuigkeiten. «*Es hat lange gedauert. Gott sei bei Ihnen und dem amerikanischen Volk.*»

Obama war ruhig und darauf fokussiert, was als Nächstes anstand. Ich wartete vor dem Oval Office, bis er seine Telefonate beendet hatte, und setzte mich dann an den Tisch seiner persönlichen Assistentin, Anita Decker Breckenridge, die Obama schon seit seiner Zeit im Senat von Illinois begleitete. Ich korrigierte den Text ein paar Mal durch, und sein Auftritt verzögerte sich immer weiter. Gegen halb zwölf überreichte er mir die letzten Seiten, und ich rannte vor ihm die Kolonnade entlang und weiter in den East Room. Dort würde er die Erklärung abgeben, also musste ich die letzten Änderungen in den Teleprompter einfügen, bevor er den langen Weg über den Flur mit dem roten Teppich begann, um sich an das amerikanische Volk zu wenden.

Es ist seltsam mitzuerleben, wie ein Präsident in einen leeren Raum hineinspricht, vor allem wenn man weiß, dass Dutzende Millionen Menschen zuschauen. Clinton, Gates, Mullen und ein paar andere saßen auf unregelmäßig verteilten Stühlen, während Obama vor der Kamera stand. Ich lehnte mich an eine Wand und beobachtete, wie er Wendungen benutzte, die später ein Eigenleben bekommen sollten: «Der Gerechtigkeit ist Genüge getan», so stand es am folgenden Tag in vielen Zeitungen der Welt als Schlagzeile. «Wir müssen – und wir werden – wachsam bleiben», diese Ermahnung sah ich später wieder und wieder im Vorspann der TV-Serie *Homeland* aufblitzen. John Brennan stand neben mir, in seinem Gesicht der seltene Ausdruck von Zufriedenheit. Ich beugte mich zu ihm und fragte: «Wie lange habt ihr versucht, diesen Kerl zu erwischen?»

«Fünfzehn Jahre», sagte er nur, ohne noch etwas anzufügen.

Nach dem Ende der Rede traten wir alle an Obama heran, unsicher, was nun zu tun sei. Er dankte allen für ihre Arbeit und erklärte, er werde nun nach oben zu seiner Familie und dann ins Bett gehen. Die Kabinettsmitglieder gingen zu ihren schwarzen Autos und wurden dorthin gebracht, wo sie hinmussten. Ich lief zurück zum West Wing, um eine Telefonkonferenz mit Journalisten zu leiten, für die ich die Stichpunkte nutzte, die wir im Vorfeld erarbeitet hatten. Als ich anschließend über die Kolonnade in die Frühlingsnacht hinaustrat, konnte ich wildes Rufen und Sprechchöre mit «U.S.A.!» hören, die bis zum Weißen Haus drangen.

Dreizehn Stunden nachdem ich mit einem gut gehüteten Geheimnis zur Arbeit gefahren war, ging ich wieder nach Hause. Nun wusste es die ganze Welt. Das einzige noch geöffnete Tor des Weißen Hauses war das in der Südost-Ecke, zur Seventeenth Street hin. Die Straßen waren voller Menschen. Fahnenschwenkende College-Studenten drängten sich in Autos, die langsam und hupend vorbeifuhren, zwei Männer standen auf einem dahinkriechenden Auto, als hätten sie soeben die Welt erobert, und mir fiel ein, dass sie am 11. September wohl erst zehn Jahre alt waren. Sie waren in dieser Wirklichkeit groß geworden und feierten nun das, was in den Zeiten nach dem 11. September einem «Sieg» der Vereinigten Staaten von Amerika wohl am nächsten kam.

Als ich zu Hause ankam, saß Ann vor dem Fernseher. «Ich bin stolz auf euch», sagte sie. Wir umarmten uns lange. «Glaubst du, er hat Michelle etwas gesagt?», wollte sie wissen.

Am folgenden Tag baten wir Brennan, das reguläre Pressebriefing des Weißen Hauses zu übernehmen und auf die Flut von Rückfragen zu antworten, die bei uns auflief. In seiner direkten, autoritativen Art gab er das weiter, was wir vom Militär über den Eingriff erfahren hatten, darunter auch die Tatsache, dass bin Laden in einem Feuergefecht getötet worden war und womöglich Frauen als menschliche Schutzschilde missbraucht hatte. Republikaner stürzten sich auf diese Einzelheit und warfen uns vor, Details aus dem Einsatz deshalb durchsickern zu lassen, damit Obama in einem besseren Licht erscheine. Dabei wollte Brennan nur bin Laden verunglimpfen – einen Mann, den er hasste, den Führer einer Terrororganisation, den er damit beschämen wollte. Neue Informationen kamen herein, als alle Einsatzteilnehmer befragt worden waren. Wir konkretisierten daher unsere Antworten, was zu neuen Nachfragen der Presse und zu noch mehr Kritik der Republikaner führte. Das Hochgefühl des Einsatzes, die Möglichkeit, sich über etwas einfach zu freuen, verschwanden darüber rasch. Wenn die Politiker des Landes uns nicht einmal erlaubten, uns *darüber* zu freuen, dann gab es wirklich nichts mehr, was dieses Land wieder zusammenbringen würde.

Obama musste noch eine letzte Sache entscheiden: ob wir die Fotos von bin Ladens Leiche veröffentlichen sollten oder nicht. Ich sprach mich dafür aus. Ich fürchtete, al-Qaida könnte das Fehlen von Fotos als Beleg für die Behauptung nutzen, bin Laden sei noch am Leben, und so eine Verschwörungstheorie in die Welt setzen, mit der wir noch Jahre zu kämpfen hätten. Ich hatte mich völlig geirrt, denn al-Qaida gab nur Tage darauf bekannt, dass bin Laden tot sei.

Jemand aus dem Militär stellte tatsächlich, im wörtlichen Sinne, ein Fotoalbum zusammen, das die Stunden zwischen der Operation und der Bestattung zeigte. Wir sahen uns die Fotos schweigend im Büro des Stabschefs an. Da war der blutige Leichnam bin Ladens. Da lag er auf dem Boden hingestreckt. Da wurde er für eine islamische Beisetzung vorbereitet. Da wurde der große, eingehüllte Körper hochgehoben, geneigt, und dann rutschte er ins Meer. Ein letztes Foto zeigte, wie der Körper endgültig unter der Wasseroberfläche verschwand.

Im Oval Office erklärte uns Obama, der wenige Tage zuvor seine Geburtsurkunde öffentlich gemacht hatte, sein klares Nein – unter keinen Umständen würden wir diese Fotos veröffentlichen. «Wir müssen ihnen jetzt nicht noch einen Freudentanz vorführen», sagte er.

Kapitel 12

Wolken ziehen sich zusammen

Jede Präsidentschaft schreibt eine Geschichte, in deren Mittelpunkt ein einzelner Mensch steht. So organisieren die Vereinigten Staaten ihr politisches Leben und ihre Geschichtsbücher. So konsumiert die Welt die disparaten Elemente der amerikanischen Demokratie in einem Zeitalter amerikanischer Vorherrschaft. Der Präsident als Held oder Schurke; der Präsident als die Person, die entscheidet, Trost spendet, etwas oder jemanden in Erinnerung ruft und reagiert; der Präsident als Monarch auf Abruf, mit oberster Befehlsgewalt ausgestattet und zugleich der Gnade der Ereignisse ausgeliefert, die sich seine Zeit mit ihm teilen.

Im Frühling 2011 bekam die Geschichte von Barack Obama ein gewisses Momentum. 100 000 Soldaten hatten den Irak verlassen. Die Wirtschaft hatte sich gefangen. Die Gesundheitsreform war verabschiedet. Bin Laden war tot. Obama hatte seine wichtigsten Versprechen wahr gemacht. Die Vereinigten Staaten mussten nicht länger ihre Wirtschaft retten, sondern konnten umschwenken zum Aufbau eines neuen Fundaments. Der Krieg in Afghanistan stand kurz davor, sich in Richtung Deeskalation zu bewegen. Und der Arabische Frühling schien zu versprechen, dass die frustrierten Massen der Welt einen Wandel ins Positive abringen konnten.

Doch etwas fehlte: die Unterstützer, sowohl im Kongress wie im Rest der Welt.

Hätte sich die Opposition verhalten wie bei Johnson oder Reagan, Obama hätte die Steuergesetze reformieren und die Infrastruktur der Vereinigten Staaten wiederaufbauen können. Doch die Republikanische Partei hatte sich der Strategie einer giftigen und schamlosen Opposition verschrieben, die eine satte Mehrheit ihrer Wähler davon überzeugen konnte, dass Obama in Kenia geboren sei. Der republikanische Führer im Senat, Mitch McConnell, gab jeden Anschein einer Zusammenarbeit auf, als er erklärte, sein wichtigstes Ziel sei es, Obama zu einem Präsidenten mit nur einer Amtszeit zu machen. Den Anstand, der normalerweise Maßnahmen der nationalen Sicherheit von der Politik trennte, hatte man über Bord geworfen. Und zur brutalen Wahrheit gehörte, dass dieses Verhalten der Republikaner damit belohnt worden war, dass sie die Mehrheit im Repräsentantenhaus errangen. Dazu hatten auch die beständigen Echokammern von Fox News und der unregulierte Zufluss von Geld in die amerikanische Politik beigetragen, der durch eine Entscheidung des Obersten Gerichtshofs erleichtert worden war. Mit diesem Kongress wurden sogar die grundlegendsten Geschäfte wie das Budget der Regierung und die Bestätigung von Kandidaten für politische Ämter zu einem Kampf. Ambitiöse Gesetzgebung stand folglich außer Frage.

Im Ausland stauten sich die Kräfte des Stammesdenkens und des Nationalismus auf – erste Vorbeben vor dem großen Knall. Da sich die Autokraten in der arabischen Welt bedroht fühlten, reagierten sie mit gesteigerter Gewalt und Sektierertum. Die Globalisierung hatte den Menschen das Gefühl für ihre eigene, einzigartige Identität geraubt. In Russland bereitete Wladimir Putin seine Rückkehr ins Präsidentenamt vor und beobachtete misstrauisch, wie Volksaufstände Mubarak und Gaddafi hinweggefegt hatten. In Europa hatte der Sog der Finanzkrise eine Wirtschaftskrise ausgelöst, die langsam das öffentliche Vertrauen in die Europäische Union untergrub. Konflikte, der Klimawandel und die Zunahme von Smartphones und Schmugglerringen sorgten für einen Anstieg der Flüchtlingsströme aus dem Nahen und Mittleren Osten sowie Nordafrika. In Israel, wo Obama seine Friedensbemühungen fortsetzen wollte, fehlte ihm ein Partner.

An einem Freitagabend im Mai, Ann und ich waren ausgegangen, erhielt ich einen Anruf aus dem Weißen Haus mit der Bitte, mich um 22 Uhr mit Obama zu treffen. «Kann nicht jemand anderes für dich hingehen?», fragte Ann halb im Scherz.

Als ich eintraf, kam Obama gerade zum Pförtnerbüro unterhalb seiner Wohnräume herunter. Sein blaues, kurzärmeliges Hemd war das einzige Zeichen, dass er im Wochenende war. Er hatte gearbeitet. Wir alle arbeiteten ununterbrochen, seit der Sturm über Ägypten losgebrochen war.

In dieser Woche hatte Obama bei einer Rede im Außenministerium zu zwei der vier «final status issues» im Nahost-Konflikt Stellung bezogen, also zu jenen Fragen, die die Basis jeder Zweistaaten-Lösung zwischen Israel und Palästina bilden müssen. Im Namen Israels rief er dazu auf, das Land als «jüdischen Staat» anzuerkennen (ein Schritt, den wir in Kairo noch nicht gegangen waren), außerdem stimmte er der Präsenz israelischer Sicherheitskräfte auf dem Boden eines palästinensischen Staates bis zu einem geregelten Übergang zu. Und er sprach von einem Grenzverlauf, «der sich an den Grenzen von 1967 orientieren sollte, mit gegenseitigem Gebietsaustausch» – eine Umschreibung, die jeder kannte, der sich mit diesem Friedensprozess beschäftigt hatte. Sie bedeutete, dass Palästina ungefähr die Größe haben sollte wie am Ende des Sechstagekriegs, wobei es für die seitdem auf palästinensischem Boden errichteten israelischen Siedlungen einen Gebietstausch geben sollte.

Im Grunde waren Obamas öffentliche Bemerkungen nichts Außergewöhnliches: Es gehörte zu den Merkwürdigkeiten des Friedensprozesses im Nahen Osten, dass jeder die Positionen kannte, die die Vereinigten Staaten seit der Clinton-Regierung bei den Verhandlungen vertraulich vorgebracht hatten. Die Grenz- und Sicherheitsvereinbarungen waren nur die ersten beiden großen Streitpunkte bei der Suche nach einer dauerhaften Zweistaaten-Lösung. Die anderen beiden, wesentlich schwierigeren, drehten sich um die Flüchtlinge und Jerusalem. Palästinensischen Flüchtlingen sollte es nicht erlaubt sein, nach Israel zurückzukehren, sondern sie sollten innerhalb des palästinensischen Staates angesiedelt werden. Jerusalem sollte die Hauptstadt beider Länder werden, wobei der Ostteil der Stadt den Palästinensern gehören sollte. Doch diese Positionen waren noch nie öffentlich ausgesprochen worden, da sich sowohl die Israelis wie auch die Palästinenser weigerten, sie zu akzeptieren.

Wir steckten in einer Sackgasse fest. Der Friedensprozess von 2010 war gescheitert, als sich die israelische Regierung weigerte, einen teilweisen Baustopp für neue Siedlungen zu verlängern, und sich die Palästinenser weigerten, ohne diesen Baustopp zu verhandeln. Im Februar 2011 hatte Obama im UN-Sicherheitsrat ein Veto gegen eine Resolution einlegen lassen, die den israelischen Siedlungsbau mit Formulierungen verdammte, die aus Obamas Reden entnommen worden waren. Nun drohten die Palästinenser damit, sich durch die Vereinten Nationen formell anerkennen zu lassen. Ministerpräsident Benjamin Netanjahu war ähnlich widerspenstig, denn auch er redete nur vom Frieden, tat aber nichts dafür. Die Frage war, was wir aus all dem machen sollten.

Clinton und Gates empfahlen, dass Obama öffentlich alle vier strittigen Punkte ansprechen sollte; auch ich war dafür. Damit würde ein Zeichen gesetzt werden, an dem sich der Friedensprozess bei seinem Neustart orientieren könnte, und wir würden unsere öffentlichen und unsere vertraulichen Positionen in Übereinstimmung bringen. Zudem würden wir damit womöglich dem palästinensischen Versuch einer Anerkennung durch die Vereinten Nationen zuvorkommen, der die Vereinigten Staaten und Israel sicherlich isolieren würde. Doch eine öffentliche Position einzunehmen, vor allem in der Jerusalem-Frage, war im eigenen Land politischer Sprengstoff. Es hätte vehementen Widerstand des Amerikanisch-israelischen Ausschusses für öffentliche Angelegenheiten (AIPAC) und anderer hervorgerufen, die sich gegen die Anerkennung einer palästinensischen Hauptstadt in Ostjerusalem aussprachen. Ich erkannte, wie intensiv Obama über die Angelegenheit nachdachte, denn er wollte keinen Konflikt mit Israel provozieren, solange ein Friedensvertrag nicht absehbar war. Als sich das Datum der Rede immer weiter näherte, brachten Tom Donilon und Dennis Ross, die beiden führenden Mitarbeiter für den Nahen Osten, eine Kompromisslösung ins Spiel: Obama könnte sich nur zu zwei der vier Themen, nämlich zur Grenz- und Sicherheitsfrage, öffentlich äußern und solle die Themen Jerusalem und Flüchtlinge bei späterer Gelegenheit ansprechen.

«Wenn das nicht funktioniert», erklärte mir Obama, «kann ich im September vor den Vereinten Nationen immer noch Position zu allen vier Punkten beziehen.» Es fühlte sich allerdings so an, als säßen wir zwischen den Stühlen – wir gingen weit genug, um einen Konflikt mit Netanjahu heraufzubeschwören, aber nicht weit genug, um wirklich etwas zu bewegen.

Und genau das geschah dann auch. Am Tag nach Obamas Rede saß Netanjahu im Oval Office und hielt dem Präsidenten vor der versammelten Presse einen Vortrag, bei dem er log, was Obamas Positionen anging. «Israel kann nicht zurück in die Grenzen von 1967», hob er an, obwohl Obama das keineswegs gefordert hatte. «Diese Grenzen lassen sich nicht verteidigen. (...) Erinnern Sie sich bitte daran, dass Israel vor 1967 an einigen Stellen nur neun Meilen breit war. Das ist die Hälfte des Washington Beltway. Und es waren auch keine Friedensgrenzen. Diese Grenzen hatten sich aus den wiederholten Kriegen gegen Israel ergeben, weil ein Angriff auf Israel so lohnend erschien.»

Besser konnte man den Widerstand gegen Obama in der Füh-
rungsschicht der jüdischen Gemeinschaft in den Vereinigten Staaten nicht anfachen, die das Bild des ständig unter Angriffen lei-
denden Israel verinnerlicht hatte. Ich kannte diese Gefühle. Die
Familie meiner Mutter – säkulare Juden im New York der Nach-
kriegszeit – hatte sich ihre jüdische Identität zum Teil dadurch
bewahrt, dass sie Israel unterstützte. Manches davon rührte von
einem Schuldgefühl her – sie waren nach Brooklyn ausgewandert,
nicht nach Tel Aviv; und manches hatte seine Wurzeln im helden-
haften Israel der Sechziger- und Siebzigerjahre, als Juden in der
Wüste einen Staat aufbauten und die arabischen Armeen besiegten,
angeführt von herausragenden Persönlichkeiten wie Golda Meir,
die sowohl standhaft als auch zutiefst gerecht wirkten. Doch als
sich in den Neunziger- und Nullerjahren die Demographie Israels
verschob und die anstürmenden arabischen Armeen durch gele-
gentliche Terroranschläge ersetzt wurden, verschwand das Israel,
das die Generation meiner Mutter idealisiert hatte. Es machte
einem Staat Platz, in dem die Siedlerbewegung und die Ultraor-
thodoxen das Sagen hatten. Sie bildeten die politische Basis Netanjahus, der ganz genau wusste, wie das politische Spiel in Amerika zu
seinen Gunsten gespielt werden musste.

Netanjahus Ohrfeige für Obama kam just in dem Moment, als
der Wahlkampf für die Präsidentschaft 2012 angeschoben wurde,
und es gelang ihr, einen Feuersturm der Kritik zu entzünden. Mitt
Romney erklärte, Obama habe «Israel vor den Bus gestoßen». Auch
eine Reihe demokratischer Kongressabgeordneter distanzierte sich
von der Rede. Ich bekam eine Liste mit wichtigen jüdischen Wahl-
kampfspendern in die Hand gedrückt, die ich am Telefon von Obamas pro-israelischen Ansichten überzeugen sollte. In diesen Was-
sern zu waten, ohne eine Aussicht auf Erfolg zu haben, war sehr
schmerzlich. Netanjahu hatte es geschafft, an der richtigen Stelle
einen Hebel anzusetzen: Er nutzte den inneramerikanischen poli-

tischen Druck, um jede ernstzunehmende Bemühung um Frieden zu untergraben, genau wie er die Siedlungen nutzte, um die Palästinenser zu demoralisieren. Israel, das ich liebte und verehrte, hatte eine Regierung, die entschlossen schien, uns wie Idioten aussehen zu lassen.

Das alles ging mir durch den Kopf, als ich an jenem Freitagabend um 22 Uhr das Weiße Haus betrat. Obama sollte an diesem Wochenende eine Rede vor dem AIPAC halten – seine Chance, Netanjahu zu widerlegen. Ich hatte die Rede nicht entworfen, aber er wollte mich die korrigierte Fassung gegenlesen lassen. Und wohl auch einmal durchatmen. Er setzte sich zu mir auf eine Bank, in der Hand einige Seiten handschriftlicher Notizen.

«Seit ich Präsident bin, hat mich nichts so verärgert», sagte er. Obama war müde, und an den Notizen in seiner Hand konnte ich erkennen, dass er schon mehrere Stunden daran gesessen hatte.

«Es ist unlauter», sagte ich. Diese Formulierung benutzten wir immer wieder, um die Unehrlichkeit zu beschreiben, von der wir uns oft umzingelt fühlten.

«Es ist unlauter», wiederholte er. «Mit Bibi verhandeln ist wie mit den Republikanern verhandeln.»

«Wissen Sie», sagte ich, «ich war einmal Mitglied des AIPAC.» Ich erläuterte ihm die Geschichte meiner Familie und wieso die Unterstützung für Israel eine Art säkularer Religion war. «Das ist also alles auch auf persönlicher Ebene sehr frustrierend für mich.»

«Für mich auch. Ich komme aus einer jüdischen Community in Chicago. Ich bin im Grunde ein liberaler Jude.»

Dann ging er mit mir durch, was er an der Rede ergänzt hatte – eine sorgfältige Erklärung seiner Positionen, verbunden mit dem Ausdruck der Sorge über die zunehmende Isolation Israels, sowie eine unverblümte Einschätzung der demographischen Entwicklungen in Israel und im Westjordanland, die es Israel unmöglich machten, sowohl ein jüdischer Staat als auch eine Demokratie zu bleiben, sollte die Besatzung fortdauern. Doch wir beide wussten, dass nichts von dem, was er sagte, die Angelegenheit voranbringen würde. An diesem Punkt sollten wir uns im Lauf seiner gesamten Regierung immer wieder finden: Wir konnten Israel nicht in Richtung Frieden schubsen und blieben daher zurück mit einem Spiegel in der Hand, in dem zu sehen war, wie dringend nötig ebendies wäre.

Ein paar Tage später brachen wir zu einer längeren Europareise auf. Wir flogen nach Irland, wo Obama in dem kleinen Dorf Moneygall einen entfernten Verwandten hat. Er wurde wie der Lieblingssohn der Familie empfangen, saß in einem Pub in der «Heimat seiner Vorfahren» und hielt später in Dublin eine Rede vor 10 000 Zuhörern. David Plouffe hatte zu diesem Zeitpunkt David Axelrod als Chefberater im Weißen Haus abgelöst, und seine Disziplin und klare Fokussierung, die uns schon im Wahlkampf geleitet hatten, wurden nun auch hier spürbar. Als ich Plouffe beobachtete, wie er sich über die aufmunternden Worte des irischen Premierministers für Obama freute, spürte ich zum ersten Mal, dass der Wahlkampf für die zweite Amtszeit begonnen hatte. Am nächsten Tag stand London auf Obamas Terminkalender, vor allem ein Treffen mit der königlichen Familie. Ich fürchtete, dass die Reise mit zu wenig Substanz begann. Plouffe, den ich darauf ansprach, sah mich an, als wäre ich verrückt. «Machen Sie Scherze?», witzelte er. «Das ist perfekt. Die Queen wird uns bei weißen Wählern große Glaubwürdigkeit verschaffen.»

Ich lachte, denn ich merkte, wie recht er hatte. Plouffe erkannte die Absurdität unserer Politik, ohne sich deprimieren zu lassen. Ich war weniger zuversichtlich. Das Adrenalin, das in den letzten Monaten durch mich hindurchgepumpt worden war, verschwand nach und nach, und ich kam nicht damit zurecht, wie wenig es zählte, dass man die richtigen Dinge tat. Ich war überzeugt, dass der Bruch mit Mubarak richtig gewesen war, als er kurz davor gestanden hatte, hart gegen sein eigenes Volk durchzugreifen, doch diese Entscheidung hatte unsere Regierung entzweit, die nun in die Gewohnheit zurückfiel, Rücksicht auf das ägyptische Militär zu nehmen. Ich war überzeugt, dass es richtig gewesen war, Tausende Libyer vor Gaddafi zu schützen, doch im Nachhinein kamen uns Zweifel, weil wir es jetzt anstelle eines Massaker in Bengasi mit einem unerwartet langen Luftwaffeneinsatz zu tun hatten. Ich war überzeugt, dass es richtig gewesen war, den Frieden zwischen Israel und Palästina zu fördern, doch jeder Versuch sorgte nur für politisches Unheil. Vielleicht wären wir besser dran, wenn wir nur noch irische Pubs und englische Royals besuchen würden.

Die Obamas wohnten im Buckingham Palace, und einige von uns waren zu einem Staatsbankett eingeladen worden. Für diesen Anlass musste ich mir einen Smoking mit weißer Fliege ausleihen. Wir wurden in einen Saal geleitet, dessen Möbel aussahen, als gehörten sie hinter eine Absperrung mit rotem Samtseil in einem Museum – edle Sessel, kunstvoll bestickte Sofas. Die Mitglieder der königlichen Familie schritten umher, stellten sicher, dass man niemals allein dastand, und führten gekonnt fünfminütige Plaudereien, bei denen man sich sehr wohlfühlte, bevor sie zum nächsten Gesprächspartner wechselten. Die Damen trugen Diademe, einige Männer Uniformen. Eine Lady sprach mit mir über ihre Hobbys und sah mich dann wie in einem Quiz an: «Sie wissen aber, wer ich bin, nicht wahr?», fragte sie. «*Natürlich*», versicherte ich ihr. Als sie sich verabschiedet hatte, wollte Plouffe wissen, wer das gewesen sei, und ich erklärte ihm, ich hätte nicht die leiseste Ahnung.

Obama stand neben der Queen, einer stoisch aussehenden, aber freundlich wirkenden Dame mit großem Juwelenschmuck. Wenn man sie da stehen sah, wurde einem die Vergänglichkeit der eigenen Bedeutung klar – diese Frau hatte in den letzten fünfzig Jahren jeden getroffen, den man kennen musste. Wir aßen an einem großen Tisch in Hufeisenform, Kellner in roten Jacken servierten jeden Gang in formvollendeter Synchronisation. Obama saß am Kopf der Tafel und plauderte mit der Queen. Nach dem Dinner gingen wir in einen anderen Raum, wo uns After-Dinner-Drinks serviert wurden. Ich kam mit David Cameron ins Gespräch über die HBO-Serie *Entourage*, die uns beiden gefiel – in einem Raum voller Adliger wirkt der Premierminister merkwürdig herabgestuft, wie nicht mehr als ein weiterer Mitarbeiter.

Kurz bevor sich unsere Delegation verabschiedete, bat Obama Favreau und mich noch in sein Zimmer, um die Rede für den kommenden Tag durchzusprechen. An diesem Tag wurde ihm die Ehre zuteil, als erster US-Präsident im historischen Palace of Westminster vor dem britischen Parlament reden zu dürfen. Obama wollte mit einer umfassenden Verteidigung der westlichen Werte aufwarten, aber erst einmal wollte er – wie alle, die soeben im Buckingham Palace gespeist hatten – über den Verlauf des Abends sprechen.

«Ich mag die Queen wirklich sehr», erklärte er. «Sie ist wie Toot, meine Großmutter. Zuvorkommend. Geradeheraus. Bei allem, was sie denkt. Sie hat was gegen Dummköpfe.»

«Die muss sie ja auch nicht aushalten», sagte Favreau.

Wir saßen in einem großen, kunstvoll dekorierten Raum, in dem auf einem kleinen Tisch ein Laptop stand. Dies waren die Gästequartiere, und Michelle Obama machte sich im angrenzenden Schlafzimmer für die Nacht zurecht. In diesem Moment kam ein Butler herein. «Verzeihen Sie, Mr. President», sagte er. Wir hielten inne und sahen ihn an. «Da ist eine Maus.»

Obama reagierte augenblicklich. «Verraten Sie das bloß nicht der First Lady.»

«Wir versuchen, sie zu fangen, Sir.»

«Erzählen Sie es bloß nicht der First Lady», wiederholte Obama.

Nachdem der Mann uns wieder verlassen hatte, sagte ich: «Vielleicht geht das Empire ja doch langsam unter.»

Obama lachte. «Nein, hier ist noch eine ganze Menge los. Haben Sie die Klunker der Königin gesehen?» Er hatte recht: Ihr gesamtes Kleid hatte geglitzert. Obama sah uns an. «Aber auch Sie beide haben sich richtig schick gemacht.»

An den Wänden um uns hingen riesige Porträts von früheren Königen und Königinnen, ein Raum voller Geister. «Mir fehlen nur noch ein paar Jahre, dann sitze ich im Staatssenat und wohne in einer Eigentumswohnung», sagte Obama beim Umherblicken. Wir flüsterten fast, wobei ich nicht wusste, ob wir es aus Respekt vor der First Lady im Nebenraum oder wegen der Umgebung taten. Dann brachte er das Gespräch auf den Text, ein hochfliegendes Plädoyer für die westlichen Werte.

Westminster Hall erinnerte an eine Kathedrale, nur dass die Bankreihen mit Abgeordneten und Ehrengästen gefüllt waren. Die Mitarbeiter des Weißen Hauses waren auf einem Podium gegenüber einer Gruppe britischer Berühmtheiten platziert worden, deren erste Reihe frühere Premierminister bildeten – John Major, Tony Blair, Gordon Brown –, die gleichmütig, fast düster dreinblickten. Wir warteten auf Obamas Auftritt, und das Einzige, was sich noch seltsamer anfühlte als die Anwesenheit in dieser grandiosen Kulisse war die Tatsache, dass es sich – nach zwei Jahren in dem Job und all den Dingen, die in der Zwischenzeit passiert waren – nicht ungewohnt anfühlte, hier zu sein.

Bei seinem Auftritt wurde Obama mit stürmischen Ovationen empfangen. Der konservative Sprecher des House of Commons sprach hochtrabende Begrüßungsworte: «Es ist mir eine Ehre, Mr. President, Sie als Freund und als Staatsmann begrüßen zu dürfen. (…) Es ist Ihnen zugefallen, wirtschaftliche Turbulenzen in Ihrer Heimat zu bewältigen, die Gesundheit derer zu schützen, die nicht über Reichtümer verfügen, und jenes wertvolle Gleichgewicht anzusteuern zwischen der Sicherheit, die zu oft bedroht wird, und den Menschenrechten, die zu oft vernachlässigt werden.» Es war verblüffend, die Geschichte von Obamas Präsidentschaft aus dem Munde eines konservativen britischen Politikers zu hören, der dafür Worte verwandte, die ein republikanischer Politiker in den Vereinigten Staaten niemals benutzen würde.

Während ich an die Ereignisse der letzten Monate denken musste, näherte sich Obamas Rede ihrem Höhepunkt. Es war eine eindringliche Rechtfertigung des menschlichen Fortschritts durch jemanden, dessen Familie in der Vergangenheit aus der Hauptstadt dieses Empire heraus unterdrückt worden war: «In einer Welt, die immer kleiner wird und immer stärker vernetzt, zeigt das Beispiel unserer beiden Nationen, dass es Menschen möglich ist, sich über ihre Ideale miteinander zu verbünden, anstatt sich durch ihre Unterschiede voneinander trennen zu lassen; dass es möglich ist, dass Herzen sich ändern und alter Hass vorübergeht; dass es für die Söhne und Töchter aus ehemaligen Kolonien möglich ist, als Abgeordnete in diesem großen Parlament zu sitzen, und für den Enkel eines Kenianers, der als Koch in der britischen Armee diente, als Präsident der Vereinigten Staaten hier vor Ihnen zu stehen.»

Am nächsten Morgen hatte ich einen furchtbaren Kater. Es hatte eine Party zu Ehren der Queen gegeben, anschließend hatten Camerons Mitarbeiter uns in einen Club gegenüber unserem Hotel eingeladen, in dem unser gesamtes Team viel zu lange geblieben war. Als ich mich aus dem Bett quälte, hatte ich weniger als zwei Stunden geschlafen. Meine letzte Erinnerung war Favreau, der begeisterten Briten beibrachte, wie man den Akzent aus South Boston nachahmt. Wir bestiegen für den kurzen Flug über den Ärmelkanal die kleinere Air Force One, und ich gab mich sofort nach dem Start dem Schlaf hin. Ein paar Minuten später wachte ich auf und sah, wie Obama neben meinem Sitz stand, ein breites Lachen auf seinem Gesicht. Ganz offensichtlich war er von Pfeiffer angestachelt worden, der grinsend hinter ihm stand. «Kann man hier nicht mal ein paar Minuten seine Ruhe haben?», fauchte ich instinktiv.

Kaum im Hotel im französischen Deauville angekommen, trafen wir uns zu bilateralen Gesprächen mit dem russischen Präsidenten Dmitri Medwedew. Der Raum war heiß und fensterlos. Obama und Medwedew saßen beieinander, und der US-Delegation gegenüber saßen einige Russen; ein paar von ihnen sahen aus, als wäre ihre Nacht ähnlich verlaufen wie meine.

Medwedew war immer gut mit Obama ausgekommen. Gemeinsam hatten sie die russisch-amerikanischen Beziehungen aus dem Tiefpunkt von 2008 hinausgeführt, als Russland in Georgien einmarschiert war. Wir hatten den New-START-Vertrag ausgehandelt, eine Übereinkunft über die Versorgung US-amerikanischer Truppen in Afghanistan über russisches Gebiet getroffen und bei der Verschärfung der Sanktionen gegen den Iran kooperiert. Wir gingen davon aus, dass Wladimir Putin, der damalige Ministerpräsident, diese Maßnahmen unterstützte, denn im Allgemeinen wurde er als der starke Mann in Moskau angesehen. Doch seit Kurzem schien es, als wären wir Putin zu weit gegangen mit unseren Versuchen, Medwedew von der amerikanischen Position bezüglich der Resolution des UN-Sicherheitsrates zu Libyen zu überzeugen. Historisch war Russland ein enger Verbündeter Libyens und gegen die von den USA angeführten Bemühungen, in fremden Ländern Regimewechsel herbeizuführen, weshalb Putin in der Libyen-Frage Medwedew öffentlich kritisiert hatte. Russland steuerte auf eine Präsidentenwahl zu, doch es war noch nicht klar, ob Putin wieder antreten würde, um das Amt, das er an Medwedew übergeben hatte, zurückzugewinnen.

Der Einfluss von Putins Kritik war sofort unübersehbar. Medwedew begann das Treffen mit einer langen Beschwerde über unsere Libyenpolitik. Er ist ein kleiner, kompakter Mann, der locker geknotete Krawatten trägt und über eine charismatische Körpersprache verfügt; dabei öffnet und überkreuzt er immer wieder die Beine und macht abschätzige Gesten mit den Händen. Zunächst wischte er die Frage nach Gaddafi beiseite. *«Ich habe ihn nie so umgarnt wie die Europäer»,* erklärte er. Doch dann setzte er zu einer Schimpftirade an, darüber, wie wir in Libyen einen Krieg begonnen hätten, um Zivilisten zu schützen, nun aber versuchten, eine neue Regierung zu installieren. Er hatte recht, natürlich, obwohl nur schwer vorstellbar war, wie man in Libyen Zivilisten hätte beschützen können, solange Gaddafi an der Macht war und sie abzuschlachten versuchte. Medwedews Missfallensäußerungen waren offenbar auch für die Hardliner auf seiner Seite des Raums gedacht, für Männer, die Putin nahestanden.

Nachdem die Eröffnungsstatements beendet waren und das Gespräch zwangloser wurde, überraschte uns Medwedew mit der Äußerung: *«Gaddafi muss weg. Er ist messianisch.»* Dieses Muster kannten wir schon: Medwedew durchbrach auf gewisse Weise die harte russische Linie und gab zu erkennen, was er wirklich dachte. Man bekam das Gefühl, dass er weiter von Putin entfernt war, als wir wussten. Im späteren Verlauf der Besprechung, als Obama ihm erklärte, er könne nicht einfach dafür sorgen, dass die WHO Russland als Mitglied aufnehme, da er nicht allmächtig sei, stimmte Medwedew ihm zu und kam auf Gaddafi zurück. Niemand sei allmächtig, sagte er, außer dem Mann mit dem kleinen grünen Buch – eine Anspielung auf das bizarre Machwerk politischer Propaganda, das Gaddafi 1975 veröffentlicht hatte. Unter anderem erklärte Gaddafi darin, wie man Säuglingen die Brust gab, wie man sich kleidete und Sportanlagen gestaltete. Es schien, als fiele es Medwedew schwer, Verständnis für extremistische Gangster zu heucheln, auch wenn sie im russischen Interesse handelten.

Kurz vor Ende des Gesprächs sagte Obama, der Neustart der amerikanisch-russischen Beziehungen müsse so stark sein, dass er ihr persönliches Verhältnis überdauere. Er hatte die anstehenden russischen Wahlen und damit Putins Rückkehr an die Macht im Hinterkopf. Ansonsten, scherzte Obama, könnten eines Tages seine Töchter Sasha und Malia gewählt werden und versucht sein, einen neuen Kalten Krieg anzufangen. Damit wollte er das sehr konkrete Gefühl einer Verschiebung in den bilateralen Beziehungen ein wenig herunterspielen – den Eindruck, dass die Öffnung von 2009 und 2010 bald von dunkleren Mächten innerhalb Russlands überschattet werden würde, von dem rauen Nationalismus, wie ihn Putin repräsentierte. Medwedew machte selbst darüber Scherze, wies auf ein besonders grimmig dreinblickendes Mitglied seiner Delegation und meinte: «Er ist wie Palin.» Damit ging dieses Treffen zu Ende, das letzte mit Medwedew, bevor Putin seine Kandidatur zur Präsidentschaftswahl ankündigte.

Nach dem Gespräch ging ich auf mein Zimmer. Es lag in einer Ecke des Ferienhotels, in dem wir untergebracht waren. Durch das Fenster sah man den langen roten Teppich, über den die führenden G8-Politiker hereinkamen, um mit Sarkozy die Hände zu schütteln. Ich beobachtete, wie Obama und der französische Staatspräsident einander begrüßten und an eine Absperrung traten, um Leuten die Hand zu geben. Dann lief ich ins Badezimmer, sackte auf die Knie und übergab mich.

In diesem Moment schien mich die Absurdität des Ganzen einzuholen. Vor zwei Tagen hatte ich im Buckingham Palace gespeist. Nun lag ich dreißig Meter von meinem Chef, dem Präsidenten der Vereinigten Staaten, entfernt auf dem Boden und war krank. Ich hatte zu viel getrunken und zu wenig geschlafen, na klar. Doch es war mehr als das, es war der aufgestaute Stress mehrerer Monate, in denen ich ständig auf weltbewegende Ereignisse hatte reagieren müssen. Diese Monate hatten mich verändert. Womöglich waren es die großen Entscheidungen gewesen, die wir getroffen hatten; womöglich war es die harsche Kritik von Menschen auf der anderen Seite der Meinungsskala gewesen oder die warme Aufnahme durch

Menschen wie die britische Elite; womöglich war es auch die zunehmende Nähe zu Obama. Doch was immer es gewesen war, ich spürte keine Nervosität mehr, wenn ich in Meetings meine Stimme erhob, wenn ich vor anderen sprach, wenn ich vor einer Kamera stand oder die Presse informierte. Irgendwie war es zu einer zweiten Natur geworden, diese Dinge zu erledigen. Welche Beklemmung ich auch spürte, sie war nicht mehr an der Oberfläche, dafür aber tiefer in mir vergraben und tauchte in Momenten wie diesem wieder auf.

Wir flogen nach Polen. Am Mahnmal für das Warschauer Getto erschauderte ich ein wenig, als das «Taps», das amerikanische militärische Trompetensignal zu zeremoniellen Anlässen, erklang. Ein Teil meiner Familie waren polnische Juden gewesen. Als ich 2001 zum ersten Mal nach Polen gereist war, nur wenige Monate vor dem 11. September, hatte ich als 23-jähriger Backpacker auch Warschau besucht und war von dort aus per Bus in die Stadt gefahren, aus der meine Vorfahren stammten. Ich folgte einem Reiseführer und kam zu einer mit Brettern vernagelten Synagoge und einem jüdischen Friedhof. Einige der Grabsteine waren mit Hakenkreuzen und Exkrementen beschmiert worden, außerdem hatte man die Namen von Todeslagern dazugekritzelt. Ein paar zerschlagene Wodkaflaschen deuteten darauf hin, dass sich an Orten wie diesen junge Rechtsextreme besoffen, um sich stärker zu fühlen – das Gegenstück zu jener Geschichte menschlichen Fortschritts, die Obama vor wenigen Tagen in London beschworen hatte.

Es war vorgesehen, dass ich die Reise am nächsten Morgen einen Tag früher als die anderen beendete. Eineinhalb Jahre nach unserer Hochzeit würde ich mit Ann zu unserer Hochzeitsreise aufbrechen – ein paar Tage in Wien, Salzburg und Prag. Es war eine jener unruhigen Nächte, in denen man das Gefühl hat, kein Auge zuzubekommen, dann aber auf die Uhr schaut und feststellt, dass doch wieder ein oder zwei Stunden vergangen sind. Gegen sechs Uhr stand ich auf und stopfte meine restlichen Kleider in die Tasche. Die anderen mitreisenden Mitarbeiter schliefen noch, als ich meinen Koffer aus dem abgeschirmten Bereich der vom Secret Service bewachten Etage hinauszog und eine namenlose Warschauer Straße betrat.

Der Bahnhof war nur eine kurze Wegstrecke zu Fuß entfernt. Dort angekommen, hatte ich Angst, den Zug zu verpassen oder den falschen zu nehmen, weil auf der großen Anzeigetafel vor mir kaum etwas auf Englisch angezeigt wurde. Da stand ich nun, ein Mann, der in der Lage war, Reisen für den Präsidenten der Vereinigten Staaten zu planen und durchzuführen, aber selbst nicht einmal verlässlich seinen Zug fand. Als ich schließlich im richtigen Zug saß, war ich so angespannt, dass ich die Augen nicht schließen konnte. Ich starrte auf die vorbeiziehende polnische Landschaft, auf die blühenden Felder, doch meine Gedanken rasten umher. Ich spielte mit meinem BlackBerry herum aus Sorge, ich hätte etwas für Obamas letzten Besuchstag in Polen übersehen. Als ich endlich eingeschlafen war, umgaben mich in meinem Traum nur Arbeitskollegen.

In Wien angekommen, nahm ich ein Taxi und befand mich bald in einem kleinen, hübschen Hotelzimmer mit Blick auf den Stephansplatz – den riesigen Dom und den Platz im Herzen der Stadt. Vor dreizehn Jahren war ich als Student auf meiner ersten langen Zugfahrt durch Europa schon einmal hier gewesen, um eine Ex-Freundin vor dem Dom zu treffen. Ohne Smartphone und GPS-Navigation stellte es damals durchaus eine Herausforderung dar, sich mitten in einem fremden Land mit jemandem zu treffen, mit dem man sich einige Tage zuvor am Telefon verabredet hatte. Nun war ich wieder hier und wartete, völlig erschöpft, auf meine Frau, die erst in einigen Stunden eintreffen würde, nachdem ich unsere Hochzeitsreise achtzehn Monate lang hatte aufschieben müssen.

Zum ersten Mal seit 2007, als ich mich Obamas Wahlkampfteam

angeschlossen hatte, würden Ann und ich über eine Woche lang Arbeit und Familie hinter uns lassen. Ich saß auf dem Bett und überlegte, was im Augenblick auf Obamas Terminkalender stand. Ich fühlte mich leer und war von den Ereignissen der letzten Monate völlig losgelöst, als hätte ein anderer Mensch diese Erfahrungen gemacht: in Sitzungen mit zahllosen Menschen diskutiert, Reden geschrieben, bei denen jedes Wort anschließend auf die Goldwaage gelegt wurde, die Ansichten der Regierung der Vereinigten Staaten vor laufenden Kameras erläutert. Durch das Fenster blickte ich zum Stephansdom hinüber mit seinen aufragenden Türmen und den kauernden Wasserspeiern, die Generationen von Handwerkern geschaffen hatten, ohne die Fertigstellung ihres Bauwerks jemals erleben zu dürfen. Ich legte mich aufs Bett. Ich kam mir vor wie die Figur in einem Kalter-Kriegs-Film, die sich in einem konspirativen Unterschlupf versteckt hält, und fand endlich Schlaf.

Kapitel 13

Reaktion und Aktion

Je länger das Jahr 2011 andauerte, umso mehr wurde mir bewusst, dass es eine Kluft gab zwischen den Themen, bei denen wir nur auf Ereignisse reagieren konnten, und jenen, die wir handelnd selbst gestalteten. Diese Spaltung hatte es schon immer gegeben – zwischen dem, was ein Präsident selbst umsetzen möchte, und dem, worauf er in der Welt antworten muss –, doch mit dem Ausbruch des Arabischen Frühlings hatte sich die Waagschale deutlich in Richtung Reaktion gesenkt.

In diesem Sommer wuchs in Syrien die Krisenstimmung. Es begann mit jungen Menschen, die sich auf den Straßen versammelten und Graffiti auf die Wände schrieben: «Das Volk will den Sturz des Regimes.» Der 45-jährige Diktator Baschar al-Assad reagierte mit Verhaftungswellen und Folter. Wir setzten die üblichen Mittel ein: öffentliche Verurteilung und zielgerichtete Sanktionen. Doch das hier war nicht Ägypten: Syrien war ein Gegner, der die Vereinigten Staaten ignorieren und auf die Unterstützung Irans und Russlands zählen konnte, die beide entschlossen waren, Assad Beistand zu leisten. Im Verlauf des Sommers schlugen die Proteste als Reaktion auf das Durchgreifen des syrischen Militärs in Gewalttätigkeit um. Einige Regierungsmitglieder und Militärs wechselten die Seiten. Im Juli formierte sich die Freie Syrische Armee, um gegen das Assad-Regime Widerstand zu leisten.

In diesen Tagen war Syrien einer der Krisenherde in einem sich

ausbreitenden Flächenbrand. Wir führten Krieg in Libyen und versuchten uns als Geburtshelfer für einen Übergang in Ägypten. Wir
waren gefangen in einer heiklen Mischung aus Kritik und Unterstützung für eine repressive Regierung in Bahrain und bekämpften
al-Qaida in Jemen, während der dortige Präsident mit einer eigenen
Protestbewegung zu tun hatte. Innenpolitisch steckte Obama in
einer Krise, denn die Republikaner im Kongress weigerten sich, die
Schuldenobergrenze anzuheben, und beschworen konkrete Ängste
herauf, dass die amerikanische Wirtschaft dadurch abgewürgt werden könnte. Zwei Tage vor der Zahlungsunfähigkeit stimmten die
Republikaner einer Erhöhung der Schuldenobergrenze unter der
Bedingung zu, dass im Gegenzug die Ausgaben massiv gekürzt
wurden. Nach dieser Erfahrung fühlten wir uns geschrumpft: Nachdem wir zwei Jahre lang Großartiges geleistet hatten, stand uns nun
mit den Republikanern ein Zermürbungskrieg bevor, den wir nicht
angestrebt hatten und bei dem es nur Verlierer geben konnte.

Im August verlegte sich Assad über Massenverhaftungen hinaus
auf die Bombardierung ganzer Stadtviertel. Noch blieb in den Vereinigten Staaten eine militärische Reaktion außer Betracht. Denn
es gab kein Bengasi, das vor einer anrückenden Armee geschützt
werden konnte, keine internationale Koalition und kein Mandat der
Vereinten Nationen. Die drängendste Frage zu diesem Zeitpunkt
war, ob – oder wann – Assad öffentlich zum Rücktritt aufgefordert
werden sollte. Uns war klar, dass er unserem Machtwort nicht Folge
leisten würde, aber wir hatten bei Mubarak und Gaddafi ähnliche
Aufrufe gestartet. Wir wollten eine moralische Haltung einnehmen
und die politische Botschaft aussenden, dass Assad in den Augen
der freien Welt keine Zukunft mehr hatte.

Da ich für die Kommunikation zuständig war, kamen die mit
Syrien vertrauten Mitarbeiter des Nationalen Sicherheitsrats zu mir
und meinten, dass es an der Zeit sei, die Erklärung abzugeben. Unsere Diplomaten glaubten, dies könne zur Schließung der Botschaft

in Damaskus führen, aber in diese Richtung waren wir ohnehin unterwegs. Clinton sprach sich dafür aus, und das Finanzministerium hatte bereits ein Paket mit verschärften Sanktionen vorbereitet. Obama zeigte sich offen für diesen Weg, vorausgesetzt, er würde mit unseren Verbündeten abgestimmt. Um Assad möglichst effektiv zu isolieren, entwickelten wir eine diplomatische Strategie. Ich entwarf in Obamas Namen eine Erklärung, in der unter anderem stand: «Wir haben wiederholt darauf hingewiesen, dass Präsident Assad einen demokratischen Übergang einleiten oder seinen Platz räumen muss. Er hat keinen Wandel eingeleitet. Um des Wohles des syrischen Volkes willen ist die Zeit für den Rücktritt von Präsident Assad gekommen.» Ich mailte den Text am Morgen des 18. August an Obama, der ihn absegnete. In der Folge ging die Erklärung um die Welt, und Cameron, Sarkozy und Merkel gaben ihre eigene gemeinsame Erklärung heraus, die sich auf Obama bezog und Assad dazu aufrief, «sich der Realität der vollständigen Ablehnung seines Regimes durch das syrische Volk zu stellen».

Während im Rückblick der Fokus lange darauf lag, ob wir militärisch hätten eingreifen sollen, beschäftigt mich immer noch die Frage, ob eine schärfere diplomatische Initiative die künftigen Gewaltausbrüche hätte eindämmen können, selbst wenn sie nicht unmittelbar zu Assads Sturz geführt hätte. Wir setzten darauf, dass der steigende Druck auf Assad aus dem Inland zusammen mit der wachsenden Isolation durch das Ausland zum Zusammenbruch seines Regimes führen würde. Man hielt Meetings ab, um Pläne für die Zeit nach Assads Abdankung zu entwickeln; suchte Wege, um zu testen, ob er das Land friedlich verlassen würde; versuchte zu bewerten, welche Mitglieder seiner Regierung Teil eines Übergangsprozesses sein könnten. Hatten die Einschätzungen der US-Regierung die Wahrscheinlichkeit von Mubaraks Rücktritt vor dem Februar 2011 als gering bewertet, schlugen sie nun in die andere Richtung aus und sagten Assads Machtverzicht voraus. Die meisten

Analysten gingen offenbar davon aus, dass seine Tage gezählt seien, und so auch ich. Bei Obama jedoch herrschte größere Skepsis: «Syrien könnte zu einem steinigeren Weg werden», warnte er uns, «als wir alle glauben.» Er hatte, so vermute ich, nicht vergessen, was er mir in der Limousine auf der Rückfahrt nach seiner Rede zu Libyen dargelegt hatte: die Frage, ob wir genug Kapazitäten hätten, um den Arabischen Frühling zu formen. Später verstand ich, dass er damit noch etwas Zweites in Frage stellte: ob der Arabische Frühling überhaupt formbar war.

Ende August – Obama verbrachte seine Ferien auf Martha's Vineyard – fuhr ich nach New York. Ich brauchte ein wenig Ruhe, die Möglichkeit, einmal abzuschalten und alte Freunde zu besuchen, bevor ich nach Kalifornien flog, um Ann und ihre Eltern zu sehen. Jedes Mal, wenn ich in der Stadt ankomme, wenn ich aus dem Fahrstuhl an der Penn Station trete, fühle ich mich befreit, sobald ich in der Menge untergetaucht bin. Manche Menschen erholen sich auf dem Land oder am Strand – für mich muss es eine volle U-Bahn oder das Gedränge auf einer Straße in Chinatown sein. Ich lief viele Meilen auf und ab, leerte meinen Kopf und sah zum emporstrebenden Freedom Tower hinüber: Die Sonne spiegelte sich im Glas, Kräne reckten sich in den Himmel. Ich kontrollierte mein Smartphone und fand Berichte in den sozialen Netzwerken, dass libysche Rebellen sich Tripolis näherten. Während ich im Battery Park saß, bekam ich Mails von jungen Mitarbeitern des Nationalen Sicherheitsrats – von Leuten, die wussten, welchen Accounts in den sozialen Medien man folgen musste. Auf diesem Weg hat das Weiße Haus davon erfahren, dass Tripolis kurz vor dem Fall stand: über Twitter.

Es war fünf Monate her, dass die ersten amerikanischen Bomben auf Libyen gefallen waren. Ohne einen einzigen Soldaten auf dem Boden und ohne einen einzigen amerikanischen Gefallenen hatten wir geholfen, Tausende Leben zu retten. Und nun brach Gaddafis Regierung in sich zusammen. Es fühlte sich an, als wäre jetzt vielleicht, aber nur vielleicht, der Augenblick gekommen, in dem sich das Blatt gegen die starken Männer des Nahen und Mittleren Ostens wendete. Eine Freundin im Nationalen Sicherheitsrat schickte mir ihr Lieblingszitat von Gandhi: «Am Ende stürzen die Tyrannen. Denk daran. Immer.» Es schien möglich, daran zu glauben.

Ein paar Wochen später wurde Gaddafi in seiner Heimatstadt Sirte getötet. Eine Drohne der Koalition hatte seinen Konvoi getroffen. Gaddafi floh aus dem Auto und versteckte sich in einem Abwasserrohr, doch eine Gruppe Rebellen zog ihn heraus und erschoss ihn. Es war eine passende Metapher für den gesamten Krieg: wir in der Luft, die Libyer am Boden. Oder wie Brennan es mir gegenüber formulierte: «das richtige Ende für eine der dicksten Ratten des 20. Jahrhunderts».

Im Herbst endeten Obamas Bemühungen in seiner ersten Amtszeit, den Nahost-Friedensprozess voranzubringen. Jedes Jahr im September machten wir uns auf den Weg nach New York, wo für einige Tage intensiver Diplomatie die Welt zur Generalversammlung der Vereinten Nationen (UNGA) zusammenkam. Das Leben auf der UNGA drehte sich um das Waldorf-Astoria, ein großes, altes Hotel auf der Park Avenue, das wirkte, als schwelge es darin, dass seine besten Tage schon hinter ihm lagen – die Teppiche in den Fluren leicht fleckig und ausgeblichen, die Wände mit Schwarz-Weiß-Fotos aus den Fünfzigern dekoriert, auf denen Berühmtheiten mit anderen Berühmtheiten feierten, dazu Fotos von Harry Truman und Dwight Eisenhower. Jedes Jahr füllte sich das Hotel zur UNGA mit Diplomaten, Delegationen aus Afrika und dem Nahen Osten, Journalisten, Spionen und einem gewaltigen US-amerikanischen Kontingent. Über der gesamten Angelegenheit lag ein Hauch von Nostalgie, einer Sehnsucht auch nach einer anderen

Ära in der amerikanischen Außenpolitik – den Nachkriegszeiten, als die Welt noch zu uns gepilgert kam.

Am ersten Abend der UNGA trafen sich Obama und seine wichtigsten Berater in einer Penthouse Suite im Waldorf-Astoria, die gleichzeitig die Residenz der amerikanischen Botschafterin bei den Vereinten Nationen war. Susan Rice hatte sich gut in den Job eingefügt. Ihrem scharfen Verstand entging kein Detail, und sie beherrschte die komplexen Abläufe der Vereinten Nationen perfekt: wie man durch die unterschiedlichen Bürokratien und Prozeduren steuert, eine Resolution entwirft und durch gutes Zureden Stimmen gewinnt. Ihre direkte Art half ihr in einer Umgebung, die starke Persönlichkeiten wertschätzte, und ihre Beziehung zu Obama stattete sie mit jenem immateriellen Vermögenswert aus, der ausländischen Regierungen am kostbarsten ist: der Nähe zum Präsidenten. Wir hatten auf Resolutionen des UN-Sicherheitsrats zu Sanktionen gegen den Iran und Libyen gesetzt, um einigen unserer großen Anliegen zum Erfolg zu verhelfen, und Susan Rice hatte geliefert. Die Stelle des Botschafters bei den Vereinten Nationen ist üblicherweise eine Stufe auf dem Weg ins Außenministerium, so dass Susan bei einer Wiederwahl Obamas gute Chancen auf dieses Amt hatte.

Sie hatte auch engen Kontakt zu mir gehalten, hatte Redenentwürfe überarbeitet, und wenn sie im West Wing war, hatte sie bei mir hereingeschaut und mich mit einer Umarmung und einem Schlag auf den Rücken begrüßt. Allein unter den Mitgliedern des Kabinetts, hatte sie mit Blick auf Ägypten und Libyen die gleichen nach vorn gerichteten Positionen vertreten wie Samantha und ich. Wenn sie sich auf Vorgänge im Weißen Haus keinen Reim machen konnte, rief sie mich an. Wenn sie überzeugt war, dass ich etwas Dummes geäußert hatte, kam sie mir mit einem amüsierten «What you talkin' about, Willis?». Wir, die wir gemeinsam den Wahlkampf durchgestanden hatten, waren irgendwie eine Familie und stärkten uns unausgesprochen den Rücken.

Susan hatte das trübselige Ambiente des Penthouse durch große Leinwände mit moderner Kunst aufgewertet. Als wir in die durchgesessenen Sessel und Sofas sanken, bot uns ein Kellner Drinks und Horsd'œuvres an.

Sie zeichnete ein düsteres Bild des Friedensprozesses im Nahen Osten. Wir arbeiteten daran, im UN-Sicherheitsrat eine Mehrheit der Stimmen gegen die Anerkennung der Palästinenser zusammenzukommen: Dies würde die Wahrscheinlichkeit verringern, dass diese eine Abstimmung über die Frage erzwangen. Neben all dem, was sonst in der Welt geschah, mussten wir Gabuns Stimme zu gewinnen versuchen. Ich fand die ganze Angelegenheit deprimierend: Wir versuchten immer nur, Schlimmeres zu verhindern.

Bei einem unserer Treffen mit ausländischen Regierungschefs wurde das besonders deutlich. Alle waren wie Mitwirkende in einem Drama, von dem sie wussten, dass es immer gleich ausging: mit einer Blockadehaltung der Vereinigten Staaten gegenüber den Palästinensern bei den Vereinten Nationen, einem isolierten Israel und frustrierten Palästinensern. Bei einer Begegnung mit Recep Tayyip Erdogan, dem türkischen Ministerpräsidenten, las dieser mit süffisantem Lächeln einen Auszug aus der Rede vor, die Obama im letzten Jahr bei der UNGA gehalten hatte: eine inständige Bitte an alle, daran zu arbeiten, dass im kommenden Jahr auf der Generalversammlung ein Friedensvertrag vorliege, der die Aufnahme Palästinas in die UNGA ermögliche. Obama und Erdogan hatten eine Arbeitsbeziehung etabliert, wenngleich eine, die viel Zeit kostete. Denn Erdogan liebte es, Dinge sehr ausführlich zu bereden. Jedes Jahr wurde er ein wenig dickköpfiger: Je stärker er im Inland seine Macht konsolidierte, desto schlechter schien er mit Widerspruch umgehen zu können. Obama argumentierte, dass die Palästinenser ihre Eigenstaatlichkeit nicht von den Vereinten Nationen erhalten könnten: Sie müsse mit Israel ausverhandelt werden. «Schauen Sie sich den Südsudan an», sagte er, «es hat viele Jahre und einen Verhandlungsfrieden gebraucht, damit das jüngste Land der Welt geboren werden konnte.»

«Und es hat viele Jahre Sanktionen gegen den Norden Sudans gebraucht», schoss Erdogan zurück. *«Schlagen Sie das nun auch für Israel vor?»*

Nach diesem Gespräch bat mich Obama in seine Suite, um die Rede durchzugehen, die er vor der UN-Vollversammlung am nächsten Morgen halten wollte. Wir besprachen einige Änderungen und hielten inne, als wir zu dem Teil über den Nahen Osten kamen, in dem wir Israels Position vertraten. «Ich hasse es, wenn Erdogan Argumente in der Hand hat», sagte Obama.

«Das mit dem Sudan war sogar ein ziemlich gutes», antwortete ich.

«Die Sache ist die», meinte Obama, «ich glaube wirklich nicht, dass sich die Palästinenser an die Vereinten Nationen wenden sollten. Ich kann Bibi nicht dazu bringen, dass er Frieden will.»

«Haben Sie den Film *Jerry Maguire* gesehen?», wollte ich wissen.

«Natürlich.»

«Mit Netanjahu verhandeln ist genau so. *Help me help you.* Hilf mir, damit ich dir helfen kann.»

Obama lachte. Wir wiederholten den Spruch in den kommenden Jahren jedes Mal, wenn Bibi wieder jede Friedensbemühung durchkreuzte. Ich blieb noch bis zwei Uhr wach, um die Rede fertigzustellen und die Formulierungen zur Unterstützung Israels zu schärfen. Ich hatte kein Problem damit, Worte zur Verteidigung Israels vor einer Gruppe von Delegierten zu finden, zu denen viele Heuchler und ausgesprochene Antisemiten gehörten. Die Palästinenser mussten einen eigenen Staat durch Verhandlungen mit Israel erreichen, doch genauso offensichtlich war auch, dass Netanjahu an ernsthaften Verhandlungen gar nicht interessiert war.

Nach der Rede ging ich zurück ins Waldorf, wo Obama mit Sarkozy zusammentreffen sollte. Sarkozy hatte uns am Morgen mit der Aussage überrascht, er werde in der Generalversammlung seine Unterstützung für die Anerkennung Palästinas deutlich machen. Obama war verärgert – in derart heiklen Angelegenheiten ersparen uns unsere Verbündeten normalerweise solche Überraschungen. Mit seiner Entourage im Schlepptau kam Sarkozy, ein kleiner, elegant gekleideter Mann, der sich rastlos bewegte, in den Konferenzsaal geschneit und setzte sich neben Obama. Die Presse wurde hereingebeten. Sarkozy schüttete kübelweise Lob über Obama aus. Sobald die Medienvertreter den Raum verlassen hatten, wurde Obama wieder ernst. «Nicolas, manches müssen Sie mit uns absprechen.»

Sarkozy fiel ihm ins Wort. *«Barack, Sie haben absolut recht. Lassen Sie mich Ihnen erklären, warum ich das tat, was ich getan habe. Ich verachte diesen Menschen Netanjahu. Er hat Sie im Oval Office gedemütigt. Er hat mich angelogen.»* Sarkozy fuhr noch eine ganze Weile so fort und griff sich dabei ans Revers oder klopfte zur Betonung mit der Hand auf den Tisch.

Obama lächelte ununterbrochen und versuchte, die Stimmung aufzuheitern. «Nicolas», sagte er. «Ich habe schon meinen Nobelpreis. Es würde mich freuen zu sehen, wie Sie Ihren bekommen.»

Die letzte Besprechung an diesem Tag war mit dem palästinensischen Präsidenten Mahmud Abbas. Die beiden Präsidenten unterhielten sich allein, mit jeweils nur einem Mitarbeiter an ihrer Seite, weshalb ich auf dem Flur vor dem Zimmer wartete. Als sich die Tür öffnete, sah ich, wie Obama Abbas am Ellenbogen aus dem Raum geleitete. Der ältere Herr, der sich langsam und bedächtig bewegte, schüttelte Obamas Hand und ging den Flur entlang. Er wirkte, als habe er einen Dämpfer erhalten – ein Mann, der nirgendwo eine führende Rolle spielte und auf allen Seiten von Kräften gebeutelt wurde, die größer waren als er selbst: Israel, den Vereinigten Staaten, den arabischen Ländern. Ich konnte nicht sagen, ob er wirklich Frieden wollte, wusste aber, dass er von uns nur rhetorische Unterstützung bekam.

Obama bat mich herein und sagte, ich solle mit ihm zu Abend essen: sein übliches Gericht aus Lachs, braunem Reis und gedünstetem Brokkoli. Die Einfachheit seiner Mahlzeiten sagte immer etwas aus über seine Disziplin – Essen war etwas, das seine Gesundheit und seine Energie für diesen Job aufrechterhielt, nichts, woran er Spaß hatte.

«Wie möchten Sie, dass ich dieses Gespräch nach außen kommuniziere?», fragte ich.

«Sie sollen es so kommunizieren», antwortete er: «Ich habe mich entschlossen, ein Präsident mit nur einer Amtszeit zu bleiben. Ich werde die palästinensische Bitte bei den Vereinten Nationen unterstützen.»

Er frotzelte nur: Er wusste, dass ich über den Ausgang der Dinge enttäuscht war, dass ich aber selbst keine besseren Ideen hatte. Er konnte Israel nicht dazu bringen, den Siedlungsbau auf palästinensischem Gebiet zu stoppen, und trotz Netanjahus Uneinsichtigkeit würde er immer auf Seiten Israels stehen, wenn es hart auf hart kam. Es fühlte sich an, als sei der israelisch-palästinensische Konflikt etwas, das wir bewältigen mussten, nicht lösen. Beide Seiten mussten weiter Gespräche miteinander führen; wir mussten die Palästinenser überzeugen, dass sie ihre Hoffnung auf einen Staat nicht aufgeben durften; und wir mussten bei den Vereinten Nationen verhindern, dass Israel unter Druck geriet. Reaktion, keine Aktion.

Während wir damit kämpften, die verschiedenen sich zuspitzenden Krisen im gesamten Nahen Osten im Zaum zu halten – es schien uns, als seien Autokratie, Tribalismus und Sektierertum hier stärker als jede äußere Macht, stärker sogar als die Vereinigten Staaten von Amerika –, sah ich mich nach weiteren Regionen und Aufgaben um, denen ich meine Zeit widmen konnte, nach Orten, an denen wir etwas Positives in der Welt erreichen konnten.

Für den November war eine Asienreise geplant. Wenige Wochen vor der Abreise baten mich Jake Sullivan, Kurt Campbell und Danny Russel zu sich ins Weiße Haus. Jake war Hillarys stellvertretender Stabschef und Direktor für politische Planung. In Wirklichkeit war er eine Art Mädchen für alles und erfüllte diese Aufgabe besser als jeder andere. Er war ungefähr in meinem Alter, stammte aus Minnesota, hatte glattes, gescheiteltes sandbraunes Haar und genau den Werdegang hinter sich, der einen an die Spitze des amerikanischen außenpolitischen Establishments führt: tadellose Uni-Abschlüsse, Arbeitserfahrung am Obersten Gerichtshof, ein wichtiger Mitarbeiter in Hillarys Präsidentschaftswahlkampf. Kurt war Unterabteilungsleiter im Außenministerium – ein großer Mann mit einer noch größeren Persönlichkeit, dem ebenso viel an ausgefeilten Strategien lag wie an seiner edelmütigen Suche nach den Überresten von Amelia Earhart, jener amerikanischen Flugpionierin, die Ende der Dreißiger über dem Pazifik verschollen war. Danny war ein eher unaufdringlicher Typ, ein Beamter aus dem Außenministerium, der sich jahrzehntelang in die Feinheiten der asiatischen Politik vertieft und sich zum wichtigsten Asien-Mitarbeiter im Weißen Haus hochgearbeitet hatte, unter einem Präsidenten, der die persönliche Affinität für diese Region mit ihm teilte.

Die drei trugen mir ihre Idee vor: Die Zeit sei reif, in den Beziehungen zu Myanmar eine Öffnung herbeizuführen. Das Land war fast fünfzig Jahre lang von einer öffentlichkeitsscheuen Militärjunta beherrscht worden. Wie die meisten Amerikaner kannte ich Myanmar vor allem aufgrund der Geschichte der Friedensnobelpreisträgerin Aung San Suu Kyi, der Tochter des myanmarischen Unabhängigkeitshelden, die nach ihrem Wahlsieg 1990 zwei Jahrzehnte lang – größtenteils in ihrem eigenen Haus – eingesperrt gewesen war. Im Herbst 2011 mehrten sich die Anzeichen, dass sich die Dinge änderten. Das Militär hatte eine neue Verfassung verabschiedet, die den Übergang zu einer von Zivilisten geführten Regierung einleiten sollte. Suu Kyi war aus dem Hausarrest entlassen worden und wieder in die Politik eingestiegen. Unsere drei Experten schlugen mir vor, Obama solle seine Asienreise für die Ankündigung nutzen, dass wir wieder enger mit der myanmarischen Regierung zusammenarbeiten wollten und dass Hillary einen Staatsbesuch plane. Ich versprach, mich für diese Pläne einzusetzen.

In den letzten beiden Jahren hatten wir uns darum bemüht, die Bedeutung des asiatisch-pazifischen Raums zu betonen. Viele der Themen, die Obama bewegten – die Wachstumschancen für die amerikanische Wirtschaft, der Kampf gegen den Klimawandel, die Formulierung neuer internationaler Regeln für den Handel und das Wirtschaftsleben –, hingen von der Kooperationsbereitschaft in Asien ab. Während der Nahe Osten für die Vergangenheit stand – für Religionskriege, von Amerika gestützte Autokraten, iranische Revolutionäre, terroristische Bedrohungen –, schien Asien für die Zukunft zu stehen. Hilfreich war, dass die asiatischen Völker und Regierungen sich vertiefte Beziehungen zu den Vereinigten Staaten wünschten, zum Teil sicher auch, weil ihnen die aufstrebende Supermacht in ihrer Nachbarschaft Sorge bereitete: China. Unsere November-Reise würde ausschlaggebend für unsere Asienpolitik während der verbleibenden Präsidentschaft sein.

Wir begannen in Hawaii, wo die Vereinigten Staaten den Gipfel der Asiatisch-Pazifischen Wirtschaftsgemeinschaft (APEC) ausrichteten. Dort blieben wir zwei Tage, in denen wir eine entschiedenere Haltung gegenüber China sowie eine nachdrücklichere Stellung in Asien ankündigten. Mit Obamas Zustimmung sprachen wir über die laufenden Verhandlungen zu einem Handelsabkommen mit einem Großteil der pazifischen Anrainerstaaten – der Transpazifischen Partnerschaft (TPP) – und präsentierten es als Herzstück unserer umfassenderen Regionalstrategie. In dieser Strategie sollten die Vereinigten Staaten und nicht China die Regeln des internationalen Handels bestimmen. Wir bereiteten die Ankündigung der

Stationierung von Marinesoldaten auf einer neuen Militärbasis in Australien vor. Und wir stellten die Pläne fertig für einen Anruf Obamas bei Aung San Suu Kyi sowie für seine Ankündigung, die Beziehungen zu Myanmar wieder neu zu beleben.

An unserem letzten Abend in Hawaii wurden Tom Donilon, Jay Carney und ich auf einen Drink zu Obama eingeladen. Das war ungewöhnlich – normalerweise verbrachte der Präsident seine Abende mit Kartenspielen oder Arbeit. Wir gingen hinauf zu seiner Suite, die eine große Terrasse mit Blick auf den Pazifik hatte. Wir setzten uns, und Obama erklärte, dass er uns diese Aussicht zeigen wollte. Während ein Kellner Getränke und Snacks servierte, wechselte Obama von einem scherzhaften Geplauder zu einer nachdenklicheren Unterhaltung über. «Sie wissen, dass in Hawaii einfach alles besser ist.»

«Was auch daran liegt, dass es hier keine Schlangen gibt», sagte ich, eine Belanglosigkeit, die ich kürzlich gelernt hatte.

«Dafür haben wir eine Menge Mungos», erwiderte Obama und wurde damit wieder einmal seiner Rolle als der Typ gerecht, der auf alles eine Antwort hat. Dann sprach er über Asien im Allgemeinen – den Mix der Kulturen, Religionen und Hautfarben, mit dem er so vertraut war. «Hawaii hat vieles mit Jakarta gemeinsam», sagte er. «Hier gibt es einen gewissen Gemeinschaftsgeist. Die Amerikaner sind größere Individualisten.» Er nippte an seinem Drink und sah auf den endlosen Ozean. «Wenn man wie ich in Jakarta aufwächst und solche Menschenmassen an einem Ort sieht, wird es schwieriger, ausschließlich an sich selbst zu denken.»

Wir saßen einen Moment in tiefer Stille beisammen, und ich versuchte, mir vorzustellen, wie es wohl gewesen sein mochte, in den Sechzigern auf überfüllten Straßen in Indonesien aufzuwachsen. Schließlich klagte Obama darüber, dass man ihm in Washington nachsagte, er sei unnahbar. «Nur wenige Dinge ärgern mich mehr als das», sagte er und ahmte die Behauptungen seiner Kritiker nach.

«‹Er ist so distanziert, er hat keine Freunde.› Nichts stimmt weniger. Ich bin fast ununterbrochen mit Menschen zusammen. Ich habe einfach nur andere Freundeskreise als die Menschen, die sich, seit sie 22 sind, um nichts anderes kümmern, als gewählt zu werden.»

Donilon wies darauf hin, dass zum Beispiel Clinton und Bush schon lange in Washington gelebt hatten, bevor sie sich um die Präsidentschaft bemühten, aber Obama wollte sich nicht mit anderen Präsidenten aufhalten. «Die Sache ist doch die: Ich war schon eine vollständig geformte Persönlichkeit, bevor ich in die Politik ging. Und ich hatte auch kein Geld, bis sich mein Buch nach dem Nominierungsparteitag 2004 allmählich verkaufte. Es dauerte zwölf Jahre, bis ich 14 000 Stück verkauft hatte.»

Obama erinnerte sich daran, wie er *Ein amerikanischer Traum* in Bali fertiggestellt hatte, und zwar handschriftlich, weil er auf diese Art besser nachdenken konnte. Ich sah mich auf der Terrasse mit ihrem endlosen Ausblick über den Pazifik um, und es kam mir in den Sinn, wie sehr sich diese Suite von den Backpacker-Orten auf Bali unterschied. Jener Teil der Welt, der Obama geformt hatte, würde in Zukunft wichtiger werden als die alten, vertrauten Schlachtfelder des Nahen und Mittleren Ostens, war aber doch so weit von den Debatten entfernt, die in Washington geführt wurden. «Das ist wirklich eine tolle Aussicht», sagte Obama.

Er stand auf, um ins Bett zu gehen, und auch ich ging die Treppen hinunter in mein Zimmer. Es war mein 35. Geburtstag.

Nach einem Zwischenstopp in Australien reisten wir zum Ostasien-Gipfel nach Bali. Zum ersten Mal nahmen die Vereinigten Staaten an diesem Forum der asiatischen Nationen teil, was als Signal für unser wachsendes Interesse an dieser Region verstanden werden sollte. Aus dem Flugzeug rief Obama Aung San Suu Kyi an. Mit ihrem Einverständnis würde er bekannt geben, dass wir Beziehungen zur myanmarischen Regierung aufnehmen wollten und Hillary Clinton zu Besuch käme. Ich saß ihm gegenüber und hörte zu, wie die beiden miteinander telefonierten.

Sie besprachen die Entwicklungen in Myanmar, wobei Suu Kyi eine ganze Liste von Themen ansprach – den demokratischen Reformprozess, die Freilassung politischer Gefangener, den Versöhnungsprozess mit mehr als einem Dutzend ethnisch geprägter bewaffneter Gruppen im Land. Sie redete mehr wie eine Politikerin denn wie eine Ikone der Demokratie und berichtete von ihrem guten Verhältnis zu den Militärs, die sie all die Jahre inhaftiert hatten. «Wir wollen, dass sie verstehen, dass wir mit ihnen zusammenarbeiten werden, wenn sie mit uns zusammenarbeiten», erklärte sie. Die Vereinigten Staaten sollten mit ihnen unmissverständlich über Anreize, nicht über Bestrafungen reden. «Wir müssen mit ihnen nicht über Bestrafungen reden – sie wissen alles darüber.»

Obama ließ sie wissen, dass er den Besuch von Hillary ankündigen werde. Suu Kyi war einverstanden und sprach dann über die notwendige Versöhnung zwischen den sich bekriegenden ethnischen Gruppen im Land. *«Ich hoffe, Sie können in nicht allzu ferner Zukunft selbst nach Myanmar kommen»*, sagte sie. *«Hier gibt es viele, die Sie verehren. Viele NLD-Mitglieder tragen T-Shirts mit Ihrem Porträt»*, fuhr sie fort und sprach dabei über ihre eigene Partei.

Unser Hotel auf Bali besaß einen Balkon mit Ausblick auf ein Becken voll riesiger Echsen. Wir trafen uns mit Hillary, die ebenfalls für den Gipfel angereist war. Die amerikanische Presse war begierig darauf, mit ihr zu sprechen, also stimmte sie einer Reihe von Interviewanfragen zu, beklagte aber die Tatsache, dass sich die Journalisten mehr für ihre politische Zukunft als für die von ihr behandelten Themen interessierten. «Was denken Sie, wie viele Fragen über Asien werde ich wohl bekommen?», sagte sie. «Eine vielleicht?»

Bis hierhin war die Reise exakt nach unseren Wünschen verlaufen. Wir hatten das Signal ausgesendet, dass die asiatisch-pazifischen Länder zu einem wichtigen Dreh- und Angelpunkt werden würden – mit einer großen wirtschaftlichen Zukunft und der TPP als unserer Wirtschaftsstrategie. Die Entsendung von Marinesoldaten nach Australien stand für eine Vertiefung unserer Sicherheitsverpflichtungen. Und die Hinwendung zu Myanmar stand für unsere Zusage, Demokratie zu fördern und die Beziehungen zu Südostasien auszubauen. All dies wurde im Großen und Ganzen und völlig zu Recht als eine Art Kampfansage an China verstanden.

Am letzten Abend unserer Reise fand das Gala-Dinner des Ostasien-Gipfels statt. Wir befanden uns in einem höhlenartigen Kongresszentrum.

Es gab ein dreistündiges Unterhaltungsprogramm: Eine philippinische Mädchen-Band sang Pop-Standards wie *Fly Me to the Moon*. Auf einem riesigen Bildschirm wurden Statistiken über südostasiatische Länder in Dauerschleife gezeigt, ihr Bruttoinlandsprodukt, ihr Bevölkerungswachstum – bis dann der Conférencier unerwartet Quincy Jones auf die Bühne bat. Der Komponist und Musiker stapfte aus einer Ecke des Saals auf die Bühne, erzählte, dass er erst am Abend zuvor das Angebot zu dem Auftritt erhalten habe, und erwähnte, er komme gerade aus Marokko, wo er für den König ein Album mit dem Titel *Voices of the Arab Spring* produziert habe. Genau wie wir setzte Quincy für die Zukunft auf Asien. Schließlich kündigte er an, nun *We Are the World* singen zu wollen, und zwar zusammen mit «meinem Präsidenten Obama und Ministerpräsident Wen», die er mit offenen Armen zu sich auf die Bühne bat. Ich ließ meinen Eislöffel fallen. Jay Carney und ich erhoben uns von den Stühlen, bereit, notfalls körperliche Gewalt einzusetzen, um dieses Foto mit dem chinesischen Ministerpräsidenten kurz vor Beginn eines Wahljahres auf jeden Fall zu verhindern. Doch bevor wir eingreifen mussten, hatte Obama von seinem Stuhl aus bereits abgewinkt. Wen saß versteinert auf seinem Platz. Stattdessen kam eine große Kindergruppe zu Quincy Jones auf die Bühne, und der Song begann. «*There comes a time when we heed a certain call.*» Eintreffende Mitarbeiter baten uns, zur Fahrzeugkolonne zu kommen. Das Dinner war beendet, und der amerikanische Präsident verließ als Erster den Raum. Dabei entstand der unglückliche Eindruck, dass die US-Delegation unter *We Are the World* aus dem Saal lief.

Im Hotel bekam ich einen Anruf, mit dem Obama mich in die Villa bat, in der er untergebracht war. Mit dem großen Batikhemd bekleidet, das die führenden Politiker zu tragen genötigt worden waren, beschwerte er sich über den vollen Terminkalender am kommenden Tag mit einem weiteren Treffen mit den Chinesen. «Wie oft soll ich Ihnen noch sagen, dass Sie mich auf solchen Reisen nicht mit Besprechungen überschütten sollen?»

«Wenigstens mussten Sie nicht mit dem Typen singen», erwiderte ich.

Obama lachte. «SBY hat Quincy für den Auftritt sicherlich bezahlt», sagte er und meinte den indonesischen Präsidenten Susilo Bambang Yudhoyono.

«Aber nicht so gut wie der König von Marokko», sagte ich.

«Das stimmt, das ist gut. Und jetzt ab mit Ihnen.»

In dieser Nacht betrachtete ich von meinem Balkon aus die riesigen Warane. Ich dachte über Obama nach. Er war wie ein Studienobjekt für mich, das ich jahrelang erforschte – ich las seine Bücher, analysierte seine Kommentare, internalisierte seine Änderungen an seinen Reden, kanalisierte seine Weltsicht in geschriebene Worte und Politik. Doch noch immer kämpfte ich mit der ständigen Sorge, dass ich mich bei dieser Erfahrung selbst verlor, mich verwandelte in eine Chiffre für die Bedürfnisse dieser anderen Person, die schlussendlich ein Politiker war, der die Rolle des US-Präsidenten spielte.

Der letzte Abend auf solchen Reisen hat immer etwas Trauriges. Die Reise hat einen wochenlang beschäftigt und tagelang – ohne ausreichend Schlaf – hierhin und dorthin geführt. Man wohnt an wunderschönen Orten, sieht seltsame Dinge, trifft berühmte Leute und entwickelt eine intensive Kameradschaft mit den Leuten, mit denen man unterwegs ist. Doch ich hatte den Eindruck, all dies den Menschen zu Hause – meiner Frau, meinen Eltern, alten Freunden – nicht erklären zu können. Es war, als führte ich zwei parallele Leben – das eine machte mich zu dem, der ich war, das andere verzehrte genau diese Person und transformierte mich in jemand anderen.

Kapitel 14

Leben, Tod und Bengasi

Die Tage vergehen, mit Reisen, Krisen, Feiern, die vergehen, Meetings, die miteinander verschmelzen, fensterlosen Räumen, Mittagessen zum Mitnehmen aus dem Fenster im Erdgeschoss des West Wing, bewacht von einem Dutzend Männern des Secret Service an ganz verschiedenen Außenposten, mit auf dem Dach des Weißen Hauses postierten Scharfschützen, die die Zaunanlagen im Blick behalten sowie die Touristen, D. C.-Bewohner, gelegentlichen Demonstranten und Irren, die so nahe wie möglich an das Nervenzentrum der weltweiten Macht herankommen wollen, und all das in endloser Wiederholung. Unablässig strömt der Informationsfluss: Geheimdienstberichte, Opferzahlenberichte, Hinweise auf Naturkatastrophen und Wirtschaftsdaten finden ihren Weg zu den richtigen Menschen in den richtigen Büros – Berichte, die winzige Informationshäppchen über Milliarden individueller Leben enthalten, über die Art und Weise, in der sich die Dinge ändern oder eben auch nicht.

Die Tage sind lang, die Wochen sind lang, die Monate sind lang, aber die Jahre sind kurz – eines Tages blickt man auf und merkt, dass man am Abgrund vor dem letzten Jahr der Amtszeit eines Präsidenten steht. Man sieht die Welt auf andere Weise, als könne man ein Fenster öffnen und einen Blick erhaschen auf all das, worauf die Regierung der Vereinigten Staaten Einfluss hat. Man kann Teil der Handlungen sein, die diese Ereignisse formen – mit seiner Stimme in einer Sitzung, mit einer Intervention bei einem Haushaltsentwurf, mit seiner Rolle bei der Formulierung von Worten, die der Präsident ausspricht. Und zudem ist man Zuschauer bei all den Krisen, die sich einem Eingriff entziehen, und wird hin- und hergeworfen von den ständigen, widersprüchlichen Forderungen an den amerikanischen Präsidenten – von anderen amerikanischen Politikern, den Medien, Lobbyverbänden, Menschen überall auf der Welt. Man weiß nie, welches Meeting, welche Entscheidung, welches Wort oder welcher Satz wirklich von Bedeutung sein wird.

Am 18. Dezember 2011 wurde ein großer Brocken endgültig beiseitegeschafft, als die letzten US-Truppen den Irak verließen. Ironischerweise entstammte der Zeitplan dazu einer Übereinkunft zwischen der Bush-Regierung und der irakischen Führung, die kurz vor der Übernahme der Amtsgeschäfte durch Obama getroffen worden war. Viele Monate lang erwog Obama, doch eine kleine Truppenpräsenz im Irak zu belassen, und sah sogar eine Truppe von 10 000 amerikanischen Soldaten vor, die weiterhin irakische Sicherheitskräfte vor Ort ausbilden sollte. Voraussetzung wäre jedoch gewesen, dass die irakische Regierung den amerikanischen Einheiten Immunität vor Strafverfolgung zugesichert hätte, was die Vereinigten Staaten für ihre Truppen weltweit verlangen und was gerade im Hinblick auf die Unwägbarkeiten der irakischen Politik als besonders notwendig erachtet wurde. Die irakische Regierung verweigerte dies, im vollen Bewusstsein ihrer Souveränität. Folglich kam es am 21. Oktober zu einer Videokonferenz zwischen Obama und dem irakischen Premierminister, Nuri al-Maliki, bei der die beiden Regierungschefs wie vorgesehen den pünktlichen Abzug der US-Truppen bestätigten.

Einen Krieg zu beenden, bei dem es keinen klaren Sieg gegeben hat, ist eine enttäuschende Sache. Zwar war die Zeit der mit dem Sternenbanner bedeckten Särge und der Ausgaben von 10 Milliarden Dollar pro Monat vorbei. Doch in dem Moment, als wir den

Abzug vollendeten, war der Fokus auf den Irak bereits verschwunden – es war ein Wendepunkt einer anderen Ära, eines Geschehens, das eine andere Präsidentschaft geprägt hatte. Was jedoch nicht verschwand, waren die Anstrengungen, die Wahrnehmung dessen zu bestimmen, was dort geschehen war. Noch jahrelang gaben die Befürworter des Irakkriegs die Schuld an den neuen Tragödien im Irak der Tatsache, dass wir die 10 000 Soldaten nicht im Land gelassen hatten, anstatt der grundsätzlicheren Entscheidung, das Land überhaupt einzunehmen.

Was bedeutet es, in ein Land einzufallen, seinen Anführer abzusetzen, sich einem rasenden Aufstand gegenüberzusehen, mit einem konfessionellen Konflikt in der gesamten Region die Büchse der Pandora zu öffnen, Billionen von Dollar auszugeben, Hunderttausende Menschen zu töten und das Leben Hunderttausender Amerikaner dauerhaft zu verändern? Irgendetwas im Charakter Amerikas nach dem 11. September schien unfähig oder unwillig, das Ausmaß dieser katastrophalen Entscheidung und deren Nebenwirkungen aufzuarbeiten. Zu diesen gehörten ein ermutigter Iran, kampfbereite Golfstaaten, ein syrischer Diktator, der nicht als Nächster an der Reihe sein wollte, ein starker Mann in Russland, der sich über Amerikas Vorherrschaft ärgerte, eine terroristische Organisation, die sich in einen «Islamischen Staat» verwandeln sollte, und all die Menschen, die dazwischen zerrieben wurden.

Über die Weihnachtsfeiertage fuhr ich nach Kalifornien. Bei Roger Norris, meinem Schwiegervater, war vor Kurzem Lungenkrebs im Stadium 4 diagnostiziert worden, eine private Tragödie inmitten all der globalen Tragödien, die den Großteil meiner Zeit in Anspruch nahmen. Die Ärzte befürchteten, dass er nicht viel mehr als ein Jahr noch zu leben habe.

Roger war ein ruhiger Mann. In Ohio geboren und in Michigan aufgewachsen, war er nach Kalifornien gezogen und hatte sein Leben lang als Ingenieur gearbeitet – zunächst bei Douglas Aircraft, das dann Teil von McDonnell Douglas wurde, das schließlich Teil von Boeing wurde. Er war an der Konstruktion von Flugzeugen und Raumfahrzeugen beteiligt, die zur Grundlage der Nachkriegsdominanz der Vereinigten Staaten wurden. Er zog sieben Kinder groß und ließ sich in Huntington Beach mit seinen weitläufigen Stränden, Doppelgaragen und guten öffentlichen Schulen nieder.

Bei meinen ersten Fahrten nach Huntington Beach kam ich mir wie verloren vor – ein New Yorker, der über die wenigen Bürgersteige irrte und vergeblich nach einer *New York Times* suchte. Der Norris-Haushalt war immer voller Leben, zuweilen sogar ein wilder Ort. Roger war der Fels in der Brandung, der gerne an ein paar Dingen draußen in der Garage herumbastelte, die *Los Angeles Times* las und seinen Kindern immer wieder Geld lieh, wenn sie welches benötigten. Genuss war für ihn eher ein Fremdwort. Bei einem seiner Besuche nahm ich ihn zu einem Baseball-Spiel mit, und als wir das dritte Bier bestellten, gestand er, dass er seit Jahrzehnten kein Bier mehr in einem Stadion getrunken hatte.

Nach seiner Diagnose fingen wir an, die noch unerledigten Dinge auf seiner Wunschliste abzuhaken. Seine Interessen schienen in den Fünfzigerjahren stehengeblieben zu sein, ungefähr so wie die Fotografien an den Wänden des Waldorf-Astoria. Wir sahen uns *Weiße Weihnachten* mit Bing Crosby an und aßen zu Neujahr im Lawry's, einem klassischen Spareribs-Laden. Wir fuhren nach New York und kauften uns Tickets für die *Jersey Boys* am Broadway. Ann, die schon immer die Familienorganisation übernommen hatte, plante weitere Reisen nach Santa Barbara und Hawaii. Sie verehrte ihren Vater sehr, der sie aus dem Surfer-Zentrum Huntington Beach zu Buchmessen gefahren und mit ihr über Politik diskutiert hatte.

Je näher sein Tod rückte, umso mehr schrumpfte die weite Welt auf den Familienkreis zusammen und verlor bald gänzlich an Bedeutung. Und doch war meine Zeit begrenzt, der Sog dringender

Ereignisse war nie weiter entfernt als mein BlackBerry. Mein eigener Erfahrungshorizont war für die Menschen in meiner Umgebung fremd und zugleich aufregend – so für meinen eigenen Vater, den Sohn eines Ingenieurs aus Baytown, Texas, oder eben auch für Roger Norris, den Ingenieur aus Michigan, der in sein Auto gestiegen und gen Westen gefahren war. Zugleich erschienen mir die Dinge, die mein Job mir bot, auf einer symbolischen Ebene wichtig, aber unpersönlich. Im Haushalt der Norris' hing an prominenter Stelle ein Foto von Barack Obama und Ann bei einem abendlichen Staatsbankett, auf das der Präsident geschrieben hatte: «Für Roger mit Dank für die tolle Arbeit, die er bei Ann leistet». Die Ehe mit mir stand als Zeichen dafür, wie weit Ann sich von Rogers einfachen Ursprüngen in Michigan entfernt hatte, aber es blieb immer schwer für mich zu erklären, was genau ich tat – etwas, das sich deutlich leichter in jener gerahmten Fotografie einfangen ließ.

Einen Großteil des Jahres 2012 würde ich allein in D. C. leben, während Ann sich immer wieder freinahm, um zu ihrer Familie nach Kalifornien zu fliegen. Im Weißen Haus drehte sich die Welt weiter um die eigene Achse, sogar als der Wahlkampf zur Wiederwahl alles in Beschlag nahm, was wir taten. Man musste die Dinge erledigen, die auf einen zukamen, ohne dass man wissen konnte, ob man noch lange genug dabei war, um zu sehen, wohin sie sich entwickelten.

In den ersten Monaten des Jahres 2012 herrschte ernsthafte Sorge vor dem möglichen Ausbruch eines Kriegs zwischen Israel und dem Iran. Das iranische Atomprogramm machte weiter Fortschritte, die Drohungen aus Israel wurden immer kriegerischer, und es erreichten uns Anzeichen von dort für einen unmittelbar bevorstehenden Militärschlag gegen Irans Atomanlagen. Ununterbrochen reisten Abgesandte aus den Vereinigten Staaten nach Jerusalem, um von dem Angriff abzuraten. Im Weißen Haus bereiteten wir uns auf

Szenarien vor, in denen der Militärschlag stattfand und die Vereinigten Staaten in einen größeren regionalen Krieg mit dem Iran hineingezogen wurden – einem Land, das deutlich größer, höher entwickelt und mächtiger war als Saddam Husseins Irak.

Um auf den Iran einzuwirken, erweiterten wir kontinuierlich die Sanktionen. Das verlangte die Zusammenarbeit mit anderen Staaten, die uns helfen mussten, die Einnahmen Irans aus dem Ölgeschäft zu reduzieren. In Gesprächen mit China, Japan, Südkorea, Indien und europäischen Staaten gehörten 2011 und 2012 die Sanktionen stets zu den wichtigsten Tagesordnungspunkten. Obama musste diese Regierungen überzeugen, gegen ihre eigenen wirtschaftlichen Interessen zu handeln. Und noch immer beschwerte sich Netanjahu, wir würden nicht genug unternehmen.

Als Netanjahu Anfang März nach Washington kam, um vor dem AIPAC zu sprechen, verbrachte ich mehrere Tage damit, eine öffentliche Kampagne zu führen, die erklären sollte, dass wir noch *Zeit* hätten: Zeit, um die härteren Sanktionen zur vollen Wirksamkeit zu bringen, Zeit, um zu testen, ob Diplomatie nicht doch noch etwas verändern könnte. Wir bereiteten eine Reihe von Stichworten vor, die bei Stellungnahmen die Argumente für einen Krieg entkräfteten. Wir trafen uns mit prominenten Kommentatoren und Journalisten, um ihnen unsere Sicht der Dinge nahezubringen. Wir veranstalteten Briefings für Kongressabgeordnete, die sich sorgten, dass wir nicht mehr im Gleichschritt mit Israel marschierten. Obama gab ein ausführliches Interview, in dem er erläuterte, dass wir im Notfall Irans Atomanlagen bombardieren würden, dass wir diesen Punkt jedoch noch nicht erreicht hätten. In einer Rede wiederholte er später noch einmal diese Haltung und machte sie auch Netanjahu bei einem vertraulichen Gespräch deutlich. Irgendwann im Frühling 2012 knickte Netanjahu ein, und wir mussten uns nicht länger um die Konsequenzen eines weiteren Kriegs Gedanken machen.

Bei vielen anderen Themen jedoch sah es so aus, als würden die bevorstehenden Präsidentschaftswahlen alle ambitionierten außenpolitischen Initiativen in den Hintergrund drängen, als würde Machtpolitik über jegliche Risikobereitschaft die Oberhand gewinnen. Ich hatte Angst, dass wir so konservativ würden, dass uns der Bezug zu dem verloren ging, was wir zu tun versprochen hatten. Wir hatten eine ausführliche Bewertung vorgenommen, wie wir nach dem Abschluss des New-START-Vertrags das amerikanische Nuklearwaffen-Arsenal reduzieren könnten, eine zentrale Säule der positiven Agenda, die Obama in Prag angekündigt hatte. Wir entschieden uns für die bescheidenste Option.

Was Ägypten anging, war ich zunehmend frustriert über die rücksichtsvolle Haltung, die unsere Regierung gegenüber dem ägyptischen Militär wieder eingenommen hatte, denn dieses spielte ein doppeltes Spiel: Es führte große Worte der Unterstützung für die Demokratie im Munde, während es im eigenen Land Schritte unternahm, um die Zivilgesellschaft immer weiter zu untergraben. Ich sprach dies an, doch Obama riss der Geduldsfaden. «Unsere Priorität muss die Stabilität und die Unterstützung des SCAF [des Obersten Rates der Streitkräfte] sein», fuhr er mich an. «Auch wenn man uns dafür kritisiert. Ich bin nicht an den Massen auf dem Tahrir-Platz oder Nick Kristof interessiert», womit er einen prominenten Journalisten meinte, der unsere Ägyptenpolitik kritisiert hatte. Er rationalisierte die Angelegenheit, weil die Militärführung zunächst die anstehenden Wahlen sichern musste. Zugleich wirkte es aber so, als müsse er sich selbst von der Richtigkeit eines nur schrittweisen Wandels überzeugen. Der Wahlkampf zur Wiederwahl belastete ihn, und er wurde von der scharfen Opposition im Inland hin- und hergeworfen, von der Spaltung innerhalb seines eigenen Teams und dem Gefühl, dass ihm im Ausland verlässliche Partner fehlten. So schien Obama seinen mächtigen Verstand gelegentlich dazu zu gebrauchen, Rechtfertigungen zu finden, um die

Ambitionen herunterzuschrauben. Bei anderer Gelegenheit, im Rahmen eines Gesprächs darüber, was er in seiner ersten Amtszeit noch erreichen wollte, wies ich auf das Potenzial einer demokratischen Öffnung in Myanmar hin. «Ben», entgegnete er, «in Ohio interessiert sich niemand für Myanmar.»

Dieser Kommentar traf mich. Zum ersten Mal hatte ich das Gefühl, mit meinem Chef nicht mehr im Einklang zu sein. In der Ruhe meiner Wohnung fing ich an, mir größere Fragen zu stellen. Wie würde ich mich in fünf Jahren sehen, wenn ich mich jetzt schon kaum daran erinnern konnte, wer ich vor fünf Jahren gewesen war? Wie bringt man seine Meinung zur Geltung, wenn der eigene Ruf vollständig auf dem eines anderen aufgebaut ist? Wie kann man von seiner Überzeugung, im Dienste einer größeren Sache zu stehen, einen Schritt zurücktreten, ohne sie ganz aufzugeben? Ich hatte das Gefühl, dass wir nach und nach unsere Ansprüche gesenkt hatten und uns mit weniger zufriedengaben. Ein Jahr nach den aufregenden Tagen der Libyen-Intervention und der bin-Laden-Operation fühlte es sich an, als würden wir inmitten einer Welt, in der sich die Ereignisse überschlugen, zu kompetenten Technokraten, die die Dinge nur noch managten: die Drohnenangriffe flogen, um Terroristen auszuschalten. Die die Zahl der Insassen in Guantánamo reduzierten, ohne das Lager ganz schließen zu können. Die einen Krieg mit dem Iran verhinderten, indem sie Sanktionen aufzwangen.

Ich machte mich für Vorschläge stark, die weder opportun noch politisch populär waren. Mehr Druck auf das ägyptische Militär ausüben. Sich mehr in Syrien engagieren. Mehr Zeit für Orte wie Myanmar aufwenden. Und doch erkannte ich auch, welch geringe Bedeutung diese Themen im laufenden Wahlkampf hatten. Wir brauchten einen Mitarbeiter des Weißen Hauses, der mit der nationalen Sicherheit vertraut und in der Lage war, diese Botschaften im Wahlkampf um die Präsidentschaft hörbar zu machen. Ich war die einzige Option. Seit fünf Jahren war ich verantwortlich für die Öffentlichkeitsarbeit rund um Obamas Politik der nationalen Sicherheit. Ich würde versetzt werden müssen – kein Angestellter mehr des Nationalen Sicherheitsrates, sondern des Weißen Hauses. Es war eine kleine bürokratische Maßnahme, die eher diese Institutionen als mich schützen sollte.

Ich sah mich immer häufiger nach kleinen Dingen um, an denen ich arbeiten konnte – wenn ich einen Abnehmer für Themen fände, bei denen ich etwas bewegen konnte, könnte ich meiner Arbeitserfahrung eine neue Dimension hinzufügen, die nichts mit den Schindereien der Politik und der Widerspenstigkeit einiger größerer Themen auf unserer Tagesordnung zu tun hatte. Eines dieser Themen war die Bildung in Libyen. Während das Land um einen Neuanfang kämpfte, entwickelten die Vereinigten Staaten Pläne, um den Libyern beim Wiederaufbau eines akademischen Bildungssystems zu helfen.

Gegen Ende des Frühlings traf ich Chris Stevens, unseren Botschafter in Libyen, der während der Revolution in Bengasi geblieben war. Er war bekannt dafür, dass er sowohl mit den einfachen Menschen als auch mit der Regierung zusammenarbeiten konnte – er sprach ihre Sprache, aß ihr Essen und kannte die Kultur des Landes, in das er abgesandt worden war. Sein Auftreten war ruhig, sein Lächeln gewinnend und sein Haar sandbraun. «Die Regierung hat sich dieses Themas bereits angenommen, jetzt brauchen wir Projekte, bei denen wir kooperieren können», erklärte er. «Es wäre toll, wenn Sie uns von hier aus unterstützen könnten.»

Wir besprachen, wo im Haushalt wir Mittel dafür finden könnten, welche Partner wir gewinnen müssten und wie dies in den größeren Zusammenhang unserer Libyenpolitik passte. «Ich denke, wir könnten die Diaspora an dieser Sache beteiligen», schlug ich vor und dachte dabei an einige Libyer, die ihr Land verlassen hatten und die ich kennengelernt hatte.

«Sie sind schon beteiligt», sagte Stevens. Eine Anzahl von ihnen war bereits in ihre Heimat zurückgekehrt.

Als wir unser Gespräch beendeten, sagte ich: «Ich würde gern einmal vorbeikommen.»

«Das wäre großartig», fand er. Ich stellte mir vor, irgendwann nach den Wahlen nach Libyen zu reisen.

Im August ging es meinem Schwiegervater deutlich schlechter, und ich flog ein weiteres Mal nach Kalifornien. Als ich eintraf, kam er gerade aus dem Krankenhaus. Er war gebrechlich und stark geschwächt. Er hatte auf die Behandlung nicht mehr angesprochen und nahm kaum noch etwas zu sich. Roger dankte mir fürs Kommen, als wäre es eine Unannehmlichkeit. Am nächsten Tag war er bereits nicht mehr ansprechbar. Eine Krankenpflegerin für eine Rund-um-die-Uhr-Betreuung kam ins Haus. Ann und ich schliefen in ihrem ehemaligen Kinderzimmer im ersten Stock, während ihr Vater unten im Wohnzimmer im Sterben lag. Bekannte und Freunde verabschiedeten sich einer nach dem anderen von ihm. Anns zwölfjährige Nichte Emma spielte Klavier. Sie war zum Mittelpunkt von Rogers Leben geworden.

Zwei Tage später starb er, im Kreise seiner Familie, in dem Haus, in dem er sieben Kinder großgezogen hatte. Um mich nützlich zu machen, nahm ich Emma zum In-N-Out Burger mit. Die folgenden Tage verschwammen unter den Vorbereitungen für die Beerdigung, es wurden Geschichten erzählt, und Rogers Freunde kamen vorbei. Er war die Art Mensch, die ohne Aufhebens einen größeren Einfluss auf das Leben von anderen hatte, als irgendjemand gewusst hatte.

In den Tagen vor der Beisetzung gingen wir ein paar alte Sachen von Roger durch – die wenigen Dinge, die er aufgehoben oder beiseitegelegt hatte. Ich stieß in einem Wandschrank auf einen Ordner mit Zeitungsausschnitten, die einige Schlüsselmomente meiner

Karriere nachzeichneten – darunter ein Artikel aus der *Los Angeles Times* über meine Rolle bei der Kairo-Rede, der an den Rändern schon ein wenig vergilbt war, und ein schmeichelhafter Text über die jungen Berater in Obamas Weißem Haus, die nach einer neuen Form der Kommunikation mit der muslimischen Welt suchten. Roger hatte niemandem von dieser Sammlung erzählt und mich über meine Arbeit auch nie ausgefragt. Wann immer die Rede auf sie kam, hielt er respektvolle Distanz und hakte nicht nach. Ich versuchte, ihn mir vorzustellen, wie er mit der Schere in der Hand und der Präzision eines Ingenieurs die Zeitung zerschnitt und die Artikel sorgfältig im Wandschrank archivierte, damit sie dort später, zu einer anderen Zeit, von jemandem gefunden würden.

Am Nachmittag des 11. September 2012, einem Dienstag, erhielten wir die ersten besorgten Berichte aus Kairo. Hunderte Demonstranten, die Sprechchöre skandierten, hatten sich vor den Mauern unserer Botschaft versammelt. Offenbar hatte ein Video mit dem Titel *Innocence of Muslims (Die Unschuld der Muslime)*, ein geschmackloser und dem Anschein nach verworrener Film, mit dem der Prophet Mohammed geschmäht werden sollte, für diese Gegenreaktion gesorgt. Ein vierzehnminütiger Trailer war Anfang des Sommers auf YouTube eingestellt worden. Ein ägyptischer koptischer Christ, der in Kalifornien lebte, promotete das Video, das nun auch in Ägypten wahrgenommen wurde. Dann übersetzte man einen Teil ins Arabische, und ein Ausschnitt daraus wurde im ägyptischen Fernsehen gezeigt. Islamistische Kleriker verurteilten den Film und gossen Öl ins Feuer, um die Wut anzuheizen, die nun Tausende Ägypter auf die Straßen trieb.

Unsere erste Sorge galt der Sicherheit unserer Botschaft. Im Bemühen um eine Beruhigung der Proteste hatte der Sprecher der Kairoer Botschaft eine Erklärung veröffentlicht, in der es hieß: «Die Botschaft der Vereinigten Staaten in Kairo verurteilt die andauernden Versuche fehlgeleiteter Einzelner, die religiösen Gefühle von Muslimen zu verletzen.» Ich saß am Schreibtisch und sah mir das Video an – ein billiger Internetfilm, der Mohammed als dekadenten Charakter darstellte. Die Figur wirkte wie die schlechte Kopie aus einer miesen Spätvorstellung. Bis zum Abend ägyptischer Zeit hatte die Menschenmenge in Kairo die Mauern rund um das Botschaftsgelände erklettert und die von Militanten im Nahen und Mittleren Osten immer wieder verwendete schwarze Flagge gehisst, auf der auf Arabisch zu lesen war: «Es gibt keinen Gott außer Gott, und Mohammed ist sein Prophet.» Einen Großteil des Nachmittags verbrachte ich in Sitzungen, in denen wir über Maßnahmen zur Sicherung unserer Botschaft und zur Beruhigung der angeheizten Lage sprachen.

Als ich später in Denis McDonoughs Büro saß und wir unsere Pläne für die Öffentlichkeitsarbeit rekapitulierten, hörte ich, dass die Krise nicht auf Kairo beschränkt war – irgendwas passierte auch auf unserem diplomatischen Gelände in Bengasi. Bei einer Sitzung mit dem Verteidigungsminister hatte Obama das Militär angewiesen, es solle alle Maßnahmen ergreifen, die nötig seien, um US-Einrichtungen in Libyen und der gesamten Region zu schützen. Die Krise, so schien es, war dabei zu eskalieren.

Anders als in Kairo gab es in Bengasi keine große Präsenz amerikanischer Journalisten, folglich auch keine Fernsehkameras und nur wenig verlässliche Informationen, was dort tatsächlich vor sich ging. Details tröpfelten nur spärlich herein. Offenbar war Chris Stevens auf dem Gelände gewesen, als es angegriffen wurde, und er galt derzeit als vermisst. Ich musste an den Mann denken, der erst vor Kurzem in meinem Büro gesessen und mit mir voller Engagement über die Förderung der akademischen Bildung in Libyen nachgedacht hatte. Ich hoffte, dass er unverletzt geblieben war. Dann trafen gute Nachrichten ein – von Stevens' Smartphone war ein hochrangiger Mitarbeiter des Außenministeriums angerufen worden.

Allerdings verschlechterten sich im Laufe des Abends die Berichte – der Anruf war von einem Krankenhaus aus getätigt worden, und Stevens sei schwer verletzt. Als in Washington der Abend hereingebrochen war, sprach es sich herum: Stevens war tot. Es hieß, noch ein weiterer Amerikaner sei ums Leben gekommen. Mit einem Mal waren wir mit der Nachricht konfrontiert, die man am meisten fürchtet, dem Tod von US-Bürgern im Ausland.

Ich ging in mein Büro. Ich fühlte mich wie betäubt und erinnerte mich daran, wie der herzliche, beharrliche und optimistische Stevens vor ein paar Monaten – voller Leben – mir hier gegenübergesessen hatte. Es gehört zur Realität der Kommunikation im 21. Jahrhundert, dass man zur gleichen Zeit gänzlich unterschiedliche Adressaten mit Informationen beliefern muss, denn alles, was man sagt, wird von der gesamten Weltöffentlichkeit wahrgenommen. Wir standen jetzt vor mehreren eiligen Herausforderungen für die Pressearbeit. Zunächst musste die Regierung der Vereinigten Staaten den Tod von Chris Stevens und einem weiteren Amerikaner, dem 34-jährigen Sean Smith, offiziell bestätigen, die Gewalt, die zu ihrem Tode geführt hatte, verurteilen und ihren Verlust betrauern. Außerdem baten die US-Botschaften im Nahen und Mittleren Osten aus Angst vor weiteren Protesten um eine Stellungnahme, in der sich die Regierung der Vereinigten Staaten von dem Video distanzierte und dessen Angriffe auf den Propheten Mohammed verurteilte. Und schließlich mussten wir uns mit der rechtsgerichteten amerikanischen Presse auseinandersetzen, die bereits die von der Kairoer Botschaft veröffentlichte Erklärung attackierte, weil sie die Schuld an der Gewalt dem Video anstatt den Demonstranten gegeben habe.

Da ein Botschafter getötet und hoheitliches Gelände attackiert worden war, würde die erste Stellungnahme von Außenministerin Clinton kommen. Jake Sullivan übernahm den Textentwurf, und ich korrigierte mehrere Fassungen, bis wir die endgültige Version für das Weiße Haus freigeben konnten. Die Formulierungen waren unmissverständlich: «Ich verurteile den Angriff auf unsere Vertretung in Bengasi auf das Schärfste. (…) Wir sind über diesen Verlust untröstlich.» Dann thematisierten wir die Sorgen unserer Botschaften in der Region und ließen keinen Zweifel daran, dass Gewalt keine Lösung sei: «Die Vereinigten Staaten verurteilen jeden vorsätzlichen Versuch, die religiöse Überzeugung anderer herabzusetzen. (…) Aber lassen Sie mich auch sagen: Es kann niemals eine Rechtfertigung für Gewaltausbrüche dieser Art geben.» Mehr als drei Jahre später würde ich vor einem Kongressausschuss en détail die Formulierungen dieser Erklärung erläutern müssen.

Ich blieb im Büro, bis nichts mehr für mich zu tun war. Gegen neun oder zehn Uhr abends fuhr ich nach Hause, in einer Stimmung, die zwischen Trauer und Verärgerung schwankte. In Ägypten und Libyen, den beiden Ländern, die noch vor einem Jahr für so viel Hoffnung gestanden hatten, kochte nun der Zorn von Demonstranten über, die nichts zu bieten hatten außer Hass. Zwei Amerikaner waren tot.

Zu Hause angekommen, goss ich mir ein großes Glas Scotch ein und sah in meinem Laptop nach, ob es neue Entwicklungen gab. Gegen Mitternacht stieß ich auf eine Erklärung, die Mitt Romney veröffentlicht hatte: «Es ist schändlich, dass die erste Reaktion der Obama-Regierung nicht die Verurteilung der Angriffe auf unsere diplomatischen Vertretungen war, sondern eine Sympathiebekundung mit denen, die diese Angriffe gewagt hatten.»

Ich stand in meinem Schlafzimmer und versuchte, diese Worte zu verarbeiten, als eine Welle des Zorns mich überrollte. Im ersten Moment hatte ich gar nicht verstanden, welche Erklärung Romney meinte. Dann wurde mir klar, dass er sich auf das Statement der Botschaft in Kairo bezog, das diese früher am Tag, also noch vor den Angriffen in Bengasi, veröffentlicht hatte. Ich hatte mich inzwischen an die hässlichen Attacken der Republikaner gewöhnt, doch dies hier war etwas anderes. Hier war eine Grenze überschritten worden. Mitten in einer Krise prügelten sie auf die geschmackloseste Art und Weise auf uns ein. Sie griffen gestandene Diplomaten an, die eine Erklärung veröffentlicht hatten, während ihre Botschaft belagert worden war. Sie ignorierten die Tatsache, dass das Video *tatsächlich* beleidigend war. Sie machten es uns noch schwerer, Dinge zu sagen, die das Leben von Amerikanern im Ausland schützen konnten. Sie würden alles behaupten, nur um Obama als irgendwie antiamerikanisch hinzustellen. Das war nicht nur ein politisches Manöver, sondern widerwärtiger Zynismus.

Wir fanden uns jetzt in einer neuen, hässlicheren Realität wieder. Ich hätte nie gedacht, wie hässlich sie werden würde: dass in den nächsten vier Jahren aus «Bengasi», dem Namen jener libyschen Stadt, in der das amerikanische Eingreifen Zigtausende Leben gerettet hatte, etwas ganz anderes werden würde – ein Wort, das das in Romneys Erklärung beschworene Gefühl widerspiegelte, der Ausdruck einer hässlichen Verschwörungstheorie, um Obama und Clinton zu diskreditieren, jedes Interesse an Tatsachen zu zerstören, die nicht in die Theorie hineinpassten, und eine kleine Gruppe von Leuten herabzuwürdigen, darunter auch mich. *Bengasi.*

Als ich am nächsten Morgen noch vor Sonnenaufgang erwachte, musste ich hören, dass über Nacht bei einem Schusswechsel zwei weitere Amerikaner getötet worden waren. Genauere Informationen lagen noch nicht vor. Ich fuhr früh ins Weiße Haus, wo wir in einer Sitzung die Sicherheitsmaßnahmen für unsere Botschaften im Nahen und Mittleren Osten überprüften. Dann schloss ich mich in meinem Büro ein, um ein Statement zu schreiben, mit dem Obama einige Stunden später im Rosengarten vor die Öffentlichkeit treten konnte. Dazu ging ich die Lagedarstellungen des Außenministeriums und die wenigen biographischen Informationen durch, die uns über die Toten vorlagen. Ich suchte Worte, mit denen wir uns von dem Video distanzierten. Im Laufe der Jahre verfasste ich zahlreiche solcher Erklärungen hinter verschlossener Tür in meinem Büro, während mir bewusst war, dass viele Menschen – darunter der Präsident der Vereinigten Staaten – darauf warteten, dass ich fertig wurde. Der für Libyen zuständige Mitarbeiter im Nationalen Sicherheitsrat, Ben Fishman, der Botschafter Stevens nahegestanden hatte, klopfte an, um zu fragen, ob wir einige Bemerkungen dazu einfügen könnten, wie wichtig Stevens gerade für die jungen Mitarbeiter in der Regierung gewesen war. Fishman sah furchtbar aus.

Kurz vor elf Uhr gab Obama schließlich das Statement ab, begleitet von Hillary Clinton. Er verurteilte den «abscheulichen und schockierenden Angriff» und versprach, dass «die Mörder, die unser Volk angegriffen haben, ihrer gerechten Strafe zugeführt werden». Dabei griff er die Worte seiner Außenministerin aus der vergangenen Nacht auf: «Es gibt absolut keine Rechtfertigung für diese Art von sinnloser Gewalt. Keine.» Er zollte Stevens Achtung, der «ein Vorbild für alle, die mit ihm zusammengearbeitet haben», gewesen sei. Und er schloss mit der Art von Formulierung, wie wir sie immer nach einem terroristischen Anschlag einsetzten: «Kein Terrorakt wird die Entschlossenheit dieser großen Nation ins Wanken bringen können.» Nach dieser Erklärung blieb er noch einige Momente in dem Bereich vor dem Oval Office, wo eine Reihe von Bildschirmen die unterschiedlichen Reaktionen der Kabelsender auf seine Äußerungen zeigten. Er sah für etwas mehr als eine Minute zu, wie die Kommentatoren vor allem das in den Mittelpunkt stellten, was Romney in der Nacht gesagt hatte. «Das sollte sie eigentlich disqualifizieren», stellte Obama kopfschüttelnd fest.

Proteste gegen das beleidigende Video nahmen im Verlauf der Woche in Dutzenden Städten rund um den Globus zu – von Islamabad über Sanaa bis nach Tunis. Über allem stand die Angst, dass es am Freitag zu einem Blutbad kommen könnte: Der Freitag ist traditionell der Tag, an dem es zu den größten Protesten in der muslimischen Welt kommt, da an diesem Feiertag die Gläubigen in großer Zahl das Freitagsgebet in den Moscheen besuchen, wo Imame die Menge anstacheln und Extremisten das Chaos ausnutzen können. Ein Krisenteam tagte nun regelmäßig und beriet darüber, was wir tun konnten, um die Situation zu entschärfen. Wir wandten uns an alle Alumni von amerikanischen Austauschprogrammen im Nahen und Mittleren Osten, in der Hoffnung, dass sie ein Reservoir an Wohlwollen aufgebaut hatten, auf das wir zurückgreifen könnten. Wir nahmen mit Google und YouTube Kontakt auf und baten darum, das anstößige Video von den Plattformen zu entfernen. Wir verbreiteten Argumentationshilfen, die die Verunglimpfung des Islam in dem Video verurteilten und zugleich darauf beharrten, dass es keine Rechtfertigung für Gewalt gebe. Währenddessen kümmerte sich ein anderer Teil der Regierungsmitarbeiter um erhöhte Sicherheitsmaßnahmen an Botschaften, Konsulaten und militärischen Einrichtungen in der arabischen Welt.

In den Vereinigten Staaten selbst empörten sich rechte Kreise immer mehr über unsere Kritik an dem Internetvideo, derweil die Republikaner alles dafür taten, Bengasi zu einem politischen Problem für Obama werden zu lassen. Mir kam es vor, als lebte ich in zwei völlig verschiedenen Welten: Einen Großteil meiner Tage verbrachte ich damit, Menschen außerhalb der Vereinigten Staaten zu erreichen, die sich von der Botschaft des Videos beleidigt fühlten. Dann wiederum half ich Jay Carney ein, zwei Stunden dabei, sich auf Fragen vorzubereiten wie die, ob wir uns für das Video entschuldigten oder ob Obamas Außenpolitik gescheitert sei. Wenn ich mich an ein Publikum außerhalb der Vereinigten Staaten wandte, musste ich mich der Kritik stellen, ich hätte kein Gespür für die Situation und sei politisch korrekt. Wenn ich mich darauf konzentrierte herauszufinden, wie wir auf die Kritik der Republikaner antworten könnten, musste ich mich der Kritik stellen, ich sei politisch. Es war, als würde ich mit Spiegelbildern des Wahnsinns umgehen.

An einem Abend dieser Woche bemerkte ich beim Verlassen des

Büros eine Mahnwache mit Kerzen vor dem Weißen Haus. Ich erkannte einige der Teilnehmer – es waren libysche Amerikaner, mit denen ich im Weißen Haus vor unserer Intervention über Bengasi gesprochen hatte. Sie wollten das Andenken von Chris Stevens bewahren. Es bildete sich ein kleiner Kreis um mich. Mit Tränen in den Augen dankte mir jemand für die Rolle, die ich bei der Unterstützung von Präsident Obamas Eingriff in Libyen gespielt hatte. Er hatte Angst vor der Zukunft, die die Menschen dort erwartete.

«Meinen Sie, das alles bedeutet, dass die Vereinigten Staaten Bengasi verlassen müssen?», wollte er von mir wissen.

«Ich hoffe nicht», antwortete ich. Aber ich wusste es besser.

Jedes Mal, wenn ich an diesem Freitag in mein Büro kam und im Fernsehen weitere Aufnahmen mit Protesten sah, spürte ich das Chaos, als würde etwas aus den Fugen geraten, das wir nie wieder würden zusammensetzen können. Unablässig strömten Nachrichten in mein Büro, in denen von amerikanischen Diplomaten an den unterschiedlichsten Orten berichtet wurde, die sich verschanzen mussten. Zehntausende Menschen demonstrierten in Khartum. Im Libanon steckten junge Männer amerikanische Fast-Food-Restaurants in Brand. In Tunis starben vier Menschen an der US-Botschaft, als ein wütender Mob die Außenmauern stürmte und eine schwarze Flagge hisste. In Kairo wurden Hunderte auf dem Tahrir-Platz verhaftet. Und in Afghanistan töteten die Taliban bei einem Angriff zwei Marinesoldaten. In der Zwischenzeit flogen wir die vier in Bengasi getöteten Amerikaner zurück zur Andrews Air Force Base. Mir kam es vor, als könne ich in Echtzeit dabei zuschauen, wie sich die Schatten über den Arabischen Frühling legten.

Am Nachmittag wurde ich nach oben ins Büro des Pressesprechers gerufen. Jen Palmieri, die Kommunikationsdirektorin des Weißen Hauses, beriet sich mit einer Handvoll Mitarbeitern. Sie sahen mich etwas verlegen an. «Wir brauchen jemanden für das

Fernsehen», sagte Jen. Alle fünf großen Sonntagstalkshows hatten angefragt.

«Wirklich?», fragte ich. Jen kannte meine Meinung: Diese Sendungen waren ein Washingtoner Ritual, das uns nichts anderes brachte, als einigen von uns das Wochenende zu ruinieren. Keines von den mit der nationalen Sicherheit betrauten Kabinettsmitgliedern hatte Lust darauf. Aber Jen hatte ein überzeugendes Argument.

«Die Welt brennt.» Sie deutete auf die Bilder im Fernsehen. Sie meinte, wir bräuchten jemanden, der überzeugend darstellen konnte, dass wir die Lage im Griff hatten. Außerdem: Netanjahu saß in einer Sendung und würde sicherlich Obama unter Beschuss nehmen. Jemand, der um keine Antwort verlegen war, wäre also hilfreich. «Würde es Ihnen etwas ausmachen, sich um Hillary zu bemühen?», wollte sie wissen.

Ich schrieb Clintons Kommunikationsberater Philippe Reines eine E-Mail und erkundigte mich, ob sie bereit wäre, im Fernsehen aufzutreten. Ich erhielt keine Antwort. Als Nächstes fragte ich Tom Donilon. Er sah mich an, als wäre ich verrückt. Die einzige Person, die übrig blieb, war Susan Rice. Sie war Diplomatin, sie konnte den im Stich gelassenen und in Gefahr geratenen Völkern Anerkennung zollen, unseren Ansatz im Nahen und Mittleren Osten erklären und auf alles reagieren, was Netanjahu möglicherweise über unsere Iranpolitik behaupten würde. In einem ersten Gespräch erklärte Susan, sie habe vor, übers Wochenende mit ihren Kindern wegzufahren, zeigte sich dann aber doch bereit, falls Clinton ausfalle. Ich rief sie später noch einmal an, als ich noch immer nichts von Clinton gehört hatte.

«Man glaubt hier, dass wir jemanden in den Sendungen brauchen», sagte ich.

Es entstand eine Pause. «Was ist mit Hillary?»

«Sie möchte nicht.»

Sie lachte. «Also bin ich dran?»

«Sieht so aus.»

«Okay. Ich mache es, wenn Sie das für mich vorbereiten.»

Ich setzte mich an meinen Schreibtisch und stellte ein Dokument zusammen, das ihr bei der Vorbereitung helfen sollte. Das dauerte nur ein paar Minuten. Ich führte die unterschiedlichen Frage-und-Antwort-Listen zusammen, die unser Presseteam bereits für Jay Carneys tägliche Briefings erstellt hatte, da Susan vermutlich genau dieselben Fragen gestellt bekommen würde, und fügte oben in das Dokument ein paar grundsätzliche Vorgaben ein, damit es weniger wie eine umgewidmete Presseleitlinie wirkte. Eine der Fragen, die wir immer wieder bekamen, war, ob die Proteste im Nahen und Mittleren Osten nicht zeigten, dass unsere Außenpolitik gescheitert sei. Daher lautete ein von mir aufgeführter Grundsatz, dass wir darlegen mussten, dass die Proteste durch das Internetvideo und keineswegs durch eine gescheiterte amerikanische Außenpolitik ausgelöst worden waren. Ich hätte nie gedacht, dass diese wenigen, eiligen Minuten an meinem Schreibtisch ein entscheidendes Glied in der Kette einer massiven Verschwörungstheorie werden würden.

Ich fuhr nach Hause. Ann, noch vom Tod ihres Vaters bedrückt, zeigte sich über meine langen Abwesenheiten verärgert. Sie räumte die Schränke leer und wischte sie aus, wie immer, wenn sie sich ablenken und mich auf Abstand halten wollte. Ich starrte auf meinen BlackBerry, um mich auf den Stand der Dinge zu bringen, was ich bei den sich überschlagenden Ereignissen versäumt hatte. Es gab einen langen E-Mail-Verkehr über die Schlagworte, die bei der Beschreibung des Angriffs von Bengasi verwendet werden sollten. Für den nächsten Morgen war, wie jeden Morgen in dieser Woche, eine Sitzung des Stellvertreterausschusses des NSC geplant, in der es um mehrere Dinge gehen sollte – die Sicherheit der Botschaften, das Internetvideo, die kollabierende Welt. Außerdem mussten wir Susan aktualisierte Argumente für ihren Auftritt in den Sonntagssendungen geben. Ich schrieb zurück, dass wir uns damit am besten in der morgendlichen Sitzung befassen könnten. Ich stand im Wandschrank, damit Ann mich nicht dafür anblaffen konnte, dass ich schon wieder am BlackBerry hing. Das war das Letzte, was ich gewollt hätte.

Die Stellvertretersitzung beschäftigte sich die meiste Zeit mit der Aktualisierung unserer Sicherheitsmaßnahmen an den Botschaften, wobei wir Land für Land durchgingen. Aus dem CIA-Hauptquartier war Mike Morell per Videokonferenz zugeschaltet. Als das Gespräch auf die Schlagworte zum Bengasi-Angriff kam, beendete er die Diskussion mit dem Hinweis, dass er den Leitfaden überarbeiten und an alle Anwesenden verschicken würde. Dafür war ich dankbar – eine Sache weniger zu erledigen. Kurz darauf erhielten wir eine E-Mail von Morell mit den umgearbeiteten Punkten. Ich nahm eine Änderung vor und korrigierte den Verweis auf unser «Konsulat» in Bengasi, schließlich war es kein Konsulat.

Nach der Sitzung machte ich mich mit Ann auf, ein paar Besorgungen zu erledigen. Sie sprach kaum noch mit mir, so verärgert war sie über meine Überstunden. Wir fuhren in die Autowaschanlage und dann zum Calvert-Woodley Liquor Store auf der Connecticut Avenue. Während sie Alkoholika kaufte, blieb ich im Auto sitzen und nahm an einer Telefonkonferenz teil, mit der Susan für ihre Auftritte bei den Sonntagssendungen vorbereitet werden sollte. Anfangs war auch das Wahlkampfteam zugeschaltet, aber ich schmiss die Leute aus der Leitung, noch bevor Susan eingewählt war: Sie konnten doch kein Mitglied des nationalen Sicherheitskabinetts briefen. Ich informierte Susan über die Kritikpunkte, die sie von Netanjahu zu erwarten hatte, vor allem über seine Forderung nach einer härteren Gangart gegenüber dem Iran und den Palästinensern. Wir besprachen alle Sicherheitsvorkehrungen, die wir an unseren diplomatischen Einrichtungen ergriffen hatten, dann die verschiedenen Kritikpunkte gegenüber unserer Außenpolitik, denen sie sich würde stellen müssen. Mit Blick auf die Frage, was in Bengasi geschehen war, erklärte ich ihr, dass wir Glück hätten – die CIA habe zu diesem Thema einige Punkte vorbereitet, die ich ihr später zuschicken würde. Als ich wieder zu Hause war, leitete ich diese Hinweise an Susans Pressemitarbeiter weiter, der sie informieren sollte. Damit war die Sache erledigt.

Am Sonntagmorgen musste ich erneut ins Büro. Weitere Sitzungen standen an. Die Proteste hatten sich auf so weit verstreute Städte wie Paris und Sydney ausgebreitet. Die durch jenes Internetvideo ausgelöste Krise würde uns wohl noch eine Weile begleiten. Susans Sonntagssendungen wurden aufgezeichnet, doch zu diesem Zeitpunkt war ich im Situation Room. Ich habe keinen einzigen ihrer Auftritte gesehen, aber ich las auf meinem BlackBerry die Abschriften, die von unserem Medienbeobachter herumgeschickt wurden, und dachte, dass sie sich alles in allem gut geschlagen hatte. Am frühen Nachmittag ging ich nach Hause und hoffte auf ein paar ruhige Stunden.

Kapitel 15

Eine zweite Amtszeit

Die Vorbereitung auf die TV-Debatte der Präsidentschaftskandidaten fand in einer Hotelanlage in Henderson, Nevada, statt. Als die Fahrzeugkolonne Las Vegas hinter sich ließ, an Orten vorbei, in denen Menschen auch tatsächlich wohnten, passierten wir eine Shopping Mall, die leer stand und wie eine Geisterstadt des 21. Jahrhunderts aussah, ein Relikt der Finanzkrise. Obwohl diese erste TV-Debatte die Innenpolitik zum Thema hatte, war ich der Mitarbeiter im Bereich der nationalen Sicherheit, der zur Teilnahme an der Reise ausersehen war. Ich verzichtete auf die Möglichkeit, mich in die vorbereitenden Meetings zu setzen, stattdessen drehte ich auf den umliegenden Golfplätzen lange Joggingrunden und versuchte den Kopf freizubekommen, während ich über die von der Wüstensonne verbrannten Fairways trabte. Unser Hotel war im Stil des Nahen Ostens dekoriert, hatte eine «Arabesken»-Lounge, marokkanische Ornamente und einen exklusiven Drink namens «the Casablanca». Oft saß ich in der gekühlten, leeren Lobby, sediert von dieser amerikanischen Schöpfung einer idealisierten arabischen Welt.

Jon Favreau wurde mit jedem Abend nervöser, wenn er aus den Vorbereitungssitzungen für die Debatte kam. Obama zeigte sich konturlos, reizbar und in der Argumentation weitschweifig. Favreau war in Wahlkampfzeiten notorisch ängstlich: Er fuhr «emotionale Umfrage-Achterbahn», wie er es nannte. Jeden Tag kontrollierte er die Beliebtheitswerte des Präsidenten und befürchtete stets das Schlimmste. Allerdings kannte er Obama auch so gut wie kaum einer von uns, und wie sich herausstellte, hatte er recht. Nach den drei Übungstagen in Nevada flogen wir nach Denver, wo Obama in der Debatte mit Mitt Romney eine krachende Niederlage erlitt. In einer kleinen Gruppe sahen wir hinter den Kulissen auf einem Bildschirm zu, wie Obama irgendwie geschrumpft wirkte und sich über die Kritik an ihm verärgert gab, die er für unfair hielt. Bis dahin war er in ruhigem Fahrwasser auf die Wiederwahl zugesegelt, doch diese Debatte bot den Medien eine Wende in der Geschichte: Plötzlich hing Obama in den Seilen.

Wenige Tage später bat er einige von uns ins Oval Office. «Das lag ganz allein an mir», sagte er. «Es wird nicht wieder vorkommen.»

Um Obamas Stimmung zu heben, erstellte ich eine Liste mit zehn anderen Situationen aus den letzten sechs Jahren, in denen es noch schlimmer ausgesehen hatte: etwa als wir in den Umfragen zwanzig Prozent hinter Hillary gelegen hatten; beim Skandal um Obamas Pastor, Reverend Wright; nach Palins Nominierung zur Kandidatin für die Vizepräsidentschaft; nach der Wahl Scott Browns zum Senator für Massachusetts; nach den Zwischenwahlen 2010; und während der Auseinandersetzung um die Anhebung der Schuldenobergrenze. Er fand diese Aufstellung großartig und rief mich zu sich, um im Oval Office darüber zu sprechen.

«Über Palin war ich gar nicht so beunruhigt», korrigierte er mich. «Ich kann mich sogar kaum noch daran erinnern. Vielleicht hat sie bei *Ihnen* mehr Eindruck hinterlassen.»

«Ihre Selbstdarstellung als toughe *hockey mom* hat eine Weile gut funktioniert», sagte ich. «Welcher Moment war denn für Sie der schlimmste?»

«Die Schuldenobergrenze.» Bei der Erinnerung legte sich für einen Augenblick ein schmerzverzerrter Ausdruck auf sein Gesicht.

«Es ging ja nicht nur um mich. Das hätte eine Menge Leute getroffen.»

Die zweite Debatte sollte im «Town-Hall-Format» stattfinden, bei dem ausgewählte Zuschauer ausgewählte Fragen stellen konnten, wenn ein Moderator sie dazu aufrief. In einem Golfhotel in Williamsburg, Virginia, errichteten wir eine Bühne, die bis zu den Farben hin genau der Bühne für die Debatte glich: roter Teppich, sternenüberzogene Verzierungen auf dem halbrunden Bühnenpodest. Drei Tage lang saßen wir auf den Zuschauerrängen um das Podium herum und stellten wie ganz normale Menschen Fragen an Obama und John Kerry, der Mitt Romney spielte. Obama übte Antworten ein, worauf wir seine Leistung beurteilten.

«Kommen Sie schneller auf den Punkt.»

«Schauen Sie die Person an, die die Frage gestellt hat.»

«Vergessen Sie Ihre Heimatbasis nicht.»

Irgendwann gab Obama, der die Absurditäten des Politikbetriebs gerne auf den Punkt brachte, knapp zurück: «Ich habe verstanden. Das ist gar keine richtige Diskussionsrunde, das ist alles nur ein Schauspiel.» Er bat uns darum, die bestmöglichen Antworten, die er auf die wichtigsten Fragen geben konnte, aufzuschreiben, basierend auf den besten Antworten, die er in der Debattenvorbereitung gegeben hatte.

Eine der Fragen drehte sich um Bengasi. Um das Antworten zu üben, mussten wir Obama von all den Verschwörungstheorien berichten, die am rechten Rand zu verfangen begannen. Er hatte einige Tage lang die Meldungen nicht verfolgt und misstraute uns zunächst.

«Und das glauben die Menschen wirklich?», wollte er wissen.

«Fox ist voll davon», meinte ich.

«Das ist wirklich was für Irre.» Eine der Theorien lautete, dass wir uns geweigert hätten, die Ereignisse in Bengasi «Terrorismus» zu nennen, und dass wir die Verbindung zu dem Internetvideo erfunden hätten, um Obamas Ergebnisse bei der Terrorismusbekämpfung besser aussehen zu lassen.

«Glauben Sie mir, Fox berichtet fast nichts anderes mehr», sagte ich. Dann rekapitulierte ich, dass Obama die Ereignisse schon am Tag nach dem Angriff als Terrorakt bezeichnet hatte. Später hatte Susan Rice sie mit den ausufernden Protesten gegen das Video erklärt. Und dann hatte der Direktor des Nationalen Zentrums für Terrorabwehr ausgesagt, dass der Angriff von al-Qaida-nahen Extremisten verübt worden sei. Die Rechten hatten begierig Susans Hinweis auf die Proteste aufgegriffen, den wir der Argumentationsvorlage der Geheimdienste entnommen hatten.

«Und wie können sie es dann eine Vertuschung nennen, wenn wir doch diejenigen waren, die in der Öffentlichkeit erklärt haben, dass es sich um Terrorismus handelt?», fragte Obama. «Erklären Sie mir das. Und was sollen wir vertuscht haben?» Das gehörte zu seiner Art: so zu tun, als würde man die irrsinnigen Dinge glauben, von denen man ihm erzählte.

«Denken Sie nicht zu viel darüber nach. Das bereitet nur Kopfschmerzen.»

Er übte seine Antwort auf die Bengasi-Frage und sagte immer wieder: «Ich stand am Tag danach im Rosengarten und nannte es Terrorismus.» Als er fertig war, ergriff ich als Erster das Wort: «Nein, erinnern Sie sich: Sie nannten es einen *Akt des Terrors*.»

«Was ist da der Unterschied?», fragte er verärgert.

«Vertrauen Sie mir einfach», sagte ich.

«Akt des Terrors», wiederholte Favreau.

Mit zunehmender Praxis wurde Obama immer sicherer und konnte sich immer mehr mit der Vorstellung anfreunden, die Debatte wie ein Schauspiel anzugehen. Wir flogen nach Hofstra und machten noch einen weiteren Durchgang mit zwei Rednerpulten in der Lobby des Hotels, in dem wir die restlichen Stunden totschlagen mussten. «Ich stand im Rosengarten und nannte es einen Akt des Terrors», sagte Obama. Dabei sah er mich und Favreau an und betonte das Wort «Terror» überdeutlich, um klarzumachen, dass er es kapiert hatte, diese ganze Unterscheidung zwischen Terror und Terrorismus aber für lächerlich hielt. In seinem Zimmer aß er anschließend zu Abend, während ich an die Bar ging und Bourbon trank. Wir waren nervös. Eine gute verlaufene Debatte würde ihn auf die Siegerstraße bringen; bei einer Wiederholung von Denver würde er in echte Schwierigkeiten geraten.

Als die Debatte angefangen hatte, wurde bald deutlich, dass Obama besser war als beim ersten Mal. Nach etwa der Hälfte der Zeit kam die Frage nach Bengasi. Obama lieferte die Antwort, die er einstudiert hatte. Romney stürzte sich darauf: «Ich glaube, es ist interessant, was der Präsident soeben gesagt hat, dass er einen Tag nach dem Angriff im Rosengarten erklärt habe, dies sei ein Akt des Terrors gewesen.»

«Genau das habe ich gesagt», antwortete Obama.

Romney wirkte überrascht, fast schockiert über diesen Glücksfall. «Sie haben im Rosengarten am Tag nach dem Angriff gesagt, dies sei ein Akt des Terrors? Und es war keine spontane Demonstration, ist es das, was Sie gesagt haben?»

Jetzt war es Obama, der erfreut aussah. «Bitte fahren Sie fort, Governor», sagte er.

«Ich möchte nur sicherstellen, dass wir das zu Protokoll nehmen», erklärte Romney, «denn es hat in Wirklichkeit vierzehn Tage gedauert, bis der Präsident den Angriff in Bengasi einen Akt des Terrors genannt hat.»

«Schauen wir in der Abschrift nach», meinte Obama.

«Was für ein Idiot», sagte Favreau, der mit uns hinter der Bühne verfolgte, wie sich die Dinge entwickelten. Die Moderatorin Candy Crowley bestätigte Obamas Version. Romney wirkte empört, dann ernüchtert – er *wusste einfach*, dass Obama es nicht einen Akt des Terrors genannt hatte. Während ich so dasaß, angetrunken und befriedigt, erschütterte es mich dennoch ein wenig, dass Romney – ein intelligenter Mann – offenbar wirklich an etwas glaubte, das nicht stimmte. Man konnte es förmlich vor sich sehen, wie seine Vorbereitung auf diese Debatte verlaufen war, wie seine Mitarbeiter, die sich ausschließlich von Fox News ernährten, ihn darauf vorbereitet hatten, sich auf Obama zu stürzen, weil der sich geweigert habe, den Angriff Terrorismus zu nennen, und lieber eine Geschichte über ein Internetvideo erfunden habe. Ich nahm an, sie waren einfach nur zynisch; aber was, wenn sie diese Dinge tatsächlich geglaubt haben?

Am Wahlabend wurden einige von uns in Obamas Suite im Hyatt eingeladen, da sich abzeichnete, dass er gewinnen würde: ich, Jon Favreau, Dan Pfeiffer und Cody Keenan, der nach Favreaus Abschied als neuer Chef-Redenschreiber vorgesehen war. Wir hielten im Raum taktvollen Abstand zu den Obamas, die mit Familienmitgliedern und engen Freunden die Ergebnisse im Fernsehen verfolgten.

Da die Auszählung schneller als erwartet den Wahlausgang verriet, entwickelte sich im Raum eine ruhige Feierstimmung. Es wurden Häppchen gereicht, dazu Wein und Bier, und rund vierzig bis fünfzig Menschen plauderten miteinander. Obama machte die Runde und sprach mit den unterschiedlichen Gästegrüppchen, als wäre er der Bräutigam auf einer Hochzeit. Michelle Obama stand dem Familienbereich vor und umarmte alle, die sich ihr näherten. Als Obama dann bei uns stand, hatte ich ihn schon lange nicht mehr so entspannt gesehen. «Auf eine Art ist dieser Sieg süßer als 2008», sagte er.

«Dabei war 2008 ziemlich gut», antwortete Pfeiffer.

«Dieses Mal fühlt es sich noch besser an», sagte Obama. «Die Menschen kennen einen nach vier Jahren doch schon ganz gut.»

Als ich zu Malia und Sasha hinübersah, die inzwischen zu Teenagerinnen herangewachsen waren, wurde mir klar, dass die Sorge jedes Präsidenten, vom Wähler abgestraft zu werden, für Obama besonders groß gewesen sein musste, weil er der erste afroamerikanische Präsident war: Man möchte kaum der Erste sein und dann als Versager gelten. Ich fragte mich, wie viel von seiner gelegentlichen Reizbarkeit der letzten Monate damit zusammengehangen haben mochte. Obwohl es immer später wurde, weigerte Romney sich, anzurufen und die Niederlage einzugestehen, auch wenn offensichtlich war, dass er deutlich verloren hatte. Kurz vor Mitternacht verließ Obama den Raum, um mit ihm zu telefonieren. Als er zurückkam, wirkte er zugleich erfreut und verblüfft. «Er hat die ganze Zeit davon geredet, wie viele städtische Wähler ihre Stimme abgegeben haben», berichtete er uns. «Städtische Wähler.»

$$***$$

Aus dem Fenster der Air Force One zeigte sich Myanmar unter uns wie eine geheimnisvolle Weite aus Flüssen, Reisfeldern und unberührtem Grün, in dem sich hin und wieder ein kleines Dorf abzeichnete. Seit der Wahl waren keine zwei Wochen vergangen, und Obama würde nun der erste amerikanische Präsident sein, der seinen Fuß in dieses weit entfernte Land setzte.

Wir landeten auf einem kleinen, baufälligen Flughafen in Yangon. In dieser Umgebung wirkte die Air Force One völlig überdimensioniert. Als die Fahrzeugkolonne des Präsidenten auf die Zufahrtsstraße des Flughafens einbog, wurden wir von langen Reihen fahnenschwingender Schulkinder empfangen. Im ersten Augenblick beruhigte uns der Anblick der lachenden jungen Gesichter, doch als sich die Reihe ihrer identischen Uniformen immer weiter hinzog, bekam die autoritäre Choreographie etwas Erschreckendes. *Wo waren wir?* Als wir die Hauptstraße erreichten, empfingen uns Zehntausende Menschen, die meisten in T-Shirts oder buddhistischen

Mönchsgewändern, Mütter und Väter mit ihren Kindern, Menschen, so weit das Auge reichte. Die Zuschauer drängten sich dicht an unsere Fahrzeuge heran, sobald die Kolonne langsamer wurde. Die Menschen lachten, riefen uns freundlich zu und blickten ungläubig auf etwas, von dem sie nie geglaubt hätten, es je sehen zu können. Noch vor wenigen Jahren war es verboten gewesen, sich derart in der Öffentlichkeit zu versammeln. Es fühlte sich an, als würde sich dieser Ort, den wir besuchten, auf nicht greifbare Art und Weise verändern, allein durch die Anwesenheit dieser Menge – das Ende der Isolation, Ausdruck einer Hoffnung.

Wir fuhren zu Aung San Suu Kyis Haus. In diesem weißen, sich an einen See schmiegenden Haus hatte sie fast zwei Jahrzehnte unter Arrest gestanden. Wir parkten die Limousine in einer Auffahrt, die zu der Veranda vor dem Haus führte, auf der sie uns erwartete. Suu Kyi führte uns in ein kleines Zimmer voller Nippes, den sie im Laufe der Jahre geschenkt bekommen hatte. Ein Foto von Gandhi stand auf einem Regal neben abgegriffenen Taschenbüchern. Die Augen in ihrem bemerkenswerten Gesicht waren tief und dunkel, ihr schwarzes Haar, in das sie eine Blume gesteckt hatte, zeigte erste graue Strähnen. Ich saß auf einem Stuhl an der Wand, während Obama, Hillary und Suu Kyi um einen Tisch saßen, alle drei auf ihre eigene Art Ikonen.

«Wir erzielen Fortschritte, aber dies ist noch immer ein Land voller Probleme», erklärte Suu Kyi. *«Die jungen Menschen erwarten sehr viel von uns, und natürlich wollen wir sie nicht im Stich lassen.»* Sie sprach sehr ausführlich und ohne Unterbrechung, drehte sich lange um bestimmte Punkte und beschrieb uns eher undurchsichtige parlamentarische Manöver. Hillary hatte uns bereits gesagt, dass Suu Kyi stolz sei, nun Politikerin zu sein, und das wurde uns jetzt auch deutlich. Obama stützte sein Gesicht auf die Hand und hörte zu. Dann bot er Unterstützung für die demokratische Öffnung an, erkundigte sich aber auch nach der schwierigen Situation der Rohingya im

Menschen, die die Route unserer Fahrzeugkolonne bei Obamas erstem Besuch in Myanmar säumen, 19. November 2012

Rakhaing-Staat, einer ethnischen Minderheit, die teilweise in Flüchtlingslagern leben musste. «*Das wird sehr schwer*», erklärte sie und beschrieb die Bemühungen, die Lebensumstände dort zu verbessern. «*Selbstverständlich glauben wir, dass die Menschenrechte für alle in Myanmar respektiert werden müssen.*»

Später am Tag hielt Obama an der Universität von Yangon eine Rede. An der Hochschule, einst Zentrum des Widerstands gegen die Militärjunta, waren sehr viele Studenten misshandelt und getötet worden, als sie gegen die Annullierung der 1990 von Suu Kyi gewonnenen Wahl protestierten. Für viele Jahre war die Universität daraufhin geschlossen und nun anlässlich dieser Rede wiedereröffnet worden. Während Obama sprach, streifte ich durch die Flure und schaute mir das marode Gebäude an. Die nicht an derartige politische Reden gewohnten Zuhörer saßen still da, bis sich gegen Ende der Rede an manchen Stellen ein zaghafter Applaus erhob, als

Obama von der Notwendigkeit der Versöhnung sprach. Er bekräftigte auch die Würde der Rohingya, deren Name in diesem Land kaum öffentlich ausgesprochen wurde. Nicht wenige leugneten sogar, dass diese muslimische ethnische Gruppe überhaupt existierte.

Als wir im Flugzeug nach Kambodscha saßen, nahm Obama neben mir Platz. «Die Reise hat sich gelohnt», sagte er und blickte aus dem Fenster. «Das Land wirkt wie in der Vergangenheit eingefroren. Das ist interessant und erinnert mich daran, wie Jakarta aussah, als ich dort lebte. Heute gibt es da nur Hochhäuser. Wenn sie klug sind, bewahren sie etwas von dem, was diesen Teil der Welt zu etwas Besonderem macht.»

Unser Aufenthalt in Kambodscha wurde vom Nahen Osten bestimmt. Zum zweiten Mal kämpfte Israel unmittelbar nach einer Wahl Obamas im Gazastreifen, und wir bemühten uns um einen Waffenstillstand. Ich musste Obama aus einem Gala-Dinner in Phnom Penh holen, damit er mit Mohammed Mursi, dem neu gewählten ägyptischen Präsidenten, telefonieren konnte. Mursi war einer der Anführer der Muslimbruderschaft, die enge Verbindungen zur Hamas hatte. Obama drängte ihn, seinen Einfluss zu nutzen und die Hamas zu einem Ende des Raketenbeschusses auf Israel zu bewegen. Mursi wollte eifrig beweisen, dass er liefern konnte. Zurück im Hotel, sagte uns Obama, kurz bevor er schlafen ging, wir sollten ihn wecken, falls Mursi noch einmal mit ihm sprechen wolle. Nach Mitternacht erhielt ich einen Anruf aus dem Situation Room: Mursi wollte tatsächlich noch einmal mit Obama telefonieren. Tom Donilon schlief, also musste ich zum ersten Mal zu Obama gehen und ihn in seiner Suite wecken. Mit Trainingshose und T-Shirt bekleidet, gab er mir auf dem Weg zum Telefon einen kräftigen Schubs, mit dem er Verärgerung über das Wecken vortäuschte. Kurz darauf saß er an einem Tisch, wiegte das Telefon hin und her, machte sich Notizen und führte Mursi durch die Zusicherungen, die wir von der Hamas benötigten, um eine Waffenruhe zu organisieren. Als er aufgelegt hatte, bat er mich, am nächsten Morgen als Allererstes ein Treffen mit Hillary zu arrangieren – er wollte sie nach Israel und Ägypten schicken, um eine Feuerpause zu vereinbaren.

Es war kurz nach zwei. Ich ging zurück in mein Zimmer, legte mich ins Bett und starrte die Zimmerdecke an. Ich bekam gerade eine neue Rolle als eine der wenigen Konstanten in Obamas zweiter Amtszeit, als die Art Mensch, die ihn nachts wecken durfte, damit er einen Anruf des ägyptischen Präsidenten entgegennahm. Die Reise nach Myanmar stand für die Möglichkeit, unsere eigenen Prioritäten zu setzen. Wegen meiner Verantwortung für die Kommunikation würde ich aber, wie von der Schwerkraft, immer wieder zu Krisen hingezogen werden. Hielt ich diesen Druck wirklich zwei oder vier weitere Jahre aus? Ich schloss die Augen, um ein wenig Schlaf zu finden, doch das surrende Kreisen eines Moskitos riss mich immer wieder hoch. Ich schlug nach ihm, und aus Minuten wurden Stunden, in denen ich immer mal wieder in einen unruhigen Schlaf fiel, ohne dass ich mich erinnern konnte, ob Mursi angerufen hatte, ob ich aufstehen musste, um einen Auftrag zu erledigen – welchen genau, wusste ich nicht mehr –, bis ich beim ersten Sonnenstrahl erwachte und den Moskito tot in einer Pfütze meines Bluts auf dem Kopfkissen neben mir entdeckte.

Auf dem Rückflug bat Obama verschiedene seiner Berater nacheinander zu sich nach vorn ins Flugzeug, um über das zu sprechen, was sie in der zweiten Amtszeit tun wollten: Samantha Power, die Botschafterin bei den Vereinten Nationen werden würde; Mike Froman, der US-Handelsbevollmächtigter werden würde; Kolleginnen und Kollegen aus dem Weißen Haus, die als Kabinettsmitglieder bereitstanden. Obama saß in seinem Büro, hatte legere Kleidung angelegt und bot mir einen Platz neben sich auf dem Sofa an.

«Also, haben Sie sich schon Gedanken über die zweite Amtszeit gemacht?», fragte er.

«Nicht wirklich.»

«Gibt es etwas anderes, das Sie lieber tun würden?»

«Nein», sagte ich. «Aber ich will in dem Job, den ich habe, nicht unglücklich werden.» Ich war mir nicht sicher, ob ich mich damit auf die Frustration über die fehlenden Ambitionen in unserer Politik bezog oder auf das Gefühl der Erschöpfung angesichts des Gemisches meiner Verantwortlichkeiten – einige groß, andere banal –, das ich mit mir herumtrug: den Tagesablauf planen, Reden schreiben, die Presse über schlimmste Ereignisse ins Bild setzen.

Im Hintergrund rauschten die Triebwerke. «Ich habe manchmal einfach das Gefühl, wir haben zu viel Angst vor unserem eigenen Schatten», ergänzte ich.

«Die müssen wir auch haben.» Indem er Donilon ins Gespräch brachte, fuhr er fort: «Tom muss sich Sorgen machen, dass auf dem Times Square eine Autobombe hochgeht oder dass ein Botschafter ermordet wird.»

Ich beklagte mich über den politischen Prozess. Wir trieben unsere positive Agenda nicht voran und vernachlässigten Themen wie Kuba, von denen ich doch wusste, dass sie Obama am Herzen lagen. Fast entstand der Eindruck, als wolle ich mich über Donilon und McDonough beschweren, aber darum ging es mir gar nicht. «Ich bin es leid, immer nur der Typ zu sein, der die Drohnen rechtfertigt.»

Obama durchschaute mich schnell. «Also, mehr Kuba, weniger Tötungen. Schauen Sie, ich kann Sie verstehen. Wir haben nun vier weitere Jahre vor uns. Wir haben eine Menge Dinge, die wir erledigen müssen. Warum entwickeln Sie nicht ein paar Projekte, denen Sie sich widmen möchten, Themen, bei denen Sie die Führung übernehmen?»

«Das klingt gut», sagte ich.

«Wir können darüber im Gespräch bleiben. Aber ich würde mich freuen, wenn Sie dort weitermachten, wo Sie jetzt sind.» Er hielt kurz inne. «Sie sind nicht nur ein Berater, Sie sind ein Freund.»

«Danke», erwiderte ich. Ich wusste nicht genau, was ich sagen sollte. Obama sprach dann über andere Veränderungen bei den Mitarbeitern, die er in Erwägung zog, wie er Favreau und einige weitere wichtige Teammitglieder ersetzen könnte, bevor er sich in den Konferenzraum zurückzog, um Karten zu spielen. Ich ging zu meinem Sitz und schloss die Augen. Als ich noch für Lee Hamilton gearbeitet hatte, war ich von einem seiner langjährigen Mitarbeiter ermahnt worden, nie zu vergessen: Wenn man in Washington für jemanden arbeitet, dann gehört man zum Stab, egal wie nahe man seinem Chef steht. Ich war gerade in den Schlaf versunken, als mich eine Hand wachrüttelte – Obama hatte ein weiteres Mal mit Mursi telefoniert, und ich musste die mitfliegenden Journalisten im hinteren Teil der Maschine informieren. Auch Freunde gehören schlussendlich einfach nur zum Stab.

Kapitel 16

Junge Männer führen Krieg, alte Männer schließen Frieden

Im Herbst 2012 erreichte Obama ein Vorschlag mit der Empfehlung, der syrischen Opposition militärische Unterstützung zu leisten. In den folgenden Jahren bekam dieser Vorschlag einen beinahe mythischen Ruf als Weg, der zu einer gänzlich anderen Entwicklung hätte führen können. In Wirklichkeit war es eine Empfehlung in kleinem Maßstab und handelte davon, einen Teil der Opposition zu ermutigen und ihr mit einem Bruchteil der Unterstützung beizustehen, die Russland und der Iran an das Assad-Regime lieferten. David Petraeus, der damalige CIA-Direktor, drängte darauf. Dabei sprach er offen darüber, was dieser Vorschlag sein konnte und was nicht: *«Das wird die Entwicklung des Krieges nicht verändern»*, wiederholte er mehrfach. *«Es würde uns aber erlauben, eine Beziehung zur Opposition aufzubauen.»*

Ich war hin- und hergerissen. Den Herbst über kämpfte ich auf verlorenem Posten gegen jene, die einen Teil der syrischen Opposition – die al-Nusra-Front – zu einer terroristischen Organisation erklären wollten. Al-Nusra war innerhalb der Opposition die stärkste kämpfende Einheit, und auch wenn es extremistische Elemente in der Organisation gab, so war doch auch deutlich zu sehen, dass die eher moderate Opposition Seite an Seite mit al-Nusra kämpfte. Mein Argument lautete, dass wir mit der Bezeichnung von al-Nusra als Terroristen genau die Menschen von uns entfremden würden, denen wir doch eigentlich helfen wollten, und zugleich al-Nusra anspornten, auf die Extremisten zuzugehen. Es sprach für die Schizophrenie der amerikanischen Außenpolitik, dass wir darüber diskutierten, ob wir die syrische Opposition zu Terroristen erklären sollten, und zeitgleich überlegten, dieser Opposition militärischen Beistand zu leisten. Und es sprach für die Hybris der amerikanischen Außenpolitik, dass wir glaubten, die uns fast gänzlich unbekannte syrische Opposition – die um ihr Überleben kämpfte – durch die Kennzeichnung als Terroristen oder ein wenig militärische Hilfe manipulieren zu können.

Ich war außerdem der Meinung, dass wir, sollten wir in Syriens Bürgerkrieg eingreifen wollen, dies mit unserer eigenen Armee tun sollten. Von Mittelamerika bis nach Afghanistan reichte die Liste der Länder, bei denen Amerika schlechte Erfahrungen mit der Bewaffnung von Stellvertretern gemacht hatte. Waren wir überzeugt, dass wir versuchen sollten, das Gleichgewicht zu Ungunsten Assads zu kippen, müssten wir darüber sprechen, sein Regime direkt anzugreifen. Ich trug meine Argumente Ende 2012 und Anfang 2013 in einigen Sitzungen vor, stand jedoch zumeist alleine da, abgesehen von Jake Sullivan und Samantha Power.

In einer Sitzung zu Anfang der zweiten Amtszeit rief Obama alle Anwesenden nacheinander auf, wie er es immer tat, wenn er den Status quo seiner Politik überprüfen wollte. Jake und ich saßen nebeneinander auf den hinteren Stühlen, und als die Reihe an uns war, boten wir unterschiedliche Versionen desselben Arguments. Wenn sich die Lage weiter verschlechtere, sagte ich, sollten wir «über die Bombardierung von Assads Startbahnen» oder «über begrenzte Luftschläge gegen bestimmte Infrastrukturen des Regimes nachdenken».

Ich sprach diese Worte laut aus, doch sie fühlten sich hohl an. Obama schien nur unbeteiligt zuzuhören, er sah mich nicht an und rieb sich die Stirn, während ich meine Sicht darlegte. Jeden Morgen über Assads Grausamkeiten zu lesen und Bilder völlig zerstörter Wohnhäuser zu sehen zerriss mir das Herz. Ich hatte das Gefühl, dass wir *irgendetwas* in Syrien tun mussten. 2011 hatte ich mich angepasst und auf die Menschen in den Straßen gesetzt – von Tunis über Kairo und Tripolis bis nach Damaskus. Doch Anfang 2013 hatte ich das Gefühl, Teil des Geschehens zu sein, als Fürsprecher, der für eine Intervention plädierte, konnte jedoch nicht mehr die gleiche Leidenschaft mobilisieren, die ich in der Libyen-Debatte verspürt hatte. Welchen Unterschied würde es machen, wenn wir Flughäfen bombardierten? Dieses Argument hatte ich von anderen Verfechtern eines Eingriffs übernommen, fand aber keine Antwort auf die Frage, die Obama im Gegenzug stellte. «Und was passiert, wenn wir die Flughäfen bombardiert haben und Russland, Iran und Assad sie wieder reparieren?» Ab dieser Sitzung nannte McDonough Jake und mich fortan Cheney und Rumsfeld.

***

Zu Beginn seiner zweiten Amtszeit saß Obama eines Morgens im Roosevelt Room mit Journalisten zusammen, die ich dorthin eingeladen hatte. Es ist nichts Ungewöhnliches, wenn eine Handvoll Redakteure und Leitartikler den Präsidenten zu einem Hintergrundgespräch «off the record» trifft. Dieses Mal jedoch war es ein wenig anders, denn ich hatte Journalisten eingeladen, die an solchen Runden in der Regel nicht teilnahmen: Die Korrespondenten hatten einen Großteil ihres Berufslebens aus dem Nahen und Mittleren Osten berichtet und standen den auf Veränderung drängenden Demonstranten überwiegend positiv gegenüber. Anstatt zu versuchen, sie von unseren Ansichten zu überzeugen, hoffte ich dieses Mal darauf, dass ihre Geschichten einen Einfluss auf Obama ausüben könnten, wodurch er motiviert würde, in Syrien und der gesamten Region entschiedener vorzugehen.

Einer nach dem anderen beschrieb ungeschönt seine Sicht auf das Chaos, das diese Region und insbesondere Syrien in den Abgrund zu reißen drohte. Die Entwicklungen verliefen ungut: Die Oppositionsbewegungen wurden extremistischer, der Iran zeigte sich immer entschlossener, Assad in Syrien zu unterstützen, und die Golfstaaten finanzierten sowohl in Syrien als auch in Libyen militante Gruppen, die nicht den Interessen der Vereinigten Staaten entsprachen. Die meisten der Versammelten waren der Ansicht, dass es die Vereinigten Staaten versäumten, die Ereignisse mitzugestalten, wobei mir auch auffiel, dass die erfahrensten Korrespondenten jede Hoffnung verloren hatten, dass diese sich überhaupt lenken *ließen*. Obama hörte aufmerksam zu, hakte nach und gab seine Ansichten bekannt. Nach dem Gespräch folgte ich ihm ins Oval Office, wo mir rasch deutlich wurde: Ich hatte mit dem Treffen das Gegenteil von dem erreicht, was ich mir gewünscht hatte – dort, wo ich eine Aufforderung zum Handeln gehört hatte, hatte Obama ein abschreckendes Beispiel wahrgenommen. Wie konnten die Vereinigten Staaten einen derart zerrütteten Teil der Welt stabilisieren, zu dessen Destabilisierung die amerikanische Außenpolitik jahrzehntelang beigetragen hatte?

Als spüre er mein Unwohlsein, fragte Obama, was mir durch den Kopf gehe. «Wir sind in der gesamten Region zu sechzig Prozent schwanger», erwiderte ich und hakte Punkt für Punkt eine Liste von Beschwerden ab, die sich im Laufe des letzten Jahres bei mir angesammelt hatten. «Wir sind halbherzig an den Nahost-Friedensbemühungen beteiligt, genau wie in Syrien und Ägypten sowie bei den Bemühungen um ein Atomabkommen mit dem Iran. Wir müssen endlich etwas wagen.»

Er bat mich, ihn in sein privates Esszimmer zu begleiten, um die Unterhaltung fortzusetzen, während er aß. An der Wand hingen ein Gemälde von einem in Gedanken versunkenen Präsident Lincoln, der sich mitten im Bürgerkrieg mit General Ulysses S. Grant beriet, ein Foto von Obama mit Nelson Mandela sowie ein Paar Boxhandschuhe von Muhammad Ali. Obama setzte sich; ich jedoch blieb stehen. Ich wollte diese Grenze nicht überschreiten.

Zum Friedensprozess im Nahen Osten erläuterte er mir, dass er immer wieder Bibi unter Druck gesetzt habe, der sich jedoch auf keine Vereinbarung einlassen wolle. Für Syrien suchte er noch nach möglichen Optionen, ohne jedoch bislang gute gefunden zu haben. «Und was den Iran angeht», fuhr er fort, «was soll ich Ihrer Meinung nach tun? Eine Rede halten, in der wir ihr Recht auf Anreicherung [von Uran] anerkennen», um im Gegenzug eine Erleichterung der Sanktionen zu erreichen?

«Es geht nicht so sehr um eine einzelne Maßnahme», sagte ich. «Wir müssen einfach opportunistischer werden und dort den großen Sprung wagen, wo es uns möglich ist.» Ich erinnerte ihn an unsere gemeinsame Fahrt in der Limousine nach seiner Libyen-Rede. Er hatte mir dabei gesagt, er wünschte, er hätte mehr Kapazitäten, um sich auf den Arabischen Frühling zu konzentrieren. «Was würden wir mit diesen höheren Kapazitäten anfangen?», wollte er wissen. «Sir», fuhr ich mit ungewohnter Förmlichkeit fort, «dies ist eine seismische geopolitische Verschiebung und soziale Bewegung. Und die findet hier statt» – ich hielt die Hand über meinen Kopf –, «doch unsere Maßnahmen sind eher hier unten.» Ich senkte meine Hand auf Höhe der Hüfte.

«Womöglich haben Sie recht», sagte er, «doch wir dürfen uns nicht selbst in die Irre führen mit der Annahme, wir könnten den Nahen Osten retten.» Er machte eine Pause und kaute. «Ich finde es toll, dass Sie so engagiert sind. Aber wie geht noch einmal dieses Zitat aus *Lawrence aus Arabien*?» Wir warfen uns immer wieder mal gegenseitig Zitate aus diesem Film zu. ««Junge Männer machen Kriege. (…) Dann schließen alte Männer Frieden.»»

Trotz seiner Zweifel beschloss Obama, auf der ersten Auslandsreise seiner zweiten Amtszeit Israel und Jordanien zu besuchen. Während seiner ersten Amtszeit hatten wir seinen ersten Staatsbesuch in Israel stets hinausgezögert in der Hoffnung, dass dieser als Ausgangspunkt eines Friedensprozesses fungieren könnte. Doch vier Jahre später war uns klar geworden: Einen solchen Startpunkt würde es nicht geben. Im Wahlkampf hatte Obama immer wieder Kritik dafür einstecken müssen, dass er Israel nicht besucht hatte. Also entschied er, es sei nun Zeit für die Reise.

Wochenlang bereitete ich seine Reiseroute vor, die möglichst die gesamte Spannbreite der israelischen Geschichte umfassen sollte – das Israel-Museum, um die historische jüdische Verbindung zu dem Land zu unterstreichen; das Grab Theodor Herzls, um den Zionismus zu würdigen; die Holocaust-Gedenkstätte Yad Vashem; das Grab Jitzchak Rabins, um den als Märtyrer gestorbenen Architekten des Friedensprozesses zu ehren; eine Existenzgründer-Ausstellung, um der Öffentlichkeit Israels aufkeimende Start-up-Kultur zu präsentieren. Ich besprach diese Pläne mit Israels Botschafter in den Vereinigten Staaten, Michael Oren, der sich als harscher Kritiker Obamas hervorgetan hatte, nun aber zum Gelingen des Besuchs beitragen wollte und sich anscheinend mit vier weiteren Jahren eines demokratischen Weißen Hauses ausgesöhnt hatte. Mehrfach legte er mir bei unseren Gesprächen nahe, dass Obama ein Dorf von äthiopischen Juden besuchen solle. Ich zögerte, weil ich etwas verstört von der penetranten Vorstellung war, dass Obama lieber schwarze als andere Juden besuchen wolle.

Bei der Begrüßung noch an der Air Force One erklärte Bibi dem Präsidenten, er kenne mich bereits von den «Depeschen». Obama fügte hinzu, dass mein Bruder die CBS News verantworte. «Ben hat eine stolze jüdische Mutter», ergänzte er schließlich.

Bibi entschied, sich eher für meine Verbindung zum CBS zu interessieren als für das Judentum. «Klingt inzestuös», sagte er.

«Nicht, wenn Sie CBS News schauen», gab Obama zurück.

Dieser Staatsbesuch war für mich mit widersprüchlichen Gefühlen belastet. Bei der Arbeit an Obamas Rede hatte ich mich ein wenig wie ein Unbeteiligter gefühlt angesichts meiner halben Abstammung. Ich war weder ganzer Jude noch ganzer Nicht-Jude. Israels Geschichte ist in keiner Hinsicht normal, und seine Sicherheitsbedürfnisse liegen in der Geschichte des Antisemitismus begründet, die bis heute wirkt. Gleichzeitig war ich mit der Widerspenstigkeit des palästinensischen Dilemmas konfrontiert und musste einen erneuten Aufruf zum Frieden verfassen, von dem ich wusste, dass er auf taube Ohren stoßen würde.

Am Morgen der Rede flogen wir mit dem Helikopter nach Ramallah, um uns mit Mahmud Abbas zu treffen. Ich sah auf die sanft geschwungenen Hügel hinunter und konnte den Verlauf der israelischen Siedlungen verfolgen, die das Westjordanland in zwei Hälften teilten. Wir waren knapp zehn Minuten in der Luft, doch der Kontrast hätte nicht deutlicher sein können: Israel wirkte von oben wie Südeuropa, die Siedlungen sahen wie Trabantenstädte in der Wüste von Nevada aus. Die palästinensischen Städte machten dagegen einen schäbigen und heruntergekommenen Eindruck.

Nach dem langen Gespräch mit Abbas setzte sich Obama in einem kleinen Klassenzimmer mit einer Gruppe junger Palästinenser zusammen. Sie erzählten abwechselnd und kannten alle schreckliche Geschichten über die Besatzung. Mir fiel ein etwa achtzehnjähriger Junge auf, der während des Gesprächs sehr unruhig wirkte und immer wieder auf seine Hände blickte, während die anderen redeten. Er war als Letzter an der Reihe, und als er die Stimme erhob, berichtete er wie seine Vorredner von verhafteten Freunden und der eingeschränkten Bewegungsfreiheit. Dann aber kam er zu einem Satz, den er offenbar auswendig gelernt hatte. «Mr. President, wir werden hier genauso behandelt, wie die Schwarzen in Ihrem Land behandelt wurden. Hier, in diesem Jahrhundert.» Er hielt inne, und eine bedeutungsschwere Stille lag über dem Tisch. «Finanziert von Ihrer Regierung, Mr. President.»

«The Beast», die schwer gepanzerte Limousine des Präsidenten, vor der Grabeskirche in Jerusalem

Obamas Blick war leer. Er konnte dem Jungen keine stimmige Antwort geben und versuchte es erst gar nicht. Er sprach darüber, wie viel Hoffnung sie weckten, wie sehr er sich wünschte, dass junge Palästinenser in den Vereinigten Staaten mehr Aufmerksamkeit bekämen. Obama nahm Israel in Schutz und erklärte, das jüdische Volk habe ein Recht, sich um seine Sicherheit zu sorgen. Er schloss mit der optimistischsten Wendung, die er in diesem Moment finden konnte: wie viel Zuversicht ihm junge Menschen gäben, wie sehr sie ihn an seine eigenen Töchter erinnerten, dass israelische Mütter die Möglichkeit bekommen müssten, ihnen hier zu begegnen und sich ihre Geschichten anzuhören, dann würden sie sie besser verstehen. Wenn Obama von Regierungen frustriert war, redete er häufig über die Menschen im jeweiligen Land.

Auf dem Rückflug im Helikopter nach Jerusalem schickte ich die endgültige Fassung seiner Rede von meinem BlackBerry auf den

Teleprompter. Hinter den Kulissen des Kongresszentrums sprach er davon, wie herausfordernd die Begegnung für ihn gewesen war.

«Der letzte Junge hat ziemlichen Mut aufgebracht», sagte ich.

«Ja. Er hat sich da wirklich etwas getraut.» Obama erzählte mir, was ihm der ehemalige palästinensische Ministerpräsident Salam Fayyad einmal berichtet hatte: Israelis hätten alle paar Tage ein Auto vor seinem Büro geparkt und ihn von dort aus beobachtet. «Es geht nicht um die Sicherheit», hatte Fayyad gesagt. «Es geht um Macht.»

«Nun», meinte ich, «das macht unsere Theorie nur noch zwingender: Zeigen Sie den Israelis, dass Sie sie lieben, aber fordern Sie sie auch heraus.»

«Das ist Ihre Theorie. Die Ben-Rhodes-Theorie.» Obama, der häufig dem Vorwurf ausgesetzt war, zu viele Daten und Zahlen in seinen Reden zu verwenden, glaubte noch weniger als ich an die Möglichkeit, dass eine Rede fest verwurzelte Ansichten verändern könne. Vor allem in einem unlösbaren Konflikt wie dem zwischen Israelis und Palästinensern.

Ich verfolgte die Rede hinter den Kulissen am Teleprompter. An einer Stelle hielt Obama kurz inne, und ich sah, wie der Text einfror. «Hier verlasse ich den vorbereiteten Redetext für einen Moment», sagte er. «Bevor ich hierhergekommen bin, traf ich einige junge Palästinenser im Alter zwischen 15 und 22. Während ich mit ihnen sprach, wurde mir klar, dass sie sich von meinen Töchtern nicht unterscheiden. Und sie unterscheiden sich auch nicht von Ihren Töchtern oder Söhnen. Würden sich israelische Eltern mit diesen jungen Menschen zusammensetzen, dann würden auch sie wollen, dass diese Jugendlichen glücklich werden, davon bin ich überzeugt. Ich glaube, dass sich israelische Eltern genau dies für diese Jugendlichen wünschen würden, wenn sie die Gelegenheit bekämen, ihnen einmal zuzuhören und mit ihnen zu reden. Davon bin ich überzeugt.» Seine Bemerkungen wurden von immer stärker werdendem

Applaus begleitet, und als er wieder in seinen Redetext eingestiegen war, wurde mir deutlich, dass diese Anerkennung – diese inständige Bitte, dass die Israelis die Palästinenser als Menschen anerkennen sollten, die sich gar nicht so sehr von ihnen unterschieden – wohl das Äußerste war, was er tun konnte, um sein Versprechen an die palästinensischen Jugendlichen zu halten.

Am Abend fand ein von Schimon Peres veranstaltetes Essen statt, bei dem ich neben seiner Tochter saß – einer älteren Dame, die Englisch mit starkem Akzent sprach und die zu den Seder-Abenden gepasst hätte, zu denen ich als Kind gegangen war. Sie machte mich mit der Geschichte ihrer Familie vertraut, die sich während des Holocaust versteckt gehalten hatte. Stolz erzählte sie davon, wie sie Israel erreicht hatten, und von der Notwendigkeit, die sie gespürt hatten, die fast tote Sprache Hebräisch wieder neu zu beleben. Das erweckte in mir eine Art Stolz auf das, was die Israelis in den letzten siebzig Jahren zustande gebracht hatten. Aber dieser Sinn für Geschichte, für Großzügigkeit und Gerechtigkeit ließ sich mit dem Schicksal der palästinensischen Kinder nur schwer in Einklang bringen. Obamas Vision – so bereitwillig von jungen Menschen überall auf der Welt angenommen, auch von den jungen Israelis hier im Konferenzzentrum – schien unvereinbar mit den harten Ecken und Kanten der Politik, in einer Welt, in der es Gewinner und Verlierer geben musste.

Das Kapitel, das mit dem Ausbruch des Arabischen Frühlings in Ägypten 2011 so hoffnungsvoll begonnen hatte, ging während unserer Reise nach Afrika im Juni 2013 jäh zu Ende. Nachdem sein Hotelzimmer gesichert worden war, rief Obama von Tansania aus Mohammed Mursi an, da sich die Proteste auf den Straßen gegen die ägyptische Regierung immer höher aufschaukelten. Dieses Mal verfügten wir über Hinweise darauf, dass das ägyptische Militär – gestützt von den Regierungen in Saudi-Arabien und den Vereinigten Arabischen Emiraten – die Unruhen anheizte und die Absetzung der Regierung vorbereitete, die zwar schwere politische Fehler begangen hatte, aber demokratisch ins Amt gekommen war. Die Militärs förderten zudem eine Informationskampagne gegen US-Botschafterin Anne Patterson, die als Komplizin der Muslimbruderschaft hingestellt wurde. So wollten sie Druck auf uns ausüben und demonstrieren, dass sie dieses Mal gar nicht daran dachten, nur wegen der Ansichten Amerikas darauf zu verzichten, in Kairo eine ihnen genehme Regierung zu installieren. Eine der unverschämtesten Handlungen, die mir in meinem Job untergekommen sind, erlebte ich in diesem Zusammenhang: Yousef Al Otaiba, der Botschafter der Vereinigten Arabischen Emirate in den USA und ein Mann, der in den Machtzirkeln Washingtons als führende Stimme für die Interessen der Region galt, schickte mir – ohne einen weiteren Kommentar – das Foto eines Posters, auf dem Patterson in ein entsprechendes Licht gerückt wurde.

Mursi klang müde, aber trotzig, während Obama mit ihm aus dem improvisierten Nationalen Sicherheitsbüro heraus telefonierte. Obama drängte ihn zu einem Schritt auf die wachsende Opposition zu und wünschte sich eine Geste in Richtung einer Regierung der nationalen Einheit, die das Land zusammenhalten könnte. «Wissen Sie», erläuterte Obama, «ich komme gerade aus Südafrika. Nelson Mandela liegt schwerkrank in einer Klinik. Als er an die Macht gekommen war, hätte er der weißen Minderheit in Südafrika sagen können: ‹Wir haben jetzt die Mehrheit und machen damit alles, was wir wollen. Wir gehorchen dem Gesetz, aber ihr seid eine kleine Minderheit in diesem Land.› Doch das hat er nicht getan. Vielmehr scheute er keine Mühe, um diese Minderheit anzusprechen. Er ernannte sogar seinen ehemaligen Gefängnisaufseher, jenen Mann, der ihn in der Haft bewacht hatte, zum Verantwortlichen für die Sicherheitskräfte. Es waren solche Gesten, die zeigten, dass er das Land zusammenbringen wollte, und von denen die Botschaft ausging, dass wirklich jeder ein Teil der großen Sache war ... Sie sind nicht nur der Führer der Muslimbruderschaft, Sie sind der Präsident Ägyptens. Sie sollten jedem Bürger zuhören, und Ihr Kabinett muss jeden Ägypter im Blick behalten. Die Gesetze und die Verfassung sind für alle gemacht.»

Mursi betonte wiederholt seine demokratische Legitimation und die Tatsache, dass er eine Wahl gewonnen hatte. Doch er wurde auch nachdenklicher, wie ein Mann, der weiß, dass seine Zeit womöglich abläuft. «*Mein Background ist die Physik*», erläuterte er Obama, «*doch auch in Ägypten kenne ich mich sehr gut aus.*» Was er dann ausführte, widersprach allerdings seinen bisherigen undemokratischen Bemühungen, die ägyptische Verfassung zu verändern, denn er fuhr fort: «*Ich tue mein Bestes, um für ein neues Ägypten Geschichte zu schreiben, ein wirklich demokratisches Ägypten, und ich möchte erleben, dass durch Wahlen die Macht auf einen anderen Kandidaten übergeht.*»

Wenige Tage später wurde Mursis Regierung durch einen Staatsstreich des Militärs abgesetzt und er selbst ins Gefängnis geworfen, wo er bis heute sitzt. General Abdel Fattah El-Sisi übernahm die Macht und präsentierte sich als Retter Ägyptens vor den Islamisten – mit Rückendeckung von Saudi-Arabien und den Vereinigten Arabischen Emiraten, zwei Verbündeten der Vereinigten Staaten, die aktiv die Demokratie untergraben und sich gegen die Politik der USA gewandt hatten. In Washington entspann sich eine gequälte Debatte darüber, ob diese Vorgänge, die eindeutig ein Staatsstreich gewesen waren, auch Staatsstreich genannt werden sollten – was Einschränkungen in unseren Hilfeleistungen für die ägyptische Regierung mit sich bringen würde. Wieder einmal vertrat ich in vielen Sitzungen eine Minderheitenmeinung, als ich mich für die Demokratie in Ägypten aussprach und forderte, um unserer Glaubwürdigkeit willen auch von einem Staatsstreich zu sprechen. Ich ging in den Diskussionen unter und beharrte nicht weiter auf dem Punkt.

Ähnlich wie bei der Auseinandersetzung um eine Intervention in Syrien war ich nicht mehr mit ganzer Seele dabei. Ich ahnte schon vorher, in welcher Richtung die Debatte verlaufen und sich die Dinge entwickeln würden.

Obama war der mächtigste Mann der Welt, was jedoch nicht hieß, dass er die Mächte kontrollieren konnte, die im Nahen Osten im Spiel waren. Es gab dort keinen Nelson Mandela, der ein Land zur Vergebung der eigenen Sünden und der Sünden anderer führen konnte. Extremistische Kräfte nutzten die Entwicklung des Arabischen Frühlings aus. Reaktionäre Kräfte, die über große Reservoirs an politischer Unterstützung in den Vereinigten Staaten verfügten, waren fest entschlossen, sich an die Macht zu klammern. Baschar al-Assad würde bis zum Tod kämpfen, unterstützt von seinen russischen und iranischen Sponsoren. In Libyen lieferten sich die feindlichen Fraktionen Straßenkämpfe. Saudi-Arabien und die Vereinigten Arabischen Emirate würden politische Meinungsverschiedenheiten in Ägypten ausmerzen, bevor diese ihre eigenen Königreiche erreichten. Ein Likud-Premierminister würde in Israel Worte des Friedens im Mund führen, während er zugleich Siedlungen bauen ließ, die jeden Frieden verhinderten. In der Zwischenzeit würden Unschuldige leiden, von denen einige getötet würden, und es schien, als gäbe es nichts, was ich dagegen unternehmen könnte. Obama war schon lange vor mir zu diesem Schluss gekommen. 2011 hatte sich in der Geschichte eine Tür geöffnet, die jedoch Mitte 2013 mit Gewalt wieder zugeworfen worden war. Es würde wieder Krieg geben, neue Konflikte, neues Leiden, bis – eines Tages – alte Männer Frieden schließen würden.

Teil Drei

VERÄNDERUNG
2013–2014

Kapitel 17

Geballte Fäuste

Nach dem Gespräch mit Obama in der Air Force One hatte ich über seine Frage nachgedacht: «*Warum entwickeln Sie nicht ein paar Projekte, denen Sie sich widmen möchten?*» Ich machte mir im Kopf eine Liste mit dem, was ich die «positive Agenda» nannte, Punkten, wo wir mehr tun konnten. Kuba. Kolumbien. Myanmar. Austauschprogramme. Entwicklung in Afrika. Orte, wo etwas Engagement der USA positive Wirkung zeigen konnte. Ich erzählte es McDonough, der Stabschef werden sollte. Dann trafen wir uns vor der Amtseinführung mit Obama und besprachen ausführlich alles, was wir in der zweiten Amtszeit tun könnten. Bei Kuba hakte Obama ein. «Schauen wir mal, was wir hier machen können», sagte er. «Aber wir müssen Alan Gross aus dem Gefängnis holen.»

Alan Gross war ein 63 Jahre alter Amerikaner, der im Auftrag von USAID gearbeitet hatte und schon seit drei Jahren in einem kubanischen Gefängnis saß. Er wurde im Dezember 2009 festgenommen, als er der kleinen jüdischen Gemeinde auf Kuba Satelliten- und Kommunikationsausrüstung lieferte, und wegen Spionage angeklagt. Vor Gross' Verhaftung hatten wir ein paar schrittweise Veränderungen in unserer Kubapolitik vorgenommen, zum Beispiel für Amerikaner kubanischer Herkunft die Möglichkeiten ausgeweitet, auf die Insel zu reisen und Geld dorthin zu überweisen. Auch die kubanische Regierung hatte ein paar Reformen gestartet und erlaubte etwa die Entstehung eines kleinen privatwirtschaftlichen Sektors, so dass Läden, Restaurants und Taxis in Privatbesitz möglich wurden. Dadurch konnten amerikanische Überweisungen und Tourismusausgaben direkt an Kubaner fließen, ohne im Netz des US-Embargos hängenzubleiben. Gross' ungerechtfertigte Festnahme machte es aber unmöglich, weitere Veränderungen anzustoßen.

Während das Außenministerium sich um Gross' Freilassung bemühte, beharrten die Kubaner darauf, er solle gegen vier in den USA einsitzende Kubaner ausgetauscht werden. Diese Gefangenen gehörten zu den sogenannten Cuban Five – dem «Wasp-Netzwerk» –, einem Spionagering, der gesprengt wurde, nachdem Kuba in den Neunzigerjahren zwei Kleinflugzeuge abgeschossen hatte, die Flugblätter abwarfen, wobei vier Menschen gestorben waren.

Der einzige Weg, Gross freizubekommen und den Boden für weitergehende Veränderungen zu bereiten, lag in kontinuierlicher Diplomatie, aber wir besaßen keine offiziellen diplomatischen Beziehungen zu Kuba. Eine Handvoll gut platzierter Hardliner im Kongress war felsenfest gegen jede Verbesserung der Beziehungen, darunter die kubanischstämmigen Amerikaner Bob Menendez – der demokratische Vorsitzende des Senatsausschusses für Auswärtige Beziehungen – und der Republikaner Marco Rubio. Die Kubaner wiederum trauten dem Außenministerium nicht, das seit Jahrzehnten versucht hatte, Kuba zu isolieren und Regierungsgegner zu unterstützen. Wenn wir miteinander reden wollten, musste es geheim geschehen.

Während der ersten Amtszeit war ich weitgehend ein Außenseiter beim Thema Kuba gewesen, aber der Status quo hatte mich frustriert. Jedes Mal, wenn wir nach Südamerika reisten, wurden unsere Gipfeltreffen von Beschwerden über unsere Kubapolitik beherrscht. Es gab keinerlei Hinweise, dass unsere harte Linie irgendwie den Menschenrechten nützte. Obama sagte mehrmals zu mir, er sei mit unserer Kubapolitik unzufrieden und wolle sie ändern. US-Interessen, Vernunft und Ehrlichkeit legten es nahe, hier einen

Wandel anzustoßen. In seiner ersten Antrittsrede hatte Obama gesagt: «Denen, die sich durch Korruption, Betrug und die Unterdrückung anderer Meinungen an die Macht klammern, sage ich, dass sie auf der falschen Seite der Geschichte stehen, dass wir ihnen aber die Hand reichen werden, wenn sie bereit sind, die geballte Faust zu öffnen.» Ich wollte testen, ob wir diese Verbindung mit Kuba herstellen konnten.

Der oberste für Lateinamerika Zuständige im Weißen Haus war Ricardo Zuniga, ein 42 Jahre alter Diplomat und führender Kubaexperte der Regierung. Er stammte aus einer politisch prominenten Familie in Honduras und kam während der Turbulenzen, die Mittelamerika erschütterten, in die USA. Nachdem sein Vater 1985 in Honduras ermordet worden war, blieb die Familie in den Vereinigten Staaten. Ricardo war von 2002 bis 2004 Menschenrechtsbeauftragter in Havanna gewesen und hatte viel Zeit damit verbracht, Kontakt zu Gegnern der Castro-Regierung zu suchen. Als Gross 2009 festgenommen wurde, gehörte Ricardo der Kubaabteilung des Außenministeriums an. Er war auch pausenlos kubanischer Regierungspropaganda ausgesetzt, wurde im Staatsfernsehen beschimpft und von kubanischen Agenten beschattet.

Kurz nach dem Treffen im Situation Room, bei dem Obama Interesse zeigte, etwas wegen Kuba zu unternehmen, lud McDonough mich zu einem Spaziergang ein, was er häufig tat, wenn er über persönliche Dinge reden wollte. Es schien, als könne seine bevorstehende Beförderung zum Stabschef etwas Distanz in unsere Freundschaft bringen. Wir kannten einander seit 2002. Er war mein ältester Freund im Weißen Haus, doch bald würde er zu den mächtigsten Menschen im Land zählen. Wenn wir künftig Spaziergänge machten, würden uns Secret-Service-Agenten folgen.

Das Südwesttor des Weißen Hauses klapperte, und wir gingen den elliptischen Weg entlang, der sich um die südliche Grünfläche des Grundstücks zieht, während Touristen vor dem Hintergrund des weiten, abfallenden Rasens Selfies machten. Er begann zu erklären, dass es wahrscheinlich zu viel sei, wenn ich meine gesamte «positive Agenda» anpackte. Bevor ich antworten konnte, fragte er: «Warum machst du nicht Kuba?»

«Ich möchte ja Kuba machen», antwortete ich.

«Nein, ich meine, warum machst du Kuba nicht ganz? Irgendjemand muss einen Kanal zu den Kubanern öffnen und über die Freilassung von Alan Gross verhandeln. Ricardo hat einen Plan ausgearbeitet, aber wir brauchen eine Führungsperson, die ihn umsetzt.»

«Du meinst, ich soll die Verhandlungen führen?», fragte ich. Ich hatte gerade daran gedacht, ein paar Sitzungen über die Kubapolitik zu veranstalten. «So was habe ich noch nie gemacht.»

«Wir brauchen dafür jemanden aus der Nähe des Präsidenten», sagte er.

Ich spürte ein unruhiges Gefühl im Magen. Ich konnte nicht Nein sagen, aber es war nicht das Angebot, das ich erwartet hatte, und ich konnte mir nicht einmal vorstellen, was das sein würde – Diplomatie mit wem, wann, wo? «Okay», sagte ich. «Ja.»

«Sehr schön», sagte er. «Du solltest es erwähnen, wenn du das nächste Mal mit POTUS sprichst, und dann mit Ricardo reden.»

Das war McDonoughs Art, gleichzeitig zu belohnen und herauszufordern. Obama tat dasselbe mit ihm – er sollte Stabschef werden, der Mann, der für die innenpolitische Agenda des Präsidenten zuständig war, auch wenn er bis jetzt nur Posten für nationale Sicherheit gehabt hatte. *Warum machst du nicht Kuba?* Ich wollte nicht zeigen, dass ich nervös war und vielleicht nicht wüsste, wie man das anpackte; das Einzige, was ich sicher über Kuba wusste, war, dass bis jetzt alle Versuche zur Verbesserung der Beziehungen gescheitert waren.

Mein Gespräch mit Obama war kurz und fand statt als er mich fragte, ob ich mir eine Wunschliste für die zweite Amtszeit überlegt hätte. «Denis hat mir gesagt, ich sollte die Kubapolitik übernehmen und die Verhandlungen führen», sagte ich.

«Ich weiß», gab er zurück. «Eine gute Idee. Unser Mann in Havanna.»

Während der nächsten Wochen begannen meine Treffen mit Ricardo, der einen einfachen Plan hatte. Wir würden den Kubanern einen Dialog über Alan Gross und Terrorismusbekämpfung vorschlagen. So konnte niemand protestieren, wenn etwas von unseren Bemühungen nach außen drang. Wir hofften aber, die Sache in Schwung zu bringen und den Dialog auf allgemeinere Punkte des Verhältnisses zu erweitern. Im Mai 2013 sandten wir eine kurze Botschaft an die Kubaner, in der wir ein Treffen vorschlugen. Es war der erste Test, ob sie eine Annäherung wollten, und wir wussten nicht, was die Reaktion sein würde. «Wichtig ist, wen sie schicken», sagte Ricardo.

Es verstand sich nicht von selbst, dass sie positiv reagieren würden. Jahrzehntelang hatte die kubanische Regierung ihre Legitimität teilweise aus der Opposition gegen die USA bezogen – diese war ein Leitprinzip der kubanischen Außenpolitik und eine Rechtfertigung für die Unterdrückung abweichender Meinungen im Inland. Bessere Beziehungen zu den Vereinigten Staaten würden dieses Narrativ untergraben. Befürworter des Engagements argumentierten ganz direkt, mehr Reisen, mehr Handel und mehr Verbindungen zwischen den USA und Kuba würden dem kubanischen Volk helfen und zugleich Reformen auf der Insel fördern. Sie würden auch das Ansehen der USA in Lateinamerika dramatisch verbessern.

Wenige Tage nachdem wir die Botschaft geschickt hatten, kam Ricardo zu mir – er machte gern alles persönlich. «Wir haben eine Antwort, und sie ist ernsthaft», sagte er. Alejandro Castro, der Sohn Raúl Castros, würde die Delegation anführen, die sich mit uns in Kanada treffen wollte. Bis dahin war Alejandro den Vereinigten Staaten etwas rätselhaft vorgekommen. Er trug die Titel Oberst und Vorsitzender des Ausschusses für Nationale Sicherheit und Verteidigung – eine relativ neue Schöpfung, die zum Teil dem amerikanischen NSC nachgebildet war. Nach übereinstimmender Meinung spielte er eine größere Rolle im kubanischen System, aber niemand wusste genau, was das bedeutete. Die meisten Analysten hielten ihn für den mächtigsten Mann auf Kuba nach Raúl und Fidel. Ich konnte für Obama sprechen, und es herrschte kein Zweifel, dass er für seinen Vater sprechen würde.

Die Kanadier hatten freundlicherweise zugestimmt, unsere Gastgeber zu sein, und als Ricardo und ich in Ottawa landeten, erwartete uns ein dicklicher Mann, der sich darum kümmerte, dass wir problemlos durch die Einreisekontrolle kamen, und uns zu einem wartenden Lieferwagen führte. Wir stellten keine Fragen und wurden an einem sonnigen Junitag über leere Straßen durch tiefe Wälder gefahren – die Kanadier hatten unsere Bitte um Diskretion ernst genommen. Mit flachem kanadischen Akzent erzählte der Fahrer uns belangloses Zeug über Ottawa und die Urlaubsgewohnheiten der Menschen in dieser Region, als seien wir Touristen, dann fuhr er durch ein Tor und über eine gewundene Zufahrt zu einem Haus mit umlaufender breiter Veranda und Blick auf einen See, auf dem ab und zu ein Kajakfahrer oder ein Angler zu sehen war.

Man führte uns in einen Raum mit einem langen Tisch, der aussah, als könnten mindestens zwanzig Leute daran sitzen. Ich nahm meine Sachen aus dem Rucksack – ein Spiralnotizbuch, einen Ordner mit Gesprächsthemen, die für mehrere Stunden Diskussion reichten. Ich war unruhig, müde vom Aufstehen vor Sonnenaufgang, um den Flug zu kriegen, und nervös, weil ich keine Ahnung hatte, wo dies hinführen würde. Ich nippte an einer Wasserflasche und wartete darauf, die höchstrangigen Verhandlungen zwischen der amerikanischen und der kubanischen Regierung seit Jahrzehnten zu beginnen.

Alejandro kam, gefolgt von drei weiteren Kubanern, ins Zimmer, nahm meine Hand in beide Hände und begrüßte mich wie einen alten Freund. Er war ein großer, breiter Mann mit lauter Stimme und lautem Lachen. Passend zu der mysteriösen Atmosphäre, die alles aus Kuba umgibt, hatte er anscheinend bei einem Ausbildungsunfall die Sehkraft auf einem Auge verloren, als er in Angola diente. Mit seinem etwas dünner werdenden Haar und der schwarzen Brille mit Drahtgestell wirkte er mehr wie ein Akademiker als ein Oberst; tatsächlich hatte er in den letzten Jahren Geschichtsbücher veröffentlicht, darunter Anklagen des US-Imperialismus und lautstarke Verteidigungen der kubanischen Revolution.

Er stellte seine Begleiter vor, aber die beiden anderen Männer sagten kaum etwas. Der ältere runzelte permanent die Stirn und sah aus, als habe er im Lauf der Jahre schon viel für die kubanischen Sicherheitsdienste getan. Der jüngere sprach gutes Englisch und schien grenzenlos neugierig auf uns zu sein. Die Dolmetscherin war eine elegante ältere Frau namens Juana, die den Eindruck erweckte, schon alles gesehen zu haben. Und das stimmte auch: Über dreißig Jahre lang war sie Fidels Dolmetscherin gewesen.

Alejandro begann mit den Worten, dass Kuba dies als offenen Kommunikationskanal nutzen wolle. Er deutete auf den stoischen älteren Mann neben sich, der in den Neunzigerjahren an inoffiziellen Gesprächen mit Amerikanern teilgenommen hatte, und sagte, sie hätten aus der Vergangenheit gelernt. Er bemerkte, Obama werde auf Kuba und in Lateinamerika respektiert, und betonte, Raúl wolle nicht «Obamas politisches Kapital beschädigen», vielmehr wolle er ihm «politischen Spielraum» geben, um das Verhältnis zu verbessern. Ich antwortete im gleichen Ton, wir wollten den Kanal ebenfalls offenhalten und hofften, Fortschritte für eine Freilassung von Alan Gross zu erzielen, die Kooperation bei der Terrorismusbekämpfung zu vertiefen und die amerikanisch-kubanischen Beziehungen zu verbessern.

Wir führten eine etwas gezwungene Diskussion über Terrorismus – Kuba war nicht gerade ein al-Qaida-Ziel und die kubanischen

Sicherheitsdienste nicht gerade lasch. Dann begann die Geschichts-
stunde, als Alejandro über den «von den USA ausgehenden Terrorismus» gegen Kuba dozierte. In methodischem Ton – fast nüchtern,
als sei es ein gewöhnliches Konversationsthema auf Kuba – hörten
wir einen detaillierten Abriss der letzten sechzig Jahre: die Invasion
in der Schweinebucht; die Attentate der CIA auf Fidel (nach ihrer
Zählung über 600); Gerüchte über eine exilkubanische Beteiligung
an der Ermordung John F. Kennedys; wie der auf Kuba geborene
und von der CIA ausgebildete Luis Posada Carriles eine kubanische
Maschine in die Luft gesprengt, dabei 73 Menschen getötet habe
und jetzt unbehelligt in den USA lebe («Er ist der bin Laden
Kubas»); Iran-Contra- und mittelamerikanische Todesschwadro-
nen; in den USA geplante Bombenanschläge gegen Kuba durch
Exilkubaner usw. usw.

Ich saß da und lauschte über eine Stunde lang ruhig dieser Aufzählung, wobei ich den in einem mir kaum verständlichen Spanisch sprechenden Alejandro neutral anblickte und auf die Übersetzung wartete. Ich wusste, ich konnte mit einer ähnlichen Liste
kubanischer Vergehen reagieren. Ricardo, der schweigend neben
mir saß, hatte mich gewarnt, dass so etwas kommen würde. Meine
Gesprächspunkte waren im Historischen nicht so ausführlich. Mir
wurde klar, dass meine relative Jugend ein Vorteil sein konnte.

«Ich verstehe, dass diese Geschichte für Sie wichtig ist», sagte
ich, als Alejandro geendet hatte. «Aber als viele dieser Dinge passierten, war ich noch nicht geboren.» Ich faltete die Hände vor mir
und schaute Alejandro an, während dies übersetzt wurde. «Präsident Obama war noch nicht geboren, als die Invasion in der
Schweinebucht stattfand. Er hat mich hergeschickt, um nach vorne
zu schauen, und das will ich tun.» Ich sprach darüber, dass wir
kürzlich offizielle Beziehungen zu Myanmar, dem früheren Burma,
eröffnet hatten und daran arbeiteten, uns von der belasteten
Geschichte in Mittel- und Südamerika zu lösen. «Sie haben die

Iran-Contra-Affäre erwähnt», sagte ich. «Präsident Obama hat kürzlich bei einem Essen neben Danny Ortega gesessen [dem Sandinisten-Führer, gegen den die Contras mit US-Unterstützung gekämpft hatten]. Wir alle können also die Vergangenheit überwinden, auch wenn sie für uns wichtig bleibt.»

Während der Mittagspause legten wir unsere Rollen beiseite. Ich ging ein paar Minuten hinunter, um meine Gedanken zu ordnen, und als ich zurückkam, stand Ricardo vor einem Tablett mit Sandwich-Wraps und Erfrischungsgetränken und redete über das Angeln in den Gewässern vor Kuba und in den Florida Keys.

«Es ist schade», sagte ich, «dass Kuba nur neunzig Meilen von Florida entfernt ist und trotzdem bislang nur so wenige Amerikaner dort hinreisen konnten.»

«Jay-Z und Beyoncé waren gerade da», sagte Alejandro.

«Ein Austauschprogramm», scherzte ich.

Alejandro lachte laut, ein Sandwich in der Hand. Dann wurde er ernst. «Die Menschen auf Kuba haben sie sehr respektvoll behandelt. Sie haben bewundert, dass sie Würde und Bescheidenheit gezeigt haben.»

«Wenigstens konnten sie reisen», antwortete ich. «Es hat uns im Weißen Haus aber nicht das Leben erleichtert.»

«Ich bin überrascht, dass Sie uns hier mit Respekt behandeln», bemerkte er. «Wir sehen, dass Sie uns von gleich zu gleich behandeln.» Wir standen da, kauten unser Essen und sinnierten über diese Beobachtung.

Den Rest des Tages kreisten wir um unsere Agenda. Ab und zu gab es einen Augenblick der Spannung – wenn sie unsere Demokratieprogramme kritisierten und wir das Recht des kubanischen Volks auf Protest verteidigten. Doch allein die Tatsache, dass wir seit sechs Stunden redeten, ohne in Streitereien zu verfallen, erschien wie eine Leistung. Wir hatten unsere Minimalziele für das Treffen erreicht – einen Kanal zu etablieren, eine Beziehung aufzubauen und das Einverständnis zu erzielen, dass wir uns in ein paar Wochen erneut treffen würden.

Am Flughafen setzten Ricardo und ich uns an die Bar, die genau wie alle anderen Flughafenbars aussah, die ich in meinem Leben gesehen habe – zwei Typen, die ein Bier tranken, bevor sie zurück nach Washington flogen. Ricardo machte sich sorgfältig Notizen über die nächsten Schritte, aber wir wussten beide, das eigentliche Ergebnis war das Treffen selbst. Die richtigen Kubaner waren gekommen, und sie schienen entschlossen, ein Verhältnis aufzubauen, das zu etwas führen konnte. Ricardo klappte sein Notizbuch zu und konzentrierte sich auf sein Bier. Er war ein Mensch, der jeden kleinen Reiz genoss, den das Leben bot – das Lied im Radio, den Blick auf den See von dem Haus aus, in dem wir uns mit den Kubanern trafen, die Erinnerung an einen Ort vor der Küste Kubas, wo er einmal geangelt hatte. Er hatte sich fast fünfzehn Jahre lang mit Kuba beschäftigt, und das bedeutete, seine Arbeit war fast fünfzehn Jahre lang erfolglos gewesen.

«Ich glaube, diese Leute meinen es ernst», sagte er, während wir auf den stummen Fernseher schauten. «Es könnte wirklich klappen.»

Südostasien wurde die zweite Region, die ich übernahm, denn sie verband die unterschiedlichen Fäden, die mich an unserer Außenpolitik am meisten interessierten: Da waren die Last der Geschichte und die Kriege in Vietnam, Kambodscha und Laos; die strategische Bedeutung einer Region, die für unsere Position gegenüber China immer wichtiger wurde; ein unverzichtbarer Teil jeder Anstrengung, den Klimawandel zu bekämpfen; eine ausgedehnte Gegend mit Menschen unterschiedlicher Religionen und ethnischer Zugehörigkeit. Ein Ort der Möglichkeiten.

Myanmar stand am Beginn eines langen und unsicheren Übergangs. Aung San Suu Kyi gehörte nun dem Parlament an und führte

ihre Nationale Liga für Demokratie (NLD), die größte Oppositions-
partei gegen das Militär. Politische Gefangene, die Jahrzehnte in
Haft verbracht hatten, wurden freigelassen. Generäle versuchten,
sich als Politiker neu zu erfinden. Westliche Firmen diskutierten, ob
sie investieren sollten. Ethnische Unruhen gingen an der Peripherie
weiter. Im Rakhaing-Staat an der Grenze zu Bangladesch wurde die
muslimische Minderheit der Rohingya vom burmesischen Militär
und der buddhistischen Bevölkerungsmehrheit verfolgt.

Im Juli 2013 reiste ich zum ersten Mal ohne Obama nach Myanmar. Unser dortiger Gesandter war Derek Mitchell, ein Asien- und
Demokratieexperte, der unsere Politik mit entworfen hatte. Soweit
ich sehen konnte, war er einer der emsigsten Männer im Land.
«Die Burmesen ertrinken in Arbeit», sagte er, als wir auf einer leeren zehnspurigen Autobahn nach Naypyidaw fuhren, der am Reißbrett entworfenen neuen Hauptstadt. Er erklärte, eine Haupttrieb-
kraft der Reformen sei der Erfolg anderer südostasiatischer Staaten:
Die burmesischen Generäle hätten es satt, Orte wie Singapur zu
besuchen und sich abgehängt zu fühlen. Eine andere sei China: Die
Korruption, die ein Leben unter chinesischem Einfluss mit sich
bringe, erzeuge eine Gegenkraft im Volk. Schließlich war da Suu
Kyi, eine Symbolfigur, die populär genug war, um eine starke Opposition zusammenzuhalten, aber damit kämpfte, sich an das Leben
als Politikerin anzupassen. «Sie ist fast völlig darauf konzentriert,
die Verfassung zu reformieren», sagte er.

«Damit sie Präsidentin werden kann?»

«Ja, aber sie würde sagen, auch um die Militärherrschaft zu beenden.» Die Armee handelte immer noch ohne zivile Kontrolle und
besaß eine vorgeschriebene Zahl von Sitzen im Parlament.

«Aber wenn sie sich öffnen, führt das nicht letztlich dazu, dass sie
Präsidentin wird?», fragte ich.

«Wahrscheinlich», antwortete er. «Jeder weiß, dass die Geschichte
nur ein Ende hat, aber niemand weiß, wie man dahin kommt.»

Im Lauf des Tages saß ich in riesigen Regierungsgebäuden in fuß-
ballfeldgroßen Büros burmesischen Vertretern gegenüber. Es schien
drei Arten von öffentlichen Figuren zu geben – Dissidenten ohne
Regierungserfahrung, die Politiker geworden waren; Militärs, die
Reformer geworden waren, aber ihre Rolle in einer Demokratie
nicht kannten; und Hardliner, die sich gegen den Wandel stemm-
ten. Das einzige Treffen, das sich davon unterschied, war mit dem
Stabschef des Präsidenten, einem älteren Mann namens U Soe
Thein. Statt in einem zeremoniellen Raum saßen wir in seinem kleinen Büro. Auf seinem Schreibtisch stapelten sich die Papiere, und
er begrüßte uns, als sei es eine Erholung von ununterbrochener
Arbeit. Er redete Englisch, und jedes Mal, wenn ich ein Thema ansprach, kniff er die Augen zusammen und nickte mit leicht schmerz-
hafter Miene, als wolle er sagen: *Ich weiß, aber wir können nicht
schneller vorangehen.* «Wir haben den Einbürgerungsplan», sagte er
über die Rohingya. «Wir geben schon jetzt Einbürgerungsbescheide
für die aus, die einen Antrag stellen.»

«Aber nur, wenn sie sich nicht als Rohingya identifizieren», warf
Derek ein. Der Burmese bestritt, dass die Rohingya eine eigenstän-
dige ethnische Gruppe seien, und nannte sie Bengalis – illegale Einwanderer aus dem benachbarten Bangladesch. Die nächsten drei-
einhalb Jahre mussten wir die Regierung, oft gemeinsam mit anderen Ländern, ständig dazu drängen, dass sie die Lage nicht außer
Kontrolle geraten ließ.

«Die Situation ist sehr kompliziert», sagte Soe Thein. «Wir werden die Ansichten der örtlichen Rakhaing oder der Menschen in
Myanmar nicht verändern. Aber wir machen Fortschritte.» Er beklagte, dass er so viel zu tun habe, und sagte, er würde ein Leben als
Schriftsteller vorziehen. Er hakte Listen mit Vorhaben ab und vermittelte den Eindruck, alles gleichzeitig zu tun.

Aung San Suu Kyi begrüßte mich am Eingang des Parlamentsge-
bäudes und führte mich in die Ecke eines Raums, wo wir uns auf

Sofas setzten. Sie wirkte anders als in ihrem Haus in Yangon, wo sie die Aura einer Ikone hatte, als sie unter dem gerahmten Gandhi-Porträt saß. Dort war sie die Heldin, die einen langen Abschnitt ihres Lebens dem prinzipienstarken Widerstand gegen die Diktatur geopfert hatte und den Tod ihres Ehemanns wie das Leben ihrer Kinder verpasste, die in England geblieben waren. Hier war sie eine Politikerin, die eine kurze Auszeit vom politischen Manövrieren nahm. Einzig die charakteristische Blume in ihrem Haar erinnerte an ihren Kultstatus.

Ich überreichte ihr einen Brief von Obama und sagte, er wolle, dass ich mit ihr spreche. «Nun, was wollen Sie mir sagen?», fragte sie. Sie wirkte kurz angebunden, abgelenkt. Ich drückte unsere Unterstützung für den Übergang Myanmars zur Demokratie aus und ging die Punkte durch, die man für mich vorbereitet hatte. Ich ermutigte sie, Anstrengungen zur Versöhnung mit den ethnischen Minderheiten und zur Verbesserung der Lage der Rohingya zu unterstützen. «Wir werden zu diesen Dingen kommen», sagte sie. «Aber zuerst muss eine Verfassungsreform kommen. Das Militär könnte die Verfassung jederzeit verändern.» Alle ihre Worte deuteten darauf hin, dass sie vor allem an die bevorstehende Präsidentschaftswahl 2015 dachte, bei der sie wegen einer Klausel nicht kandidieren durfte, die Personen mit im Ausland geborenen Kindern ausschloss. Inoffiziell nannte man es die Aung-San-Suu-Kyi-Klausel. «Es wird ohne eine Verfassungsreform keine freie und faire Wahl geben.»

Jedes Mal, wenn ich zu anderen Punkten zurückkehrte, brachte sie das Gespräch wieder auf die Wahl und die Verfassung. «Natürlich sind uns die Menschenrechte wichtig, für alle unsere Menschen», sagte sie. «Aber wir können keine Menschenrechte ohne Demokratie haben.» Sie hatte Jahrzehnte unter Hausarrest verbracht und sah nun die greifbare Chance vor sich, Präsidentin des Landes zu werden, das ihr Vater vor seiner Ermordung gegründet hatte. *Ich bin so nah dran*, schien ihre Körpersprache auszudrücken.

In dieser Nacht sah ich vom Balkon meines Hotelzimmers in Yangon zu, wie unten verwilderte Hunde einander umkreisten und durch den Verkehr schossen. Parkwächter, die erst seit Kurzem in diesem Luxushotel arbeiteten, brüllten Autos Anweisungen zu, die auf einem zu kleinen Parkplatz manövrierten. Ich dachte über die Entfernung zwischen dieser Straßenszene und der karikaturhaften Hauptstadt nach, wo Entscheidungen getroffen wurden, und die noch größere Entfernung zu Orten wie Washington und Peking, die den Kurs der Welt bestimmten.

Am nächsten Tag arrangierte Derek, dass ich Beispiele der vielen unterschiedlichen Facetten der sich wandelnden Gesellschaft in Yangon sah. Ehemalige politische Gefangene aßen mäßig bei einem Lunch und sprachen unbeirrbar über ihre Anstrengungen, die verbliebenen Gefangenen freizubekommen. Eine Schriftstellerin erzählte mir beiläufig, sie sei im Gefängnis fast gestorben, weil ihr Gewicht unter achtzig Pfund gesunken sei. Rohingyas brachten mir große Dokumentationsbände, um zu beweisen, dass sie seit Generationen in Myanmar gelebt hatten, als sei ich es, der dies zu beurteilen habe. Rakhaing-Buddhisten redeten mit offener Bigotterie von den «Bengalis» als illegalen Einwanderern, die deportiert werden müssten. Im Myanmar Peace Center sprachen wir mit einer kleinen Gruppe von Männern, die einen Waffenstillstand mit über einem Dutzend bewaffneter Gruppen von ethnischen Minderheiten zu erreichen versuchten. Überrascht sah ich Broschüren mit der Übersetzung von Obamas Kairoer Rede ins Burmesische. Ich fragte, warum die Rede für die Menschen hier von Interesse sei. «Die Menschen bewundern Obama», sagte ein Mann. «Wir benutzen diese Rede, um sie zu lehren, wie man gegenüber Menschen mit anderem Glauben tolerant ist.»

Bei einem Gespräch mit amerikanischen Wirtschaftsvertretern beschwerten diese sich über die Schwierigkeiten, Geschäfte in einem Land zu machen, das keine Erfahrung damit hatte. «Ich habe mit einem Ministerium einen Vertrag geschlossen, und sobald ich zu Hause war, hörte ich, dass die Bedingungen sich geändert hatten», sagte einer. Derek erzählte mir von den Freunden der Regierung, die immer noch große Teile der Wirtschaft kontrollierten. Einer von ihnen präsentierte eine mehrere Tausend Dollar teure Flasche Wein bei einem Abendessen in seinem Haus, während in derselben Straße Menschen um Essen bettelten. Den von den USA mit Sanktionen belegten Personen schien es gut zu gehen; es war der Rest des Landes, der litt.

Derek war entschlossen, mir ein Gefühl für die Stadt zu vermitteln, und an meinem letzten Abend dort gingen wir durch wenig beleuchtete Straßen. Wir wurden begleitet von drei jungen Frauen – einer Burmesin, einer Amerikanerin und einer Französin –, die eine Nichtregierungsorganisation zur Erhaltung der Altstadt leiteten. Wir betraten baufällige Häuser, wo es nach Urin roch und der Müll sich in den Korridoren türmte, Drähte von der Decke hingen und Besetzer in den leeren Wohnungen hausten. Die Frauen nahmen Taschenlampen und richteten sie auf den Boden. Unter einer dicken Staubschicht waren Art-déco-Fliesen aus den Zwanzigerjahren zu sehen.

Die Tour endete in einem alten Kino. Beim Betreten gingen wir über Holztüren, die offene Abwasserleitungen bedeckten, und stiegen dann eine modrige Treppe hinauf. Ein kitschiger burmesischer Film, eine Art Seifenoper, lief auf einer riesigen gewölbten Leinwand. Eine Handvoll Zuschauer saß in der Dunkelheit. Die Frauen machten ihre Taschenlampen an und zeigten eine unerwartete Pracht – Rangplätze wie in einem alten Opernhaus, völlig verlassen. Es war, als stünde man in einer vergessenen Vergangenheit. Dann gingen wir über die hölzernen Abdeckungen hinaus in eine ungewisse Zukunft.

Für Amerikaner wie mich war Myanmar ein Ort, wo Aung San Suu Kyi den Arrest ertragen hatte, um die Demokratie voranzubringen – ein erkennbares Konzept, ein lobenswerter Kampf. Jahrelang waren US-Sanktionen in Kraft gewesen, um ihren Kampf zu unterstützen. Doch das eigentliche Land war ein nicht leicht zu begreifendes Rätsel mit einer kosmopolitischen Hauptstadt, die bereit zur Veränderung schien, mit weiten ländlichen Gegenden, wo sich das Leben der Menschen außer Sichtweite abspielte, und gewalttätigen Randgebieten, wo die Regierung nur wenig zu sagen hatte. Das Einzige, was all diese Elemente zusammenhielt, war Suu Kyi selbst, die Tochter des Nationalhelden, eine Politikerin, die nicht an den Hebeln der Macht saß.

Kapitel 18

Rote Linie

Am Mittwoch, dem 21. August 2013, saßen Ann und ich im Flugzeug und warteten auf den Start, als ich auf meinem BlackBerry die Meldung über einen potenziell katastrophalen Chemiewaffen-Angriff in Syrien sah. Die Maschine hob ab, und ich hatte mehrere Stunden lang kein Internet. Wir wollten ein paar Tage mit Anns Familie in Portland, Oregon, verbringen und danach runter nach Orange County zum Haus ihrer Mutter. Es war der fünfzigste Geburtstag ihrer Schwester und der Jahrestag des Todes ihres Vaters. Für mich war es der erste Urlaub seit über einem Jahr.

Im Flugzeug dachte ich über die Meldung nach. Seit einem Jahr waren chemische Waffen in Syrien ein Anlass zur Sorge gewesen. Wir bekamen im Juli 2012 Berichte, nach denen das Regime sich vorbereitete, sie gegen die Opposition einzusetzen oder an die Terrororganisation Hisbollah zu liefern. Assad besaß große Vorräte von Saringas. In Israel war man besorgt, falls die Hisbollah an Sarin komme, könne sie es gegen Israelis einsetzen. Sobald wir im Juli 2012 jene ersten Berichte erhielten, stellte McDonough eine Arbeitsgruppe zusammen, die inoffizielle Warnungen an Russland, den Iran und die syrische Regierung plante. Sorgfältig formulierten wir die Worte Obamas in einer Rede vor den Veterans of Foreign Wars am 23. Juli: «Angesichts der Vorräte des Regimes an chemischen Waffen werden wir Assad und seiner Umgebung weiterhin deutlich machen, dass die Welt sie beobachtet und dass sie von der internationalen Gemeinschaft und den Vereinigten Staaten verantwortlich gemacht werden, falls sie den tragischen Fehler begehen sollten, diese Waffen einzusetzen.»

Zuerst schien es, als würden die Warnungen funktionieren. Wochen und Monate vergingen ohne ein Anzeichen für chemische Angriffe. Im August 2012 wurde Obama gefragt, was ihn zur Anwendung militärischer Gewalt in Syrien bringen könne: «Wir haben dem Assad-Regime sehr klar gesagt, dass für uns eine rote Linie überschritten ist, wenn wir sehen, dass ein Haufen chemische Waffen transportiert oder eingesetzt werden», antwortete er. «Das würde meine Einschätzung verändern.»

Im Laufe einer Präsidentschaft spricht ein US-Präsident Millionen von Wörtern in der Öffentlichkeit. Man weiß nie, welche dieser Wörter einen bestimmten Eindruck zementieren. Für Obama war «rote Linie» eine dieser Formulierungen.

Ende 2012 erhielten wir Berichte über kleinere Angriffe mit chemischen Waffen. An einem so chaotischen Ort wie Syrien, wo viele schreckliche Waffen von Tränengas über Napalm bis zu Fassbomben gegen Zivilisten eingesetzt wurden, waren diese Berichte schwer zu verifizieren. Die Geheimdienste wehrten sich gegen vorschnelle Urteile, besonders nach der Erfahrung der ungenauen Aussagen über Massenvernichtungswaffen im Irak vor der US-Invasion 2003. Es dauerte darum mehrere Monate, bis die Geheimdienste offiziell zu dem Schluss kamen, das Assad-Regime habe tatsächlich chemische Waffen eingesetzt. Als diese Einschätzung im April 2013 veröffentlicht wurde, stellte sich die Frage, was wir deswegen tun sollten. Um Assad und der Welt zu zeigen, dass es Konsequenzen geben werde, entschied Obama, den Beschluss zur militärischen Unterstützung der syrischen Opposition zu veröffentlichen – die neuste Fassung des Plans, den Petraeus zuerst 2012 vorgelegt hatte.

Es war eine unbefriedigende Reaktion, und es fand sich niemand, der sie öffentlich verkünden wollte. Fast automatisch fiel diese Verantwortung mir zu. Obwohl ich Bedenken über unsere Syrienpolitik hegte, war ich froh, dass wir *irgendetwas* taten. Ich hatte auch ein bestimmtes Ethos verinnerlicht: Wenn es ein Thema gab, über das niemand öffentlich reden wollte, würde ich es tun. Ich sah darin eine Form von Führung, da ich für die Kommunikation der ganzen Regierung verantwortlich war. Ich hielt es für einen Teil meines Jobs, denn Obama verdiente es, jemanden zu haben, der ihn verteidigte. Ich spürte aber, dass ich einen Preis dafür bezahlen würde, denn man würde mich für Entscheidungen kritisieren, die ich nicht getroffen hatte, für die aber andere nicht einstehen wollten.

Und ich verteidigte sie wirklich: in Telefonkonferenzen, in Presseerklärungen, die im Fernsehen übertragen wurden, und in langen Gesprächen mit Reportern. Ich kämpfte mit Juristen um die Erlaubnis, sagen zu können, dass Obama beschlossen habe, der syrischen Opposition «direkte militärische Unterstützung» zu leisten, denn wir waren in der unmöglichen Lage, nicht über Details eines Schlüsselelements unserer Politik reden zu dürfen. Rechtlich gesehen durften wir nicht über die Art der Unterstützung sprechen; ich konnte bloß Sachen sagen wie: «Diesmal wird es in Art und Umfang etwas anderes sein, was wir der Opposition geben.» Ich gab Teilantworten über eine schrittweise Reaktion und hatte das Gefühl, das Kapital an Glaubwürdigkeit, das ich über vier Jahre aufgebaut hatte, schrumpfe gerade zusammen.

Auch in manch anderer Hinsicht war dieser Sommer undankbar gewesen. Es begann mit dem Schauspiel, dass Edward Snowden im Juni eine verheerende Menge geheimer Informationen veröffentlichte, nach Hongkong floh und dann irgendwie in ein Flugzeug nach Moskau gelangte, obwohl er keinen Pass hatte. Wochenlang gab es tröpfchenweise Enthüllungen über Überwachungspraktiken der USA, dieselbe Taktik wie dann im Vorfeld der Wahlen von 2016 und mit denselben Akteuren: Russland und Wikileaks. Ich musste meine Zeit damit verbringen, unserer liberalen Basis zu erklären, dass Obama trotz der NSA-Aktivitäten, über die wir nicht sprechen konnten, keinen Überwachungsstaat regierte. Dann kam der Putsch in Ägypten, den wir keinen Putsch nennen wollten. Statt eine positive Agenda zu verfolgen, hatte ich das Gefühl, meine Zeit in einer defensiv kauernden Haltung zu verbringen.

Zu Beginn unseres Urlaubs im August kämpfte ich mit dem schleichenden Verdacht, Obama habe Recht – vielleicht konnten wir nicht viel tun, um die Ereignisse im Nahen und Mittleren Osten zu lenken; vielleicht würde ein militärisches Eingreifen der USA in Syrien alles nur schlimmer machen. Ich wollte weg von Washington, auf den Ozean hinausschauen, meine Frau wieder kennenlernen, ein Buch lesen. Als unsere Maschine schließlich in Portland landete, hatte ich über hundert E-Mails, manche mit erschütternden Berichten, wie Dutzende von Menschen durch Giftgaswolken am Rand von Damaskus getötet worden seien.

Als Ann und ich im Hotel eincheckten, hatte ich eine ungute Vorahnung. Während wir in den Rhythmus eines Familienurlaubs verfielen, spürte ich, dass Ann genau beobachtete, wie oft ich auf meinen BlackBerry schaute, und stumm das unaufhaltsame Eindringen des Weltgeschehens vorhersah. Gleichzeitig spürte ich in meinem E-Mail-Postfach die hektische Reaktion, die sich in Washington aufbaute – Einladungen zu Sitzungen, an denen ich nicht teilnehmen würde, Entwürfe von Diskussionspunkten, die ich absegnen musste, Medienberichte, die Obama zu einer Reaktion drängten, Fotos von leblosen Kindern, die erstickt waren.

Man bat mich, einen Weg zu finden, um an einer Sitzung Obamas mit dem Nationalen Sicherheitsrat teilzunehmen. Ich fuhr zu einem Regionalbüro des FBI am Flughafen und parkte auf einem leeren Parkplatz. Ein paar Leute, die verärgert wirkten, weil sie am Wochenende arbeiten mussten, richteten eine sichere Videoleitung für mich ein, damit ich in den Situation Room durchgestellt werden konnte. Ich lauschte dem Bericht, «mit an Sicherheit grenzender Wahrscheinlichkeit» habe ein Sarinangriff über tausend Menschen in einem Vorort von Damaskus getötet und die Verantwortung liege beim Assad-Regime. Ein Teilnehmer nach dem anderen riet Obama zu einem militärischen Schlag. Dazu gehörte auch der Vorsitzende der Vereinigten Stabschefs, Marty Dempsey, der die Grenzen des militärischen Handelns der USA im Nahen und Mittleren Osten verinnerlicht hatte. Einmal überraschte er mich im Korridor des West Wing mit der Empfehlung, Rachel Maddows Buch *Drift: The Unmooring of American Military Power (Drift: Wie Amerikas militärische Macht die Balance verlor)* zu lesen. Bislang hatte er argumentiert, Syrien sei eine heikle abschüssige Ebene mit geringen Erfolgschancen. Nun sagte er, es müsse etwas getan werden, auch wenn wir nicht wüssten, was daraus entstehen werde.

Als die Reihe an Obama kam, fragte er nach den UN-Inspektoren, die am Ort des Angriffs Proben nehmen sollten. Konnte man etwas tun, um sie herauszuholen? Ich glaubte, der Ton der ganzen Sitzung weise auf einen unmittelbar bevorstehenden Schlag hin. Der Berater, der am meisten zur Vorsicht vor militärischen Aktionen riet, war Denis McDonough. Er fragte nach der juristischen Grundlage und was als Nächstes kommen würde. Was, wenn wir Syrien bombardierten und Assad mit einem stärkeren Einsatz seiner chemischen Waffen reagierte? Würden wir dann Bodentruppen schicken, um diese Arsenale zu sichern?

Am Ende der Sitzung sagte Obama, er habe noch keine Entscheidung getroffen, wolle aber, dass militärische Optionen vorbereitet würden. Ich ging nach draußen und setzte eine Telefonkonferenz mit den führenden Verantwortlichen für die Kommunikation zu Fragen der nationalen Sicherheit an. Während ich auf dem Parkplatz hin- und herlief, begann ich mit der Planung einer öffentlichen Kampagne, um ein militärisches Eingreifen vorzubereiten.

John Kerry könnte am Montag eine Stellungnahme über die Notwendigkeit des Handelns abgeben. Die Geheimdienste müssten ihre Einschätzung veröffentlichen. Das Verteidigungsministerium musste sich auf eine Ankündigung von Luftschlägen vorbereiten. Es wirkte belebend, als würden wir endlich *handeln*, um die Ereignisse in Syrien zu beeinflussen.

Ich traf Ann und ihre Familie in einem Restaurant und sagte ihr, es könne sein, dass ich früher zurückmüsse. «Warum kann das nicht jemand anderes machen?», fragte sie. McDonough rief mich an und sagte, ich müsse so bald wie möglich zurückkommen. Ich wusste, es würde Ann verletzen; wir hatten geplant, das Grab ihres Vaters an seinem Todestag zu besuchen. Ich fragte McDonough, ob Obama anrufen könne, um mit Ann zu reden – was er gelegentlich bei Menschen tat, die unter der Arbeitsbelastung ihrer Partner litten. Stattdessen bekam ich eine kurze E-Mail von Obama, ich solle so schnell wie möglich zurückkommen.

Während ich mit Anns Familie in dem vollen Restaurant saß, spürte ich die Einsamkeit zu wissen, dass ich tun musste, was der Präsident der Vereinigten Staaten von mir wollte, und dass im Vergleich mit dem, was in der Welt schieflief, meine privaten Unannehmlichkeiten – so dramatisch sie im Kontext meiner Familie sein mochten – niemanden interessierten. Um etwas länger die Illusion der Normalität aufrechtzuerhalten, wartete ich ein paar Stunden, bevor ich es Ann erzählte. Am nächsten Morgen flog ich zurück nach Washington.

✳✳✳

Als wir vor dem Oval Office saßen und auf die Morgensitzung mit Obama warteten, wirkte Jim Clapper, der Direktor der nationalen Nachrichtendienste, unruhig. Der Vietnamveteran, frühere Generalleutnant der Air Force und langjährige Geheimdienst-Beamte war ein onkelhafter älterer Mann mit Glatze. Er sprach in abgehackten Sätzen und kam gut mit Obama aus, der ihn gern aufzog, weil er stets Büroklammern auf dem Teppich im Oval Office hinterließ. Clapper gab seinen Aussagen nie eine Tendenz – er sagte einem, was er wusste und was er nicht wusste. Kaum ein Mitglied der Regierung respektierte ich mehr als ihn.

Im Gespräch mit mir und Susan, die vor Kurzem Nationale Sicherheitsberaterin geworden war, sagte Clapper, es sei noch nicht «todsicher», dass Assad den Chemiewaffen-Angriff angeordnet habe. Die Einschätzung würde sich mit der Zeit erhärten, wenn Proben und Informationen gesammelt worden wären. Seine Wortwahl war auffallend – «todsicher» war genau das Wort, mit dem der damalige CIA-Direktor George Tenet gegenüber George W. Bush versichert hatte, Saddam Hussein besitze Massenvernichtungswaffen. Clapper schien signalisieren zu wollen, er werde die Geheimdienste nicht in die Rolle bringen, eine Rechtfertigung für einen weiteren Krieg im Nahen Osten zu liefern, der schieflaufen konnte.

Im Oval Office nahmen wir unsere üblichen Plätze ein – Obama in seinem Sessel gegenüber von Biden, Clapper am Ende eines Sofas gegenüber von Rice, Lisa Monaco, Obamas Beraterin für Terrorismusbekämpfung, und Rices Stellvertreter Tony Blinken auf den anderen Sofaplätzen und Jake Sullivan, jetzt Bidens Berater für nationale Sicherheit, auf einem Stuhl neben mir, was den Halbkreis komplettierte. Ich wählte stets diesen Platz, weil ich gern Obama gegenübersaß, denn das machte es leicht, Augenkontakt aufzunehmen. Obama konnte viel durch seine Augen ausdrücken.

Clapper begann immer mit einer Zusammenfassung der wichtigsten Geheimdienst-Informationen. An diesem Morgen erwähnte er, alle Zeichen deuteten auf einen Befehl Assads zu einem katastrophalen Sarinangriff hin, machte dann aber eine Pause und wiederholte seinen Satz, der Fall sei noch nicht «todsicher», wobei er zur Unterstreichung Gänsefüßchen in die Luft malte. Seine Worte hingen im Raum. Obama blickte zu mir, und ich merkte, dass wir beide dasselbe dachten: Das wird in die Presse gelangen.

«Jim, niemand hat Sie gefragt, ob es todsicher ist», sagte Obama.

Ich spürte die Last auf Obamas Schultern. Er musste auf dieses schreckliche Ereignis in Syrien reagieren, während er schon die Bürde des Irakkriegs trug – und der trieb seine Geheimdienste zur Vorsicht, seine Militärs zur Furcht vor einer abschüssigen Ebene, seine engsten Verbündeten zum Misstrauen gegenüber US-geführten militärischen Abenteuern im Nahen und Mittleren Osten, die Presse zur Skepsis gegenüber Äußerungen des Präsidenten, die Öffentlichkeit zur Ablehnung amerikanischer Kriege in Übersee und den Kongress zum Missbrauch der Fragen von Krieg und Frieden als politisches Spielmaterial. Bei einer Sitzung der Ressortchefs am selben Tag wiederholte Clapper den Begriff «todsicher». Natürlich sickerte er noch in derselben Woche an die Presse durch.

In jener Sitzung der Ressortchefs sagte Clapper auch, die Geheimdienste würden keine Einschätzung zur Veröffentlichung vorbereiten. Stattdessen schlug er vor, mir ihre Informationen und Urteile zu liefern, und ich solle eine Einschätzung der Regierung schreiben, die sie dann auf Korrektheit überprüfen und absegnen würden. Ich brauchte einen Augenblick, um zu verstehen, was er da vorschlug. In meiner ganzen Zeit im Weißen Haus hatte ich nie solch eine Einschätzung geschrieben und würde es auch später nie wieder tun. Normalerweise waren dies spezialisierte Dokumente, die von einem Geheimdienstteam produziert wurden.

Nach der Sitzung rief ich Jake Sullivan und Bernadette Meehan in mein Büro. Meehan war eine 37 Jahre alte Beamtin des Außenministeriums, die für mich arbeitete. Zweimal war sie bei Aufgaben im Ausland fast ums Leben gekommen. In Kolumbien hatte eine Gruppe von Männern sie entführt und in den Kofferraum eines Wagens geworfen. Nachdem sie eine Weile herumgefahren waren, hielten sie an und warfen sie an den Straßenrand. Ein paar Jahre später wurde sie in Bagdad bei der Explosion einer Rakete schwer verletzt, die von einer iranisch unterstützten Miliz abgefeuert worden war. Dennoch blieb sie dabei. Sie sprach Arabisch und liebte den Nahen Osten.

«Er hat wirklich gesagt, *du* sollst es schreiben?», fragte sie.

«Genau das hat er gesagt. Frag Jake.»

Sie blickte zu ihm, und er nickte, denn er war dabei gewesen.

«Wirst du es machen?», fragte sie.

«Habe ich denn eine Wahl?» Ich verstand, dass Clapper die Geheimdienste vor einer Wiederholung ihrer Rolle vor dem Irakkrieg schützen wollte. Aber das hier war etwas anderes. Unsere Geheimdienste nahmen mit an Sicherheit grenzender Wahrscheinlichkeit an, das Assad-Regime habe eine Massenvernichtungswaffe eingesetzt. Die Indizien dafür liefen auf den Fernsehbildschirmen in Dauerschleife.

Wir entwarfen einen Plan, nach dem jeder von uns einen anderen Teil jenes Dokuments schreiben würde, das als «Einschätzung der Regierung» statt als «Einschätzung der Geheimdienste» bezeichnet werden sollte. Wir erhielten Stapel von Geheimdienstberichten über das, was geschehen war, dazu bändeweise öffentlich zugängliche Informationen. Ich saß an meinem Computer und tippte den ersten Satz ein: «Die Regierung der Vereinigten Staaten kommt zu dem Schluss, dass die syrische Regierung mit hoher Wahrscheinlichkeit am 21. August 2013 einen Angriff mit chemischen Waffen auf die Vororte von Damaskus durchgeführt hat.» Die nächsten zwei Tage saß ich über den Informationen und fasste sie zu einer kurzen, nüchternen und einfachen Analyse zusammen. Ich sah mir öffentlich zugängliche Videos von Menschen an, die hilflos auf den Fußböden von Krankenhäusern lagen, und Fotos von toten Kindern. In mir stieg Angst auf, wenn ich mir vorstellte, vor den Kongress geschleift zu werden, falls die Sache nach einer militärischen Intervention schrecklich schiefging. Ich sollte das öffentliche Dokument schreiben, das ein Eingreifen der USA in den Krieg in Syrien rechtfertigen sollte.

Obama konzentrierte sich weiterhin auf die UN-Inspektoren vor Ort. Am Nachmittag rief er UN-Generalsekretär Ban Ki-moon an und drängte ihn, die Inspektoren abzuziehen. Ban lehnte ab, weil das Team die Arbeit noch nicht abgeschlossen habe. «Ich kann nicht genug betonen, wie wichtig es ist, nicht mehr lange in Syrien zu bleiben», sagte Obama. Ban erwiderte, es könne noch ein paar Tage dauern. Obama drängte ihn erneut und sagte, sie sollten bis zum nächsten Abend abreisen. Bis heute frage ich mich, ob er zu Beginn der Woche einen Schlag durchgeführt hätte, wenn das UN-Team nicht im Weg gestanden hätte.

Obamas nächster Anruf ging an Angela Merkel. Keinen ausländischen Regierungschef bewunderte er mehr. Wie er war sie eine Pragmatikerin, angetrieben von Fakten, einer internationalen Ordnung verpflichtet und wohlüberlegt in ihren Entschlüssen. Sie war zur entscheidenden Führungspersönlichkeit in Europa geworden und arbeitete eng mit Obama zusammen, um auf die globale Wirtschaftskrise und die darauf folgende Instabilität der Eurozone eine Antwort zu finden. Ich hatte beide manchmal stundenlang mit Notizblöcken vor sich zusammensitzen sehen, wenn sie Strategien entwarfen, um die Weltwirtschaft zu stützen oder Afghanistan zusammenzuhalten. Nun saß ich im Oval Office und hörte zu, wie Obama um ihre Unterstützung bei einer militärischen Aktion bat. Selbst wenn Deutschland nicht mitmachte, hatten England und Frankreich ihre Teilnahme angedeutet. Doch Merkels öffentliche Unterstützung würde zeigen, dass die USA und Europa einig waren, und würde uns dabei helfen, die übrige EU hinter uns zu bringen. Merkel argumentierte, das UN-Team solle Zeit bekommen, seinen Bericht zu erstellen und abzugeben, und dann sollten wir eine Resolution des Sicherheitsrats anstreben. Wenn die Russen uns blockierten, hätten wir es wenigstens versucht. Das würde mehrere Wochen dauern. Obama wusste, dass eine so lange Verzögerung ihm die Hände binden würde, besonders weil es in den USA nicht viel öffentliche Unterstützung für einen Krieg gab. Wenn die Schrecken von Assads Angriff verblassten, würde die Opposition gegen einen amerikanischen Militärschlag größer werden. Mit jedem weiteren Tag konnte Assad außerdem unschuldige Zivilisten als menschliche Schutzschilde in die Nähe von potenziellen Zielen schaffen.

Ich saß auf dem Sofa und sah Obama seine Position vertreten, dann wartete er auf Merkels Antwort. «*Ich will nicht, dass Sie in eine schwierige Lage kommen*», sagte sie. Obama hörte konzentriert zu, den Hörer ans Ohr gedrückt, während wir über Lautsprecher mithörten. Sie sagte, sie wolle die Zeit nutzen, um für Zustimmung unter den europäischen Ländern zu werben. «*Dann haben wir eine Situation, in der Sie nicht vagen Anschuldigungen ausgesetzt sind. Ich sage das als Freundin.*»

Nachdem er aufgelegt hatte, kam er zu uns herüber. Zum ersten Mal sah ich ihn unsicher in Bezug auf eine Intervention in Syrien. Er fragte uns, wie wir den Zeitplan für ein militärisches Handeln einschätzten. Ich wiederholte, was ich schon in Sitzungen gesagt hatte – dass nur ein Schritt von unserer Seite die aktuelle Dynamik verändern würde und dass die größte Sorge in den USA und Europa ein weiterer Irakkrieg sei. Nur wenn wir begrenzt handelten, durch Luftschläge, die nach wenigen Tagen vorbei wären, könnten wir zeigen, dass wir keinen uneingeschränkten Krieg begönnen. Er hörte zu, aber ich sah seine Skepsis, ob wir eine einmal begonnene Militäraktion beschränken könnten.

Während die Dinge in Europa stockten, wuchs zu Hause der Widerstand im Kongress gegen Militärschläge. Am Mittwoch, dem 28., schrieb eine große Gruppe republikanischer Kongressabgeordneter einen Brief an Obama, der ihm unverhohlen drohte: «Ein Engagement unseres Militärs in Syrien ohne eine direkte Bedrohung der Vereinigten Staaten und ohne vorherige Autorisierung durch den Kongress würde die Gewaltenteilung verletzen, die in der Verfassung deutlich niedergelegt ist.»

Auch John Boehner, der republikanische Sprecher des Repräsentantenhauses, schrieb einen Brief. «Während die Vereinigten Staaten mit dem alarmierenden Ausmaß menschlichen Leidens ringen, müssen wir die potenziellen Szenarien betrachten, die unsere Reaktion auslösen oder beschleunigen könnte. Zu diesen Überlegungen gehört, dass das Assad-Regime die Kontrolle über seine chemischen Waffen verlieren oder dass – vor allem mit al-Qaida verbundene – terroristische Organisationen größere Kontrolle über das Territorium gewinnen und sichern könnten.» Er listete vierzehn detaillierte Fragen zu verschiedenen Szenarien auf, die in Syrien eintreten könnten, und forderte Antworten auf jede einzelne.

Boehner betonte auch die Notwendigkeit der Autorisierung durch den Kongress: «Es ist unverzichtbar, dass Sie sich dazu äußern, auf welcher Grundlage irgendeine Anwendung von Gewalt juristisch gerechtfertigt wäre und wie die Rechtfertigung sich mit der ausschließlichen Autorität der Autorisierung durch den Kongress nach Artikel 1 der Verfassung verträgt.»

Nachdem die Republikaner früher Obamas Reaktion gegenüber Syrien als schwach verspottet hatten, benutzten sie nun dieselben Warnungen vor einem Eingreifen, die wir in der Vergangenheit vorgebracht hatten, um unser Nicht-Eingreifen öffentlich zu rechtfertigen. Damit signalisierten sie, dass Obama verantwortlich gemacht würde, wenn bestimmte Szenarien einträten, und forderten zugleich unmögliche Garantien, dass es nicht dazu kommen würde. Und es wurde die noch unheilvollere Botschaft übermittelt: Jedes Handeln ohne Mitwirkung des Kongresses wäre verfassungswidrig.

Auch unsere Juristen hatten Bedenken. Es gab keine starke internationale Rechtsgrundlage für eine Bombardierung Syriens – kein Argument der Selbstverteidigung wie bei unseren Aktionen gegen al-Qaida, keine UN-Resolution wie im Fall Libyens. Ebenso wenig gab es auf nationaler Ebene eine rechtliche Grundlage über die Behauptung hinaus, der Präsident sei nach der Verfassung befugt zu militärischen Aktionen, die keinen «Krieg» darstellten, was die Republikaner in Zweifel zogen. Manche argumentierten, die Republikaner könnten sogar ein Amtsenthebungsverfahren gegen Obama anstrengen, falls er ohne Autorisierung des Kongresses handelte – angesichts ihrer Haltung gegenüber Obama kein weit hergeholter Gedanke.

Am Donnerstagnachmittag berief Denis eine Telefonkonferenz des Teams für nationale Sicherheit mit führenden Kongressvertretern ein. Fast alle äußerten ein gewisses Maß an Unterstützung für Luftschläge, forderten aber, Obama müsse um Autorisierung durch den Kongress nachsuchen. Manche zitierten einen Fragebogen für Präsidentschaftskandidaten, den Obama 2007 für den *Boston Globe* ausgefüllt hatte. Darin sagte er: «Der Präsident hat gemäß der Verfassung nicht die Macht, einseitig einen militärischen Angriff in einer Situation zu autorisieren, in der es nicht darum geht, eine aktuelle oder bevorstehende Bedrohung für unsere Nation zu stoppen» – ein Argument, das man auch nach unserem Eingreifen in Libyen gegen Obama verwandt hatte.

Ich saß da, hörte dem Ganzen zu, erschöpft von den langen letzten beiden Abenden, an denen ich an der Einschätzung gearbeitet hatte, und wurde immer wütender. Ich hatte das Gefühl, in einem von Heuchelei und Opportunismus angetriebenen System gefangen zu sein. Acht Jahre lang hatten die Republikaner Bushs Fähigkeit verteidigt, als Oberbefehlshaber zu tun, was er wollte – und jetzt waren sie plötzlich tief besorgt um die verfassungsmäßigen Beschränkungen für den Oberbefehlshaber? Ich war an den skrupellosen Politikstil von Obamas Gegnern gewöhnt, ihre Anstrengungen, irgendwelche Informationen zu finden, die ihn in Verlegenheit und in die Defensive bringen, ihn politisch verwunden konnten. Aber ich hatte zwei Tage lang detaillierte Beschreibungen von Menschen gelesen, die vergast wurden, und Videos von Kindern mit leeren Augen gesehen, die auf dem Fußboden eines provisorischen Krankenhauses lagen. Im Angesicht dieser grausamen Realität konzentrierte der Kongress sich darauf, eine politische Falle zu basteln.

Während der Besprechung kam die Nachricht herein, dass das britische Parlament mit 285 zu 272 Stimmen dagegen gestimmt hatte, sich US-geführten Luftschlägen gegen Syrien anzuschließen. In der Debatte war immer wieder gefordert worden, Großbritannien dürfe den USA nicht auf die Art in einen Krieg folgen, wie Tony Blair George W. Bush gefolgt war. Ein schockierter David Cameron rief Obama an, um sich zu entschuldigen, und erklärte, er könne nicht länger seine Unterstützung anbieten. Als ich zurück am Schreibtisch war, schickten Camerons Mitarbeiter verzweifelte E-Mails, in denen sie sich um den Schaden für Großbritanniens Rolle in der Welt sorgten. Die Nachwirkungen des Irakkriegs hatten uns nun fast ohne internationale Unterstützung für ein militärisches Eingreifen gelassen, und der Kongress forderte, wir sollten denselben polarisierenden Prozess der Autorisierung durchlaufen, der in England gerade gescheitert war.

Am Freitagmorgen saß ich an meinem Schreibtisch und las noch einmal die Einschätzung durch, die ich schon unzählige Male durchgegangen war. Jedes Wort hatte ich vom stellvertretenden Direktor der nationalen Nachrichtendienste Robert Cardillo überprüfen lassen, der uns geholfen hatte, indem er Informationen freigeben ließ, das Dokument überarbeitete, uns Landkarten zur Veröffentlichung gab, und der anbot, bei meiner Presseerklärung anwesend zu sein. An diesem Vormittag veröffentlichten wir die «Einschätzung der Regierung der Vereinigten Staaten zum Einsatz chemischer Waffen durch die syrische Regierung am 21. August 2013». Kurz darauf hielt Kerry sein abschließendes Plädoyer gegen Assad im Außenministerium. «Meine Freunde», donnerte er, «wenn nichts getan wird, hat das Folgen. Es hat Folgen, wenn die Welt zuerst etwas verurteilt und dann nichts geschieht.»

Am selben Vormittag hatten wir eine letzte Sitzung des Nationalen Sicherheitsrats. Kerry schlug vor, noch eine Woche zu warten, um weitere Länder in die Koalition zu holen. Ich sagte, wir müssten so schnell wie möglich handeln – die Zeit arbeitete nicht für uns, und unser militärisches Handeln würde wahrscheinlich die öffentliche Dynamik verändern. Obama, der sich immer mehr auf die Faktoren zu konzentrieren schien, die uns entgegenstanden, forderte energisch eine nationale und internationale juristische Grundlage, mit der wir unser Eingreifen rechtfertigen konnten. Kurz gesagt, gab es keine bessere Antwort, als darauf zu verweisen, dass die NATO im Kosovo ohne internationales Mandat gehandelt hatte. Dennoch schienen sich die Dinge im Laufe des Tages durch Kerrys dramatische Rede und die schrecklichen Einzelheiten in der veröffentlichten Einschätzung wieder in Richtung einer Intervention zu bewegen. Man hatte das Gefühl, als seien die Rückschläge und die präventive Kritik dieser Woche Teile eines sich entfaltenden Dramas, das zwangsläufig auf den Einschlag von Marschflugkörpern in Syrien zulief.

Am selben Nachmittag ging ich zu einer Sitzung in Denis' Büro, wo alle Teilnehmer ihre Rolle im Fall eines Luftschlags umreißen sollten. Wir diskutierten, ob Obama sich zu Beginn der Bombardierungen zur Hauptsendezeit an die Nation wenden solle. Denis, der als Einziger gegen ein militärisches Eingreifen war, bekam am Anfang der Sitzung die Nachricht, er solle ins Oval Office kommen; er ging und kam nicht wieder. Eine Stunde später war ich wieder im Situation Room, als ich ebenfalls ins Oval Office gerufen wurde.

Ich ging nach oben in Obamas Büro. Er war allein und sah entspannter aus als die ganze Woche zuvor. Der auf seinem Gesicht eingefrorene ernste Blick war weg. Er war lockerer, stand vom Schreibtisch auf und ließ mich auf dem Sofa Platz nehmen.

«Ich habe eine große Idee», sagte er.

«Sie sind ja auch der für die großen Ideen», antwortete ich. Je intensiver der Moment, desto ungezwungener waren meine Äußerungen gegenüber Obama.

Eine Handvoll Berater kamen nach und nach herein. Obama trug seine Gedanken vor: Er hatte beschlossen, den Kongress um die Autorisierung von Luftschlägen gegen Syrien zu bitten. Er sagte, es gebe einen Punkt, an dem ein Präsident allein die Vereinigten Staaten nicht in einem fortwährenden Kriegszustand halten könne, in einem Nahostkonflikt nach dem anderen. In den zehn Jahren nach dem 11. September hätten wir in Afghanistan, Irak, Jemen, Somalia und Libyen Krieg geführt. Nun werde gefordert, in Syrien einzugreifen, und als Nächstes würde der Iran kommen. «Es ist zu einfach für einen Präsidenten, in den Krieg zu ziehen», sagte er. «Dieses Zitat von mir von 2007 – ich stimme mit dem Typen überein. Das bin ich. Und manchmal ist das Richtige das am wenigsten Offensichtliche.» Wenn er Syrien ohne Autorisierung des Kongresses angriffe, würden die Republikaner ihn attackieren, und es wäre unmöglich, ein militärisches Engagement in Syrien aufrechtzuerhalten. Falls wir die Autorisierung des Kongresses für einen Angriff auf Syrien bekämen, wäre jeder mit im Boot, und wir hätten mehr Glaubwürdigkeit – juristisch, politisch und international. Wenn nicht, sollten wir auch nicht eingreifen.

Ich saß in gekrümmter Haltung auf dem Sofa ihm gegenüber. Ich konnte ihn nicht widerlegen, obwohl alles, was ich die letzten Tage über getan hatte – und alles, wofür ich die letzten zwei Jahre lang argumentiert hatte –, sich auf einen Militärschlag mit Marschflugkörpern in Syrien am nächsten Tag zubewegt hatte. Es war, als zwinge Obama mich endlich dazu, einen Teil von mir selbst aufzugeben – den Menschen, der Syrien betrachtete und das Gefühl hatte, wir müssten *irgendetwas tun*, der zwei Jahre lang damit verbracht hatte, Hoffnung im Chaos, das die arabische Welt verschlang, und in der gestörten Politik zu Hause zu suchen.

Obama hatte keine zweite Option vorgetragen – es war klar, dass er sich entschieden hatte. Dennoch ging er wie immer im Raum umher. Einer nach dem anderen stimmten die Anwesenden seiner Richtung zu. Die einzige Ausnahme war Susan Rice. «Wir müssen Assad zur Verantwortung ziehen. Der Kongress wird Ihnen niemals die Autorisierung geben», sagte sie als Einzige voraus. «Es raubt Ihnen zu viel von Ihrer Macht als Oberbefehlshaber.» Fast alle an diesem Drama Beteiligten suchten sich in den kommenden Jahren dadurch zu entlasten, dass sie sagten, Obama hätte Assad ohne Zustimmung des Kongresses bombardieren sollen. Susan tat dies nie.

Als ich an der Reihe war, sprach ich fast meine Gedanken laut aus. Ich sagte Obama, ich stimme mit ihm überein. Der Nachteil einer Autorisierung durch den Kongress liege ironischerweise darin, dass wir dann noch mehr Verantwortung in Syrien trügen. Wir würden in der ganzen Welt Erwartungen darüber wecken, was wir tun wollten und erreichen könnten. Doch dann gab ich zu, dass wir an irgendeinem Punkt zeigen müssten, dass wir meinten, was wir über die Beendigung eines dauerhaften Kriegszustands sagten. «Wir sagen das immer wieder, und ich glaube, wir müssen zeigen, dass wir es auch so meinen.» Ich sprach aus meiner Erfahrung heraus, Aktionen zur nationalen Sicherheit verteidigen zu müssen, über die wir nicht sprechen konnten – von Drohnenschlägen bis zur Unterstützung für die syrische Opposition –, und sagte, es sei an der Zeit, Entscheidungen offen zu treffen.

Dann äußerte ich die wachsenden Frustrationen, die ich gespürt hatte, das Gefühl, in Systemen gefangen zu sein, die nicht funktionierten. «In dieser Syriendebatte haben wir das Zusammentreffen von zwei Fehlfunktionen in unserer Außenpolitik gesehen – die eine ist der Kongress, die andere die internationale Gemeinschaft. Beide drängen zum Handeln, wollen aber keine Verantwortung übernehmen.» Die ganze Woche hatte ich geglaubt, die Antwort für dieses Problem liege darin, voranzugehen und etwas zu tun. Jetzt verstand ich Obamas Begründung, warum das nicht funktionieren würde. «An irgendeinem Punkt müssen wir uns direkt mit dieser Fehlfunktion auseinandersetzen.»

Die Sitzung endete mit Obamas Worten, er werde abends alle Mitglieder des Nationalen Sicherheitskabinetts anrufen und ihnen seine Entscheidung mitteilen. Am nächsten Vormittag werde er eine Erklärung im Rosengarten abgeben. Die einzige Einschränkung war das Insistieren von Susan und Obamas Juristen, wir sollten uns das Recht zum Handeln vorbehalten, auch wenn der Kongress Luftschlägen nicht zustimmte – ein Punkt, der sinnvoll war, um sich Flexibilität zu erhalten, der aber die moralische, ethische und juristische Klarheit von Obamas Position untergrub. Obama rief ein paar ausländische Regierungschefs an, auch Netanjahu. *«Ihre Entscheidung war richtig»*, sagte dieser, *«und die Geschichte wird freundlicher zu Ihnen sein als die öffentliche Meinung.»*

Die nächsten Tage drehten sich um unsere Bemühung um Unterstützung im Kongress. Bei einem Treffen Obamas mit Kongressführern im Cabinet Room sagte Boehner seine Unterstützung zu, wollte Obama aber nicht dabei helfen, republikanische Stimmen zu bekommen. McConnell, der Obama später kritisierte, weil er keinen Luftschlag geführt hatte, verweigerte seine Unterstützung. «Echte Beispiele für Mut», sagte Obama danach zu uns.

Wichtige außenpolitische Stimmen sprachen sich für die Autorisierung aus; Clinton erklärte ihre Unterstützung; der Amerikanisch-israelische Ausschuss für öffentliche Angelegenheiten (AIPAC) machte Lobbyarbeit für unsere Position, die saudische Regierung ebenso – aber das war unwichtig. Weder im Kongress noch in den Umfragen entstand eine Welle der Unterstützung. Einer nach dem anderen erklärten Kongressabgeordnete beider Parteien – darunter Leute, die unser Eingreifen in Syrien gefordert hatten –, sie würden gegen eine Autorisierung stimmen.

Am Donnerstag flogen wir nach Russland, wo das G20-Treffen in einem prunkvollen Zarenpalast am Rand von St. Petersburg stattfand. Der frisch wiedergewählte Putin hatte bei den Vorbereitungen keine Kosten gescheut. Riesige Gärten waren sorgfältig wiederhergestellt worden, und für jeden Regierungschef gab es ein Gästehaus. Während wir über das Gelände schritten, kamen immer neue Nachrichten aus Washington. Eine Resolution, die die Anwendung von Gewalt autorisierte, hatte es knapp durch den Senatsausschuss für Auswärtige Beziehungen geschafft, erschien aber zunehmend unsicher; im Repräsentantenhaus sah es noch schlechter aus. Denis trieb eine hektische Kommunikations- und Gesetzgebungsoperation an trotz des schleichenden Gefühls, dass sie im Kongress zwangsläufig scheitern werde.

Bis dahin war ich Fernsehinterviews meist ausgewichen. Der Gedanke daran machte mich nervös, und ich wollte die Zielscheibe auf meinem Rücken nicht vergrößern, indem ich mich ins Getümmel der Nachrichtensender stürzte. Denis bestand aber darauf, jeder müsse nach draußen gehen, also stapfte ich gefühlt kilometerweit durch historische Gärten, an einem See mit einer schwimmenden Bar voller trinkender Russen und Journalisten entlang, über ein Feld und eine Treppe hinauf, wo ein gewaltiger schwarzer, schafottähnlicher Aufbau internationalen Sendern Platz für Interviews bot. Ich stand in der leichten Abendkühle da, hörte Fragen aus einem Ohrhörer, trug ein Mikrophon am Jackettaufschlag und antwortete pflichtbewusst – ein Kopf ohne Körper, der erklärte, warum wir in Syrien eingreifen sollten.

Am nächsten Morgen musste ich um fünf Uhr früh aufstehen, um einen Kleinbus zum Palast zu bekommen, wo das Gipfeltreffen stattfand. Ich wurde an Obamas Villa abgesetzt, die wie eine neugebaute und gut ausgestattete Anlage mit Eigentumswohnungen neben einem Golfplatz in Arizona aussah. Wir hatten noch ein paar Stunden Zeit bis zum Beginn der Sitzungen, und man sagte mir,

Obama sei beim Fitnesstraining. Ich stöberte in einem Kühlschrank nach einer Limonade oder etwas zu essen, als Obama hereinschaute und sagte, ich solle ins andere Zimmer kommen.

Er saß in grauem T-Shirt und schwarzer Trainingshose an einem Tisch. Im Fernsehen lief das Saison-Eröffnungsspiel der National Football League, eine Erinnerung an die Zeitdifferenz und die Entfernung von zu Hause. Die Denver Broncos lagen klar in Führung. Der Ton war abgestellt, und ich begann, Obama auf den neusten Stand zu bringen, wie die Unterstützung dahinschmolz und sogar Falken in der Syrienfrage – Leute wie Marco Rubio – Verrenkungen machten, um zu rechtfertigen, dass sie die Autorisierung ablehnten. «Vielleicht sind sie bloß gegen Sie», sagte ich, «oder vielleicht will niemand, dass man ihm später vorhält, er habe einen neuen Krieg unterstützt.» Ich sprach nicht aus, dass der Krieg auch eine negative Wendung nehmen könne – wie in Afghanistan, Irak und Libyen.

«Vielleicht hätten wir niemals in Ruanda eingegriffen», sagte Obama. Dieser Kommentar war hart. Obama hatte einmal geschrieben, wir hätten in Ruanda intervenieren sollen, und Menschen wie ich waren von unserem Nicht-Handeln tief beeinflusst worden. Er wies aber auch regelmäßig darauf hin, dass Leute, die zu einem Eingreifen in Syrien drängten, geschwiegen hatten, als in der Demokratischen Republik Kongo Millionen Menschen getötet wurden. «Daran hätte sich der Kongress nie gewagt.»

«Man hätte etwas unterhalb der Kriegsschwelle tun können», sagte ich.

«Zum Beispiel?»

«Zum Beispiel die Radiosender stören, über die die Leute aufgehetzt wurden.»

Er machte eine wegwerfende Handbewegung. «Das ist Wunschdenken. So kann man Leute nicht daran hindern, einander umzubringen.» Er ließ den Gedanken im Raum stehen. «Ich will nur sagen, vielleicht gibt es nie einen Zeitpunkt, an dem das amerikanische Volk so etwas unterstützt. In Libyen hat alles geklappt – wir haben Tausenden Menschen das Leben gerettet, wir hatten keine Verluste, und wir haben einen Diktator gestürzt, der Hunderte von Amerikanern ermordet hatte. Und zu Hause wurde es abgelehnt.»

Seine Augen wanderten zum Footballspiel, der Zeitlupe eines Bronco-Spielers in Aktion. Ich konnte sehen, was er getan hatte – den Kongress und die öffentliche Meinung getestet, um zu erkennen, wie viel Spielraum sein Amt für eine Intervention in Syrien wirklich besaß. Es war dasselbe, was er bei Sitzungen im Situation Room und in Gedanken gemacht hatte, testen, ob irgendetwas, das wir taten, die Lage dort verbessern konnte oder ob es wie in Afghanistan, im Irak oder noch schlimmer kommen würde. Er kämpfte nicht nur mit der Politik. Es war etwas Grundlegenderes an Amerika, unsere Bereitschaft, einen weiteren Krieg zu führen, dessen primäre Rechtfertigung humanitär wäre, einen Krieg, der womöglich schlecht enden würde. «Die Leute sagen immer ‹nie wieder›», meinte er. «Aber sie wollen nie etwas tun.»

An diesem Punkt kam Susan Rice herein, und das Gespräch wandte sich den Ereignissen des Tages zu, während ein Frühstück aus Eiern mit Schinken serviert wurde. Susan und ich würden den ganzen Tag mit dem Versuch verbringen, eine Gruppe von Verbündeten zu überzeugen, eine Erklärung abzugeben, die unsere Position zu Syrien unterstützte. Es war nicht einfach. Die Deutschen wollten das nächste EU-Treffen abwarten. Die Saudis, die jedem, der es hören wollte, ausführlich erzählt hatten, Obama sei in der Syrienfrage schwach, versuchten uns auszuweichen – schließlich musste Obama ihren Delegationsführer auf dem Parkplatz abfangen, um seine Unterstützung festzunageln. «Ich hätte ihn nicht gehen lassen, ohne dass er mir in die Augen gesehen hätte», erzählte er uns später.

Auf dem Heimflug erwähnte Obama, er habe am Rand des Gipfels ein privates Gespräch mit Putin geführt. Jahrelang hatte

Obama vorgeschlagen, die USA und Russland sollten zusammenarbeiten, um der Bedrohung des syrischen Chemiewaffen-Arsenals entgegenzutreten. Jahrelang hatte Russland sich gesträubt. Diesmal hatte Obama erneut eine Zusammenarbeit vorgeschlagen, um Syriens Chemiewaffen zu entfernen und zu zerstören. Putin stimmte zu und empfahl, John Kerry solle mit seinem russischen Amtskollegen darüber reden.

Nach der Landung in Washington sprach Obama über die verschiedenen Wege, die die Debatte nehmen könnte. «Wenn wir diese Abstimmung verlieren, wird es einen Pfahl ins Herz der Neokonservativen stoßen – alle werden sehen, dass sie keine Stimme haben.» Jetzt erkannte ich, dass ihm beide Resultate recht wären. Wenn wir die Autorisierung bekämen, wäre er in einer starken Position, um in Syrien zu handeln. Wenn nicht, würden wir den Kreislauf amerikanischer Kriege zum Regimewechsel im Nahen und Mittleren Osten vielleicht beenden.

Kerry setzte Putins Ouvertüre schnell in eine Übereinkunft um, die in einem Land – Syrien – verwirklicht werden konnte, das nicht einmal zugegeben hatte, Chemiewaffen zu besitzen. Vier Tage nach unserer Rückkehr nach Washington erklärte die syrische Regierung, sie werde diese Waffen abschaffen. Fünf Tage danach, am 10. September, wandte Obama sich an die Nation und erklärte, wir sollten diese diplomatische Chance ergreifen. Die Abstimmung im Kongress fand niemals statt. Tausende von Tonnen chemischer Waffen würden aus Syrien abtransportiert und vernichtet werden, weit mehr, als durch militärische Aktionen zerstört worden wären. Der Krieg würde weitergehen. Barack Obama würde die USA weiterhin heraushalten.

Kapitel 19

Ein Prügelknabe der Rechten

Je angenehmer mir die Arbeit im Weißen Haus wurde, desto unangenehmer wurde mir, wie die Welt mich von außen sah.

Mit der Zeit wird das Weiße Haus einem vertraut, es ist einfach der Ort, wo man arbeitet. Das Bild des Gebäudes in der Ferne, die Touristen, die vor dem Eingangstor Selfies machen, die Sprengstoff-Spürhunde, die den Wagen an der Einfahrt begrüßen – all das wird zur Kulisse, vor der man täglich an Sitzungen teilnimmt und auf den Korridoren über Sport und Fernsehsendungen redet. Vor der Herrentoilette steht eine Büste von Abraham Lincoln. Ein Bild von Norman Rockwell in der Lobby des West Wing zeigt, wie es war, dort auf Franklin D. Roosevelt zu warten. Neben dem Raucherbereich gibt es eine Stelle, wo die Mauer immer noch davon entfärbt ist, dass die Briten im Krieg von 1812 das Haus niederzubrennen versuchten.

Es kann aber auch ein gefährlicher Arbeitsplatz sein. In meinem ersten Jahr war ich gerade im Büro meiner Freundin Alyssa Mastromonaco, als Pete Rouse hereinkam – ein hoher Berater Obamas und zuvor auf dem Kapitol eine solche Institution, dass man ihn den 101. Senator nannte. Er fragte, ob wir eine Staatshaftpflichtversicherung hätten. Ich wusste nicht mal, was das war oder warum ich es brauchen sollte. «Sehen Sie sich's an», sagte er. «Es ist Pflicht.» Ich tat, was er sagte, und gab von da an mehrere Hundert Dollar pro Jahr für einen Rechtsschutz bei Untersuchungen aus. Dadurch sparte ich schließlich etwa 100 000 Dollar.

Meine Initiation in das Ritual, untersucht zu werden, begann im Frühjahr 2012, als es binnen weniger Tage zwei Leaks im Bereich der nationalen Sicherheit an die Presse gab. David Sanger von der *New York Times* veröffentlichte ein Buch, das Details über eine angebliche Cyberwaffe enthielt, die Teile des iranischen Atomprogramms sabotiert hatte, und Associated Press berichtete, die USA besäßen eine Quelle innerhalb des al-Qaida-Ablegers im Jemen, die beim Verhindern eines Terroranschlags geholfen habe. Leaks sind nicht allzu ungewöhnlich. Diese beiden waren anders, weil sie detailliert waren und im Frühjahr eines Präsidentschaftswahljahrs stattfanden. Republikaner forderten Untersuchungen. «Sie lassen absichtlich Informationen durchsickern, um Präsident Obama für die Wahlen als harten Kerl darzustellen», erklärte John McCain. «Das ist gewissenlos!» Generalstaatsanwalt Eric Holder wies Staatsanwälte an zu ermitteln.

Jeder, der im Kommunikationsteam für die nationale Sicherheit arbeitet, hasst Leaks, weil man immer auf Informationen reagieren muss, die man nicht öffentlich diskutieren darf. Da es zu meinem Job gehörte, mit der Presse über nationale Sicherheit zu reden, stand ich auf der Liste der Leute, die bei beiden Untersuchungen durchleuchtet wurden. Im Herbst wurde ich schriftlich vorgeladen und mehrfach lange vom FBI und dem Generalstaatsanwalt von Maryland, Rod Rosenstein, befragt. Ich musste zu einem vereinbarten Zeitpunkt meine Arbeit verlassen, ins FBI-Gebäude im Zentrum von Washington gehen und in einem spartanischen Konferenzraum stundenlang über meine E-Mails und Gespräche Auskunft geben. Man sagte mir, ich solle mit meinen Kollegen nicht darüber reden; ich hegte den Verdacht, der sich dann bestätigte, dass mein Freund Tommy Vietor – der direkt vor meinem Büro arbeitete – dieselbe Prozedur durchlief. Die Absurdität unserer Lage wurde dadurch verstärkt, dass wir gleichzeitig auf wütende Kritik von Journalisten und Progressiven antworten mussten, die meinten, unsere Regierung untersuche zu eifrig, wie es zu den Leaks gekommen sei.

Im Lauf des Jahres 2012 tauchte mein Name auch immer regelmäßiger in rechten Medien auf, in der Rolle von Obamas Schmierfink im Nationalen Sicherheitsrat. Schon zu Beginn der ersten Amtszeit war ich aus mehreren Gründen ein Ziel für gelegentlichen Spott der Rechten geworden: 1. Ich arbeitete für Barack Obama; 2. ich schrieb die Kairoer Rede; 3. ich hatte mit 24 einen Master in fiktionalem Schreiben an der New York University gemacht. Letzteres reichte schon, um aus mir einen Minischurken zu machen: «Ben Rhodes, Obamas gescheiterter Romancier ...» 2009 war ich einmal überrascht, als eine Kollegin namens Cindy Chang – eine freundliche junge Frau mit sanfter Stimme – an ihrem Schreibtisch wegen eines dieser Texte weinte. «Wie können die solche Sachen über dich sagen?», fragte sie. Ich sagte, sie solle sich keine Sorgen machen, ich sei stolz auf meine Feinde. Dann ging ich in mein Büro, schloss die Tür und spürte ein nervöses Gefühl im Magen – beim Lesen sah ich, wie verworren der Text war und wie sehr der Typ, der ihn schrieb, mich zu hassen schien.

Als ich mit Obama in den letzten Wochen des Wahlkampfs 2012 unterwegs war, fielen mir entlang der Route der Fahrzeugkolonne einzelne Demonstranten mit Schildern auf, auf denen Parolen wie «Bengasi/Mörder» und «Verräter» standen. Verschwörungstheorien schossen wie Pilze aus dem Boden. Es wurde behauptet, das US-Militär habe den Befehl erhalten, nicht einzugreifen, wodurch Amerikaner in Bengasi bewusst geopfert worden seien, oder die Regierung Obama habe die Einrichtung, wo Chris Stevens starb, dazu benutzt, Waffen an Dschihadisten in Syrien zu liefern. Um das zu verschleiern, so die Verschwörungstheorie, hätten wir die List eines Internetvideos erfunden, das den Islam beleidigte.

Dies war auch deshalb so verwirrend, weil wir keine Ahnung hatten, woher diese Theorien kamen. Wir konnten verfolgen, was ein Sender wie Fox News oder eine Website wie *Breitbart* brachte, aber wir hatten keine Ahnung, was in den dunkleren Ecken des Internets diskutiert wurde. Offensichtlich ging das, was die Leute konsumierten, weit über den Vorwurf hinaus, Hillary Clinton habe nicht genug Mittel für die Sicherheit von Diplomaten bereitgestellt oder Barack Obama habe keinen Plan für die postrevolutionäre Zeit in Libyen gehabt. «Bengasi» war eine Anklage, die zugleich alles und nichts zu bedeuten schien und von einer Verschwörungstheorie zur nächsten sprang.

Ich hielt sie bloß für einen Teil des endenden Präsidentschaftswahlkampfs, aber nach der Wahl wanderte diese Dunkelheit aus dem Internet und dem Radio in den Kongress. Republikaner begannen, die Angriffe von Bengasi in jedem Ausschuss zu untersuchen, der irgendwie für das Ereignis zuständig war. Um die ganze Sache hinter uns zu lassen, wäre es das Beste gewesen, alle Informationen freizugeben, die wir über Bengasi besaßen. Aber von Amts wegen muss der Anwalt des Weißen Hauses den Präzedenzfall vermeiden, dass die inneren Abläufe der Regierung leicht herauszubekommen sind, damit der Präsident weiterhin unverblümten Rat erhalten kann. Und so kam die Geschichte tröpfchenweise durch das Drama der Kongressausschüsse heraus, die vom Weißen Haus Informationen erzwangen, und diese Informationen erreichten die Öffentlichkeit nur durch den Filter der gespielten Empörung der Republikaner, die sie erhielten.

Gegen Ende 2012 zog Susan Rice die meisten Attacken auf sich, weil sie die Hauptkandidatin für die Nachfolge Hillary Clintons als Außenministerin war. Sie war äußerlich ruhig, aber von dem Gift schockiert. Ihre alte Mutter konnte nicht mehr die Nachrichten sehen, ihre kleine Tochter verstand nicht, was geschah. Geschichten tauchten über ihre Finanzen, ihre berufliche Laufbahn, ihr Temperament auf; Kolumnen wurden über alles geschrieben, von ihren Entscheidungen zur Afrikapolitik in den Neunzigerjahren bis zu der Tatsache, dass sie Richard Holbrooke – vor Jahrzehnten – einmal den Mittelfinger gezeigt hatte. Man zeichnete das Bild einer unmoralischen, inkompetenten Karrieristin, die im Fernsehen über den Tod von vier Amerikanern gelogen habe.

Ich wusste besser als jeder andere, wie falsch das war – Susan hatte nur die CIA-Stichpunkte benutzt, die ich ihr vor den Auftritten jeweils geschickt hatte. Trotzdem musste ich dem Rufmord zusehen, durch den ihre Chancen auf das Erreichen ihres Traumpostens immer weiter schrumpften. Sie gab mir nie die Schuld, stattdessen rief sie an und fragte mich um Rat. «Glauben Sie, es ist besser, wenn ich da rausgehe oder wenn ich den Kopf einziehe?» Ich hielt den Telefonhörer und wusste nicht, was ich sagen sollte. «Lassen Sie uns für Sie Stellung beziehen», antwortete ich. Doch in Wirklichkeit war es ganz egal, was wir taten – die Leute, die sie attackierten, würden ihre Meinung nicht ändern. Reporter sagten einem privat, sie wüssten, dass Bengasi ein Scheinskandal sei, aber sie berichteten dennoch über die Anschuldigungen gegen Susan in Zeitungen und im Fernsehen. Die Republikaner redeten pausenlos darüber, also waren es Nachrichten. Im Dezember sagte Susan zu Obama, sie ziehe ihren Namen als Kandidatin für das Außenministerium zurück. Als ich sie das nächste Mal sah, schien eine Last von ihren Schultern gefallen zu sein – vielleicht würde die Sache dadurch aufhören –, und Obama hatte ihr gesagt, sie werde wahrscheinlich seine nächste Nationale Sicherheitsberaterin. Sie sagte, ich sei ein echter Freund und einer der wenigen, die sie verteidigten.

Früher wäre eine Geschichte wie Bengasi vielleicht eingeschlafen – es wäre auf Fakten angekommen. Doch 2013 verschmolz die Parteilichkeit in unserer Politik mit den neuen Medienplattformen und erlaubte es «Bengasi», die langen Perioden zu überstehen, in denen es nicht die Nachrichten beherrschte. Während dieser Lücken in der Aufmerksamkeit verbreiteten sich neue Verschwörungstheorien auf Medienplattformen am rechten Rand, wie ein Wesen, das in den Tiefen des Ozeans wächst. Auch soziale Medien gaben mir manchmal einen Einblick in diese Welt durch die Kommentare, die Leute über mich abgaben. An einem Tag war ich Teil einer jüdischen Weltverschwörung und arbeitete mit meinem Bruder daran, die Nachrichten zu fälschen. Am nächsten war ich ein fanatischer Antisemit, der die Muslimbruderschaft vertrat. An den meisten Tagen kam ein Rinnsal solcher Kommentare, ab und zu wurde es jedoch zu einer gewaltigen Flut von Dutzenden oder Hunderten Kommentaren in wenigen Minuten. Leute nannten mich Verräter, Faschist, Nazi, Islamist, wollten mich einsperren, verprügeln, sogar umbringen – Leute, die ihren Zorn nicht zügeln konnten. Wenn diese Ausschläge auf der Skala kamen, wusste ich, dass gerade irgendwo in Amerika etwas über mich im Radio gelaufen oder auf einer Website veröffentlicht worden war, von der ich wahrscheinlich noch nie gehört hatte. Es kam mir wie eine bösartige Kraft in Amerika vor, die ich nicht begriff, eine Wut, die etwas Größeres meinte als Bengasi, dieselbe Blindheit gegenüber der Vernunft, die Menschen zu dem Glauben führte, Barack Obama sei nicht in den USA geboren worden.

Für mich kochten die Dinge an einem Freitag im Mai über, als ein ABC-Reporter namens Jon Karl einen «Exklusivbericht» veröffentlichte, in dem er enthüllte, ich hätte am Freitagabend vor Susans Fernsehterminen am Sonntag eine E-Mail mit folgendem Text geschrieben: «Wir müssen sicherstellen, dass die Stichpunkte die Belange aller Dienste widerspiegeln, einschließlich des Außenministeriums.» Für Bengasi-Begeisterte erhärtete das die Theorie, das Weiße Haus habe gemeinsam mit Hillarys Außenministerium die Stichpunkte umgeschrieben. Und damit kam der Hass gegen mich nicht mehr in kurzen Ausbrüchen, es wurde ein ununterbrochener zorniger Schrei.

Am Montagmorgen gab ich dem Impuls nach, die anstößige E-Mail zu suchen – ironischerweise befand sie sich auf meinem Computer in einem Ordner mit dem Titel «Proteste», den ich inmitten des Chaos erstellt hatte, als ich noch nicht wusste, ob Bengasi ein gewalttätiger Protest oder eine bewaffnete Aktion sei. Da war sie, mit dem Datum 14. September, das Relikt eines Abends vor acht Monaten, etwas, das ich in vielleicht dreißig Sekunden geschrieben hatte: «Wir müssen das auf eine Art klären, die alle relevanten Belange respektiert, vor allem die Untersuchung.» Dann las ich den Artikel von Karl erneut, der meine E-Mail zitierte: «Wir müssen sicherstellen, dass die Stichpunkte die Belange aller Dienste widerspiegeln, einschließlich des Außenministeriums.»

Ich starrte auf die Worte. Ich hatte gemeint, wenn ABC News eine E-Mail von mir zitiere, müsse sie dem Reporter vorgelegen haben. Offensichtlich war das nicht so. Er besaß meine E-Mail, übersetzt in Bengasi-Jargon. Aus «Wir müssen das klären» wurde «Wir müssen sicherstellen, dass die Stichpunkte» – weil unser Fokus auf diese relativ obskuren Stichpunkte der notwendige Dreh- und Angelpunkt einer Vertuschung war. «Alle relevanten Belange, vor allem die Untersuchung» wurde zu «die Belange aller Dienste, einschließlich des Außenministeriums» – weil Clinton uns wichtiger gewesen sein musste als die FBI-Untersuchung. Die Fälschung war nicht sehr weit vom Original entfernt, aber dessen Bedeutung wurde verändert, um eine Verschwörungstheorie zu stützen. Ich brachte sie zum Presseteam, und sie gaben sie einem Reporter.

Wie ein Verurteilter, der sich für entlastet hält, ging ich mit leichterem Schritt durch die Korridore und erzählte jedem, den ich traf, von dem, was ich gefunden hatte. Vielleicht meinte ich wie Susan nach ihrem Rückzug von der Kandidatur als Außenministerin, das Ganze sei vorüber. Ich täuschte mich. Niemand, der schon dazu neigte, uns eine Vertuschung wegen Bengasi vorzuwerfen, ließ sich durch Fakten beirren, die etwas anderes aussagten. Der Hass gegen mich wurde nur noch stärker, so dass der Secret Service wegen Gewaltandrohungen die Straßen rund um meine Wohnung in Nordwest-Washington überwachte.

Es war ein neues Gefühl, dass mich so viele Leute hassten. Schlimmer war die Erkenntnis, diese Sache würde niemals aus der Welt geschafft werden. An keinem Punkt würde ein Filmrichter vortreten und mich von den Vorwürfen freisprechen. Wenn ich nachts wach lag oder am Tag eine Pause machte, hatte ich seltsame Gedanken. Ich wünschte mir zum Beispiel, ich würde attackiert, weil ich tatsächlich etwas Unrechtes getan hätte. Egal wie viele Untersuchungen kein Fehlverhalten feststellten, es würde immer noch eine weitere geben. Egal wie deutlich Mainstream-Reporter sahen, dass es ein Schwindel war, sie würden doch darüber berichten – es war eine Story, und ich war einer der Akteure.

Ich begann mich zu verändern – die Art von Veränderung, die nicht von Tag zu Tag, aber nach längerer Zeit auffällt. Ich zog mich in mich selbst zurück, entfernte mich von Freunden und Kollegen. Ich konnte nicht einschlafen, wenn ich nicht eine Interviewsendung namens *Fresh Air* hörte, die mich von meinen Sorgen ablenkte. Die Arbeit im Weißen Haus machte mir weniger Spaß, sie belastete mich stärker. Ohne mit anderen darüber zu reden, trug ich einen tiefen Groll mit mir herum, den ich herunterschluckte – Groll auf Republikaner, Groll auf die Medien, Groll wegen der Erkenntnis, dass ich nicht kontrollieren konnte, was Leute über mich dachten. Ich ahnte, dass manche meiner Kollegen ähnliche Gefühle hegten. Wir arbeiteten im mächtigsten Gebäude der Welt, fühlten uns aber machtlos, unsere Umgebung zu verändern.

Eines wollte ich aber nicht tun: mich verstecken. Zu verschwinden hätte eine Niederlage bedeutet. Das war, was *sie* wollten, wer immer sie waren. Wenn man mich schon als Bösewicht hinstellte, würde ich wenigstens etwas tun.

Am 14. Juni 2013 wurde Hassan Rohani zum Präsidenten der Islamischen Republik Iran gewählt, ein Vertreter der gemäßigteren Fraktion in der iranischen Politik. Er war nicht der Lieblingskandidat des iranischen Obersten Religionsführers Ajatollah Ali Khamenei, eines Hardliners. Allein das war schon ein außergewöhnlicher Kontrast zu den Wahlen von 2009, als Khamenei Mahmud Ahmadineschad unterstützt, Oppositionsführer unter Hausarrest gestellt hatte und hart gegen die Opposition vorgegangen war. Rohanis Kampagne hatte bessere Beziehungen zum Westen propagiert und Fortschritt in der Atomfrage mit einer Verbesserung der iranischen Wirtschaft verbunden. Seine Wahl deutete an, dass die iranische Öffentlichkeit von unten Druck auf die Führung des Landes ausüben konnte. Wenn dieser Druck ausreichte, um Rohani die Wahl gewinnen zu lassen, konnte er den Iran vielleicht zu Zugeständnissen bei seinem Atomprogramm bringen.

Während einer Vormittagssitzung kurz nach den Wahlen schlug Obama vor, diese Öffnung zu nutzen. «Ich könnte Rohani einen Brief schicken», sagte er. «Es lohnt sich, die Sache zu testen.» Susan stimmte zu. In der Vergangenheit hatte er Briefe an den Religionsführer geschrieben, die nirgendwo hinführten, und sich nie an den machtlosen und polarisierenden Ahmadineschad gewandt. Auf Obamas Anweisung wurde ein Brief an Rohani entworfen, der Diskussionen über die Atomfrage vorschlug. Nach wenigen Wochen bekamen wir eine positive Antwort – die Iraner wollten einen diplomatischen Prozess in Gang bringen.

Im Lauf des Sommers wandten wir uns erneut an die Regierung Omans, wo schon früher Treffen zwischen den USA und dem Iran stattgefunden hatten, und fragten an, ob sie erneut den Gastgeber spielen würden. Und so eröffneten wir im August, parallel zu meinen Geheimgesprächen mit Kuba, in Oman einen geheimen diplomatischen Kanal zu den Iranern unter Leitung von Jake Sullivan und dem stellvertretenden Außenminister Bill Burns. Es spielte sich eine Routine ein: Jake erhielt Obamas Anweisungen vor seinen Reisen nach Oman und informierte uns nach der Rückkehr. In diesen Sitzungen hatte ich das Gefühl zu verstehen, wie es in den frühen

Phasen der Jagd nach bin Laden gewesen sein musste. Obama sondierte, welche Teile ihres Atomprogramms die Iraner anbieten wollten und was sie als Gegenleistung forderten, wobei er sich in entlegene Einzelheiten der nuklearen Infrastruktur und Sanktionspolitik vertiefte wie ein Entdecker, der ein Ziel in der Ferne erspäht hat, das er ins Blickfeld bringen will.

Nach ein paar Wochen entwickelten Bill und Jake den Rahmen für ein Übergangsabkommen. Die Iraner sollten im Austausch gegen eine begrenzte Aufhebung von Sanktionen ihr Atomprogramm einfrieren. Um das zu erreichen, würden wir unsere Diplomatie in den sogenannten 5+1-Prozess überführen, in dem die fünf permanenten Mitglieder des UN-Sicherheitsrats – die USA, Russland, China, Frankreich und England – plus Deutschland mit den Iranern verhandelten. Der offensichtliche Zeitpunkt dafür war die Generalversammlung der Vereinten Nationen Ende September. John Kerry würde an einer Sitzung mit den übrigen 5+1-Staaten und dem Iran teilnehmen, um die Verhandlungen offiziell zu beginnen, der höchstrangige Kontakt zwischen den USA und dem Iran seit Jahrzehnten. Als diese Treffen näherrückten, stellte sich eine weitere Frage: Sollte Obama sich mit Rohani treffen, der ebenfalls nach New York kommen würde? Obama überstimmte seine Berater, die glaubten, das Letzte, was er brauche, sei ein Foto mit dem iranischen Präsidenten, und sagte uns, er werde sich mit ihm treffen. Ich hielt es für ein Signal, dass er bereit war, ein großes politisches Risiko einzugehen, wenn es einem Atomvertrag nützte.

An unserem ersten Abend in New York verließ Jake das Waldorf, um sich mit der iranischen Delegation in einem Hotelfoyer zu treffen. Zunächst war er besorgt über den so öffentlichen Ort, aber wir hielten ihn für wenig bekannt, und wer würde glauben, dass er sich mit einer Gruppe Iraner traf? Die Iraner sagten ihm, Rohani sei an einem Treffen interessiert, legten sich aber nicht fest. Es schien klar, dass sie ein Treffen wünschten, aber über die Wirkung bei den Hardlinern zu Hause besorgt waren.

Das einzige Zeitfenster, in dem sich Obama und Rohani gleichzeitig im UN-Gebäude befanden, war nach Obamas Rede vor der Generalversammlung. Wir sagten der UN, Obama brauche einen Warteraum zwischen den Sitzungen, und sie boten ihm eine Bürosuite neben dem Sicherheitsrat an. Also saß er dort und konsultierte sein iPad, während Jake auf dem Korridor hin- und herging und mit den Iranern telefonierte. Ab und zu kam er herein, um zu berichten, dass sie im Dialog seien. «Sagen Sie ihnen einfach, ich würde mich freuen, ihn zu treffen», sagte Obama. Ich sah, dass er die Absurdität mancher Tabus vorführte. Es sollte für die Oberhäupter von zwei Staaten auf nuklearem Kollisionskurs nicht politisch unmöglich sein, sich bei den Vereinten Nationen zu treffen.

Die Iraner konnten sich nicht zu einem Ja durchringen, und so verließen wir den Raum. Als wir durch die Korridore des UN-Gebäudes gingen, fragte ich Obama, was wir öffentlich sagen sollten. «Sagt einfach, wie es war», antwortete er. «Wir waren zu einem Treffen bereit, aber sie konnten es aus eigenen Gründen nicht.» Ich versammelte ein paar Reporter und richtete diese Botschaft aus, die den Iranern sicher unbehaglich sein würde. Rohani hatte versucht, sich im In- und Ausland als vernünftiger, auf Dialog bedachter Mann darzustellen. Wir kratzten an diesem Bild, was auch eine Art von Druck war. Nach unserer Rückkehr nach Washington wandten die Iraner sich an Jake und lancierten verschiedene Ideen. Würde Obama für ein Treffen der 5+1 zurück zur UN kommen? Nein, sagten wir, die meisten Regierungschefs seien auch nicht dort. Würden wir ein Telefongespräch führen? Ja.

An Rohanis letztem Tag in New York saß ich auf einem Sofa im Oval Office, als wir ein Handy anriefen, das Rohani auf der Fahrt zum Flughafen gereicht wurde. Dann sah ich zu, wie Obama als erster US-Präsident seit der islamischen Revolution von 1979 mit einem iranischen Präsidenten sprach. Das fünfzehnminütige Gespräch war herzlich. Obama scherzte über den Autoverkehr in New York. Beide betonten die Notwendigkeit, im Dialog zu bleiben und ein Abkommen über das Atomprogramm zu erreichen, und sie sagten, das solle unverzüglich angestrebt werden. Ihre Worte waren nicht so bemerkenswert wie das Gespräch selbst. Als ich später zu meinem Schreibtisch zurückging, traf ich meine frühere Assistentin Ferial Govashiri, eine freundliche und stolze Amerikanerin iranischer Herkunft, die in Teheran geboren und mit ihrer Familie 1980 ins Exil gegangen war. Sie hatte wegen dieser kleinen Geste der Versöhnung Tränen in den Augen.

Im selben Herbst hielten John Kerry und Wendy Sherman, die im Außenministerium für die Verhandlungen zuständig war, eine Reihe von Sitzungen in Genf ab, um das Übergangsabkommen abzuschließen. Obwohl eine scheinbare Zwangsläufigkeit herrschte, gab es bei den Verhandlungen noch immer ein wildes Auf und Ab, zum Teil wegen des Dramas, das sie umgab.

In meinen acht Jahren im Weißen Haus habe ich für eine Regierung gearbeitet, die mehrere Kriege führte, in denen Tausende von Menschen starben, und doch war in unserer Außenpolitik nichts so heftig umstritten wie der Atomdeal mit dem Iran. Teilweise war das in der Geschichte verwurzelt. Der Iran beschwört Bilder von dunkeläugigen Ajatollahs und amerikanischen Geiseln mit verbundenen Augen im Jahr 1979 herauf – Bilder der Demütigung, die die amerikanische Mentalität immer noch prägen. Der Iran steht im Zentrum der allgemeinen Kulisse von Terrorismus und Konflikten, die seitdem im Nahen und Mittleren Osten aufgezogen ist, stets feindselig gegenüber den USA, unseren Interessen und unseren Freunden – besonders Israel und Saudi-Arabien. Wir wenden weniger Zeit für die Hinterfragung unserer Unterstützung für Saddam Hussein auf, der chemische Waffen gegen den Iran einsetzte, oder der

Tatsache, dass unsere spätere Beseitigung Saddams den Iran mehr stärkte als jedes andere Ereignis im Nahen Osten seit 1979. Tatsächlich hat der Umstand, dass Fehler in der US-Politik dem Iran geholfen haben, bei denen, die für diese Fehler verantwortlich waren, nur die Feindschaft gegen ihn verstärkt.

Die Interessenvertretung Israels und der Golfstaaten ist vielleicht ein noch wichtigerer Faktor. In Washington, wo die Unterstützung für Israel für Kongressabgeordnete Pflicht ist, herrschte eine natürliche Rücksicht auf die Ansichten der israelischen Regierung in Iranfragen, und Netanjahu war stets konfrontativ und stellte sich als israelischen Churchill dar, der den Ajatollahs die Stirn bot, nur dass er nicht selbst gegen den Iran antreten wollte, sondern die USA es tun sollten. Der AIPAC und andere Organisationen sind dazu da, die Ansichten der israelischen Regierung in Washington wirksam zu verbreiten und Gegenansichten zu diskreditieren, und diese Dynamik war während Obamas Präsidentschaft immer präsent. Die anderen Hauptgegner des Iran sind die Golfstaaten, vor allem Saudi-Arabien und die Vereinigten Arabischen Emirate, die die Existenz Israels nicht anerkennen, aber gemeinsam mit Netanjahus Regierung Druck auf uns ausübten. Die Saudis und die Emirate sind nicht nur die Schlüsselproduzenten von Öl für die amerikanisch geführte Weltwirtschaft, sondern haben auch Geld in das Establishment der nationalen Sicherheit in den USA gepumpt – Investitionen in Denkfabriken, Universitäten, Firmenposten, üppige Partys und bezahlte Redetermine für Meinungsmacher und Leute in der Drehtür zwischen Privatwirtschaft und hohen Regierungspositionen. Zusammen garantierte die Einflussnahme von Israel und den Golfstaaten einen steten Strom von gut finanzierten Kommentaren, die eine harte Linie gegenüber dem Iran und letztlich gegenüber Obamas Außenpolitik forderten.

Im Herbst wussten diese Regierungen, dass ein Übergangsabkommen die Chancen eines umfassenderen, langfristigen Deals steigern würde; und bei einem umfassenden, langfristigen Deal würden die Chancen eines Kriegs der USA mit dem Iran stark zurückgehen. Obamas Telefonate mit Netanjahu wurden schärfer, als dessen Widerspruch gegen ein Abkommen lauter wurde, obwohl technische Experten der Israelis in ständigem Kontakt mit unserem Verhandlungsteam standen, damit wir ihre Bedenken zur Priorität machen konnten. Der AIPAC wurde grobschlächtiger in seiner Kritik an dem Abkommen, das noch gar nicht ausverhandelt war. Die Kritik an unserer Iranpolitik durch namenlose «arabische Diplomaten» erreichte einen Höhepunkt. Von nachgeordneten Kongressmitarbeitern über politische Journalisten bis zu Starkommentatoren war jeder ein Experte in Atomphysik und mit Diskussionspunkten bewaffnet.

Mir war klar, dass diese Debatte rau und zur Generalprobe für einen längeren, härteren Kampf werden würde, der auf uns zukam, falls wir einen umfassenden Atomdeal erreichten. Ich begann regelmäßige Sitzungen von Mitarbeitern aus allen Regierungsbereichen einzuberufen, die mit den Iranverhandlungen oder mit öffentlichen Angelegenheiten und den Beziehungen zum Kongress befasst waren. Unser Ansatz war ein konstanter Fluss von Fakten über den Inhalt des potenziellen Vertrags, um Unterstützern Argumente für Diplomatie zu liefern und dem unausweichlichen Trommelfeuer der Kritik zuvorzukommen. Ich warf mich in diese Mission und traf mich mit jedem, der informiert werden wollte – Journalisten und Experten, progressiven Gruppen und Skeptikern im Senat, Quäkern und Verfechtern der Rüstungskontrolle. Wir hatten die Chance, einen Krieg und einen atomar gerüsteten Iran zu verhindern, aber die Diplomatie würde scheitern, wenn wir den Kongress nicht daran hinderten, sie durch neue Sanktionen zu ersticken.

Ende November 2013 gab es eine abschließende hektische Serie von Sitzungen. Während Kerry in Genf mit den Iranern und den anderen 5+1-Staaten verhandelte, meldete er sich mit verschiedenen

Formulierungen zu den noch offenen Fragen zurück. Eine der umstrittensten war das iranische Beharren auf unserer Anerkennung ihres «Rechts auf Urananreicherung» – die für ein ziviles (oder militärisches) Atomprogramm notwendig war; wir wollten kein Recht auf Anreicherung anerkennen und durchsetzen, dass jede iranische Anreicherung mit den 5+1 verhandelt werden müsse. Wir hielten eine Telefonkonferenz nach der anderen ab und stritten über winzige Formulierungsdetails, wobei Susan Änderungen verlangte. Kerry verlor die Geduld und brüllte ins Telefon: «Susan, das ist ein verdammt guter Deal!» Ich war etwas besorgt, aber Susan versicherte mir, sie rüttele ihn nur auf. «Ich will, dass John ebenso besorgt über uns ist wie die Iraner», sagte sie. Kerry bekam den endgültigen Text und wollte mit Obama darüber sprechen. Der stellvertretende Nationale Sicherheitsberater Tony Blinken, der die Verhandlungen kompetent begleitet hatte, saß mit mir auf den Sofas des Oval Office, während Kerry Obama das Abkommen am Telefon vorlas. In allen offenen Fragen hatte Kerry herausgeholt, was wir brauchten. Wir hielten den Daumen hoch. Obama stand vom Schreibtisch auf, hielt den Hörer ans Ohr und gratulierte Kerry.

Am selben Abend hielt Obama im East Room des Weißen Hauses eine Fernsehansprache über den Deal, während ich von der Seite zusah. Nach sechs Jahren der Sanktionen, Diplomatie und politischen Kämpfe waren wir angekommen. «Als Präsident und Oberbefehlshaber werde ich tun, was notwendig ist, um den Iran am Bau von Atomwaffen zu hindern», sagte Obama. «Ich habe aber die fundamentale Verantwortung zu versuchen, unsere Differenzen friedlich beizulegen.»

Als er fertig war, ging ich mit ihm zurück zum Wohnbereich. Die vertrauten Korridore waren leer; der Streit über den Deal schien sehr weit von den stoischen Porträts an den Wänden entfernt zu sein. «Wissen Sie, als ich für Sie zu arbeiten anfing, hatten wir diesen Streit bei den Vorwahlen, ob man mit dem Iran reden sollte»,

sagte ich. Ich erinnerte ihn an die Szene in dem kleinen Wahlkampfbüro an der Massachusetts Avenue. *Es. Ist. Noch. Keine. Belohnung.
Wenn. Man. Mit. Leuten. Redet.*

Er blieb am Fuß der Treppe stehen, die zu seinen Wohnräumen
führte, und lächelte. «Wir hatten damals Recht, und wir haben auch
heute Recht», sagte er.

Kapitel 20

Rasse, Mandela und Castro

Zwei Wochen nach Verkündung des Übergangsatomabkommens ging ich ins Oval Office, wo Obama allein am Schreibtisch saß und las. «Was wollen Sie über Mandela sagen?», fragte ich.

Er schaute auf. «Wieso?»

«Haben Sie's noch nicht gesehen?» Plötzlich kam mir die Aufgabe, ihm die Nachricht zu überbringen, zu schwer vor. «Er ist gestorben. Zuma gibt gerade eine Erklärung ab.» Die Tatsache, dass der südafrikanische Präsident Jacob Zuma eine Erklärung abgab, erschien unwichtig, die Art von Detail, die einem Kommunikationsmitarbeiter des Weißen Hauses einfiel, der bereits kalkulierte, wie lange Obamas Erklärung nach der von Zuma kommen und wie bald seine Worte in den Nachrufen erscheinen würden – die zitierfähige Zeile, die Stimme für uns andere. Hinter mir stand die Büste Martin Luther Kings auf einem Sockel; im Nebenzimmer zeigte ein großes gerahmtes Foto Mandela auf einer Chaiselongue, wie er die Hand hob, um einen jüngeren Barack Obama zu begrüßen, der nun als erster schwarzer Präsident der Vereinigten Staaten vor mir saß, einer Nation, die wie Südafrika unter einem Apartheidsystem und seinen Folgen gelitten hatte.

«Schreiben Sie mir doch etwas Kurzes und Einfaches», sagte er. «Ich nehme an, für die Trauerfeier muss es etwas Längeres sein.»

***

Wir waren im selben Sommer schon in Südafrika gewesen, aber Mandela war zu krank, um Besucher zu empfangen. Stattdessen besuchten wir Robben Island, den Felsen vor der Küste von Kapstadt, wo er jahrzehntelang eingesperrt gewesen war. Wir flogen mit dem Hubschrauber hin, und die Sicht auf die Stadt aus der Luft war atemberaubend – Berge um einen glitzernden Hafen herum, Vögel, die am Himmel schrien.

Jay Carney und ich gingen durch den Steinbruch, wo früher die Gefangenen arbeiteten, während die Familie Obama etwa zehn Meter vor uns ihre eigene Tour hatte. Unser Führer, ein ehemaliger Gefangener, war ein älterer Mann mit eleganter Art und einem Bauch, der sich über seinem Gürtel wölbte. Er nannte sich ein «einfaches Mitglied» des Afrikanischen Nationalkongresses (ANC) und beschrieb die vierzehn Jahre Arbeit, die er in derselben Sonne getan hatte, die auf uns niederstach, und wie Mandela das Tempo für die anderen Gefangenen vorgab. Dann zeigte er auf eine kleine, dunkle Höhle am anderen Ende des Steinbruchs, wo sie ihren Proviant essen und manchmal die Toilette benutzen durften. «Das war die beste Universität der Welt», sagte er. «Da haben Mandela und andere über politische Theorie und alles mögliche andere diskutiert. Dann haben sich diese Diskussionen unter den einfachen Mitgliedern verbreitet.»

Ab und zu verstummte unser Führer und starrte nur die Obamas an, als müsse er sich mit eigenen Augen vergewissern, dies sei wirklich die First Family der USA und sie sei hier. Er erzählte uns von einem Wärter, der einmal ein acht Monate altes Baby hereingeschmuggelt hatte, damit Mandela sich erinnern konnte, wie es war, ein Kind zu halten. Im Hof des Gefängnisses beschrieb er, wie sie sich verständigten, indem sie Botschaften in Tennisbälle steckten und über die Mauer zu den anderen warfen. Dann zeigte er uns im Zellenblock, wie die Häftlinge Sachen hinein- und hinausschmuggelten. Die Obamas besichtigten Mandelas Zelle. Als wir nach ihnen hineingingen, spürte ich, wie eng es war. Unser Führer sagte, Mandela habe ein Bett abgelehnt, solange die anderen Gefangenen keines hatten. Ich fragte, was sie von Robben Island aus sehen konnten. «Den Gipfel des Berges», sagte er. Als er freigelassen wurde, habe er ihn bestiegen.

Nachmittags fuhr ich allein im Wagen mit Obama, nachdem er an der Universität Kapstadt eine Rede gehalten hatte. Das Auto fuhr über Hügel, wo gelegentlich Menschenmengen an der Straße standen. Als wir unsere Erfahrungen von Robben Island verglichen, erzählte er mir, das einzige Mal seien ihm Tränen gekommen, als er den Führer fragte, was für Mandela am schwersten war, und er antwortete, dass keine Kinder da waren. Mandela hatte seine Kinder jahrzehntelang nicht gesehen. «Wenn man Kinder hat, versteht man das auf eine andere Weise», sagte Obama.

Ich erzählte ihm, was mein eigener Führer von dem hereingeschmuggelten Baby erzählt hatte. Obama schaute nur aus dem Fenster auf die Landschaft, üppige grüne Hügel, die der nordkalifornischen Küste ähnelten. Ich deutete sein Schweigen so, dass er mit dem Thema durch war.

Nun, mehrere Monate später, war Mandela tot. Wenige Stunden nach seiner ersten Erklärung bestellte Obama mich zurück ins Oval Office, um über die Rede zu sprechen, die er bei Mandelas Beerdigung halten wollte. «Wir sollten die Leute daran erinnern, dass er kein Heiliger war», sagte er. «Er war ein Mensch. Ohne diese Tatsache versteht man nicht, was er geleistet hat.»

Die nächsten paar Tage arbeitete ich nicht an der Rede – sie hing in der Luft und ich konnte mich nicht darauf konzentrieren, während ich die tägliche Realität der amerikanischen Politik des Jahres 2013 durchlebte. Stattdessen las ich die Worte des jungen Mannes, der 1964 zu einer lebenslangen Zuchthausstrafe verurteilt worden war: *«Ich habe gegen weiße Vorherrschaft gekämpft, und ich habe gegen schwarze Vorherrschaft gekämpft. Ich habe das Ideal einer demokratischen und freien Gesellschaft angestrebt, in der alle Menschen harmonisch und mit gleichen Chancen zusammenleben. Es ist ein Ideal, für das ich zu leben und das ich zu erreichen hoffe. Aber wenn es sein muss, ist es ein Ideal, für das ich bereit bin zu sterben.*» Ich joggte am Potomac entlang und hörte dabei Aufnahmen von Mandelas späteren Reden – die Sprachmelodie, die hart erarbeitete Weisheit in der Stimme eines älteren Mannes. Während ich an den Denkmälern für weiße Männer vorbeilief, von denen manche Sklaven gehalten hatten, begann ich etwas mit mehr Klarheit zu sehen – nicht den Heiligen, der von Morgan Freeman im Film gespielt und in westlichen Hauptstädten gefeiert wurde, sondern den Mann, der kämpfte, zu Gewalt griff, von großen Teilen der weißen Gesellschaft als Terrorist abgestempelt wurde, der bereit war, für das zu sterben, woran er glaubte, und keine Ahnung hatte, dass er ein globales Symbol für einen glücklichen Ausgang werden würde.

Während Obamas Regierungszeit war Rassismus im Weißen Haus zugleich ständig anwesend und abwesend. Wir sprachen nicht viel darüber. Das brauchten wir auch nicht – er war immer da, überall, wie ein weißes Rauschen. Er war da, wenn Obama sagte, es sei dumm, einen schwarzen Professor in seinem eigenen Haus zu verhaften, und dann tagelang kritisiert wurde, während man aus dem weißen Polizisten ein Opfer machte. Er war da, wenn ein weißer Kongressabgeordneter aus den Südstaaten brüllte: «Sie lügen!», während Obama eine Rede vor beiden Häusern des Kongresses hielt. Er war da, wenn der Star einer Reality-Show aus New York eine ganze politische Marke aus der Idee machte, Obama sei nicht in den USA geboren, was monatelang durch die Nachrichten ging und von einer Mehrheit der Republikaner noch immer geglaubt wird. Er war da, wenn über Obama in den rechten Medien gesprochen wurde, die acht Jahre lang wiederholten, er hasse Amerika, jeden seiner Schritte verunglimpften, Skandale erfanden, wo es keine gab, und ihn jedes

Mal attackierten, wenn er sich freinahm. Er war da in den Botschaften der sozialen Medien, die Obama einen kenianischen Affen, einen Hausneger, einen Muslim nannten. Und er war da in der acht Jahre dauernden Ablehnung der Republikaner im Kongress, mit ihm zusammenzuarbeiten, wofür Obama ebenfalls die Schuld erhielt, egal was er tat. Einmal lud Obama Republikaner aus dem Kongress ein, sich im Kino des Weißen Hauses *Lincoln* anzusehen, einen Spielberg-Film darüber, wie Abraham Lincoln mit dem Kongress zusammenarbeitete, um den 13. Verfassungszusatz zu verabschieden, der die Sklaverei abschaffte. Nicht einer von ihnen kam.

Obama redete nicht viel darüber. Ab und zu blitzte beißender Humor auf, wenn er die Antwort auf eine bestimmte Frage probte. *Was muss Ihrer Meinung nach geschehen, damit die Proteste aufhören?* «Cops müssen aufhören, unbewaffnete Schwarze zu erschießen.» *Warum ist es Ihnen Ihrer Meinung nach nicht gelungen, das Land zusammenzubringen?* «Weil es anscheinend ein paar Weiße buchstäblich in den Wahnsinn getrieben hat, dass ich Präsident bin.» *Glauben Sie, ein Teil der Opposition gegen Sie hat mit Rasse zu tun?* «Ja, natürlich! Nächste Frage.» In der Öffentlichkeit hielt er sich aber zurück. Als man ihn fragte, ob die schrille Opposition gegen seine Präsidentschaft von Rassismus durchdrungen sei, schrieb er sie vorsichtig anderen Faktoren zu.

Ich erkannte, dass es dabei um mehr ging, als das zu vermeiden, was seine Gegner sich wünschten – das Bild des zornigen schwarzen Mannes oder die Vorträge über Rasse, die ein Gefühl des Grolls unter weißen Wählern erzeugen. Obama wollte auch keine wolkigen Aussagen machen, damit wohlmeinende Weiße sich besser fühlten. Die Tatsache, dass er ein schwarzer Präsident war, würde den unbewaffneten schwarzen Jugendlichen, der erschossen wurde, nicht wieder lebendig machen und auch nicht die strukturellen Ungerechtigkeiten beim Wohnen, bei Bildung und Inhaftierung in unseren Staaten und Großstädten vermindern. Sie würde nicht die Interessen mächtiger Gruppen an einem System ändern, das Wählerrechte zu beschränken suchte oder Menschen, die staatliche Lebensmittelmarken bekamen und für den Mindestlohn arbeiteten, als «Schmarotzer» darstellte, die es nicht alleine schafften. Der Letzte, der je gemeint hätte, Barack Obamas Wahl werde eine Versöhnung zwischen den Rassen und irgendein «Ende der Rassenfrage» in Amerika bringen, war Barack Obama. Das war ein weißes Konzept, das seinem Wahlkampf aufgepfropft wurde. Ich weiß das, weil ich es selbst einmal teilte und mich freute, über amerikanischen Fortschritt zu schreiben und mit der applausträchtigen Zeile zu enden: «Und deshalb kann ich als Präsident der Vereinigten Staaten vor Ihnen stehen.» Obama konnte aber keine Absolution für die rassistischen Sünden Amerikas spenden oder die amerikanische Gesellschaft in vier oder acht Jahren umformen.

Ich war einer dieser wohlmeinenden Weißen, die sich darauf freuten, wie Barack Obama Nelson Mandela preisen würde, damit ich mich besser fühlen konnte; allerdings war ich es, der diese Lobrede schreiben sollte. Nachdem ich es ein paar Tage aufgeschoben hatte, ging ich an einem Samstagmorgen früh ins Büro und schrieb die erste Fassung an einem Stück. Als wir die Maschine nach Südafrika bestiegen, wusste ich immer noch nicht, was Obama davon hielt. Er rief mich in sein Büro vorne in der Air Force One, die eine Delegation einschließlich George W. und Laura Bushs beförderte, und sagte, mein Text gefalle ihm und er sei ein «Sicherheitsnetz», weil er ihn vortragen könne, falls ihm während des Flugs nichts einfalle. «Sind Sie zufrieden damit?», fragte er mich.

«Ja, aber ich glaube, Sie können ihn noch sehr verbessern.»

Ein paar Stunden später kam Obama zurück und gab mir mehrere handgeschriebene Seiten auf einem gelben Notizblock. Es war eine völlig neue Fassung. «Schauen Sie mal, was Sie damit anfangen können», sagte er. Er hatte eine Studie über Mandela als Führungspersönlichkeit daraus gemacht.

Wir landeten zum Auftanken im Senegal, und während wir uns auf der Piste die Füße vertraten, unterhielt ich mich mit George W. Bush lange über Football in Texas. Ich wusste wegen der texanischen Herkunft meines Vaters ein bisschen was darüber – er hatte bei Footballspielen in der Highschool-Kapelle gespielt und die graue Uniform der Südstaatensoldaten für die Robert E. Lee High School getragen. Bush war freundlich und wusste alles über texanischen Football, was es zu wissen gibt, die Southwest Conference, mit der mein Vater aufwuchs. Es war schwer, diesen umgänglichen Mann mit dem Debakel des Irakkriegs in Verbindung zu bringen. Als Obama vorbeikam, drückte er mir seine letzten Korrekturen in die Hand. Er erwähnte, dass ich auf die Rice University gegangen sei, die das Baker-Institut beherbergte.

«Heutzutage geben sie wirklich jedem ein Institut», scherzte Bush.

«Vielleicht kriegt Ben ja später auch eins», sagte Obama.

«Ach was», erwiderte Bush. «Nach ihm sind doch schon diese Stipendien benannt.»

Als ich zu den Computern zurückkam, um die Rede fertig zu bearbeiten, fehlte etwas – sie enthielt mehr Weisheit als meine Fassung, klang aber unpersönlich. Susan kam vorbei und sah mir über die Schulter. Sie war meiner Meinung. «Er ist nicht drin», sagte sie und meinte Obama. Sie bot mir an, wir sollten gemeinsam mit ihm reden – es würde ein schwieriges Gespräch werden, denn Obama mochte es nicht, wenn man sagte, er solle offenherziger sein, vor allem bei Dingen, die Rassenfragen berührten.

Er spielte gerade Spades am Tisch des Konferenzraums. Ich sah ihm an, dass er mit dem zufrieden war, was er geschrieben hatte. «Was halten Sie davon?», fragte er.

«Es ist toll», antwortete ich. «Nur eine Sache. Wir glauben, es sollte persönlicher sein.»

«Das habe ich schon gemacht. Erinnern Sie sich an die Rede in Kapstadt?» Das tat ich; diese Rede begann mit der Erinnerung, wie Obama in seiner Zeit am Occidental College zuerst in der Antiapartheidbewegung aktiv geworden war. Aber das hier war etwas anderes. Es war Mandelas Gedenkfeier.

«Ja, es braucht nicht dasselbe zu sein», sagte ich, «aber Sie müssen hier mehr davon reinbringen, was Mandela für Sie persönlich bedeutet hat.»

Er blickte etwas ärgerlich aus schmalen Augen, ein Blick, den ich zu lesen gelernt hatte. «Ich will ihn nicht für mich beanspruchen oder mich mit ihm in eine Reihe stellen.»

«Aber das wollen *sie* hören», erwiderte ich. «Die Menschen wollen Sie als Teil dieses Erbes sehen, und das können sie, ohne dass Sie sich mit Mandela vergleichen.»

Susan schaltete sich ein. «Das stimmt. Die Leute wollen von Ihnen was dazu hören.»

Erneut beklagte Obama sich, die Südafrikaner hätten ihn schon darüber reden hören, willigte aber ein, sich nochmal daranzusetzen. Eine Stunde später hatte er einen der persönlichsten Texte geschrieben, den ich je von ihm las. In kleiner, sorgfältiger Schrift stand da: *«Wir wissen, dass die Vereinigten Staaten ebenso wie Südafrika Jahrhunderte der Rassenunterdrückung überwinden mussten. Ebenso wie hier erforderte es Opfer – das Opfer zahlloser Menschen, bekannter wie unbekannter, um einen neuen Tag anbrechen zu sehen. Michelle und ich haben von diesem Kampf profitiert. (...) Vor über dreißig Jahren erfuhr ich als Student von Nelson Mandela und dem Kampf, der in diesem schönen Land stattfand, und das weckte etwas in mir. Es zeigte mir meine Verantwortung anderen Menschen und mir selbst gegenüber, und es sandte mich auf eine unwahrscheinliche Reise, die bis hierher führt. Und obwohl ich Madibas Beispiel nie erreichen werde, erweckt er in mir den Wunsch, ein besserer Mensch zu sein.»*

Als wir in Südafrika landeten, regnete es in Strömen. Kurz bevor Obama zur Trauerfeier losfuhr, ging ich noch zu ihm. Der Secret Service erklärte gerade, er müsse während seiner Rede eine kugelsichere Weste tragen; die Feier fand in einem Fußball-Stadion statt, und es gab keine Trennwand.

«Eine Sache habe ich vergessen», sagte ich. «Raúl Castro wird auch auf der Tribüne sein.»

«Und?», fragte er.

«Die Frage ist also, was tun Sie, wenn Sie ihn sehen?»

Ein paar Journalisten hatten Fragen dazu gestellt – seit der Revolution hatte kein US-Präsident einen kubanischen Präsidenten begrüßt. Man würde ihre Begegnung intensiv analysieren.

«Ich schüttle ihm natürlich die Hand», sagte Obama. «Die Kubaner standen bei der Apartheid auf der richtigen Seite. Wir standen auf der falschen Seite.» Während Reagan in den 1980er Jahren die Apartheidregierung in Südafrika unterstützte, kämpfte Kuba in Angola gegen deren rechte Stellvertreter. Sein entscheidender Sieg 1988 gegen diese rassistische Regierung bei Cuito Cuanavale war nach den Worten Mandelas ein «Wendepunkt für die Befreiung unseres Kontinents – und meines Volkes – von der Geißel der Apartheid». Mit seiner kurzen Antwort hatte Obama beiläufig eine Geschichte anerkannt, die kein Präsident vor ihm laut auszusprechen gewagt hätte. Nachdem er die kugelsichere Weste anprobiert hatte, weigerte er sich, sie zu tragen. Sie würde unter dem Anzug stark auftragen, und die Botschaft wäre respektlos. Außerdem würde niemand im Stadion Obama etwas tun wollen.

Ich blieb im Hotel und sah im Fernsehen, wie Obama auf dem Weg zum Rednerpult Raúl Castro herzlich die Hand schüttelte. Als ich Obama über den Kampf gegen die Apartheid und die Bedeutung Mandelas sprechen hörte, hatte ich das Gefühl, ihn in einer anderen Rolle zu sehen als der des Präsidenten der Vereinigten Staaten – hier in Südafrika wurde er höher geschätzt und intuitiver verstanden, als wenn er diese Dinge zu Hause gesagt hätte. Nach seiner Rückkehr ins Hotel rief er mich in seine Suite, wo er und Michelle sich entspannten. Er saß im Schlafzimmer, während der Fernseher ohne Ton lief, und wirkte voller Energie. «Diese Rede war eine der besten, die wir je gemacht haben», sagte er.

«Sah aus, als komme sie gut an», bemerkte ich.

«Ja. Es war aber ein bisschen peinlich. Immer wenn Zuma auf der Anzeigetafel erschien, haben sie gebuht.»

Ich fragte ihn nach seiner Begegnung mit Castro. «Es ist seltsam», sagte er, «er schien verblüfft zu sein, dass ich ihm wirklich die Hand geschüttelt habe.»

«Das kriegt in unserer Presse jede Menge Beachtung», sagte ich. Schon jetzt wurde heftig debattiert, ob es richtig war, Raúl die Hand zu schütteln.

«Was soll ich denn sonst tun? Den Mann bei einer Beerdigung ignorieren?» Seine Stimme wurde etwas lauter. Ich hatte ihn aus dem Augenblick der Ehrung für Mandela zurück in die Realität der amerikanischen Politik geholt.

Obama sprach darüber, dass er sich bemüht habe, auch mit F. W. de Klerk zu sprechen, dem weißen Regierungschef, der Mandela freigelassen und ihm nach den Wahlen die Macht übergeben hatte. Ich erwähnte, dass Desmond Tutu die Veranstaltung beendet hatte. Obama war überrascht – Tutu, der beim ANC nicht mehr wohlgelitten war, hatte nicht im offiziellen gedruckten Programm gestanden. «Es tut mir leid, dass ich ihn nicht getroffen habe», sagte er.

«Rufen wir ihn doch an», sagte Michelle. Ich stand daneben, während beide mit ihm redeten und Michelle sagte, wie sehr sie sich über ihre Begegnung bei der letzten Reise nach Südafrika gefreut habe. Zum Abschluss des Gesprächs sagte sie zu Tutu, er bedeute ihr viel.

Auf dem Rückflug sah ich die amerikanischen Zeitungen durch. Es wurde fast nichts darüber berichtet, dass der erste afroamerikanische Präsident dem berühmtesten Afrikaner des letzten Jahrhunderts seinen Respekt erwiesen hatte. Stattdessen war die Hauptstory ein Selfie, das die dänische Premierministerin mit Obama gemacht hatte. Überall erschien das Foto auf Websites, in sozialen Medien, in Fernsehnachrichten: Obama grinsend neben einer attraktiven Blondine. Das Nachdenken und die Sorgfalt, die Obama auf die Ehrung Mandelas verwandt hatte, und die Anstrengung, dabei mehr von sich zu zeigen, gingen in der Diskussion dieses Fotos unter. Vor der Landung sagte mir Obama, er habe sich noch nie so über die amerikanischen Medien geärgert. Den Grund brauchte er nicht zu erklären.

Vor der Trauerfeier hatten wir im Sommer und Herbst weitere Geheimtreffen mit den Kubanern in Ottawa. Ich stand bei Sonnenaufgang auf, nahm ein Taxi zum Dulles Airport und stieg für den kurzen Flug in eine kleine Regionalmaschine. Da kaum jemand von meinen Kollegen wusste, was ich tat, war es einfacher, keine Erklärung zu geben und so zu tun, als sei es völlig normal, ab und zu einen Tag weg zu sein. Die Kubaner bestanden stets darauf, die Telefone im Nebenzimmer zu lassen, da sie wussten, dass ein guter Hacker ein Handy zum Abhören benutzen konnte. Nach ein paar Stunden Diskussion hatte ich gewöhnlich mehrere Hundert E-Mails von Leuten, die meinten, ich säße an meinem Schreibtisch, ganz in ihrer Nähe.

Bei unserem zweiten Treffen blieben die Kubaner darauf fixiert, ihre vier Leute im Austausch gegen Alan Gross aus dem Gefängnis zu kriegen, worein wir nie einwilligen würden. Trotzdem machten wir einige Fortschritte. Wenn zwei Gegner mit Diplomatie erst beginnen, ist es nötig, Vertrauen aufzubauen, indem man zeigt, dass kleine Schritte zu größeren führen. Mit Hilfe von Senator Patrick Leahy erlaubten wir der Frau eines der Gefangenen, eine künstliche Befruchtung vorzunehmen. Die Kubaner verbesserten die Haftbedingungen von Alan Gross; er bekam eine andere Zelle, durfte Spanischunterricht nehmen und einen Drucker benutzen.

Es gab noch ein weiteres, wichtigeres Signal. Etwa zur Zeit unseres zweiten Treffens saß Edward Snowden auf dem Moskauer Flughafen fest und suchte ein Aufnahmeland. Angeblich wollte er nach Venezuela, mit Zwischenstopp in Havanna, aber ich wusste, wenn die Kubaner Snowden halfen, würde jede Annäherung zwischen unseren Ländern unmöglich werden. Ich nahm Alejandro Castro beiseite und sagte, ich hätte eine Botschaft von Präsident Obama. Ich erinnerte ihn daran, dass die Kubaner gesagt hatten, sie wollten Obama «politischen Spielraum» geben, um Schritte zur Verbesserung der Beziehungen zu unternehmen. «Wenn Sie Snowden aufnehmen, wird dieser politische Spielraum verschwinden.» Ich redete mit den Kubanern nie wieder über dieses Thema. Wenige Tage später hörte ich in Washington in den Morgennachrichten: «Eine russische Zeitung berichtet, der ehemalige US-Geheimdienst-Mitarbeiter Edward Snowden sitzt im Transitbereich eines Moskauer Flughafens fest, weil Havanna erklärte, es werde ihn nicht von Russland nach Kuba fliegen lassen.» Das nahm ich als Botschaft. Die Kubaner meinten es mit der Verbesserung der Beziehungen ernst.

Im Oktober, vor unserem dritten Treffen, besprachen Ricardo Zuniga und ich drei Optionen: einen kleineren Austausch von einigen der vier Kubaner gegen Gross; ein Weitermachen ohne Gross' Freilassung; und das Beharren auf einer Art von Austausch parallel zu einer größeren Veränderung der Beziehungen zwischen beiden Ländern. Wir fragten Susan um Rat, und sie drängte uns, einen «Big Bang» anzustreben, wie sie es nannte. Obama war derselben Meinung und sagte: «Wenn ich das mache, will ich so viel wie möglich auf einmal schaffen.»

Zu Beginn der dritten Sitzung hörte ich mir wieder Alejandros Forderung an, ihre vier Gefangenen freizubekommen. Als ich dran war, versuchte ich, die Gefangenendiskussion beiseitezulassen und das ganze Verhältnis auf den Tisch zu bringen. «Wir haben einen Kanal, wo wir offen reden können», sagte ich. «Da wir ein gemeinsames Interesse an den Gefangenen haben, werden wir weiter über diese Frage sprechen. Aber Präsident Obama möchte, dass wir auch größere Fragen ansprechen. Er möchte das Verhältnis während seiner Amtszeit grundlegend verändern. Wir können nicht alles in einer Sitzung lösen, aber wir wollen es über diesen Kanal diskutieren.» Dann ging ich eine lange Liste von fast allen Aspekten im Verhältnis zwischen den USA und Kuba durch, die wir verändern wollten: die Liste der terrorismusfördernden Staaten, die Aufhebung des US-Embargos, die Wiederaufnahme diplomatischer Beziehungen, die Reform des wirtschaftlichen und politischen Systems Kubas, einschließlich Internetzugang, Arbeiterrechten und politischen Freiheiten. Während der Pausen für die Übersetzung schaute ich Alejandro an und stellte mir vor, wie er das in eine andere Sprache umsetzte, geprägt von einer anderen Geschichte und vor allem darauf konzentriert, diese Kubaner aus dem Gefängnis zu bekommen. Am Schluss wiederholte ich, die Freilassung von Alan Gross sei unabdingbar, damit irgendetwas davon geschehen könne, und bemerkte, wir würden die kubanische Souveränität respektieren – unser Ziel sei kein Regimewechsel.

Als ich geendet hatte, schob Alejandro seine Diskussionspunkte beiseite. «Wir hatten bis jetzt den Eindruck, dass die US-Seite den politischen Willen zum Fortschritt hat. Ihr Beitrag hat meine Ansicht bestärkt. Offen zu reden ist der einzige Weg für uns, um auf dem von den beiden Präsidenten vorgegebenen Weg weiterzukommen.» Er hielt einen Moment inne. «Präsident Obama möchte diese Punkte voranbringen, richtig?»

Er war immer noch nicht sicher, ob ich wirklich für Obama sprach. «Ja», antwortete ich.

«Sie haben diese Optionen mit ihm diskutiert?»

«Ja.»

Den Rest des Treffens verbrachten wir damit, die Liste aller Punkte durchzugehen, die eine Seite von der anderen wollte. Während wir wollten, dass Kuba sein wirtschaftliches und politisches System reformiere, wollte Kuba die Aufhebung des Embargos, die Rückgabe der Marinebasis Guantánamo und ein Ende unserer Finanzhilfen für Demokratieprogramme und Radio und TV Martí. Wir würden nicht alles erreichen; es gab Dinge, die keine Seite tun konnte, und wir würden weiterhin ideologische Differenzen haben. Doch unsere Aufgabe wurde deutlicher. Wir mussten irgendwie die Gefangenenfrage lösen, und wir mussten herausfinden, was wir jeweils tun könnten, um das Verhältnis zu verändern, und ob die Summe von allem zu einem Deal reichte.

Unsere vierte Begegnung kam wenige Wochen nachdem Obama Castro bei Mandelas Trauerfeier die Hand geschüttelt hatte. Da wir befürchteten, die Kanadier zu sehr zu beanspruchen, einigten wir uns darauf, uns anderswo zu treffen, in dem Karibikstaat Trinidad und Tobago. Der erste Kommentar der Kubaner galt der Trauerfeier für Mandela. Stolz bemerkten sie, der Händedruck zwischen Obama und Castro sei die wichtigste Nachricht von dem Ereignis gewesen. «Nach unserer Einschätzung war die Reaktion sehr positiv.»

Ich versuchte, das ein bisschen zu dämpfen, indem ich bemerkte, es habe heftige Kritik im Kongress gegeben. «Es gibt immer noch viele, die Veränderungen in unserer Kubapolitik ablehnen, und nicht alle Reaktionen waren positiv. Aber es war ein Zeichen, dass wir für Veränderung offen sind. Obama sagte mir gegenüber auch, Kuba habe sich das Recht erworben, dort anwesend zu sein.»

«Das hat er gesagt?», fragte Alejandro.

«Ja.» Ich hatte es beiläufig erwähnt, merkte aber, dass es Eindruck machte. «Er versteht die Geschichte.»

Wir hatten einen neuen Vorschlag, den wir auf den Tisch legen wollten: Die Geheimdienstleute waren zu uns gekommen und hatten gesagt, sie hätten einen Agenten auf Kuba, den sie aus dem

Gefängnis holen wollten. Er sei ihnen früher wertvoll gewesen und habe Informationen geliefert, die zur Festnahme der Cuban Five führten. Wenn die Kubaner diesen Agenten freiließen, könnten wir drei der verbliebenen Kubaner gegen ihn austauschen, aber nicht Gerardo Hernández. Er war der Anführer der Gruppe und als Einziger wegen Mordes verurteilt worden. Außerdem müssten sie Alan Gross freilassen.

Alejandro weigerte sich. Er hielt eine längere Tirade, dass Gross ein Geheimdienstagent sei und sie das beweisen könnten, dann wiederholte er, was er seit dem ersten Treffen gesagt hatte: Gerardo Hernández müsse freigelassen werden. «Eine Lösung ohne Gerardo ist für uns keine Lösung.» Andererseits garantierte er, es werde eine Lösung für Gross geben, wenn es eine für Gerardo gebe. Schließlich sagte er, Kuba sei zu einem Agentenaustausch bereit, wolle aber nicht den Mann freilassen, den unsere Geheimdienste wollten. «Er ist ein Verräter.»

Wir mussten darauf beharren, sie würden Gerardo nicht kriegen, und sie mussten darauf beharren, wir würden diesen US-Informanten nicht kriegen. Wir beide mussten entscheiden, ob wir einen Kompromiss eingehen wollten. Keiner von uns wollte den ersten Schritt machen, und keiner von uns hatte die Befugnis, das Angebot schon jetzt zu machen. Wichtiger war aber die Tatsache, dass wir beide übereinstimmten, jetzt über einen Wandel im Verhältnis zwischen den USA und Kuba zu sprechen, nicht nur über einen Agentenaustausch. Gegen Ende der Diskussion, nachdem wir stundenlang über Gefangene gestritten hatten, wiederholte ich, dass wir den Blick auf den größeren Zusammenhang richten wollten, das Potenzial zur Veränderung der gegenseitigen Beziehungen.

«Wir sind der Auffassung, dass Sie in der Umgebung Obamas diejenigen sind, die ein neues Verhältnis anstreben», sagte Alejandro. Seine Worte waren sorgfältig gewählt. In der US-Regierung und im Kongress gab es eine Menge Leute, die *kein* neues Verhältnis anstrebten. Die Kubaner waren in der Vergangenheit durch Leute enttäuscht worden, die nicht die volle Rückendeckung des Präsidenten besaßen. Im Unterschied zu damals, sagte er, hätten wir jetzt jedoch «den politischen Willen unserer Staatsführer, Raúl Castro und Obama».

Kapitel 21

Russen und Intervention

Anfang Februar 2014 saß eines Morgens Laura Lucas, eine Sprecherin, die für mich im Nationalen Sicherheitsrat arbeitete, in meiner Mitarbeiterbesprechung und fragte, wie wir auf einen abgehörten Telefonanruf reagieren sollten, der auf YouTube hochgeladen worden war.

«Was für ein Anruf?», fragte ich.

«Hast du's nicht gesehen? Es ist Toria.»

Ich googelte es. Zu diesem Zeitpunkt kochte gerade eine Krise in der Ukraine hoch. Im November 2013 hatte der korrupte, prorussische Staatschef Wiktor Janukowitsch erklärt, die Vorbereitungen für ein «Assoziierungsabkommen» mit der Europäischen Union zu stoppen, das die Bindungen der Ukraine an den Westen gestärkt hätte. In den folgenden Wochen protestierten Hunderttausende auf dem Maidan, dem zentralen Platz in Kiew. Als Janukowitsch Gespräche mit Wladimir Putin über eine «strategische Partnerschaft» begann, ein offensichtliches Manöver, um die Ukraine von Europa zu entfernen, mehrten sich die Forderungen nach seinem Rücktritt. Es gab Zusammenstöße auf den Straßen, ein neues Gesetz, das Proteste gegen die Regierung verbot, und zunehmende Gewalt. Das Muster des Arabischen Frühlings wiederholte sich in einer europäischen Hauptstadt, einem Nachbarland Russlands: Putins schlimmster Alptraum.

Das abgehörte Gespräch hatte zwischen Toria Nuland, der Unterabteilungsleiterin für Europa im Außenministerium, und Geoff Pyatt, unserem Botschafter in Kiew, stattgefunden. Nuland war eine militaristische, antirussische Diplomatin, eine gewiefte Veteranin aus Dick Cheneys Stab und bis 2013 Hillary Clintons Sprecherin im Außenministerium. In der Aufnahme klangen Pyatt und sie in ihrer Bewertung ukrainischer Politiker, als würden sie eine neue ukrainische Regierung bilden. «Ich finde nicht, dass Klitsch in die Regierung gehen sollte», sagte sie über Vitali Klitschko. «Ich glaube, Jats ist der Typ mit ökonomischer Erfahrung und Regierungserfahrung», meinte sie über einen anderen, der bald darauf Premierminister wurde. Am Ende des Gesprächs beklagte Nuland sich über mangelnden europäischen Druck zur Beilegung der Krise und sagte: «Scheiß auf die EU.»

Ich war sprachlos. Mit allergrößter Wahrscheinlichkeit hatten die Russen den Anruf abgehört. Das war wenig überraschend – bei dieser Art von Posten muss man damit rechnen, dass alle möglichen Regierungen mithören, wenn man kein sicheres Telefon benutzt. Neu war aber das Veröffentlichen des abgehörten Anrufs, und zwar ganz offen in den sozialen Medien – die russische Regierung hatte sogar einen Link zu der YouTube-Seite getwittert. Das verletzte die unausgesprochene Übereinkunft der großen Staaten – wir sammeln Informationen übereinander, benutzen sie aber vertraulich für unsere eigenen Zwecke. Ein Rubikon war überschritten worden – es genügte den Russen nicht mehr, Informationen zu hacken; angesichts der Drohung, dass die Ukraine ihrer Einflusssphäre entgleiten könnte, waren sie bereit, Informationen zu hacken und dann in die Öffentlichkeit zu bringen.

«Ich weiß nicht, was wir darüber sagen können», meinte ich. «Was haben wir bis jetzt gesagt?»

«Das Außenministerium hat es nicht kommentiert.»

Wir erklärten schließlich, die Russen hätten die Aufnahme veröffentlicht, und nannten es «einen neuen Tiefpunkt der russischen Staatskunst».

Seit der Rückkehr Wladimir Putins als Präsident hatte unser Verhältnis zu Russland sich stetig verschlechtert. Wir hatten uns vielleicht in der Annahme geirrt, Putin habe all die Fortschritte des «Neuanfangs» der ersten Amtszeit unterstützt – den New-START-Vertrag, die Iran-Sanktionen, Russlands Beitritt zur WHO. Medwedew hatte sich große Mühe gegeben, ein besseres Verhältnis zu den USA zu signalisieren. Bei seinem Besuch 2010 hielt er eine Rede im Silicon Valley, trug dabei Jeans und las von einem iPad ab, um das Bild eines zukunftsorientierten, fortschrittlichen Russland zu vermitteln. In Washington arrangierten wir, dass er und Obama bei Ray's Hell Burger aßen, einem legeren Restaurant, wo Medwedew seinen Burger seltsamerweise ohne die obere Brötchenhälfte aß und das Fleisch mit den Fingern anfasste.

Heute halte ich Medwedew für eine tragische Figur – jemand, der es besser zu wissen schien und Russland energischer dem Westen annähern wollte. Wäre das Leben anders gekommen, wäre er die Art von Russe geworden, der schließlich in London wohnt und gelegentlich in Moskau nach seinen Geschäftsinteressen sieht. Stattdessen wurde er von Putin installiert, einem Mann, der Russland wie ein Lehen regiert, eine Quelle von persönlicher Macht und Prestige. Putin muss damals mit wachsender Sorge zugesehen haben, wie die Proteste gegen Korruption Diktatoren stürzten, die lange regiert hatten, und wie der Ölpreis zu sinken begann. Seine Wahl 2012 war von großen Demonstrationen und einer gesunden Opposition begleitet. Sobald er wieder an der Macht war, kamen die amerikanisch-russischen Beziehungen zum Stillstand. Bei der ersten Begegnung Obamas mit Putin nach dessen Wiederwahl kam Putin 45 Minuten zu spät. Er wies weitere Diskussionen zur Waffenkontrolle und Raketenabwehr zurück. Russland unterstützte Assad weiterhin bedingungslos. Im August 2013 erhielt Edward Snowden Asyl in Moskau.

Als ehemaliger Spion verstand Putin sicher, wie schwerwiegend es war, wenn sich jemand mit den Blaupausen der Überwachungs-technik eines Staats davonmachte. Als Reaktion sagte Obama einen geplanten Staatsbesuch in Moskau ab. Er wollte sich nicht mit dem Beiprogramm abplagen, in derselben Stadt wie Snowden zu sein, sah aber auch keinen Sinn in einem Gipfel, bei dem nichts herauskommen würde. Ich bemerkte auch eine ungewöhnliche Nähe zwischen den Russen, Snowden und Wikileaks – wie Wikileaks mit Snowden verbunden war, der offensichtlich von den Russen überwacht wurde; wie die Enthüllungen weitgehend mit russischen Interessen übereinstimmten, einschließlich der Leaks aus Snowdens gestohlenen Daten, die darauf gerichtet zu sein schienen, Amerikas Beziehungen im Ausland zu sabotieren, vor allem unser Bündnis mit Deutschland. Wer immer hinter den Enthüllungen stand, wollte einen Keil zwischen die USA und Europa treiben, und das war auch Putins Hauptziel, der den NATO- und EU-Beitritt ehemaliger Sow-jetrepubliken wie der baltischen Staaten zutiefst verübelte.

Während die Spannungen zunahmen, wurde die Ukraine zum Kipppunkt. Für Putin war sie eine existenzielle Bedrohung für seine Herrschaft und ein Teil Russlands. Es war die Art von Krise, die, wenn man im Weißen Haus arbeitet, im Rückspiegel näher kommt, eine ferne Aktivität, deren Umrisse schärfer werden, bis sie plötzlich direkt hinter einem ist. Das passierte im Februar, als mit einem Mal mehr Demonstranten auf den Straßen getötet wurden. Obama war vorsichtig. Er sah die Proteste nicht als Chance zur Transformation der Ukraine, weil er skeptisch war, ob eine solche Transformation stattfinden könne. Er hatte die Politik der Regierung Bush geerbt, die Georgien und der Ukraine die NATO-Mitgliedschaft angeboten hatte. Russland hatte 2008 bereits im Nordkaukasus gegen Geor-gien gekämpft. Bei der letzten durch Proteste ausgelösten Revolu-tion in der Ukraine, der sogenannten Orangen Revolution 2004, wurde ihr Anführer schließlich durch Substanzen vergiftet, die Russland gegen seine Feinde im Ausland einsetzt.

Obamas Sichtweise entsprach eher derjenigen der EU. Wandel sollte schrittweise geschehen. Die Ukraine sollte fähig sein, allmählich näher an Europa heranzurücken. Mit der Zeit würde der Lebensstandard steigen und eine weniger korrupte Politik könne entstehen. «Wenn ich in Kiew wohne, kann ich sehen, wie viel besser es den Leuten in Warschau geht», sagte Obama bei einer Sitzung. «*Das* wird sie enger an die EU heranführen.»

Ende Februar verständigten Obama und Putin sich auf eine Formel, die vorgezogene Neuwahlen für die Ukraine einschloss. Europäische Regierungschefs machten den Deal offiziell, und es schien, als lasse sich das Problem lösen. Aber Janukowitsch flüchtete nach Russland, und Demonstranten übernahmen die Kontrolle in Kiew. Die Szenen erinnerten an die frühen Tage des Arabischen Frühlings. Ein korrupter Staatschef ging von Bord, junge Menschen jubelten auf den Straßen, Bilder von exotischen Vögeln und einer Oldtimer-Sammlung in Janukowitschs Residenz bestätigten die schlimmsten Korruptionsvorwürfe. Doch dies war nicht der Ort oder der Zeitpunkt, wo eine Revolution Erfolg haben konnte.

Der vertraute Krisenrhythmus: Wochenendsitzungen im Situation Room unter Vorsitz von Tony Blinken, E-Mail-Verkehr mit Aktualisierungen, hastig angesetzte Presseerklärungen. Russland schickte Spezialtruppen auf die Krim. Sie trugen keine regulären Uniformen, besetzten aber Gebäude, kontrollierten Flughäfen und hissten über dem Parlament der Krim eine russische Fahne. Genau wie die Krim an einen Krieg des 19. Jahrhunderts erinnerte, beschworen Namen wie Tataren und Kosaken einen rauen Teil der Welt herauf, wo die Geschichte nie weit entfernt war. Die Russen gaben sich keine Mühe mehr, die Dementis über ihre Handlungen aufeinander abzustimmen, sie logen einfach.

Für die nächsten Wochen entwickelte sich so etwas wie eine Routine. Obama führte lange Telefongespräche mit Putin und versuchte, gemeinsame Interessen zu finden, auf die wir hinarbeiten konnten. Diese Gespräche dauerten über eine Stunde, und Putin brachte sie immer wieder auf das, was er als die Ursünde ansah – für ihn waren die Proteste, die Janukowitsch gestürzt hatten, von den USA angestoßen, weil einige ihrer Anführer Unterstützung von US-Programmen zur Förderung der Demokratie erhielten. Die Leute, die an die Macht kamen, hätten einen Staatsstreich durchgeführt, sagte er Obama am 6. März.

Obama argumentierte ausführlich, wir hätten kein Interesse daran, die Ukraine zu kontrollieren, und respektierten Russlands historische Bindungen an dieses Land. «Unser konstantes Interesse besteht im Aufrechterhalten grundlegender internationaler Prinzipien, dass souveräne Staaten fähig sein sollten, ihre innen- und außenpolitischen Entscheidungen selbst zu treffen», betonte Obama. Er war manchmal gereizt, schien aber nie überrascht. Er hielt Putin nicht für einen großen Strategen, denn er handelte impulsiv – mit der Reaktion gegen Assads Gegner in Syrien oder auf Janukowitschs Flucht aus der Ukraine. Obama fand Putin weder sympathisch noch abstoßend und schloss sich auch nicht der Meinung an, er sei besonders hart. «Wenn er so selbstsicher wäre, müsste er sich nicht fotografieren lassen, wie er ohne Hemd herumreitet», sagte er.

Am 18. März wurde die Krim annektiert. Wir begannen damit, Sanktionen gegen Russland zu verhängen, gegen Einzelpersonen und Organisationen, Oligarchen, die Putin nahestanden oder in der Ukraine involviert waren. Der Rubel stürzte ab. Große Hilfspakete für die Ukraine wurden vorbereitet. Obama kümmerte sich um Details, sprach regelmäßig mit Angela Merkel und entwarf eine Reaktion, die wie das Einfädeln in ein schmales Nadelöhr war: Es ging darum, ein Europa zusammenzuhalten, das einen Konflikt mit Russland scheute; koordinierten wirtschaftlichen Druck durch Sanktionen aufzubauen; und die ukrainische Regierung zu stabilisieren. «Erst zielen, dann schießen», sagte er zu uns.

Unsere Reaktion ging viel weiter als alles, was die Bush-Regierung getan hatte, nachdem Russland 2008 in Georgien einmarschiert war, aber Republikaner nannten Obama immer noch schwach. Manche lobten Putin sogar als starken Staatsführer, den man bewundern solle. Das sah Obama als Wendepunkt für eine Republikanische Partei, die jahrzehntelang in der Gegnerschaft zu Russland verwurzelt gewesen war. Für Obama ging das Lob für Putin, das auf Fox News zu sehen war, über Parteilichkeit hinaus, obwohl auch die eine Rolle spielte; Putin war ein Weißer, der eine Politik vertrat, die in Patriarchat, Stammesdenken und Religion verankert war – der Antiglobalist. «Manche von diesen Leuten haben mehr mit Putin als mit mir gemein», sagte er über die rechten Elemente in den USA.

Meine Aufgabe bestand darin, unsere Reaktion in der Öffentlichkeit so hart wie möglich aussehen zu lassen. Aber nichts, was wir tun konnten, würde Putin dazu bringen, die Krim zurückzugeben, und Obama wollte auch nicht so weit gehen wie die Falken in Washington, die dafür waren, dass wir Waffen in die Ukraine schickten – auch wenn wir nie bereit gewesen wären, den Konflikt so eskalieren zu lassen wie Putin. John Podesta, Bill Clintons früherer Stabschef, war als leitender Berater mit an Bord gekommen. Er war ein brillanter, spindeldürrer Mann mit kurzgeschorenem Haar, ein Stratege, der voraussehen konnte, wie die Dinge in Washington laufen würden. Er brachte aber auch etwas vom Ethos der Clinton-Ära mit. Obama solle seine Erklärungen zur Ukraine vor der Marine One abgeben, schlug Podesta vor, dann würde er entschlossener aussehen. McDonough hielt diese Art von Posen für notwendig, um die «russischen Richter» zu beeindrucken, wie er die Washingtoner Meinungsmacher nannte. Obwohl auch ich fand, Marine One sei ein guter Hintergrund, war es mir doch etwas peinlich. Vor einem Hubschrauber zu stehen war nur einen Schritt davon entfernt, ohne Hemd zu posieren.

Obamas wirkliche Stärke war seine Fähigkeit, Europa zusammenzuhalten, während Biden es übernahm, die ukrainische Regierung zu ermutigen. Ende März reisten wir zu Sondergipfeln über die Ukraine. In enger Abstimmung mit Merkel sicherte Obama die europäische Unterstützung für Sanktionen und setzte ein viele Milliarden schweres Hilfspaket des IWF durch, das die ukrainische Wirtschaft rettete. Statt der Ukraine Waffen zu schicken, konzentrierte er sich darauf, Truppen und militärisches Gerät in den an Russland grenzenden NATO-Staaten zu stationieren. Er redete immer häufiger darüber, wie er die Dinge dem nächsten Präsidenten übergeben wolle. «Ich will nicht, dass der nächste Präsident in einer Position ist, wo es keine Stolperdrähte in den baltischen Ländern und diesen NATO-Frontstaaten gibt», sagte er. «Putin muss begreifen, auch wenn wir in der Ukraine keinen Krieg führen werden, werden wir es in NATO-Staaten im Zweifelsfall tun.»

Nach unserer Reise verschärfte sich die Krise weiter, als Separatisten mit russischer Unterstützung Regierungsgebäude in Donezk und Luhansk besetzten. Die ukrainische Armee versuchte, ihr Territorium gewaltsam zu halten. Als Obama Putin anrief, kam dieser wieder auf Janukowitschs Sturz zurück und sagte, die Demonstranten auf dem Maidan hätten ebenfalls Regierungsgebäude besetzt; was in der Ostukraine vor sich gehe, sei nichts anderes.

Es war etwas unbehaglich, während dieser Gespräche im Oval Office zu sitzen. Der eine Staatschef, Putin, log über seine Handlungen und trat das Völkerrecht mit Füßen. Der andere, Obama, verhängte weitreichende Sanktionen gegen Russland. Es wirkte nie wie ein Gespräch. Putin redete fünfzehn bis zwanzig Minuten hintereinander, dann tat Obama dasselbe. Er schloss mit einer Warnung: Trotz des Bruchs in unseren Beziehungen hätten wir noch Zeit, Dinge auf eine Art zu lösen, die Russlands Interessen respektiere. Andererseits würde Obama sehr viel härtere Sanktionen verhängen, wenn Russland in der Ostukraine vorrückte. Bei einem solchen Szenario würden «die Beziehungen zwischen Russland und dem Westen auf viele Jahre gespannt sein. Dazu muss es nicht kommen.»

Obama sprach mit uns immer häufiger über die ständige Forderung, er solle *mehr tun* – Assad bombardieren, die Ukrainer bewaffnen –, obwohl es wenig Anzeichen gab, dass es funktionieren würde. Im sechsten Jahr seiner Regierung hatte er militärische Mittel im Irak, in Afghanistan, Jemen, Somalia und Libyen eingesetzt und unseren Einsatz bewaffneter Drohnen gegen al-Qaida ausgeweitet. Er sah die Notwendigkeit von Drohnen, wandte aber außerordentlich viel Zeit für den Versuch auf, ihren Einsatz zu beschränken und Richtlinien vorzugeben, gegen wen sie eingesetzt würden und wie zivile Opfer zu vermeiden seien. Auch ich sah die Notwendigkeit von Drohnenschlägen und konnte ihre Wirksamkeit bei der Beseitigung von al-Qaida-Führern nicht bestreiten. Ich hielt es aber für unmöglich, bei jedem Schlag zu wissen, ob er gerechtfertigt sei. Obama sprach einmal über diese Mischung von Unterstützung und Ambivalenz: «Wenn jemand einen Roman über uns schreiben würde», sagte er im Oval Office zu mir, «würde er von zwei Leuten handeln, die sich auf die Sache eingelassen haben, um einen verfehlten Krieg im Irak zu beenden, gerade zu der Zeit, als die US-Regierung die Drohnentechnologie perfektionierte.»

Was uns beide am meisten an den Debatten in Washington beunruhigte, war das Gefühl, es habe nach dem Irak keine Korrektur gegeben – keine Erkenntnis der Grenze dessen, was die USA militärisch in anderen Ländern erreichen konnten. Bei einer Sitzung mit außenpolitischen Experten hörten wir uns eine Litanei von Beschwerden an, dass wir nicht mehr im Nahen und Mittleren Osten taten. Nachdem ich geduldig unsere Position erklärt hatte, warf ein Teilnehmer – der bis dahin geschwiegen hatte – mit scharfer Stimme ein: «Sie müssen etwas bombardieren.»

«Was?», fragte ich verblüfft.

«Egal was. Sie müssen irgendwo militärische Gewalt anwenden, um zu zeigen, dass Sie was bombardieren werden.»

Ich sah, warum diese Argumente an Boden gewannen. Eine Intervention zu befürworten erzeugt Aufmerksamkeit. Und es liegt etwas typisch Amerikanisches in dem Glauben, es *müsse* eine Lösung geben. Viele der Menschen, die heute für die amerikanische Außenpolitik arbeiten, wurden von der Erfahrung der Neunzigerjahre geprägt, als die Macht der USA wuchs. Die Berliner Mauer war gefallen. Die Demokratie verbreitete sich in Osteuropa, Lateinamerika und Ostasien. Russland war in der Defensive, und Chinas Aufstieg hatte noch nicht begonnen. Wir konnten die Vorgänge in einem großen Teil der Welt *wirklich* gestalten. Die NATO konnte sich in die frühere Sowjetunion ausdehnen, ohne befürchten zu müssen, dass Russland in eines dieser Länder einmarschieren würde. Wir konnten die ganze Welt zusammenbringen, um Saddam Hussein aus Kuwait hinauszuwerfen.

Obama wies manchmal darauf hin, dass diese Phase nach dem Kalten Krieg nicht andauern konnte. Der Rest der Welt akzeptiert amerikanische Führung, aber keine Dominanz. Ich erinnere mich an ein Zitat aus einer Kolumne, die irgendwann um den 11. September herum erschien: «*Amerika beherrscht die Welt wie ein Koloss.*» Taten wir das? Es war eine Geschichte, die wir uns selbst erzählten. *Shock and awe.* Regimewechsel. Freiheit auf dem Vormarsch. Eine Trillion Dollar später konnten wir nicht für eine konstante Stromversorgung in Bagdad sorgen. Der Irakkrieg zog mit seiner Unlogik und Zerstörung andere Länder in Mitleidenschaft – auch US-Verbündete – und beschleunigte eine Neuausrichtung von Macht und Einfluss, die von der globalen Finanzkrise weiter beschleunigt wurde. Als Obama ins Amt kam, hatte bereits eine globale Korrektur stattgefunden. Russland leistete amerikanischem Einfluss Widerstand. China markierte den starken Mann. Die Europäer hatten eine Krise in der Eurozone zu lösen.

Obama wollte sich international nicht weniger engagieren, sondern mehr. Durch die Begrenzung unserer militärischen Rolle im Nahen und Mittleren Osten würden wir besser in der Lage sein, mit unseren Ressourcen hauszuhalten und uns an mehr Orten, bei mehr Problemen zu behaupten; unsere Wirtschaft zu Hause wiederaufzubauen; die Zukunft des asiatischen Pazifikraums und den Aufstieg Chinas mitzugestalten; Orte wie Kuba zu öffnen und den amerikanischen Einfluss in Afrika und Lateinamerika zu vergrößern; die Welt zu mobilisieren, sich den wirklich existenziellen Bedrohungen wie dem Klimawandel zu stellen, der fast nie in Debatten über die nationale Sicherheit der USA erwähnt wird.

Doch die amerikanische Politik drängt zum militärischen Interventionismus, obwohl die öffentliche Meinung skeptisch ist. Nach dem 11. September wurde es für Politiker unerlässlich zu zeigen, dass sie gegenüber dem Terrorismus knallhart auftraten, wobei der Gradmesser der Härte die Bereitschaft war, militärische Mittel einzusetzen oder sich über die Rechtsstaatlichkeit hinwegzusetzen. Die Demokraten waren tief von den Wahlen 2002 und 2004 gezeichnet, bei denen sie als schwach, unzuverlässig oder sogar unpatriotisch dargestellt wurden, weil sie es wagten, den sogenannten globalen Krieg gegen den Terror in Frage zu stellen. Mit der Wendung der Öffentlichkeit gegen den Irakkrieg und der Wahl Barack Obamas schien es, als könne diese Dynamik sich verändern, doch sie tat es nicht, zumindest nicht in Washington.

Die allererste Debattenantwort, die ich für Obama im Vorwahlkampf 2007 schrieb, drehte sich um einen hypothetischen Terrorangriff auf die USA. Man hatte mich gebeten, eine Antwort vorzubereiten, mit welchen Schritten ein Präsident reagieren solle, und Obama hatte sie weitgehend so gesagt, wie ich sie geschrieben hatte: «Zuerst müssen wir sicherstellen, dass wir eine wirksame Notfall-Reaktion haben (…) zweitens müssen wir sicherstellen, dass wir gute Informationen haben, um a) herauszufinden, dass es keine weiteren Bedrohungen gibt (...) und b) herauszufinden, ob wir Informationen über mögliche Täter haben, damit wir handeln können, um dieses Netzwerk zu zerschlagen.» John Edwards und Hillary Clinton stürzten sich darauf und sagten, ihr erster Schritt würde es sein, die Verantwortlichen zu verfolgen und auszuschalten. Obamas Antwort wurde als Ausrutscher gewertet.

Viele Jahre lang wurde der Ausdruck «Vietnamsyndrom» benutzt, um die Zurückhaltung der Amerikaner zu beschreiben, nach der Katastrophe von Vietnam wieder Kriege zu führen. Er wurde aber auch oft verächtlich gebraucht, als sei es falsch gewesen, diese Lektion zu lernen. Anfang 2014, als das aktuelle Beispiel des Irakkriegs immer noch die Welt prägte, in der wir handelten, warf man Obama bereits rundweg vor, «die Lehren aus dem Irak zu übertreiben». Während die Episode um die rote Linie in Syrien zeigte, dass die öffentliche Meinung skeptisch gegenüber einem Krieg war, blieb der politische Rahmen der Debatten über nationale Sicherheit derselbe: Mehr zu tun war knallhart, alles andere war schwach.

Obamas Frustration angesichts seiner Kritiker kochte während einer längeren Asienreise im Frühjahr 2014 über. In dieser Region wurde die Reise als weitere sorgfältig geplante Anstrengung der Vereinigten Staaten gesehen, China etwas entgegenzusetzen. Wir wollten nach Japan, um es in die Transpazifische Partnerschaft (TPP) zu holen, wodurch zwölf asiatisch-pazifische Länder gemeinsame Handelsregeln und Standards bei Umweltschutz und Arbeiterrechten bekommen würden. In Südkorea wollten wir diskutieren, wie mehr Druck auf Nordkorea auszuüben sei. Wir wollten nach Malaysia, einem Wackelkandidaten in Südostasien, den wir durch TPP näher an uns heranholten. Und wir würden die Reise auf den Philippinen beenden, einem US-Verbündeten, der bereits in Gebietskonflikte mit China über Seegrenzen im Südchinesischen Meer verstrickt war.

Vor der Abreise hatten wir eine Sitzung, in der ein Teilnehmer, der sich im Nationalen Sicherheitsrat mit strategischer Planung beschäftigte, uns daran erinnerte, dass die wichtigste außenpolitische Arbeit oft aus langsamen Fortschritten bestand – geduldig Punkte sammeln, wie er es nannte. Obama beugte sich zustimmend vor. «Nach meiner Wiederwahl habe ich ein paar Präsidentenbiographen zusammengeholt, die ich manchmal einlade», sagte er. Leute wie Doris Kearns Goodwin, David McCullough, Douglas Brinkley. «Es ist interessant. Sie haben betont, das Wichtigste, was ein Präsident außenpolitisch tun kann, ist das Vermeiden eines kostspieligen Irrtums.» Er ging die Liste der Präsidenten durch, deren Amtszeit durch solche Fehler definiert wurde: Johnson in Vietnam, Carter mit der gescheiterten Geiselbefreiung im Iran, Bush im Irak. Die Lehre daraus? «Bau keinen Mist», sagte er und klopfte vor sich auf den Tisch.

In der Air Force One ging Obama manchmal nach hinten, wo die Journalisten saßen, und dies tat er auch auf unserer Asienreise. Gewöhnlich wurde das vorher geplant, aber ab und zu sahen wir ihn einfach den Gang entlang nach hinten gehen. Diese Gespräche waren vertraulich, aber die Reporter schickten detaillierte Notizen an ihre Redaktionen, und der Inhalt der Äußerungen fand schließlich seinen Weg in die Nachrichtenanalyse und die Washingtoner Gerüchteküche.

Obama beklagte sich über die negativen Berichte über seine Außenpolitik in jüngster Zeit und äußerte Beschwerden, die ich auch schon privat von ihm gehört hatte – die Presse ignoriere die kontinuierliche Arbeit der amerikanischen Regierung und legitimiere jede Forderung, er solle mehr tun, um Konflikte zu verschärfen. Er holte weit über das Scheitern der amerikanischen Außenpolitik durch Überdehnung aus und beklagte sich über die fehlende Rechenschaftspflicht von Unterstützern des Irakkriegs, die immer noch als Meinungsführer auftraten. Am Schluss seines Vortrags fragte er laut: «Was ist die Obama-Doktrin?» Das Schweigen war aufgeladen, denn wir hatten dieses Etikett immer vermieden. Er beantwortete seine Frage selbst: «Bau keinen Mist.» Einige lachten leise. Dann bat er die Journalisten zur Bekräftigung seiner Botschaft, ihm nachzusprechen: «Bau keinen Mist.»

Bei der Pressekonferenz auf der letzten Station, den Philippinen, fragte ein Reporter nach der Obama-Doktrin, um ihm eine etwas weniger vulgäre Version zu entlocken. Obama biss nicht an. Stattdessen lieferte er eine wohlüberlegte Beschreibung und sagte, wir müssten Irrtümer vermeiden; in der Außenpolitik «sammelt man geduldig Punkte, und ab und zu landet man einen großen Wurf».

Als wir die Wagenkolonne beluden, um zurück zur Air Force One zu fahren, bekam ich eine nervöse E-Mail von Jake Sullivan – die Äußerung mit dem Punktesammeln würde bei den Außenpolitik-Gurus nicht gut ankommen. Ich wusste, dass er Recht hatte, war aber ebenso frustriert wie Obama über das seltsame Zusammenwirken der Trivialität unseres politischen Systems mit der Unbarmherzigkeit der Kritiker unserer Außenpolitik. «Bau keinen Mist» wurde dann scharf kritisiert und uns als Zeichen der Nachlässigkeit vorgehalten, aber wer ist *dafür*, Mist zu bauen? «Geduldig Punkte sammeln» wurde ähnlich verhöhnt, aber was ist falsch daran, Punkte zu sammeln? Und wie Obama sich mir gegenüber beklagte: «Die vergessen immer, dass ich sagte, wir werden auch ein paar große Würfe landen.»

Kapitel 22

Intervention aus dem Vatikan

Wir waren gerade auf dem langen Heimflug aus Manila, als ich
die ersten Nachrichten bekam, der Kongress werde eine weitere
E-Mail, die ich über anderthalb Jahre vorher verschickt hatte,
veröffentlichen. «Vorbereitungsgespräch mit Susan» war die Überschrift der E-Mail, die ich schnell für Susan Rices Fernsehauftritte
in den Sonntagssendungen abgefasst hatte. In einer Liste von Zielen hatte ich auch geschrieben: «Betonen, dass diese Proteste durch
ein Internetvideo ausgelöst wurden, nicht durch ein allgemeineres
politisches Versagen.»

Ich klappte den Laptop zu und spürte eine Welle der Furcht. Im
Zusammenhang des 14. September 2012 war die E-Mail, die ich
geschrieben hatte, nicht außergewöhnlich. An diesem Tag brachen
Proteste in der ganzen arabischen Welt wegen eines antimusli-
mischen Videos aus. In Zusammenhang mit dem April 2014 war die
E-Mail aber explosiv. Neunzehn Monate Untersuchungen, Hunderte Meldungen auf Fox News und Tausende von Schimpftiraden
im Radio hatten die Idee befestigt, nach den Angriffen in Bengasi
habe etwas Schändliches stattgefunden. Die Punkte in dem Dokument namens «Vorbereitungsgespräch mit Susan» waren bereits in
zahlreichen Kongressuntersuchungen öffentlich verhandelt worden. Diese Untersuchungen hatten kein Fehlverhalten festgestellt.
Aber das steigerte in einigen Kreisen nur den Hunger nach einem
Beweis, dass die Verschwörungstheorie, nach der wir die Entschul-

digung eines Internetvideos erfunden hatten, richtig war. Hier sei der eindeutige Beweis, schrien tausend wütende Stimmen.

Die Zerstörung jeder Art von objektiver Wahrheit in diesen letzten neunzehn Monaten war eine meiner seltsamsten Erfahrungen. Gegen Ende 2013 rief mich ein Reporter an, der überaus gute Quellen in Libyen hatte. Er schrieb an einer langen Rekonstruktion der Ereignisse in Bengasi und dokumentierte auch das Zu- und Abnehmen der Menge und wie ein großer, zorniger Mob sich schließlich in eine kleine Gruppe schwer bewaffneter Männer verwandelt hatte, die einen quasi-militärischen Angriff ausführten. Menschen, mit denen er geredet hatte und die das Geschehen in jener Nacht in Bengasi gesehen hatten, sagten, einige Leute seien aus Ärger über das Video zum amerikanischen Konsulat gegangen. Um zu protestieren, um zu plündern, um zu töten – je nachdem, wen man fragte. «Sie sind nicht in Washington», sagte ich. «Wenn ich rausgehen und sagen würde, dass es wirklich wegen des Videos war, würde man meine Fotos verbrennen.»

Bengasi folgte mir wie ein unsichtbarer Schatten. Wenn ich Fremden begegnete, fragte ich mich, ob sie mich zu Hause googeln und all die Verschwörungstheorien finden würden. Es war mir peinlich, dass meine Freunde mich vielleicht verteidigen müssten, wenn sie mit anderen Leuten redeten. Ich war öfter im Fernsehen, und der Typ, der die Interviews arrangierte und mir von Kamera zu Kamera folgte, gab mir den Rat, mehr zu lächeln. «Sie runzeln von Natur aus die Stirn», sagte er. Ich hatte mich vorher nie als unglücklichen Menschen gesehen.

In den Tagen nach unserer Rückkehr aus Manila begann sich die Empörung über meine E-Mail aufzubauen. Eines Morgens stand ich gegen sieben auf, um meine Wäsche aus der Reinigung zu holen. Mit einem Basecap der New York Mets auf dem Kopf und den in Plastik verpackten Hemden über der Schulter war das der Augenblick des Tages, an dem ich mich am normalsten fühlte. Ich stieg die Treppe zum Haus hinauf und zog den Schlüssel aus der Tasche, als ich plötzlich von einem Kamerateam umringt war. Sie kamen von Fox News und brüllten Fragen über «die Stichpunkte», während ich ins Haus eilte.

Ann, die mit unserem ersten Kind schwanger war, spürte, dass etwas nicht stimmte, als ich hereinkam. «Was ist los?», fragte sie.

«Draußen ist ein Kamerateam von Fox News.»

«Was?» Ihr Gesicht drückte eine Art Angst aus. «Oh nein, Ben. Oh nein, nein, nein.» In ihrer Stimme lag Panik, und ich erkannte, wie sehr all das auch sie belastete. Wir schlichen zum Fenster, schoben die Jalousie etwas beiseite und sahen einen Wagen illegal neben dem Hydranten vor dem Haus parken. «Was werden die Nachbarn denken?», fragte sie.

Schließlich verließ ich das Haus über die Kellertreppe in eine Seitengasse. Jedes Gefühl von Schlauheit, weil ich entkommen war, wurde von der Scham gedämpft, mich aus der Hintertür meines eigenen Wohnhauses schleichen zu müssen, wo wir den Müll deponierten.

Das Journalistendinner des Weißen Hauses fand wenige Tage später statt. Mein Bruder war in der Stadt, und wir machten unseren üblichen Lauf. Wir liefen entlang des Potomac, Nord-Virginia auf der einen Seite, Kennedy Center und Lincoln Memorial auf der anderen. Er erzählte, wie sehr ihn die Verschwörungstheorie ärgerte, dass wir beiden die Nachrichten manipulierten. Er erwähnte auch, Lindsey Graham begegnet zu sein – einem Mann, der mich jüngst einen «Drecksack» genannt hatte. Wir beendeten den Lauf ein paar Blocks von meiner Wohnung entfernt. In früheren Jahren hatte mein Bruder bei mir gewohnt; dieses Jahr nicht. In früheren Jahren war ich mit ihm zur CBS-News-Party vor dem Dinner gegangen – auf dem Kaminsims meiner Eltern in New York stand ein Foto von uns beiden mit unseren Frauen, wie wir bei diesem Anlass lächelten. Ich war noch außer Atem, als er sagte:

«Es ist vielleicht eine gute Idee, wenn du dieses Jahr nicht zur CBS-Party kommst.»

«Klar», antwortete ich.

«Bis demnächst», sagte er und lief in die andere Richtung.

Ich stand einen Moment da, um zu Atem zu kommen, und versuchte, die Erkenntnis zu verarbeiten, dass mein Bruder nicht mit mir gesehen werden wollte.

Etwa zur selben Zeit kündigte John Boehner einen neuen Ausschuss zur Untersuchung von Bengasi an, und meine E-Mail wurde als wichtige Rechtfertigung dafür genannt. Die Ankündigung war von einem Video begleitet. Es ähnelte einer cleveren, aber billigen Filmvorschau, wobei jedes republikanische Ausschussmitglied wie ein Proficatcher angekündigt wurde. «Trey Gowdy ... Mike Pompeo ...» Republikaner starteten Spendenaufrufe mit Bezug auf den neuen Ausschuss. Es war klar, dass das Ziel darin lag, dieses Schmierentheater bis in den Präsidentschaftswahlkampf zu verlängern, um Hillary zu schaden. Es war eine stark politisch motivierte Kampagne, die auf der Theorie beruhte, wir seien es gewesen, die den Tod von vier Amerikanern politisiert hätten. Ich hatte das Gefühl, in einer anderen Dimension zu leben, die irgendwie wahnsinnig war und wo man weder Heuchelei erkennen noch Fakten von Politik trennen konnte. Die Welt um mich herum schien ins Rutschen gekommen zu sein. Wahrheit war irrelevant geworden.

Am Freitagnachmittag bat meine damalige Stellvertreterin Caitlin Hayden mich, zu einer Sitzung ins Executive Office Building zu kommen. In Wirklichkeit war es eine Überraschungsparty. Ich ging hinein und stieß auf einen Raum voller Leute, die seit Jahren mit mir zusammenarbeiteten. Wir tranken Scotch an einem großen ovalen Tisch und klagten über die Kontroverse. Irgendwann ging dann jeder herum und erzählte seine eigene Geschichte, wie viel ich ihm oder ihr bedeutete. Vielleicht war es das Netteste, was je jemand für mich getan hat – dieses Gefühl einer Familie, die einen in die Mitte nimmt und beschützt, egal wie schlimm es draußen ist. Alle erzählten von Dingen, die ich getan hatte, um ihre Karriere zu fördern, oder wie ich mal etwas Lustiges oder Dämliches gemacht hatte. Ein junger Mann sagte, wegen mir sei er zum Kommunikationsteam gekommen; eine frühere Mitarbeiterin schickte ein Foto ihrer kleinen Tochter in einem T-Shirt mit der Aufschrift «Team Ben». Wie unfähig ich war, meine Erlebnisse zu verarbeiten, zeigte sich daran, dass ich so viel trank, dass ich von diesen anerkennenden Worten das Meiste vergessen habe.

Irgendwie schaffte ich es nach Hause und schlief angezogen auf einer Matratze im Gästezimmer, das bald unserem noch ungeborenen Kind gehören sollte. Am nächsten Morgen versuchte Ann, mir mein Selbstmitleid auszutreiben. «Das ist keine Tragödie», sagte sie. «Die Krebsdiagnose meines Vaters war eine Tragödie.» Sie hatte recht, aber ich wusste nicht, wie ich diese Perspektive in meinen Alltag einbringen sollte.

Ein paar Tage später kam ein Anruf, Obama wolle mich sehen. Ich nahm den vertrauten Weg den Korridor entlang und die Treppe hinauf, einen Weg, den ich Tausende Male gegangen war, aber diesmal war ich voller Furcht. Ich hatte das Gefühl, es gehe um Bengasi. Ich betrat das Oval Office, wo Obama hinter seinem Schreibtisch stand.

«Ich höre, Sie sind etwas mitgenommen von dem, was so vorgeht», sagte er, «dieser ganzen Sache.» Er machte eine Handbewegung, ohne das Wort «Bengasi» auszusprechen.

«Ja, tut mir leid», sagte ich. «Ich weiß, es ist bloß ein Bruchteil von dem, womit Sie jeden Tag klarkommen müssen. Es ist nur wie eine außerkörperliche Wahrnehmung, man sieht sich selber, wie man öffentlich für ein Verbrechen verurteilt wird, das man nicht begangen hat.»

«Haben Sie was Unrechtes getan?», fragte er.

Mir ging auf, dass sich zum ersten Mal jemand die Mühe machte, mir diese Frage zu stellen. «Nein», antwortete ich.

«Dann machen Sie sich keine Sorgen darüber. Alles, was Sie haben, ist Ihre Integrität. Und ich kenne niemanden, der mehr Integrität besitzt.»

Je tiefer ich in die Grube «Bengasi» rutschte, desto mehr konzentrierte ich mich auf unsere Diskussionen mit den Kubanern, denn ich wollte unbedingt erreichen, dass etwas Positives bei dem herauskam, was immer mehr wie eine Prüfung wirkte. Um aber etwas zu erreichen, brauchten wir Hilfe. In diesem Frühling fanden wir sie.

An einem sonnigen Märzvormittag folgte eine Gruppe von Mitarbeitern aus dem Weißen Haus Obama, als er den Vatikan betrat und in einem Saal mit wenigen Möbeln und gewaltigen Gemälden auf Papst Franziskus wartete. Monatelang hatten Ricardo und ich darüber diskutiert, den Vatikan in die Verhandlungen einzubeziehen. Diese Institution besaß beim amerikanischen wie beim kubanischen Volk Glaubwürdigkeit, war in außenpolitischen Fragen neutral und unterstützte eine Annäherung. Unsere Grundidee war, dass der Vatikan ein Abkommen garantieren solle, weil es für die Regierungen der USA und Kubas schwer war, einander zu vertrauen. Wir waren aber nicht sicher, wie wir den Vatikan um Hilfe bitten sollten, also schlugen wir Obama vor, er solle Kuba beim Papst ansprechen.

Als die Zeit verging, kam unter den Vatikanvertretern leise Unruhe auf. «Der Heilige Vater spricht sonst nie so lange mit jemandem», sagte einer der Geistlichen zu mir.

Nach der Rückkehr in die römische Residenz des amerikanischen Botschafters nahm ich Obama beiseite und fragte: «Haben Sie über Kuba geredet?»

«Ja, genauso lange wie über alle anderen Punkte. Als Lateinamerikaner war er sehr interessiert. Ich habe ihm gesagt, wir hätten einen Gesprächskanal etabliert.»

«Was meinte er dazu?», fragte ich.

«Er hat uns unterstützt. Er sagte, wenn er könnte, würde er in jeder Weise mithelfen. Er schien zu wissen, dass es einen Streit um Gefangene gibt.»

Als ich fragte, ob sie irgendwelche anderen Details diskutiert hätten – mit Blick auf unsere Verhandlungen oder was der Vatikan tun könne –, schaute er überrascht. «Er ist der Papst», sagte er. «Er sieht die Dinge von einer ziemlich hohen Warte aus.» Bevor ich ging, sagte er, wie sehr er den Papst mochte, aber auch mit ihm fühlen könne, weil Franziskus seit seinem Amtsantritt so viel Aufmerksamkeit erregt habe. «Mit hohen Erwartungen kenne ich mich ja aus.»

Beim nächsten Treffen mit den Kubanern im Mai schlugen wir eine offizielle Rolle des Vatikans vor. Sie reagierten etwas vorsichtig – die Kirche hatte eine komplizierte Geschichte in dem Land, das den Kommunismus eingeführt und die Glaubensfreiheit eingeschränkt hatte. Als ich aber erwähnte, dass Obama und der Papst darüber gesprochen hätten, erwärmten sie sich etwas dafür.

«Papa Francisco?», fragte Alejandro.

«Ja. Er und Obama sprachen darüber, wie er sich persönlich in die Unterstützung dessen einbringen könnte, was wir anstreben. Seine Mitwirkung könnte auch in der amerikanischen Politik helfen.»

«Papa Francisco ist ein Sohn Lateinamerikas», erklärte Alejandro. Deshalb werde er auf Kuba anders gesehen als andere Päpste, ebenso wie Obama anders gesehen werde als andere Präsidenten. Wenn er mitwirke, seien sie offen dafür.

Die eigentlichen Verhandlungen hatten eine Sackgasse erreicht. Die Kubaner hatten immer noch nicht eingewilligt, den Informanten freizulassen, den wir wollten, und wir hatten nicht eingewilligt,

Gerardo Hernández freizulassen. Es half auch nicht, dass unser Treffen stattfand, kurz nachdem Obama den Gefangenenaustausch von fünf Talibankämpfern aus Guantánamo gegen Bowe Bergdahl autorisiert hatte, einen US-Soldaten, der fünf Jahre von den Taliban in Pakistan unter brutalen Umständen gefangen gehalten worden war. Am Tag von Bergdahls Freilassung waren wir ermutigt gewesen – er war der letzte amerikanische Kriegsgefangene, und ein geregelter Abschluss des Austauschs mit den Taliban deutete an, dass irgendwann Friedensgespräche möglich sein könnten. Zufällig waren Bergdahls Eltern in Washington, und sie wurden wenige Stunden nach dem Austausch zu einem Treffen mit Obama eingeladen. Einige von uns schlugen vor, Obama solle im Rosengarten eine Erklärung mit den Eltern abgeben, aber Pfeiffer und Podesta waren skeptisch, weil es ein Austausch mit den Taliban war. «Die Republikaner würden doch keinen Kriegsgefangenen attackieren, oder?», fragte ich.

Podesta verzog das Gesicht. «Ich bin da nicht so optimistisch wie Sie.»

Selten hatte ich mich mehr getäuscht. Ich wusste, dass Bergdahl seine Basis verlassen hatte, aber ich wusste nichts von den Vorwürfen, es seien Mitglieder seiner Einheit bei der Suche nach ihm getötet worden. Im Überschwang des Augenblicks hatte ich meine Hausaufgaben nicht gemacht. Die Feindseligkeit gegenüber Bergdahl von Seiten anderer Soldaten kochte über, und der Austausch wie auch unsere Entscheidung, Bergdahls Freilassung zu feiern, wurden tagelang heftig kritisiert. Die Kubaner deuteten die Bergdahl-Episode falsch. «Wir haben Obamas Entschlossenheit bemerkt, niemanden zurückzulassen», sagte Alejandro zu mir. Ich musste ihm erklären, dass der Bergdahl-Austausch die Dinge in Wirklichkeit schwieriger gemacht hatte.

Um die Rolle des Vatikans zu planen, schlug Denis McDonough vor, Kardinal Theodore McCarrick, den ehemaligen Erzbischof von

Washington, heranzuziehen. McCarrick war 83 Jahre alt und von seinen offiziellen Pflichten befreit, aber immer noch als eine Art internationaler Krisenmanager für den Vatikan aktiv. Wir trafen uns frühmorgens zum Frühstück in der Kantine des Weißen Hauses – einem Speisesaal im Erdgeschoss des West Wings, der wie ein Country Club der Fünfzigerjahre dekoriert war, mit hohen Holzstühlen, Holztäfelung und Gemälden von alten Holzschiffen der Navy an der Wand. Während wir unsere Eier aßen, erklärte ich McCarrick die Umrisse unserer Gespräche mit den Kubanern und wo wir die Hilfe des Vatikans bräuchten. Ich sah ihm an, dass er über das Problem nachdachte, während ich sprach, ein freundlicher Mann mit jugendlichen irischen Augen. «Der Heilige Vater würde wohl durch den Kardinal in Havanna tätig werden» – Jaime Lucas Ortega y Alamino –, sagte er mit dem Hauch eines Bronx-Akzents. Ich nickte. Wenn der Heilige Vater durch Kardinal Ortega mitwirken wollte, würden wir es so machen.

Der Weg, um eine offizielle Rolle für den Vatikan einzuleiten, war nach McCormicks Worten ein Brief des Heiligen Vaters an Raúl Castro und Barack Obama. Der Vatikan praktizierte solche Diplomatie aber nur persönlich, also war die Frage, wie wir Kardinal Ortega nach Washington bekamen, um den Brief zu übergeben? Denis und ich saßen ratlos da, während McCormick nachdachte und mehrere Ideen laut durchspielte, bevor er die Lösung fand: «Ich kann ihn einladen, eine Rede an der Georgetown University zu halten, wenn Sie ihm zusichern können, dass Obama Zeit für ein Treffen hat.»

Wenige Wochen später kam Kardinal Ortega nach Washington. Wir arrangierten, dass er das Weiße Haus durch einen Seiteneingang betrat, damit ihn die Presse nicht sah. Denis, Ricardo und ich empfingen ihn und McCarrick auf der Terrasse hinter dem Büro des Stabschefs. Er hielt einen großen Umschlag mit dem Brief des Heiligen Vaters fest in der Hand. Er war eifrig, fast aufgedreht, lächelte breit und machte Smalltalk, bis Obama kam und sich zu uns setzte. An diesem Punkt schaltete Ortega auf Förmlichkeit um. Er hielt den Umschlag hoch und sagte: «Vor Kurzem habe ich genau denselben Brief an Präsident Raúl Castro Ruz in Havanna übergeben.» Er hielt inne, damit die Bedeutung dieser Tatsache sich entfalten konnte, dann nahm er den Brief heraus, statt ihn uns zu geben, und las ihn mit einer gewissen Feierlichkeit auf Spanisch vor, wobei er Pausen machte, damit Ricardo übersetzen konnte.

Es war eine einfache Botschaft, ein Angebot, bei der Lösung der Fragen zu helfen, die sich auf Gefangene bezogen, und die Beziehungen zwischen den Vereinigten Staaten und Kuba zu verbessern. Als Ortega zu Ende gelesen hatte, überreichte er Obama den Brief wie eine heilige Reliquie. Obama gab ihn an mich weiter, und ich nahm ihn mit in mein Büro. Ich schaute auf den Text, und da, ganz unten, stand in der kleinsten Handschrift, die ich je gesehen hatte – als solle sie selbst Demut ausdrücken –, die Unterschrift «Franziskus».

Es war vielleicht kein Zufall, dass die Kubaner uns gerade eine Botschaft geschickt hatten, sie seien bereit, uns den Informanten zu geben, den wir wollten, wenn wir Gerardo freiließen. Plötzlich schien es, als würden die Puzzleteile zusammenpassen. Ricardo und ich baten um einen Termin bei Obama, um seinen Rat zu hören, welches Endziel wir anstreben sollten. Bis dahin hatte er sich nicht um die Einzelheiten gekümmert. Wenn ich ihn über meine Treffen mit den Kubanern informierte, saß er mit leicht amüsierter Miene da. «Der Bericht von unserem Mann in Havanna!», sagte er. «Tragen Sie nächstes Mal einen Panamahut?» Seine Anweisungen waren immer dieselben: «Keine halben Sachen!»

Nun, da ein Deal bevorstand und der Vatikan sich eingeschaltet hatte, wurde Obama ernsthaft. Er begann das Treffen mit der Aussage, wir sollten die Politik beiseitelassen: «Die Politik macht mir hierbei keine Sorgen», sagte er. «Die Politik wird später kommen.» Es ging ihm darum, den Kubanern klarzumachen, dass wir für eine

Freilassung Gerardos mehr bekommen müssten als nur Alan Gross und den Geheimdienst-Informanten. Wir schlugen vor, die Kubaner sollten eine große Zahl politischer Gefangener freilassen und sich verpflichten, den Internetzugang auf der Insel auszuweiten. Darüber hinaus sei schon die Tatsache, dass die Kubaner bereit waren, die diplomatischen Beziehungen wiederaufzunehmen, ein großer Erfolg – wir konnten einen neuen Anfang machen, auch wenn das Embargo noch in Kraft blieb.

Das Bergdahl-Debakel hing schwer im Raum. Denis und andere wollten, dass wir auf die Rückkehr bekannter Flüchtlinge drängten, die auf Kuba lebten, darunter Joanne Chesimard. Chesimard ist eine der bizarrsten Episoden im amerikanisch-kubanischen Verhältnis. Sie war ein prominentes Mitglied der Black Panthers und saß 1973 auf dem Rücksitz eines Autos auf einer Schnellstraße in New Jersey, als die Polizei den Wagen anhielt. Bei der folgenden Schießerei wurde ein Polizist getötet. Chesimard entkam aus dem Gefängnis und flüchtete nach Kuba, wo sie Asyl erhielt. Das FBI erklärte sie zur «inländischen Terroristin» und setzte eine Million Dollar für ihre Ergreifung aus. Zufällig war sie auch die Patin des Rappers Tupac Shakur und hatte einigen Rückhalt unter schwarzen Amerikanern.

«Wir könnten versuchen, Chesimard zu kriegen», sagte ich, «aber ich glaube nicht, dass die Kubaner sie zurückgeben.»

Wenige Tage später flog ich mit Ricardo nach Toronto, um die Kubaner in einem Flughafenhotel zu treffen. Als wir das Foyer betraten, bemerkten wir ein auffälliges Paar, das in der Mitte des Barbereichs saß und uns anstarrte – ein tätowierter Mann und eine Frau, die wie eine Statistin in einem Madonna-Video aus den Achtzigerjahren aussah. Als wir eincheckten, kamen sie zu uns herüber und blieben kaum einen Meter vor uns stehen. Der Mann zog ein iPhone hervor, hielt es vor sich und fotografierte uns. Dann gingen sie wortlos zu den Fahrstühlen.

«Russen», sagte Ricardo.

«Warum tun sie das?»

«Sie wollen uns zeigen, dass sie uns beobachten», antwortete er.

«Das Ganze gefällt ihnen nicht.»

Bei dem Treffen legten wir unseren Vorschlagskatalog vor und bemerkten, wir bräuchten noch Obamas endgültige Zustimmung wegen Gerardo Hernández. Ich drängte die Kubaner, die politischen Gefangenen freizulassen, deren Liste Ricardo ihnen gegeben hatte, einem besseren Zugang zum Internet zuzustimmen und zusätzliche Schritte zu Menschenrechten und Wirtschaftsreformen zu verkünden. Ich ging auch eine Liste von Flüchtlingen durch, die wir zurückhaben wollten, einschließlich Chesimard. Ich sagte, wir versuchten nicht, alle Differenzen zu begraben. «Am Tag, nachdem wir das öffentlich machen, wird Raúl Castro immer noch die Revolution verteidigen, und die USA werden weiterhin eine Mehrparteiendemokratie unterstützen. Wir werden unterschiedliche Positionen haben, aber einen Dialog darüber führen.»

Es war eine anstrengende Sitzung. Über mehrere Punkte stritten wir. Die Kubaner willigten aber ein, fast alle politischen Gefangenen oder – in ihrer Ausdrucksweise – «Personen, die wegen nichtgewalttätiger politischer Delikte inhaftiert wurden», freizulassen. Bei den Flüchtlingen fanden wir keine Lösung, weil das erneut den Fall von Luis Posada Carriles aufbrachte, dem Kubaner, der eine Maschine nach Kuba in die Luft gesprengt hatte. Doch jetzt testeten wir bloß, welche zusätzlichen Punkte man in ein Abkommen über einen Wandel der Beziehungen einbeziehen könne. Als wir am späten Nachmittag eine Pause machten, gingen Ricardo und ich über einen Parkplatz zu einem billigen mexikanischen Restaurant, wo wir uns Essen einpacken ließen, und kauften dann ein paar Flaschen Wein an einer nahegelegenen Tankstelle. Wir stellten Tabletts mit Essen in unserem Hotelzimmer auf und deckten einen Tisch mit Plastiktellern und -besteck. Als die Kubaner kamen, waren sie in aufgeräumter Stimmung, wie bei einer geselligen Veranstaltung.

«Also, wann können Sie nach Kuba kommen?», fragte Alejandro mich als Erstes.

«Jetzt noch nicht», erwiderte ich. «Erst müssen wir nach Rom.»

Wir besprachen, dass wir Papiere über unsere Übereinkunft entwerfen und sie bei einem geheimen Treffen dem Vatikan übergeben würden – keine Seite konnte einen Rückzieher machen, nachdem ihre Zusage beim Papst hinterlegt war. Die Kubaner bestanden auch darauf, schriftlich festzuhalten, wo es weiterhin Differenzen gab, ein interessanter Weg, um unsere politischen Flanken zu schützen – sie wollten ihren Widerstand gegen das Embargo, die US-Marinebasis in Guantánamo und andere amerikanische Positionen festhalten, wir unsere kontinuierliche Unterstützung für Menschenrechte und Reformen auf Kuba.

Allmählich ging die Unterhaltung zu anderen Dingen über – Baseball, Hemingway, kubanischer Musik. Ricardo ging ins Nebenzimmer, wo wir unsere Telefone aus Sicherheitsgründen deponiert hatten, und kam mit seinem iPhone zurück, das er seine kubanischen Lieblingslieder spielen ließ. Die Kubaner waren begeistert und wippten im Sitzen mit. Die Politik schien weit weg zu sein. Bengasi schien weit weg zu sein. In diesem Augenblick, als ich mit fünf anderen Menschen in einem billigen kanadischen Flughafenhotel saß, mexikanisches Essen aß und kubanische Musik auf einem iPhone hörte, fühlte ich eine Art von Gnade.

Kapitel 23

Permanenter Krieg

Obama wollte die USA aus dem permanenten Krieg lösen, der am 11. September begonnen hatte. Am Tag seines Amtsantritts standen etwa 180 000 Soldaten in Irak und Afghanistan. Ende 2014 war die Zahl der Soldaten in Afghanistan auf 15 000 gesunken. Aus dem Irak waren alle Truppen abgezogen. Das waren bedeutsame Leistungen; sie retteten amerikanische Leben, indem die Verluste von fast hundert pro Monat getöteten Amerikanern fast auf null fielen, und die Kriegskosten sanken um viele Milliarden Dollar. Am umstrittensten war, dass Obama die Armee aus Syrien herausgehalten hatte.

2014 hatten sich fast alle negativen Kräfte des Nahen und Mittleren Ostens in Syrien zusammengefunden: ein mörderischer Autokrat, der von Russland und dem Iran unterstützt wurde; Extremisten mit Verbindungen zu al-Qaida; konfessionelle Konflikte und ein saudisch-iranischer Stellvertreterkrieg; dazu ISIL, die umbenannte Version von al-Qaida im Irak. Während Nuri al-Maliki, der schiitische Premierminister des Irak, die Sunniten seines Landes isolierte und der Bürgerkrieg in Syrien weite Teile des Territoriums an der irakischen Westgrenze unregierbar machte, war ISIL zu einer Mischung aus Terrormiliz, Volksaufstand und Kommunalverwaltung geworden. Im Januar 2014 erklärte ISIL die syrische Stadt ar-Raqqa zur Hauptstadt und begann einen steten Vormarsch nach Osten, zurück in den Irak. Im Juni eroberten sie Mossul, eine der größten irakischen Städte, und überrannten die von den USA ausgebildeten und bewaffneten Sicherheitskräfte. Dann verkündete ISIL die Er-richtung eines neuen Kalifats und nahm den unheilvoll-universalen Namen Islamischer Staat an.

Es zeichnete sich ab, dass wir erneut im Irak intervenieren müss-ten, um den Vormarsch des IS zu stoppen. Der Wendepunkt kam Anfang August, als der IS einen Damm bei Mossul besetzte, dessen Zerstörung weite Teile des Irak überschwemmt hätte. Die kurdische Hauptstadt Erbil, sonst eine Insel der Ruhe, wurde vom IS bedroht. Und am akutesten war, dass der IS Zehntausende Jesiden auf den Höhenzug Sindschar getrieben hatte. Die Jesiden waren eine ira-kische Sekte, die eine alte Form des Monotheismus mit Wurzeln im Zoroastrismus praktizierte und ihre Traditionen mehr als tausend Jahre lang bewahrt hatte. Der IS sah sie als Ungläubige an, begann Anfang August jesidische Männer umzubringen und Frauen zu ver-sklaven und erklärte, er wolle die Jesiden vom Angesicht der Erde tilgen.

Mehrere Tage lang herrschte Krisenstimmung im Weißen Haus. Obama war aufgebracht, dass er keine guten Informationen besaß. «Wir haben keine Warnung bekommen, dass die Iraker in Mossul auseinanderlaufen würden», beschwerte er sich bei einer Gruppe von uns. «Und jetzt wissen wir nicht mal, wie viele Peschmerga» – kurdische Kämpfer – «in Erbil sind. Ich bin mit den Informationen nicht zufrieden.» Einen Moment lang war es still. «Ich bin verär-gert», wiederholte er bekräftigend.

Ich gehörte erneut zu den Beratern, die für Luftschläge eintraten. Obama stimmte zu, sagte aber, er wolle die Aggressivität unserer Schläge gegen den IS begrenzen, bis Maliki durch einen weniger parteiischen Regierungschef ersetzt sei. Also verkündete er am 7. August, wir würden Nahrungsmittel, Wasser und andere Güter für die auf dem Sindschar eingeschlossenen Jesiden abwerfen und durch gezielte Luftschläge die Belagerung am Fuß der Berge bre-chen.

Am nächsten Tag traf ich mich im Roosevelt Room mit einer Gruppe von Jesiden, die in Washington um eine militärische Intervention bitten wollten, um ihre Gemeinschaft vor der Vernichtung zu bewahren. Viele waren vor Kurzem in die USA emigriert; manche waren während des Irakkriegs Dolmetscher für die US-Armee gewesen. Sie waren nicht die geschliffenen Diaspora-Vertreter, die ich normalerweise traf. Viele trugen T-Shirts und Jeans. Einer nach dem anderen erzählte mir von den zerstörten Hoffnungen nach der amerikanischen Invasion von 2003, von der Flucht aus ihren Dörfern, nachdem sie dem US-Militär geholfen hatten, und der aktuellen Terrorkampagne des IS. Ein Patriarch mit breitem weißen Schnurrbart saß mir gegenüber auf dem Mittelplatz des Tischs, hinter sich ein großes Gemälde des idyllischen amerikanischen Westens. Als er dran war, sprach er auf Arabisch. Er beschrieb, wie Frauen aus ihren Häusern gezerrt und vergewaltigt und wie Familienangehörige ermordet wurden. Tränen liefen ihm die Wangen herunter. «Niemand hilft uns!», rief er. «Nicht Maliki. Nicht Barzani. Nur Sie, das mächtigste Land der Welt, können uns helfen.»

Nachdem alle gesprochen hatten, warteten sie auf meine Antwort. Ich drängte sie, unserer Regierung Informationen zu liefern, was auf dem Sindschar gebraucht werde und wo der IS stehe, damit wir ihn wirksam treffen könnten. Ich war den Tränen nahe. «Das Volk der Jesiden ist widerstandsfähig», sagte ich und fühlte mich ein wenig lächerlich, war mir aber meiner Worte sicher. «Sie haben Tausende von Jahren überdauert, und Sie werden auch dies überdauern.» Dann ging ich in mein Büro und ließ mich in meinen Stuhl fallen.

Am nächsten Tag sollte ich Obama auf seinen zweiwöchigen Ferienaufenthalt in Martha's Vineyard begleiten. Ann war jetzt leitende Beraterin im Außenministerium und arbeitete an globalen Frauenthemen. Sie war im fünften Monat schwanger und begleitete mich.

Solche Reisen konnten zweierlei sein – ein bezahlter Urlaub mit dem Präsidenten oder ein Alptraum mit ununterbrochener Arbeit und wenigen Mitarbeitern. Als wir am Samstag die Air Force One für den Flug nach Martha's Vineyard bestiegen, begannen die USA mit Luftschlägen gegen IS-Ziele, und ein junger Afroamerikaner namens Michael Brown wurde in Ferguson, Missouri, von einem Polizisten erschossen. Es würde kein Urlaub werden.

Obama wohnte in einem großen gemieteten Haus auf der anderen Seite der Insel, eine Autostunde von seinen Mitarbeitern entfernt. Als wir unser Hotel erreichten, zeigte man Ann und mir ein kleines dunkles Zimmer im Erdgeschoss mit zwei Betten. «Hier bleibe ich nicht», sagte sie. Sie setzte sich nicht mal hin. Ich versuchte, Zeit für uns beide freizumachen, und hoffte, ein wenig Urlaub in den Rahmen meines Jobs einzufügen, musste aber stundenlang mit Kopfhörern in einem dunklen NSC-Büro sitzen und über eine sichere Leitung an Videokonferenzen teilnehmen, um Obama auf dem Laufenden halten zu können. Ich musste Erklärungen über den IS und Ferguson vorbereiten. Ich musste mit der Presse reden. Wenn ich es nicht tat, warteten Reporter im Hotelfoyer auf mich.

Die ersten paar Tage schwankte Ann zwischen Geduld und Enttäuschung, aber als sie sah, wie die Dinge sich entwickelten, beschloss sie, nach Hause zu fahren. Wie im Sommer zuvor wusste ich nicht, was ich tun sollte. Ich wollte, dass sie blieb, wusste aber, dass ich nur arbeiten würde. Also fuhr ich meine schwangere Frau zum Flugplatz, damit sie zurück nach Washington fliegen konnte, womit unser letzter Urlaubsversuch, bevor wir Eltern wurden, endete.

Tagsüber schuftete ich nur. Ich fuhr zu einer nahegelegenen Schule, wo die Journalisten saßen, um Fragen über den IS zu beantworten. Ich fuhr zu Obamas Ferienhaus, um Telefondienst zu machen, ihn auf dem Laufenden zu halten oder Erklärungen zu entwerfen. Er versuchte, die Arbeit am Vormittag zu erledigen, damit er nachmittags Golf spielen oder sich entspannen konnte, und wenn ich auftauchte, wirkte er immer ein bisschen ärgerlich – als sei ich der Vertreter einer Welt, die ihm den Urlaub ruinierte. Abends fuhr ich zu einem billigen Chinarestaurant, ließ mir Essen einpacken und fuhr zu meinem Zimmer zurück. Dort saß ich auf dem Sofa, aß gebratene Nudeln aus einem Plastikgefäß und schaute auf den Nachrichtensendern zu, wie zwei der erhabeneren Ziele des Wahlkampfs 2008 – ein Ende des permanenten Kriegs und eine Überbrückung der Kluft zwischen den Rassen – zunichtegemacht wurden.

In der Mitte des Urlaubs flogen wir für ein paar Tage nach Washington zurück. Kurz nachdem wir dann für den Rückflug nach Vineyard abgehoben hatten, rief Lisa Monaco mich an. «Hast du ein paar Minuten Zeit?», fragte sie.

Lisa ist eine überaus kompetente Juristin, die sich stetig hinaufgearbeitet hatte: Kongressmitarbeiterin, Staatsanwältin, Stabschefin von Bob Mueller beim FBI, Leiterin der Abteilung für Nationale Sicherheit im Justizministerium und nun Obamas Chefberaterin für Terrorismusbekämpfung. Ihr Büro, das früher John Brennan gehört hatte, lag auf der anderen Seite des Korridors von meinem. Sie hatte es in Mädchenzimmer umbenannt. Wiederholt traf sie sich mit den Familien amerikanischer Geiseln im Ausland, auch denen der vier Amerikaner, die vom IS in Syrien festgehalten wurden. Einer von ihnen war der 42 Jahre alte Journalist Jim Foley, der Ende 2012 in Nordwest-Syrien entführt worden war.

Während ich den Hörer im Flugzeug ans Ohr presste, blieb Lisas Stimme immer wieder weg. Erst als das Flugzeug an Höhe gewann, hörte ich sie deutlich. Ihre Stimme war bewegt. «Der IS hat ein Video von Jim Foley hochgeladen.»

«Ein Video?»

«Auf YouTube. Ich sehe es mir gerade an. Jim kniet in einem orangefarbenen Overall am Boden. Ein Typ hinter ihm liest eine Erklärung.» Sie zitierte einzelne Stellen daraus. ««Dies ist eine Bot-

schaft an Amerika. Dies ist eine Botschaft an Präsident Obama.»
Sie beschrieb, dass der Mann «ein kleines Messer» halte.

Einen Moment war es still, dann hörte ich ihre Stimme brechen.
«Oh Gott», sagte sie, «oh Gott.» Dann begann sie zu weinen. Ich
starrte die beige Wand vor mir an.

«Wurde er enthauptet?», fragte ich.

«Ja.»

«Ich sage es POTUS.»

Ich ging in Obamas Büro am vorderen Ende des Flugzeugs. Er
saß hinter seinem Schreibtisch, und Malia saß auf dem Sofa und las
etwas. Ich beugte mich über den Schreibtisch, er sah meine Miene
und seine Augen weiteten sich vor Besorgnis. Er bat Malia, uns
einen Moment allein zu lassen.

«Der IS hat ein Video veröffentlicht», sagte ich.

«Foley?», fragte er.

«Ja. Er ist enthauptet worden.» Ich erklärte, was ich von dem Video wusste, und zögerte einen Moment, bevor ich sagte: «Die haben es eine Botschaft an Amerika und an Sie genannt, als Reaktion
auf die Luftschläge.»

Obama ging nicht auf diesen Teil ein. «Foley, der Journalist?» Er
schien diesen Menschen durch seinen Beruf definieren zu wollen,
nicht durch seinen gewaltsamen Tod.

«Ja. Der freie Korrespondent, der 2012 entführt wurde.»

«Ich sollte seine Familie anrufen», sagte Obama. «Und eine Erklärung abgeben.» Ich schaute auf die Uhr. Der Flug nach Vineyard
war kurz; wir würden bald landen, also musste ich etwas entwerfen.
«Versuchen wir, das Video aus dem Netz zu nehmen?»

«Ja», sagte ich. «Ich glaube, unsere Medien werden kooperieren,
aber die werden einen Weg finden, es zu verbreiten.»

Er ging, um Malia zu suchen, und ich ging zu meinem Sitz zurück
und hielt eine Telefonkonferenz ab.

Nach der Landung fuhr ich in der Wagenkolonne zu Obamas Residenz statt zum Hotel für die Mitarbeiter. Das Haus hatte ein riesiges, hohes Wohnzimmer, größer als meine ganze Wohnung. Die Obamas gingen in einen Nebenraum, um mit einigen Freunden zu Abend zu essen, und ich ging in ein Büro, wo mehrere Laptops und ein Drucker standen. Es war die Art von Haus, wo die Stereoanlage in jedem Zimmer mit derselben Lautstärke spielt. Ich mobilisierte all meine Empörung für eine Erklärung, die die Abscheu der Amerikaner vor dem IS bündeln würde. Ich versuchte, so viel wie möglich über Jim Foley herauszufinden, um eine Hommage an sein Leben verfassen zu können. Dabei saß ich in einem Haus, das jemand anders gemietet hatte, und hörte R&B, der für Leute in anderen Zimmern lief. Ich hatte das Gefühl, meinen Körper zu verlassen und mich dort sitzen zu sehen – die Anstrengung, die es kostete, einen schrecklichen Moment wie diesen zu durchleben, die Absurdität der Umgebung, die Frage, die Ann stellen würde: *Warum muss es immer du sein?*

Als ich fertig war und Obama das Essen beendet hatte, war man kollektiv zur Entscheidung gelangt, die Erklärung am nächsten Vormittag abzugeben – es wurde schon spät, und morgen würden wir mehr wissen. Bevor ich wegging, um zum Hotel zurückzufahren, traf ich mich kurz mit Obama. Ich rief Denis McDonough an und stellte das Telefon auf dem Sofatisch vor uns auf laut. Egal, was beim Abendessen geredet worden war, es war offenbar auch darum gegangen, ob Obama das Recht auf eine Pause habe. «Was macht es für einen Unterschied, ob ich die Erklärung abgebe oder wir sie heute Abend schriftlich herausgeben?», fragte er.

«Die Leute müssen es von Ihnen hören, Mr. President», sagte Denis.

Obama schaute zu mir. «Das stimmt», fügte ich hinzu. «Es ist ein wichtiger Moment.»

Obama schwieg. Er wusste genauso gut wie wir, dass er die Erklärung abgeben musste, spürte aber seine eigene – stärkere – Version der Erschöpfung, die ich spürte. Es widersprach auch seinem Instinkt, einer Terrorgruppe eine Bühne zu bieten. «Okay», sagte er und stand auf. «Aber ich glaube, es verleiht dem IS nur Prestige.»

«Wir verstehen das, Sir», sagte McDonough.

Am nächsten Morgen hörte ich nichts von Obama, doch er kam zu der Schule, wo die Presse versammelt war. Jen Palmieri war für die zweite Woche hergekommen, und wir verbrachten eine Minute mit Obama im Vorraum. Er kritisierte erneut, dass er eine Erklärung abgeben müsse, dieses Gefühl schien sich über Nacht verstärkt zu haben. «Es verleiht dem IS nur Prestige», sagte er. «Es ist genau das, was er will.» Trotzdem gab er die Erklärung voller Entschiedenheit ab, wurde später aber heftig kritisiert, weil er am Nachmittag Golf spielte.

Ich wusste nicht, wie ich das noch zwei Jahre durchhalten sollte. Ende 2014 würden wir ein Baby haben, und die Kuba-Verhandlungen würden abgeschlossen sein. Es wäre ein natürlicher Punkt, um zu gehen. Ich wusste nur nicht, ob ich mich dazu überreden könnte, es durchzuziehen. Ich erzählte es Ann, aber trotz all der Opfer, die sie brachte, ermutigte sie mich überraschenderweise zum Bleiben: «Wenn du gehst, wirst du es bereuen», sagte sie.

Mein Vater hatte gerade eine neue Kniescheibe bekommen, und eines Tages fuhr ich mit dem Zug nach White Plains zu seiner Rehaklinik. Die Anlage sah aus wie ein Ruhesitz des frühen 20. Jahrhunderts – ein imposanter Campus von roten Backsteingebäuden um einen Innenhof. Wir redeten über dies und das und aßen Sandwiches. Mein Vater erzählte mir, er wolle seine Ernährung und Fitness verbessern. Als ich mit der Arbeit für Obama begann, war er 68 gewesen, jetzt war er 74 und überlegte, wie der Rest seines Lebens aussehen sollte. Ich wusste, dass er mich vermisst hatte – wenn wir zusammen waren, fragte er meist als Erstes, wann ich wiederkommen könne. Er fragte aber auch immer mit Stolz in der Stimme: «Wie geht's Barack?»

Auf der Rückfahrt nach New York holte ich meinen BlackBerry heraus und sah eine Serie von E-Mail-Unterhaltungen, die diskutierten, ob Obama an diesem Tag eine Pressekonferenz abhalten solle. Manche vom Kommunikationsteam hielten es für verfrüht – wir hatten keine guten Antworten zum IS oder zur Ukraine –, aber McDonough und Palmieri meinten, es sei immer besser, wenn Obama sich zeige. Frisch aus dem Urlaub zurück, betrat er den Presseraum des Weißen Hauses in einem hellbraunen Anzug, in dem er wie ein eleganter Gameshow-Moderator aussah, was für Aufsehen sorgte. Als man ihn mit Fragen zum IS bombardierte, antwortete er auf eine: «Wir haben noch keine Strategie» – die Art von ehrlicher Antwort, die einen Präsidenten in Schwierigkeiten bringt. Nach sechs Jahren in meinem Job brauchte ich die Flut von Kritik, die auf meinem BlackBerry aufpoppte, nicht zu lesen, um ihren Inhalt zu kennen.

Wie um einen Teil von mir aus einer früheren Zeit wiederzuentdecken, in der ich Romane las und selbst einen schreiben wollte, las ich ein neues Buch von Haruki Murakami. Der Protagonist war genauso alt wie ich – 36 Jahre. Im Buch fühlt er sich in seinem Leben wie gelähmt und sucht in seiner Vergangenheit nach Antworten. Ich dachte über die kurze Reise nach, auf der ich mich gerade befand: Die Umgebung war vertraut, die New Yorker Straßen, der Versuch, mit alten Freunden Pläne zu machen, das Schlafen in meinem alten Schlafzimmer. Aber alles andere war verändert – die Dinge, über die ich nachdachte, die Welt, die mich über meinen BlackBerry erreichte, die Tatsache, dass mein Vater in einer Rehaklinik war und vom Altern sprach. Ich konnte mich mit der gegenwärtigen Situation des Erzählers identifizieren, aber nicht mit einer Wiederentdeckung der Vergangenheit, die ich nicht finden konnte. Ich war mitten in einer anderen Geschichte, und wenn ich meinen Job aufgab, würde ich sie nicht bis zu Ende durchziehen.

Ein paar Tage später flogen wir nach Estland, um Russland zu zeigen, dass wir unseren östlichsten NATO-Verbündeten beistehen würden. Nach der Landung am frühen Morgen machte ich einen Spaziergang durch die Altstadt von Tallinn. Die Straßen waren leer – nur wenige Menschen gingen zur Arbeit, radelten vorbei, verkauften Blumen. Das an der Ostseeküste gelegene Tallinn ist ein Zwitter, es hat geometrisch arrangierte Straßen und einen geordneten Lebensstil, aber die russisch-orthodoxen Kirchen, die wie kleine Kreml aussehen, erinnern an seinen gewaltigen Nachbarn. Es herrschte ein vages Unbehagen, ein spürbares Gefühl der Bedrohung.

Bei einem Treffen betonte der estnische Präsident Toomas Ilves gegenüber Obama, wir müssten Putin glauben, wenn er sage, er werde Kiew einnehmen. Ilves hatte eine akademische Art und beschrieb methodisch, wie Russland Fake News und Desinformation benutzte, um die russische Minderheit in Estland gegen Europa zu beeinflussen. Er sprach in Absätzen und setzte Putin, den Aufstieg rechtsextremer Parteien in Europa und den IS in einen Zusammenhang. «*Diese Leute lehnen die Legitimität der liberalen Ordnung grundsätzlich ab*», sagte er. «*Sie suchen eine andere Form der Legitimität, die unserer Vorstellung von Fortschritt entgegengesetzt ist.*»

Nach dem Treffen aß ich mit Obama zu Mittag und sagte, für mich habe Ilves bisher am besten diese ungleichen Stränge zusammengebunden und die in der Welt aktiven Kräfte erklärt, ohne auf eine Konstruktion zurückgreifen zu müssen, die deren Wurzeln stets in der amerikanischen Außenpolitik sah. Obama schloss nahtlos an und sagte: «Es ist dieselbe Dynamik wie bei der Tea Party. Ich kenne diese Kräfte, weil meine Präsidentschaft mit ihnen kollidiert ist.» Er schwieg kurz. «Es äußert sich natürlich auf verschiedene Art, aber Menschen versuchen immer, auf einen ‹Anderen› einzuschlagen, wenn sie Legitimität brauchen – Einwanderer, Schwule, Minderheiten, andere Länder.»

Obama war optimistischer in Bezug auf diese Kräfte, nicht weil er sie spät erkannt, sondern weil er sie früher gesehen hatte. Als Afroamerikaner besaß er eine tiefe Skepsis gegenüber mächtigen strukturellen Kräften, die mir gefehlt hatte, als ich für ihn zu arbeiten begann. Nach Jahren der Blockade durch Mitch McConnell, der Verteufelung durch Fox News und des wachsenden Stammesdenkens im In- und Ausland hatte er die Mängel der Welt, wie sie ist, eingepreist und suchte die Themen und Momente, wo er die Welt, wie sie sein sollte, fördern konnte. Das beleuchtete für mich seine fast mönchische und manchmal frustrierende Disziplin beim Versuch, sich in einer aufgewühlten Welt nicht zu übernehmen und sich gleichzeitig auf eine Reihe klar definierter Prioritäten zu konzentrieren: Verteidigung von Kerninteressen und Verbündeten. Lösung alter Probleme wie Kuba. Schließung neuer Abkommen. Keinen Mist bauen. Propagierung unserer Werte durch unser Handeln. Schrittweise, aber reale Veränderung.

Wenige Tage nach unserer Rückkehr nach Washington ging ich ins Oval Office, um mit Obama einen Entwurf für seine Rede vor den Vereinten Nationen durchzugehen. Er sprach lange und mit mehr Leidenschaft als seit Langem, die gedrückte Stimmung vom August war verflogen. Ich hörte im Hintergrund die Marine One auf dem Südrasen landen und fragte, wohin er fliege. Er wollte an einer Veranstaltung in Baltimore zur Feier des 200. Jahrestags der Entstehung des *Star-Spangled Banner* teilnehmen.

«Ich war immer mehr für *America the Beautiful*», sagte ich.

«Ja, aber nur in der Version von Ray Charles.»

Das löste eine Erinnerung an den 11. September aus. Ich erzählte ihm, wie in meiner Nachbarschaft in Queens tagelang Beerdigungen für Feuerwehrleute und Polizisten stattfanden, bei denen Witwen auf Gartenstühlen saßen, umgeben von Männern in Uniform. Ein paar Tage später besuchte ich eine kleine Eisenbahnbar in der Nähe meiner Wohnung, und ein korpulenter Typ stand neben mir am Urinal. Er sah mich an, während ihm Tränen in die Augen traten, und sagte: «Verdammt, ich kann nicht mal pissen.» Ich erzählte Obama: «Ich ging nach Hause, setzte mich aufs Bett und hörte Ray Charles *America the Beautiful* singen, und zum ersten Mal seit dem 11. September weinte ich.»

«Eigentlich sollte das die Nationalhymne sein», sagte er.

Ich lachte. «Man sollte es vor jedem Spiel spielen.»

«Nein, ernsthaft, denken Sie mal drüber nach», sagte er, als hätte ich es mitzuentscheiden. «Es ist schön auf eine einzigartig amerikanische Art. Alles ist drin. Schwarz und weiß. Religiös und säkular. Ruhm und Schmerz.» Dann begann er zu singen: «*O beautiful, for heroes proved*», und wiegte sich wie Ray hin und her. Damit ging er hinaus auf den Südrasen zur Marine One und ließ mich allein im Oval Office zurück. Ich stand in der Mitte des Teppichs, der von dem Martin-Luther-King-Zitat über den Bogen des moralischen Universums gesäumt war, und hörte Ray Charles' Stimme in meinem Kopf. Auf keinen Fall würde ich diesen Posten aufgeben.

Kapitel 24

Neuanfänge

Ricardo und ich trafen gegen Mittag in Rom ein, zeitig genug, um
früh zum Vatikan zu kommen und ein paar Mal um den Block zu
gehen, damit wir unser Vorhaben durchsprechen konnten. Im Lauf
der letzten Wochen hatte Obama uns erlaubt, einen Austausch der
letzten drei in den USA inhaftierten Kubaner gegen unseren Informanten und Alan Gross zu autorisieren. Wir hatten mit den Kubanern vereinbart, den Beginn eines Normalisierungsprozesses be-
kanntzugeben, einschließlich der Wiederaufnahme diplomatischer
Beziehungen. Die Kubaner hatten eingewilligt, 53 politische Gefangene freizulassen und den Zugang zum Internet zu erleichtern.
Wir waren übereingekommen, die Reise- und Handelsbeschränkun-
gen mit Kuba im Rahmen des Embargos zu lockern, das wir nicht
ohne den Kongress aufheben konnten.

Der Vatikan kommuniziert nicht über E-Mails, darum wusste er
nur, dass wir mit den Kubanern zu einem Treffen kamen. An diesem
Nachmittag versuchten wir inmitten von Pilgern, Touristen und Rö-
mern, den Eingang zu finden, wo wir einen gewissen Monsignor
Murphy treffen sollten, einen Mitarbeiter des vatikanischen Außenministers Kardinal Pietro Parolin.

Murphy fand uns an einem der Tore. Er war schlicht gekleidet
und sprach mit leicht britischem Akzent – er sei ein englischer Murphy, kein irischer, sagte er, obwohl viele Leute das glaubten. Als er
uns durch den Vatikan führte, blieb er in einem gepflasterten Innen-

hof stehen und deutete auf eine einfache Tür. «Das war früher die Haustür des Papstes», sagte er. Seitdem habe er ein anderes Quartier bezogen.

Als wir den Sitzungsraum erreichten, überraschte Alejandro Murphy, indem er mich mit einer kräftigen Umarmung begrüßte. Er fragte nach einer Geschichte in *Politico*, der zufolge ich die Regierung verlassen wolle. Ich antwortete, er solle sie nicht zu wichtig nehmen. «Aber da sind drei Leute erwähnt, die gehen», beharrte er, «und Sie sind einer von den dreien.»

«So bald gehe ich nicht», erwiderte ich. «Die Leute lieben Klatsch.»

Wir unterhielten uns länger über Kinder und den Namen Ella, den Ann und ich für unsere ungeborene Tochter gewählt hatten und der nicht leicht ins Spanische zu übersetzen war. Der Groschen fiel, als Juana, die kubanische Dolmetscherin, aufgeregt sagte: «Oh, wie Ella Fitzgerald.»

Wir saßen da, machten Smalltalk und warteten darauf, hereingebeten zu werden. Die Kubaner gingen zuerst, während Ricardo und ich warteten. Wir redeten mit Parolins Stellvertreter, einem freundlichen Mann mit leiser Stimme namens Monsignor Camilleri, der erklärte, er habe ein paar Jahre auf Kuba gelebt und arbeite jetzt daran, die Lage der Christen im Nahen Osten zu verbessern. Nach etwa 45 Minuten waren wir dran. Parolin war ein vatikanischer Diplomat mit sehr viel Erfahrung in Lateinamerika, und seine Miene drückte einen gewissen Schock aus. «Normalisierung der Beziehungen?» Er bat uns, das zu erklären. Ich merkte, dass diese getrennten Treffen den Zweck hatten, unabhängig voneinander unser jeweiliges Engagement zu prüfen.

Er schien auch von der Rolle überrascht, die ich spielte. Zuerst sprach er Ricardo – der etwas älter aussieht als ich – mit meinem Namen an. Um deutlich zu machen, warum wir die amerikanischen Vertreter waren, erklärte Ricardo die Rolle des Nationalen Sicherheitsrats in unserem System. Ich ergänzte, wir könnten diskreter sein als das Außenministerium. Das schien eine Frage auszulösen, die Parolin schon beschäftigt hatte. «Weiß John Kerry davon?»

«Ja», sagte ich. Früher in diesem Sommer hatte Susan Rice Kerry einen Überblick über unsere Aktivitäten gegeben. Ich versicherte ihm, Kerry unterstütze die Sache.

Nach etwa dreißig Minuten gingen wir wieder in den größeren Raum, wo die Vertreter der USA, Kubas und des Vatikans um einen gewaltigen Holztisch herum auf hohen Stühlen mit roter Lehne Platz nahmen, die aussahen, als seien sie für eine vatikanische Ratsversammlung im 17. Jahrhundert angefertigt worden. Parolin saß am Kopf des Tisches zwischen Alejandro und mir und verlas auf Spanisch und Englisch eine Erklärung, die offensichtlich vorbereitet worden war, bevor er die ganze Absicht unseres Treffens kannte. Er hieß uns im Vatikan willkommen, der zwar nur ein kleiner Staat in der Völkergemeinschaft sei, aber einer mit geistiger Macht. Er dankte für unser Vertrauen in die moralische Autorität von Papst Franziskus und betonte die Neutralität des Vatikans in zwischenstaatlichen Angelegenheiten und sein Engagement für den Frieden zwischen den Völkern. Dann schien er sich vom Text zu lösen. Er schaute uns beide aufmerksam an. «Sie hier zu sehen erzeugt Hoffnung, vor allem im Herzen des Papstes, und er hat mich gebeten, Ihnen seine Grüße auszurichten.»

Ich sprach als Erster. Um Parolins letzte Zweifel zu zerstreuen, sagte ich, wir seien hier, weil unsere Präsidenten diesen Dialog autorisiert hätten und diese Verpflichtungen ihre Entscheidungen widerspiegelten. Dann las ich das erste kurze Dokument laut vor, das unseren gemeinsamen Willen ausdrückte, mit einer Normalisierung der Beziehungen zu beginnen. Ich war nicht nervös, nur befriedigt, dass nichts mehr zu tun war, als das gedruckte Dokument vor mir zu lesen. Als Alejandro dran war, ließ ich den Blick über seine Schulter wandern, während er dieselben Worte auf Spanisch las. Hinter ihm befand sich ein riesiges Fresko mit dem gekreuzigten Christus umgeben von Engeln. An einer anderen Wand hing ein eindrucksvolles Porträt von Benedikt XVI., dem konservativen vorigen Papst, der nun im selbstgewählten Ruhestand lebte. Das Bild des lebenden Benedikt schien daran zu erinnern, dass es reaktionäre Kräfte gab – auf Kuba, in den USA und auf der ganzen Welt –, Kräfte, die immer noch aktiv waren.

Abwechselnd lasen wir noch mehrere Dokumente vor, die unsere Verpflichtungen ebenso festhielten wie die verbliebenen Differenzen. Danach erklärten wir offiziell in Anwesenheit Parolins, sie zu wahren. Nun hielt Alejandro eine lange Rede. Er sagte, dies sei der erste Schritt zu einer Normalisierung der Beziehungen, und als Nachbarn sollten die Vereinigten Staaten und Kuba einen Dialog anstreben. Er sprach unaufhebbare Unterschiede zwischen unseren Regierungssystemen an, sagte aber, sie sollten nicht der Zusammenarbeit im Wege stehen, die unseren Völkern nützen würde. «Bens Tochter Ella und meine Kinder werden direkt davon profitieren, ebenso wie andere Kinder in Kuba und den USA.»

«Wir haben eine schwierige Geschichte», antwortete ich. «Wir haben das ganze Gewicht dieser Geschichte bei unseren Gesprächen gespürt. Unsere gemeinsame Arbeit löscht diese Geschichte oder unsere Differenzen nicht aus, aber wir erkennen an, dass wir Nachbarn sind und auch eine Familie, angesichts der vielen in den USA lebenden Kubaner. Wir sind heute hier, weil unsere Regierungschefs beschlossen haben vorwärtszublicken.» Trotz unserer Differenzen «stimmen wir in der grundlegenden Verpflichtung auf die Menschenwürde überein – die auch für die Botschaft des Papstes und die Mission der Kirche zentral ist.»

An diesem Punkt waren wir beide mit unseren Reden durch, aber es schien, als wolle keiner von uns die Sitzung beenden. Dort zu sitzen, während Parolin wartete, ob von einer Seite noch etwas käme, erschien mir wie der seltene Moment einer uneingeschränkt guten Botschaft. Die Engel auf den Fresken vor mir lächelten still.

«Ich genieße diesen Moment», sagte Parolin und brach die Stille mit einem Lächeln. «Ich danke Gott, hier sein zu können, um dies zu tun. (…) Was Sie hier tun, wird den Menschen Hoffnung geben.» Alejandro und dann wir alle erhoben uns und klatschten. Parolin ging um den Tisch herum und schüttelte allen die Hände. Er zog mich nah an sich heran und sagte fast verschwörerisch, bei der öffentlichen Bekanntgabe solle es Champagner geben.

Als Murphy uns wieder nach draußen führte, hatte ich das Gefühl, tagelang hier drinnen gewesen zu sein. Ricardo und ich durchquerten allein die Menge, gingen dann durchs Tor hinaus und verloren uns im Ewigen Rom, etwas trunken vor Verwunderung über das gerade Geschehene. Wir trugen dieses Geheimnis mit uns, eine glückliche Sache. Es war nicht länger bloß ein Projekt, an dem wir arbeiteten, für das wir nach Kanada flogen, mit den Kubanern feilschten und zu Hause Aufmerksamkeit und Zustimmung suchen mussten. Dies war nun etwas, das *geschehen* und in der Welt existieren würde, und die Gefühle der vatikanischen Würdenträger schienen die Wirkung der Bekanntgabe vorwegzunehmen. Wir wussten von etwas, das auf der ganzen Welt Wirkung zeigen würde.

Dann machten wir uns auf die Suche nach der perfekten, einfachen italienischen Mahlzeit. Wir gingen von einem Block zum nächsten, sahen uns Restaurants an und verwarfen sie als nicht perfekt genug. Schließlich fanden wir ein Lokal nahe dem Fluss mit einem Tisch im hinteren Teil, wo wir Büffelmozzarella, Prosciutto, in Öl schwimmende Artischocken, Pasta mit Ragú und eine Flasche Chianti genossen. Dieses eine Mal ließ Ricardo sein Spiralnotizbuch stecken. «Besser kann es für jemanden wie mich nicht werden», sagte er. Ich fühlte mich 1000 Jahre von den Sorgen entfernt, die mich in Washington erwarteten. Wir hatten etwas in sich Gro-

Obama und Papst Franziskus, der eine entscheidende Rolle bei unseren geheimen Verhandlungen mit Kuba gespielt hatte

ßes und Richtiges vollbracht. Noch nie hatte ich mich so weit weg von Amerika so zu Hause gefühlt.

Wenige Wochen später wurden die Demokraten bei den Zwischenwahlen geschlagen und verloren dreizehn Sitze im Repräsentantenhaus und acht im Senat. Im Gegensatz zu 2010, als die Verluste eine drückende Last für das Weiße Haus darstellten, war das Gefühl diesmal anders. Obama gab wenige Tage nach der Wahl einen

Kommentar ab, der schließlich zu unserem Mantra für die nächsten beiden Jahre wurde: «Meine Präsidentschaft tritt ins Schlussviertel ein; im Schlussviertel passieren interessante Sachen.» Ja, es war eine abgegriffene Sportmetapher, aber Denis – der etwas von einem Highschool-Footballtrainer aus dem Mittleren Westen an sich hat – übernahm sie. Er ließ Aufkleber mit Obamas Mantra herstellen und verteilte sie. Das rief bei manchen Augenrollen hervor, aber auch ein Gefühl, dass wir in den letzten zwei Jahren der Präsidentschaft vielleicht große Dinge tun würden, unbelastet von der Vorsicht und Erschöpfung, die sich in den letzten Jahren manchmal eingeschlichen hatten.

Fast sofort wurde dieser Wandel zur Realität. Obama weitete den Schutz für Einwanderer ohne Papiere, die als Kinder in die USA gekommen waren, und ihre Familien aus. Er flog nach Peking und verkündete ein bilaterales Abkommen zur Bekämpfung des Klimawandels. Er hatte mit Hilfe John Podestas und unseres Klimaunterhändlers Todd Stern viele Monate damit verbracht, die Chinesen still davon zu überzeugen, wobei er an den Ehrgeiz des neuen chinesischen Präsidenten Xi Jinping appellierte. Auf dem Rückflug von Peking wies Obama – der sechs Jahre lang systematisch in saubere Energie investiert, Treibstoffeffizienz-Standards geändert und Umweltschutz-Maßnahmen ohne Unterstützung des Kongresses eingeführt hatte – auf Chinas Fähigkeit zu einer schnellen Entscheidung hin, die seine Wirtschaft völlig verändern konnte. «Sie können ein Signal aussenden und ihren Energiesektor reformieren», sagte er. «Wir können nicht mal einen Flughafen bauen.»

Er wirkte lockerer und weniger von dem Widerstand belastet, der ihm zu Hause entgegenschlug. Bei unserer nächsten Station nach China – einem Ostasien-Gipfel in Myanmar – bestiegen Susan und ich nach einem weiteren langen Tag «the Beast». Obama holte sein iPad hervor. «Ich hab einen Song im Ohr», sagte er und begann ihn auf voller Lautstärke zu spielen, was ich ihn auf Hunderten dieser

Fahrten noch nie hatte tun sehen: *Thrift Shop* von Macklemore. Er und Susan begannen im Sitzen zu wippen, vor, zurück und seitlich – «*I'm gonna pop some tags, only got twenty dollars in my pocket*» –, während ich unbehaglich dasaß, der steife weiße Typ, der mit gefrorenem Lächeln dem weißen Rapper lauschte und sich fragte, was die beiden Secret-Service-Leute vorne im Wagen wohl dachten. *Das hier ist ein Typ, dem das völlig wurscht ist,* dachte ich.

Als wir zurück in Washington waren, ging ich am 10. Dezember in Obamas Büro, um seine Anweisungen für die Erklärung zu hören, die er bei der Verkündung des Kuba-Abkommens abgeben würde. «Fangen Sie mit dem Kalten Krieg an», sagte er, «und bringen Sie die Dauer des Konflikts mit meinem Lebensalter in Verbindung.» Ich ging zurück in mein Büro, wo ich mich mit einem jesidischen Abgeordneten des irakischen Parlaments treffen sollte. Jenseits der Routine von Sitzungen, Reden und Presseerklärungen hatte ich das Gefühl, mein Job schrumpfe zu einer Sammlung von Weitschüssen und aussichtslosen Fällen. Ich machte gerade eine kurze Pause, als Ann anrief und sagte, sie sei mit hohem Blutdruck ins Krankenhaus gefahren. «Komm jetzt noch nicht. Ich ruf dich an, wenn's so weit ist.»

Ich legte auf und erzählte Bernadette Meehan, die vor meinem Büro saß, was Ann gesagt hatte. «Sind Sie irre? Verziehen Sie sich!»

Ich fuhr zum Krankenhaus und eilte zur Entbindungsstation, wo Ann im Bett lag, während die Wehen begannen. Ich saß auf einem Sofa mit Plastiküberzug, als einer der bestaussehenden Männer, die ich je gesehen hatte, hereinkam, um Ann eine Periduralanästhesie zu geben. Wir nannten ihn McDreamy. Die Krankenschwester schlug vor, ich solle ein Nickerchen machen. Ich döste mehrere Stunden, sah zu Ann hinüber, die schlief, und schickte Textnachrichten an Familienmitglieder und Freunde, um mich nützlich zu machen. Menschen, mit denen ich jahrelang kaum Kontakt gehabt hatte, gratulierten und baten darum, auf dem Laufenden gehalten zu werden, was mir wie eine Vergebung vorkam. Kurz nach ein Uhr nachts ging es los, wobei Ann, die Schwester und der Arzt auf die Wehen konzentriert waren, während ich dasaß und mich fühlte, als sähe ich etwas, das für uns völlig umwälzend war und zugleich für das Krankenhaus absolute Routine. Nach einer gefühlten Ewigkeit war Ella plötzlich da – alle vier Glieder bewegten sich gleichzeitig, voller Leben und Bewegung in den Händen der Schwester.

Nach weniger als einer Minute war Ella gesäubert, in ein Tuch gewickelt und in meine Arme gelegt. Es war kurz vor vier Uhr morgens, als ich auf ihre geschlossenen Augen herabschaute und die Wärme ihres Körpers durch das Tuch hindurch spürte. Die Schwester hatte Schichtende, und wir blieben allein. Ann und ich hielten Ella abwechselnd und bemühten uns, wach zu bleiben. Nun waren wir eine andere Art von Einheit, drei Menschen, die diese Welt bewohnten. Nachdem wir in ein Privatzimmer gebracht worden waren, kam die Schwester gegen zehn herein und wechselte mit Ann zum ersten Mal Ellas Windel, als mein Telefon klingelte. Ich ging ran, und es war Obamas Stimme, die erste von außerhalb des Krankenhauses. «Sie sieht aus wie Sie», sagte er. «Hoffentlich sieht sie später mehr aus wie Ann.» Ich lachte. «Ihr Leben wird nie mehr so sein wie vorher.»

Ann fragte, wer es sei, und als ich sagte: «Der Präsident», wirkte es fast normal.

Drei Tage später musste ich zurück ins Büro, um mich mit dem Team zu treffen, das an der Kuba-Erklärung arbeitete. Weil der Kreis so klein war, war ich der Einzige, der die Rede schreiben, die Presse informieren und sicherstellen konnte, dass alle Teile zusammenpassten. Als ich durchs Tor ging und den West Wing betrat, wirkte es wie ein Besuch an einem Ort meiner fernen Vergangenheit – ein Highschool- oder Unitreffen – und nicht wie der Ort, wo ich seit sechs Jahren jeden Tag gewesen war. Abends setzte ich mich in meiner Wohnung an den Tisch und schrieb die Rede in wenigen Stunden. «Heute verändern die Vereinigten Staaten von Amerika ihr Verhältnis zum kubanischen Volk.» Die Worte kamen leicht; das war etwas, was ich selbst getan hatte, nicht bloß etwas, worüber ich schrieb.

Am Tag vor der Bekanntgabe kam ich ins Oval Office, um Obamas Telefonat mit Raúl Castro mitanzuhören – das erste solche Gespräch zwischen einem amerikanischen und einem kubanischen Staatschef seit der Revolution. Während wir dasaßen und auf die Verbindung warteten, schaute Obama zu mir, Susan und Ricardo herüber und sagte: «Wie Joe Biden sagen würde, das ist eine verdammt große Sache.»

«Señor Presidente!», erklärte Castro, als die Verbindung stand. Ich erkannte Juanas Stimme, die im Hintergrund dolmetschte. Nach den Begrüßungen ging Obama alle Punkte durch, die wir ihm gegeben hatten, fast zwanzig Minuten lang. Als Castro dran war, scherzte er, Obama habe Fidels Rekord im ununterbrochenen Reden bei Weitem nicht erreicht.

Castro begann mit einer Zusammenfassung der Verpflichtungen beider Seiten. Dann machte er einen langen Exkurs über die jahrelangen Versuche, die kubanische Regierung zu sabotieren. Während ich auf dem Sofa saß, trat mir Schweiß auf die Stirn, als ich die Zeiger der antiquarischen Standuhr vorwärtsschreiten sah – zehn Minuten, zwanzig Minuten, dreißig Minuten. Ich schob Obama einen Zettel zu, er könne das abkürzen. Er schüttelte den Kopf und hielt die Hand über den Hörer. «Es ist lange her, seit sie mit einem US-Präsidenten geredet haben», meinte er. «Er hat viel zu sagen.» Das Gespräch endete mit einer Einladung Castros an Obama, nach Kuba zur Jagd zu kommen – die Vorstellung, Obama könne irgendwo jagen gehen, schien viel unwahrscheinlicher als der Besuch eines US-Präsidenten auf Kuba.

Eine letzte Sache hätte unser Unternehmen noch zum Scheitern bringen können. Das Kommunikationsteam hatte geplant, im Roosevelt Room ein Rednerpult aufzubauen, und dort hätte Obama vor einem riesigen Bild Teddy Roosevelts gestanden, wie er gerade den San Juan Hill hinaufreitet – der symbolische Moment, mit dem die De-facto-Kolonisierung Kubas durch die USA begann. Wir ließen das Rednerpult stattdessen im Cabinet Room aufbauen.

Am nächsten Tag ging ich früh zur Arbeit. Es war kalt, und ich hatte tagelang kaum geschlafen, aber das Geheimnis war gewahrt worden. Ich erwachte mit einem Wust von Nachrichten – zwei Flugzeuge waren nach Kuba gestartet, um Alan Gross und den Geheimdienst-Informanten abzuholen; die Benachrichtigung einiger Mitglieder des Kongresses und der Regierung hatte begonnen. Alle Teile waren jetzt in Bewegung. Ich saß gerade am Schreibtisch und machte letzte Änderungen an der Erklärung, die Obama abgeben würde, als ich erfuhr, dass die Maschine mit Alan Gross an Bord von Kuba abgeflogen war, seine geliebten Corned-Beef-Sandwiches in der Bordküche, während seine Frau Judy ihn nach über fünf Jahren Trennung erwartete. Die Neuigkeiten kamen auf Sendung, und wir hielten eine Pressekonferenz ab. Im Lauf der Jahre hatte ich Hunderte davon erlebt, aber nun erzählte ich die Geschichte der letzten anderthalb Jahre meines Lebens. Als das erledigt war, ging ich wieder nach draußen in die Kälte, um frische Luft zu schöpfen und allein eine Pause zu machen, bevor ich erneut eine Welt betrat, die mein Geheimnis jetzt kannte.

Ich ging wieder hinein und sah Obama auf dem kleinen Bildschirm an der Wand meines Büros sprechen. Ich würde zu keiner Party, keiner Siegesfeier gehen; ich wollte meine Arbeit erledigen, damit ich nach Hause zu meiner Tochter konnte, die noch keine Woche alt war. Noch bevor Obama seine Rede beendet hatte, machte Ann mir das größte Geschenk, das ich hätte bekommen können, indem sie mir ein Foto schickte, das ihre Schwester Teresa aufgenommen hatte. Ann hielt Ella vor dem Bild Obamas im Fernsehen, während die Einblendung am unteren Bildrand lautete: «Obama verkündet neue Kubapolitik. Obama: Normalisierung der Beziehungen zwischen unseren Ländern, größte Veränderung der US-Kuba-Politik seit 1961.» Besser kann es nicht werden, wie Ricardo in Rom zu mir gesagt hatte.

Teil Vier

WAS AMERIKA GROSS MACHT
2015–2017

Kapitel 25

Die Bremsen antippen

Zu Beginn des vierten Quartals hatte Obama das nationale Sicherheitsteam beisammen, das er wollte: Susan Rice, Lisa Monaco und Susans wichtigste Stellvertreterin, Avril Haines, eine kluge, fleißige und exzentrische Frau, die ihre Erfahrungen als Top-Anwältin des NSC und ein klares Bekenntnis zum Rechtsstaatsprinzip mit dem operativen Hintergrund einer ehemaligen stellvertretenden Direktorin der CIA verband. Gemeinsam hatte dieses Team eine Strategie zur Bekämpfung des IS und globale Notfallmaßnahmen zur Bekämpfung der Ebola-Epidemie entwickelt, die das Schreckgespenst einer globalen Seuche mit vielen Millionen Todesopfern heraufbeschworen hatte.

Gegen Ende des Jahres 2014 veröffentlichte der Senatsausschuss für Nachrichtendienste die Zusammenfassung eines 6700 Seiten starken Berichts über die Anwendung von Folter und Überstellungen durch die Bush-Regierung. Der moralische Zusammenbruch der Regierung der Vereinigten Staaten nach dem 11. September wurde hier in aller Deutlichkeit dargestellt. Die Deklassifizierung hatte sich über längere Zeit hingezogen, wobei wir im Weißen Haus in einer Vermittlerposition zwischen einer CIA standen, der es widerstrebte, geheime Informationen an die Öffentlichkeit zu geben, und einem Senatsausschuss, der auf möglichst wenige Schwärzungen drängte.

Am Tag nach der Veröffentlichung des Berichts wollte McDonough von Obama wissen, ob er meinte, dass die Auslieferung des Reports reibungslos verlaufen sei. «Ja», sagte er. «Meiner Meinung nach lief es gut. Wie fanden Sie es?»

«Ich fand auch, dass es gut lief», antwortete McDonough. «Ich wollte nur sichergehen, dass Sie es genauso sehen.»

«Wissen Sie», sagte Obama, «ich denke, es ist eine Chance für uns alle, darüber nachzudenken, was Angst diesem Land antun kann. Wir unterscheiden uns gar nicht so sehr von den Leuten, die vor uns hier waren, obwohl ich denke, dass wir bei mehr Dingen Recht haben.» Sein Ton war ungewöhnlich formell. «Wenn Sie wissen möchten, warum ich gelegentlich die Bremsen antippe, dann ist genau das der Grund. Wir dürfen keine Entscheidungen auf der Grundlage von Ängsten treffen.»

«Da haben Sie verdammt recht», sagte Biden. «Und wir haben Glück, dass wir Sie haben.» Er streckte die Hand aus wie ein alter Kumpel und ergriff Obamas Handgelenk.

Nach den IS-Enthauptungen wurde Obama mit Forderungen überhäuft, mit Militärschlägen ein gewisses Maß an Vergeltung zu üben. Aus dem Kabelfernsehen schlug uns eine an Hysterie grenzende Angst entgegen. Auf einer Veranstaltung zog mich ein Geschäftsmann zur Seite und erzählte mir, er habe ein privates Sicherheitsteam angeheuert, um nicht auf den Straßen von New York enthauptet zu werden. Irgendwann rief mich Obama ins Oval Office, wie er es manchmal tat, wenn er etwas loswerden wollte, das ihm auf der Seele lastete. Wir unterhielten uns ein wenig über den aktuellen Stand unserer öffentlichen Linie in Bezug auf den IS. «Wissen Sie», sagte er dann, «ich kann jetzt verstehen, wie es zum Irakkrieg gekommen ist.»

«Was meinen Sie damit?»

«Die Leute haben zurzeit eine solche Angst», sagte er. «Es wäre für mich als Präsident ein Leichtes, auf diese Welle aufzuspringen und zu tun, was ich will.»

Stattdessen hatte er diesen Herbst gezielter gehandelt, hatte eine begrenzte Bombardierungskampagne im Irak und in Syrien begonnen und kleine Teams von US-Beratern vor Ort eingesetzt, um die irakischen und syrisch-kurdischen Streitkräfte zu organisieren, die das Gebiet nach und nach vom IS zurückeroberten. Er setzte strenge Obergrenzen für die Anzahl dieser Berater und für das, was sie tun durften – und handelte sich damit eine weitere Breitseite von Beschwerden des Pentagon über sein «Mikromanagement» ein. Es war ihm egal. Der IS stellte eine ausreichend ernsthafte Bedrohung dar, die Tausende von Luftangriffen rechtfertigte, aber wann immer die Bedrohung als «existenziell» bezeichnet wurde, schauderte ihn. Der IS hatte bislang vier Amerikaner getötet, ein verschwindend geringer Bruchteil unserer Verluste im Irak und in Afghanistan. Der IS war eben nicht, wie einige unserer Kritiker brüllten, vergleichbar mit Nazi-Deutschland – dieselbe Rhetorik, die Bush nach dem 11. September benutzt hatte, als seine Regierung den Einsatz von «verschärften Verhörmethoden» genehmigte.

Im Winter 2015 lautete ein Hauptvorwurf der Republikaner gegen Obama, dass er sich weigerte, unseren Feind als den «radikalen Islam» zu bezeichnen. In der Regierung hatten wir schon früh beschlossen, uns von der Formulierung «globaler Krieg gegen den Terror» zu entfernen, weil man unserer Überzeugung nach weder einen Krieg gegen eine Taktik führen noch sie jemals besiegen konnte. Wir vermieden es auch generell, den Feind mit dem Begriff «Islam» zu belegen, weil Terrorgruppen wie al-Qaida sich als religiöse Bewegung ausgeben wollten. Nach bin Ladens Tod wurden Mitteilungen in seinem Komplex gefunden, in denen er beklagte, das Fehlen eines religiösen Namens für al-Qaida habe es dem Westen erlaubt, «irrtümlicherweise zu behaupten, dass er sich nicht im Krieg mit dem Islam befinde». Der IS – der «Islamische Staat» – ging mit seinem Namen und der Ausrufung eines Kalifats auf diese Kritik bin Ladens ein.

Da die meisten Republikaner nicht mehr Truppen an Orten wie Syrien fordern wollten, begannen sie ihre Strategien gerne mit der Behauptung, sie würden den Feind als den «radikalen Islam» identifizieren, als ob allein die Klarheit dieser Rhetorik den IS in sich zusammenbrechen lassen würde. Die Medien fragten uns ständig danach, warum wir uns weigerten, diese Rhetorik zu übernehmen. Im Februar dieses Jahres richteten wir ein Gipfeltreffen zur Bekämpfung des gewalttätigen Extremismus aus, bei dem Experten und führende Persönlichkeiten aus (überwiegend muslimischen) Communities zusammenkommen sollten, die von fortschreitender Radikalisierung bedroht waren. Dass im Namen der Konferenz das Wort «islamisch» fehlte, brachte das Thema wieder einmal in die Presse, und Obama rief mich in sein Büro.

«Hey», sagte er hinter seinem Schreibtisch sitzend. «Ich wusste nicht, dass wir so politisch korrekt waren, wenn wir über islamischen Extremismus sprachen. Ich dachte, es wäre nur irgendein Fox-News-Blödsinn.» Er hatte gerade eine Kolumne von Thomas Friedman mit dem Titel «Say It Like It Is» gelesen, in der dieser uns vorhielt, wir würden nicht sagen, dass wir uns im Krieg mit dem radikalen Islam befanden.

Ich stand da und fühlte mich plötzlich ganz schwach in den Beinen. Hatten wir Monate damit verbracht, eine Position zu verteidigen, die Obama gar nicht so wichtig war? «Ich glaube, es ist der Ausdruck ‹radikaler Islam›», sagte ich. «Das lässt es klingen …»

«Als wäre der gesamte Islam radikal», sagte er und nickte. «Ich verstehe das. Aber ich habe keinerlei Problem damit zu sagen, dass diese Ideologie ein Problem in der islamischen Welt darstellt.»

«Wir haben auf all die Male hingewiesen, die Sie das gesagt haben.» Ich versuchte, mir eine andere Formulierung auszudenken, und erkannte dann, dass dies das Problem war. «Ich denke, das Problem, das sich Josh stellt, ist», sagte ich und bezog mich auf die täglichen Pressebriefings unseres Pressesprechers Josh Earnest, «warum wir nicht sagen, dass wir Krieg gegen den radikalen Islam führen.»

Ich sah, wie Obama die Absurdität der Debatte registrierte. Es kam häufig vor, dass diese Kontroversen – die von radikalen Websites über Fox News in den Pressekonferenz-Raum des Weißen Hauses wanderten und schließlich ihren Weg in Kolumnen von Leuten wie Tom Friedman fanden – ihn erst später in diesem Prozess erreichten als den Rest von uns. «Also wäre alles, was wir jetzt tun, eine Veränderung unserer Position.»

«Genau», sagte ich.

«Und würde mehr Aufmerksamkeit erregen.»

«Ja», sagte ich. «Hier und rund um die Welt.»

Wir waren beide für einen Moment still. «Also ist es nicht angemessen», sagte er.

«Genau, es ist nicht angemessen.»

«Okay», meinte er und erkannte, dass es sich um eine innenpolitische Frage handelte und nicht wirklich um eine Frage der nationalen Sicherheit. «Ich werde mit Josh und Denis darüber reden.»

Der Gipfel zur Bekämpfung des gewalttätigen Extremismus fand statt, und wir kündigten eine Reihe von Maßnahmen an, um mit relevanten Communities gegen die Bedrohung durch den IS und andere extremistische Gruppen – wie etwa die weißen Suprematisten – zu kämpfen. Wir kündigten vernünftige, technokratische Dinge an, etwa Verbindungen zwischen Strafverfolgungsbehörden und den muslimischen Communities aufzubauen, die vom IS ins Visier genommen wurden, und verwiesen darauf, dass gewalttätiger Extremismus verschiedene Formen annehmen kann. Aber politisch erhitzte das die Gemüter nur noch mehr. Ted Cruz, der sich auf eine Präsidentschaftskandidatur vorbereitete, prangerte Obama – der jeden Tag seiner Präsidentschaft als Oberbefehlshaber Krieg geführt hatte – als einen «Apologeten radikal-islamischer Terroristen» an.

***

Ich versicherte Obama schließlich, dass ich bis zum Ende seiner Amtszeit dabeibleiben würde. Ich stand im Oval Office, und wie er es vor zwei Jahren nach der Wahl in der Air Force One getan hatte, fragte er mich, ob ich ein zusätzliches Projekt übernehmen wolle – so etwas wie Kuba.

«Nein», sagte ich, «aber ich möchte, dass sich einige Dinge ändern.»

«Was?», fragte er.

«Ich möchte weniger arbeiten», sagte ich, «und meine Familie häufiger sehen.» Um ihm ein Gefühl dafür zu geben, was ich meinte, fügte ich hinzu: «Ich möchte mich so weit wie möglich aus den tagtäglichen Kommunikationen ausklinken. Ich will nicht Ende 2016 zur Arbeit kommen und immer noch auf Vorwürfe antworten müssen, warum Sie beim IS schwach sind.»

Er lachte. «Ich auch nicht», sagte er. «Aber ich werde Sie für den Iran brauchen.»

Wir waren in die Zielgerade der Verhandlungen mit den Iranern eingeschwenkt, und die Opposition gegen das Abkommen – das es noch nicht einmal gab – nahm immer schärfere Züge an. Ende Januar veröffentlichte der Sprecher des Repräsentantenhauses, John Boehner, eine Pressemitteilung, in der er ankündigte, dass Netanjahu auf seine Einladung hin in die Vereinigten Staaten reisen würde, um auf einer gemeinsamen Sitzung des Kongresses zu sprechen. Bislang hatten wir weder von Boehner noch von der israelischen Regierung eine Vorankündigung erhalten. Diese Art der Einmischung in die amerikanische Außenpolitik – ein ausländischer Führer, der eingeladen wird, den US-Kongress gegen die Politik eines amtierenden Präsidenten zu beeinflussen – wäre 2009 undenkbar gewesen. Aber jetzt, 2015, war Netanjahu fast ein De-facto-Mitglied der republikanischen Fraktion, und die Republikaner hatten alle die Zusammenarbeit mit einer ausländischen Regierung betreffenden Normen aufgegeben, um die Politik eines amtierenden Präsidenten zu untergraben.

Zudem debattierte der Kongress ein weiteres Sanktionsgesetz gegen den Iran, eine kurzsichtige und überflüssige Vorlage, die faktisch das Ende der Verhandlungen bedeuten würde. Obama trat vor die demokratische Fraktion und verteidigte lange und wortreich die Notwendigkeit, John Kerry die Zeit und den Raum für die Aushandlung eines Atomabkommens zu gewähren. «Diese Abstimmung», sagte Obama, «ist kein Selbstläufer. Ich brauche Sie dafür.» Er wiederholte seine Entschlossenheit, ein Veto gegen alles einzulegen, was die Verhandlungen gefährde. Ich traf mich regelmäßig mit demokratischen Kongressabgeordneten und versuchte, sie davon zu überzeugen, dass wir auf einen guten Deal zusteuerten, einen Deal, der das iranische Atomprogramm zurückdrehen und einen Krieg verhindern würde. Dazu gehörte ein ständiges Treffen mit den jüdischen Demokraten im Repräsentantenhaus. Mitunter verliefen diese Sitzungen in einer hitzigen Atmosphäre, wobei alle einander ins Wort fielen, während wir über diverse Feinheiten des iranischen Atomprogramms diskutierten: wie viele Zentrifugen sie in Betrieb hatten, welche Anlagen sie nutzen konnten, was mit ihrem Schwerwasserreaktor geschehen sollte, der auf dem Weg war, Plutonium zu produzieren – Stunden um Stunden, in denen wir uns die Köpfe über einen Deal heiß redeten, den es noch gar nicht gab.

Normalerweise war ich ständig in der Position des Verteidigers und hauptsächlich damit beschäftigt, auf die verschiedenen Kritikpunkte einzugehen, die auf dem Hügel kursierten. Nach der Ankündigung von Netanjahus Rede jedoch veränderte sich die Dynamik; plötzlich ärgerten sich die Demokraten mehr über Netanjahu und seine Versuche, sich in unsere Politik einzumischen, als über das, was wir taten. Oft fanden diese Sitzungen im Kapitol direkt vor oder nach Treffen derselben Gruppe mit dem israelischen Botschafter Ron Dermer statt, einem engen Netanjahu-Vertrauten. Es fühlte sich an, als würden wir Sparring machen und uns auf einen größeren Kampf vorbereiten.

419

Ein Zeitraum von zehn Tagen im Juni umschloss Ereignisse, die sowohl Obamas Präsidentschaft zu einem historischen Erfolg machten als auch von den dunklen Wolken kündeten, die über seinem Erbe schweben sollten.

Am 16. Juni gab Donald Trump seine Kandidatur für die Präsidentschaft bekannt. Ich sah zu, wie er eine Rolltreppe in der vergoldeten Lobby im Trump Tower hinunterfuhr und der auf ihn wartenden Menge zuwinkte. Er verfiel in eine weitläufige, nicht unbedingt schlüssige Tirade, die wie eine Best-of-Version der Fox-News-Argumente gegen Obama klang und in der er unter anderem Mexikaner als Vergewaltiger beschimpfte. Wir nahmen das alles nicht so ernst. Trump gab nichts weiter als eine grobschlächtigere Variante dessen zum Besten, was wir von den Republikanern seit Jahren zu hören bekamen, und allem Anschein nach hatte er sowieso kaum Chancen auf das Amt des Präsidenten.

Am nächsten Tag, dem 17. Juni, betrat ein junger weißer Rassist namens Dylann Roof eine schwarze Kirche in Charleston, gesellte sich zu einer Bibelarbeitsgruppe und eröffnete kurz darauf das Feuer – innerhalb weniger Minuten waren neun Menschen tot. Damit hatte Roof zu diesem Zeitpunkt mehr Amerikaner als der IS getötet und der langen Liste der Massenerschießungen, die während Obamas Präsidentschaft stattgefunden hatten, einen besonders abscheulichen Akt des Terrors hinzugefügt. Es waren Schießereien, die aufzuhalten wir mit einem Kongress, der jegliche Waffenbeschränkungen ablehnte, keine Chancen hatten. In privaten Gesprächen beklagte Obama, dass er keine Worte mehr fand, um seine Empörung über noch eine weitere Schießerei auszudrücken. «Vielleicht gehe ich einfach zur Trauerfeier», seufzte er, «und sage gar nichts.»

Dann, am 25. Juni, trudelten wir im Oval Office für die übliche Morgenrunde ein. Während Obama sein Briefing erhielt, wurde er unterbrochen, was ungewöhnlich war, und man teilte ihm mit, dass «der Oberste Gerichtshof den Americans with Disabilities Act bestätigte». Er hielt eine Hand über den Kopf und schloss die Augen, als wollte er sagen: *Gebt mir eine Minute.* Wir alle applaudierten, standen auf, schüttelten ihm die Hand. Nach weniger als einer Minute setzte er sich hin und bat uns, das Briefing fortzusetzen. Er wirkte, als sei ihm gerade eine große Last von den Schultern genommen worden.

Dann, am Tag darauf, mehr gute Nachrichten: Der Oberste Gerichtshof entschied zugunsten der gleichgeschlechtlichen Ehe. Das Weiße Haus wurde ein feierlicher Ort, Menschen fielen sich auf den Fluren in die Arme, schwule Kollegen weinten angesichts der Nachricht. Es wurde geplant, das Weiße Haus an diesem Abend in Regenbogenfarben zu beleuchten. In Verbindung mit der Gesundheitsfürsorge fühlte es sich an, als würden die Umrisse einer erfolgreichen Präsidentschaft in den Mittelpunkt gerückt.

Obama war in der Nacht zuvor lange aufgeblieben und hatte die Rede umgeschrieben, die er in Charleston bei einem Gedenkgottesdienst für die neun getöteten Menschen halten sollte. Cody Keenan hatte den ersten Entwurf verfasst, aber wie er mir sagte, hatte Obama viel davon umgeschrieben und entschieden, die Rede im Konzept der Gnade zu verankern. In roher, handgeschriebener Prosa sprach er die rassistischen Tabus an, vor denen er oft zurückscheute – den Rassismus der Konföderiertenflagge und das Strafrechtssystem; die Geißel der Waffengewalt und die beiläufige Voreingenommenheit, welche die Leute dazu bringt, «Johnny für ein Vorstellungsgespräch zurückzurufen, aber nicht Jamal»; die Notwendigkeit, «uns damit zu befassen, wodurch wir einige unserer Kinder dazu bringen zu hassen». Als Cody mit der Marine One abhob, schickte er mir eine Nachricht, dass Obama etwas Ungewöhnliches gesagt habe: Vielleicht würde er, wenn es ihn überkäme, während seiner Rede *Amazing Grace* singen.

An diesem Nachmittag arbeitete ich an meinem Schreibtisch, als die Rede auf dem Fernsehsender des Weißen Hauses gezeigt wurde, der immer dann lief, wenn der Präsident sprach. Im Laufe der Rede hielt ich inne, um mitzuverfolgen, wie er sich in diese Themen vertiefte. Wie so oft in schwarzen Kirchen verfiel er in einen rhythmischeren Stil, der sich von der Menge nährte – ein Mann, der dort viel willkommener war als je zuvor im Kongress. «Gott hat uns Gnade geschenkt, denn er hat uns erlaubt zu sehen, wo wir blind waren», sagte Obama. «Er hat uns die Chance gegeben, dort, wo wir verloren gegangen sind, unser bestes Selbst zu finden. Wir haben sie vielleicht nicht verdient, diese Gnade, mit unserem Groll und unserer Selbstgefälligkeit und Kurzsichtigkeit und Angst voreinander – aber sie wurde trotzdem gewährt.»

Es fühlte sich an, als würde er direkt all die widersprüchlichen Emotionen über Amerika ansprechen, die in mir entstanden waren – die Enttäuschung über die Realität um mich herum, aber auch die erlösende Natur des Projekts, an dem wir alle beteiligt waren. Als Obama sich dem Ende des vorbereiteten Textes näherte, beschrieb er die Würde der Opfer, die Gnade in ihrem Leben, die den Hass in Amerika heilen könnte. «Wenn wir diese Gnade für uns annehmen», sagte er, «*kann sich alles ändern.* Amazing Grace. Erstaunliche Gnade. Erstaunliche Gnade.» Mir stockte der Atem.

Obama hörte auf zu reden und senkte den Kopf. Ich starrte auf den Fernsehschirm. Er hielt inne für eine gefühlte Ewigkeit. Der afroamerikanische Klerus hinter ihm saß, in violette Gewänder gehüllt, schweigend im Gebet versunken. Es fühlte sich an, als habe Obama das Ende einer speziellen Rede erreicht, einer besonders guten, aber als ob etwas noch nicht ganz ausgedrückt worden sei. Dann veränderte sich etwas in seinem Gesicht – einem Gesicht, das ich angestarrt und in tausend Meetings studiert hatte, einem Gesicht, das ich lesen gelernt hatte, damit ich verstehen konnte, was er dachte oder was er von mir wollte. Ich sah den Anflug eines Lächelns und ein leichtes Kopfschütteln, als er auf das Rednerpult hinabblickte – ein Loslassen, ein Mann, der unbelastet aussah. *Er wird singen*, dachte ich.

«*Amazing grace, how sweet the sound...*»

Der Pastor hinter ihm stieß ein freudiges Lachen aus. Das Publikum begann zu jubeln, sprang auf die Füße, befreit von einer eher passiven Form der Trauer.

«*that saved a wretch like me...*»

Die Stimmen der anderen Gemeindemitglieder begannen sich im Einklang mit der seinen zu erheben. Einer der Prediger hinter ihm ließ das breiteste Lächeln erstrahlen, das man bei einem Gedenkgottesdienst überhaupt aufsetzen konnte, ein wehmütiges Lächeln. Obamas Körper entspannte sich in den Moment hinein, seine unvollkommene Singstimme schürfte die Tiefen der Hymne.

«*I once was lost, but now I'm found...*»

Ich spürte alles auf einmal – den Schmerz und die Wut über den Mord an diesen neun Menschen, etwas, das ich niedergedrückt hatte in der ständigen Abtrennung der Emotionen, die es mir erlaubte, meine Arbeit zu tun; den Stress, der von einer Arbeit kam, die mich, mein Ich, in den letzten acht Jahren mehr und mehr aufgefressen hatte; die reineren Motivationen, etwas zu tun, das sich richtig anfühlte, tief in mir vergraben; das Gefühl, dass es für uns alle vielleicht gut ausgehen würde, selbst wenn es das für die Welt nicht tun würde.

«*was blind, but now I see.*»

Eine Orgel spielte, im Publikum beteten Leute, und in diesem Augenblick wurde ich daran erinnert, dass es da draußen in der Welt Menschen gab, gute Menschen, freundliche Menschen, die wichtiger waren als all die kleinlichen Kontroversen, die uns jeden Tag umgaben, Menschen, die verstanden, wer Obama war und was er versucht hatte zu tun, Menschen, deren Unterstützung es ihm erlaubte, mitten in seinem siebten Jahr als Präsident dort zu stehen und völlig offen zu sein, auf eine Art und Weise, wie ich ihn fast nie zuvor in der Öffentlichkeit gesehen hatte. Es fiel mir schon immer schwer, genau zu erklären, was ich an diesem komplizierten Mann am meisten bewunderte. Als ich ihn dort stehen sah, spürte ich, dass ich es nie wieder jemandem erklären musste.

Dann fing er an, die Namen jedes einzelnen der Opfer zu rezitieren, unterbrochen von Orgelakkorden, eine Vorgehensweise, die etwas zuwege brachte, das ich noch nie zuvor erlebt hatte, indem sie durch die kurzen, deklarativen Worte, die er sprach, das ganze Leben eines jeden Opfers feierte, bestätigte und erhöhte:

«Clementa Pinckney fand diese Gnade.

Cynthia Hurd fand diese Gnade.

Susie Jackson fand diese Gnade.

Ethel Lance fand diese Gnade.

DePayne Middleton-Doctor fand diese Gnade.

Tywanza Sanders fand diese Gnade.

Daniel L. Simmons Senior fand diese Gnade.

Sharonda Coleman-Singleton fand diese Gnade.

Myra Thompson fand diese Gnade.»

Dann war er vorbei, dieser Moment, der ein Fenster zu etwas aufgestoßen hatte – zu Obama, zu einem besseren Amerika als dem, in dem ich jeden Tag lebte, zu einer besseren Einsicht in das, was wir alle, die für ihn arbeiteten, taten, wovon wir ein Teil waren, was mich all die Jahre immer wieder zur Arbeit zurückkehren ließ. Ich saß an meinem Schreibtisch, vor mir flimmerte der jetzt leere blaue Bildschirm, und zum ersten Mal seit vielen Jahren weinte ich.

Ein paar Tage nach der Charleston-Rede ging ich hinauf ins Oval Office. Es war das letzte Meeting des Tages, und Obama wollte mit mir, Denis und Anita Decker Breckenridge, die jetzt seine stellvertretende Stabschefin war, über die mögliche Publikmachung eines Iran-Deals sprechen. Als wir drei hereinkamen, blieb Obama, anstatt wie üblich aufzustehen und zu seinem Stuhl zu gehen, an seinem Schreibtisch sitzen, den Blick auf einen Brief in seiner Hand gerichtet. Weder bot er uns sein gewohntes «Nehmt Platz» an, noch gab er auf andere Weise zu erkennen, dass er unsere Anwesenheit bemerkt hatte, also blieben wir drei ungeschickt vor den Sofas stehen – drei Menschen, die Obama praktisch jeden Tag sahen, aber immer noch das Protokoll seines Büros respektierten.

«Sehr geehrter Herr Präsident», begann er laut zu lesen. «Lange Zeit mochte ich Sie wegen Ihrer Hautfarbe nicht. Mein ganzes Leben lang habe ich Menschen wegen ihrer Hautfarbe gehasst. Aber seit diese neun Menschen getötet wurden, habe ich über die Dinge nachgedacht, und ich weiß jetzt, dass ich falschlag. Ich möchte Ihnen für alles danken, was Sie tun, um den Menschen zu helfen.»

Er las den Brief zu Ende und legte ihn hin. Keiner von uns wusste, was er sagen sollte. Es fühlte sich an, als ob die gesamte Präsidentschaft einzig und allein den Zweck hätte, diesen einen Brief zu erhalten.

Obama sah den Brief auf seinem Schreibtisch an, als wäre er eine andere Person im Raum. «Gnade», sagte er. Dann stand er auf und ging hinüber zu seinem Sessel. «Es ist eine Schande», sagte er im Sitzen, «dass dafür diese neun Menschen sterben mussten.»

Kapitel 26

Der Antiwar-Room

Als Barack Obama sein Amt antrat, verfügte der Iran bereits über die für den Bau einer Atomwaffe erforderliche wissenschaftliche Expertise und Infrastruktur. Zu dem Zeitpunkt, als wir 2013 das Interimsabkommen abschlossen, war Teheran weniger als ein Jahr davon entfernt, genügend Rohmaterial für den Bau einer Atombombe zu produzieren, sollte die iranische Regierung beschließen, jede Zurückhaltung fahren zu lassen und ihr Atomprogramm weiterzuverfolgen. Daher gerieten die Verhandlungen zu einem fortlaufenden Versuch, ein drängendes wissenschaftliches Problem zu lösen: Wie konnten wir dem iranischen Atomprogramm genügend Beschränkungen auferlegen, um zu verhindern, dass es sich diesem Wendepunkt näherte? Angesichts der Art der Herausforderung gewann neben John Kerry ein weiteres Mitglied unseres Verhandlungsteams zusehends an Bedeutung: Ernie Moniz, der Nuklearphysiker, der als unser Energieminister diente, ein brillanter, ungewöhnlich direkter Wissenschaftler mit struppigem grauen Haar, das er in einem Stil zurückkämmte, der ihn wie einen der Gründungsväter Amerikas aussehen ließ.

Im Frühjahr 2016 intensivierten sich die Verhandlungen, und eine Einigung rückte näher. Das bedeutete, dass meine Rolle wichtiger wurde. Da ich federführend für die Bemühungen verantwortlich war, die Unterstützung des Kongresses zu sichern, die für ein Abkommen überlebensnotwendig war, wurde ich zu einer Art Barometer. In Sitzungen oder Videokonferenzen mit Kerry und dem Verhandlungsteam sah Obama immer wieder zu mir herüber, während die anderen über die neuesten Fortschritte oder Rückschritte berichteten. Er wollte sehen, ob ich auf diese Berichte mit einem gequälten Gesichtsausdruck oder einem zustimmenden Nicken reagierte. Ich kannte die Kritik, die uns erwartete, zum Teil, weil ich sie bereits zu hören bekam.

Obama musste Sicherheit, Wissenschaft und Politik auf einen Nenner bringen. Zum Beispiel hatten wir uns konsequent dagegen gewehrt, dass der Iran Zentrifugen in Fordo betreibe, einer tief unter der Erde befindlichen und damit militärisch schwieriger zu bekämpfenden Anlage. Die Iraner hingegen wollten dort einige Zentrifugen behalten, allerdings nicht angeschlossen und mit elektronischen Versiegelungen versehen, die sicherstellten, dass sie nicht in Betrieb genommen wurden. Im Gegenzug waren sie zu weiteren Zugeständnissen bei anderen Themen bereit.

«Ernie, was meinst du?», fragte Obama.

«Inhaltlich macht es keinen Unterschied», antwortete Moniz und fügte hinzu, dass ihm andere iranische Zusagen, etwa in Bezug auf ihre Lagerbestände und die Fähigkeit, neue Reaktoren zu bauen, wichtiger wären.

Das reichte Obama, und er wollte nun von mir wissen, ob wir damit beim Kongress durchkommen würden. «Solange wir sagen können, dass in Fordo keine Anreicherung stattfindet», erwiderte ich.

Ende Juni flogen Kerry und Moniz nach Wien, um die Chancen auf einen Abschluss des Deals auszuloten. Obama sagte Kerry, dass er bereit sein müsse, die Verhandlungen abzubrechen. «John», sagte er und bezog sich auf unsere Siege bei der Reform der Krankenversicherung und bei der gleichgeschlechtlichen Ehe, «ich habe mein Vermächtnis bereits. Ich brauche das nicht.» Kerry meinte, er verstehe, aber es ging ihm eben auch um sein eigenes Vermächtnis – er hatte Hunderte von Stunden in Verhandlungen mit den Iranern verbracht und eine enge Beziehung zum iranischen Außenminister Dschawad Sarif aufgebaut. Auch Moniz hatte eine enge Beziehung zu seinem iranischen Amtskollegen aufgebaut, der das MIT besucht hatte, während Moniz dort lehrte, bevor die iranische Revolution die Kluft zwischen unseren beiden Ländern aufriss. Das waren die beiden Beziehungen, die uns über die Ziellinie bringen sollten.

Am Ende verbrachten Kerry und Moniz siebzehn Tage in Wien, um einen Schlusspunkt unter die jahrelangen Bemühungen zu setzen. Man muss es ganz klar sagen: Ohne die beiden wäre der Iran-Deal niemals zustande gekommen. Der Großteil der letzten noch zu klärenden Fragen betraf die Dauer der diversen Beschränkungen, denen der Iran sich unterwarf. Es war ein komplizierter Prozess – manche Einschränkungen waren auf acht Jahre festgelegt, andere auf zehn oder fünfzehn und einige unbefristet. Jeden Tag brachten die beiden Obama auf den neuesten Stand. Ich selbst besprach mich mehrmals am Tag per Videokonferenz mit unseren Leuten in Wien, die wochenlang kaum geschlafen hatten. Wir hielten in Washington nach Dingen Ausschau, die oftmals nur einen geringen inhaltlichen Unterschied machten, uns aber helfen konnten, den Deal gegen die Flut der Kritik zu verteidigen, die unweigerlich über uns hereinbrechen würde.

Erschwerend kam hinzu, dass der Kongress den Iran Nuclear Agreement Review Act verabschiedet hatte, ein Gesetz, laut dem innerhalb von dreißig Tagen nach Vorlage im Kongress eine Abstimmung über ein endgültiges Abkommen stattfinden musste. Anfangs versuchten wir, das zu verhindern, aber die Demokraten im Kongress hatten die Nase voll davon, laufend irgendwelche Iran-Sanktionsgesetze zu blockieren, und hielten es für unklug, sich den Bemühungen um eine Abstimmung zu widersetzen. In der Praxis bedeutete das: Den Republikanern genügten eine Mehrheit im Repräsentantenhaus und sechzig Stimmen im Senat, um den Iran-Deal formal abzulehnen. Falls wir entweder im Repräsen-

tantenhaus oder im Senat ausreichend Stimmen zusammenbrach-
ten, um ein Veto des Präsidenten aufrechtzuerhalten, dann würden
sie das Abkommen nicht abschießen können. Und wenn wir im
Senat 41 Stimmen sichern konnten, dann wäre der Kongress nicht
einmal in der Lage, den Deal abzulehnen. Die Prüfungsfrist würde,
das war uns allen klar, den Republikanern, der israelischen Regierung und dem Amerikanisch-israelischen Ausschuss für öffentliche
Angelegenheiten (AIPAC) reichlich Gelegenheiten bieten, Front
gegen das Abkommen zu machen.

Aufgrund der langwierigen Verhandlungen verpassten wir am
9. Juli eine Deadline, die der Kongress in dem Gesetz bestimmt
hatte, was bedeutete, dass der Überprüfungszeitraum vor der Abstimmung *sechzig* statt dreißig Tage betragen würde. Das machte es
deutlich schwieriger, die Unterstützung des Kongresses zu sichern,
da der Zeitraum nun auch die Kongressferien im August umfasste,
was es den Gegnern des Abkommens ermöglichte, in den Bezirken
und Bundesstaaten Werbung gegen das Abkommen zu machen und
den Druck auf die Kongressabgeordneten weiter zu verstärken. Die
Iraner dachten, wir würden bei den noch offenen Fragen einkni-
cken, um die längere Kongressperiode zu vermeiden, aber Obama
wollte ihnen zeigen, dass wir bereit waren, notfalls auf ein Abkommen zu verzichten.

Tag für Tag, in denen sie wenig bis gar keinen Schlaf fanden,
feilschten Kerry und Moniz mit den Iranern über die noch offenen
Fragen. Am 12. Juli fügten sich die Teile zusammen. Am 13. gingen
Susan und ich zu Obamas abschließendem Telefonat mit Kerry ins
Oval Office. Im Grunde genommen war das Abkommen unter
Dach und Fach, aber Obama musste noch sein Plazet geben. Wir
sahen zu, wie er am Telefon Kerrys Ausführungen lauschte. «John,
Sie können sehr stolz auf sich sein», sagte er. Damit legte er auf
und lächelte.

«Sieht aus, als hätten wir einen Deal.»

«Das hat acht Jahre gedauert», sagte ich.

«Wir sollten diesen YouTube-Typen anrufen», sagte er und bezog sich dabei auf die Diskussion von 2007 darüber, wie man Gegner mit einbindet.

Obama wandte sich dem Statement zu, das er am nächsten Morgen abgeben wollte. «Stellen Sie sicher, dass wir das als nukleare Angelegenheit einstufen», sagte er mir. Seit Netanjahus Rede vor dem Kongress hatten Kritiker das nicht-nukleare Verhalten des Iran – seine Unterstützung für den Terrorismus, seine Aggressivität im Nahen Osten – instrumentalisiert, um die Legitimität des Deals in Frage zu stellen. «Wir wollen nicht, dass die Kritiker die Atomfrage mit den anderen Themen in einen Topf werfen.»

Ein paar Tage vor der Unterzeichnung des Abkommens saß ich an meinem Schreibtisch und las eine Geschichte in meinen Presseclippings. «Das ist krank», sagte ich.

Ned Price, ein ehemaliger CIA-Analyst, der vor Kurzem zum NSC-Sprecher ernannt worden war und direkt vor meinem Büro saß, kam herein und fragte, wovon ich sprach. «Sehen Sie sich diese *Breitbart*-Geschichte an», sagte ich. Über meine Schulter hinweg las Ned den Anfang der Geschichte laut vor: «Der stellvertretende Nationale Sicherheitsberater Ben Rhodes, dem es an jeglichen vorangehenden Qualifikationen für den Posten mangelt, hat Jeffrey Goldberg vom *Atlantic* beim Aspen-Ideas-Festival am Montag erklärt, die Regierung sei überzeugt, dass sich selbst ein schlechter Iran-Deal lohne, weil politische Reformen innerhalb des iranischen Regimes mit einem Deal wahrscheinlicher seien als ohne. Oder, um Rhodes' eigene Worte zu benutzen: ‹Wir glauben, dass der Kuss des Atomdeals den iranischen Frosch in einen hübschen Prinzen verwandeln wird.›»

«Das *ist* krank», sagte Ned.

Im Gegensatz zu meiner manipulierten Bengasi-E-Mail klang dies nicht nach etwas, das ich – oder irgendjemand sonst – sagen würde.

Also checkten wir die Abschrift. Was ich, wie sich herausstellte, tatsächlich gesagt hatte, war: «Wir glauben, dass ein Abkommen notwendig ist und gut genug sein muss, um den Abschluss zu rechtfertigen, selbst wenn sich die iranische Regierung nicht verändert. Wenn im Iran in zehn oder fünfzehn Jahren noch dasselbe Regime wie heute am Ruder ist, muss das Abkommen robust genug sein, um auch dann zu funktionieren.» Das war ein zentraler Punkt in unserer gesamten Argumentation: Wir brauchten einen Deal, um den Iran daran zu hindern, eine Atomwaffe zu bauen, eben weil das Regime gefährlich war – was natürlich der Grund war, warum Kritiker versuchten, das Argument auf den Kopf zu stellen.

Ich wandte mich an Goldberg, der die Story öffentlich als falsch anprangerte. Aber Faktenchecks konnten die Leser des *Breitbart*-Portals nicht erreichen, das zu der Sache bereits mehr als eine Geschichte veröffentlicht hatte und damit eine unüberschaubare Anzahl von Internet-Geschichten, Radiobeiträgen und Tweets losgetreten hatte. *«Wir glauben, dass der Kuss des Atomdeals den iranischen Frosch in einen hübschen Prinzen verwandeln wird.»* In wenigen Stunden würden Millionen von Menschen diese Meldung lesen, weit mehr als die Leserschaft der *New York Times*. Es waren Fake News, und es gab keine Möglichkeit, die Menschen davon abzubringen, Dinge zu glauben, die ihre etablierten Überzeugungen bestätigten.

Breitbart hatte bereits eine Geschichte über eine mit dem Iran befasste NSC-Mitarbeiterin namens Sahar Nowrouzzadeh geschrieben, weil sie iranischer Abstammung war und einmal als Praktikantin für eine Organisation gearbeitet hatte, die einen diplomatischen Ansatz gegenüber Teheran propagierte. Sahar war eine Karrierebeamtin, die seit einem Jahrzehnt für die Regierung arbeitete, anfangs unter George W. Bush im Pentagon. Die Geschichte stellte sie als eine Manchurian Kandidatin dar, eine Verräterin in den eigenen Reihen, die sich für die Interessen des Iran im Weißen Haus von Obama einsetzte. Danach lud Obama sie ins Oval Office ein.

«Lassen Sie sich nicht unterkriegen», ermutigte er sie und posierte mit ihr für ein Foto vor seinem Schreibtisch, auf dem Nowrouz-zadeh mit einem wie eingefroren wirkenden Lächeln gegen die Tränen ankämpft.

Später, in meinem Büro, gab ich ihr ebenfalls ein paar aufmunternde Worte mit auf den Weg. «Wir dürfen sie einfach nicht gewinnen lassen». Es war die Art von Dingen, die ich mir seit Jahren selbst einredete und von denen ich wusste, dass sie ein schwacher Trost waren – genug, um einen für den Tag zu motivieren, aber nicht genug, um das Verhalten unserer Gegner erträglicher zu machen.

Dutzende von Menschen – Diplomaten, Anwälte, Experten für Sanktionen, Atomwissenschaftler, Geheimdienstanalytiker – hatten jahrelang in Wendy Shermans Team darauf hingearbeitet, das Iran-Abkommen unter Dach und Fach zu bringen. Nun hatten sie, wie mir vorkam, mir und meinem Team den Stab übergeben, und uns blieben noch sechzig Tage, um dafür zu sorgen, dass der Kongress ihre Arbeit nicht zunichtemachte. Wir würden es ohne jeden Zweifel mit einer gut finanzierten und unerbittlichen Gegenkampagne zu tun bekommen, die darauf abzielte, den Deal zu sabotieren. Das letzte Mal, als wir vor einer Abstimmung über ein Gesetz zu Iran-Sanktionen – das Sanktionsgesetz aus dem Jahr 2011, das vom AIPAC vehement unterstützt worden war – Bedenken äußerten, wurde es am Ende vom Senat mit 100:0 Stimmen angenommen.

Ich saß am Tisch in meiner Wohnung und ging den Plan für die Kongressbriefings und die Öffentlichkeitsarbeit durch, der uns für die nächsten zwei Monate als Richtschnur dienen sollte. «Ich war noch nie so gestresst», sagte ich zu Ann, die gerade in der Küche stand.

«Was meinst du?», fragte sie.

«Mir kommt es so vor, als würde das alles auf meinen Schultern lasten.»

«Das ist verrückt», sagte sie. «Da stecken viele Leute mit drin.» Sie fing an, die Führungsspitze des Außenministeriums aufzulisten: «Kerry, Wendy, Tony...»

«Das ist nicht dasselbe», erwiderte ich.

«Warum?», fragte sie. «John Kerry hat sein ganzes Leben lang genau dafür gearbeitet.»

«Es ist einfach nicht dasselbe», sagte ich. Ich atmete tief durch und starrte auf den Computerbildschirm. «Ich kann es nicht erklären.» Kerry konnte sich zumindest auch auf die Diplomatie konzentrieren; ich war dabei, zwei Monate unten im Morast zu verbringen und den Teil meiner Arbeit zu tun, der mir am wenigsten Spaß machte, und es war dem Gefühl nach das Wichtigste, was ich je tun würde.

Am nächsten Morgen präsentierte ich Denis McDonough mein Konzept: Ich wollte das Iran-Team, das ich bereits aufgebaut hatte, in eine ständige Arbeitsgruppe verwandeln, die sich voll und ganz darauf konzentrierte, die Unterstützung des Kongresses für den Deal zu sichern. «Du hast noch einen anderen Job», sagte er. «Du brauchst jemand anderen, der den War Room leitet.»

Ich wandte mich an einen Mann namens Chad Kreikemeier, einen umgänglichen ehemaligen Kongressmitarbeiter aus Nebraska, der sich im Weißen Haus um legislative Angelegenheiten kümmerte. Gemeinsam würden wir ein Team aus kämpferischen Persönlichkeiten und exzentrischen Experten zusammenstellen, die sich mit Politik, Kommunikation, digitaler Öffentlichkeitsarbeit, Engagement für die jüdische Gemeinschaft, Verbindungen zu fortschrittlichen Organisationen und vor allem mit Kongressabgeordneten und ihren Büros befassen sollten. Ich machte das Angebot, und Chad versprach, darüber nachzudenken; unausgesprochen war dabei die Tatsache, dass derjenige, der eine prominente Rolle bei der Verteidigung des Iran-Abkommens übernahm, sich damit quasi eine Zielscheibe auf den

Rücken heftete. Weniger als eine Stunde nachdem er mein Büro verlassen hatte, kam er zurück. «Okay», sagte er. «Ich werde das auf keinen Fall nicht machen.»

«Meinen Glückwunsch», sagte ich. «Sie haben gerade das Kommando über den War Room übernommen.»

Wir einigten uns schließlich auf die Bezeichnung «Antiwar-Room». Obama trug uns auf, dafür zu sorgen, dass wir dieselben progressiven Gruppen mobilisierten, die sich schon während der Bush-Administration im Widerstand gegen den Irakkrieg zusammengeschlossen hatten. «Die Demokraten werden jede Menge Druck von den AIPAC-Leuten bekommen», warnte er. «Wir müssen dafür sorgen, dass sie auch von den Leuten auf der anderen Seite hören, besonders in der Augustpause.»

Unsere Argumentation war simpel: Der Deal hinderte den Iran am Bau von Atomwaffen. Die Iraner mussten zwei Drittel ihrer Zentrifugen stilllegen, durften ihre leistungsfähigeren modernen Zentrifugen nicht nutzen und mussten 98 Prozent ihrer Lagerbestände abgeben. Sie mussten einen Schwerwasserreaktor so modifizieren, dass er kein Plutonium produzieren konnte. Inspektoren würden rund um die Uhr Zugang zu den iranischen Nuklearanlagen und Zugriff auf die gesamte nukleare Lieferkette des Iran erhalten – angefangen bei Uranminen und -mühlen bis hin zu Zentrifugenherstellungs- und Lagereinrichtungen. Um die Kontrollen zu umgehen, müssten die Iraner nicht nur eine Nuklearanlage wie Natans oder Fordo aus dem Boden stampfen – sie müssten darüber hinaus eine neue und vor den Augen der Welt verborgene Lieferkette aufbauen. Und sollten sie betrügen, würden die Sanktionen sofort wieder in Kraft treten.

Außerdem waren da die Konsequenzen, die drohten, sollte der Deal scheitern. Ohne das Abkommen könnte der Iran sein Atomprogramm schnell so weit vorantreiben, dass er genug Material für eine Bombe hätte. Was uns vor die Wahl stellen würde, entweder ihre Anlagen zu bombardieren oder einen atomar bewaffneten Iran zu tolerieren. Auf einen besseren Deal zu warten war keine Option. Die Alternativen hießen Diplomatie oder Krieg.

Laut Presseberichten wollten der AIPAC und andere Oppositionsgruppen bis zu 40 Millionen Dollar für Werbung und andere Bemühungen ausgeben, das Abkommen doch noch zu verhindern, wodurch Kongressabgeordnete eingeschüchtert werden sollten. Etliche von ihnen riefen mich an und bekundeten ihre Sorge darüber, dass wir keine vergleichbaren Ressourcen in die Waagschale werfen könnten. Sie verschickten lange, gegen den Iran-Deal gerichtete Dokumente, die die Argumente prägen würden, die uns die Gegner des Abkommens auf dem Hügel oder in den Medien bald schon vorhalten würden. Jeden Morgen versammelten wir die etwa zwanzig Leute, die das Team bildeten, in unserem Antikriegsraum und besprachen, welchen Argumenten wir entgegenwirken, welche Meetings auf dem Hügel geplant werden und welche Briefings stattfinden mussten – von Wissenschaftlern, Experten, Journalisten oder Anwälten. Matt Nosanchuk, der ständig lächelnde Mann, der für unsere jüdischen Kontakte verantwortlich war, fragte, was sein Ziel sein solle. «Ich will, dass Sie mit jedem Juden in Amerika reden», entgegnete ich.

«Mit jedem Juden in Amerika», wiederholte er. «Geht klar.»

Chad richtete sich ein Büro in einem schrankgroßen Raum im Keller des West Wing ein, in dem er jeden demokratischen Senator auf einem Whiteboard aufführte und festhielt, wie sie zu dem Deal standen und was wir tun mussten, um sie auf unsere Seite zu ziehen. Jede Frage, die zu dem Abkommen aufgeworfen wurde, würde einem Faktencheck unterzogen werden, sowohl öffentlich als auch in Materialien, die an den Kongress geschickt wurden. Um sicherzustellen, dass die Leute unsere Faktenchecks in Echtzeit sehen konnten, richteten wir einen Twitter-Account ein, @theIranDeal.

Wenn der Vorteil der Opposition in der Tatsache lag, dass die israelische Regierung und der AIPAC die Kongressabgeordneten ins Visier nahmen, die Angst hatten, eine gegen sie gerichtete Position zu vertreten, lag unser Vorteil darin, dass wir nur die Stimmen der demokratischen Abgeordneten benötigten. Als der republikanische Präsidentschaftskandidat Scott Walker tönte, er würde womöglich schon am ersten Tag seiner Präsidentschaft militärische Maßnahmen gegen den Iran ergreifen, sorgten wir dafür, dass die Nachricht die Büros der demokratischen Abgeordneten erreichte. Und als Scooter Libby, einer der intellektuellen Architekten des Irakkrieges, in einem Meinungsartikel das Abkommen attackierte, verwiesen wir darauf, dass dieselben Leute, die damals die Trommeln für den Irakkrieg gerührt hatten, uns nun in einen Krieg gegen den Iran führen wollten. «Damals falsch, heute falsch», wurde zu unserem Mantra.

Obama legte Wert darauf, höchstpersönlich an vorderster Front für den Deal zu kämpfen. Er lud die gesamte demokratische Fraktion ins Weiße Haus ein. Er gab Interviews und hielt Reden. Gegen Ende Juli hatte er einen Auftritt in *The Daily Show*, um das jüngere Publikum zu erreichen und für die Demokraten zu gewinnen. «Wenn Menschen sich engagieren, reagiert das politische System früher oder später», sagte Obama. «Dem ganzen Geld und den ganzen Lobbyisten zum Trotz reagiert es doch.» Später, auf einer Telefonkonferenz mit Antikriegsaktivisten, betonte er, dass dieselben Leute, die den Irakkrieg unterstützt hatten, nun gegen das Iran-Abkommen agitierten – beides absolut zutreffende Aussagen. Doch dann nahmen die Dinge eine hässliche Wendung.

In den Reihen der Deal-Gegner wurde ein neuer Vorwurf gegen uns erhoben: Obama und sein Team seien Antisemiten und würden das Klischee von den geldgierigen Juden heraufbeschwören, die uns in einen Krieg treiben wollten. Dieser Winkelzug brachte uns in eine unmögliche Lage. Wenn wir auch nur auf die Tatsache verwiesen, dass der AIPAC zig Millionen ausgab, um den Iran-Deal noch auf den letzten Metern zu kippen, würde uns das als Antisemitismus ausgelegt. Ebenso tabu war die Feststellung, dass die gleichen Leute, die den Krieg im Irak unterstützten, auch gegen den Iran-Deal waren. Es war ein offensiver Weg, sich der Verantwortung für eigenen Positionen zu entziehen.

Doch Obama ließ sich nicht einschüchtern. In einem kurzen Treffen mit einer Gruppe von uns, bevor er Anfang August mit Führungspersönlichkeiten der amerikanischen jüdischen Community sprach, erklärte ich, dass man ihm vorhielt, antisemitische Hundepfeifen zu benutzen.

«Hundepfeifen?», fragte er. «Wie genau jetzt?»

«Weil wir behaupten, dass dieselben Leute, die uns in den Krieg im Irak gelockt haben, uns in den Krieg mit dem Iran führen wollen.»

«Warum sollte das eine Hundepfeife sein?» Er konnte es nicht glauben und sprach – wie es oft der Fall war, wenn ich der Bote war, der ihm solche Nachrichten überbrachte – mit mir, als wäre ich derjenige, der die Kritik übte.

«Sie sagen, dass wir Juden als Kriegshetzer bezeichnen.»

«Oh, komm schon», sagte er. «John Bolton will den Iran bombardieren, richtig?»

«Ja», sagte ich. Bolton hatte unter der Überschrift «To Stop Iran's Bomb, Bomb Iran» einen Gastkommentar für die *New York Times* geschrieben.

«Ist er Jude?»

«Nein.»

«Dick Cheney?»

«Nein.»

«Ich bin schwarz», sagte er. «Ich glaube, ich weiß, wann die Leute Hundepfeifen benutzen. Ich höre sie die ganze Zeit.» Er hob seine Stimme ein wenig an, was man bei ihm fast nie erlebte. «Komm schon.» Er hielt inne und kehrte zu seinem ausgeglichenen Temperament zurück. «Das ist ärgerlich.»

«Ich weiß», sagte ich. «Ich bin ein sich selbst hassender Jude. Beziehungsweise ein sich halb selbst hassender Jude.»

Er lachte und wurde dann wieder ernst. «Hier geht es nicht um Antisemitismus», sagte er. «Sie versuchen, uns das beste Argument zu nehmen, nämlich dass es diesen Deal oder Krieg gibt.»

Bevor er in seinen alljährlichen Augusturlaub entschwand, hielt er eine Rede an der American University. Darin führte er ein Argument für das Abkommen aus, von dem er wollte, dass die demokratischen Abgeordneten es über die Sommerpause mit nach Hause nahmen. «Ich weiß, dass es einfach ist, mit den Ängsten der Menschen zu spielen, Bedrohungen aufzubauschen, jeden diplomatischen Versuch mit München 1938 zu vergleichen, aber keines dieser Argumente hält stand», sagte er. «Sie haben 2002 nicht standgehalten, 2003 nicht, und sie sollten es auch jetzt nicht tun. Genau diese Einstellung, die in vielen Fällen von denselben Leuten propagiert wird, Leuten, die es nicht kümmert, wenn sie wieder und wieder falschliegen, hat uns in einen Krieg geführt, der mehr zur Stärkung des Iran und mehr zur Isolierung der Vereinigten Staaten beigetragen hat als alles, was wir in den Jahrzehnten davor oder seitdem getan haben.»

Die Reaktionen auf seine Rede fielen heftig aus. In einer der schärferen Kritiken beklagte ein Leitartikel in der Zeitschrift *Tablet*: «Die Verwendung antijüdischer Hetze als politisches Instrument ist eine neue und widerliche Entwicklung im amerikanischen politischen Diskurs, und wir haben in letzter Zeit zu viel davon gehört – nicht zuletzt und Unheil verheißend genug, von unserem Weißen Haus und seinen Vertretern.» Mir schauderte, als ich das las. Die Unterstützung für Israel war entscheidend für mein Identitätsgefühl in meiner Kindheit und Jugend gewesen, ein Mittel für ein Kind mit einem gemischten religiösen Hintergrund, sich in der Kultur und Geschichte zu verankern. Nun wurde diese tiefe Bindung auf zynische Weise manipuliert, um einen durch und durch unvoreingenommenen Präsidenten zu diskreditieren, ein diplomatisches

Abkommen zu verhindern und einmal mehr einer Abrechnung mit dem wahren Erbe des Irakkriegs aus dem Weg zu gehen.

Ich verbrachte meine Augustferien damit, Senatoren anzurufen und interne Stimmzählungen mit Dick Durbin zu vergleichen, der unsere Bemühungen im Senat anführte und jeden Fetzen Klatsch an Obama berichtete. Im Gegensatz zum Vorjahr genoss Obama die Arbeit in Martha's Vineyard und rief von seinem Ferienhaus aus über dreißig Kongressabgeordnete an. Nach jedem Anruf schickte er mir eine kurze Nachricht mit einem Vorschlag, was wir tun könnten, um diesem oder jenem Demokraten auf dem Weg zu einem Ja zu helfen – ein Brief vom ihm, von einem einflussreichen Demokraten aus dem Wahlbezirk des Abgeordneten, ein spezielles Argument, das wir anführen sollten.

Ganz langsam begann sich die Waagschale in unsere Richtung zu neigen. Andere Leute außer uns fingen an den Antisemitismus-Vorwurf zurückzuweisen. 29 führende Physiker sprachen sich öffentlich für den Deal aus. Die europäischen Botschafter setzten sich für das Abkommen ein. Pensionierte nationale Sicherheitsbeamte und frühere amerikanische Botschafter in Israel schrieben Unterstützungsbriefe. Dutzende pensionierter israelischer Generäle widersprachen in einer Petition Netanjahu und unterstützten den Deal – wie auch der ehemalige Chef des Mossad. 43 Rabbiner verfassten einen offenen Brief für das Abkommen. Mehrere Dutzend iranische Dissidenten unterzeichneten einen Brief, in dem sie erklärten, dass viele Befürworter der Menschenrechte im Iran den Deal unterstützten. In Meinungsumfragen sprach sich eine Mehrheit der amerikanischen Juden für den Deal aus, und zwar zu einem Prozentsatz, der höher war als in der breiten Öffentlichkeit. Und in stetem Takt bekannten sich mehr und mehr Demokraten zu dem Abkommen.

Als der Kongress zurück in die Stadt kam, war klar, dass wir genügend Unterstützung im Haus und im Senat haben würden, um ein Präsidentenveto aufrechtzuerhalten, sollte der Kongress das Abkommen zurückweisen. Unsere Bemühungen konzentrierten sich auf die Handvoll demokratischer Senatoren, die uns noch zu den 41 Stimmen fehlten, die notwendig waren, um zu verhindern, dass der Kongress den Deal überhaupt ablehnte. Wir wollten auch eine deutliche Mehrheit der jüdischen Demokraten im Haus sicherstellen, damit der Deal weniger polarisierend wirkte. Die Schlüsselstimme blieb Debbie Wasserman Schultz, die Kongressabgeordnete aus Florida – und Leiterin des Demokratischen Nationalkomitees (DNC) –, mit der ich mich viele Stunden über den Iran unterhalten hatte.

Ich war oben in New York City, als sie anrief und sagte, sie müsse mit Obama sprechen. Etwa zur gleichen Zeit schickte mir ein Reporter eine E-Mail, um mir zu sagen, ihm sei zu Ohren gekommen, dass Debbie gegen den Deal sei. Ich war den ganzen Tag über schlecht gelaunt und hatte Angst, die Vorsitzende des DNC könnte ihre Ablehnung öffentlich bekunden. Obama konnte sie erst spät in der Nacht anrufen, und es war bereits Mitternacht, als ich endlich die Nachricht bekam, dass sie miteinander gesprochen hatten. Als Debbie mich schließlich anrief, sprach meine Mutter im Hintergrund auf Jiddisch und sagte, dass sie in Debbies Bezirk runterfahren würde, um den *meshugganahs*, die ihr Kummer machten, ein bisschen von ihrem Verstand abzugeben. Debbie versicherte mir, sie sei ein Ja, und am Ende hatten wir beide Tränen in den Augen. «Sagen Sie Ihrer Mutter, dass sie hier unten jederzeit willkommen ist!», meinte sie.

Als der Kongress über das Abkommen abstimmte, hatten wir mehr als 1200 Treffen und Telefonate mit Mitgliedern des Kongresses protokolliert. Für viele Abgeordnete war die Entscheidung zu einer Zerreißprobe geraten, politisch wie persönlich. Aber am Ende stimmten fast alle für uns, für den Deal. 42 Senatoren unterstützten das Abkommen und stellten sicher, dass der Kongress nicht in der Lage sein würde, den Deal zu kippen.

Just an dem Tag, an dem wir die letzten und entscheidenden Stimmen unter Dach und Fach brachten, hielt Dick Cheney eine Rede im American Enterprise Institute, dem Herzen des Neokonservatismus, die er geplant hatte, bevor unser Erfolg eine abgemachte Sache war. Vom Antiwar-Room aus verfolgten wir in ausgelassener Stimmung mit, wie Cheney uns in unserer Überzeugung bestärkte, dass dieselben Leute, die uns den Krieg im Irak eingebrockt hatten, dasgleiche im Iran tun wollten. Ein Moment vor allem fasste für uns das zusammen, was in den letzten zwei Monaten geschehen war: Kriegsgegner unterbrachen Cheneys Rede und riefen: «Er hatte Unrecht im Irak, er hat Unrecht im Iran.» Woraufhin ein älterer weißer Mann aufstand und versuchte, ein Schild aus der Hand einer jungen Frau zu reißen; nach einem kurzen Handgemenge gab er auf und fiel zurück in seinen Stuhl.

Ich nahm Chad mit hoch ins Oval Office. Obama lächelte. «Das hat wirklich Spaß gemacht», sagte er.

«So etwas werde ich in der Regierung nie wieder machen», entgegnete Chad.

Kapitel 27

Bomben und Kinder

Wir waren etwa fünfzehn Leute, die in Luang Prabang, der alten buddhistischen Hauptstadt von Laos, für eine eineinhalbstündige Fahrt den Mekong hinauf ein in die Jahre gekommenes, überdachtes Motorboot bestiegen. Das Wasser war braun und floss träge durch das sanfte Hügelland dahin, und als die hölzernen Hotels und Tempel in der Ferne verblassten, wurde das Flussufer von dichtem grünen Wald überwuchert. Das Boot war gefüllt mit Botschaftsmitarbeitern und ein paar lokalen laotischen Kontaktpersonen, die sich entspannt unterhielten und etwas Abstand zu mir hielten. Ich hatte das Gefühl, dass sie versuchten herauszufinden, was ich hier verloren hatte.

Wir legten an einem Strand an, an dem sich mehrere Dutzend kleine Kinder unter einer Plane, die an einigen Holzstangen befestigt war, versammelt hatten und Lieder sangen. Wir hatten Unmengen Schulmaterial an Bord. Die Kinder hatten sich für eine Aufführung in Reihen aufgestellt. Ich stand vor ihnen, direkt neben unserem Botschafter Dan Clune. Dabei fiel mir ein besonders freches Mädchen von etwa fünf Jahren in der ersten Reihe auf, das ein übergroßes T-Shirt mit einem riesigen Bild von Elsa aus *Frozen* trug. Nachdem die Kinder getanzt und ein paar Lieder gesungen hatten, kletterten Dan, meine Assistentin Rumana Ahmed und ich in einen Toyota Land Cruiser mit einem großen Aufdruck «From the Government of Japan» auf der Motorhaube, der uns zu einer in der Nähe liegenden Räumstelle für Blindgänger bringen sollte. «Sie werden ein Briefing bekommen», sagte Dan, «und dann wird es eine Arbeitsdemonstration geben.»

Laos ist das weltweit am stärksten bombardierte Land in der Geschichte. Von 1964 bis 1973 warfen die Vereinigten Staaten über zwei Millionen Tonnen Munition über Laos ab, um den Vietcong-Nachschub über den Ho-Chi-Minh-Pfad zu unterbrechen und einen kommunistischen Aufstand zu verhindern – mehr, als während des gesamten Zweiten Weltkriegs auf das Dritte Reich und Japan zusammen niedergeregnet waren. Es gab 580 000 Bombardements, im Durchschnitt über neun Jahre hinweg alle acht Minuten ein Bombardement. Manchmal warfen US-Flugzeuge, die von Missionen über Vietnam nach Thailand zurückkehrten, ihre verbliebenen Bomben wahllos über laotischem Gebiet ab. Insgesamt wurden über 270 Millionen Streumunitionen, sogenannte Bombies, eingesetzt, von denen achtzig Millionen nicht detonierten. In den vier Jahrzehnten seit Kriegsende war bisher nur ein Prozent davon geräumt worden. Mehr als 50 000 Menschen waren bei Unfällen mit nicht zur Wirkung gelangten Kampfmitteln, sogenannten UXO (Unexploded Ordnance), getötet oder verletzt worden; in den letzten zehn Jahren war fast die Hälfte dieser Opfer Kinder.

Wir hielten an und stiegen aus. Auf einem Hügel stand ein weißes Zelt mit Blick auf ein Reisfeld, auf dem ein Team von Frauen in Kaki-Uniformen mit rudimentären Metalldetektoren im hohen Gras nach Bomben suchte. Unter der Zeltplane war ein Besprechungsraum eingerichtet, in dem sich eine Gruppe von Männern über US-Militärkarten aus dem Krieg beugte, die den Ort der Bombenabwürfe zeigten. Es war eine eklektische Gruppe: ein Mann von UXO Lao, das für die Räumungsarbeiten zuständig war, ein Laote in einer tristen Militäruniform, der alt genug aussah, um selbst noch im Krieg mitgekämpft zu haben, ein aufgeregt wirkender französischer Auftragnehmer sowie der Bauer, der die Kampfmittel auf

Treffen mit Opfern von Blindgängern, die die Vereinigten Staaten über Laos abgeworfen hatten – eines der härtesten Treffen in den acht Jahren, die ich für den Präsidenten arbeitete

dem angrenzenden Feld gefunden hatte. Als die anderen ihm eine Geste machten, lächelte er und gab den Blick auf ein paar wenige verbliebene Zähne frei.

«Mit zusätzlichen Mitteln», erklärte der Mann von UXO Lao, «könnten wir eine Suche im ganzen Land durchführen und die für die Landwirtschaft benötigten Flächen räumen. UXO sind nicht nur eine humanitäre Angelegenheit. Für uns ist es auch eine Frage der Entwicklung.»

Der Mann hielt inne, um meine Reaktion abzuwarten. Die gesamte Gruppe wirkte ein wenig nervös, so als ob ich ihre beste Chance auf eine Finanzspritze darstellen würde. Niemand erwähnte, dass ich die Regierung vertrat, die viele Millionen Streubomben auf dieses Land geworfen hatte, ohne einen irgendwie nachvollziehbaren Grund dafür anführen zu können.

«Das hier ist eines der am stärksten bombardierten Gebiete», sagte der Mann zu mir und deutete auf die Hügel in der Ferne. «Die Ebene der Gläser.»

Wir gingen hinüber zu dem Feld, wo mir eine Frau mit einem lächelnden Gesicht zeigte, wie die Metalldetektoren funktionierten. Anschließend führte sie mich dorthin, wo ihr Trupp früher an diesem Tag eine Bombie gefunden hatte. Wir standen in einem Kreis um den Blindgänger herum und betrachteten ihn. Irgendwie erinnerte er mich an einen metallischen Baseball.

«Die Kinder, sie sehen es», sagte der Leiter von UXO Lao. «Sie denken, es ist ein Spielzeug, und heben es auf und dann...» Er brach ab und imitierte den Klang einer Explosion.

Wir kehrten über das Feld zurück zum Zelt. Sie hatten einen langen Draht an der Bombie befestigt und mit einem orangefarbenen Kasten unter dem Zelt verbunden. Ich dachte an die Zeit und Mühe, die die Suche und Entschärfung dieser einzelnen Bombie beanspruchte – und daran, dass da draußen in diesem riesigen Land noch achtzig Millionen weitere Bombies in der Erde verborgen lagen. Sie baten mich, einen Griff mehrmals zu drehen und die Bombie in die Luft zu jagen. Ich erwartete so etwas wie einen großen Feuerwerkskörper, stattdessen erschütterte den Boden unter meinen Füßen ein gewaltiger Knall, der über das Flusstal hinweghallte und eine gewaltige Rauchwolke in die Luft steigen ließ. In diesem Moment konnte ich mir das Flusstal erschüttert von Explosionen, mit Rauchsäulen, die über den Mekong zogen, und Flugzeugen am Himmel über mir vorstellen.

Bei einem meiner Treffen mit der laotischen Regierung an diesem Tag hatte ich auf eine bessere Zusammenarbeit bei der Identifizierung der Überreste von amerikanischen Soldaten gedrängt, die in Laos vermisst wurden. Bis zu diesem Zeitpunkt hatten wir die Überreste von 273 Amerikanern gefunden. Mit außerordentlichen Anstrengungen wurde selbst nach den kleinsten Lebensspuren der

Vermissten gesucht – nach einem Zahn zum Beispiel. Es fiel mir schwer, das Ausmaß, in dem wir jedes einzelne amerikanische Leben schätzten, mit den Bomben, die wir abgeworfen hatten, in Einklang zu bringen. Das Briefingteam wartete darauf, dass ich etwas sage. «Jeden Morgen», sagte ich, «treffe ich mich mit Präsident Obama. Wir wollen alles tun, was wir können, um zu helfen. Wenn ich nach Hause komme, werde ich ihm von der Arbeit erzählen, die Sie hier machen.» Tränen traten in die Augen eines der Männer, obwohl ihn das Leben zweifelsohne sehr viel mehr Härte gelehrt hatte als mich.

Wir fuhren zurück zu den Kindern, kaum eine Meile von dem Feld mit den Blindgängern entfernt. Sie standen vor mir in einer Reihe, und ich verteilte Bücher, Stifte und M&Ms, die Rumana mitgebracht hatte. Rumana, eine muslimische Amerikanerin in einem Hijab, lächelte und spielte mit einem der Mädchen, das die Schachtel M&Ms schüttelte und dachte, es sei eine Rassel. Ein Botschaftsmitarbeiter neben mir fragte, wie die UXO-Vorführung verlaufen sei. «Die Explosion war viel stärker, als ich erwartet hatte», sagte ich.

«Ja», sagte er. «Keines der Kinder hat auch nur aufgeschaut.»

Ich weiß, wie das klingen wird, aber es war Anthony Bourdain, der mich nach Laos gelockt hat. Im Laufe des vergangenen Jahres hatte ich immer mehr unter Schlaflosigkeit gelitten – was dem Bengasi-Stress und dem hungrigen Säugling geschuldet war, die mich jede Nacht lange Stunden wach hielten. Ich verbrachte diese Zeit auf der Couch in meinem abgedunkelten Wohnzimmer und sah mir alle Episoden von Bourdains diversen Reiseshows an, immer und immer wieder. Ich erkannte mich ein wenig wieder in diesem Typen, der um die Welt wanderte und dabei versuchte, eine wenigstens zeitweilige Verbindung mit anderen Menschen einzugehen, die in ihrer eigenen Geschichte lebten. Ich war mit der Geschichte von Laos vage vertraut. Hillary hatte das Land 2012 besucht, und ich erinnerte mich, dass wir damals etwas Geld für UXO-Räumungen aufgetrieben hatten – ein paar Zahlen auf einem Budgetblatt. Aber die Bourdain-Episode, die mir mitten in der Nacht Menschen auf einem Fernsehschirm zeigte, die an einem Ort ums Überleben kämpften, der immer noch ein Kriegsgebiet war, vierzig Jahre nach einem Krieg, über den ich in der Schule nichts gelernt hatte, weckte mein Interesse. Also nahm ich für mein letztes Jahr in dem Job zwei neue Punkte in meine To-do-Liste auf: mehr Gelder für Laos zu besorgen und Obama dazu zu bringen, in einer Folge von Anthony Bourdains kulinarischer TV-Show *Parts Unknown* aufzutreten.

Obama sollte im Herbst 2016 zu einem Gipfeltreffen nach Laos reisen, also hatte ich beschlossen, ein Jahr vorher dorthinzugehen und die Grundlagen dafür zu schaffen, zu Hause in Washington mehr Geld für die Bombenräumung auftreiben zu können. Nun, hier war ich, in einem Hotel in Luang Prabang, und hatte gerade eine dieser Bomben mit eigenen Augen gesehen.

Ich lag im Bett und ließ die Ereignisse des Tages im Kopf Revue passieren. Wir hatten das Boot zurück in die Stadt bestiegen und waren den Fluss hinuntergefahren, während das Tageslicht bis fast zur völligen Dunkelheit schwand, und ich hatte darüber nachgedacht, wie es wäre, der Welt den Rücken zu kehren, ein kleines Hotel am Flussufer zu betreiben, in dem Rucksackreisende und europäische Touristen absteigen. Beim Abendessen an diesem Abend mit Dan Clune hatte ich darüber gesprochen, dass mit jedem Jahr, das ich für die Regierung arbeitete, mir Kriege jeglicher Art wegen ihrer unbeabsichtigten Konsequenzen immer unsinniger erschienen. Wir waren in unserem fünfzehnten Kriegsjahr in Afghanistan, und es war schwer zu erkennen, welchen positiven Unterschied wir machten. Ein Rundungsfehler bei den Riesensummen, die wir jedes Jahr in Afghanistan ausgaben, könnte die Entwicklungsbahn eines Landes wie Laos verändern – könnte Kinder ernähren, sie zur Schule schicken und die Bomben aufräumen, von denen noch viel zu viele in dem Boden unter ihren Füßen lagen.

Gerade als ich endlich in den Schlaf dämmerte, kehrte eine lärmende Gruppe von Leuten in das Hotelzimmer neben mir zurück, die betrunken lachten und Musik laufen ließen. Ich gab die Hoffnung auf etwas Schlaf auf – und die Bemühungen, meine Gedanken abzuschalten, gleich mit. Ich dachte an die sechs Wochen, die vergangen waren, seit wir den Iran-Deal durch den Kongress gebracht hatten. Da war die Generalversammlung der Vereinten Nationen im September gewesen, bei der Putin die Aufmerksamkeit auf sich zog, indem er die militärische Intervention Russlands in Syrien ausweitete und begann, Assads Opposition zu bombardieren. Wie üblich war das Thema zum Showdown zwischen Putin und Obama hochstilisiert worden. Und wie üblich basierte Obamas Argumentation auf einem viel längeren Blick auf die Geschichte. Letztlich, so argumentierte er, würde Putin die Rechnung für seine Interventionen bezahlen müssen – das Geld, das für Kriege im Ausland ausgegeben wurde, die Auswirkungen der Sanktionen auf die russische Wirtschaft, die Fäulnis eines korrupten Systems, in dem Putin und seine Kumpane Russland wie ein Kartell regierten. Aber in der Realität der Politik im Jahr 2015 verstand sich Putin besser als Obama darauf, sich in den Mittelpunkt der Ereignisse zu stellen, die globale Aufmerksamkeit erregten. Am Ende sah es so aus, als würden wir auf Putin reagieren und nicht umgekehrt.

Ich konnte mich einem nagenden Gefühl der Vergeblichkeit angesichts unserer Unfähigkeit, die Dinge in Syrien zu ändern, nicht entziehen. Noch mehr Zivilisten wurden getötet und vertrieben. Flüchtlinge strömten nach Europa. Ein brutaler Diktator, unterstützt von brutalen Regimen im Iran und in Russland, war dabei, den Krieg zu gewinnen, auch wenn es schwerfiel zu sehen, wie das, was er dazu tat, in einen Sieg münden sollte. Gleichzeitig konnte ich den Optimismus, den ich in den Jahren 2011 und 2012 empfunden hatte, nicht mehr heraufbeschwören, den Glauben daran, dass Amerika die Dinge im Nahen Osten besser machen konnte.

Viel leichter fiel es mir da schon zu sehen, wie der Krieg in Syrien zum Teil eine unbeabsichtigte Folge anderer amerikanischer Kriege war, egal wie gut die Absichten dahinter gewesen sein mochten. Der Sturz Saddam Husseins hatte den Iran gestärkt, Putin provoziert, die Büchse der Pandora eines konfessionellen Konflikts geöffnet, der jetzt im Irak und in Syrien wütete, und zu einem Aufstand geführt, der den IS hervorgebracht hatte. Der Sturz Muammar Gaddafis hatte anderen Diktatoren vor Augen geführt, dass sie zwei Optionen hatten: Entweder sie klammerten sich mit allen Mitteln an die Macht, oder aber sie landeten tot in der Kanalisation. Syrien entwickelte sich mehr und mehr zu einem moralischen Morast: ein Land, in dem unsere Untätigkeit eine Tragödie war – und in dem unsere Intervention die Tragödie nur noch verschlimmern würde. Obama suchte weiter nach Optionen, die einen positiven Unterschied bewirken könnten, aber er fand keine.

Es war fast zwei Uhr morgens, und die Party nebenan tobte unvermindert. Ich hob die Hand und schlug ein paar Mal gegen die Wand. Dumpfe Stimmen wurden leiser. Ein paar Minuten später hörte ich eine Tür sich schließen, die Gäste waren gegangen.

Ich konnte mir die Mitarbeiter von Johnson und Nixon vorstellen, Leute, die in denselben Büros gearbeitet hatten, in denen ich meine Tage in Washington verbrachte. Leute wie ich, mit den gleichen Titeln und vergleichbarem Druck. Einer der Gründe, warum wir Laos bombardiert hatten, war, unsere Glaubwürdigkeit zu bewahren und zu demonstrieren, dass unsere Gegner selbst bei einer Niederlage der USA im benachbarten Vietnam für ihren Sieg einen hohen Preis würden bezahlen müssen. In dem neuen Kapitel, das nach dem 11. September 2001 aufgeschlagen wurde, wusste ich, dass wir auf keinen Sieg in Afghanistan oder im Irak oder in irgendeinem anderen neuen Krieg in diesem Teil der Welt hoffen konnten. Ich dachte daran, wie vehement Obama das Argument zurückgewiesen hatte, er müsse Syrien bombardieren, um seine Glaubwürdigkeit zu wahren. «Das ist der schlechteste Grund für einen Krieg», sagte er.

Gerade als ich endlich am Einschlafen war, wurde es im Nebenzimmer wieder laut – das verbliebene Paar fing an sich zu lieben. Ich fand mich damit ab, in dieser Nacht wohl kaum noch Schlaf zu finden.

Einige Wochen später rutschte Obama auf den Rücksitz von «the Beast», nachdem er eine Pressekonferenz zum Abschluss des G20-Gipfels in der Türkei beendet hatte. Die Pressekonferenz hatte nur wenige Tage nach einem schrecklichen Terroranschlag in Paris stattgefunden, bei dem über einhundert Menschen ermordet worden waren und der Panikwellen um die Welt geschickt hatte. «Können Sie das glauben?», fragte er. «Jeder einzelne Reporter hat die gleiche Frage gestellt.»

«Am Freitagabend wurden in Paris 129 Menschen getötet. Der IS hat die Verantwortung für dieses Massaker übernommen und damit die Welt wissen lassen, dass er von nun an Zivilisten auf der ganzen Welt ins Visier nehmen kann. Die Gleichung hat sich eindeutig geändert. Ist es nicht an der Zeit, dass Sie Ihre Strategie ändern?»

«Eine mehr als einjährige Bombardierungskampagne im Irak und in Syrien hat den Ehrgeiz und die Fähigkeit des IS, Anschläge im Westen durchzuführen, nicht eingedämmt. Haben Sie seine Fähigkeiten unterschätzt?»

«Haben Sie in den Tagen und Wochen vor den Anschlägen in Paris in Ihren täglichen Geheimdienst-Briefings eine Warnung vor einem bevorstehenden Anschlag erhalten? Wenn nicht, stellt das dann nicht die aktuelle Lageeinschätzung in Frage, dass keine unmittelbare, konkrete und glaubwürdige Bedrohung für die Vereinigten Staaten besteht?»

«Ich denke, viele Amerikaner frustriert es, wenn sie sehen, dass die Vereinigten Staaten das größte Militär der Welt und die Unterstützung von fast jedem anderen Land der Welt haben, wenn es darum geht, den IS zu bekämpfen. Ich schätze, die Frage lautet – wenn Sie mir den Ausdruck nachsehen –, warum können wir diese Bastarde nicht einfach ausschalten?»

Obama steckte sich ein Stück Nicorette in den Mund und zog sein iPad heraus. «Warum holt ihr euch die Bastarde nicht?», sagte er und lachte wehmütig. Er sah Susan an. «Susan, warum holen Sie sich die Bastarde nicht?»

«Ich denke immer noch, wir sollten sie einfach in die Terrorkuppel stecken», sagte ich. Ein paar Wochen lang hatten wir davon geträumt, mit dem IS, al-Qaida, der iranischen Revolutionsgarde und den russischen Spezialeinheiten in der Ostukraine eine Art Hungerspiele zu veranstalten – einfach die schlimmsten, nihilistischsten Kräfte der Welt zusammenzutreiben und sie allesamt in einer riesigen Kuppel einzusperren.

«Steckt sie in die Terrorkuppel», sagte Obama. Er bemerkte, dass ich die ersten Meldungen über die Pressekonferenz auf meinem BlackBerry las. «Was gibt's?», fragte er.

«Nichts», sagte ich, weil ich wusste, dass ihm die Antwort nicht gefallen würde.

«Nein, was ist?»

«Einige Leute sind der Meinung, dass Sie am leidenschaftlichsten über Flüchtlinge gesprochen haben», sagte ich.

In seiner letzten Antwort hatte Obama einige der Vorschläge zur Flüchtlingsfrage angegriffen, die in den republikanischen Vorwahlen gemacht worden waren, darunter einen von Jeb Bush, der nur Christen auf der Flucht vor Verfolgung schützen wollte. «Wenn ich höre, dass politische Führer vorschlagen, einen Religionstest für Leute durchzuführen, die aus einem vom Krieg verheerten Land fliehen, der darüber entscheidet, ob sie zugelassen werden», hatte Obama gesagt, «dann ist das beschämend. Das ist nicht amerikanisch. So sind wir nicht. Wir haben keine Religionstests für unser Mitgefühl.» Diese Aussage wurde als ein Zeichen dafür angeführt, dass er den Kontakt zur Realität verloren hatte.

«Und?», fragte er.

«Sie sagen, Sie waren wütender auf die Republikaner als auf den IS.»

«Was muss ich noch alles tun, um diese Leute davon zu überzeugen, dass ich den IS hasse?», fragte er. «Ich habe ihn einen Totenkult genannt. Ich habe versprochen, ihn zu vernichten. Wir bombardieren ihn. Wir bewaffnen Menschen, die gegen ihn kämpfen.» Seine Stimme verlor sich, und für einige Augenblicke war es still. «Wissen Sie, warum ich das mache?», fragte er und kehrte zu der Kritik zurück, die er an den Republikanern geübt hatte. «Weil es mein Job ist, die Leute zu beruhigen, nicht, sie zu erschrecken. So etwas erwarte ich von Trump. Aber jemand wie Jeb Bush sollte es besser wissen. Er *weiß* es besser. Und dann kommt Angela und nimmt Hunderttausende von Flüchtlingen auf. Ich brauche sie. Ich kann sie nicht hängen lassen.» Er schaute auf sein iPad und scannte die Berichterstattung. «Warum holt ihr euch die Bastarde nicht?», sagte er wieder und schüttelte den Kopf.

Auf dem Flug nach Manila, unserem nächsten Zwischenstopp, rief Obama Paul Ryan an, der gerade zum Sprecher des Repräsentantenhauses gewählt worden war. Im Kongress kursierten Vorschläge, Flüchtlingen die Einreise in die Vereinigten Staaten zu verbieten, und Obama wollte sie ausbremsen. Wir könnten, argumentierte er, eine strengere Überprüfung für Menschen aus bestimmten Ländern einführen, und es wäre schwieriger, andere Länder zur Aufnahme von Flüchtlingen zu bewegen, wenn die Vereinigten Staaten keine aufnähmen. Ich beobachtete ihn, während er Ryans Antwort hörte. Sein Gesicht verriet wachsenden Ärger. «Paul», sagte er. «Paul, ich verstehe die Probleme, die Sie in Ihrer Fraktion haben, aber Sie sind jetzt Sprecher des Hauses. Mit so etwas treibt man keine politischen Spielchen. Hier geht es darum, wer wir als Land sind.»

Wenige Augenblicke später legte er auf und sah uns an. «Ich werde Boehner vermissen», sagte er und verließ die Kabine.

Elizabeth Phu war die NSC-Mitarbeiterin, die mit uns reiste und für Südostasien verantwortlich war. Sie war ebenfalls Flüchtling. Ihr vietnamesischer Vater hatte während des Krieges für die US-Armee gearbeitet. Nachdem die USA ihre Truppen aus Südvietnam abgezogen hatten, wurde Phu zusammen mit ihren Eltern für einige Monate in ein Umerziehungslager gesteckt. Sie war drei Jahre alt. Ihre Großeltern verkauften ihren ganzen Besitz, um Phu und ihre Eltern herauszuholen und auf ein kleines Boot mit mehr als 250 Personen zu setzen. Als die Motoren des Bootes ausgingen, wurden sie von Piraten gekapert, die von ihnen die Herausgabe sämtlicher Wertgegenstände forderten. Phus Vater machte einen Deal: Im Austausch gegen die Eheringe der Bootsinsassen schleppten die Piraten das Boot zu einer nahegelegenen malaysischen Insel. Einmal an Land, warteten Phu und ihre Familie in einem Flüchtlingszentrum darauf, was mit ihnen weiter geschehen würde.

Die letzte Station unserer Reise war Malaysia, wo wir die Dignity for Children Foundation besuchen wollten, in deren Einrichtungen ebenfalls Flüchtlinge auf eine dauerhafte Umsiedlung in andere Länder warten, unter anderem in die Vereinigten Staaten. An diesem Morgen lud ich Phu ein, mit uns in «the Beast» zu fahren, und sie erzählte Obama ihre Lebensgeschichte – von ihrer Flucht mit anderen «boat people» über eine Kindheit und Jugend in Kalifornien bis zu dem Entschluss, für die amerikanische Regierung zu arbeiten. Ihr zuzuhören machte mich stolz darauf, Amerikaner zu sein. Als wir im Flüchtlingszentrum ankamen, setzte sie sich neben Obama und ließ sich mit ihm fotografieren.

Drinnen erwartete uns eine Gruppe kleiner Kinder, die an niedrigen runden Tischen in einem Klassenzimmer saßen. Sie alle waren vor den Kriegen, Hungersnöten und Leiden der Welt geflohen – Rohingya und Südsudanesen, Kachins und Pakistanis. So wie Phu es aus Vietnam geschafft hatte und wie Hunderttausende von Flüchtlingen am Ende des Krieges aus Laos geflohen waren, machten sich nun einige dieser Kinder auf den Weg nach Amerika.

In den letzten paar Tagen war es jedes Mal, wenn Obama vor die Medien trat, vorab zu einer Art Mini-Intervention gekommen, mit der Leute versucht hatten, ihm zu helfen, den richtigen Ton zum IS zu finden. Zeigen Sie mehr Wut. Sprechen Sie zu den Ängsten der Menschen. «Als Mutter», sagte Susan Rice in einer dieser Sitzungen, «verstehe ich, warum diese Leute Angst haben. Sie müssen sie dort abholen, wo sie sind.»

«Ich verstehe das. Aber mehr Menschen sterben, weil sie in der Badewanne ausrutschen, als durch Terroranschläge», erwiderte Obama.

«Aber die Leute zu Hause denken, dass der IS sie enthaupten wird», sagte Susan.

«Das liegt daran, dass ein paar Leute im Fernsehen ebendas sagen», schoss Obama zurück. «Ich versuche, das nicht zu tun.»

Obama ging durch den Raum und fragte die Kinder, was sie werden wollten, wenn sie einmal groß seien. Ingenieur, sagte eines. Künstler, ein anderes. Er kniete einige Zeit neben einem Rohingya-Mädchen mit einem weißen Kopftuch. Sie malte etwas, lächelte schüchtern, während sie ihre Augen abwendete. Ich stand an der Wand und betrachtete die so verschiedenen Kinder, von denen die meisten aus der Hand von Menschenhändlern gerettet worden waren.

Als wir fertig waren, machte Obama ein paar Fotos mit den Kindern und ging dann in ein angrenzendes Zimmer. «Das ist eine von denen, die wir aus dem Land fernhalten müssen», sagte er zu mir und imitierte mit einem scharfen Ton in der Stimme seine republikanischen Kritiker. «Das kleine Mädchen mit dem Kopftuch.»

Ein paar Wochen nach dem Terroranschlag im Bataclan-Theater flogen wir nach Paris, um uns der Welt in dem Streben nach einem globalen Abkommen zur Bekämpfung des Klimawandels anzuschließen. Die Republikaner verunglimpften die Bemühungen; Reporter fragten uns, was wir für die größere Gefahr hielten, den IS oder den Klimawandel. Die Frage war eine Falle. Natürlich ist der Klimawandel die größere Bedrohung. Als Vater einer kleinen Tochter schauderte ich angesichts der Vorstellung von einer Welt, die von Konflikten und Umwälzungen heimgesucht wurde, einer Welt, die sie erwartete, wenn wir die Bedrohung durch den Klimawandel nicht halb so ernst nahmen wie den Terrorismus, zu dessen Bekämpfung wir Billionen von Dollar ausgegeben hatten. Aber wenn wir das laut sagten, würden wir damit nur eine andere Kontroverse anheizen – ein Punkt mehr, an dem Donald Trump uns angreifen könnte – und den Debatten im Kabelfernsehen noch ein paar Tage mehr Brennstoff liefern.

«Denken Sie darüber nach», sagte Obama auf dem Flug zu uns. «Die Republikanische Partei ist weltweit die einzige große Partei, die nicht einmal zugibt, dass der Klimawandel stattfindet.» Er lehnte sich über die Sitze der Reihe, in der Susan und ich saßen. Wir kicherten.

«Sogar der Front National hält den Klimawandel für real», sagte ich und bezog mich dabei auf die rechtsextreme Partei in Frankreich.

«Nein, denken Sie darüber nach», wiederholte er. «Damit hat alles angefangen. Wenn man sich selbst einmal davon überzeugt hat, dass so etwas nicht stimmt, dann ...» Seine Stimme verlor sich, und er verließ die Kabine.

Sechs lange Jahre hatte Obama daran gearbeitet, das, was das Pariser Abkommen werden sollte, Stück für Stück aufzubauen. Weil der Kongress nicht handelte, musste er per Exekutivanordnungen saubere Energien fördern und schärfere Standards für die Kraftstoff-Effizienz und Emissionen im Straßenverkehr durchsetzen. Mit Dutzenden anderer Nationen machte er den Klimawandel zu einem Thema in unseren bilateralen Beziehungen und half mit bei der Gestaltung ihrer Verpflichtungen. Auf internationalen Konferenzen füllten US-Diplomaten den Rahmen mit Details aus. Seit dem Durchbruch mit China und im Laufe des Jahres 2015 hatte sich das Blatt gewendet. Als wir in Paris ankamen, war der Hauptverweigerer Indien.

Wir hatten ein Treffen mit dem indischen Premierminister Narendra Modi vereinbart. Obama und mehrere aus unserer Gruppe warteten vor dem Sitzungssaal, als die indische Delegation noch ohne Modi eintraf. Nach allem, was man hörte, waren die indischen Unterhändler die schwierigsten. Obama bat sie um ein Gespräch, und die nächsten zwanzig Minuten stand er im Flur und führte ein lebhaftes Streitgespräch mit zwei indischen Delegierten. Ich stand etwas abseits und checkte meinen BlackBerry, während Obama über Solarenergie sprach. Ein Mitarbeiter aus unserem Klimateam kam zu mir. «Ich kann nicht glauben, dass er das tut», flüsterte er. «Diese Typen sind unmöglich.»

«Machen Sie Witze?», sagte ich. «Sie streiten über die Wissenschaft. Er liebt das.»

Modi kam mit einem besorgten Gesichtsausdruck um die Ecke. Offenkundig fragte er sich, worüber sich seine Unterhändler mit Obama stritten. Nachdem wir in den Besprechungsraum gewechselt waren, wurde eine Dynamik deutlich. Modis Team, das die institutionelle Perspektive der indischen Regierung vertrat, wollte nicht das tun, was für eine Einigung nötig war. Modi hingegen, der den Ehrgeiz hatte, sich als transformativen Führer Indiens und Person von globalem Format zu stilisieren, war hin- und hergerissen. Das war mit ein Grund für unseren Deal mit China; wenn Indien allein als Verweigerer dastand, würde es Modi schwerfallen, außen vor zu bleiben.

Fast eine Stunde lang unterstrich Modi immer wieder, dass in seinem Land 300 Millionen Menschen ohne Strom lebten und Kohle der billigste Weg sei, das Wachstum der indischen Wirtschaft anzukurbeln. Die Umwelt war ihm wichtig, aber er musste auch an die vielen Inder denken, die in bitterer Armut lebten. Obama ging Argumente zu einer Solarinitiative durch, die wir anstoßen wollten, die Marktverschiebungen, die den Preis für saubere Energie senken würden. Aber er war immer noch nicht auf das anhaltende Gefühl der Ungerechtigkeit eingegangen, die Tatsache, dass sich Länder wie die Vereinigten Staaten mit Kohle entwickelt hatten und nun forderten, dass Indien das Gleiche nicht tun sollte.

«Schauen Sie», sagte Obama schließlich, «ich verstehe, dass das unfair ist. Ich bin Afroamerikaner.»

Modi lächelte wissend und sah auf seine Hände hinab. Er wirkte aufrichtig gequält.

«Ich weiß, wie es ist, in einem System gefangen zu sein, das unfair ist», fuhr Obama fort. «Ich weiß, wie es ist, wenn man aus der letzten Reihe startet und dann aufgefordert wird, mehr zu geben, so zu tun, als würde es die Ungerechtigkeit nicht geben. Aber ich kann nicht zulassen, dass das meine Entscheidungen beeinflusst, und Sie sollten das ebenso wenig tun.» Ich hatte ihn noch nie so mit einem anderen Staatsführer reden hören. Aber wie es aussah, schätzte Modi Obamas Worte. Er sah auf und nickte.

Kapitel 28

Havanna

Als das letzte Jahr von Obamas Präsidentschaft anbrach, bewohnten wir zwei unterschiedliche Welten. In der einen hatten wir ein
globales Klimaschutzabkommen ausgehandelt, den Iran-Deal um-
gesetzt, wuchs die Wirtschaft, hatten sich zwanzig Millionen Amerikaner neu für die Krankenversicherung angemeldet und stiegen
Obamas Zustimmungswerte. In der anderen malten republikanische Präsidentschaftskandidaten das Bild eines dystopischen Alp-
traums von Kriminalität, zügelloser Einwanderung, IS-Terroris-
mus und stagnierenden Löhnen in Amerika an die Wand. Weil die
beiden Realitäten so weit auseinanderlagen und weil Obama nicht
kandidierte, konnten wir kaum etwas anderes tun als den Kopf
einziehen und uns auf das konzentrieren, was wir noch zu Ende
bringen konnten.

Mein Schwerpunkt lag weiterhin auf Kuba und zunehmend
auf Obamas Staatsbesuch in Havanna 2016 – dem ersten eines US-
Präsidenten seit Calvin Coolidges Visite 1928. Im letzten Jahr hatte
ich erfahren, dass meine Arbeit in Kuba noch lange nicht getan war.
Wir wollten so weit wie möglich gehen, um eine Tür für amerikanische Reisende und Unternehmen zu öffnen und Reformen in
Kuba zu fördern. Die Kubaner wollten während der letzten zwei
Jahre Obamas im Amt so weit wie möglich beim Aufbau einer
bilateralen Beziehung vorankommen. Ich versicherte ihnen, dass
jeder Demokrat, der Obama folgte, unseren Ansatz fortsetzen

würde, eine Zusicherung, die ich ihnen in Bezug auf die Republikaner allerdings nicht geben konnte. Die Kubaner verstanden das.

Jedes Mal, wenn ich nach Havanna kam, wohnte ich in einem Gästehaus, das aus den Siebzigern zu stammen schien, mit weißen Böden und modernistischen Möbeln, die schon vor so langer Zeit aus der Mode gekommen waren, dass sie in Brooklyn schon wieder als angesagt galten, und langen Balkonen, von denen aus ich Sicherheitskräfte in ihren Guayaberas, typisch südamerikanischen Leinenhemden, sehen konnte. Fidel habe einmal, wurde mir gesagt, eine nächtliche Versammlung im Nebengebäude einberufen, wo eine wichtige Entscheidung über eine Militäroperation in Afrika gefallen sei. Kuba, so kam es mir vor, war eine geschichtete Gesellschaft: ein innerer Kern, der sich an seine revolutionäre Legitimität klammerte, die alten Geschichten von Fidel; und ein breiterer äußerer Ring, dem Millionen von Menschen angehörten, deren Möglichkeiten von der Politik festgeschrieben wurden, von einer Regierung, die sich auf die Bewahrung ihrer Macht konzentrierte, und amerikanischen Boykottmaßnahmen, die sie von der Welt abschotteten. Wir wollten die Grenzen etwas öffnen und Kuba so neues Leben einhauchen.

In meiner ersten Nacht in Havanna quetschten wir uns in einen Van, um die Stadt zu besichtigen. Unser Weg führte uns zuerst in die Altstadt, Habana Vieja, ein kleines Stück Europa in Amerika mit prächtigen Fassaden aus dem 19. Jahrhundert und gepflasterten Plätzen, ein Viertel, das in Abwesenheit US-amerikanischen Einflusses wie in der Zeit eingefroren erschien, wie eine Ruine, die tief unter der Erde konserviert liegt. Wir passierten das Kapitol, den Sitz der Nationalversammlung, eine kleinere Ausgabe des Kapitols in Washington. Die Straßen waren voller alter amerikanischer Autos. Man zeigte uns den Ort, an dem sich Batistas Truppen während der Revolution Che Guevaras Einheit ergeben hatten. Nicht weit davon, merkte Ricardo mit leiser Stimme an, befand sich ein Platz, an dem Erschießungskommandos politische Gegner exekutiert hatten.

Wir hielten an einer Christus-Statue, deren Bau – so wurde mir mitgeteilt – von Batistas Frau in den letzten Tagen vor der Revolution gesponsert worden war. Als ich am Fuße der Statue stand, fielen mir ein paar Leute auf, die wie Touristen aussahen – und sich wie die Leute, die Ricardo und mich in der Lobby eines Hotels in Toronto fotografiert hatten, auf auffällige Weise für uns interessierten. Sie unterhielten sich zunächst auf Englisch mit einem deutlichen Akzent, wechselten dann aber ins Russische und sprachen dabei laut genug, dass wir sie problemlos hören konnten. Keiner von uns reagierte. Wieder einmal dachte ich darüber nach, welche Botschaft die Russen uns zu übermitteln versuchten. 2017, mehrere Monate nachdem ich meinen Abschied genommen hatte, erfuhr ich, dass einige in der amerikanischen Botschaft in Havanna stationierte Mitarbeiter durch mysteriöse Angriffe zu Schaden gekommen waren – durch eine Art Schallwaffe oder irgendein Gift. Die kubanische Regierung hatte, wie ich genau wusste, selbst auf dem Höhepunkt des Konflikts mit den Vereinigten Staaten nie etwas derart Dreistes gewagt. Wer immer für den Angriff auf unsere Botschaftsmitarbeiter verantwortlich war, wollte ganz offenkundig die Annäherung zwischen den USA und Kuba sabotieren, und natürlich fragte ich mich, ob die Russen, die ja ein so offensichtliches Interesse an meinen Bemühungen an den Tag legten, eine Rolle dabei gespielt hatten.

Am späten Abend fanden wir uns auf einem riesigen Paradeplatz wieder. Auf dem großen Betongebäude vor mir prangte ein riesiges beleuchtetes Bild von Che über dem Schriftzug «Hasta la victoria siempre», das gleiche Bild, das die Wände von Tausenden von Studentenbuden in ganz Amerika ziert. Wir standen am Fuße einer hoch aufragenden Statue von José Martí, dem Unabhängigkeitshelden Kubas, den sowohl die Kubaner als auch die kubanischen Amerikaner für sich vereinnahmten. Hier, so wurde mir gesagt, hielt

Fidel seine Reden. Ich blickte auf den weiten, leeren Platz vor mir; wenn man die Augen schloss, konnte man die Menschenmengen sehen, die dort früher Stunde um Stunde standen – Statisten in einem endlosen Duell zwischen dem kubanischen Staat und seinem übermächtigen Nachbarn im Norden – und revolutionäre Kampflieder sangen. Die ganze Nacht schien, aus reinem Zufall, eine Demonstration dafür zu sein, wie die Vereinigten Staaten und Kuba sich in einer Umarmung verfangen hatten wie zwei erschöpfte Boxer, die sich umklammert halten, einander bekämpfen und von denen doch der eine den anderen als Gegenpart braucht.

«Hier an dieser Stelle legen Staatsoberhäupter auf Besuch ihre Kränze nieder», sagte Alejandro. Bevor ich antworten konnte, tauchte an meiner Seite jemand mit einem Kranz in den Armen auf. Es war jetzt nach Mitternacht. Sie wollten mich fotografieren, wie ich hier, mitten auf Kubas Platz der Revolution, einen Kranz niederlegte. Kein Bild, das in Florida oder bei bestimmten Leuten auf dem Capitol Hill sonderlich gut ankommen würde. Die Geste abzulehnen hätte mich jedoch in die Rolle des hässlichen Amerikaners gedrängt, der das kubanische Ehrgefühl verletzte. Also nahm ich den Kranz und sah zu Martí auf, der einzigen Figur in der Geschichte Kubas, die auf beiden Seiten der Straße von Florida verehrt wird. «Zum Gedenken an José Martí», sagte ich, «der sowohl in den Vereinigten Staaten als auch in Kuba geliebt wird.»

Obamas Reise nach Havanna war für März angesetzt, da er wollte, dass sie mit Sashas und Malias Frühlingsferien zusammenfiel. Jedes Detail der Reise – von den politischen Änderungen, die wir beide anstrebten, über die Unterstützung der amerikanischen Unternehmen, die mit Kuba Geschäfte machen wollten, bis hin zu den Feinheiten von Obamas Zeitplan – war Gegenstand mühsamer Verhandlungen in endlosen Skype-Sitzungen und auf mehreren Reisen nach Havanna.

Am Ende eines unserer Treffen bat Alejandro mich um ein Gespräch unter vier Augen. Die Kubaner hatten einen dramatischen Vorschlag, den ich für sie ausloten sollte. «Wir sind sehr interessiert an Guantánamo», sagte er. «Wir wissen von Präsident Obamas Interesse an der Schließung des Gefängnisses. Und so möchten wir vorschlagen, Guantánamo in unsere Obhut zu nehmen.»

Ich wollte, wie schon oft, erklären, dass Obamas Priorität die Schließung des Gefängnisses war, dass wir über den Marinestützpunkt nicht einmal sprechen konnten. Alejandro unterbrach mich. «Uns sind Ihre Schwierigkeiten bei der Verlegung der Gefangenen bewusst.» Wir versuchten immer noch, andere Länder zur Aufnahme von ein oder zwei Häftlingen zu bewegen, die zur Überstellung freigegeben worden waren. «Kuba ist bereit, die Sicherheitsanforderungen für die Aufnahme der Häftlinge zu erfüllen.»

Es dämmerte mir, was er vorschlug – Kuba würde alle Gefangenen aufnehmen, wenn wir ihnen die Marinebasis zurückgäben, ein Stück kubanisches Territorium, das seit mehr als einem Jahrhundert von den Vereinigten Staaten besetzt war. Jedes Jahr stellen die Vereinigten Staaten Kuba zur Begleichung der Pacht für das Areal einen Scheck über ein paar Tausend Dollar aus – und die Kubaner lösen den Scheck nicht ein. «Nur um das klarzustellen», sagte ich. «Sie bieten an, alle Gefangenen aufzunehmen?» Damals waren es noch fast hundert.

«Kuba ist sehr gut darin, Menschen sicher zu verwahren», erwiderte er.

«Es gibt einige, die wir vorher herausholen müssten», sagte ich und dachte insbesondere an Chalid Scheich Mohammed, das Superhirn hinter den Anschlägen vom 11. September. Der Kongress hatte Gesetze verabschiedet, die uns daran hinderten, ihn und andere Häftlinge aus Guantánamo in Gefängnisse in den Vereinigten Staaten zu überstellen. Mehrere Teams von Rechtsanwälten hatten andere Möglichkeiten geprüft, unter anderem, sie auf US-Territorien wie Guam oder Puerto Rico zu verteilen.

«Was immer Sie für notwendig erachten», antwortete er.

Meine ganze restliche Zeit in der Regierung gab es kein Treffen, bei dem er diese Idee nicht wieder in die Runde geworfen hätte. Obwohl ich wusste, dass es wahrscheinlich nie so weit kommen würde, gefiel mir die Idee mit der Zeit, und das sagte ich auch zu Obama. Wir könnten eine Übergangszeit aushandeln, in der die Vereinigten Staaten und Kuba die Einrichtung gemeinsam verwalteten. In einem Treffen nach dem anderen zu Guantánamo streckte ich die Hand in die Höhe und sagte: «Ich bin der Einzige mit einem Plan B.» Obama tat es als einen allzu großen Schritt ab, sogar für das vierte Quartal. Doch ich kam nicht umhin, die, wenn auch nicht beabsichtigte, Genialität des Vorschlags zu sehen, mit dem wir auf einen Schlag zwei historische Fehler korrigiert und zwei Kapitel auf einmal geschlossen hätten.

Während eines sich lange hinziehenden Abendessens in Havanna ein paar Tage vor Obamas geplanter Ankunft verließ Alejandro abrupt den Tisch, um einen Anruf entgegenzunehmen. Als er zurückkam, verkündete er, dass er und ich nun den Präsidenten besuchen würden. In meinem Beisein sprach er nie von ihm als seinem Vater. Wir brachen auf der Stelle auf und zwängten uns für die kurze Fahrt zu einem großen Regierungsgebäude auf die Rückbank eines schwarzen BMW. An ein paar Sicherheitsleuten in Zivil in der Lobby vorbei wurde ich in einen spärlich möblierten Raum geführt, in dem Raúl, der eine Guayabera trug, uns bereits erwartete. Wir setzten uns, im Oval-Office-Stil, ich direkt neben Raúl.

Die meiste Zeit sprach Raúl. Nach ein paar Minuten nahm er eine Faltkarte von Kuba heraus und ließ mich ein Ende davon halten, während wir uns wie zwei Generäle, die nach einer Schlacht Manöverkritik übten, darüberbeugten. Er begann damit, den Vormarsch der revolutionären Kräfte nachzuzeichnen, von den Bergen der Sierra Maestra bis nach Havanna. Er zeigte mir verschiedene Militärflugplätze, die in zivile Flughäfen umgewandelt werden konnten, und ließ sich über deren Nähe zu Stränden und anderen Sehenswürdigkeiten aus. Mit dem Finger auf die Umrisse der Insel deutend, begrüßte er das Pariser Abkommen und sprach über die Gefahren des Klimawandels für die Keys und den äußeren Inselring um Kuba. Auf seine Weise entwarf er vor mir die Umrisse der Tourismusindustrie, die Kuba aufbaute, einer Wirtschaft, die auf einer eklektischen Mischung aus staatlich geführten Hotels und individuell geführten Kleinbetrieben wie Restaurants, Geschäften und Taxis basierte.

Er zeigte auf einen kleinen Flecken Land südlich von Kuba. «Dort habe ich einem italienischen Geschäftsmann erlaubt, mit einem Hausboot mit fünf Betten vor Anker zu gehen, wo er den ganzen Tag Haie füttert.» Ich nickte, unsicher, was ich von dieser Anekdote halten sollte.

«Caroline Kennedy war neulich in meinem Büro», sagte ich. «Sie wies mich darauf hin, dass es nicht ihr Vater gewesen ist, der die Botschaft geschlossen hat. Dass er Eisenhowers Kubapolitik geerbt hat.»

Castro nickte. «Robert Kennedys Sohn kam kürzlich nach Kuba», sagte er. «Und obwohl sein Vater versucht hatte, meinen Bruder zu töten, ließ ich ihn unsere Strände besuchen. Ich ließ ihn sogar bei dem Italiener wohnen, der die Haie füttert.» Irgendwie schien diese Anekdote etwas Wesentliches über Kuba zu enthüllen.

Immer wieder kehrte er zur Revolution zurück, zu den Geschichten davon, wie verheerend die Landung der *Granma* verlaufen war und wie er und Fidel einander begrüßt hatten: «Ich hatte fünf Gewehre», sagte er. «Als wir uns wiedersahen, packte er mich, legte seine Stirn an meine und fragte: ‹Wie viele Gewehre hast du?› Ich sagte: ‹Fünf.› Er sagte: ‹Ich habe zwei.›» Raúl lehnte sich zurück und schlug sich auf die Knie. «‹Das macht sieben Gewehre. Also werden wir dem Feind welche wegnehmen müssen.› Und das haben wir getan.»

Mir war klar, dass dieses ganze Gerede über die Revolution nicht nur Getue war, es sollte mir demonstrieren, dass er nichts tun würde, was die Legitimität der Revolution gefährden würde. Das Gespräch über die sich entwickelnde Wirtschaft sollte zeigen, dass Raúl eine Spur von Pragmatismus besaß, die seinem Bruder abging.

Ich versuchte – wieder und wieder –, das Gespräch zurück auf unsere Forderungen zu lenken. Wir wollten, dass Kuba seinen im Entstehen begriffenen Privatsektor ausbaute. Wir wollten, dass Kuba seine Wirtschaft reformierte, dass ausländische Unternehmen Kubaner direkt einstellen konnten und dass die Regierung mehr Zurückhaltung beim Umgang mit Demonstranten zeigte. Ich begann, Gefallen an dieser Rolle zu finden, freundlich, aber hartnäckig.

«Wissen Sie», sagte Raúl zu mir, «mir ist da ein Gedanke gekommen, von dem ich noch nie jemandem erzählt habe. Die Amerikaner geben den Leuten gerne Bonbons.» Er schaute sich im Raum um und sah auf seiner Seite nickende Übereinstimmung. «Sie geben den Menschen gerne Bonbons dafür, dass sie in Lateinamerika tun, was sie wollen. Aber Kuba ist nicht an Bonbons interessiert.»

Nach über zwei Stunden verkündete Raúl, er werde mir ein Exemplar seiner eigenen Biographie schicken. «Sie ist von einem Russen», sagte er. «Sie ist gut, aber sie zeigt auch meine Fehler.»

«Keiner von uns ist unschuldig», sagte ich, und er lachte.

Ich ging einige der noch ungeklärten Fragen zu Obamas Besuch durch, einschließlich seines geplanten Treffens mit Dissidenten. «Obama ist willkommen, wen auch immer er will in Kuba zu treffen», sagte er und winkte mit der Hand vor seinem Gesicht. «Obama ist in Kuba willkommen.»

Als wir uns der Drei-Stunden-Marke näherten, schlossen wir das

Treffen ab. «Es ist schwer für uns», sagte er, «eure nächsten Nachbarn zu sein.»

Ich korrigierte ihn. Die Mexikaner seien unsere nächsten Nachbarn, und sie sagten von sich gerne: «Gott ist so fern und die USA so nah.»

Er lachte, aber korrigierte wiederum mich. «Sehen Sie», sagte er und zeigte auf der Karte vor uns auf die Guantánamo Bay Naval Base. «*Wir* sind eure nächsten Nachbarn.»

Als die Air Force One im Anflug auf Havanna war, kniete sich Obama neben mir auf die Couch und schaute aus den Fenstern. Mich machte alles nervös, das bisschen Regen eingeschlossen, das angefangen hatte zu fallen, so als ob jeder Fehler auf dieser Reise mein persönliches Versagen sein würde. Das hier fühlte sich an wie der Schlussstein meiner achtjährigen Zeit in der Regierung, und ich wollte, dass alles perfekt lief. Als die Außenbezirke von Havanna in Sicht kamen – strohgedeckte Häuser und Wellblechhütten –, meinte Obama: «Das sieht für mich nicht nach einer Bedrohung für unsere nationale Sicherheit aus.»

Vor unserer Landung in Kuba hatten wir die weitreichendsten Änderungen in der US-Politik angekündigt, die unsere Gesetze zuließen – Änderungen, die es den Amerikanern ermöglichen würden, für direkte Kontakte auf die Insel zu reisen, und mehr finanzielle Transaktionen in Kuba autorisierten. Wir hatten zum ersten Mal seit Jahrzehnten einen direkten Postversand zwischen den Vereinigten Staaten und Kuba in Gang gebracht, und Obama hatte persönlich auf den Brief einer älteren Kubanerin geantwortet, die an das Weiße Haus geschrieben hatte. Wir hatten ein Major-League-Baseball-Freundschaftsspiel zwischen den Tampa Bay Rays und der kubanischen Nationalmannschaft arrangiert. Wir hatten eine Reihe von Vereinbarungen getroffen, die US-Unternehmen die Tür nach Kuba aufstoßen sollten. Wir hatten Obama sogar einen Sketch mit einem kubanischen Komiker namens Luis Silva aufnehmen lassen, dessen Figur Pánfilo der Star in einer der beliebtesten Sitcoms in Kuba ist.

Als die Reise näher rückte, zeigte sich, dass – sosehr wir alle sie auch dazu benutzen wollten, ein Maximum an politischen Veränderungen einzuleiten – die Symbolik und die Story von Obamas Besuch von größerer Bedeutung sein würden. Ich hatte für eine Reihe von Treffen mit führenden Persönlichkeiten der kubanisch-amerikanischen Gemeinschaft einen Trip nach Miami unternommen. Dass mich, als ich die Linienmaschine verließ, mit der ich heruntergeflogen war, eine große Polizeieskorte erwartete, die mir den ganzen Tag über nicht von den Fersen wich, war ein Indiz für die heftigen Gefühle, die unsere neue Kubapolitik bei etlichen kubanischen Exilanten auslöste. In Miami war Geschichte eine Sache der Gegenwart, und es gab Menschen, die jede Annäherung an die Castro-Regierung als einen Akt des Verrats betrachteten.

Doch im Laufe des Tages bekam ich auch eine andere Botschaft zu hören. Vor allem jüngere Kubaner hielten Obamas Politik für längst überfällig. Die Kinder und Enkelkinder der Exilanten trugen nicht die gleiche historische Last und sahen die Zukunft Kubas nicht als einen Wettkampf zwischen den Castros und den Exilkubanern. Auch einige der alten Hardliner waren im Begriff, ihre Haltung zu ändern. Carlos Gutierrez, unter George W. Bush Handelsminister, war von einem Hardliner zu einem enthusiastischen Verfechter des «Mensch zu Mensch»-Ansatzes mutiert. «Ich hatte es einfach satt, immer wieder die gleichen Argumente ins Feld zu führen», erklärte er mir gegenüber.

Was ich in Miami hörte, war vor allem eine Botschaft: Das wichtigste Element der Reise sei die Rede, die Obama in Havanna halten sollte. Die kubanischen Amerikaner wollten von ihm hören, dass er sich für Demokratie und Offenheit einsetzte und sie in seine Geschichte über Kuba mit einbezog. Mehr als jede andere Diasporagemeinschaft, mit der ich zu tun hatte, betrachteten sich die kubanischen Amerikaner als ein Volk im Exil. Ich bat sie, Geschichten und kulturelle Prüfsteine mit mir zu teilen, von denen sie wünschten, dass Obama sie ansprach, und noch Tage später quoll mein Posteingang über vor Geschichten: Menschen, deren Eltern sie allein in ein Flugzeug in die USA gesetzt hatten, Menschen, die seit Jahrzehnten von ihrer Familie getrennt waren, Menschen, die die Regierung in Havanna ablehnten, aber an ihren Bindungen zu Kuba festhielten.

Darüber hinaus schien Kuba auch eine sehr spezielle Melange von Persönlichkeiten anzuziehen, Leute, die in der Geschichte der USA selbst deutlich sichtbare Spuren hinterlassen hatten beziehungsweise immer noch hinterließen. Ernest Hemingway hatte mehr als zwanzig Jahre in Kuba gelebt, und seine Enkel nahmen vor unserer Reise Kontakt zu mir auf. José Andrés, der prominente spanisch-amerikanische Koch, der so viel für die selbstständigen Köche Kubas getan hatte, begleitete uns. Jimmy Buffett wollte ein Konzert geben. Jackie Robinson hatte in Havanna Baseball gespielt, und seine Tochter und seine 93-jährige Witwe Rachel waren mit uns an Bord der Air Force One. Es fühlte sich an, als würden wir mit einem Haufen amerikanischer Underdogs und Überflieger nach Havanna reisen: kubanischen Exilanten und den Nachkommen kultureller Ikonen, Baseballspielern und Sängern, Bürgerrechtshelden und natürlich einer afroamerikanischen First Family. Die Delegation selbst sprach für Amerika.

Auf dem Weg vom Flughafen in die Stadt war die Ambivalenz der kubanischen Regierung nicht zu übersehen. Die Regierung hatte die Bevölkerung offenbar davor gewarnt, entlang der Route der Autokolonne Aufstellung zu beziehen; allem Anschein nach wollte man einer allzu enthusiastischen Begrüßung des amerikanischen Präsidenten vorbeugen. Andererseits hatte sie die Straßen, über die wir fuhren, repariert und ausgebaut. Als wir an Apartmentkomplexen aus Zementblöcken vorbeikamen, sah ich gegen die regengepeitschten Fenster gepresste Gesichter, die auf etwas hinausschauten, das zu erblicken sie nie für möglich gehalten hatten.

Als wir die Altstadt erreichten, hatte sich der Regen zu einem Wolkenbruch ausgewachsen. Obama ging in die katholische Kathedrale, wo er von Kardinal Ortega begrüßt wurde, dem Mann, der Obama ein Jahr zuvor die persönliche Botschaft des Papstes überbracht hatte. «Ich habe hierfür meinen Ruhestand aufgeschoben», verkündete Ortega zur Begrüßung und ergriff Obamas Hand. Als wir zu Fuß durch die abgesicherten Straßen gingen, versammelten sich die Leute in den Schaufenstern der Geschäfte, lächelten und winkten, einige schwenkten amerikanische Miniaturflaggen.

Am nächsten Morgen wechselten sich bei Alejandro Nervosität und Zuversicht ab. Wir trafen uns im selben Regierungsgebäude, in dem ich im vergangenen Jahr Dutzende von Stunden verbracht hatte, aber dieses Mal war ich mit 1000 Amerikanern unterwegs: Mitarbeitern, Sicherheitspersonal, kubanischen Amerikanern, Sportlern, Journalisten und ausgewählten Prominenten. Dennoch hielt sich mein Gefühl, dass wir jeden Aspekt der Reise bis zu dem Moment, in dem die Air Force One wieder abhob, würden aushandeln müssen. Alejandro, der meine Müdigkeit und meinen Ärger darüber spürte, dass wir uns zu einer so frühen Uhrzeit treffen mussten, verkündete, er habe gute Nachrichten. Sie hatten unseren beiden verbleibenden Forderungen zugestimmt: Obama und Castro würden nach ihrem Treffen eine Pressekonferenz abhalten, und Obamas Rede würde – unzensiert – an das kubanische Volk übertragen werden. Beides Dinge, die es in Kuba noch nie zuvor gegeben hatte.

In der Autokolonne auf dem Weg zur Plaza de la Revolución sah es ganz danach aus, als hätte die kubanische Regierung entweder ihre Beschränkungen gelockert oder etwas die Kontrolle verloren:

Zahllose Menschen säumten die Straßen und begrüßten unseren Autopulk.

Nach der langen Unterredung mit Raúl hatte die Pressekonferenz etwas von einer Zirkusveranstaltung an sich. Die kubanischen Journalisten, samt und sonders Mitarbeiter staatlicher Medien, wirkten erstaunt darüber, dass ihr Präsident Fragen zuließ und beantwortete. Jim Acosta, der Reporter, der Obama gefragt hatte, warum er sich die Bastarde nicht holte, stand auf und sagte: «Mein Vater ist Kubaner. Er ging in die Vereinigten Staaten, als er jung war. Sehen Sie eine neue und demokratische Richtung für Ihr Land voraus? Und warum gibt es in Kuba politische Gefangene?»

Als er mit dem Antworten an der Reihe war, sah Castro einen kurzen Moment verwirrt aus. Sein Enkel trat zu ihm und flüsterte ihm etwas ins Ohr. «Geben Sie mir die Liste der politischen Gefangenen, und ich werde sie umgehend freilassen», donnerte er dann. «Geben Sie mir einfach eine Liste. Was für politische Gefangene? Geben Sie mir einen oder mehrere Namen.» Was da vor sich ging, war in gewisser Hinsicht ganz großes Theater – der kubanische Präsident wird genötigt, sich für seine repressive Politik zu verantworten. Zugleich jedoch wusste ich, dass wir das kubanische System massiv unter Druck setzten und ein Rückschlag unausweichlich war. Das war der Spagat, den wir mit unserer Politik hinbekommen mussten. Der Imperativ zu Hause lautete, den Kubanern in Sachen Menschenrechte ordentlich einzuheizen, doch das konnte auch nach hinten losgehen. Wir hatten 53 politische Gefangene herausgeholt, durch unaufgeregte Gespräche, nicht durch öffentliches Anprangern. Die Gegenseite vor den Augen der Öffentlichkeit unter Druck zu setzen ist nicht immer der beste Weg, wenn man Ergebnisse erzielen will.

Nach der Pressekonferenz applaudierten die kubanischen Reporter geschlossen. Castro schüttelte Obama die Hand und versuchte dann, ihre Hände gemeinsam im Triumph zu heben. Obama, der dieses Bild nicht auf den Titelseiten der ganzen Welt verbraten sehen wollte, ließ seine Hand schlaff in Castros baumeln. Eine, wie mir schien, passende Metapher für unsere Herangehensweise – sich einlassen, ohne zu umarmen.

An diesem Abend schaute ich in dem Haus vorbei, in dem die Obamas untergebracht waren. Obamas Frau und die Kinder vertrieben sich die Zeit im Wohnzimmer, während er mich zur Seite zog, um die Rede kritisch durchzugehen. Er hatte sie kaum bearbeitet, das überließ er mir. «Haben wir hier genug für die kubanischen Amerikaner?», wollte er wissen.

«Ich glaube, ich habe mit praktisch jedem Kubaner in den Vereinigten Staaten gesprochen», scherzte ich.

«Nun, vielleicht sollten wir den Punkt der Versöhnung stärker betonen. Menschen sind Menschen. Kubaner sind Kubaner. Heben Sie das etwas stärker hervor.»

Ich kehrte zurück in die Stille meines Hotelzimmers. Ich hatte alles, was ich in den letzten drei Jahren über Kuba gelernt hatte, in die Rede einfließen lassen, die Obama am nächsten Tag halten würde, und ich war mit dem Ergebnis sehr zufrieden. Normalerweise saß ich am Abend vor einer großen Rede auf meinem Balkon und las sie mir nochmals vor. Doch dieses Mal lud ich stattdessen das Team, das mit mir zusammen zu Kuba gearbeitet hatte – Ricardo, Bernadette und Siobhan Sheils, eine junge Mitarbeiterin im Bereich Kuba –, auf mein Zimmer ein. Ein paar Stunden lang tranken wir Havana-Club-Rum, lasen uns die Rede vor und erzählten einander Geschichten von unseren endlosen Gesprächen mit den Kubanern.

«Manchmal denke ich, wir unterschätzen, wie sehr sie in diesem System auf Veränderungen drängen», sagte ich zu Ricardo. Ich wusste, dass die Kubaner, selbst wenn sie keine Änderungen im Austausch gegen Bonbons vornehmen wollten, doch die Tür zu den USA aufgestoßen hatten: zu unseren Touristen, zu unseren Unternehmen, zu dem riesigen Nachbarn im Norden, zu uns mit unserer so ganz anderen Ideologie und Art, die Dinge anzupacken, und jetzt zu unserem Präsidenten.

«Ja», sagte Ricardo. «Hey, danke, dass du mich bei der Sache mit ins Boot geholt hast.» Ein paar Monate zuvor hatte er den NSC verlassen, um eine Stelle in São Paulo anzutreten. Bevor er aufbrach, erzählte er mir etwas über seinen Vater, das er mir bisher noch nicht anvertraut hatte. Sein Vater war, wie ich wusste, ein Militäroffizier in Honduras gewesen, der bei einer internen Auseinandersetzung auf der falschen Seite stand und schließlich ermordet wurde. Das war der Grund, warum Ricardo in Amerika aufwuchs und beim Außenministerium anfing – weil er die USA als eine Kraft für das Gute in einer chaotischen Welt sah. Aber die Geschichte war komplizierter. Obwohl Ricardos Vater aus einer rechtsgerichteten Familie stammte, war er zu einer Art Reformer und Informant über Korruption geworden. Er wurde wegen seiner Opposition gegen die honduranische Unterstützung für die Contras in Nicaragua aus dem Militär gedrängt und schließlich von einem Mitglied einer der reaktionären Gruppen ermordet, die in ganz Lateinamerika den kubanischen Einfluss bekämpft hatten – ein Opfer der vergifteten Politik, die zu Grabe zu tragen wir angetreten waren.

Von meinem Balkon aus blickten wir auf die im Dunkeln liegende Florida-Straße, die Kuba von der Südspitze der Vereinigten Staaten trennt. Hier zu sein, in Havanna, mit dieser Gruppe von Menschen, die mir zu so etwas wie einer zweiten Familie geworden waren, ließ mich in meinem Job mich besser fühlen als je zuvor. Das ist es, warum man sich mit so vielem abfindet.

Die Rede fand in einem großen Theater statt, das eigens zu diesem Anlass restauriert worden war. Raúl Castro saß auf einem Balkon. Die berühmte blinde kubanische Ballerina Alicia Alonso, nach der das Theater benannt ist, trat unter tosendem Applaus ein. Wir hatten hart darum gekämpft, Dutzende von Gästen einzuladen, darunter viele kubanische Amerikaner. Obama stellte sich ans Rednerpult und begann mit den Worten von Jose Martís berühmtestem Gedicht, *Cultivo una rosa blanca*. Von dort aus schlug die Rede einen weiten Bogen und folgte sowohl der Geschichte der letzten sechzig Jahre als auch meinen Gefühlen bei der Arbeit zu Kuba in den letzten drei Jahren. «Havanna ist nur neunzig Meilen von Florida entfernt», sagte Obama, «aber um hierherzukommen, mussten wir eine große Distanz überwinden – über Barrieren der Geschichte und der Ideologie hinweg, Barrieren des Schmerzes und der Trennung.» Obama, der den Zeitraum von der Revolution über die Raketenkrise bis in die Gegenwart hinein abdeckte, sagte: «Ich bin hierhergekommen, um den letzten Rest des Kalten Krieges auf dem amerikanischen Kontinent zu begraben. Ich bin hierhergekommen, um dem kubanischen Volk die Hand der Freundschaft zu reichen.» Das Publikum brach in lauten Beifall aus.

Es war zu viel für mich. Ich schlüpfte durch eine Hintertür in eine Seitenstraße, rauchte und starrte auf baufällige Fassaden und alte Autos, auf die menschenleere, in der Zeit eingefrorene Straße vor einem Theater, in dem gerade Geschichte geschrieben wurde. Ich hatte die Rede fast auswendig gelernt und kannte die Saiten, die Obama im Theater hinter mir anschlug, die Anerkennung, die er den Kubanern zollen würde – und die sie zu schätzen wissen würden –, Anerkennung für ihr Bildungs- und ihr Gesundheitssystem, für ihre entschlossene Opposition gegen die Apartheid in Südafrika. Ich kannte die kulturellen Prüfsteine, die die Menschen über die Florida-Straße hinweg vereinen würden – die Musik und die Tänze und der Sport. Und ich kannte den Satz, der weiter im Norden nachhallen würde: «In den USA haben wir ein unübersehbares Denkmal für das, was das kubanische Volk zu erschaffen imstande ist. Es heißt Miami.»

Gerade als ich das Theater wieder betrat, warb Obama für direkte

Kontakte zwischen den Bürgern beider Länder. «Dies ist nicht nur eine Politik der Normalisierung der Beziehungen zur kubanischen Regierung», sagte er. «Die Vereinigten Staaten von Amerika normalisieren die Beziehungen zum kubanischen Volk.» Und dann folgte der delikate Balanceakt. Eine ausführliche Hommage an die kubanischen Kleinunternehmer, etwas, das die Kubaner von ihrer eigenen Regierung noch nie zu hören bekommen hatten. Ein Aufruf zur Aufhebung des Embargos, der im Saal tosenden Beifall auslöste. Doch dann wurden die Kubaner in die Pflicht genommen: «Aber selbst wenn wir das Embargo morgen aufheben würden, würden die Kubaner ohne weitere Veränderungen hier in Kuba ihr Potenzial nicht ausschöpfen.»

Die Frage nach der Demokratie leitete ich mit einer Anerkennung der Geschichte ein. «Vor 1959», sagte Obama, «betrachteten einige Amerikaner Kuba als ein Land, das sie ausbeuten konnten, ignorierten die Armut und ermöglichten Korruption. Und seit 1959 sind wir Schattenboxer in diesem Kampf der Geopolitik und Persönlichkeiten. Ich kenne die Geschichte, aber ich weigere mich, von ihr eingesperrt zu werden.» Das war im Kern dasselbe, was ich Alejandro bei unserem ersten Treffen gesagt hatte.

Und dann sagte Obama, woran er glaubte: dass die Menschen vor dem Gesetz gleich sein sollten, dass die Bürger frei sein sollten, ihre Regierung zu kritisieren und friedlich zu protestieren, dass die Wähler die Möglichkeit haben sollten, ihre Regierung in freien Wahlen selbst zu bestimmen. «Ich glaube, diese Menschenrechte sind universell», sagte Obama. «Ich glaube, das sind die Rechte des amerikanischen Volkes, des kubanischen Volkes und der Menschen auf der ganzen Welt.» Die Amerikaner im Publikum applaudierten. Raúl Castro saß mit einem dünnen Lächeln auf seinem Platz. Wir machten Druck, und zwar, wie mir bewusst war, zu viel und zu schnell. Aber wir sprachen das aus, woran wir glaubten, und manchmal ist das alles, was man tun kann.

Die Rede endete mit einer Bemerkung Obamas zur Versöhnung zwischen Kubanern und kubanischen Amerikanern, die sich auf Geschichten stützte, die mir in den letzten Wochen erzählt worden waren – eine Frau, die nach sechzig Jahren zum ersten Mal ihre Schwester wieder in die Arme schließen konnte, eine andere Frau, die in das alte Haus ihrer Familie zurückkehrte und von einem Nachbarn erkannt wurde, den sie seit Jahrzehnten nicht gesehen hatte. «Wir können diese Reise», schloss Obama, «als Freunde, als Nachbarn und als Familie unternehmen – zusammen. *Si se puede.*»

Die Rede hatte alles angesprochen, woran ich glaubte, und Bewegung in die Sache gebracht. Jeder Kubaner würde sie anders hören. Ich hatte mich bemüht, das Bild einer Zukunft zu zeichnen, in der jeder einen Platz für seine Geschichte finden konnte – für die Geschichte der Revolution und die Würde eines Landes, das sich den Vereinigten Staaten widersetzte, für die Geschichte der Dissidenten, die gegen diese Regierung protestierten, und für die der Unternehmer, die eine neue kubanische Wirtschaft aufbauten, für die Geschichte der Exilanten, die teils gezwungenermaßen in die Vereinigten Staaten geflohen waren, und für die der namenlosen Kubaner, die im Konflikt zwischen unseren Ländern keine Stimme hatten, sondern sich einfach nach einem besseren Leben sehnten. Aber das war es, was bei den Hardlinern einen Nerv traf. Eine Rede, die Sympathien für die kubanische Revolution ausdrückte, hätte in Miami allzu leicht als Entschuldigung für die Tyrannei abgelehnt, eine forsche Rede über die Notwendigkeit der Demokratisierung in Havanna leicht als imperialistisches Gehabe zurückgewiesen werden können. Das hier war etwas anderes – sicher, eine Rede aus meiner Feder, aber eben auch eine Rede, die nur Obama halten konnte. Zu keiner anderen Rede, die ich für Obama verfasst hatte, erhielt ich ein so positives Feedback, aber am Ende brachte die Rede uns nicht nur eine Rüge von Fidel Castro ein, sondern auch heftige Kritik von den Gegnern der Annäherung in beiden Ländern.

Unser letzter Stopp war das Baseballspiel. Ich trat hinaus in die Sonne und in ein mit Zehntausenden von jubelnden Fans gefülltes Stadion. Ich saß neben Alejandro, der mir seine kleine Tochter, nur ein oder zwei Jahre älter als Ella, auf den Schoß setzte. Ein paar Plätze von mir entfernt stellte Obama Rachel Robinson Raúl Castro vor, während der im Vorjahr zurückgetretene US-amerikanische Baseball-Star Derek Jeter ihnen zusah. Und dann begann das Spiel, mein Lieblingssport, den ich als Kind im Central Park mit meinem Vater gespielt und dabei Vertrauen in meine Fähigkeit gefunden hatte, den Ball zu fangen und zu ihm zurückzuwerfen. Für einige Augenblicke vergaß ich die große Politik; es gab nur dieses Spiel da unten auf dem in der Sonne liegenden Feld, und es war leicht, sich vorzumachen, dass die Zukunft nicht Raketenkrisen oder IS-Angriffen, ideologischen Auseinandersetzungen, geopolitischen Konflikten oder den Demagogen in Kuba, Amerika oder wo auch immer auf der Welt gehörte. Ich war einfach einer von vielen in einer großen Menschenmenge, die an einem perfekten Nachmittag einem Baseballspiel zusieht. Besänftigt von den Geräuschen so vieler Menschen, die auf jeden Spielzug und jeden Pass auf dem Feld antworteten, spürte ich, dass ich mich endlich, inmitten von etwas, das echt war, das wahr war, zurücklehnen und einfach entspannen konnte.

Kapitel 29

Die Geschichten, die sie über dich erzählen

An einem frühen Nachmittag im Februar verließ ich das Weiße Haus durch den Eingang des West Wing, setzte mich auf die Rückbank eines bereitstehenden schwarzen Wagens und wurde genau einen Block weit in die Tiefgarage des New Executive Office Building gefahren, eines gesichtslosen Regierungsgebäudes im Lafayette Park, wo ich vor dem Bengasi-Sonderausschuss des Repräsentantenhauses Rede und Antwort stehen musste.

Jedes Detail des Auftritts von mir und Susan Rice war in monatelangen Verhandlungen festgezurrt worden. Kein Weißes Haus will Mitarbeitern erlauben, vor dem Kongress zu erscheinen, um ja keinen Präzedenzfall zu schaffen, nach dem auch Mitarbeiter, die den Präsidenten beraten, kurzerhand auf den Capitol Hill zitiert werden können. Ich wollte das Ganze einfach hinter mich bringen, doch ich war in einem Netz mächtiger Interessen gefangen: Republikaner, die ihre Bengasi-Show bis in alle Ewigkeit fortführen wollten, ein Präsidentschaftswahlkampf, der in Teilen durch die Entdeckung des Sonderausschusses geprägt war, dass Hillary Clinton in ihrer Zeit als Außenministerin einen privaten E-Mail-Server benutzt hatte, und ein Weißes Haus, dem es vor allem darum ging, das Amt des Präsidenten zu schützen. Meine eigene Geschichte, das, was in den wenigen Tagen um die Angriffe von Bengasi herum geschehen war, schien nicht mehr zu interessieren.

Um das Spektakel zu vermeiden, das drohte, wenn Susan und ich umringt von einem Haufen Reporter das Kapitol betraten, hatte der Rechtsberater des Weißen Hauses diesem Ausweichort zugestimmt. Susan hatte ihren Auftritt am Vormittag, und ich lief ihr im Parkhaus über den Weg, als sie gerade ging. Sie nahm Augenkontakt auf, sagte aber kaum etwas. Vierzig Monate waren seit den Angriffen von Bengasi vergangen. Die ganze Zeit seither waren wir so etwas wie Reizfiguren, angeklagt und für etwas für schuldig befunden, das weder sie noch ich verstand. Wie genau sollten wir eine wie auch immer geartete Vertuschung ausgebrütet haben? Und was genau sollten wir dabei vertuscht haben? Auf Susans fünfzigster Geburtstagsfeier ruhten meine Augen auf ihrer alternden, von der Dämonisierung ihrer Tochter besonders hart getroffenen Mutter, die – mit Augen voller Tränen, die doch nicht fließen wollten – eine auf Endlosschleife geschaltete Diashow mit Aufnahmen aus Susans Leben betrachtete.

Das Meeting fand an einem großen Tisch in einem Konferenzraum statt. Auf der einen Seite hatte eine Handvoll Kongressabgeordnete und Mitarbeiter Platz genommen, auf der anderen saß ich, flankiert von Anwälten des Weißen Hauses sowie meinem eigenen Anwalt. In den ersten Minuten drehten sich die Gespräche um den vereinbarten Ablauf und die Parameter des Meetings. Ich hörte schweigend zu und kam mir eher wie eine Requisite als wie ein Mensch vor. Am Tag zuvor hatte ich mir eine Magen-Darm-Grippe eingefangen und hatte nun zwei große Flaschen Gatorade dabei, um mich irgendwie durch den Tag zu hangeln.

In den nächsten vier Stunden befragten mich die Ausschussmitglieder im Detail dazu, was ich am Tag der Angriffe und in der Woche danach getan und erlebt hatte. Sie legten mir E-Mails vor, die geschrieben oder gelesen zu haben ich mich kaum erinnern konnte. Ich musste stets daran denken, dass alles, was ich sagte, aus dem Zusammenhang gerissen und dazu verwendet werden konnte, eine von mir so nicht beabsichtigte Bedeutung zu suggerieren. Die Fragen kamen abwechselnd von den Kongressmitarbeitern, die bestenfalls ansatzweise zu verstehen schienen, wie eine Regierung arbeitet, und den Kongressabgeordneten, die es genossen, in die Rolle des Staatsanwalts zu schlüpfen. Mir fiel es nicht allzu schwer, durch die Fragen und Rückfragen zu navigieren. Schließlich gab es für sie nichts zu entdecken, keine verborgene Wahrheit, welche die Zeit, die Mittel und die Entrüstung hätte rechtfertigen können, die sie bereits in dieses Possenspiel investiert hatten. Mein wichtigster Gegenspieler auf republikanischer Seite war der Ausschussvorsitzende Trey Gowdy, ein ehemaliger stellvertretender Bundesstaatsanwalt, dessen kleine Knopfaugen sich weit öffneten, wenn er Ungläubigkeit vortäuschte, und dessen steifer Schopf aus grauem Haar an einen Tiroler Hut denken ließ.

Die Absurdität der Übung wurde mir ungefähr nach der Hälfte des Meetings in aller Deutlichkeit vor Augen geführt, als Gowdy mich wegen einer E-Mail-Konversation, die sie ausgedruckt und mir auf den Tisch gelegt hatten, in die Mangel nahm. «Was ist das für eine Betreffzeile?», fragte er.

Ich las den Betreff laut vor. «Die öffentliche Reaktion der USA auf die Ereignisse in Libyen und Ägypten.» Auf der Empfängerliste fanden sich die Namen vieler Leute, die im September 2012 in die nationale Sicherheitskommunikation eingebunden gewesen waren.

«In Libyen und Ägypten», wiederholte Gowdy, als würde er irgendeine wesentliche Wahrheit umkreisen. «Und der allererste Gegenstand, der diskutiert wurde, sind Stichpunkte wozu?»

Ich starrte auf die E-Mail, die auch Stichpunkte zu dem Internetvideo enthielt, die Formulierungen, die wir verbreitet hatten, damit die Leute das Video verurteilen und zugleich betonen konnten, dass es keine Gewalt rechtfertige. E-Mail-Konversationen waren der grundlegende Kommunikationskanal, den wir immer einrichteten, um untereinander Punkte für die öffentliche Diskussion auszutauschen und Fragen und Antworten zu entwerfen. «Herr Vorsitzender», antwortete ich, «die Betreffzeile entstand am 12. September und bezog sich auf Statements, welche die US-Regierung als Reaktion auf die Ereignisse in Libyen und Ägypten abzugeben beabsichtigte. Die Inhalte bezüglich des Films waren in einer E-Mail enthalten, die ich am darauffolgenden Tag schrieb.»

«Mr. Rhodes, ich frage Sie, wer hat Ihnen gesagt, dass der Film der Auslöser für die Angriffe in Bengasi war? Wer hat Ihnen das gesagt?»

Ich sah mir die E-Mail an und versuchte zu verstehen, worauf er hinauswollte; ich hatte nicht einmal die Betreffzeile geschrieben. «Nochmals», sagte ich, «ich deute nicht an, dass der Film der Katalysator für die Angriffe in Bengasi war.»

«Nun, können Sie verstehen, wie ein Leser womöglich annehmen könnte, dass Sie das vielleicht doch taten? Da doch das erste Land, das in der Betreffzeile erwähnt wird, Libyen ist?»

«Aber die Betreffzeile wurde am Tag, bevor ich den Inhalt meiner E-Mail schrieb, in Bezug auf eine Reihe anderer Umstände erstellt», sagte ich, und in ebendiesem Moment ging mir der Zynismus dessen, was Gowdy da betrieb, in aller Deutlichkeit auf. Wir hatten die E-Mail-Konversation nach der Gewalt in Libyen und Ägypten begonnen und sie tagelang weitergeführt, weil die richtigen Leute auf der Verteilerliste standen, darunter auch Leute im Außenministerium, die die passenden Worte finden mussten, um Fragen zu beantworten und die wegen dieses beleidigenden Videos in der Region ausgebrochenen Brände irgendwie wieder auszutreten. Gowdy instrumentalisierte die Betreffzeile, um aus allem, was danach kam, eine Verschwörungstheorie zu basteln. Um uns unterstellen zu können, dass wir etwas falsch gemacht hatten, musste man die Leute davon überzeugen, dass jeder Einzelne von uns so tat, als hätten wir uns die ganze Woche Sorgen wegen des Videos gemacht, oder dass wir etwas so Unverfängliches wie eine Betreffzeile – «Die öffentliche Reaktion der USA auf die Ereignisse in Libyen und Ägypten» – dazu verwendeten, Leuten, die in vielen verschiedenen Bereichen der Regierung arbeiteten, eine groß angelegte Verschwörungstheorie zu signalisieren.

Gowdy ist nicht dumm. Er musste wissen, dass das nicht der Fall war. Er nahm einfach jeden Wortfetzen, der ihm brauchbar erschien, um seine Verschwörungstheorie am Leben zu erhalten, ganz genau so, wie es die Republikanische Partei die letzten vierzig Monate hindurch praktiziert hatte. Er starrte mich mit einem stets gleichbleibenden Ausdruck im Gesicht an, als wäre ich keine echte Person, deren Leben und Ansehen diese Farce bereits jetzt verheert hatte. Die Republikaner wiesen ganz besonders gerne darauf hin, dass ich meinen Master-Abschluss in Fiction im Alter von gerade einmal 24 Jahren gemacht hatte, als wäre das – wie die Betreffzeile einer E-Mail – ein Beweis dafür, dass ich ein Lügner und Erfinder von Geschichten war. «Sie beabsichtigten also zu keinem Zeitpunkt, die Leute glauben zu machen, dass das Video in irgendeiner Weise mit den Angriffen in Bengasi zusammenhing? Ist das Ihre Aussage?»

Ich starrte ihn über den Tisch hinweg an und unterdrückte den Drang, laut zu schreien. Stattdessen sagte ich ganz ruhig: «Ich wollte zu jedem Zeitpunkt die besten Informationen aus der Geheimdienstgemeinde über das, was in Bengasi geschah, zur Verfügung stellen. Außerdem musste ich versuchen, die Auswirkungen dieses Videos zu mildern.»

«Das sind zwei verschiedene Dinge», sagte er.

Ich hätte sagen können: *«Nein, Herr Vorsitzender, das waren keine zwei verschiedenen Dinge! Dieses widerliche Video – angetrieben wahrscheinlich von der krassen Islamophobie, die die nativistische Reaktion der Rechten auf die Anschläge vom 11. September 2001 und die Wahl Obamas kennzeichnete – hat im Nahen Osten einen Funken entzündet. Es provozierte einen Angriff auf unsere Botschaft in Kairo. Die Menschen in Bengasi sahen, was passierte, und versammelten sich vor unserer Botschaft – um zu protestieren, zu plündern, anzugreifen und Terrorakte zu verüben –, und vier Amerikaner wurden auf tragische Weise getötet. Gewalttätige Proteste tobten tagelang an Dutzenden von Orten. Was wir die ganze Woche sagten, was Susan Rice in diesen dummen Sonntagsshows sagte, war genau das, was wir zu der Zeit glaubten, was wir laut den Geheimdiensten sagen konnten, und es lag weit näher an der Wahrheit, an dem, was wirklich geschah, als alles, was Sie, Trey Gowdy, und die Republikanische Partei und Fox News und* Breitbart *und Tausende von Wortbeiträgen im Radio und Donald Trump in dem Bemühen behauptet haben, die Karrieren von Menschen zu zerstören und Barack Obama und Hillary Clinton zu delegitimieren. Ihre gesamte Theorie beruht darauf, die Beweggründe all der Leute zu kennen, die sich an diesem Abend vor unserer Botschaft in Bengasi zusammengerottet hatten, auf Ihrer Überzeugung, dass sie nicht durch ein Video motiviert wurden, das rein zufällig andere Menschen in anderen Ländern mit einer muslimischen Bevölkerungsmehrheit dazu motivierte, zur gleichen Zeit andere US-Einrichtungen anzugreifen, dass wir alle im Weißen Haus und im Außenministerium und in der Geheimdienstgemeinde beschlossen hatten, so zu tun, als hielten wir dieses Video für wichtig – zu dem man uns auch die ganze Woche hindurch Fragen stellte, denn es war die Nachricht, die weltweit die Schlagzeilen beherrschte –, um etwas zu vertuschen … Sie haben den furchtbaren Verlust von vier amerikanischen Bürgern gnadenlos politisiert und Ihrerseits eine Pyramide aus Verschwörungstheorien konstruiert, um den amerikanischen Diskurs weiter zu verschmutzen und das amerikanische Volk zu polarisieren, eine Dynamik, die dazu geführt hat, dass Donald Trump der Favorit für die Nominierung durch Ihre Partei ist.»*

Doch das wäre sinnlos gewesen. In diesem Raum, in diesem Moment war ich kein Mensch, ich war eine Figur in einem politischen Drama, einem Drama, in dem die Wahrheit bedeutungslos war. Ich sah Gowdy mit einem leeren Gesichtsausdruck an; er hatte seine

Mission bereits erfüllt, lange bevor ich in diesem Konferenzraum auftauchte. Meine Antwort fiel sehr viel kürzer aus: «Ich hatte», erklärte ich, «mit beiden Dingen zu tun.»

In der Zeit, als wir die Bedingungen für meinen Bengasi-Auftritt aushandelten, schickte mir ein Schriftsteller namens David Samuels eine E-Mail. Er wollte ein Porträt von mir für das *New York Times Magazine* schreiben und fragte an, ob ich ihm ein paar Interviews geben und ihm erlauben würde, mich ein paar Tage lang zu begleiten. Ich hatte noch nie mit Samuels zu tun gehabt; er gehörte nicht zum Journalistentross des Weißen Hauses. Eine flüchtige Google-Suche ergab, dass er für die Art von Magazinen schrieb, die ich gerne las – *The New Yorker*, *The Atlantic*, *Harper's*. Bestimmt war da auch eine Mischung aus Eitelkeit und dem Wunsch nach Bestätigung von außen am Wirken. Ich hatte sieben Jahre in einem Kellerbüro verbracht. Ich war stolz auf das, was ich im letzten Jahr mit der Öffnung gegenüber Kuba und dem Iran-Deal erreicht hatte. Und ich war frustriert darüber, dass man versuchte, mich als einen eindimensionalen rechtsgerichteten Schurken zu zeichnen. Vielleicht könnte das hier ja etwas verändern. Ich sagte zu.

Über die Feiertage flog ich mit Obama nach Hawaii. In der Zeit dort hörte ich von Leuten, die Samuels über mich interviewte. Samantha Power meldete sich und meinte, das Gespräch mit Samuels habe sie etwas verstört. «Er scheint Sie wirklich zu mögen», sagte sie, «aber ich wäre ein wenig vorsichtig. Ich kann nicht sagen, was sein Standpunkt ist.»

Als ich mich im Januar endlich mit Samuels zusammensetzte, hatte ich keine Ahnung, was mich erwartete. Er war ein intensiver Kerl, mit großen, forschenden Augen hinter einer Brille und leicht zerzausten Haaren. Wir sprachen ein oder zwei Stunden über mein Leben, ohne die Zeit zu erreichen, ab der ich für Obama arbeitete. Er stellte Fragen über meine Eltern, meinen religiösen Hintergrund, meine 9/11-Erfahrungen, welche Autoren ich gerne las. Er war exzentrisch, und einige seiner Fragen hatten einen zynischen Unterton. Doch wenn überhaupt, dann bestätigte mich das Gespräch in meinen Hoffnungen: Dieser Kerl schien die Dinge von einer anderen Warte aus zu sehen und sich tatsächlich dafür zu interessieren, wer ich war.

In den nächsten Wochen gab ich ihm noch ein paar Interviews und ließ mich von ihm zu einigen Treffen und Auftritten begleiten. Eines Nachmittags führten wir in meinem Büro ein langes Gespräch über den Niedergang der Nachrichtenmedien. Ich beklagte die Tatsache, dass sich so viele Nachrichtenorganisationen gezwungen gesehen hatten, ihre Auslandsbüros zu schließen, und die außenpolitische Berichterstattung jungen politischen Reportern überließen – mit der Folge, dass komplexe Themen durch die verzerrte Linse der politischen Reality-Show Washingtons dargestellt wurden. Ich beschwerte mich über ein außenpolitisches Establishment, das es nicht vermochte, das Gruppendenken mit Blick auf militärische Interventionen im Nahen Osten aufzubrechen, das uns in den Irak gebracht hatte. Während ich sprach, drängte er mich weiter, oft mit Worten der deutlichen Zustimmung. Ich genoss das Hin und Her des Gesprächs und ließ mich von der Stimmung etwas davontragen, und zwar so sehr, dass ich im weiteren Verlauf des Interviews die alte Washingtoner Grundregel außer Acht ließ, zwischen «on the record» und «off the record» zu unterscheiden, zwischen vertraulichen Hintergrundinformationen und solchen, die für die Öffentlichkeit bestimmt waren – eine Praxis, die mir sowieso immer schon ein wenig anrüchig vorgekommen war.

Den Blickwinkel, von dem aus Samuels arbeitete, konnte ich nie so ganz festmachen. Er interviewte Favreau über das Redenschreiben und Ricardo über Kuba. Er bat darum, mit einigen der Leute sprechen zu dürfen, mit denen ich zu Myanmar und zum Iran gearbeitet hatte. Hinterher hörte ich von den Leuten, mit denen er gesprochen hatte, jedes Mal ähnliche Dinge: Sei vorsichtig, er ist ein eigenartiger Typ, ich bin mir nicht sicher, worauf er hinauswill. Favreau schickte mir eine mehrere Tausend Wörter lange E-Mail, die Samuels ihm mitten in der Nacht gesendet hatte, gespickt mit Fragen über Narrative, über das Geschichtenerzählen und zur Praxis der politischen Rhetorik. Etwas stimmte nicht. Eines Tages meldete sich bei mir ein Journalist, den ich kannte. «Sie machen ein Porträt mit David Samuels?», fragte er mich, als hätte ich den Verstand verloren. Samuels habe gegen den Iran-Deal gewettert, sagte er. Seine Frau war die Herausgeberin des *Tablet*-Magazins, das uns auf dem Höhepunkt der Iran-Debatte im vergangenen Sommer vorgeworfen hatte, die schlimmste Art von Antisemitismus zu betreiben.

Es war jetzt Februar. Meine Interviews mit Samuels waren beendet, und er schrieb bereits an seinem Porträt. Bis der Artikel herauskam, sollten noch fast drei Monate vergehen, und ich hatte die ganze Zeit einen Knoten im Bauch. Ich spürte, dass ich eine schreckliche Fehlentscheidung getroffen hatte, dass die Sache nicht gut ausgehen würde. Ich wusste nur noch nicht, wie schlimm genau es werden würde.

Eines Morgens, Anfang Mai, wachte ich auf und stellte fest, dass die Geschichte online gestellt worden war. Bevor Ann wach wurde, schlüpfte ich auf die Couch und begann, sie auf meinem iPhone zu lesen.

«Stellen Sie ihn sich als jungen Mann vor, der am 11. September 2001, dem Tag der Vorwahlen für die Bürgermeisterwahl in New York City, in North Williamsburg vor einem Wahllokal an der Uferfront steht.»

Da war ich, an dem Tag, der alles für mich verändert hatte, und ich konnte mich an die Person erinnern, die ich einmal gewesen war, damals, bevor alles begann.

Er durchsetzte persönliche Beobachtungen mit kurzen Blicken auf mich bei der Arbeit, wobei er mich in meinem Job sehr viel besser aussehen ließ, als ich tatsächlich war. Zu einer Zeit, als ich das Gefühl hatte, kaum noch Kontrolle über die Darstellung unserer Außenpolitik zu besitzen, beschrieb er mich als einen Meister der Kommunikation, der geschickt durch eine balkanisierte Medienlandschaft navigierte und die Kritiker des Präsidenten in die Schranken wies.

«Er bezeichnete das amerikanische außenpolitische Establishment als ‹Blob›, als Haufen. Rhodes zufolge gehören dem Haufen Hillary Clinton, Robert Gates und andere Befürworter des Irakkriegs von beiden Parteien an, die jetzt unaufhörlich den Kollaps der amerikanischen Sicherheitsordnung in Europa und im Nahen Osten bejammern.»

Ich erinnerte mich, den Ausdruck «Blob» gegenüber Samuels verwendet zu haben, um das Gefühl des Gruppendenkens einzufangen, das immer und unweigerlich zu noch mehr militärischer Intervention im Nahen Osten zu führen schien, um dort «etwas zu bombardieren». Ob ich Clinton das Etikett angeheftet hatte, wusste ich nicht mehr. Sie sollte für die Demokraten als Präsidentschaftskandidatin nominiert werden, also stellte ich mich postwendend auf jede Menge verärgerter Anrufe von ihren Beratern ein, Freunden von mir wie Jake Sullivan. Dann kam ich zum Teil über die Medien:

«‹Alle diese Zeitungen hatten Auslandsbüros›, sagte er. ‹Jetzt nicht mehr. Sie rufen uns an, damit wir ihnen erklären, was in Moskau und Kairo passiert. Die meisten Medien erledigen ihre Berichterstattung über Weltereignisse von Washington aus. Der durchschnittliche Reporter, mit dem wir sprechen, ist 27 Jahre alt, und seine einzige Erfahrung in der Berichterstattung besteht darin, sich im Umfeld politischer Kampagnen herumzutreiben. Das ist eine große Veränderung. Sie wissen buchstäblich nichts.»

Ich erinnerte mich an das Gespräch und wie sehr wir uns mit Blick auf die Folgen der Schließung der Auslandsbüros einig gewesen waren. So, wie er mich jetzt darstellte, klang ich gemein, arrogant und abschätzig. Ich war 29, als ich bei der Obama-Kampagne einstieg. Viele der Journalisten, mit denen ich mich angefreundet hatte, waren um die 27, als sie anfingen, über die Kampagne zu berichten. Ich nahm an, damit hätte ich das Schlimmste in dem Artikel überstanden. Doch dann folgte der Abschnitt über den Iran.

«Die Art und Weise, in der die meisten Amerikaner die Geschichte des Iran-Deals präsentiert bekamen – dass die Obama-Regierung 2013 in ernsthafte Verhandlungen mit iranischen Offiziellen eintrat, um die Vorteile einer neuen politischen Realität im Iran zu nutzen, nachdem dort Wahlen gemäßigte Kräfte an die Macht gebracht hatten –, war in weiten Teilen fabriziert, um den Deal besser verkaufen zu können. Selbst dort, wo die Details dieser Geschichte der Wahrheit entsprechen, sind die Schlussfolgerungen, die Leser und Betrachter aus diesen Details zu ziehen ermutigt werden, oftmals irreführend oder falsch. Obamas engste Berater wussten ganz genau, dass er schon seit 2012 auf einen Deal mit dem Iran aus war.»

Das war viel schlimmer als alles, was ich befürchtet hatte, und es war von hinten bis vorne falsch. Erstens hatten wir nie unser Interesse an einem Iran-Deal verheimlicht; es war der entscheidende Kampf in den Vorwahlen 2008 gewesen. Zweitens hatten wir vor der Wahl Rohanis zu keinem Zeitpunkt ernsthafte Verhandlungen mit dem Iran geführt. Und drittens hatten wir den Deal nicht als abhängig von einer «neuen politischen Realität im Iran» verkauft –

wir hatten das Abkommen mit dem Argument verkauft, auf diese Weise den Iran am Bau einer Atomwaffe zu hindern. Ich erinnerte mich an Obamas erste Anweisungen an mich, nachdem der Deal zustande gekommen war: «Wir wollen nicht, dass die Kritiker die Atomfrage mit den anderen Themen in einen Topf werfen.» Das ist genau das, was Samuels tat, die Falle, in die ich geraten war.

«Durch die Beilegung der Querelen wegen des iranischen Atomprogramms hoffte die Regierung, eine Quelle struktureller Spannungen zwischen den beiden Ländern zu beseitigen. Das würde den USA den erforderlichen Spielraum verschaffen, sich aus ihrem etablierten System von Allianzen mit Ländern wie Saudi-Arabien, Ägypten, Israel und der Türkei zu lösen. Mit einem einzigen mutigen Schritt würde die Regierung den Prozess eines groß angelegten Rückzugs aus dem Nahen Osten einleiten.»

Ich hatte das Gefühl, klarer zu sehen, wie die Kritiker des Deals über unsere Motive dachten. Aber das hier war Samuels' Sichtweise, sein Narrativ, seine Story über den Iran-Deal. Wir versuchten, einen Krieg und einen atomar bewaffneten Iran zu verhindern. Samuels hatte den Deal in eine massive Neuausrichtung der amerikanischen Außenpolitik uminterpretiert, eine, die die Vereinigten Staaten in eine Art Partnerschaft mit dem Iran brachte.

«‹Wir haben einen Echoraum geschaffen›, gab er zu, als ich ihn bat, den Ansturm frisch gekürter Experten zu erklären, die Stimmung für den Deal machten. ‹Sie sagten Dinge, die bestätigten, was wir ihnen zu sagen gegeben hatten.›»

Ja, das klang diabolisch, aber was ich da beschrieb, war das einfache Routinegeschäft der Kommunikationsarbeit. Leute informieren. Fact Sheets verbreiten. Darauf hoffen, dass andere, die Ihre Meinung teilen, in der Öffentlichkeit dieselben Argumente vorbringen wie Sie. Das unterschied sich in nichts von dem, was jeder beliebige Kommunikationsmitarbeiter im Weißen Haus tut, wenn es darum geht, die Einführung einer neuen Politik zu unterstützen.

Ich saß auf meiner Couch und las die Geschichte zwei- oder dreimal durch. Es war ein kluger und teilweise intelligenter Artikel. Samuels ließ mich darin clever, kraftvoll und meiner Zeit voraus aussehen. Aber er ließ mich auch unaufrichtig, verbittert und zynisch klingen. Ich brauchte mehrere Durchgänge, bis ich erkannte, wie Samuels meine Kritik an den Medien dazu benutzt hatte, den Leser auf das einzustellen, was er über den Iran geschrieben hatte, und damit eine Verbindung andeutete, die ich nie gezogen hatte – dass Medien, die nichts wissen, dazu verleitet werden können, den Iran-Deal zu unterstützen. Zu guter Letzt spielte der Artikel auch auf meinen Hintergrund als Schriftsteller an und suggerierte, dass jemand, der erfundene Geschichten erzählt, für diese Art schmutziger Arbeit bestens gerüstet ist.

Als ich ins Weiße Haus ging, war ich nervös und erfüllt von Scham bei der Vorstellung, meinen Kollegen gegenüberzutreten. Ich hatte das Gefühl, als wäre mir eine neue Zielscheibe angeheftet worden, als hätte ich einen roten Laserpunkt auf meiner Stirn. Aber nach der ersten Lektüre fanden die meisten meiner Kollegen, dass der Artikel mich in einem guten Licht präsentiere, und so erlaubte ich mir, das den größten Teil des Tages zu denken. Dann begann sich die Gegenreaktion zu entwickeln.

Der Rest der Woche ist mir nur noch verschwommen in Erinnerung. Ich hatte es mit meinen Worten geschafft, Kämpfe mit einigen der mächtigsten Interessengruppen in Washington vom Zaun zu brechen: den Medien, dem außenpolitischen Establishment, der organisierten jüdischen Gemeinde, den Gegnern des Iran. Eine leicht entzündliche Mischung, die jetzt zu explodieren schien und eine lange aufgestaute Wut über Dinge freisetzte, die viel tiefer reichten als das, was Samuels mich in seinem Artikel hatte sagen lassen. Die Medien reagierten, eben weil es wahr war, sehr empfindlich auf den Vorwurf, sie seien trivialer geworden. Das außenpolitische Establishment war es leid, immer noch für den Irak verantwortlich gemacht zu werden. Gegner des Iran-Deals, die 2015 den Kampf verloren hatten, sahen eine Chance, in einem Rückkampf zu ihren Bedingungen den Sieg davonzutragen. Ich hatte mich zu einem allzu leichten Ziel gemacht.

Was da auf mich einstürmte, war schlimmer als alles, was ich je erlebt hatte. Irgendwann ging ich auf die Homepage der *Washington Post* und fand dort sieben Beiträge über mich, durch die Bank negativ. Ich scrollte durch Twitter, und fast jeder in meinem Feed prügelte auf mich ein. Es gab Artikel, die sich über die Oberflächlichkeit der Bücher in den Regalen meines Büros ausließen, die Samuels beschrieben hatte. Ein anderer häufiger Vorwurf lautete, dass ich die Anekdote erfunden haben musste, in der ich Samuels davon erzählt hatte, wie ich am Tag der 9/11-Anschläge in der U-Bahn einen arabischen Mann weinen gesehen hatte. Ich hörte einen Podcast, in dem ein Reporter der *New York Times* meine Verhandlungen mit Kuba auf ein paar Meetings in Kanada reduzierte. Man hatte mich mit Stumpf und Stiel ausgelöscht und durch eine andere Person ersetzt – einen Lügner, Egoisten und ein Arschloch.

Samuels schrieb mir lange E-Mails, in denen er seine Überraschung darüber bekundete, wie sich die Dinge in die Höhe schraubten, und lud mich sogar ein, ihn in Brooklyn zu besuchen und eine Weile bei ihm unterzutauchen. Aber mit am seltsamsten bei der ganzen Sache war, dass ich, mitten im Auge des Sturms, überhaupt nicht wütend auf ihn war. Wahrscheinlich glaubte er an die Dinge, die er über den Iran schrieb, selbst die, von denen ich wusste, dass sie unwahr waren. Wütend war ich nur auf mich selbst. Er hatte mich in einem Moment erwischt, als ich, nach den Erfolgen von 2015, zu high von mir selbst war – und zu verbittert über die Natur der politischen und medialen Welt, in deren Zentrum ich sieben Jahre lang gearbeitet hatte. Als ich meine Tochter in der Kindertagesstätte absetzte und mich mit den anderen Eltern unterhielt, fragte ich mich, ob sie mich nun für einen dubiosen und nicht vertrauenswürdigen Typen hielten.

Mit aller Kraft mühte ich mich, an einem Leben festzuhalten, das ich von mir wegtreiben sah. Ich schrieb lange Entschuldigungen an die Gruppen, mit denen ich im letzten Jahr am intensivsten zusammengearbeitet hatte – die jüdischen Demokraten im Repräsentantenhaus, die externen Gruppen, die uns geholfen hatten, Werbung für den Iran-Deal zu machen, die kubanisch-amerikanische Community in Miami, die sich als diejenige erwies, die mich am meisten unterstützte. Meine Kollegen im Weißen Haus scharten sich um mich, wie sie es schon zuvor getan hatten. Dutzende von Leuten, mit denen ich über die Jahre zusammengearbeitet hatte, meldeten sich bei mir, was mir das Gefühl gab, als müsste ich auf der Stelle sterben – wenn nicht schon tot sein. Susan veranstaltete eine Überraschungsparty für mich, die zweite schon binnen eines Jahres.

Obama reagierte zurückhaltender. Ein paar Tage nach der Geschichte rief er mich in seinen privaten Essbereich hinter dem Oval Office. «Warum wollten Sie unbedingt darüber reden, wie die Wurst gemacht wird?», fragte er leicht irritiert. «Sie müssen vorsichtiger sein. Wir haben noch neun Monate vor uns.»

Die meisten Leute sagten mir, es würde vorbeigehen, aber das stimmte nicht. Meine Mitarbeit an dem Projekt, das mich am meisten mit Stolz erfüllte, dem Iran-Deal, war für alle Zeiten beschmutzt. Ein Etikett würde für immer an mir haften: «Ben Rhodes, der damit prahlte, einen Echoraum geschaffen zu haben, um den Iran-Deal zu verkaufen...» Die rechten Kritiker hatten jetzt frisches Futter für den Rest der Obama-Jahre und darüber hinaus. Nun waren sämtliche Punkte in ihrer Karikatur meiner Person miteinander verbunden – Schriftsteller, Informant, Lügner, Bengasi, der Iran-Deal. Die Leute sagen dir, dass diese Dinge vorübergehen, aber das tun sie nicht. Du lebst dein Leben in dem Wissen, dass sich die Geschichten, die die Leute darüber erzählen, wer du bist, von dem Menschen unterscheiden, für den du dich hältst und der du sein willst.

Kapitel 30

Die Geschichten, die wir erzählen

«Wissen Sie, warum diese Geschichte in der *New York Times* falsch ist?»

Obama saß mir gegenüber in «the Beast» und sah auf sein iPad. Drei Wochen waren vergangen, aber der Brand war noch nicht gelöscht. Wir waren in Vietnam, eine weitere Reise, ein weiterer Teil unserer Anstrengungen, den amerikanischen Einfluss in Asien auszudehnen und die Vergangenheit hinter uns zu lassen. Die Autokolonne schlängelte sich durch die Straßen von Hanoi, und unzählige Menschen säumten die Straßen, ein beeindruckender Anblick in einem Land, in dem erst vor zwei Generationen Millionen von Menschen getötet worden waren, was meine eigene Notlage in eine andere Perspektive setzte.

«Wegen des Teils über den Iran?», mutmaßte ich. Es machte mich nervös, dass er die Sache überhaupt erwähnte. Susan warf einen besorgten Blick in meine Richtung.

«Nein, vergessen Sie das», sagte Obama. «Das ist lediglich ein Pickel auf dem Arsch des Fortschritts.» Er schloss das Cover seines iPads. «Wegen des Gedankens, dass mit dem Storytelling etwas nicht stimmt – ich meine, das ist unser Job, eine wirklich gute Geschichte darüber zu erzählen, wer wir sind.»

Einen Moment lang sahen wir alle aus dem Fenster hinaus auf die Menschen am Straßenrand. «Ich lese gerade ein gutes Buch», sagte Obama. «Es erinnert einen daran, dass es unsere Fähigkeit ist, Geschichten darüber zu erzählen, wer wir sind, die uns von den Tieren unterscheidet. Ohne diese Fähigkeit wären wir nur Schimpansen.» Er legte dar, wie alle Zivilisationen, Religionen und Nationen in Geschichten verankert sind, die für das Gute, aber eben auch für das Schlechte benutzt werden können. Obamas Neigung, eine langfristige Perspektive einzunehmen, trat in seinem letzten Amtsjahr noch deutlicher zutage. Aber auf seine Art sagte er mir auch, dass alles in Ordnung, dass Samuels' Artikel nun nur noch ein weiteres Thema in unserem endlosen Gespräch über alles und jedes sei.

«Was ist das für ein Buch?», fragte ich, auf der Suche nach etwas zum Festhalten.

«Es heißt *Sapiens [Eine kurze Geschichte der Menschheit]*. Sie sollten einen Blick reinwerfen.» Vielleicht spürte er, dass dies heikles Terrain war, und wechselte das Thema. «Also, was ist das, was ich heute Abend mit Anthony Bourdain mache?»

Wir hatten an diesem Abend für Obama ein Essen mit Bourdain in einem kleinen lokalen Restaurant arrangiert und dort nicht im Voraus angekündigt, wer ihnen da ins Haus schneien würde. Wir wollten sichergehen, dass die für einen Abend unter der Woche übliche Klientel anwesend war. «Das ist doch der Typ, der dieses Buch geschrieben hat, richtig?», fragte er.

«Ja, *Geständnisse eines Küchenchefs*.» Ich erklärte Obama, wie begeistert ich von Bourdains Shows war. «Seine Philosophie unterscheidet sich gar nicht so sehr von Ihrer. Wenn die Leute sich einfach hinsetzen und zusammen essen und sich ein bisschen kennenlernen würden, könnten sie vielleicht die eine oder andere Sache verstehen.»

«Also machen wir das für Sie?» Er lachte.

Später im Restaurant saß ich in einer kleinen Runde mit Mitarbeitern und Leuten vom Secret Service in einem Raum neben dem, in dem Obama und Bourdain in Schüsseln serviertes Bún chá und Frühlingsrollen aßen. Ich trug Kopfhörer, über die ich ihr Gespräch mitverfolgen konnte. Wie ich hier in diesem winzigen Raum

Obama und Anthony Bourdain während unserer Reise nach Hanoi bei
Dreharbeiten für eine Episode von Parts Unknown

mit Kollegen saß, die gute Freunde geworden waren, mir Brühe, Bier und Nudeln schmecken ließ, Tausende von Kilometern von zu Hause entfernt, überkam mich ein Gefühl des Friedens. Irgendwie war es eine treffende Metapher für meine Rolle in der Zeit von Obamas Präsidentschaft – ich stand etwas abseits der Bühne, aß zwar die gleichen Dinge, hörte dieselben Worte, war aber selbst nicht die Hauptfigur.

Nachdem die Teller abgeräumt waren, hatte ich Gelegenheit, mich mit Bourdain zu unterhalten. Er wirkte ein wenig schockiert, als ob er immer noch bemüht sei zu verstehen, was in seinem Leben dazu geführt hatte, dass er in diesem kleinen Nudelshop den Präsidenten der Vereinigten Staaten interviewte. Ich skizzierte ihm rasch meine Erfahrungen mit Laos, beginnend mit seiner Show. «Sie sollten wissen», sagte ich zu ihm, «dass wir noch in diesem Jahr nach Laos gehen werden, und ich glaube, wir werden 100 Millionen Dollar für die Räumung von Blindgängern lockermachen können.» Er sah mich an, als wäre ich verrückt, ein irritiertes Grinsen im Gesicht.

***

Der Hubschrauber hob ab mit Ziel Hiroshima, der letzten Station unserer Reise. Ich saß neben Caroline Kennedy, unserer Botschafterin in Japan, die über viele Monate hinweg in Anrufen, in E-Mails und bei Besuchen im Weißen Haus höflich, aber hartnäckig auf diese Reise gedrängt hatte. Zum Zeitpunkt, da Obama sein Amt antrat, war noch kein US-Botschafter nach Hiroshima gefahren, um der Opfer der Atombombe zu gedenken, die wir 1945 auf die Stadt abgeworfen hatten. Als erster amtierender Präsident der Vereinigten Staaten, der Hiroshima besuchte, war Obama drauf und dran, ein gewaltiges Tabu in unseren Beziehungen zu Japan und in unserer eigenen Geschichte zu brechen.

Geplant war ein kurzer Stopp, bei dem Obama eine Rede halten würde, an der er und ich im Laufe der Reise gearbeitet hatten. Wir hatten versucht, uns mit der Ungeheuerlichkeit auseinanderzusetzen, die der Abwurf einer Atombombe auf eine Großstadt darstellte. Meinen ersten Entwurf hatte er in seiner kleinen, sorgfältigen Handschrift komplett umgeschrieben. Wie ein Spiegel unserer merkwürdigen Stimmungen in seinem letzten Amtsjahr hatte sich die Rede in eine Art Meditation über den Sinn von Kriegen und die Frage verwandelt, ob und wie sie aufgehalten werden können.

Während unter uns ein mit US-Truppen gefüllter Militärhangar immer kleiner wurde, sprach Obama wieder über das Buch, das er gelesen hatte, und ich verstand, dass es seine Art war, das Unbehagen indirekt anzusprechen, mit einem US-Militärhubschrauber in eine Stadt zu fliegen, die die Vereinigten Staaten einst zerstört hatten. «Es ist interessant», sagte er, «dass der einzelne Mensch nicht viel von der Agrarrevolution profitiert hat. Das Leben war für Jäger und Sammler eigentlich besser.»

Einige der Leute im Hubschrauber wirkten ein wenig irritiert, doch ich wusste, dass er die Rede umgeschrieben hatte, um Fragen darüber zu stellen, ob der technologische Fortschritt nicht unweigerlich zur Zerstörung der Menschheit führe. Sein Gedankengang ergab einen gewissen Sinn. «Warum?», fragte ich. Mir war klar, dass ich dieses Gespräch weiterführen musste. «Wegen des Feudalismus?»

«Nein», sagte er. «Der war ein Teil davon, aber es war auch, weil sich die Menschen in den Anfängen der Agrarrevolution größtenteils auf Getreide konzentrierten. Getreide ist nicht so nahrhaft und ausgewogen wie eine Ernährung, die vor allem aus Proteinen, Früchten und Nüssen besteht. Jäger und Sammler lebten in kleinen Einheiten – zehn bis zwölf Menschen –, für die Landwirtschaft waren aber mehr Kinder erforderlich, und das führte zu Krankheiten und einer hohen Kindersterblichkeit. Genau betrachtet wurde das Leben für die meisten Menschen sogar schlechter.» Er schaute aus dem Fenster hinunter auf das Blau des Meeres unter uns. Es war ein wunderschöner, sonniger Nachmittag. «Es ist interessant, der größte Teil der Menschheitsgeschichte ist nicht aufgezeichnet. Menschen gibt es seit Millionen von Jahren, und doch wissen wir kaum etwas über das Leben unserer Vorfahren. Die aufgezeichnete Geschichte beginnt erst vor 8000 oder 9000 Jahren.» Dann sprach er über die Neandertaler und dass sie sich viel weiter entwickelt hatten, als man im Vergleich zum Homo sapiens gemeinhin annahm. «Die Menschen», sagte er, «hatten nur einen kleinen Vorteil in Bezug auf Sprache und Sozialisation. Das erlaubte ihnen, die Fähigkeit zu entwickeln, die Neandertaler zu überrennen, die in relativ kleinen Gruppen lebten.»

«Wie die Eröffnungsszene in *2001*», sagte ich. Alle lachten. Ich betrachtete Caroline, deren Vater während der Kuba-Krise Präsident war, als wir der atomaren Zerstörung am nächsten kamen, und fragte mich, was sie gerade dachte.

Einen Moment lang sprach niemand. Dann sagte Obama: «Es ist irgendwie unheimlich, nach Hiroshima zu fliegen.» Unter uns waren Fischer mit Netzen im Wasser zugange. «Was machen die da unten, Caroline?»

«Austern», sagte sie. Dann beschrieb sie den Prozess der Perlenernte. Von hier oben sah es aus wie eine geruhsame Art, sich seinen Lebensunterhalt zu verdienen.

«Warum haben wir Hiroshima gewählt?», fragte Obama.

«Darauf bin ich bei meiner Recherche für die Rede gestoßen», erklärte ich. «Wir hatten damals ziemlich früh beschlossen, Hiroshima nicht auf andere Weise zu bombardieren, um die Auswirkungen der Atombombe auf eine intakte Stadt zu demonstrieren.»

«Wir wollten den Japanern zeigen, was wir zu tun imstande waren», fügte Caroline hinzu.

«Die Leute hatten sich so sehr an die Luftangriffssirenen gewöhnt, dass sie nicht in die Schutzräume gingen, als sie sie hörten», sagte ich. «Vor allem, weil es nicht viele Flugzeuge am Himmel gab.»

«Sie gaben Entwarnung», sagte Caroline.

«Ich weiß nicht, ob ich Trumans Entscheidung, die Bombe abzuwerfen, im Nachhinein kritisieren würde», sagte Obama, die einzige Person im Hubschrauber, die sich in Trumans Lage versetzen konnte. «Aber da war etwas an der Art und Weise, wie wir es gemacht haben.»

Nach der Landung des Hubschraubers stieg ich in eines der Begleitfahrzeuge der Autokolonne ein. Als wir aus dem Flughafen auf die Hauptstraße bogen, empfingen uns unzählige Menschen, die lächelten und uns zuwinkten. Es war ein beeindruckender Anblick. Während wir an ihnen vorbeifuhren, versuchte ich, in der Masse einzelne Menschen zu erkennen. Mein Blick blieb an einem kleinen Jungen hängen, der ein Schild mit der Aufschrift «Welcome to

Hiroshima» in die Höhe hielt, und in diesem Moment überfiel mich blitzartig ein Gefühl der Verantwortung. Ich schämte mich für die Tatsache, dass wir Tausende von Jungen wie ihn getötet hatten, ungeachtet der Tatsache, dass die Brutalität des japanischen Kaiserreichs den Abwurf der Bombe erzwungen hatte. Dass wir eine Reise unternahmen, die uns von Hanoi über Saigon nach Hiroshima führte, war etwas, das ich nicht so ganz fassen konnte, ebenso wenig wie die Tatsache, dass wir in ebendiesen Städten mit von den größten Menschenversammlungen in Obamas gesamter Zeit als Präsident begrüßt wurden.

Was wir hier erlebten, ließ die Unannehmlichkeiten der letzten Wochen in einem anderen, weniger krassen Licht erscheinen, zugleich aber verstärkte es auch meine Wut über die Sache, in der ich daheim in Washington gefangen war, über die Vorstellung, dass es keinen Raum für Komplexität gibt: *Ho Chi Minh war Kommunist, kein Nationalist. Wir hätten die Atombombe gar nicht über etwas anderem als einer Großstadt abwerfen können. Es gibt im Iran keine Gemäßigten.* Es war, als ob allein die Anerkennung von Komplexität und Kontext gleichbedeutend damit wäre, an einem Faden zu ziehen, der das Gewebe irgendeines amerikanischen Narrativs aufzulösen imstande wäre. Die Gesichter der Menschen zumindest, die diese Straßen säumten, erzählten eine andere Geschichte. Was Amerika für diese Menschen hier so großartig machte, war sicherlich nicht die Tatsache, dass wir zwei Atombomben auf Japan abgeworfen hatten, sondern vielmehr das Ideal, das sie mit dem verbanden, wer wir waren, die Tatsache, dass wir einen Präsidenten hatten, der bereit war, Geschichte auch dann anzuerkennen, wenn sie unbequem und schmerzhaft war, und ganz unterschiedlichen Menschen Respekt zu erweisen. Unser beständiges Streben danach, uns selbst und unser Land zu verbessern und uns dabei von den Werten anleiten zu lassen, die unsere Nation begründeten – das war und das ist es, was Amerika groß macht.

Als wir im Zentrum der Stadt ankamen, säumten Tausende von Menschen die Straßen rund um den Friedenspark, wo Obama unweit von Ground Zero seine Rede halten sollte. Ich saß direkt vor dem Podium, nur wenige Meter von Obama entfernt. Ein junges Mädchen überreichte ihm einen Kranz, den er am Fuße der Gedenkstätte niederlegte. Dann trat er an das Rednerpult, um seine Rede zu halten. Noch nie zuvor hatte ich eine so große Menschenmenge so still erlebt wie in den Sekunden, bevor er seine Stimme erhob.

«Vor 71 Jahren, an einem hellen, wolkenlosen Morgen, fiel der Tod vom Himmel und die Welt wurde eine andere. Ein Lichtblitz und eine Feuerwand zerstörten eine Stadt und zeigten, dass die Menschheit die Mittel besaß, sich selbst zu zerstören.»

Das Wetter war klar, und wir näherten uns ebender Zeit im Jahr, in der wir damals die Bombe abgeworfen, einem schrecklichen Krieg ein Ende bereitet und unseren Status als Supermacht zementiert hatten. Ich schaute mir die Gebäude um uns herum an; jedes einzelne davon war nach diesem Tag erbaut worden.

«Wie Artefakte uns verraten, traten gleich mit den allerersten Menschen gewaltsame Konflikte auf. Unsere frühen Vorfahren, die gelernt hatten, Klingen aus Feuerstein und Speere aus Holz herzustellen, benutzten diese Werkzeuge nicht nur für die Jagd, sondern auch gegen ihre eigene Art.»

Obama suchte, wie ich wusste, nach dem größtmöglichen Kontext, in dem er nicht nur diesem historischen Ereignis einen Sinn verleihen konnte, sondern auch einer Welt, mit der er fast acht Jahre lang als ihr mächtigster Bewohner interagiert hatte, der hartnäckigen Dualität der Fähigkeit des Menschen zu Einfallsreichtum und seiner Fähigkeit, seinesgleichen Schaden zuzufügen. Es fiel mir schwer, Obama da oben auf dem Podium zu beobachten. Normalerweise lief ich irgendwo hinter der Bühne auf und ab und folgte den Zeilen seiner Rede auf einem Teleprompter. Hier, in Hiroshima, aber schweifte mein Blick immer wieder zu der ewigen Flamme und der Kuppel in der Ferne ab. Ich dachte an seinen eigenen beständigen Kampf darum, unsere Neigung, Kriege zu führen, einzuhegen, sein Erschrecken darüber, wie er – auf dem Höhepunkt des IS-Fiebers – diese Welle zu noch größerer Zerstörung hätte reiten können. «Die Zivilisation», mahnte er uns häufig, «ist nur ein dünner Firnis.» Wir denken gerne, dass wir als Amerikaner da anders sind. Aber am Ende sind wir auch nur Menschen.

«Nationen steigen auf mit Geschichten, die Menschen in Form von Opfern und Zusammenarbeit verbinden und sie so zu bemerkenswerten Leistungen befähigen. Aber dieselben Geschichten sind schon so oft benutzt worden, um Menschen, die anders sind, zu unterdrücken und zu entmenschlichen, eine Wahrheit, die uns die Kriege der Moderne lehren. Eine Wahrheit, die uns auch Hiroshima lehrt. Technologischer Fortschritt ohne einen gleichwertigen Fortschritt in den menschlichen Institutionen kann uns zum Verhängnis werden. Die wissenschaftliche Revolution, die zur Spaltung des Atoms führte, erfordert auch eine moralische Revolution.»

Ich dachte an Obamas Satz über das Geschichtenerzählen: «Das ist unser Job», hatte er gesagt. Zu Hause, im Wahlkampf um das Weiße Haus, erzählte Trump eine Geschichte, die andere, die anders sind, entmenschlichte. Der Einsatz, um den es bei diesem Wahlkampf ging, um den es bei jedem Wahlkampf geht, an dessen Ende einem Menschen die Macht verliehen wird, ganze Städte auszulöschen, schien völlig losgelöst von der Art und Weise, wie er geführt wurde.

«Die Geschichte meiner eigenen Nation begann mit einfachen Worten: Alle Menschen sind gleich erschaffen und von unserem Schöpfer mit bestimmten unveräußerlichen Rechten ausgestattet, einschließlich dem Recht auf Leben, Freiheit und das Streben nach Glück. Dieses Ideal zu verwirklichen war nie einfach, auch nicht innerhalb unserer eigenen Grenzen, auch nicht unter unseren eigenen Bürgern. Aber dieser Geschichte treu zu bleiben ist die Mühe wert. Es ist ein erstrebenswertes Ideal, ein Ideal, das sich über Kontinente und Ozeane erstreckt. Der unveräußerliche Wert eines jeden Menschen, das Beharren darauf, dass ein jedes Leben kostbar ist, die radikale und notwendige Vorstellung, dass wir Teil einer einzigen menschlichen Familie sind – das ist die Geschichte, die wir alle erzählen müssen.»

Dies waren Worte, die er geschrieben hatte. Seit nun fast acht Jahren erzählte Obama diese Geschichte. Hatten die Menschen zu Hause ihm zugehört? Ich starrte auf den Beton vor mir hinab und schloss für einen kurzen Moment fest die Augen.

«Diejenigen, die gestorben sind, sind wie wir. Gewöhnliche Leute verstehen das, glaube ich. Sie wollen nicht noch mehr Kriege. Sie möchten lieber, dass die Wunder der Wissenschaft sich zum Ziel setzen, das Leben zu verbessern, nicht, es zu vernichten. Wenn die Entscheidungen der Nationen, wenn die Entscheidungen der Anführer diese einfache Weisheit widerspiegeln, dann haben wir die Lektion von Hiroshima verstanden.»

Dies waren Worte, die ich geschrieben hatte. Seit nun fast acht Jahren sah ich wieder und wieder, wie gewöhnliche Menschen Obama oft besser zu verstehen schienen als die Leute mit den größten Bühnen, von denen herab sie über ihn urteilen konnten. Und das war es, was mir Hoffnung verlieh.

Nach der Rede begrüßte Obama Überlebende der Atombombe. Ein älterer Mann mit verfärbter Haut und einem breiten Lächeln im Gesicht weinte. Obama zog ihn in eine halbe Umarmung und klopfte ihm leicht auf den Rücken. Es war still – bis auf das Klicken von Hunderten von Kameraverschlüssen, die alle auf einmal ausgelöst wurden, ein Geräusch, das klang, als würden Schreibmaschinentasten angeschlagen.

Zur Fahrt zurück zum Hubschrauber stiegen wir wieder in «the Beast». «Sie sollten einen Link zu dieser Rede an Assad, an den IS und an Putin schicken», sagte Obama zu mir.

«Und an Xi», sagte ich.

«Nein», antwortete er, «die Chinesen waren im Allgemeinen nicht auf Expansion aus, sondern mehr darauf, ihre Macht zu konsolidieren. Außerdem sind sie fragil.» Dann kehrte er ins Mittelalter zurück. Nicht die Chinesen waren die Expansionisten, sondern die Mongolen. «Dschingis Khan ist ein Mahnmal dafür, was Menschen einander antun können», sagte er. «Er kam aus dem Nichts und eroberte die halbe Welt. Seine Reiter tauchten vor den Mauern einer Stadt auf und ließen den Bewohnern zwei Möglichkeiten: Ergebt euch, und ihr werdet sofort getötet. Oder ergebt euch nicht, und ihr werdet bei lebendigem Leib in Öl gekocht und eure Töchter werden vor euren Augen vergewaltigt. Sie mussten das nur wenige Male tun.»

«Das Wort machte die Runde», sagte ich.

Es war – wieder – seine Art, über Hiroshima zu reden. «Sie hatten einen Vorteil», sagte er. «In ihrem Fall war es keine Atombombe, sondern ihre überlegene Reitkunst.»

Auf dem Flug im Helikopter zurück hatte sich die gedrückte Atmosphäre etwas entspannt, und wir sprachen über dies und das – das anstehende Programm, die entscheidenden Punkte, die wir in der verbleibenden Zeit noch erledigen mussten. «Ich werde es dieses Jahr nicht zur Generalversammlung der UN schaffen», sagte

Obama begrüßt nach seiner Rede in Hiroshima am 27. Mai 2016 einen Überlebenden des Atombombenabwurfs, links der japanische Premierminister Shinzo Abe

Susan. «Ich fliege mit meinem Sohn nach Stanford, wo er im September sein Studium beginnt.»

«Genau da sollten Sie auch sein», erwiderte Obama. «Wir werden die Kinder sehr vermissen.» Er sah aus dem Fenster. Malia stand kurz vor ihrem Abschluss an der Highschool. Beim Anflug auf das

Rollfeld neben der Air Force One sprach Obama direkter darüber, wie sehr ihn das bevorstehende Ende seiner Amtszeit inzwischen beschäftigte. «Ich bin mir bei vielen Dingen nicht sicher», sagte er, «aber in einem bin ich mir sicher. Auf meinem Sterbebett werde ich bestimmt nicht an ein Gesetz denken, das ich verabschiedet, an eine Wahl, die ich gewonnen, oder an eine Rede, die ich gehalten habe. Ich werde an meine Töchter denken und an gemeinsame Momente mit ihnen.»

Kapitel 31

Informationskriege

Am 17. Juli 2014 wurde der Malaysia-Airlines-Flug 17 von Amsterdam nach Kuala Lumpur über der Ostukraine abgeschossen, wobei alle 298 Menschen an Bord starben. Das Flugzeug war über ein Gebiet unter der Kontrolle von Separatisten geflogen, die von Russland unterstützt und mit Waffen versorgten wurden, und russische Berater waren dort aktiv.

Einige Tage später hielt das russische Außenministerium eine Pressekonferenz in Moskau ab und präsentierte der Weltöffentlichkeit verschiedene und einander zum Teil widersprechende Theorien über den Abschuss des Passagierflugzeugs. Ein ukrainisches Kampfflugzeug sei für den Abschuss verantwortlich. In der Gegend seien ukrainische Boden-Luft-Raketen stationiert. Die Rakete, die das Flugzeug getroffen habe, sei aus von der ukrainischen Regierung kontrolliertem Gebiet abgefeuert worden. Theorien, die von den großen staatlichen Nachrichtenmedien des Landes – Russia Today und Sputnik – wiederholt wurden und die Social-Media-Feeds in Russland und Europa regelrecht überfluteten. Dass die sukzessiven russischen Erklärungsversuche widerlegt werden konnten, interessierte da kaum. Die Untersuchungen würden sich über Jahre hinziehen, und mit ihren medialen Fähigkeiten und ihrer Bereitschaft zu lügen konnten die Russen diesen Raum mit allerlei falschen Erzählungen füllen.

Seit die anhaltenden Proteste den russischen Quasi-Statthalter in

Kiew aus dem Amt gejagt hatten, hatten wir uns an die russische Desinformationspolitik gewöhnt, auch wenn diese mitunter höchst persönliche Formen annahm. Das bekam unter anderem Jen Psaki zu spüren, unsere damalige Sprecherin im Außenministerium. Um unsere Politik zu diskreditieren, erfanden russische Medien – verstärkt durch russische Bots – Zitate von ihr. In Social-Media-Kampagnen wurde ihr Kopf über den Körper eines Models in einer provokanten Pose gelegt, womit suggeriert werden sollte, dass sie eine ordinäre, unseriöse Person sei. Ganz zu schweigen von den politischen Lügen: Nein, es gibt keine russischen Berater in der Ukraine. Nein, es gelangen keine russischen Waffen in die Ukraine. Nein, Russland trägt keine Verantwortung für den Abschuss von MH17.

Diejenigen von uns, die im Bereich der Informationen tagtäglich mit den Russen zu kämpfen hatten, drängten unsere Regierung, die russischen Erzählungen schneller zu entlarven und unsere Fähigkeiten zur Bekämpfung der russischen Desinformation auszubauen. Etwas mehr als eine Woche nach dem Abschuss von MH17 konnten wir unsere Nachrichtendienste zur Freigabe von Satellitenaufnahmen bewegen, die den massenhaften Transport russischer Militärausrüstung über die Grenze in die Ukraine belegten. Dennoch wurde die Sache in internationalen Medien nach wie vor als eine «Er sagte, sie sagte»-Geschichte dargestellt, und Russland beantwortete jede Vorhaltung einfach mit noch mehr Dementis. Wir waren wie traditionelle Zeitungen, die darum kämpfen, mit dem Internet Schritt zu halten. Weil wir uns auf Fakten stützen und Rücksicht auf sensible Geheimdienst-Informationen nehmen mussten, waren wir langsamer als die Russen und konnten weder so definitiv in unseren Aussagen noch so weitreichend in unserer Social-Media-Präsenz sein wie sie.

Ich bekam diese Asymmetrie sehr deutlich zu spüren. Wer auch immer meinen Job in Russland machte, saß auf Milliardeninvestitionen in Fernsehsender, gebot über eine Armee von Internet-Trollen, die sich in den sozialen Medien tummelten, und durfte mit Rückendeckung von höchster Stelle ungestraft lügen. Ich verfügte über fünf Leute in der Pressestelle des NSC und meinen offiziellen Twitter-Feed. Was immer die US-Regierung über ihre Kanäle sendete, war durch eine juristische Firewall gegen redaktionelle Anweisungen vom Weißen Haus geschützt. Es brauchte lange Meetings und E-Mail-Konversationen, um die Freigabe für sensible Informationen zu erhalten, mit denen wir die russischen Narrative als Lügen entlarven konnten.

Obama bat mich gelegentlich, darüber nachzudenken, wie wir unsere internationalen Informationskanäle umgestalten könnten, um sie relevanter und reaktionsschneller zu machen und Mittel und Wege zu finden, mit dem russischen Moloch mithalten zu können. In einer Sitzung 2014 zeigten wir ihm, was es hypothetisch brauchen würde, um so etwas wie unsere eigene Version von Russia Today aus dem Boden zu stampfen – mehrere Hundert Millionen Dollar, mehrere Hundert Mitarbeiter und mehr Kontrolle durch das Weiße Haus. Er lachte. «Ich bin sicher, die Republikaner werden sofort zustimmen, mir einen milliardenschweren Propagandakanal zu schenken.» Die Idee wurde schnell zu den Akten gelegt. Stattdessen bemühten wir uns um weitere stufenweise Fortschritte. Wir starteten einen neuen russischsprachigen Sendekanal und priorisierten die Medienmärkte in Osteuropa und der Peripherie Russlands. Im Vergleich zu dem, was die Russen taten, war das allerdings kaum mehr als ein Tropfen auf den heißen Stein.

Zur selben Zeit, als wir uns 2014 und 2015 mit dem Problem der russischen Desinformation herumschlugen, mussten wir auch gegen die Social-Media-Kampagne des IS zur Rekrutierung und Radikalisierung amerikanischer Bürger ankämpfen. Ein Team von externen Experten aus dem Technologiesektor empfahl Änderungen, die in den Aufbau einer neuen Einheit im Außenministerium –

des Global Engagement Center (GEC) – mündeten. Das GEC sollte über alle Ebenen der US-Regierung hinweg als Drehscheibe zur Koordination unserer Bemühungen dienen, die IS-Propaganda zu erfassen und in den Blickpunkt zu rücken, glaubwürdigen Stimmen gegen den IS eine Plattform zu geben und Inhalte zu produzieren, die den Botschaften des IS etwas entgegensetzten. In der Erkenntnis, dass Russland für den Moment eine größere Herausforderung darstellte, übertrugen wir dem im April 2016 offiziell aus der Taufe gehobenen GEC zusätzlich die Aufgabe, der russischen Desinformation entgegenzuwirken. Das Budget der neuen Einheit lag im niedrigen zweistelligen Millionenbereich.

Um zu verstehen, was schließlich bei den Präsidentschaftswahlen 2016 passiert ist, muss man Folgendes begreifen: Als die ukrainische Regierung infolge der heftigen Proteste in dem Land stürzte, interpretierte Putin das als Angriff der Vereinigten Staaten auf Russland und als gleichbedeutend mit einem kriegerischen Akt. Im Rahmen seines Gegenangriffs – der Annexion der Krim und des Vordringens in die Ostukraine – verwandelte er die russische Informationspolitik in eine Waffe und griff zu Lügen. Dabei instrumentalisierte er traditionelle Medien wie das Fernsehen und neue Medienplattformen wie Twitter, Facebook und YouTube und schleuste über sie Desinformationen wie Viren in die offenen westlichen Gesellschaften. Und am Ende griffen die Russen direkt in Amerika an, nicht anders, als wir ihrer Überzeugung nach Russland in der Ukraine angegriffen hatten. Dabei schlugen sie Kapital aus dem Umstand, dass die USA durch die jahrzehntelange politische Polarisierung und die Balkanisierung ihrer Medien ausgezehrt waren und die Antikörper der amerikanischen Gesellschaft gegen das Virus der russischen Desinformation stark geschwächt, wenn überhaupt vorhanden, waren.

Im April 2016 flogen wir zu einem eilig anberaumten Treffen nach London, um dem britischen Premier David Cameron zu helfen, ein drohendes Fiasko bei dem anstehenden Brexit-Referendum abzu-wehren. Camerons Stabschef, Ed Llewellyn, hatte mich ein paar Monate zuvor per E-Mail zu diesem Besuch gedrängt; sie lagen in den Umfragen nur knapp vorn und waren entsprechend verängs-tigt. Obama dagegen erreichte bei Umfragen im Vereinigten König-reich Zustimmungswerte von über siebzig Prozent, und deutliche Worte der Unterstützung von seiner Seite könnten ausreichen, den Proeuropäern im Land die Mehrheit zu sichern. Auf dem Überflug stand ich im ständigen E-Mail-Austausch mit Camerons Mitarbeitern über einen Gastkommentar, den Obama im *Daily Telegraph* veröffentlichen wollte und in dem er für den Verbleib Großbritanniens in der Europäischen Union plädierte. Sich so eng mit einer ausländischen Regierung abzustimmen war ungewöhn-lich, aber bei den Briten lag der Fall anders, und ein Brexit, mit dem ein entscheidendes Element der Nachkriegsordnung im Meer ver-sinken würde, wäre katastrophal.

Nach unserer Landung zeigte ich Obama einen gegen ihn gerich-teten Gastkommentar von Boris Johnson, dem exzentrischen Bür-germeister von London und Hauptbefürworter des Brexit. Als Ge-gengewicht für unsere Visite und um die nationalistische Stimmung in Großbritannien anzusprechen, beschränkte sich Johnson in der Einleitung seines Kommentars ganz darauf, Obama dafür anzugrei-fen, dass er eine Büste Winston Churchills im Oval Office ausge-tauscht hatte. «Einige Stimmen behaupten», schrieb Johnson, «es handele sich dabei um ein Symbol der vorväterlichen Abneigung des halbkenianischen Präsidenten gegen das Britische Empire, das Chur-chill so glühend verteidigt hatte.»

«Echt jetzt?», sagte Obama. «Der Schwarze im Weißen Haus mag die Briten nicht?» Wir hatten uns im Haus des US-Botschaf-ters in London eingefunden, einer herrschaftlichen Villa mit einem dermaßen weitläufigen Rasen und so sorgfältig getrimmtem Gras, dass es einem Fußballfeld ohne Linien ähnelte.

«Zu Hause sind sie subtiler», sagte ich.

«Nicht wirklich», entgegnete er. «Boris ist ihr Trump.»

«Mit besserem Haar.»

Obama kicherte. «Reden Sie mit Camerons Leuten», wies er mich an. «Besorgen Sie mir die besten Argumente für und gegen den Brexit.»

Ich sprach mit Llewellyn, der mir ein dickes Briefingpaket mit den wichtigsten Argumenten beider Seiten überreichte. Das Problem für diejenigen, die in der EU bleiben wollten, war, dass viele der Argumente für den Brexit auf Lügen beruhten: Lügen darüber, wie viel das Vereinigte Königreich in die Europäische Union einzahlt, und darüber, dass der Brexit der britischen Wirtschaft nicht schaden würde. Ein weiteres Problem war, dass die Brexit-Kampagne an den gleichen Sinn für Nationalismus und Nostalgie appellierte wie die Trump-Kampagne bei uns zu Hause: die Erinnerung an die Tage unter Churchill, die Zeiten ohne Immigranten und ohne internationale Institutionen, die sich in alles einmischten. Die Argumente für einen Verbleib in der EU dagegen beruhten auf Fakten, nicht auf Emotionen: Die EU war der größte Markt Großbritanniens. Die EU bot Großbritannien eine stärkere Stimme in globalen Angelegenheiten. Sogar der Name der Kampagne – Remain – klang wie ein Zugeständnis, dass das Leben nicht so sein würde, wie man es sich erhoffte.

Wir hatten ein langes, freundliches Treffen mit Cameron in der Downing Street 10. Cameron erklärte Obama, dass eine der Behauptungen der Brexit-Meute lautete, das Vereinigte Königreich könne nach einem Brexit schnell ein Handelsabkommen mit den Vereinigten Staaten aushandeln.

«Was? Das wird auf keinen Fall passieren. Stimmt's, Froman?», rief Obama unserem Handelsberater zu.

Die Briten lachten. «Wir wären ganz hinten in der Schlange», meinte einer von ihnen.

«*Es wäre phantastisch*», warf Cameron ein, «*wenn Sie das öffentlich sagen könnten.*»

Auf der Pressekonferenz sprachen Obama und Cameron vor einer ganzen Phalanx von Flaggen. «Mein Verständnis», sagte Obama, «ist, dass einige Leute auf der anderen Seite den Vereinigten Staaten bestimmte Maßnahmen zuschreiben, die wir ergreifen werden, wenn Großbritannien die EU verlässt.» Er wiederholte die Formulierung, dass sich das Vereinigte Königreich «am Ende der Schlange» für ein neues Handelsabkommen wiederfinden würde. Und er scheute keine Mühen, seiner Bewunderung für Churchill Ausdruck zu verleihen: «Ich weiß nicht, ob man sich dessen bewusst ist, aber mein Büro in der Residenz im zweiten Stock, mein Privatbüro, heißt Treaty Room. Und direkt vor der Tür des Treaty Room, so, dass ich sie jeden Tag sehe, auch am Wochenende, wenn ich in dieses Büro gehe, um mir ein Basketballspiel anzusehen, ist das Erste, was ich da sehe, eine Büste von Winston Churchill. Sie steht da, weil ich es so will, denn im zweiten Stock kann ich alles tun. Ich liebe Winston Churchill.» Die britische Presse lachte.

Dann knöpfte er sich Johnson vor. «Nun, als ich zum Präsidenten der Vereinigten Staaten gewählt wurde, hatte mein Vorgänger eine Churchill-Büste im Oval Office. Es gibt nicht so viele Tische, auf denen man Büsten aufstellen kann – sonst sieht es etwas überladen aus. Und ich hielt es für angebracht, und ich vermute, dass die meisten Leute hier im Vereinigten Königreich dem zustimmen werden, dass es für mich als ersten afroamerikanischen Präsidenten angebracht sein könnte, eine Büste von Dr. Martin Luther King in meinem Büro aufzustellen, um mich an die harte Arbeit so vieler Menschen zu erinnern, denen ich das Privileg verdanke, dieses Amt ausüben zu können.» Ich schaute zu Camerons Leuten auf der anderen Seite des Raumes – sie beglückwünschten sich gegenseitig.

Zur Feier eines Besuchs, der ihnen alles beschert hatte, worum sie uns gebeten hatten, ging ich an diesem Abend mit Camerons Team zum Essen aus. Aber Llewellyn, ein Mann, der ansonsten stets ein breites, aufrichtiges Lächeln auf den Lippen trug, sah besorgt aus. «Es wird knapp, fürchte ich», sagte er. «Wir sind darauf angewiesen, dass sich die Leute am Ende für die sicherere Alternative entscheiden.»

Der Wein floss. Wir lachten über sieben Jahre voller Geschichten: Cameron und Obama spielen Tischtennis und verlieren gegen ein paar Kinder. Cameron, der 2012 raus nach Dayton, Ohio, fliegt, um sich mit Obama ein Basketballspiel anzusehen, und keinen blassen Schimmer von den Spielregeln hat. In einer Welt, die zu anderen Ergebnissen geführt hätte, wäre das Abendessen ein denkwürdiger Abschiedsgruß gewesen von einer Gruppe von Menschen, die zufrieden waren, dass sie ihr Bestes getan hatten in der Zeit, in der sie in der freien Welt Führungspositionen besetzt hatten. Aber wir lebten in ungewissen Zeiten. «Wie fühlen Sie sich wegen Trump?», fragte Llewellyn gegen Ende des Essens.

«Er ist wahrscheinlich der Republikaner, den Hillary am ehesten schlagen kann», antwortete ich.

«Haben Sie keine Angst, dass er gewinnen kann? Putin wünscht sich nichts mehr als das. Einige unserer Leute», sagte er und bezog sich auf Konservative, die den Brexit unterstützten, «sagen, dass er mit dieser Einwanderungsfrage etwas aufgetan hat. Aus Mittelamerika.»

«Unbegleitete Kinder», sagte ich.

«Ja, das stimmt. Genauso, wie die Leute bei uns über Einwanderung denken, ein Verlust an Kontrolle.»

«Das ist wahr», sagte ich. «Wenn ich seine Kundgebungen sehe, denke ich, wie stark seine Botschaft wäre, wenn sie von einem fähigeren Politiker vorgetragen würde.» Ich nahm einen Schluck Rotwein und genoss das leichte Stimmengewirr eines Samstagabends in einem gemütlichen Londoner Restaurant. «Aber wissen

Sie», fuhr ich fort, «wie Sie brauchen wir Leute, die sich für die sicherere Option entscheiden.»

***

Zurück zu Hause musste ein ungeduldiger Obama das Ende einer erbittert geführten demokratischen Vorwahl abwarten, bevor er durch das Land ziehen und anfangen konnte, Wahlkampf zu betreiben – wie ein Basketballspieler, der am Tisch des Zeitnehmers warten muss, bis er auf das Spielfeld darf. Bernie Sanders war zu einer Besprechung mit Obama vorbeigekommen, nachdem Clinton das Rennen gewonnen hatte, und ich bekam eine Ahnung von der Herausforderung, der sie sich gestellt hatte: Auf den Stufen des EEOB drängten sich junge Mitarbeiter des Weißen Hauses, die im Bemühen, einen Blick auf ihren populistischen Helden zu erhaschen, die Hälse reckten.

Unser erster Wahlkampfauftritt mit Clinton fand in Charlotte statt, und das Publikum war vertraut: Obama-Leute, Tausende von ihnen, ein Meer aus weißen, schwarzen und braunen Gesichtern, die darauf warteten, in Applaus auszubrechen, sobald er die Bühne betrat.

Nur wenige Stunden zuvor hatte der Direktor des FBI – James Comey – eine Pressekonferenz gegeben, in der er ankündigte, dass er keine Anklage gegen Clinton erheben würde, zugleich aber ihre Verwendung eines privaten E-Mail-Servers scharf kritisierte. Wir hatten keine Vorwarnung erhalten, dass er diese Ankündigung machen würde. Wir hatten uns zu einer Mitarbeiterbesprechung in McDonoughs Büro versammelt, als Comey auf dem Fernsehschirm erschien, und wir sahen schweigend zu – zuerst nervös, als er Clinton angriff, dann erleichtert, als er sagte, dass er keine Anklage erheben würde. Hinterher steuerte McDonough uns zurück zu den Dingen, die anlagen.

Auf dem Flug nach Charlotte hatte ich mich einem langen Gespräch zwischen Obama, Clinton und Jake Sullivan über die Syrienpolitik angeschlossen. Hillary saß da und hörte aufmerksam zu, als Obama die jüngsten Bemühungen um eine Art Waffenstillstand mit den Russen beschrieb – ein Vorstoß, der wahrscheinlich scheitern würde. Ich konnte sehen, wie sie das Thema in Gedanken abwog und die Komplexität der verschiedenen Kräfte, die vor Ort mit der Unterstützung verschiedener ausländischer Mächte gegeneinander kämpften, verarbeitete. Der Nahe Osten würde ein schwieriges Erbe werden. Aber Obama würde, wie er mich gerne erinnerte, seinem Nachfolger eine gesunde Wirtschaft, eine Kampagne gegen den IS auf dem Weg zum Erfolg und eine USA hinterlassen, die nicht in den Krieg in Syrien verwickelt war.

Während Obama sich in Charlotte mit kämpferischen Worten hinter Clintons Kandidatur stellte, debattierte ich hinter der Bühne in einer Telefonkonferenz mit Jake und John Podesta darüber, wie die Demokratische Partei in ihrem Parteiprogramm die Frage des Handels im Allgemeinen und die Transpazifische Partnerschaft (TPP) im Besonderen behandeln würde. Wegen Bernie hatte Clinton in den Vorwahlen ein Abkommen abgelehnt, das sie selbst mit ausgehandelt hatte, aber Obama wollte es unbedingt durch den Kongress bekommen. Wir einigten uns auf eine Formel, laut der Meinungsverschiedenheiten in der Partei begrüßt würden.

Nach dem Wahlkampfauftritt hielt unsere Autokolonne an einem nahegelegenen Barbecue-Restaurant. Etwas in der Art hatte Obama 2012 bei fast jedem Wahlkampfstopp gemacht – man absolviert eine Wahlkampfveranstaltung, dann geht man in ein lokales Restaurant, bestellt einen Haufen Essen und schüttelt allen die Hand. Ich saß in einem schwarzen SUV vor dem Restaurant, während Obama und Clinton hineingingen. Ein paar Minuten später sah ich Clinton wieder herauskommen und in ein Auto steigen, und ich wusste, dass wir demnächst aufbrechen würden. Nach einer weiteren halben Stunde oder so kam auch Obama wieder heraus. Nachdem wir das Flugzeug bestiegen hatten, ging er den langen Gang der Air Force One bis dorthin hinunter, wo sich einige von uns versammelt hatten. «Haben Sie Hillary gehen sehen?», fragte er.

«Ja», antwortete ich, «sie kam nach ein paar Minuten raus.»

Er hatte sein Jackett ausgezogen und die Ärmel hochgekrempelt; er hatte seine Wahlkampfhaltung eingenommen, eine Lockerheit in der Körpersprache wie ein Sportler, der gerade ein Spiel beendet hat. «Wir sind reingegangen, haben etwas zu essen bestellt, Fotos mit dem Personal gemacht, und dann ist sie verschwunden», sagte er. «Am Ende habe ich jede Hand da drin geschüttelt. Die meisten Leute an diesen Orten schauen nur Fox News und halten mich für den Antichrist. Aber wenn man dann auftaucht, ihnen die Hand schüttelt und in die Augen schaut, fällt es ihnen schwerer, dich in eine Karikatur zu verwandeln. Man könnte sogar ein paar Stimmen abholen.»

Wir standen da und wussten nicht, was wir sagen sollten. Unausgesprochen war die Tatsache, dass alles von dieser Kampagne abhing, aber er war nicht derjenige, der antrat. Clinton hatte einen Vorsprung, und den musste sie verteidigen. «Nun denn», schloss er, «holt euch euer Barbecue.» Im Konferenzraum wartete ein Haufen Takeout-Tüten auf uns.

Ein paar Wochen später flog ich mit Obama zum Parteitag der Demokraten hinauf nach Philadelphia. 2008 hatte ich inmitten eines Stadions unter 100 000 Menschen gesessen, die Obamas Rede hören wollten; dieses Mal stand ich auf der Bühne, während er die Erfolge der letzten acht Jahre aufzählte, sich für Clintons Kandidatur starkmachte und Trumps Slogan auf den Kopf stellte: «Amerika ist schon groß. Amerika ist schon stark. Und ich verspreche euch, unsere Stärke und unsere Größe hängen nicht von Donald Trump ab.» Ich fühlte ein bisschen Nostalgie. Obama trat als politische Figur in den Hintergrund, bald würde er – und ich mit ihm – die

Bühne ganz verlassen. Gegen Ende seiner Rede kam Clinton auf die Bühne, und die beiden standen da, die Arme umeinander gelegt, ein Afroamerikaner und eine Frau, und winkten einer jubelnden, bunt gemischten Menge zu. Es war das entgegengesetzte Tableau zu Trumps wütendem und fast ausschließlich weißem Parteitag. Es fühlte sich wie ein anderes Land an.

Als sie fertig waren, gesellte ich mich hinter der Bühne zu den beiden. Nach einigen Minuten Smalltalk brach Obama auf, um ein paar Werbespots aufzunehmen, also blieb ich allein mit Clinton in dem leeren Laderaum zurück. Jake hatte mich gebeten, ihr in letzter Minute einige Ratschläge zu ihrer Dankesrede zu geben. «Denken Sie daran», sagte ich, «dass Sie das Publikum im Saal bereits auf Ihrer Seite haben. Es wird alles lieben, was Sie sagen. Das ist aber nicht das Publikum, zu dem Sie sprechen. Sie reden mit den Leuten, die vor den Fernsehschirmen sitzen.» Sie nickte, ein Lächeln im Gesicht.

Das Gespräch wandte sich schnell einer Reise nach Myanmar zu, die ich unlängst unternommen hatte. Jetzt kam Leben in sie, und sie bombardierte mich mit Fragen. «Wie geht es Daw Suu?», fragte sie und verwendete Aung San Suu Kyis Ehrennamen. Ich erklärte ihr ausführlich, wie Suu Kyi sich darauf einstellte, ein Leben als Politikerin zu führen – und darauf, ihren stillen Machtkampf mit dem Militär gegen einen ethnischen Versöhnungsprozess und eine leicht entzündliche Situation im Rakhaing-Staat auszubalancieren.

«Und bei alldem darf sie die Chinesen nicht aus den Augen verlieren, nicht wahr?», fragte Clinton.

«Ja», antwortete ich, «insbesondere wegen der Wa und der Kokang», zwei obskurer ethnischer Gruppen, die entlang der Grenze zu China leben. Sie nickte aufmerksam. Das war ihre größte Stärke und ihre größte Herausforderung. Hier standen wir, fünfzehn Minuten vor dem vielleicht wichtigsten Moment ihrer bisherigen politischen Karriere, und sie wollte mit mir die Feinheiten der myanmarischen Politik diskutieren. Sie war freundlich, neugierig und bereit, Präsidentin der Vereinigten Staaten zu werden, aber was die Mechanismen betraf, durch die man dorthin gelangte, war ihr Instinkt weniger ausgeprägt.

Nach und nach füllte sich der Raum wieder mit Menschen, und irgendwann sah ich Obama und Bill Clinton, die etwas abseits standen und in ein angeregtes Gespräch über irgendwelche aktuellen politischen Nachrichten vertieft waren. Ich fühlte mich etwas unwohl bei dem Gedanken, dass ich die wichtigste Person im Raum für mich allein in Beschlag nahm. Obama warf mir ein paar komische Blicke zu, und schließlich kam er herüber und unterbrach unser Gespräch. «Wovon reden Sie?», fragte er.

«Myanmar», antwortete ich, und er sah mich an, als wäre ich verrückt geworden. Er hatte sich im Laufe der Jahre intensiv mit Myanmar befasst und mit mir versucht, dieses ferne Land in die richtige Richtung zu steuern. Ein Jahr später, als das myanmarische Militär seine Kampagne zur Säuberung des Rakhing-Staates von den Rohingya massiv ausweitete, hätte Hillarys Interesse an den Details dieses fernen Landes einen Unterschied bewirken können, aber in diesem politischen Moment tat es das nicht. *«Ben, keiner in Ohio schert sich einen Dreck um Myanmar.»*

Die Nachricht, dass sich die Russen in das Demokratische Nationalkomitee (DNC) gehackt hatten, überraschte niemanden sonderlich. Von meinem ersten Arbeitstag an war mir eingeschärft worden, dass ich davon ausgehen sollte, dass jede unklassifizierte E-Mail, die ich verschickte, und jeder ungesicherte Anruf, den ich machte, von den Russen abgefangen werden konnte. Sie hatten sich bereits in die Server der US-Regierung gehackt. Aber kurz vor dem demokratischen Parteitag warf Wikileaks der Öffentlichkeit Tausende von DNC-E-Mails vor die Füße, um Zwietracht innerhalb der Demokratischen Partei zu säen. Das hatte eine neue Qualität, war eine

Sache von weitaus größerem Ausmaß und mit weitaus gravierenderen Folgen als die Freigabe abgefangener Anrufe in der Ukraine. Debbie Wasserman Schultz trat angesichts der Empörung von Bernie-Sanders-Anhängern, die in den E-Mails sahen, dass sie die Clinton-Kampagne begünstigt hatte, von ihrem Posten als DNC-Vorsitzende zurück.

Die Leaks gingen den ganzen Sommer hindurch weiter, ein steter Strom klatschsüchtiger E-Mails, die auf Plattformen mit Namen wie DC Leaks und Guccifer 2.0 auftauchten und darauf ausgerichtet waren, die Aufmerksamkeit der politischen Presse auf sich zu ziehen. Das alles war schmerzlich vertraut, die gleiche Art von Störmanövern, die die Russen in der Ukraine und auch sonst in Europa betrieben. Die Clinton-Kampagne deutete bereits auf die Russen, aber wenn die Pressestellen des Weißen Hauses und des NSC fragten, was wir darüber öffentlich sagen könnten, gewährte uns die Geheimdienstgemeinde wenig Spielraum. Wir brauchten Wochen, bis wir zumindest bestätigen konnten, dass das FBI den DNC-Hack untersuchte. Was die Frage nach der russischen Mittäterschaft betraf, durften wir nur frühere Erklärungen von US-Offiziellen zitieren, die ihre Besorgnis über russische Hackerangriffe bekundeten.

In diesem Sommer fiel mir auf, dass im Situation Room Meetings stattfanden, die nicht im Kalender standen. Es war das gleiche Muster, das der bin-Laden-Razzia vorausging – Amtsträger auf Kabinettsebene, die zu Treffen auftauchten, die nicht eingebucht waren. Ich wusste genug, um keine Fragen zu stellen. Ich hoffte, es sei ein Zeichen einer besonderen Operation – vielleicht wollten wir Zarqawi, den Anführer von al-Qaida, oder Baghdadi, den Anführer des IS, schnappen. Was auch immer es war, Geheimhaltung wurde großgeschrieben, und die Gruppen, die da zusammenkamen, waren sehr klein.

Anfang September flogen wir zum G20-Gipfel nach China, wo für Obama sein letztes Treffen mit Putin vor den Wahlen anstand.

Die beiden trafen sich in einem großen Konferenzraum. Ich saß zusammen mit Obama, Susan Rice und John Kerry auf einer Seite des Tisches, Putin, flankiert von drei stoischen, fleischigen Männern, auf der anderen. Die Atmosphäre war aufgeladen, wie immer, wenn man sich mit Obama und Putin in einem Raum aufhielt – ein Gefühl, dass man Zeuge eines Austausches wurde, den die ganze Welt sehen wollte. Aber was auch immer ich in diesem Moment an privilegiertem Zugang genoss, wurde durch den Unterschied in unseren Positionen aufgehoben. Obama wäre in ein paar Monaten weg, und ich würde mit ihm verschwinden. Putin dagegen ging nirgendwohin.

Die beiden diskutierten die gleichen Themen, die uns in den letzten drei Jahren weiter auseinandergetrieben hatten. Über die Ukraine führten sie die gleiche angespannte, legalistische Debatte, die seit 2014 jedes einzelne ihrer Gespräche miteinander geprägt hatte. Die Umsetzung des Friedensplans war ins Stocken geraten, und Putin gab dem Präsidenten der Ukraine, Petro Poroschenko, die Schuld. «*Wann immer Poroschenko den Mund öffnet*», sagte Putin, «*lügt er.*» In Bezug auf Syrien diskutierten sie einen Waffenstillstandsplan, in dem Russland sich verpflichten sollte, die Bombardierung von Oppositionsgebieten zu stoppen und humanitären Zugang zu gewähren. Im Gegenzug boten wir an, die zu al-Qaida gehörende al-Nusrah-Front von der Liste der von uns unterstützten Oppositionsgruppen zu streichen. Putin bekundete seine Unterstützung, machte sich aber lustig über unseren Vorschlag, die al-Nusrah-Front von der Opposition zu trennen. Wenn wir versuchten, die Gemäßigten zu unterstützen, ohne zugleich al-Nusrah zu unterstützen, erklärte er süffisant, wäre das, als würden wir versuchen, nackt auf eine Fichte zu klettern, ohne uns den Arsch zu zerkratzen.

Obama verlor nie die Geduld mit Putin. Als das Treffen sich hinzog, sah ich mir Putin genauer an – ein kleingewachsener Mann mit dünnem, über den Kopf gekämmtem Haar, der immer das gleiche halbe Grinsen und den gleichen starren Blick eingefroren im Gesicht trug, egal ob er gerade einen Witz erzählte oder wütend war. So viele der Dinge, die unsere zweite Amtszeit trübten – Assads brutaler Krieg, die permanente Krise in der Ukraine, Edward Snowden, der im Exil in einer Moskauer Wohnung lebte, die endlosen Hackerangriffe –, waren unmittelbar mit den Entscheidungen dieses einen Mannes verbunden.

Doch statt vor lauter Frust in die Luft zu gehen, konterte Obama mit Logik. Sie sollten den syrischen Bürgerkrieg beenden, riet er Putin, sonst werden die Dschihadisten Jagd auf Sie machen, und Sie werden noch mehr Geld und Männer in Syrien vergraben. Sie sollten die Krise in der Ukraine beenden und die Sanktionen gegen Russland loswerden, denn der nächste Präsident wird nicht in der Lage sein, sie aufzuheben. Worauf Putin so reagierte, wie er das schon seit Jahren tat: Er äußerte Interesse an einer Zusammenarbeit, während seine Körpersprache kein solches Interesse verriet. Obama hatte ihm die Konsequenzen seines Handelns vorgeführt, und es war ihm egal.

Nach etwa einer Stunde wurde ich gebeten, das Zimmer zu verlassen, und Obama blieb mit Susan Rice zurück. Später setzten wir uns vor Obamas Pressekonferenz alle zusammen und gingen die Fragen durch, die ihm wahrscheinlich gestellt würden. Josh Earnest und ich sprachen das Problem der russischen Hackerangriffe an. Obama winkte uns mit seiner Styropor-Teetasse zu: «Ich weiß, wie ich damit umgehen werde», erwiderte er. Er und Susan schauten sich an, und mir wurde klar, dass dies eines der Themen war, die behandelt worden waren, nachdem ich den Raum verlassen hatte.

Als er in der Pressekonferenz dazu befragt wurde, erklärte Obama: «Ich werde mich nicht zu bestimmten Untersuchungen äußern, die noch laufen. Aber ich kann Ihnen sagen, dass wir in der Vergangenheit Probleme mit Cybereinbrüchen aus Russland hatten und aus anderen Ländern in der Vergangenheit. Aber wir treten hier in eine neue Ära ein, in der eine Reihe von Ländern über bedeutende Kapazitäten verfügt. Und, offen gesagt, wir besitzen mehr Kapazitäten als alle anderen, sowohl offensiv als auch defensiv.» Der Hinweis auf unsere offensiven Cyberkapazitäten war, wie ich feststellen konnte, eine kaum verhüllte Drohung.

Kurz nach unserer Rückkehr nach Washington meldete ich mich im Oval Office für die regelmäßige Morgenbesprechung. Gegen Ende seines Briefings sagte Jim Clapper etwas über Pläne für eine Erklärung zu Russland, und Obama ermutigte ihn, schneller zu handeln. Susan nahm Augenkontakt mit mir auf, die Augenbrauen hochgezogen, die Brille auf der Nasenspitze. In den vergangenen Jahren hatten wir gelernt, mit Blicken zu kommunizieren; dieser hier bedeutete, dass sie hinterher mit mir reden wollte.

Ich folgte ihr in ihr Büro, und sie bat mich, die Tür zu schließen. Ich setzte mich an den Holztisch, an dem ich in den letzten acht Jahren Hunderte, wenn nicht Tausende Male gesessen hatte. «Also, wir hatten eine kleine Gruppe von Ressortchefs, die sich zu Russland getroffen haben», sagte sie und bezog sich dabei auf die Art von hochrangigen Arbeitsgruppen, die sich mit besonders heiklen Themen befassten. «Denis wollte nicht, dass Sie involviert sind, weil Sie derjenige sind, der befugt ist, mit Jake zu reden. Zu Ihrem eigenen Schutz. Und unserem.» Ich fixierte die Bücher in ihren Regalen. Sie fuhr fort und erklärte, dass wir versuchten, den Kongress zur Veröffentlichung einer parteiübergreifenden Erklärung zu den russischen Einmischungen in den Wahlkampf zu bewegen, und dann würde die Geheimdienstgemeinde ihre eigene herausbringen.

«Wollen Sie, dass ich einen Entwurf schreibe?», fragte ich.

«Nein», sagte sie. «Das wird über die Geheimdienste laufen. Aber Sie werden die Fragen durchdenken müssen, die sie uns hinterher stellen.»

Ich ging in mein Büro und ließ mich auf meinen Stuhl fallen.

Acht Jahre lang hatte ich mich bis in diese Position hochgearbeitet und hatte gedacht, dass ich immer mit im Raum sein würde, und jetzt wurde ich aus dem wichtigsten Gespräch von allen herausgehalten. Meine Gedanken rasten, Selbstmitleid und Selbstvorwürfe wechselten einander ab. Sicher, Susans Erklärung ergab Sinn, aber meine Kontakte mit Jake Sullivan waren durch die Bank autorisiert worden und beschränkten sich auf ein paar Anrufe zur TPP. Ich kam nicht umhin zu denken, dass etwas anderes dahintersteckte. Bengasi vielleicht oder das Debakel mit dem *New York Times Magazine*. Ich war beschädigte Ware – ein leichtes Ziel für die Republikaner. Jemand, der nach Überzeugung seiner engsten Kollegen aus den Meetings über eine Sache herausgehalten werden musste, die sich vor unser aller Augen abspielte.

Ich sprach mit sämtlichen leitenden Kommunikationsleuten, um Hilfe bei der Vorbereitung der Fragen zu erhalten, die wir zu erwarten hatten, nachdem die Geheimdienste ihre Erklärung abgegeben hatten. Mit Jen Psaki, selbst ein Ziel der russischen Einmischung. Mit Josh Earnest, der sich über Wochen hinweg nicht gescheut hatte, Fragen zu dieser Sache zu stellen. Und mit Ned Price, meinem Stellvertreter. Der Katalog mit Fragen und Antworten, den wir vorbereitet hatten, nahm die Fragen vorweg, die uns gestellt werden würden, und spiegelte auch unsere eigene Frustration darüber wider, dass wir bei dem Prozess außen vor gehalten wurden. *Warum haben Sie uns das nicht früher mitgeteilt? Versucht Russland, Trump zum Sieg zu verhelfen? Was werden Sie in Reaktion darauf unternehmen?*

Die Veröffentlichung der Erklärung wurde aus zwei Gründen für ein paar Wochen verzögert. Erstens stießen die Bemühungen, die Kongressführung auf ein starkes, von beiden Parteien getragenes Statement gegen die russische Einmischung zu verpflichten, auf den Widerstand des Mehrheitsführers im Senat, Mitch McConnell, der eine Zustimmung explizit ausschloss. Demokraten wie Dianne Feinstein und Adam Schiff – die Oppositionsführer in den Geheimdienstausschüssen des Senats respektive des Repräsentantenhauses – waren alarmiert und so aufgebracht, dass sie am 22. September eine eigene Erklärung herausgaben: «Auf der Grundlage von Briefings, die wir erhalten haben, sind wir zu dem Schluss gekommen, dass die russischen Geheimdienste ernsthafte und konzertierte Anstrengungen unternehmen, um die US-Wahlen zu beeinflussen (...) Wir hoffen, dass alle Amerikaner zusammenstehen und die russischen Angriffe abwehren.»

McConnells Weigerung war in höchstem Maße parteilich und unpatriotisch in ihrer Missachtung der Tatsache, dass ein ausländischer Gegner versuchte, unsere Demokratie zu untergraben. Aber die traurige Wahrheit ist, dass sein Verhalten nicht überraschend war im Kontext der Republikanischen Partei von 2016, die acht Jahre damit verbracht hatte, traditionelle Normen zu zerschlagen, und sich nun um einen Demagogen scharte. Obama spiegelte dieses Gefühl der Erschöpfung wider, als er zu mir sagte: «Was haben Sie von McConnell anderes erwartet? Er will uns nicht mal eine Anhörung zu Merrick Garland geben», den Obama als Richter am Obersten Gerichtshof nominiert hatte. Auch er war nach acht Jahren republikanischer Obstruktionspolitik mit den Kräften am Ende.

Zweitens gab es eine Debatte darüber, wer das Statement der Geheimdienste unterschreiben würde. Nicht alle Geheimdienstchefs wollten namentlich erwähnt werden, insbesondere Comey nicht, was in unseren Augen einer gewissen Ironie nicht entbehrte, hatte er sich doch im Zusammenhang mit der Untersuchung gegen Clinton wegen der E-Mail-Affäre als höchst gesprächig erwiesen. Schließlich trat James Clapper vor und stimmte zu, in seiner Funktion als DNI, als Direktor der nationalen Nachrichtendienste, seinen Namen unter die Erklärung zu setzen. Auch Jeh Johnson, der Minister für Heimatschutz, erklärte sich bereit, das Statement zu unterzeichnen, schließlich fiel der Schutz des amerikanischen Wahlsystems vor Cyberattacken in seinen Verantwortungsbereich.

Am 7. Oktober war das Statement endlich zur Veröffentlichung bereit. Es war die folgenreichste öffentliche Erklärung zur nationalen Sicherheit in meinen acht Regierungsjahren, an deren Vorbereitung ich nicht beteiligt war. In Bezug auf die Freigabe von gehackten Dokumenten hieß es in der Erklärung, dass die «Diebstähle und Enthüllungen dazu bestimmt sind, den Wahlprozess in den USA zu stören», und dass «diese Aktivitäten nur von den höchsten russischen Regierungsangehörigen autorisiert werden konnten». Es war ein Freitag. Josh, Jen und ich fragten Denis und Susan, ob jemand die Sonntagsshows im Fernsehen machen würde. Die Antwort war Nein – das Statement würde für sich selbst sprechen. Seit Bengasi meldeten sich selten Freiwillige für Auftritte in den Sendungen. Wie bei McConnells Obstruktionspolitik hatten die Angriffe der Republikaner die Leute erschöpft und – möglicherweise – eingeschüchtert.

Das Statement wurde vom DNI verschickt. Ned war darauf vorbereitet, auf eingehende Anfragen zu antworten, und arbeitete von Stichpunkten aus, die eng an den Text der Erklärung angelehnt waren. Auf Fragen nach unserer Reaktion würden wir einfach antworten, dass uns verschiedene Möglichkeiten offenstanden, Russland Konsequenzen aufzuerlegen. Da ich mich in diesem Drama wie ein Nebendarsteller fühlte, verließ ich mein Büro an diesem Abend zu einer rechtschaffenen Zeit. Als sich das Tor des Weißen Hauses hinter mir schloss, schaute ich auf meinen BlackBerry und sah, dass per Eilmeldung ein neues *Access-Hollywood*-Tape angekündigt wurde, in dem Trump mit sexuellen Übergriffen auf Frauen angab. Unser Statement würde nicht die Nachricht des Tages sein.

An einem Nachmittag in diesem Herbst ging ich zur Brookings Institution, wo ich mit einer Gruppe verabredet war, die durchaus als das Herz des amerikanischen außenpolitischen Establishments durchgehen könnte. Es handelte sich um eine von dem prominenten Neokonservativen Robert Kagan organisierte regelmäßige Veranstaltung. Um den Tisch herum hatten sich neben einer Vielzahl außenpolitischer Experten auch Kolumnisten wie Tom Friedman und David Ignatius versammelt. Nachdem alle Platz genommen hatten, überreichten sie mir ein Geschenk: ein Filmplakat für das Remake des Horrorfilms *The Blob,* was natürlich als Anspielung auf den spöttischen Namen für das außenpolitische Establishment gedacht war, den ich im *New York Times Magazine* verwendet hatte. Ich kicherte tapfer, rollte das Plakat zusammen und stellte mich darauf ein, eine Stunde lang in die Mangel genommen zu werden.

Einer nach dem anderen machten sie sich daran, die Außenpolitik Obamas zu kritisieren – und schoben ihm die Schuld für die Ukraine, die Katastrophe in Syrien, den Brexit und den Aufstieg Chinas in die Schuhe. Seinen Höhepunkt erreichte das Ganze, als Leon Wieseltier, Redakteur bei *The New Republic* und selbsternannter Moralist, eine Diatribe vom Stapel ließ, in der er verkündete, Obama sei der erste amerikanische Präsident in der Geschichte, der amerikanische Werte verraten habe. Ich saß da und schäumte innerlich vor Wut. Wieseltier war Mitglied des Komitees für die Befreiung des Irak gewesen und bemühte sich wie kein Zweiter darum, den Eindruck zu erwecken, als habe die liberale Intelligenz der USA den Krieg im Irak unterstützt, eine moralische Katastrophe, die *tatsächlich* einen Verrat an den amerikanischen Werten darstellte. Der Irak war ein Ort, an dem unsere Bomben, nicht die von jemand anderem, Kinder getötet hatten.

Ich antwortete geduldig. Ich käme, sagte ich, gerade aus Laos zurück, einem Land, in dem nicht explodierte amerikanische Bomben über vierzig Jahre nach ihrem Abwurf immer noch Kinder töteten. Dann wiederholte ich meinen langen Refrain darüber, warum die Weigerung, sich am Krieg in Syrien zu beteiligen, kein Verrat an dem war, was wir sind – dass es keine guten Optionen gab, dass wir versuchten, die Fähigkeit der USA zu bewahren, die Welt anzufüh-

ren, statt eine endlose Reihe von Kriegen im Nahen Osten auszufechten. Hinter all meinen Worten war ich vor allem eines: völlig
fassungslos. *Ihr Typen richtet euer Feuer auf Obama, während wir ein
paar Wochen vor einer Wahl stehen, die jemand, der eine eindeutige und
unmittelbare Gefahr für die amerikanischen Werte und die internationale
Ordnung darstellt, gewinnen könnte.* Nach der Sitzung trat ich hinaus
in einen sonnigen und für die Jahreszeit ungewöhnlich heißen
Nachmittag, und schon nach kurzer Zeit klebte mir das Hemd am
Rücken. Friedman, der mir hinausgefolgt war, äußerte sein Bedauern über den Ton im Raum. «Ich glaube, wir sind einfach an einem
Punkt angelangt, an dem wir aneinander vorbeigeredet haben»,
sagte er mit Blick auf die letzten Jahre. Ich hatte ihn über die Jahre
hinweg mögen und respektieren gelernt und bedankte mich bei
ihm. Dann ging ich zurück zum Weißen Haus. Unterwegs stopfte
ich das *Blob*-Plakat in einen Mülleimer.

Obamas Popularität stieg im Land und auf der ganzen Welt weiter an, aber die Kritik, die zu Hause an unserer Außenpolitik geübt
wurde, hatte ein Ausmaß angenommen, das Trumps dystopische
Vision von einem Amerika im freien Fall verstärkte. Natürlich stand
die Welt vor einem herausfordernden Moment. Nichts von dem, was
wir versucht hatten, hatte das Töten in Syrien aufhalten können.
Flüchtlinge strömten in Massen nach Europa. Russland schlug wie
wild um sich, von der Ukraine bis nach Syrien. Doch Obama war der
am meisten respektierte Anführer der Welt. Das Eingeständnis,
dass auch unserer Fähigkeit, die Probleme der Welt zu lösen, Grenzen gesetzt sein könnten, konnte jemand wie Trump leicht beiseite-
wischen, der einfach behauptete, er allein könne das tun.

Wir befanden uns im Zentrum der Macht, im Weißen Haus. Aber
wir hatten immer weniger Kontrolle über die politischen Kräfte, die
das Land aufwühlten – die toxische Spielart des Nationalismus, die
auf Trump-Kundgebungen zur Schau gestellt wurde, eine Medienlandschaft, die zunehmend in hermetisch abgeschlossene, undurch-

dringliche und politisch einseitige Echokammern zerfiel, die offensichtlichen und unvermindert anhaltenden russischen Bemühungen, unsere Präsidentschaftswahl zu beeinflussen. Sogar unsere Skandale hatten sich weiterbewegt – bei Bengasi ging es nicht mehr um Susan Rices Auftritte in irgendwelchen Sonntagsshows im Fernsehen, es ging jetzt um Hillary Clintons privaten E-Mail-Server, Vorwürfe, die die lauten Rufe nach «Sperrt sie ein» rechtfertigen sollten.

In gewisser Weise begrüßte ich die Chance, mich in die Kulissen hinter diesem Drama zurückzuziehen. Ich trug meine Tochter auf den Schultern zur Kindertagesstätte und zählte die vorbeifahrenden Busse. Ich hörte mir alle 179 Folgen eines Podcasts über die Geschichte Roms an, lag im Bett und sinnierte über die Träume längst verstorbener Kaiser nach. Ich saß mit Ann auf der Couch in unserem abgedunkelten Wohnzimmer und zog mir bis zum Erbrechen *The Americans* rein, mit amerikanischen Schauspielern, die Russen spielten, die vorgaben, Amerikaner zu sein. Ich fing meine Tage damit an, folienverpackte Eier-und-Wurst-Burritos zu essen, die unter einer Wärmelampe in der Kantine des Weißen Hauses warm gehalten wurden. Ich ging meine To-do-Liste durch, die zunehmend in Konflikt mit den Geistern vergangener amerikanischer Interventionen geraten war – 90 Millionen Dollar für Bombenräumungen in Laos, die Verhandlungen über Abkommen mit Kuba, die Umsetzung des Iran-Deals. Und ich leitete Sitzungen über unsere noch ganz am Anfang stehenden Bemühungen, die russische Desinformationspolitik in Europa zu bekämpfen.

Bei einem Treffen im Oktober mit Obama sprach der italienische Ministerpräsident Matteo Renzi die Frage der russischen Einmischung an. «*Sie tun*», sagte er, «*in Italien das Gleiche, was sie Ihnen hier antun.*» In Italien stand im Dezember ein Referendum über eine Verfassungsreform an. Sollte die Reform durchfallen, würde Renzi von seinem Posten als Ministerpräsident zurücktreten müssen und damit dem Putin-Freund Silvio Berlusconi Tür und Tor öffnen. Renzi beschrieb, wie die Russen gefälschte Nachrichten kreierten und sie dann in bestimmte Regionen steuerten. Die Attacken waren anspruchsvoll – sie machten nicht einfach nur Front gegen das Referendum, sondern inszenierten Mini-Skandale, die das Ansehen der Mitglieder von Renzis Koalition beschädigten.

«Ben hat an diesem Problem gearbeitet», erklärte Obama. «Ihre Leute sollten sich mit ihm in Kontakt setzen.» Renzi sah mich erwartungsvoll an, als wäre ich im Besitz der Antworten.

Um diese Zeit herum veröffentlichte Wikileaks John Podestas E-Mails – ein kontinuierliches Tröpfeln von Klatschmeldungen, die eine Aura des Skandals erzeugten und die Themen widerspiegelten, die Trump auf seiner Wahlkampftour anschlug. Hillary stand im Zentrum eines korrupten Establishments. Hillary nahm Geld von der Wall Street. Hillary war gesundheitlich angeschlagen. Die Clinton Foundation war ein kriminelles Unternehmen. Die durchgesteckten Dokumente, Trumps Wahlkampfauftritte und eine Flut von Geschichten – manche wahr, manche falsch, manche eine Mischung aus Fakten und Fiktion – arbeiteten unisono wie eine Symphonie. Unsere Regierung hatte auf die russische Einmischung als ein Problem der Cybersicherheit reagiert. Die Leute, die in den Meetings saßen, waren größtenteils Geheimdienst- und Cyberexperten; nicht einer davon hatte einen Kommunikationshintergrund, ungeachtet der Tatsache, dass wir uns in der Ukraine mehr als zwei Jahre mit gefälschten Nachrichten herumgeschlagen hatten. Das Statement vom 7. Oktober ging mit keinem Wort auf gefälschte Nachrichten oder Desinformationskampagnen ein.

Cybersicherheit war etwas, das die Regierung wenigstens verstehen und worauf sie reagieren konnte: Systeme sichern, Warnungen herausgeben. Eine Flut von Propaganda davon abzuhalten, die Facebook-Feeds von Leuten und Google-Suchergebnisse zu überschwemmen, gehörte nicht zu den Dingen, die die Regierung tun konnte oder die die Technologieunternehmen tun wollten. Selbst wenn wir uns stärker auf die gefälschten Nachrichten konzentrierten: Obama könnte sich nicht zum Chefredakteur der Social-Media-Feeds der amerikanischen Bürger aufschwingen. Selbst wenn ich das Internet oder Twitter scannte und mich durch die Flut der Angriffe auf Hillary quälte, hatte ich keine Chance herauszufinden, woher die Geschichten kamen. *Breitbart*? *InfoWars*? Steckte ein Amerikaner dahinter? Oder ein Russe? Der Inhalt war derselbe.

Ich brachte das gegenüber Obama zur Sprache. «Ich weiß», beschied er mir. «Sie haben den Schwachpunkt in unserer Demokratie gefunden.»

In den Vorbereitungssitzungen für Presseauftritte forderten wir, Obama solle sich mehr zum Thema russische Einmischung äußern. «Ich rede jedes Mal darüber, wenn ich gefragt werde», sagte er. «Was sonst können wir tun? Wir haben die Leute gewarnt.» Natürlich hatten wir – hatte Obama – zu der Zeit keine Ahnung, dass es eine FBI-Untersuchung zu den Kontakten von Trumps Wahlkampfteam mit Russland gab, dass dem Weißen Haus Informationen vorenthalten wurden, und ich selbst sollte erst lange nach meinem Abschied aus der Regierung davon erfahren, und zwar aus der Presse. Clinton hatte einen größeren Vorsprung als wir 2012 zum selben Zeitpunkt, und es sah ganz danach aus, als würde sie gewinnen. Bei seinen Wahlkampfauftritten schimpfte Trump, die Wahl sei «manipuliert» und bei den Vorwürfen gegen Russland handele es sich um «Fake News». Die Massen verfielen in einen Blutrausch, der komisch anzusehen gewesen wäre, wenn er denn nicht so beängstigend gewesen wäre. «Wenn ich mich deutlicher zu Wort melde», konstatierte Obama, «wird er einfach behaupten, dass es manipuliert ist.»

Ein paar Tage vor der Wahl berief Susan ein Treffen in ihrem Büro ein. «Denis will, dass wir uns auf die Möglichkeit vorbereiten, dass

Clinton gewinnt und Trump sagt, die ganze Sache sei manipuliert worden.»

«Was hat das mit uns zu tun?», wollte ich wissen.

«Er macht sich Sorgen um den russischen Aspekt. Er will, dass wir über republikanische Gewährsleute nachdenken.» In der folgenden halben Stunde stellten wir eine Liste von Republikanern zusammen, die unmittelbar nach der Wahl vor die Kameras treten und uns helfen würden, der von einem besiegten Trump unweigerlich erhobenen Anklage zu widersprechen, dass wir die Russlandgeschichte erfunden hätten – Leuten wie Condoleezza Rice, Brent Scowcroft, Jim Baker.

Wir hatten Sitzungen, um für den wahrscheinlich erscheinenden Fall eines Clinton-Sieges zu planen – und was wir dann in Obamas verbleibender Amtszeit machen würden: Die Nominierung von Merrick Garland durchsetzen, die uns für eine Generation eine liberale Mehrheit am Obersten Gerichtshof sichern würde. Den TPP-Ländern ein paar Zugeständnisse abringen, Hillarys stillschweigende Zustimmung einholen, den Deal durch den Kongress bringen und damit einen Schlusspunkt unter unser außenpolitisches Erbe setzen. Vielleicht noch etwas Mutiges für den Frieden im Nahen Osten tun. Und zu Hause eine Reform des Strafrechts anstoßen. Und vielleicht könnte Obama Marihuana entkriminalisieren.

Wir bewerteten auch die Alternative eines Trump-Sieges. Wir hatten eine düstere Besprechung in McDonoughs Büro, bei der wir das Szenario durchkauten. «Könnt ihr euch vorstellen, wie die Russen reagieren würden?», warf ich in die Runde. Niemand sagte etwas.

In der letzten Woche vor der Wahl begleitete ich Obama auf ein paar Wahlkampfreisen. Er war locker, in bester Wahlkampflaune, nahm Trump auseinander und pushte Clinton. Doch es kam mir ein wenig wie ein klassisches Rockkonzert vor. Die Musik spielte, die Menge tobte. Die Leute waren gekommen, um Obama zu sehen, um die Hits zu hören, aber sie schienen weniger begeistert, wenn er über Clinton sprach, die darauf setzte, dass Obamas Koalition – junge Leute, Schwarze, Hispanoamerikaner – an den Wahlurnen in vergleichbaren Zahlen für sie stimmen würde.

Eines Nachmittags flog ich nach einem Wahlkampfabstecher nach Florida mit der Marine One zurück ins Weiße Haus. Bis zur Wahl waren es nur noch ein paar Tage. Auf dem Flug erreichte uns eine E-Mail von Obamas politischem Direktor mit den letzten Anfragen der Clinton-Kampagne für Wahlkampfauftritte Obamas: Ob er am Tag vor der Wahl nach Michigan und Pennsylvania gehen könnte?

«Michigan?», stöhnte Obama mit aufgerissenen Augen. Das war ein Bundesstaat, den er 2012 mit zehn Prozentpunkten Vorsprung gewonnen hatte. «Das ist nicht gut.»

Kapitel 32

Das Ende

Am Wahlabend holte ich mir chinesisches Essen und fuhr hinüber zu Cody Keenans Haus. Es sollte eine kurze Nacht werden, dachten wir angesichts von Clintons Vorsprung in den Umfragen. Als ich das Haus betrat, checkte ich mein Telefon und musste feststellen, dass Florida allem Anschein nach an Trump gehen würde. In den nächsten Stunden, die wir bei Cody beisammensaßen, färbte sich die Karte langsam rot ein. Michigan, Wisconsin, Pennsylvania – alles Bundesstaaten, um die wir uns 2012 keine Sorgen gemacht hatten. Das war es. Ich trank warmes Bier und ging gelegentlich in die Küche hinüber, stellte mich an die Theke und stocherte in meinem Lo Mein herum. Immer wieder sagte über längere Zeit hinweg keiner von uns etwas, wir saßen einfach gemeinsam im Zimmer, und jeder hing allein seinen Gedanken nach. So viele Dinge, an denen ich gearbeitet hatte – vom Iran über Kuba bis zum Klimaschutz –, waren jetzt in Gefahr. Es geschah alles viel zu schnell, um es verdauen zu können. Irgendwie wirkte es irreal, unfassbar, dass sich das ganze Land – und die Welt – so abrupt von der Geschichte der letzten acht Jahre ab- und der Art rassistischer, gemeiner und verlogener Politik zuwenden konnte, die seit 2008 ihre Schatten auf uns geworfen hatte. Mit einem Mal verfinsterte sich alles, fühlte ich mich in tiefe Dunkelheit gehüllt.

Nachdem Trump zum Sieger erklärt worden war, schickte Obama Cody eine E-Mail mit der Bitte, ihn über die Telefonzentrale anzurufen, damit wir besprechen konnten, wie er sich am nächsten Tag dazu äußern sollte. Wir riefen ihn auf einem BlackBerry an und stellten das Telefon auf Lautsprecher. Wir beide hatten Dutzende solcher Anrufe erhalten, doch die Vertrautheit ließ es nur noch grausamer erscheinen. «So, jetzt ist es also passiert», sagte Obama. Er klang überrascht, aber zugleich auch so, als ob er versuchte sich zurückzuhalten, wie jemand, der gerade eine unerwartete Diagnose erhalten hat und versucht, sich nicht allzu sehr aufzuregen.

«Was möchten Sie sagen?», fragte Cody, den Laptop vor sich aufgeklappt – noch eine Rede, die es zu schreiben galt.

Obama ackerte eine Reihe von Textbausteinen durch, die plötzlich, im Vergleich zu Trump, regelrecht radikal wirkten – man müsse der Demokratie Tribut zollen, Trump zum Wahlsieg gratulieren und ein paar nette Dinge über Hillary sagen, eine geordnete und professionelle Übergabe versprechen. «Am Ende sollte etwas für die jungen Leute stehen», sagte er. «Lasst euch nicht entmutigen. Werdet nicht zynisch.»

Ich hatte mich bislang weitgehend herausgehalten. «Möchten Sie dem Rest der Welt irgendetwas anbieten, was in irgendeiner Form beruhigend wirken könnte?»

«Was haben Sie im Sinn?», fragte er.

«Etwas für unsere Verbündeten, für die NATO. Dass die Vereinigten Staaten auch in Zukunft für sie da sein werden.»

Am anderen Ende der Leitung gab es eine Pause. «Nein», sagte er nach einer Weile. «Ich glaube nicht, dass ich derjenige bin, der ihnen das sagen sollte.»

In der frühmorgendlichen Dunkelheit ging ich nach Hause zurück, sieben Blocks, und lief dabei so langsam, als könnte ich, wenn ich es nur lange genug hinauszögerte, nach Hause zu kommen und ins Bett zu gehen, die Welt, die da auf uns zukam, aufhalten. Die Bäume hatten die Hälfte ihres Laubs abgeworfen, und das Dämmerlicht der Straßenlaternen tauchte alles in ein geisterhaftes Licht.

Obama schickte mir eine kurze Nachricht, in der er mich daran erinnerte, dass es mehr Sterne am Himmel gebe als Sandkörnchen auf der Erde. Ich schrieb ihm zurück, dass sich der Fortschritt nicht auf gerader Bahn bewege. Ich kam an der Wohnung in der S Street vorbei, in der ich gewohnt hatte, als ich 27 war, und erinnerte mich, wie ich geplant hatte, zurück nach New York zu ziehen. Dann hatte ich Ann kennengelernt und mich in meinem Job durchgebissen. Wir waren zusammengezogen, und ich hatte diesen Job bei Obama bekommen.

Als ich nach Hause kam, unterhielten Ann und ich uns noch etwas. «Es tut mir leid, ich weiß nicht, was ich sagen soll», meinte sie. «Nach all der *Arbeit*, die ihr geleistet habt...» Sie ließ den Gedanken los. Sie war im siebten Monat schwanger mit unserem zweiten Kind, das in einem Amerika zur Welt kommen würde, mit dem ich mich noch nicht versöhnen konnte.

«Ich weiß», sagte ich zu ihr von der Bettkante. «Ich weiß.»

Ich schaffte es, drei oder vier Stunden zu schlafen. Als ich aufwachte, hatte ich ein Gefühl, das ich bisher nur wenige Male in meinem Leben gehabt hatte – das Gefühl, dass man nicht will, dass das Wissen, mit dem man eingeschlafen ist, tatsächlich wahr ist. Wenn jemand gestorben ist. Wenn so etwas wie 9/11 passiert ist. Ein Gefühl tiefer Angst, eine Atemnot, eine Einschnürung in der Brust, all das auf einmal. Es war ein Ereignis, das meine Annahmen über Amerika in Frage stellen und den Lauf der Welt wie auch mein eigenes Leben verändern würde. Nach all der *Arbeit*, die wir geleistet hatten, sollte es so enden.

Ich konnte das Gefühl nicht loswerden, dass ich es hätte kommen sehen müssen. Denn wenn man es herunterbrach, den Rassismus und die Misogynie abzog, waren wir vor acht Jahren mit der gleichen Botschaft gegen Hillary angetreten, die auch Trump benutzt hatte: Sie ist Teil eines korrupten Establishments, dem man nicht zutrauen kann, Veränderungen zu bewirken. *Wandel, an den man glauben kann.* Wie oft hatte ich diese Worte schon geschrieben? Weil Trump ein Produkt derselben Kräfte war, die ich zehn Jahre lang beobachtet hatte, wie sie sich gegen uns ausgerichtet hatten. Wegen Sarah Palin. Wegen der Tea Party. Wegen Bengasi. Wegen der Bedeutungslosigkeit der Fakten. Eine deutliche Mehrheit der Republikaner glaubte *immer noch nicht,* dass Obama in den Vereinigten Staaten geboren war. Die Republikaner hatten diesen Tiger geritten, und jetzt hatte er uns alle verschlungen.

Am Morgen nach der Wahl ging ich wie an jedem anderen Tag zur Arbeit. Ich bekam meinen PDB, den President's Daily Brief, und erfuhr von den Fortschritten unserer Anti-IS-Kampagne. Ich aß einen Burrito mit Ei und Würstchen. Die Traurigkeit, die zu überwältigend gewesen wäre, wenn ich sie zugelassen hätte, verdrängte ich. Es gab noch jede Menge Arbeit zu tun. Als ich zu Obamas morgendlichem Briefing nach oben ging, hatte sich das gesamte Kommunikationspersonal des Weißen Hauses im Oval Office versammelt. Obama wollte direkt mit uns sprechen. Er stand vor seinem Schreibtisch, dem Resolute Desk, und wandte sich an einen großen Halbkreis von Menschen, von denen die meisten jünger waren als ich. Ich stand da und hielt mein iPad mit den wertvollsten Geheimdienst-Informationen der Regierung umklammert, meines noch für ein paar Monate. Als ich in die Gesichter der Menschen um mich herum sah, weinten die meisten.

Obama lächelte und versuchte, einen optimistischen Ton anzuschlagen. «Die Sonne scheint», scherzte er. Dann dankte er uns allen für unsere Arbeit. «Wir lassen dieses Land unbestreitbar besser zurück, als wir es vor acht Jahren vorgefunden haben, und das liegt an euch.» Er forderte uns auf, den Übergang professionell zu gestalten, so wie das Team von George W. Bush das bei uns gehandhabt hatte. «Ben hat mir gestern Abend eine Nachricht geschickt», sagte er. «Wir müssen uns daran erinnern – die Geschichte bewegt sich nicht geradlinig voran, sie verläuft im Zickzack.»

Nach diesen Worten marschierte die Mannschaft aus dem Oval Office, damit wir zu unserem normalen Tagesrhythmus, zum täglichen Briefing, zurückkehren konnten. Als ich zu meinem Platz ging, sah ich die Worte, die in den Ring um den Teppich auf dem Boden eingenäht waren, das Zitat von Martin Luther King, dessen Büste still von einem Tisch an der Wand aus zuschaute: «Der Bogen des moralischen Universums ist lang, aber er neigt sich der Gerechtigkeit zu.»

Obama durchlief mehrere Phasen. Am ersten Tag nahm ich an mehreren Meetings teil, in denen er versuchte, die Stimmung aller zu heben. An diesem Abend unterbrach er die Versammlung der leitenden Angestellten in Denis McDonoughs Büro und hielt eine Version der Rede, die ich nun schon dreimal gehört hatte. Wir alle saßen dort am Tisch, er war der Einzige, der stand. Es war ebenso bewundernswürdig wie herzzerreißend mit anzusehen, wie er das alles wegsteckte und sich – immer noch – darum bemühte, die Stimmung der Menschen zu heben. Als er fertig war, ergriff ich als Erster das Wort. «Es sagt viel über Sie aus», sagte ich, «dass Sie den ganzen Tag lang versucht haben, den Rest von uns aufzumuntern.» Die Leute applaudierten. Obama senkte den Blick.

Am Donnerstag nach der Wahl hatte er ein langes, freundliches Treffen mit Trump, das ihn allerdings etwas konsterniert zurückließ. Trump hatte das Gespräch wiederholt auf die Größe seiner Kundgebungen gelenkt und angemerkt, dass er und Obama über die Fähigkeit verfügten, große Menschenmengen anzulocken, Hillary dagegen nicht. Er zeigte sich offen für Obamas Argumente zur Gesundheitsversorgung, zum Iran-Deal und zur Einwanderung. Er bat um Empfehlungen für das Personal, und als die Presse da war, lobte er Obama öffentlich.

Hinterher rief Obama ein paar von uns zu sich ins Oval Office, um das Treffen zu rekapitulieren. «Ich versuche», erklärte er, «ihn in

Am Morgen von Donald Trumps Inauguration räumten Mitarbeiter des Weißen Hauses das Oval Office aus. Bei meinem letzten Gang durch die Räume entdeckte ich Obamas Couch und seinen Teppich mit dem Zitat von Martin Luther King über den «Bogen des moralischen Universums» auf dem Fußweg vor dem Oval Office

der amerikanischen Geschichte zu platzieren.» Trump sei, berichtete er, absolut herzlich, zugleich aber auch fast stolz darauf gewesen, sich in keinem Punkt auf eine Position festlegen zu lassen.

«Er geht mit Scheiße hausieren. Dieser Typus ist seit jeher ein Teil der amerikanischen Geschichte», sagte ich. «Was man bereits an einigen der Figuren in *Huckleberry Finn* sehen kann.»

Obama kicherte. «Vielleicht ist das das Beste, worauf wir hoffen können.»

In den folgenden Tagen bekundete er in Pausen zwischen den Besprechungen, dass er es nicht fassen konnte, dass wir die Wahl verloren hatten. Mit einer Arbeitslosenquote von fünf Prozent. Mit einer Wirtschaft, die auf Hochtouren lief. Mit dem Affordable Care

Act. Mit steigenden Abschlussquoten an den Universitäten. Mit den meisten unserer Soldaten zu Hause. Andererseits, vielleicht hatte Trump ebendeshalb gewinnen können. In Krisenzeiten hätten die Leute niemals in so großer Zahl für ihn gestimmt.

Obama sprach immer wieder darüber, probierte verschiedene Theorien aus. Er führte die Niederlage auf das Zusammentreffen mehrerer unglücklicher Umstände zurück. Da gab es den Brief von Comey kurz vor der Wahl, in dem er ankündigte, die Untersuchung wegen Clintons E-Mail-Server wieder aufzunehmen. Die pausenlose Veröffentlichung von Podesta-E-Mails durch Wikileaks bis in den Oktober hinein. Die tollwütige rechte Propagandamaschine und Mainstream-Medien, die sich auf die Geschichte von Hillarys E-Mails stürzten und damit Trumps Narrativ von Clintons Korruptheit nährten.

Er sprach darüber, was nötig war, um die Präsidentschaft zu gewinnen. Um zu gewinnen, erklärte er uns, muss man einen Hauptgrund haben, warum man antritt, und man muss jedem klar machen, wie unbedingt man gewinnen will. «Man muss es wollen», sagte er, wie Michael Jordan, der in den letzten Sekunden eines Spiels den Ball fordert.

Zehn Tage später, auf unserer letzten Auslandsreise, blitzte Wut bei ihm auf. Vor seiner Pressekonferenz mit Angela Merkel sagte ich ihm, dass dies wahrscheinlich für eine ganze Weile das letzte Mal sein dürfte, dass ein US-Präsident die liberale internationale Ordnung verteidige. «Ich weiß nicht», antwortete er. «Vielleicht ist es das, was die Leute wollen. Ich habe ihm die Wirtschaft in einer guten Verfassung überreicht. Keine Fakten. Keine Konsequenzen. Sollen sie doch einfach die Karikatur nehmen.»

In gewisser Weise verhielt er sich genau wie der Rest von uns – er probierte verschiedene Theorien für das aus, was passiert war, versuchte herauszufinden, was das bedeutete, was es über uns als Land aussagte. Aber natürlich war er anders. Er hatte die USA und die

Welt von einer anderen Warte aus gesehen. Und das Einzige, worauf er immer wieder zurückkam, war die Unendlichkeit der Zeit, die Tatsache, dass wir in der Menschheitsgeschichte nur ein «blip», ein kurzer Lichtimpuls, sind. Um einen Ratschlag gebeten, wie man mit Trump umgehen solle, bot er eine einfache Maxime an: «Such dir ein Stück höher gelegenes Land und duck dich.»

Kurz nach der Wahl berief Obama eine Sitzung des Nationalen Sicherheitsrats zu Russland ein. Er eröffnete das Treffen mit der Ankündigung, dass er von den Geheimdiensten eine umfassende Überprüfung der Einmischung Russlands in die Wahl verlange, die ihm und dem Kongress vorzulegen sei, bevor er aus dem Amt scheide. «Wir müssen in Erfahrung bringen, was sie getan haben, und die entsprechenden Lehren daraus ziehen, denn sie werden es wieder tun», erklärte er. Unausgesprochen schwang in seinen Worten die Gewissheit mit, dass Trump nie und nimmer eine solche Überprüfung veranlassen würde. Einer nach dem anderen setzten die Leiter der einzelnen Geheimdienste uns auseinander, was sie wussten. Es war schlimmer, als mir bis dahin bekannt war, viel umfassender und eindeutig darauf ausgerichtet, Trump zu helfen.

In den kommenden Wochen bestärkte mich fast alles, was ich erfuhr, in dieser schrecklichen Erkenntnis. In Deutschland berichtete mir Merkels Sprecher, wie sich Fake News auf ihre Politik auswirkten, und gab mir ein Beispiel dafür. Auf dem Höhepunkt der politischen Verwundbarkeit Merkels wegen der Flüchtlingskrise tauchten Geschichten über Verbrechen syrischer Flüchtlinge auf. Etwa über eine Vergewaltigung durch einen syrischen Flüchtling, die in einer deutschen Gemeinde für gewaltigen Aufruhr sorgte. Tagelang gab es Proteste, verbunden mit weitreichenden politischen Folgen.

«Und dann?», wollte ich wissen.

«Und dann haben wir diese angebliche Vergewaltigung untersucht und herausgefunden, dass sie nie stattgefunden hat», sagte er.

«Anschließend haben wir nachgeforscht und festgestellt, dass die Geschichte von einem Social-Media-Account mit einem deutsch klingenden Namen lanciert wurde, doch etwas stimmte nicht ganz. Der Name war etwas daneben. Und der Server war kein deutscher.»

«Wahrscheinlich aus der Ostukraine oder Moldawien», schlug ich vor.

«Ja, ganz genau», antwortete er. «Russen.»

Ich dachte an all die frei erfundenen Geschichten über Hillary – ihre angeschlagene Gesundheit, ihre Korruptheit, ihre Verbrechen. Herauszufinden, wo sie alle ihren Anfang genommen hatten, erschien mir ein Ding der Unmöglichkeit – welche von der amerikanischen Rechten und welche von den Russen kamen, wie sie verbreitet worden waren, ob diese Flut an getürkten Inhalten mit der Trump-Kampagne einfach nur zufällig zusammengefallen oder mit ihr koordiniert worden war.

Ich traf verschiedene Mitarbeiter, die in der Regierung zu Russland arbeiteten, und sie alle hatten die gleiche Botschaft: Es ist noch viel schlimmer, als du denkst. Stets deuteten sie an, dass sich hinter der Sache weit mehr verberge. Trump, sagte man mir, ist genau die Art von Person, in die die Russen seit Jahren gerne investieren. *Wie in ihn investieren?*, bohrte ich nach. Die Russen bauen Beziehungen auf – durch Finanzen, persönliche Verbindungen, Mitarbeiter und kompromittierende Informationen. Wozu diese Beziehungen dienen oder wie sie aktiviert werden, ob die beteiligten Amerikaner wissentlich dabei sind oder nicht, ist eine offene Frage.

Ich wanderte durch den West Wing, in mir ein Gefühl der Leere. Ich zog Jen Psaki in Josh Earnests Büro. «Ich denke, diese Russlandsache ist viel schlimmer, als wir geglaubt haben», eröffnete ich ihnen und ging all die Dinge durch, die ich in Erfahrung gebracht hatte. Josh sah mich mit dem gleichen eingefrorenen Lächeln an, das er bei Reportern einsetzte, die im Pressekonferenz-Raum unbequeme Fragen stellten.

«Hast du mit POTUS darüber gesprochen?», fragte er.

Ich ging zu Obama und erklärte ihm, dass ich dachte, dass wir ein Problem mit Russland hätten. «Sie denken?», gab er sarkastisch zurück.

«Ich meine wir. *Wir* haben ein Problem. Es wird eine Geschichte dazu geben», sagte ich und wählte meine Worte sorgfältig aus, «dass wir nicht genug getan haben. Sie baut sich schon auf.»

«Und was hätten wir tun sollen?», fragte er. «Wir haben die Leute gewarnt.» «Aber die Leute werden fragen, warum wir nicht mehr getan haben, warum Sie nicht mehr darüber gesprochen haben.»

«Wann denn?», fragte er. «Im Herbst? Trump hat da bereits behauptet, die Wahl werde manipuliert.»

Ich sagte ihm, dass ich mir Sorgen über das Ausmaß der gefälschten Nachrichten machte, dass die Desinformation über das Hacken hinausging. «Und Sie glauben», fragte er mich, «dass Leute, die solches Zeug lesen, *mir* zuhören würden?»

Kurz nach der Wahl wurde die Führungsriege des Trump-Übergangsteams gefeuert. Vor der Inauguration sollte sich das noch zwei- oder dreimal wiederholen. Ich traf nie einen von ihnen. Unser NSC hatte dicke Bände mit Briefing-Papieren zu allen möglichen Themen vorbereitet – von Syrien bis zur Ukraine, von China bis Kuba –, aber wir wussten nie, wer, wenn überhaupt, sie las. Niemand in Trumps Übergangsteam wollte mit mir sprechen oder in irgendeiner Weise mit mir interagieren, obwohl ich acht Jahre im Weißen Haus verbracht hatte. «Sie sind für sie eine Art PNG», eröffnete mir unser Übergangsdirektor, eine Persona non grata. Ich hörte, dass sie Listen von Leuten erstellten, die mit mir gearbeitet hatten, ein Indiz dafür, dass Karrierebeamte dafür büßen würden, dass sie in meinem Team gedient hatten. Das Ganze fühlte sich weniger wie ein friedlicher Machtwechsel an und mehr wie eine rachsüchtige Ausweitung der Kampagne der Rechten gegen Obama und Leute wie mich.

Während unseres Übergangs, 2008, hatten wir alle in einem Regierungsbüro in Downtown Washington gearbeitet und E-Mail-Konten der Regierung benutzt. Der Übergang, den ich im Fernsehen sah, fand im Trump Tower statt, und ausländische Regierungen teilten uns mit, dass sie Trumps Mitarbeiter – und Trump selbst – über private E-Mails und Handys kontaktierten; ein halbwegs intelligenter und fähiger ausländischer Gegner hätte keine Probleme damit, diese Blase anzubohren. Die Saudis und Emiratis prahlten in der Stadt damit, dass sie Zugang zu Trumps Familie hatten, die von der Art des beiläufigen Reichtums, der vom Golf ausging, finanziell viel zu gewinnen hatte.

Man ist nie so high wie in der Zeit nach einem Wahlsieg – jeder fragt dich nach einem Job und erzählt dir, wie großartig du bist. Du glaubst, dass dieser politische Moment in der Zeit konserviert bleibt – die satten Mehrheiten im Kongress, die üppige Berichterstattung in den Medien, die schmeichelnde Behandlung durch ausländische Regierungen und Anhänger im Inland. Praktisch mit der Übernahme der eigentlichen Verantwortung jedoch beginnt das gesamte Kapital zu versiegen. *Diese Typen*, dachte ich, *tun so, als ob die Regeln für sie nicht gelten.*

Mitte November wurde Mike Flynn zum Nationalen Sicherheitsberater ernannt. Er war ein aufbrausender, zorniger ehemaliger Drei-Sterne-General, der gegen Obama vom Leder zog, seit Jim Clapper ihn 2014 als Chef der Defense Intelligence Agency gefeuert hatte. Flynn führte seine Entlassung gerne auf einen ideologischen Streit mit Obama über den «radikalen Islam» zurück; in Wirklichkeit spielte Obama dabei keine Rolle. Clapper hatte ihn rausgeschmissen, weil er dabei war, die Moral in der Agency zu zerstören. 2015 wurde er bei einem Abendessen für Russia Today, das wichtigste Propagandaorgan des Kremls, das die Pro-Trump-Kampagne angeführt hatte, neben Putin sitzend fotografiert. Er ließ nach seiner Ernennung ein paar Wochen ins Land ziehen, bevor er die

Einladung von Susan Rice zu einem Treffen annahm. Sein eigenes Übergangsteam informierte uns aus freien Stücken darüber, dass er sich noch vor seinem Treffen mit der amerikanischen Regierungsbeamtin, die er ersetzen sollte, mit Sergej Kisljak, dem russischen Botschafter, getroffen hatte.

In der Zwischenzeit leiteten wir immer noch die Regierung. Um Weihnachten herum brachten wir als Vergeltung für den Angriff auf unsere Demokratie ein Paket von gegen Russland gerichteten Maßnahmen auf den Weg. Wir hatten dies bis nach der Wahl verschoben, da wir davon ausgingen, dass alles, was wir davor unternahmen, die Russen nur dazu veranlasst hätte, die Wahl selbst zu hacken. Das Außenministerium war besorgt über Vergeltungsmaßnahmen gegen amerikanische Regierungsmitarbeiter, die in Russland stationiert waren, aber Susan machte deutlich, dass wir eine harte Linie verfolgen mussten. Wir verhängten Sanktionen. Wir schlossen zwei russische Anwesen, die für das Sammeln von Informationen benutzt wurden, und jagten 35 russische Agenten aus dem Land.

«Was machen wir mit Putin?», fragte ich in der abschließenden Besprechung im Situation Room zu dem Thema.

«Was sollen wir mit ihm machen?», fragte Susan.

«Die Leute werden sich fragen, warum wir Putin ungeschoren davonkommen lassen.»

Es gab eine kurze Debatte. Ich argumentierte, dass wir Putin, wenn wir ihn als für die Einmischung verantwortlich benannten, auch in die Sanktionen einbeziehen sollten. Es wurde beschlossen, dass wir damit zu weit gehen würden – wir verhängten äußerst selten Sanktionen gegen Regierungschefs, und wenn, dann normalerweise nur in Fällen, in denen wir einen Regimewechsel favorisierten.

Ich berief eine Pressekonferenz ein, um die Maßnahmen bekannt zu geben. Ich zog über die russischen Dementis her. «Es gibt Fakten», sagte ich, «und dann gibt es Dinge, die Russland sagt.» Im

Hinterkopf fragte ich mich, ob das, was ich hier von mir gab, die Russen dazu verleiten könnte, eine Desinformationskampagne gegen mich zu starten. Ich wies diese Sorgen zurück, aber allein die Tatsache, dass mir dieser Gedanke gekommen war, ließ mich erschauern: *Wenn schon ich mir deswegen Sorgen mache*, dachte ich, *wird es sich jeder Regierungsmitarbeiter in einer westlichen Demokratie zweimal überlegen, ob er Russland kritisiert.*

Am 5. Januar traten die Führungsspitzen der Geheimdienste im Oval Office an, um Obama über ihren Bericht zu den russischen Einmischungen in den Präsidentschaftswahlkampf zu informieren. Jim Clapper, James Comey, John Brennan und Mike Rogers nahmen auf den Sofas Platz. Ich saß auf meinem üblichen Platz mit Blick auf Obama. Einer nach dem anderen skizzierten sie das erschreckende Bild einer methodischen und unerbittlichen Kampagne, die Putin im Interesse von Trump führte. Wieder einmal ging es weit über alles hinaus, was wir alle, auch Obama, zuvor gehört hatten. Durch die Zusammenführung sämtlicher Informationen innerhalb der Regierung hatten wir einige Punkte eindeutig miteinander verbinden und andere Dinge bestätigen können und insgesamt ein weitaus beunruhigenderes Bild erhalten. Derselbe Bericht, versicherten sie uns, werde am nächsten Tag Trump vorgestellt. Anschließend werde der Kongress eine der Geheimhaltung unterliegende Version erhalten und eine kurze, nicht klassifizierte Zusammenfassung der Öffentlichkeit zugänglich gemacht.

Obama hörte still und gleichmütig zu, nur gelegentlich stellte er Fragen zur Klärung. Biden war aufgeregt und nicht in der Lage, seine Fassungslosigkeit zu verbergen. Wir saßen da und sahen uns an. In zwei Wochen stand Trumps Amtseinführung an. Wir hatten unsere Gegenmaßnahmen bereits angekündigt. Dieser Bericht stellte nun Beweismaterial dar, mit dem sich unsere Geheimdienste, das FBI, der Kongress und das Weiße Haus würden auseinandersetzen müssen. Unsere Zeit war abgelaufen, und unsere Regierung würde in Kürze von ebenden Leuten angeführt werden, die dort zu platzieren Putin so viel Mühe aufgewandt hatte. Manchmal gibt es nichts, was man noch sagen könnte.

Obama hatte sich in seiner Reaktion auf die russische Einmischung gewissenhaft an die Normen und Verantwortlichkeiten seines Amtes gehalten: Stellen Sie die Fakten fest. Lassen Sie die Geheimdienste die Öffentlichkeit in ihren eigenen, sorgfältig gewählten Worten warnen. Schützen Sie das Wahlsystem. Ordnen Sie eine Überprüfung aller Vorgänge an. Halten Sie sich an die Prinzipien der Rechtsstaatlichkeit und guter Regierungsführung. Seien Sie unparteiisch. Weichen Sie keinen Moment in den schmutzigeren politischen Raum aus, der von den anderen besetzt ist: den Russen, der Trump-Kampagne, Wikileaks. Natürlich setzte das dem Grenzen, was er oder irgendeiner von uns vor der Wahl tun konnte – Grenzen, die im Nachhinein betrachtet nicht weit genug gefasst waren, um das ganze Ausmaß dieses Angriffs auf unsere Demokratie zu erfassen. Doch diese Einstellung war auch ein Garant für die sorgfältige Überprüfung, durch die die Fakten dessen, was geschehen war, etabliert wurden und die zusätzliche Fragen darüber aufwarf, was die Trump-Kampagne getan hatte – etwas, das noch lange nach unserem Abschied fortwirken würde. Falls sich Obamas Glaube an Normen und Institutionen bestätigt, wird früher oder später die ganze Wahrheit ans Tageslicht kommen und werden daraus Konsequenzen erwachsen.

Am Tag nach der Wahl entschuldigte ich mich in einer Skype-Sitzung aus dem Situation Room bei den Kubanern für mein Vertrauen, dass Clinton gewinnen würde, was, wie ich vorhergesagt hatte, unweigerlich zur Aufhebung des Embargos führen würde. Alejandro Castro zeigte keinerlei Verärgerung. «Sie sind der Erste aus Ihrem Land, der sich mit einem Sinn für gegenseitigen Respekt und auf Augenhöhe an uns gewandt hat», erklärte er. Ich schaute den Tisch hinunter auf Bernadette, der Tränen über das Gesicht liefen. Anschließend äußerte Alejandro mit Blick auf Trumps Team eine gewisse Hoffnung: Erst letzten Sommer waren Vertreter der Trump Organization nach Kuba gereist, um Möglichkeiten für den Bau von Hotels auszuloten.

Ich hatte geplant, gemeinsam mit Caroline Kennedy noch einmal nach Havanna zu fliegen: ein weiteres symbolisches Ende des Kalten Krieges. Es war eine weitere dieser Siegesrunden, die nie gefahren werden würden. Kurz nach Thanksgiving, am Tag vor unserer Abreise, starb Fidel Castro. Ich wurde als einziger Vertreter der US-Regierung zu seiner Beerdigung eingeladen. Ich war Fidel nie begegnet, und er hatte die Öffnung zwischen unseren Ländern kritisiert. Viele der kubanischen Amerikaner, mit denen ich befreundet war, verachteten ihn aus ganzem Herzen. Doch in Anbetracht der prekären Lage der Beziehungen zwischen den USA und Kuba nach der Wahl entschied ich mich dafür, die Einladung anzunehmen.

Es war das erste Mal, dass ich alleine nach Havanna flog. Gerade als die Sonne unterging, setzte mich ein schwarzes Auto hinter der Statue von Martí auf der Plaza de la Revolución ab. Man hatte mir gesagt, ich solle in einer der Stuhlreihen, die auf dem Podium aufgebaut waren, nach meinem Platz suchen. Als ich um die Statue herumlief, standen Hunderttausende von Menschen vor mir und füllten den Platz, genau so, wie ich es mir bei meinem ersten, mitternächtlichen Besuch hier ausgemalt hatte. Ich ging die auf dem Podium aufgestellten Stuhlreihen auf und ab, studierte die Namen, die auf weißen Blättern ausgedruckt waren, und entdeckte zahlreiche Gegenspieler der USA aus den letzten vierzig Jahren: Robert Mugabe, Daniel Ortega, Nicolás Maduro. Gerhard Schröder, der frühere deutsche Bundeskanzler, wanderte mit dem geröteten Gesicht eines Mannes, der ein ausschweifendes Leben führt, auf der Suche nach seinem Namen durch die Reihen. Ich fand einen Protokollbeamten, der mich zu meinem Platz führte, direkt neben dem französischen Vertreter und eine Reihe vor Hugo Chávez' Tochter.

In den folgenden paar Stunden meldete sich die globale Linke in einer Rede nach der anderen zu Wort. Die Botschaften wirkten auf mich müde und aus der Zeit gefallen. Afrikaner, die über den Kampf darum sprachen, das Joch des Kolonialismus abzuschütteln. Lateinamerikaner, die das kubanische Volk und seinen Widerstand gegen das «Imperium» im Norden ehrten. Angehörige von Königshäusern aus dem Nahen Osten, die Tribute offerierten, hinter denen sich Hotelinteressen zu verbergen schienen. Russen und Chinesen, die das Wort der proletarischen Revolution im Munde führten. Ich saß auf dem Podium, Dutzende von internationalen Fernsehkameras zeigten von einer Plattform in der Nähe in meine Richtung – und auf mein Gesicht, auf dem ein Stirnrunzeln eingefroren war: Ich hatte keine Lust, nach meiner Rückkehr in die Staaten für mein Lächeln kritisiert zu werden. Ich ließ meinen Blick über die Menge schweifen, in der gelegentlich jemand die kubanische Flagge schwenkte. Ches Gesicht tauchte über dem Platz auf, jung im Tod, das Gesicht der Ideologie, das noch nicht durch den Lauf der Jahrzehnte oder die Korruption der Macht geronnen war. Ein paar Hundert Leute klatschten und skandierten «Viva Fidel!» und andere Slogans. Aber die Masse der Menschen hinter ihnen blieb ruhig und erwachte nur gelegentlich zum Leben. Wer weiß, warum sie dort waren – aus Hingabe an Fidel oder wegen des Schocks über sein endgültiges Ableben, aus Zwang oder aus Neugierde. Ich war auf dem Podium ebenso fehl am Platz, wie ich jetzt in Washington fehl am Platz war. Als ich dort saß, 39 Jahre alt, der eine amerikanische Regierungsmitarbeiter, der aus irgendeinem Grund bei der Beerdigung von Fidel Castro auf dem Podium saß, galt mein Glaube nicht irgendwelchen Revolutionen oder der Regierung zu Hause in Washington, die sich anschickte, die Macht zu übernehmen: Mein Glaube galt den Menschen, die in den hinteren Reihen der riesigen Menge auf dem Platz standen.

Blick vom Podium bei Fidel Castros Beerdigung in Havanna, bei der das
Bild von Che Guevara in der Ferne über uns schwebte

In der Woche von Trumps Amtseinführung brach ich zu einer letzten Reise nach Kuba auf, um das letzte in einer Reihe von hastig auf
den Weg gebrachten Abkommen abzuschließen, die dazu gedacht
waren, so viel wie möglich von unseren Fortschritten festzuzurren,

bevor Trump das Ruder übernahm: Abkommen, die unsere Ein-
wanderungspolitik gegenüber Kuba neu ausrichteten, tiefer ge-
hende Geschäftsbeziehungen etablierten und eine Zusammenarbeit bei der Strafverfolgung einleiteten. Die Kubaner arrangierten
für mich eine Führung durch das Haus, in dem Hemingway mehr
als zwei Jahrzehnte gelebt hatte. Der Held meiner Jugend – die
Kubaner hatten ihre Hausaufgaben gemacht. Ich wanderte durch
das Haus, durchstöberte die Bücherregale. Da, im Bad, waren mit
schwarzer Tusche Zeile um Zeile in einer winzigen, kaum lesbaren
Handschrift auf die Wand geschrieben – Hemingway, der sein Gewicht Tag für Tag, Monat für Monat, Jahr für Jahr festhielt. Menschen sind und bleiben eben Menschen.

Raúl lud mich zu einem langen Abendessen ein – nur er, ich,
Alejandro und Juana, im selben Raum, in dem Obama Anfang des
Jahres an einem Treffen mit Raúl teilgenommen hatte. Wir tranken
Rum und sprachen über Hurrikane und Wettermodelle, Befreiungs-
kämpfe in Angola und Namibia, die Zeit nach dem Zusammen-
bruch der Sowjetunion und die kubanische Wirtschaft. Der Abend
war schon weit fortgeschritten und der Rum zeigte Wirkung, als ich
Raúl fragte, ob sich Kuba zum Feind der USA – und zum Partner
der Sowjetunion – gemacht hätte, wenn die USA anders auf die
Revolution reagiert hätten. «Das hätten wir nicht», stellte er fest.
«Wir wollten nur überleben. Es war eure Entscheidung!»

Bevor es vorbei war, versuchte ich, Raúl darin zu bestärken, dass
er einen Deal mit Trump anstreben solle, dass die Entwicklung in
den Vereinigten Staaten immer noch – unweigerlich – in Richtung
auf ein besseres Verhältnis zwischen unseren Ländern hindeute.
Während ich sprach, dachte ich darüber nach, dass er jetzt in seinen
Achtzigern war und dass dieser Wandel, den er mit den Vereinigten
Staaten eingeleitet hatte, vielleicht zu seinen Lebzeiten doch nicht
ganz greifen würde. Er lächelte, bis er die Augen zusammenkniff.
«Ben», sagte er. «Es gab da einmal einen General aus Ossetien, der

Mit Alejandro Castro, meinem Verhandlungspartner, in Ernest Hemingways Haus in Havanna

die Befugnis hatte, Atomraketen von unserem Territorium aus zu starten, ohne es mir auch nur zu sagen, obwohl ich Verteidigungsminister war. Ich habe mich schon mit schlimmeren Problemen als mit Trump herumgeschlagen.»

Am 3. Januar kam unsere zweite Tochter Chloe zur Welt. Die Geburt verlief schnell, als ob sie es eilig hätte. Chloe würde nicht den Internet-Ruhm abbekommen, den Ella hatte, mit Bildern von ihr in einem Elefanten-Halloween-Kostüm im Oval Office mit Obama. Aber sie würde auch nicht die Abwesenheiten der ersten beiden Jahre ertragen müssen, die frühmorgendliche Abladung in der Krippe und die spätnachmittägliche Abholung. Sie hatte ein Leben zu beginnen, und ich auch. Ann und ich zogen ein gewisses Maß an Befriedigung aus der Tatsache, dass sie nicht unter einem Präsidenten Trump geboren wurde.

Da war jetzt die Frage, wie es mit unserem Leben weitergehen sollte. Wenn Hillary gewonnen hätte, wäre Ann zumindest noch ein paar Monate in ihrem Job im Außenministerium geblieben. Jetzt würde sie am 20. Januar zusammen mit mir ihren Abschied nehmen. Ich wusste, ich würde weiter für Obama arbeiten. Und ich spielte mit dem Gedanken, ein Buch zu schreiben. Mehr wusste ich im Moment nicht. Ich hatte den Kontakt zu jeder Person und jedem Aspekt meines Lebens verloren, ausgenommen die jeweils nächste Sache, die erledigt werden musste. Nachdem ich meine neue vierköpfige Familie aus dem Krankenhaus nach Hause gebracht hatte, kehrte ich ins Weiße Haus zurück, um die letzten zwei Wochen von acht Jahren Arbeit zu einem Ende zu bringen.

Meine Arbeitstage beschränkten sich darauf, ein paar letzte Geschäfte abzuschließen, mein Büro auszuräumen, eine Abschiedsparty nach der anderen zu besuchen und ansonsten ein Gefühl der Verzweiflung darüber abzuwehren, wer unsere Plätze einnehmen würde. Außerhalb des Weißen Hauses wurde Tag für Tag die Bühne für die Feierlichkeiten zur Amtseinführung weiter aufgebaut, wie ein Sarg für die eigene Beerdigung. Das Ausmaß dessen zu erfassen, wovon ich mich verabschiedete, war für mich ein Ding der Unmöglichkeit. Die Menschen, die mich begleitet hatten, einige seit zehn Jahren, Menschen, die mit mir Teil der wichtigsten Ereignisse waren, die wir je erlebt hatten, vielleicht der wichtigsten Dinge, die wir je erleben würden: Diese Gruppe von Menschen würde nie wieder zusammenkommen. Einige blieben in der Regierung und bewarben sich auf Stellen in Übersee. Einige machten sich auf den Weg nach Kalifornien, um auf die Welle der Technologie aufzuspringen, die zuerst Obama und dann Trump ins Amt gebracht hatte. Einige, darunter ich, würden am 21. Januar aufwachen und nicht wissen, was der nächste Tag für sie bereithielte.

Und da war der Ort, das Weiße Haus. In meinen ersten Arbeitstagen hatte ich das Oval Office und die eleganten Räume bestaunt, jetzt streifte ich wie ein Geist durch den Komplex des Weißen Hauses. Hier die Treppe, die zum Ushers' Office in der Residenz führte, wo ich Obama nach Büroschluss zu treffen pflegte, um mit ihm seine Reden zu bearbeiten, die Worte, die er später in Kairo sprechen oder mit denen er unsere Öffnung gegenüber Kuba ankündigen würde. Hier die Bank draußen hinter dem Küchenbereich, wo sie die Blumen für Veranstaltungen arrangierten oder auf dem Grill das Fleisch für ein Abendessen zubereiteten, wohin ich manchmal verschwand, um in Ruhe nachzudenken, weil mich dort niemand finden konnte. Hier die Milchkiste, auf der ich so oft saß, am Ende einer Metalltreppe im Innenhof des EEOB, eine der wenigen Stellen, an denen man rauchen konnte, wo ich die Hunderttausende von Worten, die ich für Obama geschrieben hatte, in meinem Kopf wieder und wieder durchgegangen war.

Am 19. Januar, dem letzten vollen Tag von Obamas Präsidentschaft, sammelte ich die Dinge ein, die ich abgeben musste: mehrere Laptops, die mir um die Welt gefolgt waren, einen BlackBerry, von dem ich Hunderttausende von Nachrichten verschickt hatte, meinen Diplomatenpass, mit dem ich nicht mehr auf Reisen gehen konnte. Ein paar von uns gingen gemeinsam hinüber zum Executive Office Building, als ob es leichter wäre, wenn wir den Weg zusammen zurücklegten und dabei wie gefeuerte Arbeiter Kisten mit unseren persönlichen Sachen trugen. Nachdem wir mit dem «Out-processing» fertig waren, kehrten wir zurück in den West Wing und einige Leute seilten sich ab in Codys Büro, um ein Bier zu trinken und sich alte Reden anzusehen.

Ich dagegen saß allein in meinem Büro – mein E-Mail-Konto sollte innerhalb der nächsten Stunde deaktiviert werden. Also verschickte ich noch schnell ein paar letzte Nachrichten. Meine letzte Mail ging an Obama. Wir hatten im Laufe der Jahre diese Debatte darüber geführt, ob Individuen oder soziale Bewegungen die Geschichte prägen – die Art von beiläufigen abseitigen Gesprächen, die in Autos, Hubschraubern, Flugzeugen oder in der Stille des Oval Office stattfanden. Ich stand auf der Seite der sozialen Bewegungen, eine Haltung, die auf die frühen Tage des Arabischen Frühlings zurückging. «Ich lag falsch», schrieb ich ihm in meiner Nachricht. «Sie haben das Leben von Milliarden von Menschen verändert.»

An diesem Abend richteten die Obamas einen Empfang für die noch verbliebenen Mitarbeiter im Weißen Haus aus, eine Rumpftruppe von Kernmitarbeitern, da die meisten anderen ihren letzten Tag bereits in der vorangegangenen Woche gehabt hatten. Der Tisch im State Dining Room war mit den gleichen Snacks gedeckt, die ich zuvor auf vielen Hundert Partys im Weißen Haus verzehrt hatte; die Bar in der Ecke servierte die gleichen alkoholischen Getränke. Obama brachte einen Toast aus. Mitten in seiner Ansprache sagte er plötzlich: «Ben und ich haben im Laufe der Jahre diese Debatte darüber geführt, was die Geschichte mehr prägt: Individuen oder Bewegungen.» Er hielt inne und sah mich an. «Aber ich denke, die Antwort ist eigentlich, dass es ein Team von Leuten braucht.»

Anschließend lud er die versammelte Mannschaft in seine Privatwohnung ein und führte uns durch die verschiedenen Räume, einen Teil des Weißen Hauses, den ich in den letzten acht Jahren nur ein paar Mal betreten hatte. Dann nahm er mich mit zu einem gerahmten Text in der Ecke eines Raumes. «Das ist eine von fünf Originalabschriften der Gettysburger Rede.» Ich lehnte mich vor und untersuchte Lincolns sorgfältige Handschrift, größer und lesbarer als die Obamas. Die Rede ging kaum über drei Seiten, bevor sie mit der Unterschrift «Abraham Lincoln» endete. «19. November 1863.»

«Wir konnten unsere nie so kurz hinbekommen», sagte ich und schaute auf die Schrift.

Er lachte. «Ich bin hier manchmal mitten in der Nacht reingekommen, während ich schrieb. Zur Inspiration.» Ich stellte ihn mir vor, wie er in den frühen Morgenstunden durch diese Räume streifte und einen Text durchblätterte, den ich geschrieben hatte, während ich irgendwo saß und auf einen Laptop starrte.

Wir traten hinaus auf den Truman-Balkon, von dem aus man einen im Dunkeln liegenden Südrasen, das Washington Monument und das Jefferson Memorial in der Ferne überblickte. Ich dachte über etwas nach, das ein Secret-Service-Agent über das Ende der Regierung gesagt hatte – dass er erleichtert sei, zwei Amtszeiten mit Obama lebend überstanden zu haben. Unausgesprochen schwangen in dem Satz die unzähligen Drohungen mit, die ihren Weg ins Weiße Haus gefunden haben mussten, der Druck, der entstanden war, als ein Afroamerikaner zum Präsidenten gewählt wurde in einem Land mit seiner ganz eigenen Geschichte politischer Gewalt, an die Lincolns Handschrift uns erinnerte. Anders als Lincoln würde Obama nicht als junger Mann, der von einer Tragödie heimgesucht wurde, in der Zeit eingefroren werden. Obama hatte das Ende des Rennens erreicht, was ihn im historischen Kontext menschlicher machte. Wie er über Mandela gesagt hatte, er war kein Heiliger, er war ein Mann.

Ich ging zurück in mein Büro und blieb bis fünf Uhr morgens. Ich schien den Haufen an Papieren, der sich in dem Raum angesammelt hatte, einfach nicht durcharbeiten zu können. Ich durfte nichts davon mitnehmen; die Unterlagen waren jetzt Eigentum des Nationalarchivs, und ich musste das, wozu ich in den kommenden Jahren

Originalabschrift der Gettysburger Rede, die Obama mir am letzten Abend seiner Präsidentschaft in seiner Privatwohnung im Weißen Haus zeigte noch Zugang haben wollte, separat verpacken. In der Ecke stand ein großer, schwerer Metalltresor, in dem ich im Laufe der Jahre einiges an Papier abgelegt hatte, Dokumente, die ich mir vielleicht später einmal ansehen wollte. Ich saß dort, mitten in der Nacht, und sah mir Fotos von bin Ladens leerem Anwesen nach der Razzia an; frühe Versionen dessen, was schlussendlich zum Iran-Deal wurde; Mitteilungen aus dem Vatikan zu Kuba. Ich legte die Dinge, die für die Nachwelt aufbewahrt werden mussten, beiseite, damit ich sie später wiederfinden konnte.

Am Tag von Trumps Amtseinführung fuhr ich zum letzten Flug der Obamas mit der Air Force One hinaus zur Andrews Air Force Base. An diesem Morgen hatte ich Schwierigkeiten, an den Checkpoints des Secret Service vorbeizukommen, der an der Seventeenth Street wie bei einem Feldlager der Armee einen äußeren Ring eingerichtet hatte, und dann ins Weiße Haus zu gelangen; doch ein Agent erkannte mich, winkte mit seiner Hand in Richtung desjenigen, der Ärger machte, und sagte zu den anderen: «Er ist in Ordnung.» Und damit schritt ich ein letztes Mal durch das Tor des Weißen Hauses, auf den Tag genau acht Jahre nachdem ich es zum ersten Mal betreten hatte.

Als ich im West Wing ankam, waren alle Jumbo-Fotos von Obama abhängt worden, stattdessen hingen an den Wänden nun leere Rahmen, die für Fotos von Trump reserviert waren. Das Oval Office war bereits umgestaltet worden – gelbe Vorhänge, ein neuer Teppich. Das war Reagans Entwurf, wurde mir gesagt: Mach Amerika wieder groß. Ferial Govashiri, mein alter Assistent und jetzt der Obamas, zeigte mir dessen Sachen draußen auf dem Weg, der zur Kolonnade führte. Da war seine Couch, auf der ich gesessen hatte, darauf die Kissen gestapelt und darüber sein zusammengerollter Teppich, wie Möbel, die in aller Eile für einen Umzugswagen auf dem Weg zu einem Lagerhaus und schlussendlich zu einem Museum hingestellt worden waren.

Nach der Amtseinführung verabschiedeten sich die Obamas in einem Hangar auf dem Luftwaffenstützpunkt Andrews von mehreren Hundert ehemaligen Mitarbeitern. Während sie einen letzten Satz Hände entlang eines Absperrbandes schüttelten, bestieg ich das Flugzeug zusammen mit einer kleinen Gruppe von Mitarbeitern, die sie auf ihrem Flug nach Palm Springs, Kalifornien, begleiteten, wo sie ihren Urlaub beginnen würden. George W. Bushs Team hatte uns empfohlen, dies zu tun, um den Flug nach acht Jahren, in denen sie stets von Dutzenden von Menschen umgeben waren, für sie etwas weniger einsam zu machen. Als ich an Bord kam, bemerkte ich, dass die Platzkarten, auf denen normalerweise «Air Force One» stand, jetzt einfach die Aufschrift «An Bord des Präsidentenflugzeugs» trugen – es war nicht die Air Force One, da der Präsident nicht an Bord sein würde.

Es hatte geregnet, und ich sah durch beschlagene Fenster zu, wie die Obamas einen letzten Gang über einen langen roten Teppich, an einer militärischen Ehrengarde vorbei und die Treppe hinauf zum Flugzeug absolvierten. Sobald sie an Bord waren, ließ sich Michelle Obama in die erste Couch im Gang des Flugzeugs fallen, als ob sie mit einem Mal die ganze Erschöpfung der letzten acht Jahre überfiele. Obama hielt sie fest und flüsterte ihr etwas ins Ohr.

Die Stimmung auf dem Flug war gedämpft. Die Obama-Mädchen saßen mit einigen Familienangehörigen und Freunden im Personalbereich. Sie waren so jung gewesen; jetzt waren beide größer als ich. Ich stand im Gang des Flugzeugs und unterhielt mich mit Obama – zum ersten Mal seit acht Jahren sprach ich nicht mehr mit dem Präsidenten der Vereinigten Staaten. Wenn er müde war, fiel sein Gesicht leicht nach unten, und die Falten in seinen Wangen waren tiefer und ausgeprägter, verglichen mit dem unverbrauchten, von Zuversicht erfüllten Gesicht, das ich vor all den Jahren zum ersten Mal in einem Konferenzraum gesehen hatte.

«Irgendwann fing ich an, die Präsidentschaft wie eine Runde Pac-

Blick aus dem Flugzeug: Die Obamas nach Trumps Inauguration auf dem
Weg zu ihrem letzten Flug mit der Air Force One

Man zu sehen», sagte er zu mir und bewegte seine Hand, als bediente er einen Joystick. «Manchmal fühlte ich mich, als würde ich nur versuchen, vor den Leuten wegzurennen, stets bemüht, kein Bein gestellt zu bekommen, bevor ich das Ende des Spielfelds erreichte.» Er stand zwischen zwei Präsidenten, die weit weniger qualifiziert waren als er, aber bei ihm – dem einzigen Schwarzen, der das Amt je innehatte – hatten sie die Latte höher gelegt, und dennoch hatte er sie übersprungen.

«Und hier sind Sie», sagte ich.

«Und hier bin ich.» Er lachte. Er sah zutiefst erleichtert aus, obwohl es erschütternd war, ihn in der Vergangenheitsform über die Präsidentschaft reden zu hören, wie von einem Job, den er einmal hatte.

Ich erzählte ihm von meinen ersten Gedanken, als ich das Flugzeug an diesem Tag bestieg. «Wann immer ich in dieses Flugzeug stieg», erläuterte ich, «klappte ich den ausklappbaren Schreibtisch herunter, holte meinen Laptop heraus und fing an zu arbeiten. Aber jetzt habe ich nichts mehr zu tun. Keine E-Mails zu beantworten, keine Rede zu schreiben, keine Krise zu bewältigen. Es ist … seltsam.»

«Und ich habe keine Briefings, die ich lesen muss», ergänzte er. «Alle Entscheidungen sind bereits getroffen.»

Ich dachte an das Gewicht, das von ihm genommen worden sein musste, aber auch an all die Informationen, die sein Denken acht Jahre lang ausgefüllt haben mussten und ihn jetzt plötzlich nicht mehr beschäftigten. Wie musste das sein, wenn man auf einen Schlag den ganzen mentalen Raum, die ganze Zeit über, nur für sich allein hatte? «Was werden Sie morgen früh tun, mit all der zusätzlichen Zeit?», fragte ich ihn.

«Ausschlafen», sagte er, dann kehrte er zu seiner Familie zurück.

Der Militärassistent, der unter Trump weitermachen würde, derjenige, der hin und wieder den «Nuclear Football» trug, den Atomkoffer mit den Codes, die alles Leben auf Erden auslöschen konnten, warnte mich, dass mir «eine intensive physiologische Erfahrung» bevorstehe. «Sie sind auf Stress und Adrenalin gelaufen», sagte er, «seit Jahren.» Damit lag er gar nicht so falsch. Bereits jetzt spürte ich eine schleichende Müdigkeit, einen drohenden Zusammenbruch.

Als wir im Anflug auf Palm Springs waren, verschlechterte sich das Wetter, und das Flugzeug kreiste etwa eine Stunde lang am

Himmel. Wenn es eine dringende Präsidentschaftsreise gewesen wäre, hätten wir die Landung vielleicht einfach erzwungen. Stattdessen wichen wir auf einen etwa eine Stunde entfernten Regionalflughafen aus. Eine reguläre Autokolonne, wie sie einem Präsidenten zustand, war sowieso nicht erforderlich. Als wir landeten, nahm ich Obama in eine halbe Umarmung und klopfte ihm einmal auf den Rücken. «Ich liebe dich, Bruder», sagte er und ging davon, seine Sachen holen.

Ich stieg aus dem Flugzeug und marschierte zu einem etwas abgelegenen Bereich, in dem ich rauchen konnte. Es war dunkel, und auf dem Asphalt standen nur wenige Autos: SUVs und ein Transporter für das Personal, das noch mit den Obamas reiste. Es fühlte sich unheimlich an, nicht anders als all die Zwischenstopps, die wir im Laufe der Jahre eingelegt hatten, um die Air Force One auf US-Militärstützpunkten – in Anchorage und auf Guam, auf den Azoren und in Deutschland – auf irgendwelchen Langstreckenreisen rund um den Globus auftanken zu lassen. Es gab keine Ankunftsparty, keinen roten Teppich. Ich sah zu, wie die Obamas, ohne nochmals zu winken, das Flugzeug verließen und in ihre SUVs stiegen, um das nächste Kapitel in ihrem Leben aufzuschlagen.

Normalerweise ist die Air Force One von emsiger Betriebsamkeit erfüllt – die Presse, der Secret Service, die Mitarbeiter, all die Leute im Zentrum einer höchst aufwändigen Reise. Aber als wir zum Rückflug nach Washington aufbrachen, befanden sich nicht einmal mehr zehn Passagiere an Bord des riesigen Flugzeugs – die Handvoll Mitarbeiter, die die Obamas auf ihrem letzten Flug mit der Air Force One aus einer Mischung von Sentimentalität, Unentbehrlichkeit und moralischer Unterstützung begleitet hatten. Die Leute, die nicht gegangen waren. Auf dem Weg nach Osten, zurück nach Hause, nahmen wir eine stille Mahlzeit zu uns. Ich schritt die Länge des Flugzeugs hinauf und hinunter ab – die Sitze hinten, wo ich die mitreisende Presse gebrieft hatte, die Vierertische, an denen wir uns

Filme angeschaut hatten, den Konferenzraum, in dem ich Obama dabei zugesehen hatte, wie er Entscheidungen traf, Briefings entgegennahm und seine scheinbar endlosen Runden Spades spielte. Und die Computer, an denen ich über Reden in Panik geraten war, die mir wie die wichtigsten und dringlichsten Dinge vorkamen, die man sich nur vorstellen konnte.

Ich machte es mir in der Kabine für leitende Mitarbeiter bequem, selbst kein Mitarbeiter mehr, und versank in dem Kokon des weißen Rauschens, das stets einen langen Flug nach Hause markierte. Ich legte mich auf den Boden und spürte die leichte, kühle Vibration des Teppichbodens unter mir. Ich war zu müde, um etwas zu tun, aber schlafen konnte ich auch nicht. Ich betrachtete den gerahmten Stern, den mir die Crew der Air Force One geschenkt hatte, ein Andenken daran, mehr als eine Million Meilen mit diesem Flugzeug geflogen zu sein.

Ich dachte an den jungen Mann, der in Chicago gearbeitet hatte. Damals lief ich in völliger Anonymität durch die Straßen der Stadt, zwischen Wolkenkratzern und Neubauten, die in den Himmel ragten. Auf meinem Weg zum Wahlkampfbüro passierte ich die immer gleiche Abfolge von Gassen, die zur Michigan Avenue führen. Wann immer eine Querstraße oder eine Lücke in der Bebauung es zuließen, konnte ich einen Blick auf einen neuen, breiten Glasturm erhaschen, der am Chicago River immer höher in den Himmel wuchs. In meinen Gedanken verwandelte sich dieser Wolkenkratzer auf dem Weg zu seiner Fertigstellung in ein Symbol für das, was wir mit unserer Kampagne erbauten. Erst nach unserem Sieg in den Vorwahlen in Iowa, der Obama den Weg zur Präsidentschaft ebnete, wurden an der Seite des Gebäudes, etwa ein Drittel des Weges nach oben, die Buchstaben TRUMP montiert. Wir hatten keine Ahnung von den dunklen Schatten, die der Eigentümer des Gebäudes viele Jahre später auf das Amt werfen sollte, das zu erobern wir angetreten waren.

Mein 24-jähriges Ich, das am 11. September 2001 in einer Straße in Brooklyn Flugblätter verteilt hatte, stand dem jungen Mann, der sich aufmachte, für Obamas Wahlkampf zu arbeiten, näher, als es mein heutiges Ich tat, das mit diesem Flugzeug auf dem Weg zurück nach Washington war. Trump wäre ohne den 11. September unmöglich gewesen: der Hurra-Patriotismus in den Medien, das Schlagwort von einem neuen, militaristischen amerikanischen Nationalismus, die schleichende Angst vor dem Anderen und die Art und Weise, wie sie von einem Ideologen manipuliert werden konnte, die Kriege, die Amerikas Stärke schwächten und unseren Platz in der Welt unsicher machten, die Einsicht, dass es den Sieg, den Bush versprochen hatte, nicht geben würde, keine Parade und keinen Punkt am Ende dieses Absatzes in der Geschichte.

Ich schloss die Augen. Irgendwo da draußen, in der Weite der Nacht, war die Geschichte der letzten acht Jahre, die Welt, wie sie ist. Die Märkte, die einst von der Krise gelähmt waren, wurden von optimistischen Prognosen auf Computerbildschirmen befeuert. In einer Lagerhalle im Iran standen inaktive und elektronisch versiegelte Zentrifugen nutzlos herum. Jesidische Frauen und Kinder, die aus dem Sindschar-Gebirge geflohen waren, warteten in türkischen Flüchtlingslagern auf ein neues Leben. Ein Team aus Frauen durchkämmte in Laos das harte Gras nach nicht explodierten Bomben. In Syrien waren die Gefängnisse voll von Menschen, die unermessliche Qualen litten. Ein Flüchtling machte sich in Berlin auf die Suche nach einem Job. Eine ältliche Überlebende der Atombombe in Hiroshima ging in einer aufgeräumten Wohnung ihrem Tagwerk nach. Wladimir Putin leitete ein revanchistisches und verrottendes russisches Regime. Angela Merkel bereitete ihre Kandidatur für eine weitere Amtszeit als Bundeskanzlerin vor. Die NATO patrouillierte in Estland. Mohammed Mursi saß in einer ägyptischen Gefängniszelle. Amerikanische Streitkräfte rückten immer näher auf Rakka vor. Ein Anwesen in Abbottabad, in dem sich einst Osama bin Laden versteckt hatte, gab es nicht mehr. Amerikanische Truppen sicherten in Afghanistan den Umkreis des Flugplatzes Bagram. Wissenschaftler erforschten neue Methoden, um die Ziele des Pariser Klimaabkommens zu erreichen. Kolumbianische Guerillas wollten ihre Waffen abgeben. Ein kubanischer Ladenbesitzer erstellte eine Bilanz seines Warenbestandes. Ein junger Mensch in Kenia, der an einem Austauschprogramm in den USA teilgenommen hatte, kehrte nach Hause zurück, um dort eine Gemeinschaftsorganisation aufzubauen. Die Gemeindemitglieder einer schwarzen Kirche in Charleston nahmen Gottes Gnade an. Donald Trump saß in der Residenz des Weißen Hauses und schaute Kabelnachrichten. Barack Obama beendete seine Fahrt zu einem Ferienhaus in Palm Springs. All die, die für ihn gearbeitet hatten, bereiteten sich auf ein neues Leben vor. Meine Töchter schliefen in meiner kleinen Wohnung, ohne sich der Erschütterungen in der Welt um sie herum bewusst zu sein.

Milliarden von Menschen rund um den Globus hatten Barack Obama kennengelernt, seine Worte gehört, seine Reden verfolgt und die Welt auf eine unerklärliche, aber unwiderrufliche Weise als einen Ort wahrgenommen, der sich – schrittweise – verändern konnte. Der Bogen der Geschichte. Wie hatte seine Präsenz die Richtung dieser einzelnen Menschen und die größeren Kräfte, die sie berührten, verändert, das Leben, das sie führen, die Geschichten, die sie erzählen würden? Ich war nur ein Mensch in dieser gewaltigen Weite – verändert durch Erfahrung, verzerrt durch Kräfte, die sich meiner Kontrolle entzogen, ein Mensch, der gerade mit dem berühmtesten Flugzeug der Welt die amerikanische Nacht durchflog. Ich würde zum ersten Mal auf der Andrews Air Force Base landen ohne einen Hubschrauber oder eine Ansammlung von Transportern, die darauf warteten, mich zurück ins Weiße Haus zu eskortieren. Ich landete in den frühen Morgenstunden als ein anderer Mensch, als ein Mensch, dessen Geschichte, dessen Leben von

Barack Obama verändert worden war. Ich war ein Mann, nicht mehr jung, der – im Hin und Her der Geschichte – immer noch an die Wahrheit in den Geschichten der Menschen auf der ganzen Welt glaubte, eine Wahrheit, die mich dazu verpflichtet, die Welt so zu sehen, wie sie ist, und an die Welt zu glauben, wie sie sein sollte.

Dank

Ich hätte dieses Buch nicht schreiben oder die Geschichte, die es erzählt, durchstehen können ohne die freundliche, geduldige und großzügige Unterstützung vieler Menschen. Meine Obama-Familie las mich auf, wenn ich am Boden lag, wurde mit mir erwachsen, hielt stets zusammen und erfüllt mich auch weiterhin mit Hoffnung für die Zukunft. Das unglaubliche Team von Menschen, die für mich gearbeitet haben, ist verantwortlich für alles Gute, das ich in meiner Arbeit geleistet habe – ihr habt mich mit eurer Leidenschaft und Professionalität inspiriert und dafür gesorgt, dass ich mit Vergnügen zur Arbeit kam ... an den meisten Tagen jedenfalls. Die talentierten Karrierebeamten in der Regierung der Vereinigten Staaten sind ein nationaler Schatz. Die vielen Menschen, mit denen ich auf der ganzen Welt zusammengearbeitet habe, haben meinen Horizont erweitert. Barack Obama hat diese ganze Geschichte erst möglich gemacht, hat mich mehr gelehrt, als ich je in Worte fassen könnte, und bestärkt mich auch heute noch in dem Glauben an die Welt, wie sie sein sollte.

Eine ganze Reihe von Menschen war unentbehrlich, um dieses Buch Wirklichkeit werden zu lassen. Rumana Ahmed hat mit dem für sie charakteristischen guten Humor und Idealismus unschätzbare Recherchearbeit geleistet. Kristen Bartoloni und Alex Platkin haben dafür Sorge getragen, dass meine Fakten stimmen. Bernadette Meehan, Charlie Fromstein, Peter Rundlet und Nimi Uberoi sind, wann immer nötig, für mich eingesprungen und haben in den Zeiten meiner Abwesenheit große Geduld an den Tag gelegt. Elyse

Cheney hat sich als unschätzbare Führerin, Lektorin und als perfekter Resonanzboden erwiesen. Andy Ward hat alles, was ich zu Papier brachte, besser gemacht, ebenso wie alle meine anderen Leser auch.

Meine Frau Ann hat mich auf dieser Reise von Anfang bis Ende begleitet – und zugleich ihr eigenes, ganz außergewöhnliches und wirkungsvolles Engagement für Frauen und Mädchen auf der ganzen Welt vorangetrieben. Außerdem ist sie, nicht zu vergessen, eine großartige Mutter für unsere Mädchen, Ella und Chloe, die mir mehr bedeuten als alles andere auf der Welt und mich immer wieder mit Liebe und Hoffnung erfüllen.

Nachweise

Fotos:
S. 2: Pete Souza
S. 58: picture alliance/Associated Press
S. 444, S. 551: Rumana Ahmed
Alle anderen Fotos: Ben Rhodes

Zitat auf S. 7:
Ernest Hemingway, Der alte Mann und das Meer, übers. von Werner Schmitz, Reinbek b. Hamburg 2012, S. 74

Personenregister

Orts- und Sachregister

575